〚企业管理者的必备指南，员工自我提升的经典读本〛

世界 500 强企业培训

经典集

上

沧海明月　编著

全国百佳图书出版单位

江苏美术出版社

图书在版编目(CIP)数据

世界 500 强企业培训经典集: 全 2 册 / 沧海明月编著. —南京：
江苏美术出版社,2014.1

ISBN 978-7-5344-6594-9

Ⅰ.①世… Ⅱ.①沧… Ⅲ.①企业管理—职工培训—经验—世
界 Ⅳ.①F279.1

中国版本图书馆 CIP 数据核字(2013)第 190754 号

出 品 人 周海歌

责任编辑 王 煦
装帧设计 王明贵
责任校对 刁海裕
责任监印 贲 炜

出版发行 凤凰出版传媒股份有限公司
江苏美术出版社(南京市中央路 165 号 邮编:210009)
出版社网址 http://www.jsmscbs.com.cn
经 销 凤凰出版传媒股份有限公司
制版印刷 南京孚嘉印刷有限公司
开 本 718mm×1020mm 1/16
总 印 张 36
版 次 2014 年 1 月第 1 版 2014 年 1 月第 1 次印刷
标准书号 ISBN 978-7-5344-6594-9
总 定 价 29.80 元（全套 2 册）

营销部电话 025-68155677 68155670 营销部地址 南京市中央路 165 号
江苏美术出版社图书凡印装错误可向承印厂调换

前　言

　　一个企业之所以能成为本行业的卓越代表，很重要的原因就在于它拥有无可比拟的员工。比尔·盖茨曾说：如果抽走微软核心的 20 个员工，微软将一钱不值。可见，世界 500 强企业之所以能创造出亿万价值，其成功不仅仅是因为管理者的经营有方，更是因为他们旗下汇聚了一大批极富价值创造力的员工。随着世界 500 强企业资产的不断攀升，这些员工也成为万众瞩目的员工楷模：企业想招揽这样的员工，以增强公司的竞争力，创造更多价值；员工梦想着成为这样的员工，以增强自身的竞争力，让自身更具有价值。

　　当今时代是知识经济时代，企业要想在日益激烈的国内外市场竞争中占得先机，员工素质的提升是关键。著名企业管理学教授沃伦·贝尼斯也说过：员工培训是企业风险最小、收益最大的战略性投资。在这样的背景下，企业如何留住人才、用什么办法留住人才就显得至关重要。那么，如何吸引和留住企业的核心人才呢？德鲁克认为，现代员工主要有两种需求：正规教育与继续教育。能否在企业当中得到足够的培训，从而保持自身的不断成长，成为现代员工选择企业的一个重要的因素。由于企业通过培训还会提高每个人的管理素质、管理技能，最大限度地提高组织效率，因此，对企业来说，培训不但是实现组织发展、保持竞争优势的需要，也是吸引员工、保证员工个人职业生涯得到发展的重要手段。

　　而据中国人力资源协会和北方通鉴市场调查公司所做的调查显示，国内有 28% 的企业高层认为"培训没有必要"，认为"培训是给别人作嫁衣"的占 18%，认为"招来的人就应当合乎要求，不必再培训"的占 10%。这说明国内相当多一部分企业没有充分重视企业的员工培训，没有洞悉培训的真实含义。而一些跨国公司诸如雀巢、宝洁等为国内培养了一批职业经理人，但是他们本身依然强大。相比之下，我们的企业担心"为他人作嫁衣裳"则显得短视。

　　基于培训对企业的重要影响以及我国目前企业的培训现状这两方面的考虑，我们的企业界当前急需要一套具有高水平的员工培训教材。在培训员工方面，世界 500 强企业无疑是最值得我们学习的楷模。500 强企业的员工也

1

是由普通员工一步步成长起来的。他们的成功有自身努力的因素，也与企业的培养和历练有关，是这两方面的因素成就了他们，同时也意味着他们的成长是有迹可循的。这让许多梦想招揽到这种好员工的企业以及梦想成为这类优秀员工的个人看到了希望。

同时，我们也要看到，500强企业员工的成长没有一个固定的模式，所以想复制这批优秀的员工也不是一件容易的事情。500强企业都有自己的特色，比如戴尔公司最看重员工的忠诚，IBM则注重员工的多元化团队合作意识，沃尔玛看重的是员工的沟通能力……如果全部照搬，不仅对员工来说不切实际，对企业来说也是不现实的。然而，我们可以在不同的成长轨迹中寻找一些本质的东西，那就是优秀员工应该具备的基本素质。这些基本素质是他们的成长之本、进步之源，把这些素质基础夯实了，优秀员工的成长只是一个时间问题。为了将这些基本素质总结出来提供给企业和员工参考，以便为企业培养更多的优秀员工，为众多有志于不断提升自身价值的员工指明一种途径，我们编写了这本《世界500强企业培训经典集》。

本书立足于世界500强企业的实战经验，精辟地阐述了这些优秀企业的管理精髓，总结和阐释了这些企业的员工准则，是一本即学即用的全员培训经典。它根据职业培训师的需要，从职业精神、思维观念、黄金心态、服务质量、业绩提升、完美执行、效能管理、创新学习、生存发展、健康管理、经典品读、工作规范等方面全面系统地梳理了职业培训师日常工作中可能需要的案例以及需要掌握的相关技能工具，为企业培训专员、专业培训师等人士提供了一本实用、系统的培训全书，为企业人力资源开发、培训师培训提供了很好的参照；同时也是员工提升自我、丰富自我的优秀读本，使员工不断提升自己的职业素养，加快自身的职业化进程。

如果你是职场新人，你可以把本书作为你职业生涯的导航图，它将引领你正确步入职业新生活，传授给你成为优秀员工的理念。

目 录

世界 500 强企业培训经典集

1

第二篇

思维观念篇　500强企业员工遵循的职业理念

第三篇

黄金心态篇 500强企业员工拥有的完美心态

世界 500 强企业培训经典集

第四篇

服务质量篇 500强企业员工秉承的服务理念

世界500强企业培训经典集

第五篇

世界500强企业培训经典集

第六篇

完美执行篇 500 强企业员工履行的落实标准

世界 500 强企业培训经典集

第七篇

效能管理篇　500 强企业员工推崇的效能定律

第八篇

创新学习篇　500 强企业员工的自我提升之道

第九篇

生存发展篇 500 强企业员工的自我完善之策

第十篇

健康管理篇 500强企业员工的健康守则

第十一篇

经典品读篇 500强企业员工的智慧经典

第十二篇

工作规范篇　500 强企业员工的工作规范

世界 500 强企业培训经典集

■ 职业精神篇

500 强企业员工
应有的精神风貌

第一章

敬业爱岗，驱动自我的内在动力

敬业爱岗，源自对工作的信仰

有个乞丐遇到了上帝，他请求上帝满足他3个愿望，上帝答应了他。

乞丐的第一个愿望就是要变成一位有钱人，上帝立刻满足了他。成为有钱人后，乞丐又希望希望自己能年轻40岁，上帝挥挥手，老乞丐就变成了20多岁的小伙子。

乞丐兴奋极了，接着又向上帝提出第三个愿望：一辈子不要工作。上帝又答应了他。但是这次乞丐立刻又变回了原来的他——一个整天坐在路边街角、又老又脏的乞丐。乞丐很是不解地问："这是为什么？我为何又一无所有了？"

上帝说："工作是我能给你的最大祝福了。想一想，如果你什么都不做，整天无所事事，那将是多么可怕！只有不断投入工作，才有生命的活力。现在你居然把我给你的最大恩赐都扔掉了，当然就像以前那样一无所有了。"

每个人都或多或少地有过不劳而获的安逸生活的欲望，这种想法的本质就是蔑视劳动，忽视了工作是生命的重要历程。劳动是生活的重要组成部分，高尚的劳动应是值得人们信仰的，也是人生的目的。只有辛勤地工作，才能证明人生的价值。

工作是上天赋予每个人的使命，是人类幸福和欢乐的源泉，它和所有有价值的事情一样，值得我们用一颗真诚的心去对待。人们对工作的信仰是敬业精神的源头。只有敬畏自己的工作，信仰自己的工作，你才会觉得自己的工作具有神圣感和使命感，你才能真正理解生命的意义。

20世纪最伟大的科学家爱因斯坦不仅以其创立的相对论著称于世，他在

科学研究工作中所体现出来的崇高职业素养更是我们这些后来人应当学习的。下面这篇短文是爱因斯坦关于"我的信仰"所做的精辟阐述：

我们这些人终有一死的命运是多么奇特呀！我们每个人在这个世界上都只做一个短暂的逗留，目的何在，却无从知晓，尽管有的人自以为对此若有所感。但是，不必深思，只要从日常生活中就可以明白：人是为别人而生存的——首先是为那些我们所认识的人，他们的喜悦和健康关系着我们自己的全部幸福；然后是为许多我们所不认识的人，他们的命运通过同情的纽带把我们密切地结合在一起。

我每天上百次地提醒自己：我的精神生活和物质生活都依靠着别人（包括活着的人和已死去的人）的劳动，我必须尽力以同样的分量来报偿我所领受了的和至今还在领受着的东西。我强烈地向往着俭朴的生活，并且时常为发觉自己占有了同胞的过多劳动而难以忍受，我完全不相信人类会有那种在哲学意义上的自由。每一个人的行为，不仅受着外界的强迫，而且还要适应内心的必然。叔本华说："人能够做他所想做的，但不能要他所想要的。"这句话从青年时代起，对我就是一个非常真实的启示；在我自己和他人生活面临困难的时候，它总是使我得到安慰，并且永远是宽容的源泉。这种体会可以宽大为怀地减轻那种容易使人气馁的责任感，也可以防止我们过于严肃地对待自己和别人；它还会形成一种特别幽默的人生观。

要追究一个人自己或一切生物生存的意义或目的，从客观的观点来看，我总觉得是愚蠢可笑的。可是每个人都有一个自己的理想，这种理想决定着他的努力和判断的方向。就在这个意义上，我从来不把安逸和快乐看做是生活目的本身——这一理论基础，我叫它猪栏的理想。

在论述"我的信仰"时，爱因斯坦明确阐明了人是为劳动而生的，人只有在工作中奉献自己才是有意义的。要实现自我价值，要实现人生的理想，我们就应当把工作当成自己的信仰。

把工作当做生命的信仰，你才能真正认识到工作是什么，工作为什么，工作干什么；把工作当做生命的信仰，你才会不甘平庸、不甘落后。你才敢在逆境中拼搏，在奋斗中成功；把工作当做生命的信仰，你的生活才会过得更充实，你的人格才会变得更完美，你的生命才会变得更有意义！

如果你能够以一颗虔诚的心对待自己的工作，视工作为生命的信仰，你一定会赢得人们的尊敬，你也将从工作中受益并获得最大的欢乐。

敬业才能心安

在这个世界上，万物都在悠闲中过日子，唯独人类在工作着。人不能不工作，文化在日益进步，生活也日趋复杂，到处是义务、责任、恐惧和阻碍，这些东西不是由大自然产生出来的，而是由人类社会生产出来的。

社会是人的产物，没有人就不称其为社会；人终究是社会性的人，必须工作。在社会中，人和人的相互作用是以社会为前提发生的。当欧洲处在信仰时代时，一个城市要建筑一个教堂，石匠、瓦匠、木匠、雕刻家、画家、建筑家全都来了，他们拿出最好的技能献给上帝。一个教堂这样，一个组织、一个社会乃至一个世界也是这样，每一个人必须拿出最好的表现奉献给生命。每一个人都应思考为什么要工作，尤其是工作的社会意义。

曾获得诺贝尔经济学奖的布堪纳特别迷恋美式足球（即橄榄球），是一位铁杆球迷，他从不错过每年1月间的季后赛。原本一场60分钟的比赛，少不了犯规、换场、中场休息、伤停补时、教练叫停，等等，这样要耗费很多时间。花这么长的时间在电视机前看比赛，布堪纳感到很浪费时间，甚至产生了罪恶感。然而，球赛又不能不看，为了在心理上找到平衡，他决定给自己找点事干。他记得曾经从后院捡了两大桶核桃，于是就把这些核桃搬到客厅里，一边看电视，一边敲核桃，这样就能心安理得一些。

布堪纳边看球边敲核桃，还在不停地思考：为什么自己长时间坐在电视机前会有罪恶感？为什么自己这么一会儿没工作就心里觉得不踏实？布堪纳在不断地敲核桃的过程中悟出一个道理：社会赞许工作，工作不仅对个人有好处，对其他人也有好处。如果一个人饱食终日，无所事事，那么除了他自己会感到怅然若失以外，别人也无法享受到他带来的乐趣和感受到他的价值。

敬业才能心安，用最简单、最直接但是最有力的话说，敬业是良知与自觉，换句话说，就是竭尽全力把工作做好。这是你该做的，不需任何理由与赞美，这样才对得起一切——自己、父母、社会、世界。在工作中安身立命，在完美中心安。这是一个人对自己、对社会负责的具体体现。

敬业是付出，敬业也是收获。敬业是积极向上的人生态度，忠于职守、热爱本职、兢兢业业、精益求精、一丝不苟，等等，都是敬业的具体表现。

敬业还是施与，施与社会，施与自己。就像克里斯托夫·查普曼为自己写的墓志铭："我从施与当中获得充实。"你也会因施与而充实，因付出你所

应该付出的而心安。

可见，工作除了能使我们得到活下去的物质外，还带给我们生活的意义，让自己充实，让我们总觉得有几分价值，有一种温馨和安宁的感觉。

没有工作的人是空虚的，即使他们有活下去的财富；失业的人必然是不安的，因为他不但面临三餐不继的不安，同时由于脱离社会主流，造成了一种莫名的恐慌。有工作而不肯敬业的人，则会觉得生活毫无意义，精神萎靡。

敬业使一个人工作愉快，有活力。它使人乐于工作，尽心把工作做好，从而获得成功和喜悦。而在乏味的被动情况下，你不可能提高工作质量，也不可能在工作上发挥创意。敬业的人有一种认真的工作态度和坚持的工作作风。古人坚持"一日不做，一日不食"，勤勤恳恳地把工作做好，把它当做与生命意义密切相关的问题来看待。正因如此，敬业的人，一生都绽放着活力和光彩。

热爱工作的人，工作不仅仅是满足他们生存的需要，而且也是生活的第一需要。工作使人振作、充实、有活力、有朝气，他们常常忘记辛苦，忘记得失，全神贯注地工作，一心一意把工作做好。套用《中庸》的一句话说："至诚则灵。"事业到达一个超然的境界，使人感受到一种精神的享受，感受到一种情操的升华和人格的锤炼。他们从来不是表里不一、言而无信之人，也不是整天陷于尔虞我诈的复杂关系之人，不会在上下级之间、同事之间玩弄各种权术和阴谋，他们只会勤勤恳恳做人、踏踏实实工作。所以，他们得到的任何财富、名誉和地位都是自然而然、心安理得的，他们的内心不但快乐，而且安宁。

你有没有过这样的体验：当你回家自己摆弄电脑、修补渔具、养花种菜时，你虽然也进行着劳动，但你从没有想过报酬的问题，因为你陶醉于其中，劳动成果就是自己的报酬，你是在为你自己工作，为实现你自己的目的而劳动。当人们只为了真正认可的目的而自觉工作的时候，物质报酬只是附带的，他们收获更多的则是自我价值实现的感受，是充实而安宁的生活。

罗素说："我可以独自坐在森林中间的茅舍里，在我自己的和平安宁中，富有主见地和完整地廓清我内在的目的。"你能做到吗？

如果你做到了，那么充实而安宁的生活就唾手可得了。

在其位，谋其政

孔子说："在其位，谋其政。"一个人应该扮演好自己的角色，在家要扮演好自己的家庭角色，在社会上也应该扮演好自己的社会角色。这样的人才是一个称职的人。

在现代职场，孔子的这一思想也是值得人们深思的。一个人既然得到了一份工作，就必须竭尽全力把它做好。不管他本人是否喜欢这份工作，也不管工作的条件是否被他所认可，既然接受了这份工作，就是作出了承诺，必须实现，没有任何商量的余地，也不应该寻找任何借口。

但在实际工作中，我们发现，真正做到"在其位，谋其政"的人少之又少。很多人都是"身在其位，心谋他政"，眼睛盯着更好的职位，慨叹自己空有才华却无处发挥。在抱怨中，自己的工作也耽误了，这样的员工是不称职的，而且还错过了很多宝贵的职业发展的机会。

有一位著名的跨国公司总裁曾告诫自己的员工："要么奉献，要么走人。"不论哪一级的工作人员，都必须"在其位，谋其政"，不要懈怠自己的工作与职责。这位总裁在位期间，从不允许员工在工作中悠然自得，更容不得员工在他的面前找一些理由来搪塞自己的过失。

有一位员工在工作中遇到了一件非常棘手的事，他虽然尽力了，但是事情还是没有得到解决。于是他找到了总裁说："老板，我真的是尽力了，但是我真的办不到。"其实这位员工不是"办不到"，而是他害怕做这件事会触动许多人的利益。

总裁也曾是一位普通员工，他非常理解员工的这种心理，于是对他说："你真的尽力了吗？公司需要的是员工的奉献，你可以找个理由骗过我，但是你骗得过你的良心吗？"后来，这位员工还是想尽办法克服困难，按时将问题解决了。

工作就是你的责任，当你确实需要帮助时，公司会为你提供必要的人力、财力的资助，这对你来说已经足够了。你应该明白，一个员工的任何懈怠、拖延、不负责任，都会给公司造成损失。如果每一位员工都只想着回报，而不能在一些具有挑战性的工作上有所奉献，公司的业绩就不会有突破，个人的利益也会受到损害。

只要你留心观察那些在职场中获得成功的人就不难发现，这些人不论做什么事情，都是"身在其位，心谋其政"，认认真真用心去做，所以，他们

往往能在平凡的岗位上作出不平凡的业绩，正因如此，他们总能在职场中获得成就梦想的机会。

有这样一个故事：

有一次，乔住在纽约希尔顿饭店，饭店的客户服务部经理莉莎·格里贝在与乔的交谈中提到：当初她应聘饭店职员，被分配到洗手间工作时，她有很大的情绪，认为洗手间工作低人一等。但通过一段时间的工作实践之后，她开始认识到工作没有高低贵贱之分，酒店的每一份工作都关系到酒店的服务质量和整体形象。从此她工作认认真真，服务热情周到，许多客人在接受她的服务之后，都交口称赞，因此，她被誉为酒店的榜样。她出色的工作表现，为酒店赢得了很多顾客，不久她被提升为客户服务部经理，拓展了事业的平台。

皮尔·卡丹曾说："真正的装扮就在于你的内在美，越是不引人注目的地方越是要注意，这才是懂得装扮的人。因为只有美丽而贴身的内衣，才能将外表的华丽装扮更好地表现出来。"皮尔·卡丹的装扮理论用在工作上同样富有哲理，越是不显眼的地方越要好好地表现，这才是成功的关键。

著名的马卡姆是伊里诺伊中央铁路局局长。他成功的第一步就是因为他把一件极小的事情做得非常彻底——在扫车站的月台时，他扫得非常仔细。该铁路巡回审计主任杰拉尔德说："我第一次见到马卡姆，当时我正坐在月台前的一个专列里，他穿着深蓝色的工作服，正在打扫月台。他那种扫月台的方法，引起了我的注意，他不留一点尘垢，也不乱用一点气力，就好像工程师设计一项工程一样。当时监察副主任普雷特和我同在一辆车上，我便叫他来注意那个工人扫月台的方法，我们都觉得这个工人值得注意。我们以后对他便格外留心。不久以后，我们就让他在车站上做另外一项工作，想先试试他。他做得非常出色，我们便把他升为头等站长。"对于马卡姆来说，当初他自己肯定没有料到：仔细扫月台会成为他升迁至铁路局局长的第一个台阶。这就是态度的神奇功效！

从这个例子中我们可以看到，不要忽视任何一个细节，工作只有分工的不同，并没有贵贱之分。不要小瞧自己的工作，任何工作都有其自身的价值，都是更大进步的条件。以认真负责的态度走好每一步，就能迈出人生的一大步。

1965年，我在西雅图景岭学校图书馆担任管理员。一天，有同事推荐一个四年级学生来图书馆帮忙，并说这个孩子聪颖好学。

不久，一个瘦小的男孩来了，我先给他讲了图书分类法，然后让他把已归还图书馆却放错了位的图书放回原处。

小男孩问："像是当侦探吗？"我回答："那当然。"接着，男孩不遗余力地在书架的迷宫中穿来插去，小休时，他已找出了三本放错地方的图书。

第二天他来得更早，而且更不遗余力。干完一天的活后，他正式请求我让他担任图书管理员，又过了两个星期，他突然邀请我上他家做客。吃晚餐时，孩子的母亲告诉我他们要搬家了，到附近一个住宅区。孩子听说要转校，就担心地问："我走了谁来整理那些站错队的书呢？"

我一直记挂着他。但没过多久，他又在我的图书馆门口出现了，并欣喜地告诉我，那边的图书馆不让学生干，妈妈把他转回我们这边来上学，由他爸爸用车接送。"如果爸爸不带我，我就走路来。"

其实，我当时心里便认为，这小家伙决心如此坚定，又能为人着想，则天下无不可为之事。不过，我可没想到他会成为信息时代的天才、微软电脑公司大亨、世界首富。

这是卡菲瑞先生回忆起比尔·盖茨小时候时写下的文字。从中我们可以看出，许多伟大或杰出人物身上，总有优于常人之处或早或迟地显示出来。比尔·盖茨对待图书管理员这样的工作，就已经表现出一种超乎同龄人的责任心，难怪他能在信息时代叱咤风云。

毋庸置疑，想成就一番事业，必须从热爱自己的本职工作开始，忠诚于自己的工作岗位，在其位，谋其政。

守住岗位，绝不玩忽职守

对企业来说，要实现基业常青，提升竞争力，员工首先必须坚守岗位，尽职尽责地做好自己的工作。"守住岗位，绝不玩忽职守"强调的是每一位员工要想尽办法去履行自己的职责，不能因为个人原因而玩忽职守，懈怠责任，这是最起码、最基本的敬业精神。优秀员工具备一种负责、敬业的精神，一种完美的执行能力。

但在现实的工作中，有些人常漠视自己应该履行的职责，抱着一种"差不多就行了"的心态去工作。他们之所以如此，就源于他们没有认识到自己的责任，忽视责任的存在，必然会带来严重的后果。

发生在大亚湾核电站塔吊的倒塌事件就是由于岗位上的人员没有尽职尽责，结果酿成了惨剧。

1987 年 11 月初，中国建筑第二工程局的机械加工队承揽了广东省大亚湾核电站部分塔吊安装工程，由武某负责具体安装指挥。

1988 年 1 月 13 日上午，10 号塔吊的前后臂和配重块以及主要部件已基本安装完毕。塔吊回转以上部分未与塔身连接，只靠爬升套架支撑，塔吊处于顶升准备状态。

为安装平台围栏接板，武某违反塔吊不准斜吊的规定，叫起重工王某指挥用配合安装的 9 号塔吊牵引 10 号塔吊前臂转动，致使 10 号塔吊套架处弯折，向南倒塌。

拴在前臂上的 9 号塔吊钢丝绳被拉断。站在前臂端的起重工王某因前臂倒塌被砸死，平台上的电气技术员索某被摔死，塔基南面的起重工杜某被配重块压死，路过现场的职工方某被砸断腿，正在塔上安装的工人胡某等四人随塔吊倒下受轻伤，9 号塔吊司机田某因钢丝绳被拉断而受伤，直接经济损失 76 万余元。

事故发生后，深圳市人民检察院依法立案进行侦查，并请有关专家对事故原因进行了分析鉴定。鉴定意见归纳起来，塔吊倒塌的原因是：

——安装塔吊上部时，旋转台只安放在塔身标准节上端，没有把上下两端的销钉孔用销钉锁住固定，塔吊处于极不稳定状态，为事故埋下了隐患。

——塔吊前臂长 29 米，只伸出 17.9 米，臂重 9.8 吨；塔吊后臂长 7.5 米，管重 6 吨，加上配重 22.5 吨，共 28.5 吨。前后臂不平衡，产生了后倾力。

——塔吊处于准备顶升状态，上下部分没有用销钉连接紧，在这种情况下，塔吊只能承受压力，不能承受拉力。用 9 号塔吊（在上）拉 10 号塔吊前臂（在下），必然产生三个力：向上的拉力使之增加后倾，作用于塔身的推力、旋转力使后臂往外套架危险的开口处扭转。在这三个力的作用下，塔吊迅速向南弯折倒塌。这是由于安装的程序不对，改变了塔吊的受力状态而发生倒塌，而不是塔吊本身的质量不好而引起倒塌的。

从案例中可以看出事故的发生是由于有关岗位上的人员玩忽职守，没有尽职尽责地做好自己的工作而造成的。

玩忽职守，缺乏责任感，不仅会给别人、给公司带来危害，就是对自己也会造成伤害。

克里·乔尼是一位火车后厢的刹车员，因为他聪明、和善、常常面带微笑而受到乘客的欢迎。

一天晚上，一场暴风雪不期而至，火车晚点了。克里抱怨着，这场暴风雪不得不使他在寒冷的冬夜里加班。就在他考虑用什么样的办法才能逃掉夜间的加班时，另一个车厢里的列车长和工程师对这场暴风雪警惕了起来。

这时，两个车站间，有一列火车发动机的汽缸盖被风吹掉了，不得不临时停车，而另外一辆快速车又不得不拐道，几分钟后要从这一条铁轨上驶来。列车长赶紧跑过来命令他拿着红灯到后面去。克里心里想，后车厢还有一名工程师和助理刹车员在那儿守着，便笑着对列车长说："不用那么急，后面有人在守着，等我拿上外套就去。"列车长一脸严肃地说："一分钟也不能等，那列火车马上就要来了。"

"好的！"克里微笑着说，列车长听完了他的答复后又匆匆忙忙向前部的发动机房跑去了。但是，克里没有立刻就走，他认为后车厢里有一位工程师和一名助理刹车员在那替他扛着这个工作，自己又何必冒着严寒，那么快跑到后车厢去。他停下来喝了几口酒暖暖身子，这才吹着口哨，慢悠悠地向后车厢走去。

他刚走到离车厢 10 来米的地方，就发现工程师和那位助理刹车员根本不在里面，他们已经被列车长调到前面的车厢去处理另一个问题了。他加快速度向前跑去，但是，一切都晚了。那辆快速列车的车头，撞到了自己所在的这列火车上，受伤乘客的嘶喊声与蒸气泄漏的咝咝声混杂在了一起。

后来，当人们去找克里时，他已经消失了。第二天，人们在一个谷仓中发现了他。此时，他已经疯了，在凭空臆想中叫喊着："啊，我本应该……"

他被送回了家，随后又被关进了精神病院。

放弃了自己的责任，就意味着放弃了自身在这个社会中更好的生存机会。

许多人之所以一生一事无成，是因为在他的思想和认识中，缺乏对勇于负责这种精神的理解和掌握。他们常常以自由享乐、消极散漫、不负责任、不受约束的态度对待自己的工作和生活，结果沦落为生活中的失败者。

所以，在职场中，无论从事什么工作，在什么岗位上，我们都要坚守住自己的岗位，全心全意、认真负责、兢兢业业地履行自己的职责，只有这样，你才能成为众多竞争对手中的佼佼者。

敬业才能立业

任何一个公司，如果没有敬业精神做支柱，那么这个公司倒闭也是早晚的事情；任何一名员工，如果缺乏敬业精神，那么他丢掉工作也是迟早的

事。敬业是公司的需求，同时也是对自己的提高，因为敬业才能立业。

敬业是一种积极向上的人生态度。秉持这种态度的人会树立"这个世界没有卑微的工作，只有卑微的工作态度"的职业价值观。敬业的人对自己的职业水准有很高的要求：精益求精，永远对工作现状不满意，永远在改善工作。这种敬业精神，在职业生涯发展道路上，直接决定了职业发展的高度。

如果你去问今天大专院校学生工作好不好找，相当一部分人会说不好找。如果你去问今天的公司经理们，人才是不是很易得，同样也会有相当一部分人说找个合适的人才并不易。其中的原因，绝不是"信息不对称"所能解释的。没有敬业精神，做不好本职工作，你又怎么能找到自己立业的突破口？

从这个角度说，敬业又是一种职业能力。我们把制约职业生涯发展的主观因素称为能力，而敬业就是在一定职业生涯发展阶段制约、影响我们进一步发展的主观因素。所以，没有敬业精神就不单单是职业道德的问题，更是一种职业能力的缺失。

在事业发展中，有了敬业精神，我们就会深深地喜欢上我们所从事的职业，由此我们才会更进一步地专心致志从事我们所做的事，从而达到专业的程度。专家才会成为赢家，如此你也就成就了你的事业。

有一个集团公司的行政总监，在他成为行政总监之前，不过是公司行政部的一名普通职员。

从他进入公司那一天起，他就非常努力、敬业，主动承担责任。很多工作虽然不是他分内的事，但他还是主动做得尽善尽美。他每天第一个到办公室，最后一个离开。虽然没有人承诺给他加班费，他还是经常加班，为的是不让工作拖到第二天。他总能提前完成主管交办的工作，并且做得很好。

他这样做的时候，自然也有同事嘲讽他。但他没有在乎这些人的嘲讽，依然坚持自己的工作态度和做事原则。因为他做得越多，对公司了解的层面也越广，掌握的技能也越多，公司也就越需要他。

他的表现，部门经理看在眼里，总经理也看在眼里。总经理在交了一两件事给他办之后对他产生了信任，之后便交给他更多的任务让他去完成，并有意地让他参与公司的一些重要会议。

有同事对他说："总经理增加你的工作，你应该要求加薪。"

但他没有要求加薪。他知道自己已经得到很多——他在很多方面其实已经超过同部门的老员工，这种收获绝对不是薪水所能换来的。

总经理给他增加任务实际上是在考察和培养他。总经理早对原来的行政

经理不满，那个行政经理年龄虽不大却一副老气横秋的样子，自负傲慢又不肯承担责任，出了问题总为自己找一大堆借口。

在经过一段时间的考察和培养后，总经理作出决定——解聘原来的行政经理，让这个普通的职员取而代之。人事命令一公布，整个集团为之哗然。人们开始议论纷纷，这时总经理说出自己的看法："这个年轻人身上有一种最宝贵的东西，这也是我们公司所需要的，而且是很多员工所缺少的，那就是勤奋、敬业和忠诚。我承认他的管理能力和经验都还欠缺，文凭也不高，但只要有勤奋、敬业和忠诚就什么都学得到，我相信他一定能够胜任行政经理的工作。"

事实证明，总经理的决定一点也没有错，这个年轻人只在刚上任的一两个月里感到有点吃力，之后对工作游刃有余，因为他勤奋、敬业和忠诚。

所以，企业里敬业的员工，才是老板最欣赏最看重的员工，也是最容易成就事业的员工。

路易大学毕业后，先是在父亲开的清洁公司干活。父亲用一桶清洗液和一把钢丝刷，头顶烈日为儿子上了重要的一课：每一件工作都好比是你的签名，你的工作质量实际上等于你的名字，只要脚踏实地、埋头苦干，迟早会出人头地。他按照父亲的教导，用钢刷蘸着清洗液把砖头洗得干干净净。

后来，路易在西南食品超市由包装工升为存货管理员，整天干着装装卸卸、摆摆放放这些细小麻烦的工作，但他始终一丝不苟、乐此不疲。有朋友屡次劝他："别把青春耗费在这种没出息的事情上！"但他却不以为然，仍是坚守着自己的工作信条：工作无大小，干好当下每件事。朋友认为他是个大傻瓜，一辈子也干不出什么名堂来。但路易为自己能干好这件谁都不愿干的工作而自豪不已。他相信父亲的话："只要自己不断努力，只要认真地做好每件事，上帝一定会眷顾你的。"

果不其然，数年后路易脱颖而出，成为拥有8家商店、一年总营业收入达几千万的大老板。而当初劝他的朋友们大多默默无闻。

敬业的员工，他们努力、尽职尽责、力求完美地干好工作，不是为了对老板有个好的交代，而是敬业精神驱使他们无论干什么样的工作，都必须做到尽善尽美。

在竞争越来越激烈的现代职场，敬业更是成就大事不可或缺的重要条件。它是强者之所以成为强者的一个重要原因，也是一个弱者变成一个强者应该具备的职业品行。你如果在工作中具有敬业精神，并把敬业变成一种习

惯，那么无论从事什么行业，你都是所处领域里出类拔萃的佼佼者。

有人曾经在雨天对公交车的停车方式做过调查，结果发现：一个路边有很深积水的车站旁边，75％的司机把车停在了距离乘客2米左右的地方，乘客没有办法一步跨上车，只能踩着水过去；15％的司机在快到车站的时候，没有减速，以致车轮溅起的积水淋到了乘客身上；只有10％的司机主动减速停车，并把车停在乘客抬脚就能上车的地方。后来，调查人员发现，那10％主动为乘客着想的司机，在工作中一直十分敬业，也获得了更快的提升。

通用电气公司的前总裁杰克·韦尔奇曾经说过："任何一家想靠竞争取胜的公司必须设法使每个员工敬业。"敬业的人是企业争抢的香饽饽，员工敬业的最直接结果是企业不断发展，希望自己的事业兴旺发达，则是每个老板的愿望。本着这样的愿望，他自然就会需要一个、几个乃至一批兢兢业业、埋头实干的下属。你如果具有这样的品质，那你必然是受老板欢迎的人；而且，你的这种敬业精神也会在一定程度上感染你身边的其他人，形成良好的工作氛围，你也会得到同事的欢迎，你被认可、被重用、被提拔将是再自然不过的结果了。

敬业是立业的前提和基础。有了敬业精神，才能有立业之志、立业之能，才能增立业之才。敬业精神会化苦为乐，化复杂为简单，化踌躇为果断。敬业会让我们产生无穷的毅力和决心，从而达到立业的目的。

第二章

落实责任，打造你的核心竞争力

让责任成为自己的习惯

一位曾多次受到公司嘉奖的员工说："我因为责任感而多次受到公司的表扬和鼓励，其实我觉得自己真的没做什么。我很感谢公司对我的鼓励，其实担当责任或者愿意负责并不是一件困难的事，如果你把它当作一种习惯的话。"

当承担责任成为你的工作习惯时，你的身上就会焕发出无穷的人格魅力。

这是一个医生亲眼目睹的一件普通得不能再普通的突发事件。

西部地区的一个城乡结合部正在大搞建设，工地一角突然坍塌，脚手架、钢筋、水泥、红砖无情地倒向下面正在吃午饭的民工，烟尘四起的工地顿时传来伤者痛苦的呻吟。

这一切都被路过的两辆旅游大客车上的人看在眼里。旅游车停在路口，从车里迅速下来几十名年过半百的老人，他们好像没听见领队"时间来不及了"的抱怨，马上开始有条不紊地抢救伤者。

现场没有夸张的呼喊，没有感人的誓言，只有训练有素的双手和默契的配合。没有手术刀就用瓷碗碎片打开腹腔，没有纱布就用换洗衬衣压住伤口。当急救车赶来的时候，已经过了50分钟，从一个外科医生的眼睛来看，这些老人们至少保住了10个民工的生命。

在机场，这名医生又遇到了这些老人们的领队，两个时尚的年轻姑娘一边激烈地讨论这么多机票改签和一些费用结算问题，一边抱怨这些老人管了闲事却让她们两个为难。

老人们此时已经换上了干净的衣服。他们身上穿的大多都是去掉了肩章的制服衬衣，陆海空都有，每个人都以平静祥和的神态四下张望候机厅的设施。那位医生断断续续听到其中一个老人面带歉疚地对两个年轻姑娘说道："军医同学……不管心里多么过意不去……老人们这脾气……"

是啊，这些老人做得对，如果说责任还可以逃避，但你的心能吗？一个人可以完全忘掉歉疚，或者带着歉疚生活一辈子，只要他觉得这份歉疚对自己不会有任何影响。可是，你要知道，任何经历过的歉疚都会像醋酸腐蚀铁制的容器一样慢慢侵蚀你的心灵，久而久之，让你再也无法用明亮清澈的眼睛和一颗坦然的心对待工作和生活。

一个人只有具备强烈的责任感，对自己的生活和工作时刻抱着负责的态度，他才能更坦然和无愧地面对自己的内心，有很多方法可以培养我们内心的责任感。例如注意工作中的细节就有助于责任感的养成。一个书店的营业员都能经常擦拭书架上的灰尘，一家公交公司的司机，能让自己的车天天保持整洁，这些做法渐渐地就会习惯成自然。当责任感成为一种习惯，成为一个人的生活态度，我们就会自然而然地担负起责任，而不是刻意地去做。当一个人自然而然地做一件事情时，当然不会觉得麻烦，更不会觉得劳累。当你意识到责任在召唤你的时候，你就会随时为责任而放弃别的一切，而且你不会觉得这种放弃有多么艰难。

当责任成为你的工作态度和习惯时，工作对于自身的意义就不仅仅是赚钱那么简单，也就不会因为公司的规定而觉得自己的自由受到了羁绊，更不会做出违背公司利益的事。

作为员工，不要总抱怨老板没有给你机会，有空的时候不妨仔细想一想，你是否能够把老板交给你的任务漂亮地完成并且没有那么多的废话？你是否平时就给老板留下了一个能够承担责任、勇于负责的印象？如果没有，你就别抱怨机会不来敲你的门。

当你少一些抱怨、少一些牢骚、少一些理由，多一分认真、多一份责任、多一分主动的时候，你再看看机会会不会来敲你的门。

对工作负责，让你更受益

任何一项工作都蕴含着无限的成长机会，机会也总是光顾那些努力工作的员工。不必为自己的前程烦恼，一切尽在努力工作中，努力工作能让你迅速成长起来。

从前有位穷人，他只有一小块土地和一小袋种子。到了耕种的季节，他每天天不亮就起床下地干活，精心地在自己贫瘠的土地上播种。到了晌午，太阳火辣辣地照在肩膀上，他就来到一个树桩边休息。当他坐下的时候，一小把种子顺着他的口袋滚了出来，掉进了树桩下的洞里。

"哎，它们在这里根本没办法生长，"这个人叹息道，"即使这么一点种子，我也丢不起。"于是，他回到地里拿来铁锹，开始在树桩的根部挖。天气越来越热，汗水顺着他的后背、额头往下淌，他根本无暇顾及这些，还是在那里认真地挖。最后，他终于在一个深埋在地下的铁盒子上找到了它们。他打开盒子，发现里面全都是黄金——这足够让他后半生衣食无忧，过上幸福快乐的日子。后来，人们总是对他说："你一定是世界上最幸运的人。"

"是的，我很幸运，"他说，"但我日出而作，在炎热的天气里挖种子，我没有浪费掉一粒种子，况且那些金子也是我用劳动的双手挖出来的，不是自己从天上掉下的馅饼。"

这个故事说明：任何一项工作都蕴涵着无限的成长机会，机会也总是青睐于那些努力工作的员工。不要为自己的前程烦恼，而是通过努力工作让自己迅速成长起来。

有付出才有收获，这是自然规律。当你从一个初出茅庐的新手成长为一个熟练的、高效的员工时，你实际上已经从工作中获益很多。

工作能够给你带来各种回报。工作回报给你的，不仅是用以满足你基本的物质生活和精神生活需求的薪水，而且还会让你享受到工作带来的乐趣和成就感。

工作是人生的一种需要，是人生不可或缺的、无法避开的一部分。从工作中找到乐趣并热爱它，你也会变得快乐起来，不再感觉工作是一件苦差事。克雷尔曾说过这样一句话："在工作本身找到乐趣的人最有福了，因为他不必再求其他福祉了。"

工作之于人有时不啻于万应万灵的仙丹妙药。要想治疗懒散怠惰的毛病，最好的方法就是工作；要想防止邪念侵袭，也唯有投入工作。凡人的精神上、心理上以及行为上的种种病根，诸如消极、悲观、愤懑、嫉妒、暴躁、刻薄，等等，没有一样不是要以工作为处方，使之彻底根治的。

全身心地付出，尽职尽责地工作，摒弃不切实际的幻想，少一点野心和功利，也许每一个人都能享受到工作和生活的乐趣。

对于自己所从事的工作，爱与厌，苦与乐，大都存乎一念之间。有人成天郁郁寡欢，抱怨自己的工作不好；有人天天心情舒畅，把工作当成享受。"三百六十行，行行出状元"，这不仅强调了每一项工作的重要，更说明了每一项工作都大有可为。工作带给你的是快乐还是折磨，主要在于你对工作的态度。

常亮在担任一个生产性企业顾问时，发现了一个当时令他感到奇怪的现象——有一个车间的工人总是死气沉沉、没精打采。原来，这个车间是整个企业中最脏最累的一个车间，每个到这个车间工作的工人都认为自己很不走运。

然而，在这个车间中却有一个年轻人显得十分愉悦，他充满活力和朝气，时不时地与他人打招呼，甚至还不时地哼哼曲子、吹吹口哨。

"年轻人，你为什么这么快乐？"常亮问道。

"因为我喜欢和热爱这个工作岗位。"年轻人头也不回地答道，说完又哼起了曲子、吹起了口哨。

自然地，那些自认为很不走运的人，是绝不会热爱这个工作岗位的。

见到这种情形，常亮很感动。他也信心十足地认为，即便这位年轻人将来没有得到提升，也没有比任何其他人多挣一分钱，但是他所得到的会远比他的同事多得多。他拥有的好心情，就是他的同事所不具有的，何况好心情还有利于健康。

事实上，在任何情形下，都不能厌烦自己的工作。即使你为环境所迫，只能从事一些乏味的工作，你也应想方设法使工作变得有意义、有乐趣。当你以这种态度投入工作时，你无论做什么，都可从中享受到工作的无穷乐趣。因此，从表面上看，一个人的工作是有益于公司、有益于老板的，但其实最终的受益者还是自己。

当我们把工作看成生活的一部分时，我们就能从中学到更多的知识，积累更多的经验，就能从全身心投入工作的过程中找到快乐。也许这一切不会有立竿见影的效果，但可以肯定的是，当"不好好工作"成为一种习惯时，其结果可想而知。工作上投机取巧也许只给你的老板带来一点点的经济损失，但是可以毁掉你的一生，想想这两种结果孰重孰轻？

工作是你衣食住行的保障，工作为你带来乐趣，消除你的烦忧，所以，好好地对工作负责，你就会发现自己是最大的赢家。

责任就是竞争力

　　责任保证了一个企业的竞争力，在激烈的市场竞争中，任何一家想以竞争取胜的公司都必须设法使每个员工有责任感。没有富有责任感的员工，企业就无法为顾客提供高质量的服务，就难以生产出高质量的产品，企业也就无法在这个竞争激烈的社会上立足。

　　德国是奔驰、宝马的故乡。面对奔驰、宝马，你一定会感受到德国工业品那种特殊的技术美感。从高贵的外观到性能优异的发动机，几乎每一个细节都无可挑剔，极好地体现出德国人对产品完美的无限追求。德国货有如此高的品质，以至于在国际上成为"精良"的代名词。

　　那么为什么德国的这些产品就能获得这样的好口碑呢？这受益于公司员工的责任感。他们时刻牢记自己的责任，不放过任何一个瑕疵，因此，最后的成品才能广受好评。正是责任感让奔驰、宝马成为国际品牌。

　　员工的责任心就是企业的竞争力。决定一个企业成败很关键的一点，就是所有的成员有没有责任意识，能否对得起自己应负的责任。

　　海尔的一位员工说："我不管是在自己家里、在朋友家里或是大街上，时时都会把别人对我们海尔的意见记录下来。"这就是海尔人的责任意识，这就是海尔为什么能成功的秘密。

　　在 IBM 公司，每一位员工都有一种意识——我就是公司的主人，并且对同事的工作和目标有所了解。员工主动接触高级管理人员，与上司保持有效沟通，对所从事的工作更是积极主动，并能保持高度的工作热情。

　　在 IBM 公司的理念中，人是最重要的因素，无论这个人是管理者、普通员工、顾客，还是竞争对手。IBM 公司尊重每一个员工的想法。在 IBM，每个人都可以使公司有所改变，公司的每一个变化、每一个进步，都与个人密切相关。虽然这是一个十分简单的企业理念，却对所有的员工产生了巨大的影响。

　　不仅是 IBM，许多著名的公司都已经认识到让员工发挥自身优势的重要性。

　　美国惠普公司创建于 1939 年，该公司不但以其卓越的业绩跨入全球知名的百家大公司行列，更以其对人的重视、尊重与信任的企业精神闻名于世。惠普的创建人比尔·休利特说："惠普的成功，靠的是'重视人'的宗旨，就是相信惠普员工都想把工作干好，有所创造。只要给他们提供适当的

环境，他们就能做得更好。"

3M 公司鼓励所有的员工提出新点子，可粘贴的小记事本就是一个普通员工的发明，现在它已经是办公室文员案头必备的办公用品。

苹果电脑公司认为，"人人参与"、"群言堂"的企业文化是公司生命力的源泉。苹果公司愿意发现每一个员工智力的闪光点，他们鼓励每个员工说出对新产品开发的想法，发表自己的创意。正是这种人人参与的企业文化构筑了苹果公司最坚实的基础。

所有这些成功企业的经验带给我们这样一个启示：有责任心的员工是企业的栋梁，是推动企业发展的关键力量。每一名员工都应当意识到自己对公司的责任，并为公司的发展积极贡献自己的力量。关于员工责任感，一名企业经营者曾讲述过这样一段亲身经历：

有一次坐公共汽车，等了很久，公共汽车终于来了，大家"呼"的一声蜂拥而上，有限的空间立刻被挤得密不透风。也许是压得太沉，车子走了一段路后，"咣"的一下在马路中央抛锚了。司机下车检查了半天，无奈地对大家说："没办法，请大家帮帮忙，把车子推到路边。"

大家只得下车，只有三个人下车后主动来到车后，和售票员一起推车；一部分人在旁边看着，嘴里不停地埋怨；还有些人或许有"急事"，准备另找车子。

开始，四个人吃力地推着，但推不动车子，在售票员的再三招呼下，又加入三个人。人多力量大，很轻松地就将车子推到马路边，推车的人没有一句怨言。

在我们的工作中经常会遇到"抛锚"的情况，也有像上面那样的三种人：

（1）有的人会有一种强烈的责任感，会主动承担起自己的责任。

（2）有的人会持观望的态度。

（3）还有人毫无责任感，身边的事似乎与己无关，遇到问题不闻不问，一走了之。

其实，这辆车子就好比是我们的国家、我们的企业，富也好，穷也罢，都是我们大家的。车况好时，我们坐在上面很快就能到达目的地；车子坏了，走不动、推不动时，我们不能抛弃它，要爱惜它，尽自己的力量帮助它，更要明白这是我们的责任！只有人人都尽了自己的责任，车子才能再次发动起来，载着我们顺利前进。

没有做不好的工作，只有不负责的人

态度决定一个人的工作绩效。微软公司总裁比尔·盖茨认为，评价一个人做事的好坏，在工作中是否能够做到尽职尽责和尽善尽美，只要看他工作时的精神和态度即可。如果一个人工作起来充满热情，他就能够做到精益求精和力求完美；如果做起事来总是感到受了束缚，感到工作劳碌辛苦，没有任何趣味可言，那他绝不会做出什么伟大的成就。

一家公司的两名员工在休息室里聊天。其中一个说到："整天忙来忙去的，全是在为老板干活，可老板还经常说我办事没效率。拿的那么一点工资都不够女朋友逛一次商场，每天下班以后腰酸背痛，没精打采。第二天醒来的时候虽然是阳光灿烂，但是我的心里却是灰色的，想想一辈子要过这样的生活，心里就不是滋味。"

另外一个人非常同情地看着他说："我很少有这样的感觉，每天我把工作当作自己的事业来做。在工作的时候我身上就好像有一种激情在燃烧似的，让我精力充沛，效率不错也不觉得累。当然有时候我也会遇到一些不如意的事情，心里也会感到些许的不舒服。回去睡一觉，第二天太阳照样升起，又开始新的一天。"

这两个人不同的地方就在于工作态度的不同。对工作缺乏热情，在工作中敷衍了事，工作效率自然就要大打折扣。

诺贝尔奖获得者爱德华·亚皮尔顿曾说过这样一句话："我认为，一个人想在科学研究上有所成就的话，热忱的态度远比专门知识来得重要。"同样，一个人要想在工作中取得成就，热情负责的态度要比能力更加重要。

有一个人，生下来就双目失明，为了生存，他子承父业，开始种花。他从未见过花是什么样子，只听别人说花是娇艳而芬芳的，他闲暇时就用手指尖触摸花朵、感受花朵，或者用鼻子去闻花香。他用心灵去感受花朵，用心灵绘出花的美丽。

他比任何人都热爱花，每天都定时给花浇水、拔草、除虫。下雨时，他宁可自己淋着，也要给花挡雨；盛夏时，他宁可自己晒着，也要给花遮阳光；刮风时，他宁可自己顶着狂风，也要用身体为花遮挡……

不就是花吗，值得这么呵护吗？不就是种花吗，值得那么投入吗？很多人对此都不理解，甚至认为他是个疯子。"我是一个种花的人，我得全身心投入到种花中去，这是种花人应尽的职责！"他对不解的人说。正因为如此，

他的花比其他所有花农的花都开得好，备受人们欢迎。

一个人无论能力高低，岗位大小，只要能够以一种负责的态度积极地投入自己的工作，就能够做好自己的工作，赢得别人的尊敬。相反，如果只是敷衍和应付自己的工作，再拿手的事情他也会做得一团糟。

彼特做了一辈子的木匠工作，他因敬业和勤奋深得老板的信任。随着年老力衰，彼特对老板说，自己想退休回家与妻子儿女共享天伦之乐。老板十分舍不得他，再三挽留，但是他去意已决，不为所动。老板只好答应他的请辞，但希望他能再帮助自己盖一座房子。彼特自然无法推辞。

但彼特已归心似箭，心思全不在工作上了。用料不那么严格了，做出的活也全无往日的水准。老板看在眼里，但却什么也没说。等到房子盖好后，老板将钥匙交给了彼特。

"这是你的房子，"老板说，"我送给你的礼物。"

老木匠愣住了，悔恨和羞愧溢于言表。他一生盖了那么多豪宅华亭，最后却为自己建了这样一座粗制滥造的房子。

同样一个人，可以盖出豪宅华亭，也可以建造出粗制滥造的房子，不是因为技艺减退，而是因为失去了责任感。如果一个人希望自己一直有杰出的表现，就必须在心中种下责任的种子，让责任感成为鞭策、激励、监督自己的力量。

尽职尽责才能缔造完美工作

在德州一所学校演讲时，麦金莱总统对学生们说："比其他事情更重要的是，你们需要尽职尽责地把一件事情做得尽可能完美。与其他有能力做这件事的人相比，如果你能做得更好，那么，你就永远不会失业。"

在一家皮毛销售公司，老板吩咐 3 个员工去做同一件事：去供货商那里调查一下皮毛的数量、价格和品质。

第一个员工 5 分钟后就回来了，他并没有亲自去调查，而是向下属打听了一下供货商的情况就回来做汇报。30 分钟后，第二个员工回来汇报。他亲自到供货商那里了解皮毛的数量、价格和品质。第三个员工 90 分钟后才回来汇报，原来他不但亲自到供货商那里了解了皮毛的数量、价格和品质，而且根据公司的采购需求，将供货商那里最有价值的商品做了详细记录，并且和供货商的销售经理取得了联系。

在返回途中，他还去了另外两家供货商那里了解皮毛的商业信息，将3家供货商的情况做了详细的比较，制订出了最佳购买方案。

第一个员工只是在敷衍了事，草率应付；而第二个充其量只能算是被动听命；真正尽职尽责地行事的只有第三个人。简单地想一想，如果你是老板你会雇用哪一个？你会赏识哪一个？如果要加薪、提升，作为老板你愿意把机会留给谁？如果你想做一个成功的值得老板信任的员工，你就必须尽量追求精确和完美。认认真真、兢兢业业地对待自己的工作是成功者的必备品质。

事实上，各行各业都需要全心全意、尽职尽责的员工，因为尽职尽责正是培养敬业精神的土壤。如果在你的工作中没有了职责和理想，你的生活就会变得毫无意义。所以，不管你从事什么样的工作，平凡的也好，令人羡慕的也好，都应该尽心尽责，求得不断的进步。即使你的环境困苦，如果能全身心地投入工作，最后你获得的不仅有经济上的宽裕，还会有人格上的自我完善。

尽职尽责还需要持之以恒。功亏一篑的事情在这个世界上太多了。比如说，开水烧到99℃，你想差不多了，不用再烧，很抱歉，你永远喝不到真正的开水。在这种情况下，百分之九十九的努力等于零。

无论做什么工作，都要能沉下心来，脚踏实地地去做。一个人把时间花在什么地方，就会在哪里看到成绩，只要你的努力是持之以恒的。这是非常简单却又实在的道理。可是，许多员工还是三天打鱼，两天晒网，这样是永远也不会看见成就的。工作虽然累，但是如果你认真地、尽心尽力地去做，工作会让你找到天堂的。

也许你是一个不错的员工，雇主会信赖地指派你去办个小差事，你能保证把任务完成吗？是的，也许你可能完成。但如果你前往办事的地方是有名的旅游胜地，你会不会忘了尽职尽责呢？或者你谈判的地方是充满了诱惑的娱乐场所，你会不会放松你的责任心呢？

事实上，太多的员工在接到一项任务时，都会有压力和厌烦感，有时候他们不能克制自己，他们会因为外界的诱惑而不能把精力投入到他的工作中去。能否努力克制自己是尽职尽责的员工和平庸员工的巨大差别。青年人应该记住：即使天塌下来，也要克制住自己。

在实际工作中，很多人都认为自己的工作已经做得很好了。但是，你真的已经发挥了自己最大的潜能而把事情做得尽善尽美了吗？每一个人都拥有自己难以估量的巨大潜能，假如能够以尽职尽责的态度工作的话，就能够把

自己身上的潜能最大限度地发挥出来，而把事情做得尽善尽美。

有一个刚刚进入公司的年轻人，自认为专业能力很强，对待工作十分随意。有一天，他的上司交给他一项任务——为一家知名的企业做一个广告宣传方案。

这个年轻人自以为才华横溢，用了一天的时间就把这个方案做完了，交给上司。他的上司一看不行，又让他重新起草了一份。结果，他又用了两天时间，重新起草了一份，交给上司看了之后，虽然觉得不是特别完美，也还能用，就把它呈报给了老板。

第二天，老板让年轻人的上司把他叫进了自己的办公室。问他："这是你能做得最好的方案吗？"年轻人一怔，没敢回答。老板轻轻地把方案推给了他，年轻人什么也没说，拿起了方案，折回了自己的办公室。

然后，他调整了一下自己的情绪，又修改了一遍，重新交给了老板。老板还是那一句话："这是你能做得最好的方案吗？"年轻人心中还是忐忑不安，不敢给予一个肯定的答复。于是，老板让他还是拿回去重新斟酌，认真修改。

这一次，他回到了办公室里，费尽心思，苦思冥想了一个星期，彻底地修改完后交了上去。老板看着他的眼睛，依然问的是那一句话："这是你能做的最好的方案吗？"年轻人信心百倍地回答说："是的，我认为这是最好的方案。"老板说："好！这个方案批准通过。"

有了这一次的工作经历之后，年轻人明白了一个道理：只有尽职尽责的工作，才能够把工作做得尽善尽美。以后，在工作中，他便经常叮咛自己：不要分心，一定要尽职尽责地对待自己的工作。结果，他变得越来越出色，受到了上司和老板的器重。

职场上就是这样，有些员工本来具有出色的能力，却因为不具备尽职尽责的工作精神，在工作中经常出现疏漏，结果让自己逐渐平庸下去。而另外有一些人，刚开始在工作中表现得并不出色，他们也明白自己的情况，为了改变自身的境况，他们全身心地、尽职尽责地投入到工作之中，想尽一切办法把自己的工作做得完美。结果，在事业上取得了一定的成就。

无论做什么事都需要尽职尽责，它对事业上的成败都起着决定作用。一个成功的经营者说："如果你能真正制好一枚别针，应该比你制造出粗陋的蒸汽机赚到的钱更多。"然而，这么多年来，没有多少人领会到这一点。

一旦领悟了全力以赴地工作能消除工作的辛苦这一秘诀，就掌握了获得

成功的原理。即使你的职业是平庸的，如果你处处抱着尽职尽责的态度去工作，也能获得个人极大的成功。如果你想做一个成功的值得上司信任的员工，你就必须尽量追求精确和完美。尽职尽责地对待自己的工作是成功者的必备品质。

第一篇 职业精神篇

第三章

履行忠诚，做工作最大的受益者

忠于公司是员工的本分

玛丽是某公司一位普通职员，每天出外勤递交文件、打扫环境卫生、清理垃圾等。工作琐碎且辛苦，不过她总是尽着自己的本分，毫无怨言。

她连续五年上班全勤，无论刮风下雨从未迟到早退，而且乐于助人，年年当选优秀员工。她自动放弃每两周一次的周六休假，也从未填报加班费。她经过的公司角落，你不会看到不该亮的灯、滴水的水龙头，或是地上的纸屑。

她似乎比老板还要珍惜和爱护公司，而且更是维护地球环境的实践者。清理垃圾时她坚持实施垃圾分类，复印坏的纸张或是一些背面空白的废纸，她都裁成小张分给同事做便条纸，其他废纸只要是可以回收的，就一一摊平后与废纸箱一并捆绑卖给收废纸的，得到的钱捐给工会。

玛丽已经把企业视为自己的家了。她的境界赢得同事们由衷的敬佩，尤其当拥有高学位的员工抱怨工作不顺时，看到她每天很认真地做事时，也就无话可说了。两年后，学历普通的她在那些学士、硕士们羡慕的目光中被破格提升为总务主任，进入公司中层主管的行列。

对自己的工作能负起责任来，那么，你一定会受到领导的赏识。即便是你的上司对于你的忠诚视而不见，但你的精神会被你周围的人看在眼里，你也会因为责任和忠诚而获得他人的尊重。一个有良好口碑的人，迟早都会脱颖而出的。

对于员工来说，如果缺少忠诚，就很难把工作做好，这阻碍他们潜力的发挥。一个人放弃了自己的职能，就意味着放弃自身在这个社会中更好的生

存机会，就等于在可以自由通行的道路上自设路障。

方成丝钉厂是中部省份的一个县办集体所有制企业，20世纪70年代，工厂的业务特别红火。虽然那时还是计划经济，各种原材料都要依靠计划指标才能购置，但该厂的产品却远销全国各地。

到20世纪80年代，东南沿海地区开始在计划之外做市场，这种丝钉类的产品没有多少技术含量，逐渐被沿海地区价格更便宜、质量更好的产品所替代。

产品滞销，工厂的日子当然越来越不好过，慢慢的开始只能发70％的工资，有时甚至连70％的工资也不能保证按时发放。很多员工对此很是不满，有的开始在下班的时候往工具包里装钉子，然后到集市上低价倒卖。时间长了工厂愈发亏损。

为防止工人下班偷钉子，工厂曾经在大门口安放了大型吸铁石和报警器，搞得人人自危。结果可想而知，工厂最后还是垮了。

忠诚的员工把自己当作公司的主人，想公司的事，解公司的急，与公司同发展、进步。他们清楚个人是"小我"公司是"大我"，只有爱自己的公司，才能最终爱及自己。

每个员工的进步都会推动公司的成长，每个员工的努力都会为公司的进步增添一份力量，实现自身的进步和促进公司的成长是每一位员工义不容辞的责任，只有不断成长的员工才能为公司创造更大的价值，只要这样去想、去做我们才能成为公司的支柱。

亨利大学毕业后应聘到美国杜邦公司工作，刚开始他被分配到总部的行政部工作，每天处理一些零星琐碎的事务。就是这样一个看上去并不怎么起眼的部门，当时却云集了许多拥有高学位的尖端人才，这让亨利感到压力很大。

工作一段时间以后，亨利发现部里的许多员工都很傲慢，架子似乎一个比一个大，仰仗自己学历高、资历深，而忽视了身边一些实质性的工作。大多数人整天不是寻思着怎样享乐就是热衷于"第二职业"，并不把自己分内的工作当成头等重要的事情，也就是说，他们并不敬业。

而亨利却不是这样，他反其道而行之，一头扎进工作中，从早到晚埋头苦干，还经常加班加点。没多久他的业务水平提高很快，成了部里的"顶梁柱"，并逐渐受到上级的重用。渐渐地，他凭着办事认真以及果敢干练的工作作风在同行中脱颖而出，成了部长离不开的左膀右臂，没多久就受到提薪提职的嘉奖。现在，亨利已经是杜邦公司在亚洲分公司的负责人了。

"我属于这个企业，并不仅仅因为我在这里工作，因为我的内心告诉我，我对企业负有责任，我必须忠诚于我的企业。"在一个企业年终总结大会上，一位获得嘉奖的优秀员工这样说。的确，一个人究竟属不属于一个企业，并不仅仅在于他是否在企业工作，关键看他的心在不在公司，他是否忠诚于公司。

小郭大学毕业后进入一家广告公司工作。他发现有些同事平时做事敷衍，一旦老板出现在办公室，就立刻像变了个人似的，双手忙得不可开交，桌子上摆满了各式各样的订单与报表，所有这些在向老板证实："我才是公司中最卖命的员工。"

最让小郭看不下去的是，一些同事还会当着老板的面训斥一些新的同事"不会做事，只知道偷懒"。

小郭认为自己算不上是一个精明的人，于是做事总是勤勤恳恳，虽然老板分配给他的工作量不是很大，但是，他在工作中却很少有私人的时间。

但是，老板的心里最明白：公司中，谁是最忙碌、最有价值的员工。过不了多久，这些公司里的闲人都会被扫地出门，纵然他们有着非常优秀的业务素质。而那些尽管没有一流专业技能却认真做事的员工，往往会得到老板的器重。

许多员工认为自己只是一个打工者，与公司只是一种雇佣与被雇佣的关系，甚至有意无意地将自己置于同老板或上司对立的地位，这实在是一种错误的认识。虽然工作与取得报酬有直接的关系，但事实上这并非全部，如果让这种想法控制你的思想，我们可以断言，危害是极大的。

在美国宾西法尼亚州的山村里，曾有一位出身卑微的马夫。他小时候生活非常贫苦，只受过短时期的学校教育。从他 15 岁那年开始，他开始赶马车，两年后他才谋到另外一个职业，每周只有不到 3 美元的报酬。他无时无刻不在寻找着机会。后来他又应某工程师的招聘，去了卡内基钢铁公司上班，日薪 1 美元。由于他的勤奋好学，没多久就被提升到技师，接着升任总工程师。到 25 岁时，他已经是那家公司的总经理了。到 39 岁，他一跃升为全美钢铁公司的总经理。他就是现在美国著名的企业家查理·斯瓦布先生。

斯瓦布先生成功的秘诀是：他每得到一个位置时，从不把薪水看得有多么重要，而是把忠诚自己的职业放到首位，像爱惜自己的眼睛一样珍惜自己获得的职位。他经常用美国西点军校的一句著名格言来勉励自己：像忠诚上帝一样忠诚国家，像忠诚国家一样忠诚职业。

所以，企业里忠诚的员工，才是老板最倚重的员工，也是最容易成功的员工。如果你的能力一般，忠诚会带你走向更好；如果你本身就已经很优秀，忠诚会引领你登上更为成功的高峰。

忠诚本身就是一种能力

在越来越激烈的竞争中，人才之间的较量，已经从单纯的能力对比延伸到了品德方面的对比。在所有的品德中，忠诚越来越受到企业的重视，因为只有忠诚的人，才可能有资格成为优秀团队中的一员。

忠诚是一种品德，但忠诚仅仅是一种品德吗？以研究军事著称的博士克里斯·麦克赖仆曾经说过："忠诚已不仅仅是品德范畴的东西了，它更成了一种生存技能。"

曾在海军陆战队任职的洛里·西尔弗少校，在给企业做管理顾问工作时，绘出了一张能力与价值关系示意图。

在图中，有两个圆筒和一个箭头。其中左边的圆筒为"技能仓库"，包含了计划能力、组织能力、技术能力、语言表达能力、解决问题能力……右边的圆筒为"价值仓库"，箭头为"技能运输通道"。不论何种技能，都必须通过"忠诚"这一运输通道，才能为一个人所在的组织创造价值。也就是说，忠诚能够让一个人具有最佳的精神状态，精力旺盛地投入工作，并将自己的潜能发挥到极致。

一位化妆品公司的老板费拉尔先生重金聘请了一位叫杰西的副总裁，杰西非常有能力，但到公司一年多来，却几乎没有创造什么价值。

杰西的确是一个人才。从他的档案上显示，他毕业于哈佛大学，到费拉尔公司之前，曾经在3家企业担任高层主管。他非常擅长资本运作，曾经带领一个5人团队，用3年时间将一个20人的小企业发展成为员工上千人、年营业额5亿多美元的中型企业，创造了令同行称道的"杰西速度"；在1998～2000年间，他更是叱咤华尔街，掀起一阵"杰西旋风"。

这样出色的人才，怎么会创造不了价值呢？

"在个人能力方面，我是绝对信任他的。"费拉尔先生说。

"你了解他具备哪些能力吗？"一位人力资源咨询师问他。

"当然了解，在请他来之前，我是非常慎重的，我请专业猎头公司对他进行了全面的能力测试，测试结果令我非常满意。"费拉尔说，他还详细列举了杰西具备的各种能力，并举出了杰西以前工作中的很多成功案例来

佐证。

"你关注过他的忠诚能力吗？"待费拉尔说完以后，咨询师问他。

"忠诚？忠诚也是一种能力吗？那不是一种品德吗？"费拉尔不解地问。

"它是一种品德，也是一种能力。如果缺少这种能力，其他能力都发挥不了作用。"咨询师说。

"哦，是这样啊！"费拉尔有点心头一亮的感觉，但立即又皱起了眉头："我觉得他够忠诚啊，我给他很高的薪水。"

"给很高的薪水，是建立忠诚的一种手段，很多国家对政府公务员采取'高薪养廉'，就是例子之一。但是，高薪水不是建立忠诚的唯一手段，不是适合于每一个人的手段，也不是随时都有效的手段。"咨询师说，"作为一名高层主管，杰西所需要的，绝不仅仅是薪水，单靠薪水，是难以建立他这种综合能力很高的人才的忠诚度的。"

后来，经过与杰西的深入沟通，那位咨询师发现，杰西是一个勇于接受挑战的人，工作的难度越大，越能激起他奋斗的欲望，他随时都有一种准备冲锋陷阵的冲动。应该说，这样的人才是企业的宝贵财富。

"在进入公司之初，我满怀激情，决心干一番大事业，可后来我发现一切都不是我想象的那样，越来越觉得没劲，对公司也渐渐失去了认同，对自己的工作也失去了认同。"杰西终于说出了心里的想法。他说："我希望有一个能够放开手脚大干一场的工作环境，而不喜欢太多的束缚。"

原来，杰西的上司费拉尔先生有两个致命的弱点：一是对所用之人难以放心，害怕能人挖公司的墙脚；二是喜欢亲力亲为，经常越级指挥。在很多事情上，使杰西感觉自己形同虚设。

杰西最需要的应该是需求层次中的"自我实现的需求"，如果能够以业绩来证明自己，就是他人生最大的快乐。

找到问题之后，咨询师把费拉尔和杰西请到一起，共同分析公司授权和指挥系统方面的问题，明确了作为董事长兼总裁的费拉尔的职权范围和作为副总裁的杰西的职权范围，共同制定了公司的授权制度以及组织指挥原则。通过他们的共同努力，情形发生了很大的变化。杰西几乎变了一个人，他做出了很多成绩，而且，费拉尔先生和他已经成了不可分离的"亲密战友"。

这个故事很有启发意义，杰西的转变，使他自身出众的才能得以充分发挥。而促使他转变的关键因素，则是重新唤起了他对公司的忠诚。

实际上，杰西本人是很忠诚的——当然，他的能力也是一流的，但他在费拉尔先生的公司里起初的无所作为和以后的成功表现证明了忠诚能力的重

要性。

忠诚本身就是一种能力，它是其他所有能力的统帅和核心，因为如果一个人缺乏忠诚，他的其他能力就失去了用武之地——没有任何一个组织愿意雇用一个缺乏忠诚的人。

一盎司忠诚＝一磅智慧

有这样一则寓言：

小狗汤姆到处找工作，忙碌了好多天，却毫无所获。它垂头丧气地向妈妈诉苦说："我真是个一无是处的废物，没有一家公司肯要我。"妈妈奇怪地问："那么，蜜蜂、蜘蛛、百灵鸟和猫呢？"

汤姆说："蜜蜂当了空姐，蜘蛛在搞网络，百灵鸟是音乐学院毕业的，所以当了歌星，猫是警官学校毕业的，所以当了保安。我和它们不一样，我没有接受高等教育的经历和文凭。"

妈妈继续问道："还有马、绵羊、母牛和母鸡呢？"

汤姆说："马能拉车，绵羊的毛是纺织服装的原材料，母牛可以产奶，母鸡会下蛋。而我和它们不一样，我什么能力也没有。"

妈妈想了想，说："你的确不是一匹拉着战车飞奔的马，也不是一只会下蛋的母鸡，可你不是废物，你是一只忠诚的狗。虽然你没有受过高等教育，本领也不大，可是，一颗诚挚的心就足以弥补你所有的缺点。记住我的话，儿子，无论经历多少磨难，都要珍惜你那颗金子般的心，让它发出光来。"

汤姆听了妈妈的话，使劲地点点头。

终于，汤姆不仅找到了工作，而且当上了行政部经理。鹦鹉不服气，去找老板狮子理论，说："汤姆既不是名牌大学的毕业生，也不懂外语，凭什么给它那么高的职位呢？"

狮子回答说："很简单，因为它很忠诚。"

阿尔伯特·哈伯德说过："如果能捏得起来，一盎司忠诚等于一磅智慧。"意思是说如果你对公司和老板是忠诚的，那么，你的1分忠诚就相当于你工作中所表现出来的16分的智慧。足见忠诚对于一个员工是多么重要。

比尔·盖茨曾发出过这样的感叹："这个社会不缺乏有能力、有智慧的人，缺的是既有能力又忠诚的人。相比而言，员工的忠诚对于一个企业来说更重要，因为智慧和能力并不代表一个人的品质，对企业来说，忠诚比智慧

更有价值。"忠诚是胜于智慧的职业品质,是一个员工立身做人的根本准则!

诚如比尔·盖茨所言,我们并不缺乏有智慧的人。老板们在挑选干部或招聘人员时,肯定会把忠诚放在一个特别重要的位置。因为没有哪一个老板不需要忠诚的员工,他们也只敢把自己的公司放到忠诚的员工手里。

所以,忠诚是你赢得上司赏识的一种"软能力"。

《史记》中记载了这样一个故事:

季布原来是项羽的部将,骁勇善战,经常令刘邦伤透脑筋。汉高祖灭项羽之后,以重金悬赏季布的首级,并且颁布命令:凡是窝藏季布的人,一律诛杀全族。

季布乔装打扮,以奴隶的身份藏匿在侠客朱家的家中,朱家知道实情,对他特别礼遇。

有一天朱家去拜访汝阴侯夏婴,他说:"季布到底犯了什么滔天大罪,被这么追杀?"

夏婴说:"季布仕宦于项羽时,常造成陛下的困扰,陛下对他憎恨有加,所以无论如何都要捉到他。您对季布的看法如何呢?"

"为了主君鞠躬尽瘁,是臣下的义务,季布效忠项羽也是忠于自己的任务。就因为季布曾经是忠于项羽的部属就非杀不可吗?天下平定,汉高祖身为一国之君难道为了一己的私怨便要拼命追杀过去的敌将吗?这样不是显示自己的度量狭小吗?"朱家说道。

夏婴觉得有理,所以上书汉高祖,汉高祖于是赦免季布,并且重用他。

如果你忠诚地对待你的老板,他也会真诚地对待你;当你的忠诚增加一分,别人对你的尊敬也会增加一分。忠诚,不仅会让一个人获得更多的成功机会,更重要的是它使一个人获得了弥足珍贵的美德,到任何时候,美德都是不会贬值的。

作为企业的员工,不管你是否优秀,如果你渴望成功,渴望被委以重任,渴望获得梦寐以求的广阔舞台,你就应当抛开自己的"外骛之心",投入自己的忠诚。当你把身心彻底融入公司,尽职尽责,处处为公司着想,理解老板的苦衷时,那么,你就会成为一个值得信赖的、可以被委以重任的人,因为,忠诚是你的核心竞争力。

三国中关云长为何得到人们的敬仰,大抵与他的"忠"是分不开的。

对此,绝大多数的企业家们都对忠诚而有能力的人才推崇备至。所谓德才兼备最难求,在"德"与"才"之间倘若只能择一而从的话,唯有"德"

才能帮助我们脱颖而出。

真正聪明而富有智慧的员工一定会选择做一个忠诚的人，因为忠诚能帮助才华的施展；失去忠诚，再大的才华也不会有发挥的舞台。

忠诚的员工才会认同公司

一个企业的各种制度、核心价值观、企业文化与精神等，通常在一个内心充满忠诚的员工身上得到最大限度的体现。

因为只有我们真正忠于公司，把它当作我们的家、我们生存与发展的平台，才会发自内心地爱它、尊重它、认同它的价值。认同公司的价值、理念，从某种意义上来讲就是自我认同、自我敬重。

管理学家迪尔与甘乃迪注意到这种现象："如果员工知道他们的公司代表什么，知道他们所拥护的标准是什么，就能作出支持这些标准的决策，也会认为自己是企业中重要的一员，他们会因为在公司工作对他们具有意义而受到激励。"当员工的价值观和公司的价值观步调一致时，员工的生活就会更好，对工作的取向比较乐观，压力程度也会减轻。

企业价值观为企业的生存和发展提供基本的方向和行动指南，为企业员工形成共同的行为准则奠定了基础。李维休闲服公司的总裁汉斯曾说："一家公司的价值观——它所代表的以及它的员工所信仰的——对它的竞争力至为重要。事实上，是价值观在驱动事业的发展。"

如果我们能从价值观上保持和公司一致，那么也会由衷地认可、关心它的发展。

上海某企业是一个充满朝气的团队，员工平均年龄只有28.3岁，这家企业也是一家年轻的企业，却创造了巨大的社会效益和经济效益。这个团队之所以有这么旺盛的生命力，就在于企业关爱每一位员工的发展和进步，每一位员工也都深爱着自己的企业，也关爱着和自己朝夕相处的同事。

在这个企业成立8周年的庆功宴上，一位员工深情地说："企业是一个大家庭，我就是她的孩子，我喜欢这个家庭，并喜欢其中每一个成员，在这8年风雨同舟的共处中，我对这个家庭产生了深深的依恋和热爱，她以母亲般的宽容，关爱着她的每一个孩子。8年来，我们和企业在彼此的关爱中，共同成长、共同进步。我愿意为企业分担责任，我忠诚于我的企业，这是我对企业的回报，也是对企业深深的爱和支持。"

有一位老员工曾这样自嘲："我们永远是海底的沙子。但我却认为，我

们是金子，是钻石，只要你为自己作出准确的定位，无论在哪里都会发出你最美的光辉。我是这么想的，我相信我们每一位同事都是这么想的。

"我祝福我们的企业蒸蒸日上，我承诺，我将用我的整颗忠诚之心来回报她对我的培养，给我展现能力的舞台！"

认同公司的基础是接受公司，然后才是热爱。

试问，一个对自己所奉献的公司都不接受的人，又如何做到忠诚和热爱呢？

接受公司、认同公司绝不是靠外力强加于自己的，而是你自己人生价值的一种需要，这种积极心态在成功企业里表现得非常突出，很多员工在第二天就要离开公司的情况下，前一天依然会很认真地做好自己的工作。在美国许多公司都有推荐馆，专门用来介绍跳槽员工的工作情况。由此可见，如果你否定你所任职过的任何一家公司，那就意味着否定你自己。

美国一位著名管理学家认为：在你不满意的环境里工作，你不但不会获得事业上的成功，还会丧失掉生活的乐趣。当你选择工作时，你实际上是在选择一整套价值观，在选择处理人际关系的方式和生活方式，最重要的是你选择了它的企业文化。在一个有着高工资、好待遇、响亮的名声、豪华的大厦的公司里工作固然很诱人，但是如果你不能够认同企业的价值追求，那么这个工作的种种迷人之处很快就会变得毫无意义。

所以，你职业生涯中服务过的任何一家公司，都应该是你的一个荣耀。当你个人的价值观和对自己未来的期待能与企业达成一致时，你就像取之不竭的能量源泉，你会喜欢自己的工作，而不再有弹性疲乏的危机感。

忠诚是与公司同命运、共患难

如果把公司比喻成一条船，老板是把握方向的航手，那么其他人都是需要付出汗水的船员、水手。公司就是我们的家，我们不是在为老板打工；而是在为共同的利益努力，公司的发展对我们自身是有极大益处的，而这一切都要依据我们的共同奋斗。同舟共济，与公司一起共患难，因为我们的命运是捆绑在一起的。

这是一家生意不错的旅游公司。老板出差期间，有人秘密地把公司的客户资料出卖给了竞争对手。旅游旺季到来之时，这家旅行社以往的签约顾客居然一个都没有来。旅行社陷入了前所未有的危机之中。

没有人知道是谁干的。客户服务部的经理引咎辞职，尽管她是无辜的。

当面对所有的员工时，老板觉得自己对不起公司的员工。

"我很遗憾公司出现了这样的事情，"老板说，"现在，公司的资金出现了周转困难，给你们发完两个月的薪水，在你们找到新的工作之前，这些钱可能还够用。我知道，有的人想辞职，要是在平时我会挽留大家，但这个时候大家想走，我会立刻批准，因为我已经没有挽留大家的理由了。"

"老板，您放心，我们是不会走的，我们不能在这个时候离开，我们一定会战胜困难的。"一个员工说。"是的，我们不会走的。"很多人都在说。

后来，这家旅行社并没有倒闭，甚至比以前做得还要好。老板说："我最应该感谢的是我的员工，他们的责任和忠诚给了我动力。在我要放弃的时候，也是他们的责任和忠诚帮助公司战胜了困难，我为他们骄傲。"

背叛和忠诚出现在同一家公司；背叛可以摧毁一家公司，忠诚和责任却可以拯救一家公司。这就是责任和忠诚的价值。

作为员工的我们，每一个人都负有把公司推向更光明的未来的责任，因为这是我们光荣的使命。

众所周知，一条船航行在惊涛骇浪的大海上，船上的每一个人都不可能单独逃生。如果你到美国海军陆战队，你可能会经常听到"同舟共济"这个词。每一个海军陆战队队员都知道，你必须与长官同舟共济，与战友同舟共济，否则牺牲的可能性就会大大提高。战场意味着生与死，每一个人的失误都可能导致整个团队的覆灭，因此在部队里，很容易理解同舟共济的意义。在商场上，就没有那么深刻，因为即使出现一些失误，也不会送命，不过是损失一些金钱罢了。当然，任何一家企业，都不可能承受一直损失金钱的局面。企业如同一条大船，它需要所有的船员（员工）全力以赴把船划向成功的彼岸，同时，这条船也承载它的船员（员工），避免他们掉入大海。大船一旦沉了，会有很多人失去工作，很多家庭的收入受到影响，这虽然没有送命那么严重，但是也没有人希望看到这样的结果。

在企业这条船上，老板就是船长。这个职位所给予他的，不仅仅是权力和地位，还有责任，他要考虑船的航向，要避免船触到暗礁或冰山，要保障一船人的安全。因此，我们就应当与老板同舟共济，尽职尽责地完成自己的本职工作，最大可能地分担老板的压力，和老板一道，让企业这条船驶向成功的港湾。

第四章

严守纪律，成为公司最需要的员工

纪律至高无上

狼群的组织结构与公司组织结构非常类似，狼群的组织结构也是由领导者、中层管理和基层员工构成。著名的管理学者阿奎利斯·利斯在其所著的《豺狼和微笑》一书中说："狼是群居动物中最有秩序、纪律的族群"，"排行第19位的狼，除了尊敬狼首领之外，也十分尊重排行第18位的狼"，"狼是守纪律、高速并深知精确目标的动物，狼也是深深懂得与别的狼共处并遵守本分的合群动物"，所以他希望人们能"像豺狼一样的有速度、有效率、有纪律，而完成精确的目标"。

狼群一般都是以家庭为单位，虽然也有狼单独捕食，但绝大多数狼都没有这样的"自由愿望"。因为恶劣的自然生存环境决定了它们必须群居生存，一旦它们离开了群体，就可能四面受敌，命在旦夕。狼可不会为了人类所谓的"绝对自由"而置生命安危于不顾。

在狼群中，动物学家一般将狼的首领叫阿尔法狼，阿尔法狼由一头雄壮勇猛的公狼担任，它负责狼群的所有重大事件，拥有至高无上的权力。

如果狼在捕食时遇到一大群猎物的目标，而自己所在的狼群的力量又不足以对目标造成伤害时，它们就会通知其他狼群，让其他狼群与它们组合到一起，有时候这种狼群组合的规模相当大，最多时可以达到几千头。这些狼群一般会有一个总的首领——狼王。狼王是狼群在平时交流的过程中推举出的公认的实力最强大的阿尔法狼。

在共同捕猎时，狼王就是最高首领，狼群的一切行动都要听从它的指挥。一般情况下，狼王有着丰富的实战经验。在狼王的指挥下，每条狼都有

自己的任务。对于自己的任务，每条狼都会义无反顾，尽心尽责；它们会无条件地服从狼王的指挥，即使是为了试探对手的实力而佯攻的狼也毫无怨言，但它们却很有可能因为狼群的整体利益而受伤甚至牺牲。

狼族是群居动物中组织性最严密、最讲秩序的族群。它们的社会组织遵循一定的社会阶层模式，其重要特征就是等级制度非常明确。一个团结协作、富有战斗力和进取心的团队，必定是一个有纪律的团队。同样，一个积极主动、忠诚敬业的员工，也必定是一个具有强烈纪律观念的员工。可以说，纪律，永远是忠诚、敬业、创造力和团队精神的基础。对企业而言，没有纪律，便没有了一切。

波士顿咨询公司全球总裁保罗·博克纳曾经说："在不确定的时代下，中国企业必须明白战略计划是个不断更新的过程。中国很多企业其实具有很好的战略，但是需要强大的执行力。因为光有战略是不行的，关键是执行。中国企业有一个好的战略是必需的，很多时候，中国企业并不缺乏战略，而是缺乏执行，很多好的战略并没有付诸实施或实施不到位。而中国企业要进行战略管理并形成良好的执行能力，必须注意三条原则：要有优秀的人才，要很努力地工作，并具有良好纪律。"这就是著名的"不确定时代下的企业管理三原则"。

我们知道，在所有的组织形式中，军队的执行力是趋于完美的，而这样的执行能力恰恰建立在严格的纪律基础上。

军队中提倡令行禁止，快速反应。任何事情，只要命令下达，就要严格执行，而且要不折不扣地执行。上过大学的人都参加过军训，我们知道军训都是从很小的事情开始的，大都从睡觉、起床、集合、报数、军姿、军容、吃饭等日常行为开始训练，任何出错的人都会受到纪律的惩罚，比如站军姿，等等。刚开始的时候，有很多很多的人都不理解，就这点小事情，用得着那么认真吗？仔细想想，这种训练是有它明确的目的的。

从小事训练，其实是在培养一种纪律性，一种"没有任何借口"的纪律性，一种"令行禁止"的纪律性。只有这样，到真正执行打仗等艰巨任务时，才能够绝对服从上级命令，做到使命必达。在军队里，命令就是一切，"理解了要执行，不理解也要执行"确实是军队里的真实写照。

美国的海军陆战队是世界上成立最早的一支精锐部队，被美国视为军中的宠儿，是美国快速反应部队的主要作战力量。为什么海军陆战队要求"毫无保留地服从"？这是一个十分简单的道理。因为没有服从的精神，就没有

纪律，没有纪律的军队就没有战斗力，有效地完成任务则更无从谈起。如果你亲眼看到过美国海军陆战队的训练和生活，让你体会最深的可能莫过于"服从"二字。

长官一声令下，队员立即无条件执行——

滂沱大雨中，士兵照常训练，执行口令不得有丝毫懈怠；

没有长官的命令，行进路上的水洼沟壑好像根本就不复存在；

新兵的第一次跳伞训练，每个人在机舱口都不得有一丝犹豫。

无论前面是生是死、是水是火，只要你是美国海军陆战队员，"毫无保留地服从"就是你的首要职责！

服从纪律是军人的天职，也是军队战斗力和执行力的有力保证。在军队中，每一个士兵应该意识到自己的职责就是服从，并坚定不移、不遗余力地执行好，这样才能确保集体行动和总体任务圆满完成。

林红是一名保险公司的从业人员，她是大区仅有的 6 个顶级会员之一。当别人问起她成功的经验时，她说："我曾是一名军人，客户的需求就是命令。对于每一项命令，我都会全力以赴，不计代价地完成，因为服从命令是我的习惯。"

服从命令的习惯不仅能让个人变得敬业，还能强化整个团队的工作能力。试想，如果团队中的每个人都具有完全的服从精神，对每项任务都认认真真地去完成，谁又能不兢兢业业、竭尽所能？团队有如一部联动机，当所有的部件都能忠实履行自己的职责，整个机器才能运转自如，而当各个部件都有超常表现时，整个机器的性能就会呈指数倍的提高。

相反，各自为政的无政府主义不但会毁掉个人的前途，也会腐蚀掉整个团队的战斗力。对分配的工作百般推脱，这样的员工只会令老板徒增烦恼，更不可能被委以重任。同样，没有服从精神的团队，必定是一盘散沙。乐队中有一个乐手跑调，就会影响整场演出。在一个决策点上，太多的想法等于没有想法，这时候需要的只是一个声音！

在国内企业界，很多成功大企业的领导者都曾经有过军旅生活，海尔、华为和联想的领导人张瑞敏、任正非和柳传志都当过兵，他们的共同点是创业初期都纪律严明，实施严格管理，对制定的路线和方针必须坚决执行，管理上必须绝对服从，不讲客观、不讲条件、不讨价还价，上下思想统一，步调一致，就像军队一样，联想还形象地把它们比喻成"斯巴达克方阵"，这样的严明纪律确实是他们取得成功的重要因素。

在联想集团，治军严谨的柳传志规定，凡是开会迟到的人，自己先罚站一分钟。这一做法数十年如一日。如今联想开会时，依然会看到有一两个人是"挂"在那儿的。联想的纪律还体现在每年上千人的誓师大会上，大伙全神贯注地开会，听不到手机铃声。

每一家公司都有自己的文化，有一些公司还订下纪律，但是在文化中强调纪律的公司却寥寥无几。这也正是平庸企业与优秀企业的最大区别。

纪律意识，执行力的根本保证

西点名将艾森豪威尔曾经说过这样一个故事：

在二战时期，盟军决定在诺曼底登陆。在正式登陆之前，艾森豪威尔决定在另外一个海滩先尝试一下登陆的困难。他把这个任务交给了3位部下。经过多次的讨论，那3位部下一致认为：这是一次不可能成功的行动，所以他们力劝艾森豪威尔取消这个计划。后来艾森豪威尔把这个任务交给了希曼将军，希曼将军义无反顾地接受了这一任务。这一次战斗是极其惨烈的，盟军损失1500人，几乎全军覆灭。但是这一场战斗为后来的诺曼底登陆提供了不可多得的经验和教训，从而使诺曼底登陆一举成功。

希曼将军就是一位具有强烈纪律意识的优秀将才，他对待任务的态度就是不折不扣地去执行，不说一句废话，赴汤蹈火、在所不辞。

二战中，美军在卡塞林山口战役中惨败，第二军军长弗雷登道尔被就地撤职，巴顿临危受命，要求在11天内将美军整顿成为"一支能执行战斗任务的部队"。巴顿是在1943年3月6日正式接管第二军的，而战役的总指挥亚历山大将军把军事进攻的日期定在3月17日，也就是说，他只有11天的时间整顿军队，进行战斗准备。当务之急是使萎靡不振的军队恢复士气，提高战斗力。任务是十分艰巨的。根据自己长期的治军经验，巴顿认为，一支纪律松懈、军容不整的军队是不会有所作为的。因此，他决心从整顿军纪入手，采取"不民主和非美国的方式"，对这群"乌合之众"进行严厉整顿。

他首先从严格作息时间抓起，并以身作则。到任后的第二天早上7点钟，巴顿按作息规定准时到食堂就餐，发现只有他的参谋长加菲来了。他当即命令厨师马上开饭，1小时后停伙。并发布命令："从明天起，全体人员准时吃饭，半小时之内完毕。"由于巴顿抓住了吃早饭这一环节，从而杜绝了军人迟到的现象。

接着，巴顿发布了强制性的着装令，规定：凡在战区每个军人都必须戴钢盔、系领带、打绑腿，后勤人员亦不例外。这项命令还适用于战区的医务人员和兵器修理工。对于违反此命令者规定了罚款数额：军官 50 美元，士兵 30 美元。巴顿半开玩笑地说："当你要动一个人腰包的时候，他的反应最快。"

尽管如此，还是有些人不以为然，不断出现违纪现象。听到这一情况后，巴顿亲自带人四处巡视，把不执行命令的人强制集中起来，进行训斥，话语不免十分粗鲁："各位听着：我绝不会容忍任何一个不执行命令的兔崽子，现在给你们一个选择的机会，要么罚款 25 美元，要么送交军事法庭，并记入档案。你们自己看着办吧！"这些士兵只好乖乖认罚。

尽管巴顿的这种做法招致许多人的反感和咒骂，但这种雷厉风行的作风震动了第二军，部队军官一扫过去那种松松垮垮的拖拉作风，精神面貌发生了巨大改观。

巴顿继续以他特有的方式激励他的部队，他跑遍了 4 个师的每一个营，督促军官，鞭策士兵，顺便还要检查军容风纪的执行情况。他的检查极为彻底，甚至连厕所也不放过，因为上厕所的人最容易忘戴钢盔。他鼓励官兵们要有攻击精神，像狮子一样残酷无情地打击敌人，号召他们"为人类进步事业而冲杀，但不是为之死亡"。虽然官兵们对巴顿这种做法一时还难以理解，但他的"高压电休克疗法"确实给他们留下了深刻的印象，并使他们与过去判若两人。

巴顿将军必须这样残酷无情。因为，时间不允许他动半点恻隐之心。只有采取非常规的、铁面无私的方式，才能将这群"乌合之众"锤炼成无坚不摧的战争机器。他的目的达到了，他把自己的战斗精神输入了这支部队，以自己的尚武精神激励了全体官兵。虽然有人恨他，但是官兵都很尊重他，并开始仿效他，部队有了铁一样的纪律和秩序，士兵们恢复了自信和勇气。巴顿欣喜地看到，在短短的几天内，第二军的面貌已经焕然一新了，将士们装备精良，士气高涨，军纪严明。他们已被陶冶成了真正的军人，进入了他所说的"战斗竞技状态"。

战斗打响后，德军再度发起强大攻势，但遭到第二军的顽强抵抗，他们寸土不让，表现得十分英勇。最后，德军无功而返。这是美军在北非战场取得的又一个胜利，它以此证明：第二军已经不是十几天前的那群"乌合之众"了。巴顿为他们的杰出表现感到十分骄傲，他自豪地指出："硝烟一散，我们看到没有一个美军士兵放弃阵地一步。"

巴顿能在 11 天内改变一支部队的"执行力"，依靠的就是对"纪律、责任、荣誉"的强调。一个士兵如果没有纪律意识，执行力就没有保障。"执行"不是天女散花式地去"幻想"，而是在遵守纪律的前提下、在服从指挥的前提下去完成自己的使命。

关于需要一个什么样的属下，巴顿将军曾对艾森豪威尔将军说："我不需要一个才华横溢的班子，我要的是忠诚和执行。"他拥有的正是这么一个有执行力的参谋班子，他们竭尽所能地执行他的命令和主意，并完全服从和适应他所奉行的一套军纪、规矩和风格。

一个企业的使命说来非常简单，就是把已经制订的计划变成现实，也就是执行。但是如何执行，却是一门大学问。这时，纪律不可缺少，纪律意识是执行力的根本保证。要做到令行禁止，决定的事和布置的工作必须有反应、有落实、有结果、有答复。

纪律是一切制度的基石，组织与团队要能长久存在，其重要的维系力就是团队纪律。而员工如果想在组织与团队中得到长久的发展，那么就需要努力去加强自己的纪律意识，因为纪律意识是执行力的根本保证。

为什么要淘汰不守纪律的员工

每一个公司对员工都有约束。敬业的员工都会严格遵守规矩，配合公司在各个阶段的分配任务，与公司共进退。

有时候，员工资历越深，越不守纪律。他们似乎有一种看破红尘的玩世不恭，觉得守纪律的人都是愚蠢的人，都是没有创造力的人；大部分资深员工"人在心不在"或"在职退休"。不守纪律的员工往往会给他们的公司带来巨大损失。这表现为收入减少、员工流失、缺勤增加和效率低下、公司浪费成风、纠错补缺的培训治不好不守纪律问题。

没有任何公司能任由着不守纪律的风气如此下去，也没有任何公司甘心养着不守纪律的员工；公司是一个以营利为目的的组织，赔本的买卖它是不会做的。无论你资历有多深、工龄有多长、业绩曾经多么辉煌，只要你内心深处开始滋生不守纪律的苗头，你就对公司的未来发展难以起到任何推进的作用，相反，你的所作所为可能会给公司拖后腿，那么公司是不会心慈手软的，等待你的将是被毫不留情地淘汰掉。

一个公司想要腾飞，就必须用纪律约束员工。如果员工都能够遵守纪律，公司实现最终目标的阻碍就会变小。

每个老板总是在不断地寻找能够助自己一臂之力的人，同时也在抛弃那些不起作用的人——任何阻碍公司发展的人都要被换掉。

每个公司都有一个持续的整顿过程。老板会经常送走那些显然无法对公司有所贡献的员工，同时也会吸引新的员工进来。

不论业务多么繁忙，这种整顿会一直进行下去。那些不能胜任、没有敬业精神的人都被摒弃在就业的大门之外，只有那些勤奋能干、自动自发、遵守纪律的人才会被留下来。

对一个公司来说，员工是老板最重要的资本——品牌、设备或产品都无法和他们相比。正是员工创造了这一切，包括产品、服务、客户等等。

员工的技术能力和敬业程度是公司顺利发展的保证。如果他们拖拖沓沓、做事漫不经心、技术水平不行、缺乏向上的斗志等，这些不良因素最终都会在公司的生产、服务和销售中表现出来。

比如，接线员不接电话，销售员为难客户，这个公司即使有最优秀的生产能力，又有什么用呢？如果售货员对客户爱理不理，即使商店装潢得再富丽堂皇，又有什么用？

公司之所以会选择那些能够守纪律的员工，是因为守纪律的人心里想的是公司美好的未来，在行动上就不会主动去做破坏公司形象的事。而那些不守纪律的人，是公司越来越不受欢迎的人。现在也有很多年轻的员工对公司的要求越来越高，公司一旦达不到其要求时他们就不安心工作，以破坏纪律来反抗。这类员工给公司保持员工队伍的稳定性带来了很大的障碍。

但是，在工作中踏踏实实、遵守规则的员工，其成效却很高，而且能给公司创造出更大的效益。

一个人如果尊重自己的职业，就会自觉遵守纪律，也就会成为兢兢业业的人。一个有着强烈纪律意识的员工，他对于工作的理解也是深刻的，完成工作也是积极主动的，能保证效率，也能保证质量。

由此可见，遵守纪律和不遵守纪律给公司带来的后果有质的区别。现在是一个竞争的时代，劳动力过剩，公司完全有理由淘汰不守纪律的员工。去人力资源市场上选择更优秀、更出色、更守纪律的员工，公司在选择、淘汰员工方面有着绝对的优势。

巴顿也认为，军纪比什么都重要。他的要求就是遵守纪律，而且是不折不扣地遵守纪律。

在西点军校，学不会服从观念，就不能在军队中立足。1945 年 6 月 30 日，在准备装入"201 档案"的巴顿将军工作能力报告时，布雷德利将军给

巴顿写了一个不同寻常而又合情合理的评语："他总是乐于并且全力支持上级的计划，而不管他自己对这些计划的看法如何。"

西点人认为，服从是自制的一种形式。西点要求每一个学员都去深刻体验身为一个伟大机构的一分子——即使是很小的一分子，具有什么样的意义。因为他们认为，西点军校所造就的人才是从事战争的人，这种人要执行作战命令，要带领士兵向设有坚固防御之敌进攻，没有服从就不会有胜利。威廉·拉尼德对此做了非常生动的描述："上司的命令，好似大炮发射出的炮弹，在命令面前你无理可言，必须绝对服从。"

一位西点上校讲得更为精彩："我们不过是枪里的一颗子弹，枪就是美国整个社会，枪的扳机由总统和国会来扣动，是他们发射我们。"曾有人说，黑格将军所以被尼克松看中，就是因为他的服从精神和严守纪律的品格。需要他发表意见的时候，坦而言之，尽其所能；对上司已做了决定的事情，就坚决服从，努力执行，绝不表现自己的小聪明。

的确，军队是一个纪律严明的场所，如果一个士兵不守纪律，即使他不被军队淘汰，也要在战场上被淘汰。在公司里也是如此，假如你不执行和维护纪律，你就是一个不忠诚的人，你的行为就会给公司带来难以估量的损失。如果你还没有给公司带来巨额损失，那你就是一个危险的潜在因素，也难逃被淘汰的厄运。

自己不守纪律，并不是单纯的问题，不守纪律不仅会因为自己的过失给公司带来直接的损失，也会影响其他员工的工作热情和纪律意识，带坏了整个公司员工的良好风气。所以，不守纪律的员工就是"烂苹果"员工。

对于企业来说，拥有那些"烂苹果"员工而不及时剔除的话，企业一定会被慢慢腐蚀掉。所以，对"烂苹果"员工必须剔除，对不守纪律的员工应该立即淘汰，动作越快越好。

时刻行走在公司要求的轨道上

员工在公司中，要有强烈的纪律意识，只有保持良好的纪律意识，该干什么就毫无保留地干什么，工作和事业才能成功发展，就如同火车只有沿着轨道才能高速前行。因此，每个员工都要把纪律这个"轨道"烙在脑中，才能顺利开创工作的新局面。

一个优秀的公司，必定有一支有纪律的团队，它富有战斗力、团结协作精神和进取心。在这种团队中必定有纪律观念很强的员工，他们一定是积极

主动、忠诚敬业的员工。可以说，纪律永远是忠诚、敬业、创造力和团队精神的基础。对企业而言，没有纪律，便没有了一切。

组织是众人的集合体，每个人都必须在一定的轨道上运行。纪律可以说就是员工在轨道上运行愿意遵守的态度，也可以说是员工对工作态度与目标的承诺。

对一个员工来说，没有什么东西比敬业、热情、协作等精神更重要。但是要知道，人不是生来就具有这些精神的，没有一个员工是天生就具有纪律意识的。所以，对员工进行纪律的培训显然十分重要，就像员工每天被要求保持整洁的着装和仪表一样，最后是要让所有的人都明白：纪律只有一种，这就是完善的纪律。

作为公司的老板，也要加强员工的纪律性。老板要用严格的纪律去要求他的员工，做任何工作，在不允许妥协的地方绝不能妥协，在不需要借口时绝不找任何借口，要按照纪律的要求不折不扣地去执行。他要深入厂房车间，查看各种规定是否被严格执行，比如质量标准、操作程序之类的规定必须严格执行。老板可能由此成为不受员工们欢迎的人，但是，这里的员工将在不觉中发生很大变化，它不由自主地变成了一个坚决执行任务、具有荣誉感和进取精神的团队……

优秀的员工也一定能清醒地认识到，在公司老板加强员工纪律性的时候，必须服从上司，没有什么条件可言。要知道，纪律比什么都重要，它是自己职业的客观需要，是每个人保持工作动力的重要因素，是最大限度发挥潜力的基本保障。对纪律性的正确认识和执行观念，将成为事业成功的重要因素之一。

沿着"轨道"前进，才能奔向成功。

企业制度是员工个人成长的平台。有些员工没有认识到遵守企业制度的重要性，他们以为规章、制度等规范都只是企业约束、管理员工的需要，对此他们往往持排斥的态度，表面上遵守，内心深处则是一百个不愿意，在没有监督的情况下，往往会做出一些违背公司规章制度的事情。

每个员工都希望在公司有好的发展，要做到这一点，不仅要学会在制度的约束下成长，更要学会利用制度给予的资源发展自己、提高自己的能力和增加工作业绩，得到领导和同事的认同。

企业好比是一个舞台，你如果不在舞台上表演，那么你即使有再好的演技，也难以表现出来。若是在舞台下展示你的演技，则是用错了地方，演得再好，也没人会认可你。员工要习惯在制度下工作，也要真心地认同企业文

化，这是一种职业纪律，更是一种职业技巧。企业常常会通过制度安排，把资源和荣誉给予那些遵守公司规章的员工，如果你与制度格格不入，偏离了企业的轨道方向，那么你是难以得到企业可以给你的任何资源和荣誉的。

时刻行走在公司要求的轨道上，在表现为遵守企业制度的同时，还表现为认同企业文化，融入企业文化之中。

所谓企业文化，就是企业在长期经营过程中所形成的经营理念、共同价值观、群体意识和行为规范的总和，是企业的"软竞争力"。制度是为规范企业发展和正常运行而制定的各种规章、各种约束和激励机制，是企业的"硬约束力"。每个企业都有自己的企业文化和企业制度，都要对自己的员工进行规范化管理。

一名优秀的员工，必须了解和认同企业的文化，遵守企业的各项规章制度，在企业的指导下行动，这样才能和企业在同一条轨道上保持一致。那些不愿意遵从企业政策规范的任性员工，认为"随时可以辞职"的不稳定职员，以及冷眼旁观的自私者，都无益于企业的发展。因此，初涉职场的年轻人应着重培养自己的上进心，认识到组织制度有助于规范的重要性，认同企业文化，以便更好地适应竞争激烈的职场生活。

企业文化建设的核心和前提就是培养员工的认同感，只有得到了员工的认同，企业文化才能够真正发挥出它的效益来。员工也只有从内心认同企业的文化，才能够成为一个真正严守纪律的自律员工。

还是这句老话：没有规矩，不成方圆。企业的活力来源于各级员工良好的职业精神面貌、崇高的职业道德。在残酷的商业竞争中，企业需要营造员工自觉遵守纪律的文化氛围，需要建立严格的制度和规范，这些制度和规范需要你去配合遵守，这是任何一家企业不可动摇的铁一样的纪律。

服从——纪律——战斗力

各自为政的无政府主义不但会毁掉个人的前途，也会腐蚀掉整个团队的战斗力。对分配的工作百般推脱，这样的员工只会令老板徒增烦恼，更不可能被委以重任。同样，没有服从精神的团队，必定是一盘散沙；乐队中有一个乐手跑调，就会影响整场演出。在一个决策点上，太多的想法等于没有想法，这时候需要的只是一个声音！

一个团结协作、富有战斗力和进取心的团队，必定是一个有纪律的团队。同样，一个积极主动、忠诚敬业的员工，也必定是一个具有强烈纪律观

念的员工；可以说，纪律永远是忠诚、敬业、创造力和团队精神的基础。对企业而言，没有纪律，便没有了一切。

1941年秋，日寇集中兵力向晋察冀根据地的狼牙山大举进犯，五壮士所在的七连奉命守在狼牙山地区坚持游击战争。经过一个多月的英勇奋战，七连决定向龙王庙一带转移，并把掩护人民群众和连队转移、阻击敌人的光荣任务交给了六班。六班的五壮士面对凶顽的敌人，把手榴弹捆成一大束，埋在敌人必经的山涧的板桥下，敌人的第一次进攻就被炸得人仰马翻。

敌人误以为找到了我军的主力，连续向狼牙山山峰发动猛攻。五壮士在时间很短的情况下，打退了敌人的17次进攻。日寇恼羞成怒，向山顶发射山炮，并调来飞机进行轰炸，炸弹在五壮士身边爆炸。在敌机的掩护下，敌人冲了上来，五壮士身边仅剩一颗手榴弹。但是，五壮士硬是用石头又一次击退了敌人。当敌人再一次冲上来时，班长拔出手榴弹，拧开盖子，用尽全力，掷向敌人。随着一声巨响，鬼子被炸得血肉横飞。

五壮士为部队和人民群众的转移，赢得了宝贵时间，他们望着部队主力和人民群众远去的方向，脸上露出了胜利的喜悦。班长说："同志们，我们的任务胜利完成了！这枪是从鬼子手里夺过来的，绝不能给敌人留下！"于是把枪砸碎扔下悬崖，五壮士高呼着："打倒日本帝国主义！""中国共产党万岁！"昂首挺胸，迈开大步，相继跳下悬崖。

试想，如果狼牙山五壮士没有服从纪律的观念，不能坚守阵地，他们还会有战斗力吗？还能无所畏惧地为祖国献身吗？

每个公司都有系统的计划和安排，正如军队系统的战略方针和执行策略。在军队，如果士兵不服从命令安排，胜利就只能存在于理论和想像中了。而作为一个员工，对上司工作的每一步安排，也都必须服从并认真履行，一项完美的工作正是由这样一环扣一环的服从执行构成的。

服从命令的习惯不仅能让个人变得敬业，还能强化整个团队的工作能力。团队有如一部联动机，只有所有的部件都忠实履行自己的职责，整个机器才能运转自如，而当各个部件都有超常表现时，整个机器的性能就会呈指数倍地提高。

狼群绝对服从的本能使它们的团队成为一支组织严密、战斗力强的团队。下面是一段狼群打围的精彩故事，从中我们可以学习到狼群绝对服从、视服从为使命的精神。

阿尔法公狼带领狼群埋伏在一片矮树丛后，它们正密切注视着不远处野

牛群的一举一动。它们已观察这群野牛很长时间了，对每头野牛的体格、习性以及弱点早已观察得一清二楚，并已制定出具体的作战计划。

阿尔法公狼悄悄地向同伴下达命令，给每只狼指定攻击对象，每只狼都将自己的任务牢牢记在心中。它们中有的被指定去攻击幼牛，有的被指定去阻击成年牛，不管每只狼被分配到什么样的任务，它们都一概接受，而没有丝毫异议。在它们看来，自己需要做的只是按照战术安排去完成自己应该完成的任务。

其中一匹母狼的任务是跟随另外几匹狼去阻击一头成年牛。它认真听完阿尔法公狼的战术安排，此时心中便只想着攻击那头成年牛，目光中只有不远处自己即将要袭击的那只正在低头吃草的牛。阿尔法公狼吩咐大家做好准备，众狼便盯着各自的对象伏下身准备出击。

阿尔法公狼一声令下，众狼便飞一般跃出树丛奔向牛群。牛群立刻慌张起来，但想逃跑为时已晚，狼群已经扑了上来。每只狼都准确地找到了各自的攻击对象，向牛群展开猛烈的攻击。

那匹母狼也与同伴围住了由它们负责的成年牛，并开始攻击。它们牢记自己的任务是挑逗和阻击这只牛，尽量拖延时间以给攻击小牛的同伴留出足够的时间解决掉小牛。于是它们便围住这头牛，对它不停地撕咬，攻击几下后便又立刻跑开以躲避它的反击，然后再重新扑上去。

母狼勇敢地一次又一次地向几乎比自己大三倍的野牛扑上去，用自己的牙齿和利爪攻击野牛。有几次母狼险些被野牛角顶到，而它身旁的一个同伴已经受伤了。它虽然知道这样下去自己早晚也会受伤，但为了完成任务，还是和同伴一起奋勇地向野牛扑去。

战斗又进行了一会儿，又有狼受伤了，这次轮到了这头母狼。它的左肩被野牛用锋利的角狠狠撞到，鲜血染红了它的半边身体。但母狼并没有因此而退缩，对命令的坚决服从支持着它继续向野牛发起进攻。

它的身体渐渐沉重，动作渐渐滞缓，它已经无法像刚开始那样灵巧地躲避野牛的攻击了，再这样下去它随时都有可能送命。而此时狼群中又有几只狼受伤了。

终于，阿尔法公狼下达了撤退的命令。狼群带着战利品远远离去，对命令的绝对服从使它们再次得到了充足的食物。

在执行任务时，对命令的尊重与服从是至关重要的。命令是贯穿于整个行动计划的关键，只有每个成员都能坚决服从命令并完成自身的任务，才能保证整体行动的顺利进行。

每一个执行者都应该意识到自己的职责就是服从，并坚定不移、不遗余力地执行好，这样才能确保集体行动和总体任务圆满完成。

纪律保证你能"飞到更高处"

我们看到的大雁，无论是从南到北，或是由北到南，总是排成整齐的队列，即使只有两三只也是如此。当每一只雁展翅拍打时，其他的大雁立刻跟进。正是如此高的纪律性、团结性，才使得整个雁群能大大节省气力，跨越千山万水，到达目的地。

纪律是保证一个团队忠诚、敬业、有创造力和团队精神的基础。对雁群而言，成员们若没有纪律性，飞行效率会大打折扣；对企业而言，没有了纪律，便没有了一切。因为纪律保证了执行，保证了结果，保证了一个企业的核心战斗力。

在海尔总裁张瑞敏看来，一个企业需要纪律，以便使整个团体统一面对市场，实现卓越经营。因此，海尔特别强调对纪律的管理。

海尔的前身青岛电冰箱厂是一个濒临倒闭的集体小厂，管理混乱，车间往往成了杂货堆、垃圾场。厂里只有800多名员工，只能生产电动葫芦等小的机电产品。到1984年时，已亏空147万元，企业已陷入发不出工资的困境。其中有100多名员工都想法调走了，剩下的人也人心涣散。

在这样艰苦的环境下，张瑞敏到海尔任厂长，他规定的第一条纪律竟是"不准在车间大小便"。除此之外，还有工作时间不准抽烟、喝酒，不准打牌聊天。然而，要是没有这些看似好玩又好笑的纪律，就不可能有海尔的今天。

海尔的企业制度就像当年红军的"三大纪律八项注意"一样简单明了：要想晋级加薪全靠竞争，条件就写在食堂的黑板上。几年后，赛马机制，三工并存、动态转换，在位要受控、升迁靠竞争、届满要轮岗……这一整套已经不再是写在纸上的制度了，而成为员工张口即来、小心遵循的行为规范。

之后，张瑞敏又借钱给员工补发了工资，稳定了军心；接着，引进德国"利勃海尔"的技术，向着他的国内电冰箱第一品牌的理想迈进。

张瑞敏以及他带出的职工队伍不但没有被困难压倒，经过艰苦的奋斗，还创造出了一个奇迹。这个奇迹用具体的数字表示出来是：1996年1至11月份空调厂产量超过35万台，而加入海尔以前年产量最高不过5000台，整整是原来的70多倍。员工收入也翻了10倍。产品质量自从纳入OEC管理

模式，一举通过国际 ISO9001 认证，产品出口海外。现在的海尔集团已成为在海内外享有较高美誉的大型国际化企业集团，并多次蝉联中国最有价值品牌的第一名。

是什么改变了海尔人？就是纪律！

现如今在海尔，每个人都有明确的岗位职责，一个人如果连续几次对自己的职责搞不清楚的话，就有可能被降职或辞退。严明的纪律使得海尔形成了有条不紊的工作流程，就像海尔强调"纪律之美"获得的效果一样，海尔也以规范的运作和严明的纪律享誉世界。

与海尔相似的是中国北方规模最大、销售额最高的消费品流通企业——物美商业集团。物美的前董事长张文中这样说："我可以明确地说，纪律就是物美文化的核心内容。没有纪律的物美文化不可能指导物美的各项实践有序地取得成功。在物美做事就要认同物美的规则，对已经形成的纪律不含糊，成为一名有纪律的员工。有纪律的员工是把纪律变成习惯，做任何事情都按照规则进行。"

如果把企业比做躯体，那么干部就是骨骼和经络，员工则是血液和肌肉。一个企业要实现持续发展、稳定发展、和谐发展，建立常青的基业，就必须"严"字当头，严格管理团队，保持骨骼坚强有力，保持经络畅通无阻，充分发挥疏通作用和支撑作用，推动企业向前发展。

詹尼在接管国际电话电报公司（ITT）时，他发现毫无纪律使这个在国际上具有一定影响力的大公司已陷入一片混乱之中。各级管理人员各自为政，一些高级管理人员的指挥根本起不了作用，以致公司濒临破产。而当詹尼采取了强化公司纪律的有力措施后，这种情况就开始好转起来。

詹尼在强化纪律的过程中发现，ITT 公司是由分设在 49 个国家的 100多个电力设备制造厂和 10 多个电话及无线电公司组成的一个大企业。但就在这样一个庞大的公司里，不仅公司总部的工作人员办事拖拉，那些主管国外事业部的人更是整日游手好闲，无所事事。经过整顿小组调查后，詹尼决定从严明的纪律入手。在所有分公司负责人参加的会议上，他宣布了 3 条新的工作纪律，任何人必须遵守，否则将被严厉查处。

这 3 条纪律是：

（1）任何子公司都必须不折不扣地执行总公司的命令。

（2）每个子公司必须定期向总公司报告自己的经营环境、面临的竞争对手和市场情况。

（3）每个子公司必须按月向公司汇报自己的预算、营业收入和支出情况。

为了保证纪律的严格执行，詹尼又宣布，当总公司派遣的监督人员发现子公司的负责人不称职或者不服从命令时，有权撤换；凡在此期间被解职的人，一律不发退休金。

在加强纪律整顿以后，ITT 公司迅速走上了正轨。詹尼再辅以其他经营之道，ITT 公司恢复了昔日在国际商业舞台上的位置。

企业要想在市场竞争中打败对手，必须制定严明的纪律。纪律严明的部队更有可能战胜纪律涣散的敌人。市场虽然与战场不同，但是要在这种市场竞争中存活下来，必须审视一下自己的组织，确定组织是否具有严明的纪律。因为严明的组织纪律，也是提升企业战斗力的重要保证！

纪律为什么有如此强大的力量？这是因为，当一个组织和组织中的成员都有了强烈的纪律意识，在不允许妥协的地方绝不妥协，在必须遵守规章制度的地方坚决遵守时，组织才会朝健康的方向发展，员工的个人素质才会得到相应的提升。

所以，一个优秀的公司，必定有一个有纪律严明的团队，只有这样才会富有战斗力、团队协作精神和进取心。

第五章

团队作战，汇集所有力量的精神支柱

没有完美的个人，只有完美的团队

一个人再完美，也只是一滴水，一个团队就是大海，把自己融入团队，才能形成综合总效。一个人只有融入团队才能充分发挥他的潜能，只有在团队的帮助下，个人业绩才能达到最大值。

相传，佛教创始人释迦牟尼曾问他的弟子："一滴水怎样才能不干涸？"弟子们面面相觑，无法回答。释迦牟尼说："把它放到大海里去。"

韦尔奇曾精辟地指出："一个公司就像一座大楼，它分为若干层，而每一层又隔了很多小房子，我们就是要把这些隔层尽量打掉，让整个房子变成一体。"

一个人只有融入团队才能发挥他的潜能，才能更快地实现他的人生价值。如果我们在工作中只知埋头单干，不懂得依靠团队的力量，那么我们的忙碌很可能只是低效率的蛮干。

在 2006 年 1 月 29 日的比赛中，活塞队让"81 分先生"科比率领的湖人队俯首称臣。科比比活塞队的任何一个球员都出名，也比任何一个活塞队的球员实力都强，这场比赛中科比的得分也很高，没有发挥失常。但活塞队以团队精神著称，他们依赖团队合作战胜了篮球巨星。

活塞队的汉密尔顿赛后表示："我们拥有五名球星；如果我们总让五人之一投篮的话，他的场均得分也能够达到 30 多分，我们能够做到。但我们不这样做，我们知道我们的最终目标是什么，我们要的是总冠军。"要想拿总冠军的团队不能有个人英雄主义思想，必须树立团队合作精神，必须强调团队整体的优秀。

与湖人队相似，很多企业存在着个人英雄主义。个人品牌大于组织品牌，一个企业的生命往往系于老板或著名经理人身上的现象，这种现象不是基业常青之道。如果想要追求企业的长远发展，一定要实现：组织品牌大于个人品牌。世界著名企业麦当劳、肯德基、可口可乐、百事可乐、宝马、奔驰、大众，企业的名字远比它们董事长、总经理的名字出名，只有发挥每个人的优势，形成强大的团队战斗力，企业才谈得上做强、做久、做大。

2004 年 8 月 11 日，意大利排协技术专家卡尔罗·里西先生在观看中国女排训练后认为，中国队在奥运会上的成败很大程度上取决于赵蕊蕊。但是在奥运会上中国女排的第一次比赛中，中国女排第一主力、身高 1.97 米的赵蕊蕊因腿伤复发，无法上场参加比赛。媒体惊呼：中国女排的网上"长城"坍塌了。中国女排只好一场场去拼，在小组赛中，中国队输给了古巴队，这时，国人已经对女排夺冠没有多大信心了。

然而，在最终与俄罗斯争夺冠军的决赛中，身高仅 1.82 米的张越红一记重扣穿越了 2.02 米的加莫娃的头顶，宣告这场历时 2 小时零 19 分钟、出现过 50 次平局的巅峰对决的结束。经过了漫长而艰辛的 20 年以后，中国女排再次夺得奥运会金牌。观众们熬夜看完了整场比赛，惊心动魄后是激动的泪水，就像在 20 年前看到郎平、周晓兰、张蓉芳等老一辈中国女排队员夺冠时一样激动。

女排夺冠后，中国女排教练陈忠和放声痛哭了两次。男儿有泪不轻弹，其中的艰辛，只有陈忠和和女排姑娘们最清楚。

那么，中国女排凭什么战胜了那些世界强队，凭什么反败为胜，最终战胜俄罗斯队？陈忠和赛后说："我们没有绝对的实力去战胜对手，只能靠团队精神，靠拼搏精神去赢得胜利。用两个字来概括队员们能够反败为胜的原因，那就是'忘我'。"

中国女排姑娘能够成功战胜俄罗斯队，让国人流下激动的泪水，并为世人所瞩目，是因为她们用忘我的精神团结协作，以团队的优势取胜。在市场竞争中，有冲在市场一线的销售人员，也有在后方从事产品研发的技术人员和从事制造的一线工人。产品是生产部门生产出来的，却是市场部门销售出去的。生产部门是需要"花钱"的部门，市场部门是"挣钱"的部门。生产的资金需要市场部门从市场赚回，但市场部门销售的商品需要生产部门提供。生产与销售，有如后方与前方，又有如军队的保障与作战，是两个不可或缺的轮子。正是这样一个完整的链条，构成了企业参与竞争的全部家底。

无论哪个结合部产生了矛盾，都会导致整条战线无法协同共进，工作的有效落实成为空谈，所有员工的忙碌变成空忙。

公司的良性运转需要每一位成员的主动投入和出色配合，无论你在企业中充当什么角色，你的每一项工作与同事的工作都有一个接口。这就意味着只有通过团队协作才能共同把工作做好。

俗话说："鸟枪打不过排射炮，沙子挡不住洪水冲。"一个公司团队的力量就犹如"排射炮"、"洪水"，可以形成一股合力，让公司上下拧成一股绳，心往一处想，劲往一处使。

万科老总王石曾说过："我的灵感来自团队。我给外界的错觉是因为个人能量非常大而成就了万科的今天，其实不是这样。我对万科的价值是选择了一个行业，树立了一个品牌，培养了一个团队。"后者的价值最大。的确，团队的力量是企业家最大的资本，聚集了一批优秀的职业经理人，富有激情的万科团队推动着万科与时俱进。

每一个团队中都由不同领域的专家组成：工程师、工业设计师、绘图师、广告设计师、人类学家、心理学家以及与产品领域直接相关的专家。人类学家用他们敏锐的眼光去观察产品，锁定特殊顾客群，有时甚至与他们共同生活，记录下这些人的生活习惯、作息起居、兴趣爱好；心理学家就这些记录作出深层的心理分析，以揭示这些顾客对某一产品可能连自己都尚未意识到的深层需求；工程师根据这些分析总结出新产品需要具备的特征和性能，再由工业设计师和绘图师结合产品特点设计出外观美丽而又方便实用的产品模型，然后进行样品投产；试制成功后由广告设计师向大众展现该产品的与众不同。在这个团队创新过程中，所有环节都紧紧相连，每一个队员都必须有对产品深刻的理解，并在制作过程中深深介入，因此用"集体智慧的结晶"一词来描述团队的创新成果确实最合适不过了。

可以说，团队精神是企业成功的要素之一，也是企业选择员工的标准之一，一个公司的政策的延续性和它的团队精神密不可分。同时，员工的团队精神是否能得到发扬，是决定工作成果的重要因素。

分工合作：现代职场高效工作的成功模式

在动物界，很多动物都懂得分工，大雁也不例外。雁群既然创造了这个飞行阵，就有分工合作。它们自觉地承担着各自的工作，不管是领头的、压阵的，还是队列中间的，它们无一例外地拍动翅膀为整个群体出力，互相鼓

励打气，才使群体的飞行效率得到提高。

V字形尖端的领头雁是那些身体强壮的大雁，排在末尾的是那些年幼、病弱以及衰老的大雁，这样做能使雁阵既保持较快的速度，又可进行长距离飞行而无须休息。

在漫长旅程的严酷考验下，大雁明白只有分工协作才更有效率，才最有可能实现目标。大雁的分工合作彰显了一个职场上的基本常识：科学分工，团队制胜。职场是所有人的职场，包括你，也包括你的同事。作为个体，你有你的思维、技能和个人利益，你的同事也有他们的思维、技能和个人利益。团队中每一个成员都具有其独特的一面，只有取长补短、互相合作，才能产生最大的力量，创造更大的价值。

在广袤的非洲大草原上，三只小狼一同围追一匹大斑马。面对着身材高大的斑马，三只两尺多长的小狼一拥而上，一只小狼咬住斑马的尾巴，一只小狼咬住斑马的鼻子，无论斑马怎么挣扎反抗，这两只小狼都死死咬住不放。当斑马前后受敌、疼痛难忍时，第三只小狼就开始啃它的腿，终于，斑马支撑不住倒在了地上。一匹大斑马就这样被三只小狼吃掉了。

三只小狼之所以能够击败大斑马，不仅由于它们自身优秀，还在于它们组成了一支优秀的团队，并分工协作，优势互补，假如它们没有进行分工，而是各干各的，是绝对不会得到它们想要的结果的。

一本书中记录着这样一个分工的故事，本书的主人公就懂得如何分工，让每个孩子都避开缺点，发挥出他们最大的优势。

一家人有五个儿子，但是五个儿子"各有千秋"，长子质朴，次子聪明，三子目盲，四子驼背，五子跛脚。如果按照常理看，这家人的日子一定过得相当艰难。可是出人意料的是，这家人的日子却过得挺顺当。有好奇的人一打听，才知道这家的五个儿子各有安排。让质朴的老大务农，让聪明的老二经商，老三目盲正好可以按摩，背驼的老四可以搓绳，跛足的老五便成了守家纺线的好手。这一家人各展其长，各尽其长，日子过得能不顺当么？

试想，如果这家人仅仅考虑几个残疾儿子的命运，生活一定难以维持。但是换一种思维，从扬长避短的角度出发，这么一来，全家就都有所为了。

社会发展到如今，分工协作显得越来越重要，这是因为科学知识在向纵深方向发展。社会分工越来越精细，人们不可能再成为百科全书式的人物，人总会有这方面或者那方面的缺陷，不可能事事精通。每个人都要借助他人的力量完成自己人生的超越，于是这个世界充满了竞争与挑战，也充满了合

作与快乐。要学会与人分工协作，从而使自己的事业向前再向前。

清末名商胡雪岩，自己读书识字不多，但他却能把士、农、工、商等阶层的人都拢集起来，以自己的钱业优势，与这些人协同作业。由于他能说会道且重情重义，所以别的人也被他的行为所打动，对他产生了信任。他与漕帮协作，及时完成了粮食上交的任务。与王有龄合作，王有龄有了钱在官场上混，胡雪岩也有了机会纵横商场。如此种种的互惠合作，使胡雪岩这样一个小学徒工变成了一个执江南半壁钱业之牛耳的巨商。

自己的力量是有限的，但是只要有心与人合作，善假于物，取人之长，补己之短，合作的双方就能从中受益。

有一位厂长，在用人的时候既善用人之长，又善用人之短。比如安排遇事爱钻牛角尖者去当质量检查员，让处理问题头脑太呆板者去当考勤员，而脾气太犟、争强好胜者就任命他当攻坚突击队长，办事婆婆妈妈的就让他去抓劳保，喜爱聊天、能言善辩的就安排去搞公关接待。这样一来，厂里一切便都秩序井然，效益时时见好。

依靠群体的力量，做合适的工作而成功者，不仅是自己个人的成功，也是整个团队的成功。

相反，明知自己没有独立完成工作的能力，却被个人欲望或感情驱使，去做一个根本无法胜任的工作，那么失败的几率也一定更大。这不仅是你一个人的失败，而且会牵连到周围的人，进而影响到整个公司。

如果每个员工都清楚自己的职责是什么，自觉地维护公司内部合理分工、角色分明的秩序，尤其是能自觉维护领导的权威。那么，一定能形成一个纪律严明、高效合作的团队，从而在激烈的市场竞争中取胜。

用沟通击破合作的"壁垒"

在晴朗的天空中，一队大雁排成优美的 V 字形从远方飞来，队形如波浪在波动，那是大雁振翅时的现象。队伍中不时传来阵阵大雁的鸣叫声，叫声清脆、嘹亮。它们鸣叫是为了相互鼓励，提醒前面的大雁保持速度。

在人类社会中，沟通就好比是大雁的鸣叫声，有效沟通是建立高效团队的前提。所以一个优秀的团队肯定是一个沟通良好、协调一致的团队，因为团队如果没有交流沟通，就不可能达成共识；没有共识，就不可能协调一致，就不可能有默契；没有默契，就不能发挥团队绩效，也就失去了建立团

队的基础。如果没有共识，团队成员就会站在不同的立场、为着不同的目的行动，这样的话，这个"团队"就很可能会分崩离析，失去存在的基础。

传说，人类的祖先最初讲的是同一种语言。他们在底格里斯河和幼发拉底河之间发现了一块非常肥沃的土地，于是就在那里定居下来，修建城池，建造起繁华的巴比伦城。后来，他们的日子越过越好，人们为自己创造的业绩感到自豪，决定在巴比伦修一座通天的高塔，来传颂自己的赫赫威名，并作为集合全天下弟兄的标记，以免分散。因为大家语言相通，同心协力，阶梯式的通天塔修建得非常顺利，很快就高耸入云。上帝得知此事，立即从天国下凡视察。上帝一看，又惊又怒，因为上帝是不允许凡人达到自己的高度的。他看到人们这样统一、强大，心想，人们讲同样的语言，就能建起这样的巨塔，日后还有什么办不成的事情呢？于是，上帝决定让人世间的语言发生混乱，使人们互相言语不通。

人们各自讲起不同的语言，感情无法交流，思想很难统一，就难免互相猜疑，各执己见，争吵斗殴，这就是人类之间误解的开始。

修造工程因语言纷争而停止，人类合作的力量消失了，通天塔最终半途而废。

虽然这只是一个很简单的故事，但是从这个故事中我们可以看出，沟通在团队合作中扮演着极其重要的角色。事实上，人与人之间的理解与支持关键在于沟通，沟通带来理解，理解才能促进合作。如果不能有效地沟通，就无法理解对方的意图，而不理解对方的意图，就不可能进行亲密无间的合作，更不用说创造最佳效益了。

美国前总统里根被尊称为"伟大的沟通者"绝非浪得虚名。在他漫长的政治生涯中，他已深切体会到与服务对象沟通的重要性。即使身在总统任内，他还保持阅读选民来信的习惯。他请白宫秘书每天下午交给他一些信件，然后，利用晚上的时间在家里亲自回复。

克林顿基于同样的理由常常利用电讯与人民面对面交谈，目的也无非是希望了解人民的想法，并表示对他们的关怀。就算他无法解决所有人提出的问题，但是克林顿总统亲自现身，聆听、抒发他自己的想法，本身就具有沟通的意义。

这已不是什么创新之举，林肯一百多年前就采用了类似的做法。当时，任何美国公民都可以直接向总统请愿。偶尔，林肯会请助理回复，但他自己经常亲自回复请愿者。

因为这件事，林肯还招致一些批评。当时正值国家内战、联邦待援的非常时期，为什么要浪费时间去处理这种小事情？只因为林肯深深地明白，了解民意乃是身为总统的首要职责，而他很愿意亲自接触民情。

沟通是每个人都要面临的问题，也是每个人都应该学习的课程，应该把提高自己的沟通技能提升到战略高度——从团队协作的角度来对待沟通。只有这样，才能真正创建一个沟通良好、理解互信、高效运作的团队。人在职场，难免会被同事误解，有的是他人造成的，有的则是自己不经意间造成的，对此绝不能采取消极的听之任之的态度，更不要以对抗的方式去面对，而是要通过沟通来解决。

据统计，企业中有两个数字可以很直观地反映沟通的重要性，就是两个70%。

第一个70%，是指企业的员工有70%的时间用在沟通上。开会、谈判、谈话、做报告是最常见的沟通形式，撰写报告实际上是一种书面沟通的方式，对外的各种拜访、约见也都是沟通的表现形式。所以说有70%的时间用在沟通上。

第二个70%，是指企业中70%的问题是由于沟通障碍引起的。比如，企业常见的效率低下的问题，实际上往往是有了问题、出现障碍后，大家没有沟通或不懂得沟通所引起的。另外，企业里面执行力差的问题，归根结底，也与沟通能力欠缺有关。

由此可见，有效沟通在团队合作中扮演着极其重要的角色，但是，沟通并不总是有效的，无效沟通成为我们在工作中成功协作的障碍。

既然有效沟通在团队合作中扮演着这样重要的角色，那么，在团队中怎样才能进行有效沟通呢？

对于团队领导来说，必须明确目标。目标管理是进行有效沟通的一种途径。在目标管理中，团队领导和团队成员讨论目标、计划、对象、问题和解决方案。由于整个团队都着眼于完成任务，这就使沟通有了一个共同的基础，彼此能够更好地了解对方。即便团队领导不能接受下属成员的建议，他也能理解其观点，同时下属对上司的要求也会有进一步的了解，沟通的结果自然得以改善。如果绩效评估也采用类似办法的话，同样也能改善沟通。

对于一个优秀的员工来说，要进行有效沟通一般可以从以下几个方面着手：

（1）一定要知道你要表达的是什么，即明确沟通的目的。如果目的不明确，你自己都不知道自己要说什么，怎么能让别人明白呢？那自然就达不到

沟通的目的。

（2）一定要知道什么时候、什么场合说，即要掌握好沟通的时机。当你的沟通对象正大汗淋漓地忙于工作时，你要求他与你商量这个周末消遣的事情，显然很不合时宜。因此，要想很好地达到沟通效果，必须掌握好沟通的时间，把握好沟通的场合和火候。

（3）必须知道对谁说，即要明确沟通的对象；尽管你说得非常精彩，但如果你选错了对象，自然也就达不到沟通的目的。

（4）必须知道怎么说，即要掌握沟通的方法。

除此之外，一个优秀员工还要学会认真倾听。

沟通是个双向的过程，一个优秀员工除了要知道怎样与人交流，还要知道怎样去倾听。因为在倾听的过程中我们不但要听他说了什么，还要去搜索他身上的别的语言，如肢体语言、语音、语调等。只有做到了用心倾听，才能准确地理解对方要表达的意思，才能帮助我们更好地去进行有效沟通。

分享是最聪明的生存之道

当一只大雁找到食物后，通常会不断发出叫声，呼唤其他大雁来共享，从不贪吃全部食物。学会分享，是聪明的生存之道！这是大雁给我们的又一大启示，一个人要想取得大的成功，就要学会与人分享。

分享，是一种成功的境界，是一种智慧的升华，是与人方便、自己方便的领悟。分享爱、分享劳动、分享喜悦乃至分享痛苦，这都是一个团队所需要的。有些人在工作当中往往喜欢斤斤计较，干什么事情总害怕自己会吃亏，更怕让别人得了便宜。这样的人就是没有领悟到分享的真谛，也不可能与整个团队拧成一股绳。

奥运冠军站在领奖台上发表感言的时候，说得最多的一句话就是："我感谢我的教练，感谢我的家人，感谢我们的团队，感谢所有关心、支持我的人。"这就是一种荣誉的分享，这些简单的话让所有人感到如沐春风，试想一下，如果他在台上这样说："我之所以取得今天的成绩和别人无关，完全是我个人努力的结果。"大家一定会对这个人的品行感到厌恶，他的团队也不可能一如既往地支持他。同样，一个懂得分享的企业老总总是会说，所有的一切是属于公司员工的；一个获得巨大成就的科学家会说，成绩是属于整个研究集体的。真正伟大的人从来都是懂得与别人分享的，正如牛顿所说："我之所以有今天的成就，只不过是因为站在了巨人的肩膀上。"

一家大型家族企业下面有很多办公室，总裁年事已高，打算好好锻炼一下自己的儿子，他让儿子以一个普通员工的身份到各个办公室体验一下工作的趣味。这个年轻人走了不少办公室，也学到了不少东西，他发现，绝大多数的办公室看起来都是忙忙碌碌、秩序井然的样子，大家似乎连笑的时间都没有。唯独市场部的一个办公室里总是洋溢着笑声，而且他们的业绩在全公司是最好的。他很奇怪，就决定在这间办公室多待一段时间。

经过一段时间的观察，他发现，秘密竟然出现在一个叫老王的员工身上。老王这个人学历不高，薪水也不是很高，但最大的特点就是特别爱和别人分享一些自己的事情。比如他爱人生了女儿，他一大早就冲到公司对大家喊："我当爸爸了！"每个月发了奖金，虽然他拿的比别人少，但是他总会买些零食回来："来来来，发奖金了，我请客。"每次擦自己的办公桌的时候，他也总是帮那些不在的同事一起收拾干净。别人有什么困难，只要是他能帮得上的，二话不说，马上过去帮忙。在老王的带动下，整个办公室的人都十分开朗，大家的集体活动比较多，下班后经常一起出去玩，而不是像其他部门那样各回各家。在这样的环境下，大家的工作效率自然就提高了很多。

几个月以后，董事长问儿子："在这几个月里，你都学到了什么？"

年轻人回答："我学到了很多东西，但是最重要的一点，我学会了与人分享。"

懂得分享是一种聪明的生存之道。当我们摒弃自私的行为，为别人付出的时候，从某种程度上说就是帮助了自己。因为，在这个崇尚合作的社会里，没有一个人能担当全部，一个人价值的体现往往就维系在与别人互助的基础上。许多时候与人分享自己拥有的，我们才能找到自己的位置和方向。下面的一个小故事，让我们更深刻地认识到"分享"对于我们的人生意义。

皮特是一个果农，他培植了一种皮薄、肉厚、汁甜而少虫害的新果子。正值收获季节，引来了不少果贩纷纷购买，使他发了大财，增加了不少财富。

当地不少人羡慕他的成功，也想借用他的种子来种果子，然而皮特却认为物以稀为贵，其他人也种这种果子将会影响自己的生意，所以还是自己独享成功的喜悦为好，于是全部都拒绝了，其他人没有办法，只好到别处去买种子。可是到了第二年果熟季节时，皮特的果子质量大大下降了，果贩们也都摇头不买他的果子。皮特为此伤透了脑筋，只好降价处理了。

皮特想弄清楚产生这种现象的原因，于是就去找专家咨询。专家告诉他："由于附近都种了旧品种果子，而唯有你的是改良品种，所以，开花时

经蜜蜂、蝴蝶和风的传粉，把你的品种和旧品种杂交了，当然你的果子就变质了。""那该怎么办呢？"皮特急切地问。

"那还不好办？只要把你的好品种分给大家共同来种，不就行了?!"

皮特立即照专家说的办了。这一年，大家都收到了好果子，个个都喜笑颜开。

皮特刚开始想独享财富，谁料想独享的财富不仅短暂，而且带有毁灭性的后果。后来，他把改良的品种分给大家来种，不仅自己获得了财富，也帮助别人获得了财富，取得了双赢的成果。只有让自己的才华融入整个团队，学会与别人分享、合作，才能实现工作上的双赢，收到 $1+1>2$ 的效果。

从分享的角度来说，照亮自己和照亮别人是一个铜钱的两面，辩证地相互依存着，悟得了其中的含义，你就悟得了生存的至高智慧。

我们人类就应该向大雁学习，心怀集体、无私奉献，学习它们的分享精神，每只大雁都是强大的，因为每只大雁身后都有一个强大的雁群。

借助他人力量征服工作高峰

作为团队的一员，只有把自己完全融入团队中，借助他人的经验与智慧，才能发挥个人的全部力量，才能解决个人无法解决的问题。

不管你要成为一个优秀的员工，还是要成为一个成功的人，都不要忘记这样一句话：智者找助力，愚者找阻力。没有一个人能够独自成功，让更多的人帮助你成功，这是一种高效的社会智慧。

古代的智者无不千方百计地借用民力、借用别人之力以成其事，这样的例子多得数也数不清。我们先来看一则和尚巧借民力的例子。

江西大庚县境内有座雄山，山上有处飞瓦岩。说起飞瓦岩的得名，来源于一则历史故事。

相传当初和尚们在这山上建造寺院，需要木料和砖瓦。木料好解决，满山都是大树，可就近砍伐。但是砖瓦却需要从山下运来，可人手缺少，实在让和尚们犯了难。后来，一个聪明的和尚想了一个借力的主意，先让人把需要的砖瓦堆积在山下，然后四处宣扬，说自己擅长飞瓦砌屋，不用工匠，砖瓦便会自动飞起来把房盖好。听到的人半信半疑，都想当面看个究竟。到了预定的那天，山下聚积了数千人。可是砖瓦还堆在山下，几个和尚正在懒洋洋地挑砖瓦上山。观众们为了早一眼看到和尚飞瓦，都争着帮忙搬运砖瓦。人多手快，不一会儿，堆积在山下的砖瓦便被搬到了山上。搬完砖瓦，大家

都选好位置等着看和尚作法。那和尚出来连连施礼，说："刚才作法已经完毕，砖瓦不是已经'飞'上山来了吗？"大家一听被戏弄了，虽有些不快，但都佩服和尚的智慧，就当是积德行善了。这事传扬开去，人们便把此地命名为飞瓦岩。

善于借助别人力量便可获得更多的收益，有助于你在竞争中脱颖而出。而不善于向他人借力的刘芳就没有那么幸运了。

刘芳应聘到一家公司做销售，上司交给她一项任务，让她在本市做一下公司产品的市场调查，然后策划一份市场营销活动方案。

刘芳是第一天上班，工作又是上司亲自交代的，因此不敢有丝毫懈怠。她一个人来到各大商场做了一番调查，然后带着手头资料躲进写字间，搞起方案来。很长时间过去了，她的方案还是没有做出来。

实际上，她收集的那些资料公司都有，她只要向有关部门借阅一下即可，而她却不懂得向他人寻求帮助，用别人的智慧来帮自己克服工作中的困难，只是一个人像没头苍蝇似的蛮干，当然理不出任何头绪。

很多人之所以觉得问题难，是由于他只倚重自己的才华和能力，而不懂得去获取别人的帮助。有的人甚至由于过于突出自己，把本来可以帮助自己的人赶走了。

实际上，每个人都应该明白这样一个道理：人不是孤立的，而是活在群体中的。所以员工在任务面前要充分考虑自己的现状，善于和别人合作，把两者的长处有机地结合起来，用他人的智慧来帮助自己去迎接、挑战困难，这样才有可能避免陷入生存的绝境，并且能够取得成功。

团队合作成就大事业

在职场中，有的人从不承认团队对自己有帮助，即使接受过帮助也认为这是团队的义务；有的人遇到困难喜欢单干，从不和其他同事交流；有的人好大喜功，专做不在自己能力范围之内的事。

一个人如果以这些态度对待所面对的团体，那么其前途必将是黯淡的。只有把自己融入到团队中去的人才能取得大的成功。融入团队要有团队意识，要让自己拥有团队意识，首先就要摒弃"独行侠"的思想，要和"狂妄"、"自视清高"、"刚愎自用"坚决作别；代之以"众人拾柴火焰高"、"众志成城"、"齐心协力"的团队意识。

在专业化分工越来越细、竞争日益激烈的今天，靠一个人的力量是无法

面对千头万绪的工作的。一个人可以凭着自己的能力取得一定的成就，但是如果把你的能力与别人的能力结合起来，就会取得更大的成就。一个哲人曾说过这么一段话，大意是：你手上有一个苹果，我手上也有一个苹果，两个苹果加起来还是苹果。如果你有一种能力，我也有一种能力，两种能力加起来就不再是一种能力了。

一加一等于二，这是人人都知道的算术，可是用在人与人的团结合作上，所创造的业绩就不再是一加一等于二了，而可能是一加一等于三，等于四，等于五……团结就是力量，这是再浅显不过的道理了。

一个人是否具有团队合作的精神，将直接关系到他的工作业绩。

从前，有两个饥饿的人得到了上帝的恩赐：一根鱼竿和一篓鲜活的鱼；其中一个人要了一篓鱼，另一个人则要了一根鱼竿。带着得到的赐品，他们分开了。

得到鱼的人走了没几步，便用干树枝点起篝火，煮了鱼。他狼吞虎咽，没有好好体味鲜鱼的香味，一会儿，连鱼带汤就都被他一扫而光。没过几天，他再也得不到新的食物，终于饿死在空鱼篓的旁边。

另一个选择鱼竿的人只能继续忍饥挨饿，他一步步地向海边走去，准备钓鱼解饥。可是，当他看见不远处那蔚蓝的海水时，他的最后一点力气也使完了，他也只能带着无尽的遗憾撒手人寰。

上帝摇了摇头，决心再发一回慈悲。于是，又有两个饥饿的人得到了上帝恩赐的一根鱼竿和一篓鲜活的鱼。这次，这两个人并没有各奔东西，而是商定互相协作，一起去寻找有鱼的大海。

一路上，他们饿了时，每次只煮一条鱼充饥。终于，经过艰苦的跋涉，在吃完了最后一条鱼的时候，他们终于到达了海边。从此，两人开始了以捕鱼为生的日子，有了各自的家庭、子女，有了自己建造的渔船，过上了幸福安康的生活。

几十年过去了，他们居住的海边已经发展成为一个渔村。村里人都继承了两位创业者留下的传统——互相协作、取长补短、共同发展，渔村呈现出一片欣欣向荣的景象。

前两个人因为不知道合作，所以两人都失败了；而后两个人因为懂得合作，最终双双取得了成功。

这个小故事告诉我们：理想往往是遥远的"海洋"，现实往往是眼前的"饥饿"。要克服现实的困难去实现理想，只有毅力是不够的，还要学会与他

人合作，取长补短，相携共进，才能实现双赢。

一个人的力量是很有限的，个人的力量很难突破环境的限制。以至于有人说，一个人是一条虫，两个人才是一条龙。由此可见合作的重要性。

一个员工，是否具有团队合作精神，将直接关系到其能否取得成功。

因为在一个企业或办公室，几乎没有一件工作是一个人能独立完成的，大多数人只是负责一部分工作。只有依靠部门中全体员工的互相合作，工作才能顺利进行，才能成就一番事业。一个团队对一个人的影响十分巨大，善于合作，有优秀团队意识的人，整个团队也能带给他无穷的收益。一个个体要想在工作中快速成长，就必须依靠团队的力量来提升自己。

第一篇 职业精神篇

第六章

诚信节俭，员工安身立命之本

承诺是用全部力量去做的事

信守承诺，这样才能得到和赢得人心，踏上事业的第一步台阶。

美国 IBM 公司发展迅速，正是靠公司服务人员在产品的售后服务中，具有高度的责任心、持之以恒的辛勤工作以及他们信守诺言的作风。

一天，菲尼克斯城的一个用户急需重建多功能数据的计算机配件。公司得知后，立刻派一位女职员送去。谁知途中遇倾盆大雨，河水猛涨，封闭了沿途的 14 座桥，交通阻塞，汽车已无法行驶。按常理遇到这种特殊情况，女职员完全有充分的理由返回，但她并没有被饥饿和中途的艰险吓倒，仍勇往直前，巧妙地利用原来存放在汽车里的一双旱冰鞋，滑向目的地，平时只有二十几分钟的汽车路程，却变成了 4 个小时的跋涉。女职员到达用户所在地后，又不顾旅途的疲劳，及时解决了用户的问题。

IBM 公司正是以工作人员认真负责的工作态度和感人的行动，赢得了广大用户的赞誉。其计算机产品成了用户争相购买的俏货，很快，这个公司的用户就遍布世界。

曾有一位知名的成功人士，他从小居住在一个小城镇，他的父亲开了一个饭店。有一次，某建筑公司经理出差经过此地，乘坐的小汽车发生故障，抛锚在路边饭店门前。时值中午，于是他的爸爸热情招呼，这些人于是一边点菜吃饭，一边在他爸爸的帮助下忙着找人修车。可找遍附近所有维修点，都说这位经理的车是原装进口车，缺少配件，修不了。无奈之下，他们只好把车托付他的爸爸照看，租车回去购买配件。因为他非常喜欢车，就想摸

摸，但爸爸根本不允许他那样做，他爸爸告诉他：这位经理将这车托付给他照看，他就应该将车照看好，做人应该信守承诺。他将爸爸的这些话深深地印在脑子里，不但自己不靠近车，还守在车的旁边，不让那些淘气的小孩子靠近车。

也许是那个经理很不放心将这么贵重的车放在这里，第二天，那些人就风尘仆仆地赶回来了。当那个经理看到这个守在车边的小孩子护卫着车，不让那些孩子们靠近时，大为感动，就要给他看车费。他爸爸连连摆手："咱这又不是看车的，收什么看车费！谁出门不遇上个难事，你在我这里吃饭，是我的顾客，我帮你看车是应该的，再说了，我已经允诺给你看车，我就会将车保护好；否则我就是失信，你再给我看车费不是小看我了吗？"那个经理感激得不得了。后来，这个经理就决定在他们家乡那里投资 1500 万元做项目，他的家乡一下子变成一个富裕的城镇。

也许我们都听说过"高山流水"的故事，钟子期和俞伯牙这对旷世难遇的知音，曾约定了见面的时间，但不幸的是钟子期没能等到俞伯牙就逝世了。在他去世之前，他仍然嘱咐自己的父母将自己埋葬在离家二十多里的汉江江口，在他们最初相遇的地方迎接他的知音。他死了也要守约的故事让百姓流传千年。值得一提的是，俞伯牙为了去践约，付出了不做官的代价。在他们眼里，承诺重于一切，人如若不守信用，失去的才是最多的。

孔子说："言而无信，不知其可也。"言而有信，是做人的最基本的道德要求，对于忠诚的员工，我们一再强调信守承诺的重要。

惠普公司所大力颂扬的"惠普之道"包括：信任员工、提供最高质量的产品和服务、对客户需求富有激情、彼此信任和遵守职业道德、重视团队合作、创建丰富而融洽的组织。

微软公司的核心价值观是：诚实和守信、公开交流、尊重他人、与他人共同进步、勇于面对重大挑战；对客户、合作伙伴和技术充满激情；信守对客户、投资人、合作伙伴和雇员的承诺，对结果负责；善于自我批评和自我改进、永不自满等等。

Coogle 公司的核心价值观是：坚决不做邪恶的事情，无论有多大的商机；专注解决用户问题，赚钱和其他问题以后再说；坚决以网络群体利益为首，无论自身利益如何；坚持"最好还不足够好"的标准，永远提升自己，寻找更好的解决方案。

在现代商业运营中，有人说："无商不奸"，其实，"奸商"的行径是遭人唾弃的，只有诚实守信才能取得真正意义上的成功。

为人处事，信守诺言是非常重要的，那些受欢迎的人，常用各种不同的方式把他们的特点展现在人们面前，其中最显著的特点便是具有任何时候都守信、遵约的美德。

清代顾炎武曾赋诗言志："生来一诺比黄金，哪肯风尘负此心。"坚守信用的处世态度和内在品格，这样做人才踏踏实实。

诚信是一个人的做人之本，我们应该将诚信贯穿在自己的所有行为中，用诚信要求自己，让诚信成为自己的习惯。当这种习惯形成的时候，也就是人格魅力增加的时候，也就是我们的无形资产增多的时候。

诚信是你的一笔巨大的无形资产

诚信如此重要，故长期以来一直为人们所重视，有"一诺千金"之誉。诚信对一个人、一个企业都是无形的财富，是一笔巨大的无形财富，一个人、一个企业坚持走正直诚实的道路必定会实现良好的愿景。

1950年，李嘉诚凑了5万元港币，开办"长江塑胶厂"，主要生产玩具和家庭用品。创业初期，条件非常艰苦，但是李嘉诚的员工却很少有人跳槽。这是因为李嘉诚一直把诚实作为自己的人生准则："只有你以诚待人，别人才会以诚相报。"

后来，精明的李嘉诚看准了塑胶花市场的巨大潜力，就集中所有的人力、物力，全部投入到塑胶花的生产中。当时，有位外商觉得李嘉诚经营有方，生产的产品价廉物美，就找到李嘉诚，希望可以大量订货。但是，为了供货有保障，这位外商提出，长江工业有限公司必须寻找有实力的厂家作担保。

这是一笔大生意，为此，李嘉诚欣喜不已，可是找谁作担保呢？李嘉诚接连跑了几天，都没有什么结果，最后只好如实相告："先生，我非常想长期和您合作，但是很遗憾，我实在无法找到厂家为我担保；如果您因此而重新做出决定，我将尊重您的决定。"

那位外商沉默了一会儿，说："从你刚才的谈话中可以看出，你是一位诚实的人。我想，相互间的诚实才是互相合作的基础。我已经决定了，你不必再找人担保了，我们现在就签合同。"

李嘉诚听了十分高兴，但是他还有一个难处，就是资金有限，一下子完不成那么多的订单。李嘉诚不得不把这一实情告诉外商。李嘉诚以为，只要自己说出了实话，对方就会取消和自己的合作，可事实恰恰相反，那位外商

听了李嘉诚的话后，不但没有取消订单的意思，反而非常开心地说："李先生，现在我更能肯定你是一位值得信赖的人了。我愿意提前付款，为你解决资金难题！"

就这样，李嘉诚非常顺利地签下了合同，赚到了一笔数目可观的钱。从这件事中，李嘉诚领悟到，只有"信誉第一，以诚待人"这 8 个字，才是今后经营中应当遵守的金科玉律。从那以后，李嘉诚的公司如同他的名字一样，都挂上了一块"诚"字的招牌，恰恰是诚实二字，为李嘉诚今后闯荡商界打下了坚实的根基。

李嘉诚的成功得益于很多因素，但是他的诚实，无疑是他可以赢得诸多合作伙伴的重要原因之一。事实上，一个人只有做到诚实可信，才会被别人信任，才会有合作的可能。不仅仅是在商场上，在生活的各个方面，我们都要做到诚实。诚实好比人的名片，无论走到哪里，都会为其赢得信赖。在一个人的成功道路上，诚信的品格比能力更重要。一个人能力再强，若失去了诚信的品质，就很难有大的成就。

小唐是××人寿保险公司的一名业务经理。一次偶然的机会，她认识了一位在××人寿保险有限公司做保险代理人的朋友。经这个朋友介绍，小唐去旁听了这家保险公司的培训课程，一下子被保险公司开放、轻松的气氛所感染，于是，她放弃了自己原本稳定、待遇丰厚的工作，毅然地加入了保险销售员的队伍。从 1999 年起，小唐开始了她保险生涯的第一步——陌生拜访。

在当时，很多人对保险销售员都持有一种抵触和防范的心理，认为保险销售员都是骗人的。然而小唐并没有因为别人误解和冷淡而放弃自己的想法，她看出了保险在中国未来社会和家庭中的发展，决心要在保险业做出一番成绩来。带着这个想法，小唐全身心地投入到了工作中，她想，人们普遍质疑保险代理人的诚信度，我就要用自己的诚信去打动客户，让客户信任我，找我买保险。

有一次，她准备去一个朋友家谈保险计划，临行之前接到了这位朋友的电话："我老公对保险代理人很反感，你不必在意！"其实，朋友是给她打"预防针"的，意在让她做好被拒绝的心理准备。然而要强的小唐却并没有因此而退缩，她暗暗对自己下决心："我一定要做下这个单子，要从这个家庭开始改变保险代理人的公众形象。"到了朋友家后，小唐使出了浑身解数，消除男主人对保险代理人的厌恶感。在小唐开始为这位朋友设计保单时，男

主人问小唐："你们公司营业执照的有效期是多少年？"这个问题可把小唐难住了。小唐刚到公司不久，况且这个问题与保单无关，因此，事前没有专门去了解这些问题。于是，她很诚实地回答："这个问题我不知道，但是我可以认真负责地向你保证，我回去后会立即问我的公司领导，并将有关文件的复印件传给你。"

回到公司后，小唐立即向同事咨询情况，最后公司高管把答案告诉了她。得到答案并查询相关文件后，小唐将相关文件传真给了这位客户，客户没有再问一句话，便与小唐签订了保单。事后，小唐问这位朋友："你老公不是很讨厌保险代理人吗？为什么那么快就决定签保单了呢？"

朋友这才将实情告诉了小唐：原来这位朋友的老公在一家会计师事务所工作，早已知道××人寿保险有限公司的执照的使用期限。他之所以问小唐这个问题，只是对她诚信的一种试探和考验。在小唐之前，他问了很多保险代理人，他们都是胡乱作答，只有小唐实话实说，因此他觉得小唐为人诚恳，不会欺骗人，所以最后选择和小唐签单。小唐万万没想到，"不知道"三个字竟给自己换来了一张保单。后来，这位朋友还给小唐介绍了很多客户，签下了很多张保单。

小唐的事例告诉我们，诚信是一个人巨大的无形资本。古之能成大事大业者，大多都有信义于天下。台湾的"经营之神"王永庆先生说过："做生意和做人的第一要素就是诚实，诚实就像是树木的根，如果没有根，树就别想再有生命了。"上文例子中的小唐正是靠诚实的品质奠定了自己事业的基础。以诚待人，在工作中树立起诚信的品牌，相信你一定会得到越来越多的支持和帮助，你的工作和事业也会开创出一个崭新的局面。

失去信用，你的职业大厦就会摇摇欲坠

诚信是一个人的立身之本。一个人没有信用，就没有人相信，不被人相信的人，就不能在社会上立足，干不出什么大事。

唐朝元和年间，东都留守名叫吕元应。他酷爱下棋，养有一批下棋的食客。吕元应与食客下棋，谁如果赢了他一盘，出入可配备车马；如果赢两盘，可携儿带女来门下投宿就食。

有一日，吕元应在庭院的石桌旁与食客下棋。正在激战犹酣之际，卫士送来一叠公文，要吕留守立即处理。吕元应便拿起笔准备批复，下棋的食客见他低头批文，认为不会注意棋局，迅速地偷换了一子。哪知，食客的这个

小动作，吕元应看得一清二楚。他批复完文件后，不动声色地继续与食客下棋，食客最后胜了这盘棋。食客回到住房后，心里一阵欢喜，企望着吕留守提高自己的待遇。

第二天，吕元应携来许多礼品，请这位食客另投门第。其他食客不明其中缘由，很是诧异。十几年之后，吕留守处于弥留之际，他把儿子、侄子叫到身边，谈起那次下棋的事，说："他偷换了一个棋子，我倒不介意，但由此可见他心迹卑下，不可深交。你们一定要记住这些，交朋友要慎重。"他积多年人生经验，深觉棋品与人品密不可分。

棋品即人品，我们在日常生活中一些不守信用的行为，看似小事，却会为我们的品格印上很大的污点，成为我们人生发展的隐患。

欧洲某些国家的公共交通系统的售票处大部分是自助的，也就是说你想到哪个地方可根据目的地自行买票。没有检票员，甚至连随机性的抽查都极少。据说逃票被抽检抓到的大约只有万分之三。

一位中国留学生发现了这个管理上的"漏洞"。他很乐意不用买票而坐车到处游玩，在他四年的留学期间，他因逃票被抓了两次。四年后，他大学毕业，试图在当地找份工作。他知道许多跨国大公司都在积极地开发亚太市场，就向这些公司投了自己的求职资料，可都被拒绝了。一次次的失败，使他愤怒地认为这些公司有种族歧视。终于有一天，他冲进了一家公司人力资源部经理的办公室："先生，我想问一下贵公司为何不录用我。据我所知，我有一位各方面能力都不如我的韩国同学已被你们录用。你们是不是歧视中国人？"

"先生，我们并没有歧视你，相反的，我们很重视你，因为我们公司一直在中国进行市场开发，我们需要一些优秀的本土人才来协助我们完成这个工作，所以你刚来求职的时候，我们对你的教育背景和能力很感兴趣。老实说，你就是我们所要找的人。"经理回答。

"那为什么不录用我呢？"

"因为我们查了你的信用记录，我们发现你有两次乘公车逃票的记录。"

"我承认。但为了这点小事，你们就放弃了一个能为你们带来更大利益的人才？"

"小事？不，不！先生，我们并不认为这是小事。我们注意到了，第一次逃票你说自己还不熟悉自动售票系统，这有可能。但在之后，你又逃了票。这如何解释呢？"

"那时刚好我口袋中没零钱。"

"不，不！先生，我不同意这种解释。我相信你可能有数百次的逃票。对不起，我只是说可能。此事证明了几点：第一，你不仅不尊重规则，而且善于发现规则中的漏洞并恶意使用；第二，你不值得信任，而我们公司的许多工作的进行是必须依靠诚信来完成的，因为如果你负责了某个地区的市场开发，公司将赋予你许多职权，但为了节约成本，我们不会设置复杂的监督机构，正如我们的公共交通系统一样。因此我们没办法雇用你，而且我可以断定：在这个国家甚至在整个欧盟，可能没有公司会冒险来雇用你。"

信用是一个人在社会上立足的前提，一个人无论是在工作中还是在生活中，都必须重诺守信，别人才会相信他，愿意与他打交道，这样，双方才有可能建立稳定的、长期的联系。事实上，一个人在社会中生活和工作，总离不开同他人打交道，要想做成功一件事，更需要他人的支持、帮助，因此良好的人际关系十分重要。而重诺守信，则是维系人心、增进情谊的重要一环。

相反，有些人自以为聪明，专门使用狡诈欺蒙的手段来达到目的。其实，这种伎俩在一个健康社会是行不通的，或早或迟，总有骗局被揭穿、真相大白的一天，到时候骗人者轻则声名狼藉、众叛亲离；重则无法在社会立足，并受到法律的制裁，正如《红楼梦》中所说的"机关算尽太聪明，反误了卿卿性命"。

韩非子说："巧诈不如拙诚。"巧诈的行为虽然可能图得暂时的利益，可是一旦被人识破，换来的就是别人怀疑的眼光。以近乎愚笨的拙诚来待人处世，一时间或许他人无法感受到你的诚意，但经过长久的相处，必能获得他人的信赖。

节约让企业淡季不淡

在当今的时代里，市场竞争异常残酷，尤其是在淡季市场里更是如此。要想在淡季市场里构筑竞争的优势，只有依靠企业的节约，因为只有节约才会让企业淡季不淡。

20世纪90年代以来，美国航空业处于一片惨淡经营的愁云中，成立于1968年的美国西南航空公司却连年盈利。1992年美国航空业亏损30亿美元，西南航空公司却盈利9100万美元；2001年美国航空业总亏损为110亿美元，2002年上半年美国航空公司亏损50亿美元；2001年和2002年上半年

世界最大航空公司美洲航空公司分别亏损18亿美元和10亿美元；2002年美国联合航空公司申请破产保护。在市场一片萧条的情况下，美国西南航空公司的所有飞机却正常运营，全部职员正常工作，财务上持续盈利，现金周转状况良好，被人们誉为"愁云惨淡中的奇葩"。

美国西南航空公司为何取得如此骄人的业绩？西南航空公司能够异军突起，秘诀在于公司对成本的节约。在美国国内航空市场上，西南航空公司的成本比那些以"大"著称的航空公司都低很多。究其原因是多方面的，但最主要的原因是节约。

为了节约成本，西南航空公司拥有的400多架飞机全部都是波音737，这种机型是最省油的，运营过程中可以节约燃油成本。还有一点，公司的所有飞机机型都一样，这样可以实施较大批量的采购，增强了采购过程中讨价还价的能力，较高的采购折扣率降低了飞机的采购价格。这样就控制了飞机的原始成本。

西南航空公司还大力减少中间环节，节约开支。他们通过流程变革，减少公司对代理商支付费用，杜绝将中间环节的费用转嫁给消费者，"将折扣和优惠直接让给终端消费者"。他们采用通过电话或网络订票，以信用卡方式支付，不通过旅行社售票，尽量消除代理机构，减少和取消代理商售票，避免代理环节的费用开支；不提供送票上门服务。这样降低了公司的成本，又给顾客带来了利益。订票过程的优化设计极大地降低了西南航空公司的经营成本。

为了最大限度地节约成本，西南航空公司甚至连机票的费用都给省下来了。该公司根据乘客到达机场时间的先后，在乘客到达机场服务台报出自己的姓名后，给乘客打出不同颜色的卡片，顾客根据颜色不同依次登机，然后在飞机上自选座位。这种设计既降低了机票制作成本，又提高了乘客登机的效率，减少了飞机在机场的滞留时间，有效地控制了公司租用机场的费用。

西南航空公司提倡"为顾客提供基本服务"的经营理念，飞机上不设头等舱，间接地降低了公司的经营成本。不仅如此，由于取消餐饮服务，机舱内卫生比较干净，飞机着陆后的清洁时间减少15分钟，这样减少了飞机在停机坪的停留时间，增加了飞行时间。

此外，由于飞机上取消餐饮服务，只为顾客提供花生米和饮料，腾出了飞机上为此项服务占用的空间，为此飞机上又可以增加6个座位，这样也间接地降低了公司的运营成本。

由于飞机飞行过程中的一些改革，西南航空将服务人员从标准的4人减

少了 2 人，人员的减少对成本降低的作用也是十分明显的。

美国西南航空公司正是从方方面面来进行节约，从而大大降低了运营成本，最终得以称为"愁云惨淡中的奇葩"。

市场上没有永远的强者，没有永远的淡季，只有脚踏实地做好自己的事情，找到从降低成本到营销战略的正确道路，才能够成为市场上的胜利者。

帮公司节约，为自己谋福利

作为一名员工，如果你能够帮公司节约资源，那么公司一定会按比例给你报酬。也许你的报酬不会很快兑现，但是它一定会来，只不过表现的方式不同而已。当你养成习惯，将公司的资产像自己的财产一样爱护，你的老板和同事都会看在眼里。

一位海外归来的博士，回国后在一家公司里工作。不久，同事们便把她看成办公室里的"另类"，因为她从来不用大家都习惯用的一次性纸杯和筷子，总是自备水杯和筷子；她拒绝吃用塑料泡沫饭盒装的盒饭，总是自备餐具；别人哪怕浪费一张纸她也忍受不了，总是刻意地提醒同事要注意节约，她自己更是经常拿用过一面的纸写字和打印文件；办公室里的电器一旦用不着的时候，都是她主动把它们关掉。

同事们认为她根本没有必要这样做，毕竟公司的实力还算雄厚，每个月的盈利也很可观，更何况老总也没在这方面有更多的要求。

可是博士依然我行我素。几年后，当女博士离开那家公司时，那家公司的办公作风已经改变了；博士的那一系列原来被同事看成"另类"的行为，现在成了每位员工主动完成的事情。同事们也真正体会到了博士的可贵之处。

现在，公司的实力更加雄厚了，老总发现了其中的原因，他还时时想起这位给他带来更多利润的博士。而那位博士已经是某家公司的总裁了。

每一名员工都应该明白，自己的工资收益完全来自公司的收益，因此，公司的利益就是自己利益的来源。"大河有水小河满，大河无水小河干"，说的就是这个道理。因此，帮公司节约实际上是在为自己谋福利。

乔治到一家钢铁公司工作还不满一个月，就发现许多炼铁的矿石并未得到充分的冶炼，很多矿石中仍残留着尚未被炼好的铁。这种情况如果一直持续下去的话，将会给公司造成很大的经济损失。为此，他便找到负责技术的

工程师反映他所担心的问题。然而工程师却十分自信地讲道："我们的冶炼技术绝对堪称世界一流，你所担心的问题根本不可能存在。"

无奈之余，乔治只好拿着未被充分冶炼的矿石去找公司负责技术的总工程师反映问题。听完乔治反映的情况，出于职业的敏感，总工程师严肃地说道："竟然有这种问题，为什么没有人向我反映？"

总工程师立即召集负责技术的工程师来到车间检查问题，果然发现了很多冶炼并不充分的矿石。公司的总经理了解了事情的全部经过之后，不仅奖励了乔治，还提升他为负责技术监督的工程师。总经理感慨万分地说："我们公司并不缺少工程师，可是我们缺少对公司负责、对工作负责、为公司着想的精神，以至于这么多工程师没有一个人发现问题，甚至当有人提出了问题，他们还认为不会给公司带来很大的损失而不愿理睬或不以为然。要知道，这些小问题，日积月累就会变成大问题。当它变成大问题时，给公司带来的经济损失将是不可估量的。"

许多员工认为自己只是一个打工者，总是认为公司的一切与自己无关，节约下来的一切也只是给公司节约，对自己没有一点好处，这实在是一种错误的认识。虽然工作与取得报酬有直接的关系，但事实并没有这么简单，如果让这种想法控制你的思想，那么可以断言，在你的职业道路上也不会有什么好的发展。

但如果你能注意节约公司的财物，哪怕只是一张小小的纸片也会给你带来成功的机会。

一位年轻人到一家大公司应聘。当他走进办公室时，看到门角有一张白纸，出于习惯，年轻人弯腰捡起白纸并把它交给了前台小姐。结果，在众多的应聘者中，这位年轻人战胜了其他条件比他更好的人，成了这家公司的正式员工。公司董事长在给他分配任务时说："其实门角那张白纸是我们故意放的，那是对所有应聘者的一个考验，但只有你通过了。只有懂得珍惜公司最细微财物的员工，才能给公司创造财富。"这位年轻人后来果然为公司创造了巨大的经济效益。当然在他给公司带来利润的同时，也为自己带来了财富。

任何一家公司，必须依仗开源节流，以此来达到赢利的目的，在崇尚利润至上的今天，每一名员工都应有一种为公司节约的意识，只有公司赢利，员工才会赢利。

为企业节约每一分钱

维护公司利益不是一句空话，必须落到实处，从一点一滴做起。能够节省下来的钱，就绝不要浪费，因为你所节约的每一分钱，都是公司的纯利润。精打细算，避免浪费，必要时，来一点儿吝啬，其实也是一种生产方式。

有这样一家贸易公司，主营业务是小商品批发，尽管表面生意兴隆，但年终结算时总是要么小亏，要么小赢，年复一年地空忙碌。几年下来，不但公司规模没有扩大，资金也开始紧张起来。眼看竞争对手的生意蒸蒸日上，分店一家一家地开张，公司老板张某决定向对方求教取经。

待朋友把一笔笔生意报出后，这个老板更纳闷了：两家交易总量并没有太大的差距，为什么收益却这么大呢？看着目瞪口呆的张某，朋友道出了其中的原委。

原来，在公司员工的共同努力下，这家公司对商品流通的每一个环节都实行了严格的成本控制。比如：联合其他公司一起运输货物，将剩余的运力转化为公司的额外收益，几年下来，托运费就赚了将近 60 万元；采购人员采购货物时严格以市场需求为标准，使存货率降至同行最低，每年大约节约货物贮存费 5 万元，累积下来将近 20 万元；与供应商签订包装回收合同，对于可以重复利用的包装用品，待积攒到一定数量后利用公司进货的车辆运回厂家，厂家以一定的价格回收再用，这项收入大约为每年 2 万元；为出差人员制定严格的报销标准与报销制度，尽管标准比别家略低，但公司规定可以在票据不全的情况下按标准全额支付差旅费，该项措施每年为公司节约大约 5 万元。

在严格的成本控制下，不但公司节约了可见的资金，也培养了公司员工的成本意识，倡导节约、反对浪费已经蔚然成风。

节俭既是节约资源、降低成本的需要，也是一个优秀员工应该具备的基本素质和文化。如今一些大公司提倡：节约每一分钱、每一分钟、每一张纸、每一度电、每一滴水、每一滴油、每一块煤、每一克料。法国作家大仲马曾精辟地说道："节俭是穷人的财富、富人的智慧。节俭是世上所有大小财富的真正起始点。"

柯南道尔和他的管理团队在追求成本最小化的过程中，做到了事无巨细。有一回，柯南道尔在美航班机上，把未吃完的剩菜倒入一个塑料袋，交

给机上负责餐饮的主管，下令"缩减晚餐沙拉的分量"。他还不满意，又下令拿掉每位旅客的沙拉中的一粒黑橄榄。如此一来，又为美航每年省下 7 万美元。

最广为流传的一个故事则是：

柯南道尔为了省钱，竟然开除了一条看门的狗。在一次访谈中，柯南道尔自己说明："没错，我们在加勒比海边有一栋货仓，早先我们雇用一个人整夜看守，后来决定要省掉这项支出。有人说：'我们需要派个人来防止盗窃。'我就说：'把他换成临时工，隔天守夜一次，也不会有人知道他在不在。'过了一年，我还想减少成本，便告诉他们：'何不换成一条狗来巡守仓库？'我们就这么做了，而且有效。又过了一年，我还想把成本再往下降，下属说：'我们已经降到只用一条狗了。'我就说：'你们干吗不把狗叫的声音录下来播放？'我们如此做了，也行得通，没人知道那里是否真的有条狗在看守。"

商业经营的终极目标就是要赚取利润，节省在某种程度上就是收入。而且，省下来的一分钱，大于所赚的一分钱。因为，节省下来的每一分钱，都是地地道道的纯利润。那么，一名优秀员工要做的就是用自己的聪明才智为企业节省下每一分钱。

■ 思维观念篇

500强企业员工
遵循的职业理念

第一章

树立危机意识，告别"无所谓"文化

欢迎工作中的"坏消息"

大多数企业都有一条不成文的规则，即最大限度地掩饰企业竞争上的劣势。但是，对于公司来说，一个人人都知道但又不说的威胁，远比一个被明确暴露出来的威胁要有害得多。公司也像人一样，会因为心存秘密而心烦意乱。

一本写于4世纪之前的日本武士指南《五环书》，建议武士们在战斗开始之前，尽可能真切地想象自己在战斗中死亡。由于事先有了"死亡"的体验，就没有什么可畏惧的，这样武士才能忘我地战斗。这也许很有趣——当你面对着可能时，事情反而变得不太可能了。

在微软公司有这样一条规定：任何在软件中出现的漏洞必须马上纠正过来。这条规则也同样适用于微软的内部管理上。在盖茨的影响下，公司建立了有效的回馈机制来确保每件事都在不断改进之中。

公司也十分重视从过去的错误中汲取教训。"我曾有本备忘录，我每年都对它做更新。上面记载了'微软的十大错误'，我尽量让这些错误看上去耸人听闻。只有这样，人们在谈到微软的未来时才不至于重蹈覆辙。"盖茨说道。

在微软，盖茨还建立了同事之间互相提供回馈意见的机制。他十分热衷于建立"回馈圈"，这渗透到微软日常处理的每一项工作上。

正如世界上其他主要计算机公司一样，微软也有自己非常复杂的电子基础设施；公司的每个员工都可以通过电子邮件方式与别人交流，这其中也包括盖茨。

"在这个错综复杂的产业里，形势瞬息万变，我们必须不断调整我们的航向。所以我们必须建立起有效的'反馈圈'。"盖茨说道，"我们的电子邮件系统可以让人们不分等级地自由交流信息，通过电子邮件，人们在48小时内就可以知道所出现的问题了。"

盖茨本人以及时地回复微软任何员工的电子邮件而著名，人们传言说一位失宠的高级管理人员遭到解职，就是因为没有及时地处理他的电子邮件。

微软的"回馈圈"使市场上的各种危机和微软产品的各种缺陷能够在第一时间内被发现和解决，这种正视危机的企业文化也是微软帝国能够实现常青运营的秘诀。

《史记·扁鹊仓公列传》中有一个小故事：

扁鹊是战国时的名医。有一天，扁鹊去见蔡桓公，说："大王，您有病了，病只在皮肤里，赶快医治吧。"蔡桓公说："不用治，我没有病！"十天以后，扁鹊来见桓公，说："大王，您的病已经到了肌肉里，再不医治就会加重！"桓公听了很不高兴。过了十多天，扁鹊见到蔡桓公，又说："大王，您的病已经发展到肠胃，再不治就危险了！"桓公仍然不理，而且愈加生气。又过了十多天，扁鹊来见蔡桓公，看了几眼，转身就跑。桓公觉得奇怪，派人追问。扁鹊回答："一个人生了病，病在皮肤、肌肉、肠胃的时候，都有办法医治好，但是病到骨髓就没有办法了。现在，大王的病，已经发展到骨髓，我没有办法医治了。"五天以后，蔡桓公遍身疼痛，派人去请扁鹊，扁鹊知道他的病已无法医治，早就跑到秦国躲起来了。蔡桓公最后病死了。

这个故事就是成语"讳疾忌医"的由来，由于害怕疾病，最后发展成不愿意看医生，其实这也是一种逃避危机的心理，这样不仅无助于危机的解决，反而会一味地放纵危机蔓延、滋长，最后达到无可救药的地步。

在世界大战期间，丘吉尔担心自己富有传奇的个性会妨碍下属向他传递坏消息，因此他在指挥系统之外设立了一个独立的部门——统计办公室，其主要职能就是向他提供最严酷、最不加修饰的事实。

国际奥委会主席萨马兰奇也是一个闻过则喜的领导者。在中国——西班牙论坛成立推介会上有过这样一番情形：由于年龄和过度操劳的原因，萨马兰奇的听力虽然大不如前，但仍然是侧耳倾听各位发言，还不时地做着记录。虽然听力不济，萨马兰奇仍然很重视对周围信息的搜集，特别是对奥委会的一些反对意见。作为一个企业的领导者也应该如此，不仅要欢迎坏消息，并且还要主动倾听不同的意见，如果企业内人人都是一面镜子，那么企

业内部的危机根苗便无处藏身了。很多企业都应当专门设置一个部门用来搜集各种"坏"消息，并且指定专人负责提出反面意见，集思广益，这样才能避免企业危机的潜滋暗长。比如前面提到微软公司的"回馈圈"就是一个很好的例子。

当然，企业经营者要时时让每个人有注意危机警讯的习惯，并不难做到。一个人刚到一个企业工作时，他的警觉性很高，会提出许多在运作上或经营上觉得不对的地方，但是一段时间后这种警觉性和危机感就会消失，为什么呢？并不是因为他觉得安全就松懈了，而是他提出来的"异见"，很容易就被同仁或主管所否决，一两次后，他就会和大家一样，视警讯为正常。

胡适先生有一首白话诗《老鸦》：

我大清早起，

站在人家屋角上哑哑地啼。

人家讨嫌我，说我不吉利；

——我不能呢呢喃喃讨人家的欢喜！

而一个公司里面就是需要多几只乌鸦，才会发现经营上的盲点。老鸦虽然叫得令人讨厌，但是总比酿成巨灾后再亡羊补牢来得好。

危机来临前，准备好你的"诺亚方舟"

"诺亚方舟"出自《圣经·创世纪》中的一个引人入胜的传说。由于偷吃禁果，亚当、夏娃被逐出伊甸园。此后，该隐诛弟，揭开了人类互相残杀的序幕。人世间充满着强暴、仇恨和嫉妒，只有诺亚是个义人。上帝看到人类的种种罪恶，愤怒万分，决定用洪水毁灭这个已经败坏的世界，只给诺亚留下有限的生灵。

上帝要求诺亚用歌斐木建造方舟，并把舟的规格和造法传授给诺亚。此后，诺亚一边赶造方舟，一边劝告世人悔改其行为。诺亚在独立无援的情况下，花了整整120年时间，终于造成了一只庞大的方舟，并听从上帝的话，把全家8口搬了进去，各种飞禽走兽也一对对赶来，有条不紊地进入方舟。7天后，洪水自天而降，一连下了40个昼夜，人群和动植物全部陷入没顶之灾。除诺亚一家人以外，亚当和夏娃的其他后代都被洪水吞没了，连世界上最高的山峰都低于水面7米。

上帝顾念诺亚和方舟中的飞禽走兽，便下令止雨兴风，风吹着水，水势渐渐消退。诺亚方舟停靠在亚拉腊山边。又过了几十天，诺亚打开方舟的窗

户，放出一只乌鸦去探听消息，但乌鸦一去不回。诺亚又把一只鸽子放出去，要它去看看地上的水退了没有。由于遍地是水，鸽子找不到落脚之处，又飞回方舟。7 天之后，诺亚又把鸽子放出去，黄昏时分，鸽子飞回来了，嘴里衔着橄榄叶，很明显是从树上啄下来的。诺亚由此判断，地上的水已经消退。后世的人们就用鸽子和橄榄枝来象征和平。

谈到为危机做准备，"诺亚方舟"这个故事对我们很有借鉴意义。俗话说："凡事预则立，不预则废。"面临随时可能到来的危机，我们只有未雨绸缪，随时做好应对的准备，才能在危机到来之后应付自如。

2003 年，一场突如其来的"非典"将很多企业推上了考场，仓促应试。对此，惊慌失措者有之，无计可施者有之，反应迟钝者有之。与此形成鲜明反差的是，摩托罗拉公司面对非典的威胁则应对较为自如。其原因在于，摩托罗拉公司早就根据自己所处的行业特点和多年海外实践经验，建立起一整套危机管理计划，危机管理已成为它们管理体系的有机组成部分。尽管与其他危机相比，非典有许多特殊之处，但摩托罗拉公司只需要对原有应对自然灾害或突发事故的危机管理计划进行一定程度的修改，就可以很快将已有的危机管理计划移植到非典的预防与处理上，很快建立起相应的危机反应机制。

危机管理一直是摩托罗拉公司的重头戏。摩托罗拉在全球各个分公司都设有专门的危机管理小组，由人力资源部负责，各部门都有人员参加；每年摩托罗拉公司都会组织一次针对各种危机的演练，研究当危机来临时，如何在最短的时间内做出反应。长期以来对危机管理的重视，使摩托罗拉中国公司得以顺利度过非典时期，整个公司的业务没有受到太大的影响。

早在 2003 年 3 月底，摩托罗拉中国公司常设的危机管理小组就开始研究如何采取非典预防措施以及疫情一旦扩散后如何维持业务的正常运营，要求各部门都必须提交业务持续发展计划和危机处理计划。

当 5 月 1 日有一位摩托罗拉的员工被确诊为非典后，摩托罗拉公司立即启动了相关级别的危机管理系统和应急方案，人力资源部迅速通过电子邮件向所有员工传递了应急方案。

和该员工有过密切接触的 27 名员工立即被隔离观察。4 月 29 日至 30 日，1000 多名员工回家办公，对摩托罗拉大厦进行全封闭消毒。

公司为所有员工配发了口罩、温度计等防疫用品，为每位员工发放了便携式的"SARS 预防指南"卡片，卡片上记录了所有紧急情况下的联络人员。

公司明确了疫情报告系统，以便及时掌握所有员工的健康状况，如有病情出现，公司可以立即采取及时有效的措施。公司每天还向员工通报发病员工的身体状况和写字楼的消毒状况，以尽量消除员工的心理负担。

同时，摩托罗拉公司很快主动地将这名员工感染非典的消息向媒体公布，并持续地向媒体通报其病情的发展状况和公司办公楼、员工的隔离状况，有效防止了谣言的产生。

发现员工感染以后，由于摩托罗拉公司实行了轮班制，为确保与在家办公的员工及时沟通，公司每周会不定期以电子邮件的方式向员工及时通报来自政府有关部门的最新疫情情况以及最新的非典预防方法和保健措施。在家办公的员工可以根据自己的权限访问公司的网站，完成相关业务的流转。公司上下充分利用便携式电脑、高速拨号连接、电视、电话会议及其他办公设施，确保了业务的正常进行。

这次非典危机对那些没有危机准备的企业来说，打击是巨大的，生产停顿，业务萎缩，其中不乏一部分实力薄弱的企业倒闭破产，而提前准备好危机管理计划的摩托罗拉公司却在生产和业务上都没有受到太大的影响。从中我们可以看出，抗击风险能力强的企业，都是具有高度的危机管理意识，能提前做好准备的企业。

危机无处不在，唯有准备才能够让企业渡过危难，赢得成功。观察一下那些遭遇危机而失败的公司，你就会发现他们的失败往往可归结为以下三种情况：第一，无法认清即将迫近的危机；第二，无法预想这些危机的后果；第三，无法提出正确的对策。

凡事预则立，不预则废。企业一定要赶在问题出现之前，在其演变为危机之前解决问题，威胁一出现就尽可能快地采取对付这些威胁的行动。

预防危机很重要的一个方面就是设立定期的公司危机分析检查机制，定期为公司"体检"，发现危机的"征兆"。例如，越来越多的顾客抱怨可能就是危机的前兆；设备维护不利可能意味着未来的灾难。危机分析审查不仅有助于防止危机，避免对公司业务和公司利润的不良影响，而且，还会使公司在未来变得更为强大。

因为看重，所以施压

耕柱是春秋战国时期一代宗师墨子的得意门生，不过，他老是挨墨子的责骂。有一次，墨子又责备了耕柱，耕柱觉得非常委屈，因为在许多门生之

中，大家都公认耕柱是最优秀的人，但又偏偏常遭到墨子指责，让他觉得很没有颜面。终于有一天，耕柱愤愤不平地问墨子："老师，难道在这么多学生当中，我竟是如此的差劲，以至于要时常遭您老人家责骂吗？"墨子听后，并没有生气。而是十分平静地反问道："假设我现在要上太行山，依你看，我应该要用良马来拉车，还是用老牛来拖车？"耕柱回答说："再笨的人也知道要用良马来拉车。"墨子又问："那么，为什么不用老牛呢？"耕柱回答说："理由非常的简单，因为良马足以担负重任，值得驱遣。"墨子说："你答得一点也没有错，我之所以时常责骂你，也只因为你能够担负重任，值得我一再地教导与匡正你。"

虽然这只是一个很小的对话，却折射出现代企业人力资源管理的一个很重要的思想：适当提高要求，给下属施加一定的压力，可以促使人才更快地成长。从员工个人角度来看，上级领导是因为看重你的潜能，所以才会不断向你施压，以便让你更快地成长起来，能够尽快地担当重任。

墨子不断地斥责耕柱，使耕柱时时有一种危机感，认识到自己还有哪些不足，不仅可以避免优秀人才的"骄"与"躁"，而且能够激发人才不断地追求成功。

有时候，一些人会抱怨上司老爱找麻烦、挑毛病、折腾自己。其实，对这件事情应该有不同的看法。领导者为什么爱挑你毛病，因为他器重你，想让你变得更好，以便给你压上更重的担子。联想集团的前任总裁柳传志有一句名言："折腾是检验人才的唯一标准。"许多企业创业领袖都羡慕柳传志，因为他有两个好的接班人：杨元庆、郭为。殊不知，柳传志为培养这两个人，前后"折腾"了他们多年。在联想，杨元庆和郭为是被"折腾"的典型代表。据说，他们是一年一个新岗位，"折腾"了十几年，换了许多岗位，才成了"全才"。"折腾"，其实就是公司对你的考验。

杨元庆 30 岁的时候已经是联想微机事业部的总经理了。他在联想最困难的时候临危受命，从整个联想挑选了 18 个业务骨干，组成销售队伍，以"低成本战略"使联想电脑跻身中国市场三强，实现了连续数年的 100% 增长。与此同时，眼里揉不得沙子的杨元庆在天大的压力下也不肯妥协，让联想的老一代创业者不太舒服。他被一心提拔他的老板柳传志当着大家的面狠狠地骂了一顿。柳传志在骂哭杨元庆后的第二天给了他一封信：只有把自己锻炼成火鸡那么大，小鸡才肯承认你比它大。当你真像鸵鸟那么大时，小鸡才会心服。只有赢得这种"心服"，才具备了在同代人中做核心的条件。

一位人力资源主管在对新员工进行培训时，说了这么一段发人深省的话：

"压力为什么会降临到我们身上？很多人都问过自己这样的问题，但并不是所有问过这个问题的人都能得到确定的答案。也许我在这里为这个问题提供的答案算不上完美，甚至都谈不上完整，但这个答案至少不会使一些人沉睡的心灵继续沉睡。

"压力为什么降临到我们身上？因为上天并没有放弃我们，因为我们具有发展的潜能，因为所有成长的机会都蕴藏在压力之中。挑战与机遇总是并存，压力与希望总会相伴而行，只要我们还有机会，还有希望，挑战和压力就会来临。压力不会降临到万念俱灰、不思进取的人身上，因为他们不会感到压力的存在；压力也不会为难了无生机、走向穷途末路的公司，因为对它们施压已经没有任何意义了。

"我们为什么不能逃避压力？因为我们不能放弃自己，不能放弃每一个发展自我的机会，我们需要从压力中获得前进的动力。"

这位人力资源主管所说的一段话与柳传志那句"折腾是检验人才的唯一标准"有异曲同工之妙。上级领导因为看重员工的潜能才对之不断施加，希望他能够在压力下快速成长。而员工也应当明白上司的苦心，化压力为动力，把危机感当成个人成长的信号。

林克曾是某大公司的分公司总经理，到某公司应聘分公司总经理的职位，谈好是从销售经理做起，老板给一个考察期。到分公司开始实习时，他没想到，实习要带车送货，做销售代表的工作。刚开始接受不了，但还是坚持了三个月，因为他觉得，他对这个公司不熟悉，对这个行业不熟悉，需要做基层销售代表的工作，这样可以很快地了解公司，熟悉业务。另外，他拿的是销售经理的工资，自己也觉得比较满意。

他知道这是领导对他的考验，只不过这种考验的方法比较"残酷"而已，他坚持了下来。三个月以后，他开始负责片区的销售，手下有两个销售代表，于是他带领这个小团队努力工作，完成了公司下达的任务。半年以后，分公司的销售经理调走了，他被任命为销售经理。一年以后，分公司总经理另有任命，他被提为分公司总经理。在谈到往事时，他说："我当时是忍辱负重地工作，心中有很多怨言，但知道老板是考验我，还好我坚持了下来，最终赢得了老板的信任。"

压力是成长的动力。压力使我们不敢停下成长的脚步，压力使我们时时

奋进，压力使我们面对挑战时不再退缩，压力使我们实现一个目标时不敢懈怠，压力让我们获得成就时能够再接再厉。

没有压力就没有动力。生活中不能缺少必要的压力，生机勃勃的工作必须靠压力来维持，个人潜能的开发只有在重压下才能实现，公司的长远发展只能在市场和竞争对手的压力下得到推动。

压力越大，动力也就越大，只有不断在压力中获得重生的人才能茁壮成长；也只有那些顶着压力一步一步向前走的员工，才能为公司创造更大的价值；只有在压力的推动下，公司员工共同努力，才能实现公司的持续发展。

关于压力和成长的关系，这里还有一个真实的小故事值得我们去深思和品味：

一个人觉得蝴蝶幼虫在茧中拼命挣扎太过辛苦，出于好心，就用剪刀小心翼翼地将茧剪掉，让幼虫轻易地从里面爬了出来。然而不久以后，这只幼蝶就死掉了。幼蝶在茧中的挣扎是生命中不可缺少的一部分，是为了让身体更强壮、翅膀更有力。如果不经过必要的破茧过程，它就无法适应茧外的环境。

这就好像一个人如果不经历必要的磨难，他的人生就不会完整，因为他没有能力再抵抗以后的风风雨雨；一个公司如果不靠自己的力量冲破困境，这个公司就无法奠定自己坚实的市场地位，更不要谈长远的发展前景了。

无论是人生或者事业道路上的艰难险阻，也无论是生活和工作中存在的种种挑战，都让我们感到了压力和危机的存在。正是这种压力和危机感，我们才能够更加珍惜眼前的机会，更加努力进取，才能够在工作中更快地茁壮成长。

把工作危机变成成长机遇

你还记得抗洪中感人的情景吗？当堤坝上出现缺口的时候，谁在附近谁就用身体堵上去，因为那是危急时刻，刻不容缓。同样，公司在经营过程中也会遇到很多意外的事件和棘手的问题，有些迫在眉睫，必须马上解决，这时候身为公司的一员，你就应当勇敢地挺身而出，把化解危难视为自己的职责。

不要在心里说：反正不是我的事，再说了还有别人，我干吗出头做吃力不讨好的事。不要以为自己现在还处于公司最底层就人卑言轻，就不敢去做，就犹豫徘徊。面对问题迎难而上，挺身而出，工作中的危机就会变成你

个人的成长机遇。

战国时期，一次秦国攻打赵国，把赵国的都城邯郸围困起来。在这危急关头，赵王决定派自己的弟弟平原君赵胜，代替自己到楚国去，请求楚国出兵抗秦，并和楚国签订联合抗秦的盟约。

到了楚国，平原君献上礼物，和楚王商谈出兵抗秦的事。可是谈了一天，楚王还是犹豫不决，没有答应。这时，站在台下的毛遂手按剑柄，快步登上会谈的大殿。毛遂对平原君说："两国联合抗秦的事，道理是十分清楚的。为什么从日出谈到日落，还没有个结果呢？"

楚王听了毛遂的话很不高兴，就斥责他退下去。毛遂不但不害怕，反而威严地走近楚王，大声说："你们楚国是个大国，理应称霸天下，可是在秦军面前，你们竟胆小如鼠。想从前，秦军的兵马曾攻占你们的都城，并且烧掉了你们的祖坟。这奇耻大辱，连我们赵国人都感到羞耻，难道大王您忘了吗？再说，楚国和赵国联合抗秦，也不只是为了赵国。我们赵国灭亡了，楚国还能长久吗？"

毛遂这一番话义正词严，使楚王点头称是，于是就签订了联合抗秦的盟约，并出兵解救了赵国。平原君回到赵国后，把毛遂尊为宾客，并且重用他。

俗话说，"乱世出英雄"。危难时刻方显英雄本色。很多时候，你看不出一个人的本质。一个英雄常常是在别人都无法承受或做不到的情况下逆流而上，塑造他本身的辉煌。同样，一名优秀的员工在企业遭遇危机、军心浮动、所有人都在谋算自己的利益或者另谋出路的时候能够挺身而出，挽狂澜于既倒。

小李和小王是大学同学，毕业后一起到南方，通过招聘会到了一家计算机软件公司，负责某种办公软件的设计开发。这个公司规模很小，是国家允许注册的同类公司中最小的，执照上写得清清楚楚：注册资金10万元，连老板在内是"七八个人才五六条枪（电脑）"。他们之所以愿意去，一是背井离乡急于安身，二是因为老板给股份的承诺。老板比他们大不了几岁，看上去一副书生模样，态度很诚恳。可是进去才知道，连这10万元都可能有水分，仅从他们的办公条件就可以判断：一间废弃的地下室，阴暗、霉臭、潮湿。天一下雨，天花板上凝聚而成的水滴便源源不断地往下流，电脑上都要罩着厚厚的报纸。办公区连个卫生间也没有，而且出门就是大排档，油烟灌进来，熏得人直流眼泪。他们的产品市场前景看起来很好，但资金的瓶颈

随时有可能将美好的梦想扼杀于萌芽状态。最要命的是，产品没有品牌，只好赊销，迟迟收不回欠款，资金储备少，连员工的工资都无法按时发放。由此可见，这样的公司与那些实力雄厚的公司很难竞争。

三个月后，小王动摇了，劝小李也不要干了。有的是好公司，干吗要在一棵树上吊死？股份？老板连他自己都无法自保，哪里还有股份给你？

不久，公司资金链条断裂，濒临绝境，留下的几个人也走了，只剩下小李和老板两个人。看着老板年轻而憔悴的眼神和孤独而坚定的背影，小李反而坚定了自己的信念，他原本也是个不愿服输的人，这时，他对公司的使命感和老板已经没有区别，他想他能够做的就是和老板风雨同舟，充分发挥自己的才智，精益求精，将产品做好。

半年后，老板筹措到了资金，公司重新运转。产品由于质量好，买家愿意先付款了，公司局面开始峰回路转。他们还成功地说服一家实力雄厚的投资公司出钱，推出一种早就被他们认定具有广阔市场前景的新型办公软件。他们全身心地投入新软件的研制中去，常常吃住都在地下室，半年后终于推出了完美的产品。产品上市后供不应求，他们终于掘到了自己的第一桶金。接下来，公司开始招兵买马，发展壮大，短短几年的工夫，就成为行业内大名鼎鼎的软件公司。小李也被提拔为公司的副总兼技术总监，月薪可以拿到2万元。

年终，老板和小李同游澳大利亚，他们在阳光明媚的海滩上晒着日光浴，回首往事，感慨万千。老板禁不住热泪盈眶，他问小李："老弟，你知道我为什么能支撑下来吗？"小李说："因为你是打不垮的，否则我也不会留下来。"老板却说："不，其实当人们纷纷离我而去的时候，我就想关门了。我从不怀疑自己的能力，但我当时已经相信'谋事在人，成事在天'的说法了。可是你让我找回了信心，我想只要有一个人留下，就证明我还有希望。感谢你！在我想躺下的时候，总有你这双手在拽着我走。我知道，当时如果你走了，我肯定崩溃了！"为了感激小李，老板给了他公司40%的股份。

危机是个人成长的良机。一名员工加入一家公司，就是要为公司解决问题，化解危机。每个公司在运营过程中都会出现层出不穷的问题，如果你能够用自身的智慧和能力帮助公司及时化解危机，那么你就是公司的"关键员工"，而铺在你面前的也必将是一条通往成功的坦途。

林光和张帆是一家著名的4A广告公司的摄影师，林光是公司的首席摄影师，张帆到公司比较晚，主要负责一些比较琐碎的摄影任务，难度比较高

和比较艰巨的任务都由林光完成。一次，当地一家四星级酒店让他们拍摄菜品广告。按照惯例，林光背着相机前往酒店拍摄。由于林光使用数码相机时对光线把握出现偏差，一直都拍不出满意的照片，酒店方面颇有微词。眼看生意就要黄了，张帆临危受命，接下了拍摄的任务，并且漂亮地完成了任务。这件事后，张帆渐渐成了公司主要拍摄任务的执行者。不久，林光辞职走人了，首席摄影师也就由张帆来担任了。

工作危机中包含着个人成长的机遇。日本著名的作家谷口雅春先生，在他的著作《你是无限能力者》一书中，曾说过："坠落才是机遇。"其意义也是相同的。这些话，都是我们应该好好仔细体会的。的确，如果一粒麦子不落地死亡，怎能再结出许多麦子呢？经历越激烈的痛苦，在精神、人格上也会越成熟、越进步的。

因此，当我们在工作中面临困境时，我们应该庆幸，逆境来时，就是我们考验自己的最佳良机。

那么，把问题变成机遇，或者是变成恐慌，这种差别到底是从哪里出来的呢？这是由个人的态度和决心决定的。还有一句话是这么说的："跌下来时，也不要空手爬起来。"面对危机和困难，这种态度和决心是很重要的。事实上，走出逆境，把危机变成转机，才是人生辉煌的最高境界，也是感悟机遇最高境界的美好体验。否则，就极易成为胆小怕事的懦夫，从而忽视一个个有价值的机遇，而使自己碌碌无为，一事无成。

著名的人力资源培训师吴甘霖先生讲课时曾提到一种"V"型思维，对于我们的工作以及个人发展有很好的启发。"V型思维"，是一种建立在特殊思维变换——"拐弯"基础上的创造。其特征可以用一个英文字母"V"来表示。

"V"这一字母，非常传神地表达了思维"拐弯"的积极含义：左边一半，代表向下；右边一半，代表向上。从左边的趋势来说，本应向下，但是在底部却终止了，改为向上——这是一种从消极状态向积极状态的转折。

这里有三个箭头：从左到右的第一个箭头，代表的是问题；从左上方到右下角的箭头，代表问题的延伸以及它在当事人身上的消极影响——牢骚、抱怨，假如受这些情绪支配，必然只有对事情放弃。"V"的底端，代表的是你终止了牢骚、抱怨。右边的箭头，代表不但看到了这一问题所带来的机会，而且开始积极地创造。

问题变为机会的关键，有如下几点：

（1）在问题出现时，学会尽快停止抱怨。

（2）对新的变化高度重视，自问："不管这一变化是好是坏，在这一变化中，是否有值得我重视的新因素？"

（3）自问：新因素是否能够使我开辟新天地？能否给我带来全新的机会？

危机是个人成长的良机

很多年前，有一群熊，欢乐地生活在一片树林茂密、食物充足的森林里，它们在这里繁衍子孙，同其他动物友好相处。后来有一天，地球上发生了巨大变化，这片森林被雷电焚烧，各种动物四散奔逃，熊的生命也受到威胁。其中一部分熊提议说："我们北上吧，在那里我们没有天敌，可以使我们发展得更强大。"另一部分则反对："那里太冷了，如果到了那里，只怕我们大家都要被冻死、饿死。还不如去找一个温暖的地方好好生存，可供我们吃的食物也很多，我们也很更容易生存下来。"争论了半天，谁也说服不了谁，结果，一部分熊去了北极边缘生活，另一部分则去了一个四季温暖、草木繁茂的盆地居住下来。

到了北极边缘的熊，由于气候寒冷，它们逐渐学会了在冰冷的海水中游泳，还学会了潜入水下、到海水中捕食鱼虾，甚至敢于与比自己体积还大的海豹搏斗……长期下来，它们的身体比以前更大更重，更凶猛。这就是我们现在看到的北极熊。

另一部分熊到了盆地之后才发现：这里的食肉动物太多了，自己身体笨重，根本无法和别的食肉动物竞争，便决定不吃肉了，改为吃草。没想到这里的食草动物更多，竞争更激烈。草也吃不成了，只好改吃别的动物都不吃的东西——竹子，这才得以生存下来。渐渐地，它们把竹子作为自己唯一的食物来源。由于没有其他动物和它们争抢食物，它们变得好吃懒动，体态臃肿不堪，就演化成了我们现在看到的大熊猫。但后来竹林越来越少，大熊猫的数量也越来越少，几乎濒临灭绝，只能被关在动物园里，靠人类的帮助才能生存。

熊的遭遇如此，每个人的成长和发展又何尝不是这样呢？如果自己不主动去竞争，迟早也会和大熊猫的遭遇一样，被别人排挤，甚至被别人吃掉。危机是个人成长的信号。如果安于现状，看不到自己所面临的竞争和危机，那么你必定会被未来社会所淘汰。一个人应当让自己跟得上时代前进的步伐，要学会和自己比赛，每天都要淘汰掉那个已经落后的自己。如果你不主

动去淘汰自己、超越自己，那么你必将被别人超越和淘汰。

N先生三年前在某中外合资企业担任网络通讯设备销售经理。三年来一直忙于日常事务，在一片"干杯"声中度过了三年，除了酒量以外，其他才能并没有什么明显的增长。可是就在这三年中，他的下属跟随他鞍前马后慢慢地积累了一些经验，羽翼也渐渐地丰满了，而且销售业绩惊人，连续在公司的绩效考评中名列第一，在"业绩才是硬道理"的今天，迅速地淘汰掉了他这位上司。

所以，在竞争日益激烈的当今职场，不是自己淘汰自己，就是被别人淘汰。我们只有主动出击，抓住一切机会提高自己，才能够像上文故事中的"北极熊"那样逐渐强大，否则，只能像熊猫那样失掉竞争和生存的能力，留给自己的只有岁月的蹉跎和时光的惋惜。

一个主动超越自我、淘汰自我的人一定是一个充满危机感的人，正是这种危机感成为他不断超越自我的动力。相反，一个骄傲自满的人一定是很少有危机感的人，这样的人只会故步自封，一生也很难有很大的作为。

古时候一个佛学造诣很深的人，听说某个寺庙里有位德高望重的老禅师，便去拜访。进门后，他跟大师的徒弟说话的态度十分傲慢。老禅师却十分恭敬地接待了他，并为他沏茶。可在倒水时，明明杯子已经满了，老禅师还不停地倒。

他不解地问："大师，为什么杯子已经满了，还要往里倒？"

大师自语："是啊，既然已满了，我干吗还倒呢？"

禅师的本意是，既然你已经很有学问了，干吗还要到我这里求教？

生活中，很多人很想不断充实自己，但由于没有保持好的心态，最终却一事无成。做事的前提是先要有好心态。

如果想学到更多学问，先要把自己想象成"一个空着的杯子"，而不是骄傲自满。

毛泽东有一句话叫做"谦虚使人进步，骄傲使人落后"。同样，危机感也可以促人进取，使人进步，但前提是一定要戒除自满自大的毛病，让自己具备一种空杯的心态。不管自己的才能有多高，自己所掌握的知识有多多，都必须把自己的心态放空，让自己回归到零，如此才能保持适度的职业恐惧感，才能使自己随时处于一种学习的状态，将每一次都视为一个新的开始、一次新的体验，不要计较一时的得失，如此才能实现更大的进步。

第二章

给自己的工作贴上"卓越"的标签

每一次任务都是一次机遇

每一份工作都蕴含着无数个人成长的机遇，任何一份工作都值得你认真对待。

一个雨天的下午，有位老妇人走进费城的一家百货公司，漫无目的地在公司内闲逛，很显然是一副不打算买东西的样子。大多数的售货员只对她扫一眼，然后就自顾自地忙着整理货架上的商品，以避免这位老太太麻烦他们。其中一位年轻男店员看到了她，立刻主动地向她打招呼，很有礼貌地问她，是否有什么需要帮忙的。这位老太太对他说，她只是进来躲雨的，并不打算买任何东西。年轻店员说，他们同样欢迎她的到来。他主动地和她聊天，以显示他欢迎的诚意。当她离开时，年轻人还陪她到门口，替她把伞打开。这位老太太向年轻人要了张名片就走了。

此后的一天，年轻人突然被公司老板召到办公室，老板向他出示了一封信，是位老太太写来的。这位老太太要求这家百货公司派一名销售员前往英格兰，代表该公司接下装修一所豪华住宅的工作。

这位老太太就是钢铁大王卡内基的母亲。

在这封信中，卡内基的母亲特别指定这名年轻人代表公司去接受这项工作。这项工作的交易额十分庞大。

这位年轻人得到了晋升的机遇，而他机遇的取得是与他对待工作的态度和热心分不开，只有端正态度，认真负责，才能在机遇面前游刃有余。

机遇不在学历，也不在出身和地位，就在我们从事的每一份工作中，每

一项任务都是一次机遇。面对每一项任务你首先要问的是，自己能从中学到什么新的知识，积累什么新的经验，这是不是一项挑战，自己是不是要积聚起更大的勇气，更加精力充沛地去迎接挑战？

机遇面前人人平等，关键是看你能否抓住。只要正确认识自己的任务，把每一项任务都当作一次机会——学习的机会、锻炼的机会和得到认可的机会，机遇就不会从你身边溜走。

对于员工来说，"出演小角色"的机会是没办法选择的，在工作中，你可能接到任何一种工作任务，不管难易，你都必须完成，这个时候抱怨和逃避是没有用的，只有迎上去勇敢地接受才是唯一的办法。如果你认为那个职位太低，你当然可以放弃那份工作，但是同时，你也放弃了一次锻炼自己的机会，甚至放弃了一个提升自己的可能。

一个有抱负的人应当抓住工作中的每一个机会，把工作的每一项任务都当成提升自己的一个机遇。长此下去，你不但能够获得很多知识，还可以收获更多的机遇，为以后的工作打下夯实的基础。如果你能够认清自己的使命，勇于负责，在公司和老板需要的时候挺身而出，承担起重任，那么随着工作中一个个任务的完成，你也必定能够一步步地接近成功。

升职从升值开始：务实走向卓越的每一步

人人都渴望成功，期待能在职场上不断得以提升。但提升的机会并不会从天而降，只有通过不断努力和学习，提升自己的能力，才有可能获得升职的机会，换言之，升职从你的升值开始。

升职与升值有着相当紧密的联系，当你获得很好的升值时，才有可能获得老板给你的升职机会。

美国国家研究会的一项调查发现：半数以上的劳动技能在短短 3 年到 5 年内就会因为赶不上时代发展而变得无用，而在以前，这种技能的折旧期限长达 7 年到 14 年。所以高薪者若不学习，无需 5 年就会再次变成低薪者。升职离不开升值，这需要个人能够不断"充电"和进取。

杨俭由于家庭经济困难，高中毕业就不得不去找工作，由于没有学历，他只是作为一名送水工被建筑公司招聘来的。在送水工作中，他并不像其他送水工那样，刚把水桶搬进来，就一面抱怨工资太少，一面躲起来吸烟，而是每一次都给每位建筑工人的水壶倒满水，并利用工人们休息的时间，请求他们讲解有关建筑的各项知识。没几天，这个勤奋好学、不满足现状的送水

工，就引起了建筑队长的注意。两周后，他被提拔为计时员。

做上计时员的杨俭依然精益求精地工作，他总是早上第一个来，晚上最后一个走。由于他勤学知识，对包括地基、垒砖、刷泥浆等在内的所有建筑工作都非常熟悉，当建筑队长不在时，一些工人总爱问他。

一次，建筑队长看到杨俭把旧的 T 恤撕开套在日光灯上以解决施工时没有足够的红灯照明的难题后，便决定让这位年轻人作自己的助理。就这样，他通过自己的主动学习，勤奋努力抓住了一次次机会，用了屈指可数的五六年时间，便晋升到了这家建筑公司的副总经理的位置。

可见，先升值后升职，这其中需要不断学习和锻炼。对于个人而言，从低级到高级发展的过程，就是一个自我实现升值的过程。在这个过程中，个人就能发挥出他最大的才华和潜能。而企业是否有发展前途，就要看其员工的价值是否能不断得以提升，以及企业能否不断给这些升值的员工相应、足够的升职空间。

因此，在这个科技与知识发展一日千里的时代，随着知识和技能的折旧速度越来越快，更需要不断通过学习和培训积累经验、更新技能。做到这一点，老板就会对你刮目相看，你会因自己的升值，在众多的员工中获得升职，赢得一个一飞冲天的机会。

卓越是标准，更是行动

对于尽职尽责的人来说，卓越是唯一的工作标准。他们不会对自己说"我已经做得够好了"，而是要求自己在每一份工作中都做到尽善尽美。在工作中习惯于说自己"做得够好了"的人是对工作的不负责任，也是对自己的不负责任。每个人身上都蕴含着无限的潜能，如果你能在心中给自己定一个较高的标准，激励自己不断超越自我，那么你就能摆脱平庸，走向卓越。

一天，希尔顿饭店里来了一对老夫妇，"请问还有房间吗？"服务生查了一下电脑，保留的房间都订完了，"先生、太太，我们附近还有几家档次不错的饭店，跟我们都一样的，要不要我帮你们试试看？"服务生礼貌地说。他们先带领老夫妇去喝杯咖啡，一会儿服务生过来说："我们后面的喜来登大酒店还有一个房间，档次跟我们是一样的，还便宜20美金，要不要？"老夫妇高兴地说"Why not？"之后服务生又把老夫妇和他们的行李送上了车。

希尔顿员工的这种行动，根本不是在主管的监控下才去做的，这完全是一种主动，一种标准，这标准已经变成一种原动力，不停地推动企业进步。

作为一名员工，做事情是不能靠主管在后面挥动鞭子的，要靠自己有一种尊严，让追求"标准"变成一种原动力。

可见，卓越是一种标准，更是行动，卓越不是说的，不是看的，而必须要付诸实践。

微软公司亚太地区前总裁李开复先生曾说："卓越是一种习惯，人生是一个过程，卓越人生更是一个过程，在这个过程中，要想卓越不凡，就需要付诸行动。"事实上，人是在行动中改变的，经验是在行动中累积的，成功是在行动中得到的，不管是在顺境中还是逆境中，行动都是最重要的。

一张地图，无论多么详尽精确，它永远不可能带着它的主人在地面上移动半步；一条法律，无论多么神圣公正，它永远不可能完全消灭罪恶；任何"宝典"，以及绘着秘密藏宝图的羊皮卷，它永远不可能创造财富，只有行动才能使这一切具有现实意义；没有行动，所有的果实都无法收获。任何事物都不会裹足不前，行动，是卓越人生的开始。

平庸者只把事情做完，卓越者却把事情做棒

正确的"完成"不只是"做完"，还要"做对"、"做好"、"做到最棒"。所以我们说只满足于"完成任务"的员工不是好员工，好员工应该"出色地完成任务"——达到卓越。

王科是一名毫不起眼的理发师。他的理发店也在街角最不起眼的地方，但却是顾客盈门。理由很简单：这里面有一位很好的理发师，他总能把顾客的头发剪出最好的效果。如果能够拥有一个好发型和一份好心情，在路上多花一点时间又有什么关系呢？不仅如此，他的客人还向自己的家人和朋友推荐这家理发店。久而久之，王科的理发店名声大振，成为这个城市中首屈一指的理发店。

王科对工作的态度近乎偏执。有一次，一位有钱人来店里理发。王科告诉对方，剪发大概要用40分钟的时间。对方没有异议，可是，剪到30分钟的时候，这位顾客突然接到一个电话，得马上走。王科坚持说："必须把头发剪完才能走，不然的话，会影响到整体的效果。"顾客很生气，但是王科仍然不肯放他走，并且再三强调要对自己的工作负责。顾客没有办法，只能留在店里把头发剪完。

半年后，那位顾客又来了，他笑眯眯地对王科说："上次因为在你这里剪头发而耽误了生意，我曾发誓再也不来这里剪发了。但后来发现其他理发

店剪出来的效果都没有这里好。现在，我和我的朋友们只认你这一家理发店。"

卓越的人不会仅仅满足于把事情做完，也决不会对自己的工作马马虎虎，敷衍了事，他们会以认真负责的态度对待它，用精益求精的精神完成它。企业中不需要只把事情做完的人，他们需要的人才是能够把事情做棒。这就需要你怀着敬业的精神对待工作，同时多善于思考，在工作中增加"多一盎司"的智慧和心思。

小王和小李同时受雇于一家超市，开始时大家都一样，从最底层干起。可不久小王便受到总经理的青睐，从领班直到部门经理，一再被提升。小李却像被遗忘了一般，还在最底层混。终于有一天小李忍无可忍，向总经理提出辞呈，并痛斥总经理狗眼看人，辛勤工作的人不提拔，倒提那些吹牛拍马的人。

总经理耐心地听着，他了解这个小伙子，工作肯吃苦，但似乎缺了点儿什么，缺什么呢？三言两语说不清楚，说清楚了他也不服，看来……他忽然有了个主意。

"小李先生，"总经理说，"您马上到集市上去，看看今天有什么卖的。"

小李很快从集市上回来说，刚才集市上只有一个农民拉了车土豆在卖。

"一车大约有多少袋，多少斤？"总经理问。

小李又跑去，回来后说有40袋。

"价格是多少？"小李再次跑到集上。

总经理望着跑得气喘吁吁的他说："请休息一会儿吧，看看小王是怎么做的。"说完总经理叫来小王："小王先生，您马上到集市上去，看看今天有什么卖的。"

小王很快从集市上回来了，汇报说到现在为止只有一个农民在卖土豆，有40袋，价格适中，质量很好，他带回几个让总经理看。这个农民一会儿还将弄几箱西红柿上市，据他看价格还公道，可以进一些货。想这种价格的西红柿总经理大约会要，所以他不仅带回来几个西红柿做样品，而且把那个农民也带来了，他现在正在外面等回话呢。总经理看了一眼红了脸的小李，说："请他进来。"

生存在现今的职场，要想站稳脚跟不能只把工作做完，而一定要把事情做棒，不然只会扮演可有可无的角色，终有一天被别人代替。

一名称职的员工不应当满足自己尚可的工作表现，而是应当不断地突破

自我，追求卓越。这是实现自我提升当中一个很重要的步骤。当每个员工将"追求卓越，做到最好"当成自己的原则时，就能从中学到更多的知识，积累更多的经验，就能从全身心投入工作的过程中找到快乐，成为更优秀的员工。

为自己来一场革命：与自甘平庸者划清界限

杨澜曾经说过："宁在尝试中失败，不在保守中成功！"为什么她这样讲？因为她明白，所谓保守，也就是满足于现状，甘于平庸，一个人一旦有了这样的想法时，要赶紧打消，因为这在某种意义上已经是一种失败了，而这种失败比"尝试中的失败"更没有价值。

我们一旦甘于平庸，即使不马上被宣告失败，也已经决定了不可能再取得更大的成功。事实上，做一个不甘平庸的人的确需要莫大的勇气，因为在这个过程中，总是会伴随着很多风险，还要具备一定的冒险精神。有些人因为惧怕遭受挫折，遭受失败，就甘于平庸，不求进步，却不知道甘于平庸本身就已经等于失败，等于关闭了通向成功的大门。

章子怡现在能够成为国际巨星的最根本原因就是4个字——"不甘平庸"。

8岁学习跳舞，17岁考入中央戏剧学院，19岁出演张艺谋的电影，21岁凭《卧虎藏龙》一举成名，25岁已成为东西方最炙手可热的中国娃娃，章子怡就像是搭上了成功的特快列车。很多人说，是因为她幸运，但事实上仅仅有运气是远远不够的，任何人的成功都不可能简单地归为"运气"二字。对于章子怡来说，主观上的不甘平庸、渴望成功才是成功的关键。

当年在中央戏剧学院学习的时候，班里有很多或漂亮、或有实力的"明日之星"，而章子怡一直默默无闻，在专业上也不是特别突出，但她在学习上的"狠劲"，一股一定要冒出头的劲头却是无人能比的。在大学二年级期末汇报演出上，章子怡在班长编导的舞台剧《大荒漠》中出演一位油田队长的妻子。最后一幕，章子怡跑着冲出去，由于太过投入，手撞上玻璃，可她一点都没有失态。至今，她的掌心还留有一道疤痕，记载着她在努力向上、不甘平庸之路上付出的辛苦。当然，真正让章子怡一举成名、蜚声国际的还是李安导演的《卧虎藏龙》，用她自己的话说，她当时顶着巨大的压力，每天吊钢丝吊得伤痕累累，甚至到了晚上睡不着觉的地步，而决心要把角色拿下来的劲头使她获得了成功。为什么她会这么说呢？因为她非常清楚，在当

时，李安找了很多人试演"玉娇龙"这一角色，她只是候选者之一，所以一直较着劲儿，神经绷得紧紧的。按说，当时的章子怡已拍摄了《我的父亲母亲》，已经是国内新近女演员中的佼佼者，是不需要这么难为自己的，但性格决定行为，也决定人生道路，章子怡是一个不甘平庸、不甘局限于已有成绩的人，所以她选择了挑战，选择了更高的目标。章子怡至今还说："最苦的要数拍《卧虎藏龙》，李安的风格不是手把手教你，而是看你演几遍、几十遍下来后，他说'我要第三次的头，第十二次的中间，第八次的尾'。他从不说我演得好不好，我只能观察他的表情。最难受的是，如果杨紫琼演得好，李安会抱抱她，可对我，从来没有。5个月呀，我就自己挨着，没人能倾诉。那时我特别瘦，只有45公斤，关机那天，李安终于抱了我一下，我号啕大哭。"

人的付出总有回报，不甘平庸的章子怡，今天终于成了一个出类拔萃的演员，在中国乃至在亚洲首屈一指，她可以自豪地说："我现在可以胜任任何功夫片，不管什么样的马，我骑上就能跑！"如日中天的她也会感慨："人的张力实在是很强的，没有受不了的苦，承受一些压力，接受一些挑战，是一件好事。"

不甘于平庸，随之要面对的是更高的目标，更大的挑战。自然超越自我、超越目前生活状态的过程总会碰见挫折，但是越过了挫折，迎接你的也就是更大的成功，我们活在这个世上，抱着随波逐流、随遇而安的观念是不可取的，因为你一定要先明白一个观念，那就是：一个人要首先有不甘平庸的念头，才会有行动，而只有真的付诸行动，才会有成功的可能。

如果你是一个渴望拥有卓越成就、拥有更美好人生的人，抛弃甘于平庸的想法是第一步，无论你现在是在自己人生的高峰还是低谷，都需要有更上一层楼的欲望，也需要有迈向更高点的决心。不甘平庸是优秀品质，也是潜在财富。

第三章

变通意识是职场成功的万向轮

从改变自己开始

很久以前人们都没有鞋子穿，走在路上得忍受碎石硌脚的痛苦。

某一个国家，有一个太监把国王的所有房间全铺上了牛皮，当国王踏在牛皮上时，感觉双脚非常舒服。

于是，下令全国各地的马路上都必须铺上牛皮，好让国王走到哪里都感觉到舒服。

有一个大臣建议：不需要如此大费周章，只要用牛皮将国王的脚包起来，再扎上一条绳子就可以了。于是，无论国王走到哪里，都感到舒服。为此，他赏赐了那位大臣许多金银财宝作为奖励。

是你改变世界还是世界改变你？年轻人经常谈到这个问题。上面的故事给了我们一个启发，与其改变世界，不如改变你自己，当你自己改变时，世界自然会跟着改变。

在职场中，主动改变自己去适应社会、适应环境的员工才是老板最需要的，他们是企业的稀有资源。不管是在国内还是国外，这样的人总是受到老板欢迎，并且总能获得加薪晋职的机会。

当你抱着积极的心态时，你世界中的一些困难与挫折便会在你面前低头。有一位牧师讲了这样一个令人惊奇的小故事，相信对那些持有消极心态的人有所启迪。

一个星期六的早晨，我要准备次日用的讲稿。妻子出去买东西了。天在下雨，我的小儿子吵闹不休，令人讨厌。最后，我在失望中拾起一本旧杂

志，一页一页地翻阅，直到翻到一幅色彩鲜艳的大图画——一幅世界地图。我就从那本杂志上撕下这一页，再把它撕成碎片，丢在起居室的地上，对儿子说道："小约翰，如果你能拼拢这些碎片，我就给你2美分。"

我以为这件事会使约翰打发掉上午的大部分时间。可是没过10分钟，就有人来敲门了。原来是我的儿子，他手里拿着一幅刚拼好的地图。我惊愕地看到约翰如此快地拼好了一幅世界地图。

"孩子，你怎样把这件事做得这么快的？"我问道。

"啊，"小约翰说，"这很容易。在另一面有一个人的照片。我就照着这个人的照片拼到一起，然后把它翻过来。我想，如果这个人是正确的，那么这个世界地图也就是正确的。"

我微笑起来，给了儿子2美分。"你也替我准备好了明天的讲稿，"我说，"如果一个人的思想是正确的，他的世界也会是正确的。"

有些人总认为世界是错误的，自己也是错误的，一切是那么不公平，一切又是那么难以改变，原因就在于他们自己的思想是错误的，总认为世界应该围绕着自己转，按照自己的意愿发生变化，却不知道通过改变自己来适应世界的变化。想做优秀的员工，就先从改变自己、适应世界开始吧。

俗话说得好："人生如逆水行舟，不进则退。"一个人一旦停下来，驻足不前，一旦对于自己的才能学识感到满意，那么不久之后，他们就将被不断前进的时代巨轮远远地抛到后面去了。

唯有振奋你的精神，拿出你的全部力量，充分发挥你的才能，不断地向前进步，不断地追求知识，不断地观察研究，不断地思考，才能使你一生一世都不致落后于时代，你才可能从从容容地应对这个时代的不断变化，享受到新鲜的奶酪。要知道，一个落后于时代的人在当今社会是没有立足之地的！

要应对将来的一切变化，我们需要作出更快的调整。因为，如果不能及时调整自己，就可能永远都找不到属于自己的奶酪。

因此，要牢记一点，如果发生变化，不要恐惧，请随奶酪的变化而变化。

在变化中"充电"

在知识经济时代，学习已不再被认为是上学时的事。学习的内涵已经发生了很大的变化，学习已经没有时间的分隔、人员的界定和学习场所的限

制。在这个变化的环境中，只有对工作勇于负责，每天都有所改变、有所进步的人，才能够成为一个卓越的职员，才能抓住机遇，顺势而上。

布留索夫说过这样一句名言：“如果可能，那就走在时代的前面，如果不可能，那就绝不要落在时代的后面。”这是一个知识经济的时代，一个人要想改变自己的思考方法，就要善于在工作中捕捉知识，掌握更新的工作技巧，构建更加科学的知识结构。这样，才能够不断地充实自己，完善自己，适应工作和时代的要求。

有个伐木工人在一家木材厂找到了工作，报酬不错，工作条件也好，他很珍惜，下决心要好好干。

第一天，老板给他一把利斧，并给他划定了伐木范围。这一天，工人砍了 18 棵树。老板说：“不错，就这么干！”工人很受鼓舞。第二天，他干得更加起劲，但是他只砍了 15 棵树。第三天，他加倍努力，可是只砍了 10 棵树。

工人觉得很惭愧，跑到老板那儿道歉，说自己也不知道怎么了，好像力气越来越小了。老板问他：“你上一次磨斧子是什么时候？”

“磨斧子？”工人诧异地说，“我天天忙着砍树，哪里有工夫磨斧子！”

在现今的企业环境里，没有打不破的铁饭碗。你的工作在今天可能不可或缺，可是这不意味着明天这个职位仍然有存在的必要。无论是就业者还是求职者，除了努力工作外，都应把一部分精力放在自己的再学习上。只有经常地磨斧子，斧子才能更加锋利，才能更好地披荆斩棘。

如果每一个人都能有米勒·佩利的学习意识，就会做得像米勒一样好，甚至比他更为优秀。只有这样，才能在市场的变化中立于不败之地。

米勒·佩利生活在一个工薪阶层的家庭中，因为兄弟姐妹比较多，他刚刚高中毕业，就不得不放弃上大学的机会，到一家百货公司去打工，每周只能赚 3 美元。但是，他不甘心就这样工作下去，于是他每天都在工作中不断学习，想办法充实自己，努力改变工作的境况。

经过几个星期的观察后，他注意到主管每次总要认真检查那些进口商品的账单。由于那些账单用的都是法文和德文，他便开始在每天上班的过程中仔细研究那些账单，并努力学习法文和德文。

有一天，他看到主管十分疲惫和厌倦，就主动要求帮助主管检查。由于他干得非常出色，以后的账单就由他接手了。

过了两个月，他被叫到一间办公室里接受一个部门经理的面试。他感到

困惑，因为自己目前的职位是部门中最低的，而且加入公司的时间也不长，于是他便问经理为何选自己当接班人，经理说："我在这个行业里干了40年，根据我的观察，你是唯一一个每天都在要求自己进步，不断在工作中改变自己以适应工作要求的人。从这个公司成立开始，我一直在从事外贸这项工作，也一直想物色一个像你这样的助手。因为这项工作所涉及的面太广，工作比较繁杂，需要的知识很庞杂，对工作的适应能力的要求也特别高。我们选择了你，认为你是一个十分合适的人选，我们相信这一选择没有错。"尽管米勒·佩利对这项业务一窍不通，但是，凭着对工作不断钻研、学习的精神，他的能力不断地提高。半年后，他已经完全胜任这项工作了。一年后，他接替了经理的工作，成了这个部门的经理。

有一句美国谚语说："通往失败的路上，处处都是错失的机会，坐待幸运从前门进来的人，往往忽略了从后门进入的机会。"只有对工作勇于负责，每天都有所改变、有所进步的人，才能够成为一个卓越的职员，才能抓住机遇顺势而上。

在知识经济时代，学习已不再被认为是上学时的事。学习的内涵已经发生了很大的变化，学习已经没有时间的分隔、人员的界定和学习场所的限制。在这个变化的环境中，学习已变成了终身的事情，人们必须随时随地学习知识，不断地改进思考问题的方法，才能不断创新、不断进步。

改变工作中的"不可能"

"NO"这个词代表着"不"，但也代表着失败、拖延。可是如果我们把这个词颠倒过来，"NO"便成了"ON"，也就有了"前进"的意思。

在人们的传统职场思维中，工作中存在着许多的禁区，这是不能做的，那是不能想的。许许多多的事情都被贴上了"NO"的标签。然而，善于变通的人要向这一思维挑战，要改变工作的"不可能"。

改变工作中的"不可能"，最好的方法是拓展自己的创造力。任何事情的成功，都是因为能找到把事情做得更好的方法。

当你相信某一件事不可能做到时，你的大脑就会为你找出种种做不到的理由。但是，当你相信，真正地相信某一件事确实可以做到，你的大脑就会帮你找出解决做得到的各种方法。

现在提到戴姆勒·克莱斯勒汽车公司，人们头脑中闪现的就是奔驰轿车的豪华与舒适和克莱斯勒的强大。然而，李·艾科卡1979年到克莱斯勒汽

车公司任 CEO 时，接手的却是一个债台高筑的烂摊子。万般无奈之下，艾科卡只好求助于政府，希望能够得到美国政府的担保，以便从银行获得 10 亿美元贷款，用于克莱斯勒公司发展新型轿车。这一消息传出后，在整个美国激起了轩然大波，惹出了一片斥责之声。

原来，在美国企业界有一个不成文的规矩：依靠外部力量，尤其是依靠政府的帮助来发展经济的做法，是不合乎自由竞争原则的。面对企业界、美国政府、国会和舆论界的一片斥责反对声，艾科卡并没有气馁，他坚信规则是死的，而人是活的，没有什么规则是不能打破的。他不急不躁，冷静地分析了当时的形势，采取了"分兵合进、各个击破"的战术，耐心地去扫除公共关系上的重重障碍。

首先，他援引了美国人所共知的史实，有根有据地向企业界说明：过去，洛克菲勒公司、全美五大钢铁公司和华盛顿地铁公司都曾先后取得过政府担保的银行贷款，总额高达 4097 亿美元。而克莱斯勒公司请政府出面担保仅 10 亿美元贷款的申请，却遭到非议，道理何在？

对政府，艾科卡则不卑不亢，提出了言辞温和而骨子里却很强硬的警告。他先是替政府热心地算了一笔账：如果克莱斯勒公司现在破产，那么，将有 60 万工人失业。仅破产的第一年，政府就必须为此支付 27 亿美元的失业保险金和其他社会福利开销。然后，他彬彬有礼地向当时正为财政出现巨额赤字的美国政府发问："您是愿意白白地支付 27 亿美元呢？还是愿意仅仅出面担个保，帮助克莱斯勒公司向银行借 10 亿美元的贷款呢？"

对国会议员们，艾科卡的工作更是做得滴水不漏。他为每个国会议员开出一张详细的清单，上面列有该议员所在选区内所有同克莱斯勒公司有经济往来的代销商、供应商的名字并附有一份如果克莱斯勒公司倒闭将在其选区内产生什么经济后果的分析报告。这样做的实质，是在暗示这些国会议员们：如果是你投票反对政府为克莱斯勒公司担保贷款，那么，你所在选区内就将有若干与克莱斯勒公司有业务关系的选民因此而丢掉工作，而这些失业的选民对剥夺他们工作机会的国会议员必然反感。试问，你的议员席位还会稳固吗？

接着，艾科卡又向舆论界大声疾呼：挽救克莱斯勒公司，正是维护美国的自由企业制度，保护市场竞争。北美只有三家大汽车公司，一旦克莱斯勒公司破产垮台，整个北美市场就将被通用和福特两家公司瓜分垄断。这样一来，美国所引以为自豪的自由竞争精神岂不就荡然无存了吗？

艾科卡这种"分兵合进、各个击破"的战术，最终收到了奇效：企业界

反对派偃旗息鼓；国会那些原先曾激烈反对政府担保的不合作态度也销声匿迹；舆论界也开始转变态度，从反对变为了同情，进而声援支持克莱斯勒公司申请政府担保。艾科卡不动声色地化干戈为玉帛，争取到了社会上各个方面对他的支持，终于将他所需要的 10 亿美元贷款顺利拿到手。

靠着这笔来之不易的贷款，克莱斯勒公司一举开发出了数款新型轿车。

改变工作中的"不可能"，首先就不要用"心灵之套"把自己套住，只要有了"变"的理念，就一定能够找到"变"的方法。

在遇到困难的时候，我们需要做的就是及时换个思路，多尝试几种方法，具有变负为正的勇气与气魄和改变"不可能"的智慧与方法，相信困难只能成为你的一块磨砺石，而绝非挡路石。

没有做不好的工作，只有不会变通的员工

面对同一种工作，有的人认为无从下手，而有的人却可以做得很好，其中的关键差别就在于能不能用变通的眼光去看待问题，用变通的思维去思考问题，并积极地寻找解决问题的方法。如果这些能力都具备了，还有什么工作是做不好的呢？

我们常常听到这样的抱怨：

"这份工作太难了，根本就做不好嘛。"

"这么难，让我无从下手，可怎么做啊？"

他们认为找不到方法来解决问题，自然工作是做不好的。这些只能说是推脱之词，只有主动去找方法才会有办法。

我们说：没有做不好的工作，只有不会变通的员工。只要拥有变通的思路，工作中再大的障碍也会被夷为平地。

A 公司和 B 公司都是生产鞋的，为了寻找更多的市场，两个公司都往世界各地派了很多销售人员。这些销售人员不辞辛苦，千方百计地搜集人们对鞋的各种需求信息，并不断地把这些信息反馈给公司。

有一天，A 公司听说在赤道附近有一个岛，岛上住着许多居民。A 公司想在那里开拓市场，于是派销售人员到岛上了解情况。很快，B 公司也听说了这件事情，他们唯恐 A 公司独占市场，赶紧也把销售人员派到了岛上。

两位销售人员几乎同时登上海岛，他们发现海岛相当封闭，岛上的人与大陆没有来往，他们祖祖辈辈靠打鱼为生。他们还发现岛上的人衣着简朴，

几乎全是赤脚，只有那些在礁石上采拾海蛎子的人为了避免礁石硌脚，才在脚上绑上海草。

两位销售人员一到海岛，立即引起了当地人的注意。他们注视着陌生的客人，议论纷纷。最让岛上人感到惊奇的就是客人脚上穿的鞋子，岛上人不知道鞋子为何物，便把它叫做脚套。他们从心里感到纳闷：把一个"脚套"套在脚上，不难受吗？

A公司的销售人员看到这种状况，心里凉了半截，他想，这里的人没有穿鞋的习惯，怎么可能建立鞋的市场？向不穿鞋的人销售鞋，不等于向盲人销售画册、向聋子销售收音机吗？他二话没说，立即乘船离开海岛，返回了公司。他在写给公司的报告上说："那里没有人穿鞋，根本不可能建立起鞋的市场。"

与A公司的销售人员的情况相反，B公司的销售人员看到这种状况时心花怒放，他觉得这里是极好的市场，因为没有人穿鞋，所以鞋的销售潜力一定很大。他留在岛上，与岛上人交上了朋友。

B公司的销售人员在岛上住了很多天，他挨家挨户做宣传，告诉岛上人穿鞋的好处，并亲自示范，努力改变岛上人赤脚的习惯。同时，他还把带去的样品送给了部分居民。这些居民穿上鞋后感到松软舒适，走在路上他们再也不用担心扎脚了。这些首次穿上了鞋的人也向同伴们宣传穿鞋的好处。

这位有心的销售人员还了解到，岛上居民由于长年不穿鞋的缘故，与普通人的脚型有一些区别，他还了解了他们生产和生活的特点，然后向公司写了一份详细的报告。公司根据这些报告，制作了一大批适合岛上人穿的鞋，这些鞋很快便销售一空。不久，公司又制作了第二批、第三批……B公司终于在岛上建立了皮鞋市场，狠狠赚了一笔。

同样面对赤脚的岛民，A公司的销售人员认为没有市场，B公司的销售人员认为有大市场，两种不同的观点表明了两人在思维方式上的差异。简单地看问题，的确会得出第一种结论。但我们赞赏后一位销售人员，他有变通的眼光，能从"不穿鞋"的现实中看到潜在市场，并懂得"不穿鞋"可以转化为"爱穿鞋"。为此通过他的努力，最终获得了成功。

这就是变通的力量。拥有了变通的思维，可以让看似难以逾越的困难迎刃而解。

变通缔造双赢

对于一个具有创造性的员工来说，时刻都应将"双赢"的理念印在头脑中。

一个善于变通的员工必将为企业带来更高的经济效益，同时员工也实现了自身的价值，达到与企业的双赢。有效的客户管理和良好的客户关系也为客户与企业打造了双赢的局面。

生活中的一些问题往往通过巧妙的方式可以得到完美的解决。

比如兄妹俩一起在房间做功课，却因是否开窗的事情吵了起来。原来哥哥要开窗通风，而妹妹却怕风吹会冷。这个问题看来很麻烦，究竟能否解决呢？当然能，将相通的隔壁房间的窗子打开就可以了。房间相通，空气便能流通，而冷风也不会直接吹进来。

这种问题的解决方式体现的就是"双赢"的理念。而变通就是带来"双赢"的法宝。

有这样一个故事：

很久很久以前，一位有钱人要出门远行，临行前他把仆人们叫到一起，并把财产委托他们保管。依据他们每个人的能力，他给了第一个仆人10两银子、第二个仆人5两银子、第三个仆人2两银子。拿到10两银子的仆人把它用于经商并且又赚了10两银子。同样，拿到5两银子的仆人也赚了5两银子。但是拿到2两银子的仆人却把它埋在了土里。

过去了很长一段时间，他们的主人回来与他们结算。拿到10两银子的仆人带着另外10两银子来了。主人说："做得好，你是一个对很多事情都充满自信的人，我会让你掌管更多的事情。现在就去享受你的奖赏吧。"

同样，拿到5两银子的仆人带着他另外的5两银子来了。主人说："做得好，你是一个对一些事情充满自信的人，我会让你掌管很多事情。现在就去享受你的奖赏吧。"

最后，拿到2两银子的仆人来了，他说："主人，我知道你想成为一个强人，收获没有播种的土地。我很害怕，于是把钱埋在了地下。"主人回答道："懒惰的人，你既然知道我想收获没有播种的土地，那么你就应该把钱存到银行家那里，以便我回来时能拿到我的那份利息。"

这个仆人原以为自己会得到主人的赞赏。在他看来，虽然没有使金钱增

值，但也没丢失，就算是完成主人交代的任务了。然而，他的主人并不这么认为。他是一个商人，商人永远都是追求利润的，他无法忍受不为他创造效益的人。

第一个和第二个仆人懂得变通，为商人赚取了银子，得到了主人的奖赏，而且主人让他们掌管了更多的事情。就像在企业中，善于变通的员工为企业创造了更高的经济效益，同时员工实现了自身的价值，得到了更多的发展机会，达到了与企业的双赢。

对于一个具有创造性的员工来说，时刻都应将"双赢"的理念印在头脑中，处理问题应尽量取得与企业的双赢、企业与客户的双赢。

从某种程度上讲，变通是解决"两难"问题、缔造双赢结果的锦囊。

日本某化学公司的参观团来到法国某著名的化学公司参观，这让这家公司的主管们不由地紧张起来。

因为在他们看来：日本人出奇地狡猾，他们到哪里参观就会学会那里的核心技术。这样那些被参观的公司在不知不觉之中就为自己培养了竞争对手。

但是，这次参观已经是上面洽谈好的，他们以这种理由拒绝是不可能的。于是他们就做出了一个规定，不让那些日本的参观人员碰任何车间的东西。

日本参观团人员很快同意了这个条件。

参观那天，开始很顺利。突然，一个冒冒失失的日本人一低头把自己的领带掉到了化学试剂之中。

他慌忙说："对不起！我太冒失了。"

一个法方的陪同员工看出了他的目的，这个日本人想用这种方法带走化学试剂。

他心里不免感叹道：日本人太狡猾了。但是现在的紧急情况是：怎样才能不让那个日本人带走珍贵的化学试剂呢？

强行让那个人摘下领带，显然是行不通的，而且还会给公司带来不好的影响；但不摘，公司蒙受的损失将是巨大的。

突然，他灵机一动，找来一条崭新的领带，走上前去说：

"先生，您的领带脏了，现在我代表我们公司送您一条新的，把您那条换下来，我洗干净了再还给您。"

那个日本人不得不换下了自己的领带。

这个具有变通思维的法国员工，用换领带的办法保住了公司的核心技术，而且也让客人保全了面子。

工作中，需要你时时调动自己的变通思维，具有打破常规考虑问题的头脑，只有这样，才能将工作做得漂亮，才能使多方面都达到双赢的局面。

第四章

薪水背后的成长意识

没有问题就没有机遇

机遇是一位性格古怪的天使，它不喜欢盛装出现，而是喜欢乔装打扮成我们遇到的一个个问题，一次次失误。只有有心人才能够把握它。

美国家电大王休斯顿就是一个善于从问题中发现机遇的人。

有一天，休斯顿到一个好朋友彼得家去吃饭。吃菜时，他品尝到菜里有一股很浓的煤油味，简直都没法下咽。但碍于情面，他又不好说什么。彼得不可能吃不出那怪味道，但他也无可奈何，他新婚的妻子用的是煤油炉做饭，那时候大家都用那种炉子，很容易把煤油溅到锅里。他当着朋友的面也不好说妻子什么，只好对着煤油炉抱怨："这该死的炉子真讨厌，三天两头出毛病，你急用时它偏要熄灭，每次修都弄上一手油……"

最后彼得又若有所思地说："要是能有一种简便、卫生、实用的炉子就好了。"

说者无意，听者有心。彼得的话对休斯顿的触动很大。"对呀，为何不生产一种全新的炉具投放市场呢？"有了这一想法后，他开始重新设计自己的人生目标，全身心地投入到研制新型的家用电器上。经过他不懈的努力，终于在1904年成功的研制出一系列新型的家用电锅、电水壶等家用电器，成了闻名于世的实业家。

和休斯顿一样，日本狮子牙刷公司的董事长加腾信三也是一个善于把问题变成机遇的人。有一次，还是公司设计部的一名职员的加腾信三为了赶去上班，匆匆刷牙，牙龈被刷出血来。他怒气冲冲，上班路上仍是一肚子的牢骚和不满。

在心头火气平息下去后，他便和设计部几个要好的伙伴们提及此事，并相约一同设法解决刷牙容易伤及牙龈的问题。

　　他们想了不少解决牙龈出血的方案，诸如：牙刷毛改为柔软的狸毛；刷牙前先用热水把牙刷泡软；多用些牙膏；慢悠悠地刷牙……效果都不太理想。

　　他们进一步仔细检查牙刷毛，在放大镜底下，发现刷牙毛的顶端并不是尖的，而是四方形的。加腾信三想，"把它改成圆形的不就行了！"于是他们着手进行改进。

　　经过实验，取得实效后，他们正式向公司提出了这项改变牙刷毛形状的建议。公司很乐意改进自己的产品，欣然把全部牙刷毛的顶端改为圆形。

　　改进后的狮王牌牙刷在广告媒介的作用下，销路极好，连续畅销 10 多年之久，销售量占全国同类产品的 30% ~ 40%。加腾信三也由一名设计部职员晋升为科长，十几年后成为公司的董事长。

　　在一定意义上可以这样说，没有问题，也就没有机遇。牙刷不好这一问题许多人也许都发现了，但就是没有去想如何解决的办法，所以机遇不属于他们。加腾信三既发现了问题，又设法解决了问题，牙刷不好的问题对他来说，就是一个机遇。

　　在诺基亚公司手机研发部的詹森这几天一直闷闷不乐，同事见他一副眉头紧锁的样子就开玩笑道："詹森先生哪儿都好，就是太不知足了。你也不想想，咱们研发部，只要完成了公司下达的研发任务，薪水就能比生产和销售部拿得还多，该高兴才是啊！"

　　另一个同事也嘻嘻哈哈地接口道："这次的任务只是改进一下机型，这么简单的任务哪能难住我们的天才詹森先生啊！"

　　詹森说："我不是为了薪水想不开，也不是为了公司派给的任务，我是在想我们整天坐在研究室里，除了完成上面派给的任务，改进一下机型，就什么事也不做了。现在手机市场竞争这么激烈，我们能不能主动做一些工作，给公司拿出些新颖的创意？"

　　同事无奈地说："嗨，詹森，别痴人说梦了！现在诺基亚手机已经是世界著名品牌了，不管是技术性能，还是外观形象，都早已深入人心了，还上哪里去找创意？"

　　尽管同事们说的有些道理，但詹森还是暗下决心：我一定要在完成公司任务的基础上，主动而努力地工作，让诺基亚在自己的辛勤工作中有一个质

的飞跃！

有了这个非同一般的目标和想法以后，詹森寝食难安，每日里除了完成公司下达的任务，满脑子就都是考虑如何让诺基亚更符合消费者的需求。

一天，在地铁里他获得了一个惊人的发现：几乎所有的时尚男女，都佩带着手机、一次性相机和袖珍耳机。

这给了他很大的灵感：能不能把这三种最时髦的东西组合在一起呢？果真要如此的话，不是变得既轻便又快捷吗？

第二天，詹森马上找到主管，对他说："如果我们在手机上装一个摄像头，让人们在接听音乐的同时，把自己和外面他能见到的所有美好事物都拍摄下来，再发送给亲友，该是多么激动人心的事啊！"

主管被他的创意惊喜得高声叫道："好样的詹森，我们马上就按你的想法着手研制！"

这种具有拍摄和接听音乐功能的手机在詹森的带领下，很快研制成功，它刚一推向市场，就大受青睐。

詹森不但实现了自身的价值，而且，他还得到了应有的奖赏。更重要的是，在实现目标的过程中，詹森得到了从未有过的快乐！

职场中有很多人都满足于自己的工作状况，习惯于按照上司的安排埋头工作，不想学习，也不对自己的工作进行详细的思考。认为自己按照上司的指令，尽职尽责地努力工作了，纵然出现了失误和漏洞，也不关自己的事。其实，这也是一种不负责任的行为，时间长了，这种行为将会让自己的头脑中充满惰性，失去了创造的活力和新颖的思想。一名优秀的员工应当像詹森一样，工作中没有问题就去主动地发现问题，主动地寻求改进，只有这样才能把握住工作中的每一次机遇，在自己的岗位上做出骄人的业绩。

机遇来自每一次行动

机遇来自于每一次行动。工作中有没有机遇，能否得到机遇，关键看你是以何种态度、以何种角度对待身边的机遇。

亚历山大在攻城取得胜利后，有下属问他，是否等待时机，再去进攻另一个城市？

亚历山大听了这话，大发雷霆："你认为机会自己会来找我们？机会是我们自己创造出来的！"

可见，主动用行动创造机会才是成就亚历山大之所以伟大的原因。惟有

善于创造机会的人，才能建立轰轰烈烈的伟绩。

钢铁大王安德鲁·卡内基曾说过："机会是自己努力造成的，任何人都有机会，只是有些人善于创造机会罢了！"

在大家眼里，都觉得王丹的运气特别好。她学的专业在这个行业里并不占优势，相貌很平常，能力似乎也一般，但她自进入公司以来，在每一个部门都做得有声有色，每一次调动都成为一次提升的机会。

只有王丹自己清楚，这些成功的机会是怎么得来的。

进这家大公司的时候，专业优势不明显的她先被分到行政部，做着一个并不起眼的小职员。王丹不惹是非，只是默默干活，不过偶尔露露峥嵘，比如，发现别人输错了数据，她悄悄地就修正了；领导让她做什么，她就做什么，而且总是在第一时间做到最好。此外，当别人在抱怨工作无趣、老板小气、地铁太挤时，她却在悄悄地熟悉公司的部门、产品和主要人物。

后来，市场部经理偶尔看到她在接电话、处理一件小事情时表现出的得体和分寸感，就要她去顶他们部门的一个空缺。

市场部令她的世界骤然广阔起来。同原先一样，王丹的特色就是默默地努力；半年后，她的几份扎实的调查分析报告，为她赢得了好分数；一年后，她已经是市场部公认的一个人物。看到她在会议上条理清晰、口齿伶俐的发言，原来行政部的同事大跌眼镜。

刚刚荣升市场部副经理不久，老板来问她愿不愿意接受挑战，去情况并不妙的销售部。机会或者陷阱，在那个时节，谁知道呢？王丹选择了尝试。

销售部的情况比想象中的糟糕。王丹先选了库存最厉害的北方公司，开始她的第一站。北方的冬天很冷，她一个人借了一辆自行车，找代理公司产品的代理商，了解产品卖不出去的原因。几个月后，情况日渐改善。

一年之后，她被调到大客户部。一天，当她去拜访某局长时，偶然听到他同业内另一位局长在电话中谈论第二天去某风景点开会的情况。王丹回公司后所做的第一件事情，就是查询他们在那里入住的酒店。第二天傍晚，一身旅行装束的王丹与局长们相遇在酒店大堂里，她恰好前来自助旅游。

几天下来，他们邀请她一起参加活动，唱歌、打牌、聚餐。再后来，认识她的人同她更加熟悉，不认识她的人也开始认识并接受她，她的客户名单上增加了强有力的一群。我不说你也能猜到，就在不久后，王丹完成的第一张大单子就与这群人有关。

关于机会，王丹最有感触：机会来的时候，并不会同你打招呼，告诉你

我是机会，我来了，你等待我来招呼你吧。不疏忽平时的每一个点滴，做好每一件不起眼的小事，就是在为自己创造机会。

杨仪伟是一家艺术学院的一个大学生，毕业后被分配到某企业的工会做宣传工作。刚一开始，他很苦恼，认为自己的专业才能与工作不对口，在这里长期干下去，不但自己的前途会被耽搁，而且日久生疏，自己的专业也可能被荒废。于是他四处活动，想调到一个适合自己发展的环境中去。可是，几经折腾，终不成功。

之后，他便死心塌地地安守在这个工作岗位上，并发誓要改变"英雄无用武之地"的状况。他找到单位工会主席，提出了自己要为企业筹建乐队的计划。正好这个企业刚从低谷走出来，扭亏为盈，正向高潮发展，也想大张旗鼓地宣传企业形象，提高产品的知名度，就欣然同意了他的计划。

这回他来了精神，跑基层、录人才、买器具、设舞台、办培训，不出半年，就使乐队初具规模。两年以后，这个企业乐团的演奏水平已属全市一流，堪与专业乐团媲美，而他自己也成了全市知名度较高的乐队经理。

通过自己的努力，他完全改变了自己所处的环境，化劣势为优势，不但开辟出了自己施展才能的用武之地，而且培养了自己的领导才能，为他以后寻求更大的发展奠定了坚实的基础。

成功的人，都是善于用行动创造机会的人。他们在有机会时抓住机会，没有机会时就去创造机会。

机会是成功的跳板，聪明的人不是等待"好心人"送来机会，而是主动扑向机会，从机会中打捞自己想要的"黄金"。然而，等待机遇并不是一个被动的过程，它需要积极的准备，需要主动出击。

机遇来自于工作中的每一次努力，每一次挑战。如果我们能够像杨仪伟那样，自己争取任务，或者在执行任务的时候充分发挥自己的主观动能性，那么我们就能够用自己的行动为自己创造机遇。

把公司的事当成自己的事

作为公司的一员，拿着公司的薪水，就应当把公司的事情当成自己的事，把自己的身心彻底融入公司，尽职尽责，处处为公司着想，出现问题时挺身而出，将问题妥善解决，而不是将问题留给别人来解决。

李冰是一家大型滑雪娱乐公司的普通修理工。这家滑雪娱乐公司是全国首家引进人工造雪机在坡地上造雪的大型公司。

一天深夜，李冰按例出去巡视，突然看见有一台造雪机喷出的不是雪而是水。凭着工作经验，李冰知道这种现象是由于造雪机的水量控制开关和水泵水压开关不协调而导致的。他急忙跑到水泵坑边，用手电筒一照，发现坑里的水已经快漫到了动力电源的开关，若不赶快采取措施，将会发生动力电缆短路的问题。这种情况一旦发生，将会给公司带来严重损失，甚至可能伤及到许多人的性命。一想到这些，李冰不顾个人安危，毅然跳入水泵坑中，控制住了水泵阀门，防止了水的漫延。随后他又绞尽脑汁，把坑里的水排尽，重新启动造雪机开始造雪。当同事们闻讯赶过来帮忙时，李冰已经把问题处理妥当。但由于长时间在冷水中工作，他已经冻得走不动路了。闻讯赶来的老总派人连夜把李冰送入医院，才使他转危为安。

　　李冰在造雪机出现问题的危机关头挺身而出，用自己的实际行动阻止了问题的蔓延，这种不把问题留给别人的行为是一个人敬业精神的最佳写照。一个像李冰那样将企业利益放在首位，把公司的事当成自己的事的人是不会把工作中的问题推给别人的。像这样的人，即使能力相对较弱，也能获得提拔得到重用，实现自己的人生价值。下面这个故事就是最好的例证。

　　一次，一家公司的营销部经理率领他的团队去参加某国际产品展示会。

　　在开展之前，有许多事情需要加班加点地做，诸如展位设计和布置、产品组装、资料整理和分装等。可营销部经理率领的团队中的大多数人，却和往常在公司时一样，不肯多干一分钟，一到下班时间，就跑回宾馆或者逛大街去了。经理要求他们干活，他们竟然说："又不给加班工资，干什么活啊。"更有甚者还说："你也是打工仔，只不过职位比我们高一点而已，何必那么拼命呢？"

　　在开展的前一天晚上，公司老板亲自来到会场，检查会场的进展情况。

　　到达会场，已经是凌晨一点，让老板感动的是，营销部经理和一个叫周健的维修工正趴在地上，认真地擦着装修时粘在地板上的涂料，两个人都浑身是汗。而让老板惊讶的是，没有看见其他的人。见到老板，营销部经理站起来对老板说："我失职了，没有能够让所有的人都留下来工作。"老板拍拍他的肩膀，没有责备他，而指着周健问："他是在你的要求下才留下来工作的吗？"

　　经理简单地把情况介绍了一遍。这个工人是主动留下来工作的，在他留下来时，其他工人都嘲笑他是傻瓜："你干什么啊，老板不在这里，你累死老板也不会看到的啊！还不如回宾馆好好地睡上一觉！"

老板听完叙述，没有做出任何表示，只是招呼他的秘书让其他几名随行人员一同参加工作。

参展结束后，回到公司，老板就辞退了那天晚上没有参加劳动的所有工人和工作人员，同时，将与营销部经理一同工作的周健提拔为安装分厂的厂长。

那些被开除的人都满腹牢骚地来找人事部经理理论："我们只不过多睡了几个小时的觉，凭什么就辞退我们呢？而周健不过是多干了几个小时的活，凭什么当厂长？"

人事部经理对他们说的是："用前途去换取几个小时的觉，这是你们自己的行为，没有人会强迫你们那么做，怨不了谁。而且，我还可以根据这件事情推断，你们在日常的工作里偷了很多懒，这是对公司极端的不负责任。周健虽然只是多干几个小时的活，但据我们调查，他一直都是一个一心为公司着想的人，在平日里默默地奉献了许多，比你们多干了许多活应该得到提拔。"

把公司的事当成自己的事是一种最基本的职业要求，它要求每一个员工对自己工作中出现的问题不回避、不推诿，自觉主动地解决它。然而在现实工作中却很少有人能够做到这一点，正是因为难得，这种精神在当今职场中显得更为珍贵。

你在为自己的未来工作

机遇在每一份工作中。善于抓住工作中的每一个机会的人，才容易把握成功。例如，我们可以把工作当作自己的一个学习机会，从中学习业务知识，提升个人修养，积累行业经验……长此下去，你不但能够获得很多知识，还可以为以后的工作打下坚实的基础。在工作中投机取巧或许能让你获得一时的便利，但它会在你的心灵中埋下隐患，从长远来看，这对自己是有百害而无一利的。一个懂得为自己的未来工作的员工不会为自己的前途操心，因为抱着这种态度认真去工作，无论到哪一家公司都会受到欢迎。

维斯康公司是美国20世纪80年代最为著名的机械制造公司。费迪和许多人的命运一样，在该公司每年一次的用人招聘会上被拒，但是费迪他发誓一定要进入这家公司工作。

于是，他假装自己一无所长，找到公司人事部，提出为该公司无偿提供劳动力，请求公司分派给他任何工作，他将不计任何报酬来完成。公司起初

觉得简直不可思议，但考虑到不用任何花费，也用不着操心，于是便分派他去打扫车间的废铁屑。

一年下来，费迪勤勤恳恳地重复着这种既简单又劳累的工作。为了糊口，下班后他还得去酒吧打工。尽管他得到了老板及工人们的一致好感，但仍然没有一个人提到录用他的问题。

1990年初，公司的许多订单纷纷被退回，理由均是产品质量问题，为此公司将蒙受巨大的损失。公司董事会为了挽救颓势，紧急召开会议，寻找解决方案。当会议进行一大半还不见眉目时，费迪闯入会议室，提出要见总经理。在会上，他就该问题出现的原因作了令人信服的解释，并且就工程技术上的问题提出了自己的看法，随后拿出了自己的产品改造设计图。这个设计非常先进，既恰到好处地保留了原来的优点，又克服了已经出现的弊病。

总经理及董事长觉得这个编外清洁工很是精明在行，便询问他的背景及现状。于是，费迪当着高层决策者们的面，将自己的意图和盘托出。之后经董事会举手表决，费迪当即被聘为公司负责生产技术问题的副总经理。

原来，费迪利用清扫工到处走动的特点，细心察看了整个公司各部门的生产情况并一一详细记录，发现了所存在的技术问题并想出了解决的办法。他花了一年时间搞设计，做了大量的统计数据，终于设计出了科学实用的产品改造设计图。

费迪并没有因为自己是一名编外的清洁工就敷衍自己的工作，相反，他知道自己在为老板工作的同时，也是在为自己的未来工作，为此他把自己平凡的工作岗位当成了一个宝贵的学习机会。在平凡的工作岗位中为自己的未来创造了成功的契机。

齐瓦勃是伯利恒钢铁公司——美国第三大钢铁公司的创始人。他出生在美国乡村，只受过短暂的学校教育。15岁那年，家中一贫如洗的他到一个山村做了马夫。然而雄心勃勃的齐瓦勃无时无刻不在寻找着发展的机遇。3年后，齐瓦勃来到钢铁大王卡内基所属的一个建筑工地打工。一踏进建筑工地，齐瓦勃就表现出了高度的自我规划和自我管理的能力。当其他人都在抱怨工作辛苦、薪水低并因此而怠工的时候，齐瓦勃却一丝不苟地工作着，并且为着以后的发展而开始自学建筑知识。

一天晚上，同伴们都在闲聊，唯独齐瓦勃躲在角落里看书。那天恰巧公司经理到工地检查工作，经理看了看齐瓦勃手中的书，又翻了翻他的笔记本，什么也没说就走了。第二天，公司经理把齐瓦勃叫到办公室，问："你

学那些东西干什么？"齐瓦勃说："我想，我们公司并不缺少打工者，缺少的是既有工作经验又有专业知识的技术人员或管理者，对吗？"经理点了点头。不久，齐瓦勃就被升任为技师。打工者中，有些人讽刺挖苦齐瓦勃，他回答说："我不光是在为老板打工，更不单纯是为了赚钱，我是在为自己的梦想打工，为自己的远大前途打工。我们只能在认认真真地工作中不断提升自己。我要使自己工作所产生的价值远远超过所得的薪水，只有这样我才能得到重用，才能获得发展的机遇。"抱着这样的信念，齐瓦勃一步步升到了总工程师的职位上。25岁那年，齐瓦勃做了这家建筑公司的总经理。

凭借这样的职业精神，齐瓦勃建立了属于自己的伯利恒钢铁公司，并创下了非凡的业绩，真正完成了他从一个打工者到创业者的飞跃，成就了自己的事业。

员工为老板打工，老板必须付给员工报酬，这是对员工价值的一种体现。但是，除了工资之外，工作中还蕴含着许多个人发展的机遇。我们在工作中获得的报酬除了金钱外，最大的收获就是经验，还有就是良好的培训、个人职业品质的提高和个人品德的完善。这些东西，如果我们在企业里工作时能很好地获得，将会是自己受益一生的财富。这些无形的东西，再多的金钱都买不来。

一位成功学专家曾经说过，一个人应该永远同时从事两件工作：一件是目前所从事的工作；另一件则是真正想做的工作。如果你能将该做的工作做得和想做的工作一样认真，那么你一定会成功，因为你正在为未来做准备，正在学习一些足以超越目前职位甚至成为老板、老板的老板的技巧。

当你有为自己工作的心态，并能以老板的心态来要求自己时，你就会很快具备做老板的素质。

机遇不在学历，也不在出身和地位，就在我们从事的每一份工作中，如果我们能够像费迪和齐瓦勃那样，树立起为自己未来打工的理念，在工作中不断学习和提升自己的业务素质，那么无论从事什么工作，我们都能找到施展个人才华的机会。

和工作一起成长

每一份工作都包含着很多个人成长的机遇。如果你将工作视为学习的途径，那么，你就会在工作中发现很多个人成长的机遇。譬如，发展自己的能力，增加自己的社会经验，提升个人的人格魅力……一个人如果只为薪水而

工作，那他永远都无法取得事业上的成功。那些在职场中表现惊人的人，从不会把薪酬的多少作为衡量的标准，相反，他们总是不计回报地去做那些有益于他们个人发展的事情。

易卜生说："青年时种下什么，老年时就收获什么。"由此我们想到的是，你在公司的土壤中种下什么，公司就会回报给你什么。如果你愿意承担成长的责任，那么你就会获得成长的权利；如果你把自己的每一份工作都看成一个提升自我能力的机会，那么你自然就能在工作中取得你想要的机会。如果你以积极的热情和全心全意的努力对待公司中种种事务，那么你的事业、你的个人能力就会在工作中取得较大的进步。

要实现和工作一起成长，我们首先应该做到的是把从事的每份工作都看做是一个学习的机会，从本质上看，你今天所做的每份工作几乎都在不停地运动和变化着，因此，你不得不把现在正在从事的工作看成是自己学习锻炼的一次经历，不管你是否把它当成梦想的工作，都必须喜欢学习新的任务和工作流程；而且时刻还要对上司强调，你是多么热衷于学习新的知识和技术，而且你学得很快。除了要不断学习外，要实现个人与工作一起成长，还需要做到以下几点：

1. 做好个人规划

要实现个人与职业的成长，你需要做好个人职业规划，明确定位自己的职业角色，以市场需求为导向，对职业发展进行合理定位。在职业定位时，首先要树立职业营销的概念。对于自己未来的计划既要从自己的专业、兴趣、爱好出发，也要注意市场的需求。根据社会需求和自身能力，然后再结合意愿为自己的将来做一个设计。

2. 主动完成工作目标

主动是一个人工作出色的主要条件。所以，在发展中，我们应多多考虑自己的工作计划和工作目标，不要只是一味等待上级的任务与命令，一旦完成任务便认为万事大吉，可以松一口气。这种被动的任务驱动的思想如果在头脑中根深蒂固，就会使我们懒得思考，更懒得行动，将公司的战略计划等同于日常繁琐的工作，以至失去目标，认为自己无所适从。主动完成工作目标，并且确立未来一段时间自己需要达成的工作项目，将工作项目分解到日常行为中，密切与公司之间的联系。

3. 多技傍身

现在是一个复合的社会，需要复合型人才。因此我们应该通过努力使自己成为一个复合型人才，这不仅需要一定的专业深度，同时还需求通用化和

灵活多变的各种技能。从个人的角度讲，我们自己不能单纯沉湎于过去狭隘的专业领域，而要广泛涉猎，继续接受教育，巩固自己的基础，增强适应性。

当然，在提高自己的同时，要注意认清自己的实际情况，要了解自己的优缺点，知道自己与众不同的地方在哪里，建立起自己的专业能力。不要害怕自己不是"通才"，不是"凡事皆通"的人，像计算机那样又会设计、又会装配、又会行销、还会写软件的天才毕竟是少数，从另一种角度来说，认清自己不是天才，是一件好事，因为接下来你就可以认真地培养自己的第一专长、第二专长、甚至第三专长，使自己的附加价值达到最高。

4. 向明天学习

我们一生中只有三天时间：昨天、今天和明天。如果过去你习惯于根据今天的情况决定明天干什么，现在你必须首先判断明天将要发生的变化，并由此决定今天干什么。从这个角度讲，你必须学会质疑自己长久以来的假设，学会在不确定的情况下了解自己，学会更好地协同学习。工作会在向明天的学习中变得充满未知的乐趣。

第五章

融入公司价值观

站在公司的角度看问题

　　站在公司的角度看问题，要求每一位员工都要时刻站在企业发展的立场上，无论什么时候都以公司利益为先，始终与老板站在同一条战线上。

　　我们经常听到公司员工有这样的说法：

　　我这么辛苦，但收入却和我的付出不成比例，我努力工作还有必要吗？

　　这又不是我的公司，我这么辛苦是为了什么？

　　公司推行各式各样管理我们的政策，这表明公司根本就不信任我们……

　　公司与员工经常会有冲突，员工常常感到公司没有给予自己公正的待遇，其实产生这样的想法是因为你和公司所处的角度不同。公司的老板希望你比现在更努力地工作，更加为公司着想，甚至把公司当成自己的事业来奉献。而你站在员工个人的角度来考虑问题，你自认为已经很努力了，工作占用了你大部分的精力和时间，但公司只给了你不相称的待遇。

　　你可能抱怨自己的付出与受到的肯定和获得的报酬并不成比例，但是你必须时刻提醒自己：你是在为自己做事，你的产品就是你自己。

　　在这里，我们提出的理念是希望员工学习站在公司的角度思考问题，换个角度，你得出的结论就会不同。如果你是老板，一定会希望员工能和自己一样，将公司当成自己的事业，更加努力，更加勤奋，更加积极主动。现在，当你的老板向你提出这样的要求时，你还会抱怨吗？还会产生刚才的想法吗？

　　或许你还是会问，换个角度站在公司的角度真的有这么大的作用吗？让我们来看看下面这个故事，它讲的是一个母亲如何醒悟到自己应该站在儿子

的角度看待问题，而不是将自己的想法强加于他。这个故事提醒我们，换个角度看待问题，你所产生的感悟是完全不同的。

一位母亲在圣诞节带着5岁的儿子去买礼物。大街上回响着圣诞赞歌，橱窗里装饰着彩灯，盛装可爱的小精灵载歌载舞，商店里五光十色的玩具琳琅满目。

"一个5岁的男孩将以多么兴奋的目光观赏这绚丽的世界啊！"母亲毫不怀疑地想。然而她绝对没有想到，儿子紧拽着她的大衣衣角，呜呜地哭出声来。

"怎么了？宝贝，要是哭个没完，圣诞精灵可就不到咱们这儿来啦！"

"我……我的鞋带开了……"

母亲不得不在人行道上蹲下身来，为儿子系好鞋带。母亲无意中抬起头来，啊，怎么什么都没有？——没有绚丽的彩灯，没有迷人的橱窗，没有圣诞礼物，也没有装饰丰富的餐桌……原来那些东西都太高了，孩子什么也看不见。落在他眼里的只是一双双粗大的脚和妇人们低低的裙摆，在那里互相摩擦、碰撞……

真是可怕的情景！这是这位母亲第一次从5岁儿子目光的高度眺望世界。她感到非常震惊，立即起身把儿子抱了起来……

从此这位母亲牢记，再也不要把自己认为的"快乐"强加给儿子。"站在孩子的立场上看待问题"，母亲通过自己的亲身体会认识到了这一点。

我们没有必要把自己的想法强加给别人，但是却必须学会从别人的立场来看待问题，这样可以避免很多不必要的冲突。

例如，公司之所以不得不推行各式各样的政策，纯粹是为了防患于未然。站在公司的角度，风险防范的重要性丝毫不亚于业务拓展。经常有员工抱怨公司推行的政策不合理，机制缺乏弹性。然而平心而论，绝大多数员工都只能做到"提出问题"，而没有能力"解决问题"。

老板的立场就是公司的立场，一个从公司的角度看问题的员工，会自觉调整自己与老板的对立情绪，同情和支持自己的老板，时刻与老板站在同一条战线上。

把公司当成自己的产业

英特尔总裁安迪·格鲁夫应邀对加州大学的伯克利分校毕业生发表演讲的时候，曾提出这样一个建议："不管你在哪里工作，都别把自己当成员工，

应该把公司看作自己开的一样。你的事业生涯除了你自己之外，全天下没有人可以掌控，这是你自己的事业。"

把公司当成自己的产业可以激发一个人的责任心和主人翁意识，使他全身心地融入公司，处处为公司着想。把公司当作自己的产业，能够让你拥有更大的发挥空间，使你在掌握实践机会的同时，能够对成果负起责任。

李航高中毕业后随哥哥到南方打工。

李航和哥哥在码头的一个仓库给人家缝补篷布。李航很能干，做的活儿也精细，当他看到丢弃的线头碎布也会随手拾起来，留做备用，好像这个公司是他自己开的一样。

一天夜里，暴风雨骤起，李航从床上爬起来，拿起手电筒就冲到大雨中。哥哥劝不住他，骂他是个傻蛋。

在露天仓库里，李航察看了一个又一个货堆，加固被掀起的篷布。这时候老板正好开车过来，只见李航已经成了一个水人儿。

当老板看到货物完好无损时，当场表示给李航加薪。李航说："不用了，我只是看看我缝补的篷布结不结实，再说，我就住在仓库旁，顺便看看货物只不过是举手之劳。"

老板见他如此诚实，如此有责任心，就让他到自己的另一个公司当经理。

公司刚开张，需要招聘几个文化程度高的大学毕业生当业务员。李航的哥哥跑来说："给我弄个好差事干干。"李航深知哥哥的个性，就说："你不行。"哥哥说："看大门也不行吗？"李航说："不行，因为你不会把活当成自己家的事干。"哥哥说："你真傻，这又不是你自己的公司！"临走时，哥哥说李航没良心，不料李航却说："只有把公司当成是自己开的公司，才能把事情干好，才算有良心。"

几年后，李航成了一家公司的总裁，他哥哥却还在码头上替人缝补篷布。

公司不是老板一个人的，而是大家共同的事业。一名责任心强的员工要有一种把自己当作公司主人的心态，而不是把自己当成老板的仆人。当你具备做主人的心态时，你会就把公司的事当成自己的事。

公司的事是每个人的事，一名责任心强的员工应当把自己当成公司的主人，时刻心系公司，把公司的事当成自己的事。

像老板一样思考

一个人拿着公司的薪水，就应当承担起自己的责任，把公司的事当成自己的事。应当学会像老板一样思考，像老板一样对待自己的工作。

像老板一样思考是对员工能力的一个较高层次的要求，它要求员工站在老板的立场和角度上思考、行动，把公司的问题当成自己的问题来思考。它不仅是员工个人能力提升的重要准则，而且也是提高企业工作绩效的关键。

在 IBM 公司，每一个员工都有一种意识——我就是公司的主人，并且对同事的工作和目标有所了解。员工主动接触高级管理人员，与上司保持有效沟通，对所从事的工作更是积极主动，并能保持高度的工作热情。

"像老板一样思考"这种工作态度，源于老托马斯·沃森的一次销售会议。那是一个寒风凛冽、阴雨连绵的下午，老沃森在会上先介绍了当前的销售情况，分析了市场面临的种种困难。会议一直持续到黄昏，气氛很沉闷，一直都是托马斯·沃森自己在说，其他人则显得烦躁不安。

面对这种情况，老沃森缄默了 10 秒，待大家突然发现这个十分安静的情形有点不对劲的时候，他在黑板上写了一个很大的"THINK"（思考），然后对大家说："我们共同缺少的是——思考，对每一个问题的思考，别忘了，我们都是靠工作赚得薪水的，我们必须把公司的问题当成自己的问题来思考。"之后，他要求在场的人开动脑筋，每人提出一个建议。实在没有什么建议的，可以对别人提出的问题，加以归纳总结，阐述自己的看法与观点，否则不得离开会场。

结果，这次会议取得了很大的成功，许多问题被提了出来，并找到了相应的解决办法。从此，"思考"便成了 IBM 公司员工的座右铭。

每一位老板都像老沃森那样，希望自己的员工可以像自己一样，随时随地都站在公司发展的角度来考虑问题，然而由于角色、地位和对公司所有权的不同，员工的心态很难与管理者完全一致，在许多员工的思想中，"公司的发展是由员工决定的"之类的话只不过是一句空话，这是他们拒绝从老板的角度思考问题的主要理由。

当然，企业的管理者们希望员工"像老板一样思考"，树立一种主人翁意识时，并不是发出了所有人都可以成为老板的信号，而是向员工提出了更高的要求。要知道，我们的工作并不是单纯地为了成为老板或是拥有自己的公司，我们既是在为自己的历史工作，也是在为自己的未来工作。

以更高的标准来要求自己，无疑可以取得更大的进步，这其中包括：具有更强的责任心；努力争取更上一层楼；更加重视对顾客的服务；心智得到更大的提高；赢得更加广泛的尊重；取得更多的合作机会等。

在工作中，如何"像老板一样思考"呢？这需要我们对自己的行为准则有更为深刻的认识。请思考如下问题：

如果我是老板，会怎样对待态度恶劣、无理取闹的客户？

如果我是老板，目前这个项目是不是需要先优化一下，再做是否投资的决定？

如果我是老板，面对公司中无谓的浪费，是不是应该立即采取必要的措施加以制止？

如果我是老板，是不是应当保证自己的言行举止符合公司要求，代表公司的利益，以免对公司产生不良的影响？

……

我们无法在此一一列举出老板应该思考的所有问题，但是毫无疑问的是，当你以老板的角度思考问题时，应该对你的工作态度、工作方式以及工作成果，提出更高的要求，只要你深入思考，积极行动，那么你所获得的评价一定也会提高，你很快就会从人群中脱颖而出。

培养老板心态

优秀的员工要以老板的心态对待工作，因为这对于一个人的事业发展高度有很大的影响。一位老板曾说过，看一个人有没有出息，不是看他处在什么环境、干什么工作，而是要看他以怎样的心态来对待环境，对待工作。如果你以老板的心态来工作，那么你就会从全局的角度来考虑工作，确定这份工作所处的位置，从而把工作完成得更圆满、更出色。

很多员工都有这样一种心态，自己是一位员工，因而只做与自己职责相关、并与自己所得薪水相称的那些工作。这样一种心态定位，使他们只盯着自己分内的那些工作，而不想额外多干一点，甚至经常以老板苛刻为理由，连自己分内的工作都不努力去做，敷衍塞责，偷懒混日，被动地应付上司分派下来的工作。结果几年过后，除了拿那点薪水外，毫无所获，甚至因态度不积极，自己的那份工作和薪水也保不住。这是典型的懒人心态，如果你也抱着这样的心态打工，你就永远只能是打工者，甚至连工也没得打，只好忍饥挨饿，在抱怨中过着贫穷的生活。

如果你以老板的心态来工作，那么，你就不会拒绝上司安排给你的工作。你会认为这是表现自己工作能力、锻炼自己技能和毅力的一次机会。有了这样的心态，你就会因工作做得出色而使薪水得到提升，即便没有，你综观全局的领导能力也会得到培养、锻炼和提升，从而为你将来自己创业准备条件。

世界著名的成功学专家拿破仑·希尔曾经聘用了一位年轻的小姐当助手，替他拆阅、分类及回复他的大部分私人信件。当时她的工作是听拿破仑·希尔口述，记录信的内容。她的薪水和其他从事类似工作的人大致相同。有一天，拿破仑·希尔口述了下面这句格言，并要求她用打字机打印出来："记住，你唯一的限制就是你自己脑海中所设立的那个限制。"

她把打好的纸张交还给拿破仑·希尔时说："你的格言使我有了一个想法，这对你我都很有价值。"

这件事并未在拿破仑·希尔脑中留下特别深刻的印象，但从那天起，拿破仑·希尔可以看得出来，这件事在她脑中留下了极为深刻的印象。她开始在用完晚餐后回到办公室来，并且从事不是她分内而且也没有报酬的工作。她开始把写好的回信送到拿破仑·希尔的办公桌上。

她已经研究过拿破仑·希尔的风格，因此，这些信回复得跟拿破仑·希尔自己所能写的一样好，有时甚至更好。她一直保持着这个习惯，直到拿破仑·希尔的私人秘书辞职为止。当拿破仑·希尔开始找人来补这位男秘书的空缺时，他很自然地想到这位小姐。在拿破仑·希尔还未正式给她这项职位之前，她已经主动地接收了它。由于她在下班之后，以及没有支领加班费的情况下，对自己加以训练，终于使自己有资格出任拿破仑·希尔的秘书。

不仅如此，这位年轻小姐高效的办事效率还引起了其他人的注意，有很多人为她提供更好的职务请她担任。她的薪水也多次得到提高，现在已是她当初作为普通速记员薪水的4倍。她使自己变得对拿破仑·希尔极有价值，因此，拿破仑·希尔不能失去她这个帮手。

请记住，一定要以老板的心态工作，既是为了得到那份薪水，也是为自己独立创业准备条件。作为一名渴望在事业上有所发展的年轻人，应该时刻提醒自己以老板的心态来工作，这样，不仅能把自己分内的工作干好，而且对自己的综合能力也是一个很好的提升。

■ 黄金心态篇

500强企业员工
拥有的完美心态

第一章

拒绝抱怨，积极行动

抱怨是一种恶习，越抱怨越退步

不管走到哪里，都能发现许多才华横溢的失业者。当你和这些失业者交流时，你会发现这些人对原有工作充满了抱怨、不满。要么就怪环境不够好，要么就怪老板有眼无珠、不识才，总之，牢骚一大堆，积怨满天飞。殊不知，这就是问题的关键所在——抱怨的恶习使他们丢失了责任感和使命感，只对寻找不利因素兴趣十足，从而使自己发展的道路越走越窄，在自己的抱怨声中不断退步。

我们可以发现，几乎在每一个公司里，都有"牢骚族"或"抱怨族"。他们每天轮流把"枪口"指向公司里的任何一个角落，埋怨这个、批评那个，而且从上到下，很少有人能幸免。他们的眼中处处都能看到毛病，因而处处都能看到或听到他们的批评、发怒或生气。

本来他们可能只是想发泄一下，但后来却一发不可收拾。他们理直气壮地数落别人如何对不起他们，自己如何受到不公平待遇等，牢骚越讲越多，使得他们也越来越相信自己是遭受别人践踏的牺牲品。不停抱怨的"牢骚族"，他们抱怨的结果只会自乱阵脚，终究受害最大的还是自己。

事实上，你很难找到一个成功人士会经常大发牢骚、抱怨不停，因为成功人士都明白这样的道理：抱怨如同诅咒，越抱怨越退步。

米小为本是国内某名牌大学的毕业生，但是工作5年来，他不仅没有得到晋升，甚至在金融危机来临之际，他面临着失业的厄运。是什么导致了他这样的境遇？

刚进公司的米小为是个非常有竞争优势的年轻人。但是，他来到这家工

厂后，发现现实与自己的理想有偏差，对工作、企业都产生了抱怨的情绪。他觉得自己的学历比别人高，能力比别人强，却屈尊在小厂里，于是终日抱怨，老板、上司、同事、工作环境等，都成为他抱怨的对象。

在米小为的抱怨声中，同事们渐渐远离了他，上司也对他产生了看法。而米小为却因此而更加愤恨自己的企业，对待工作漫不经心。5年下来，米小为的工作能力并没有提升多少，和同事们的关系却很僵，上司越来越不满意他的表现。

一些人总是对自己的工作和环境抱怨不休，他们只知道享受好的工作环境，要高薪和高位，却抱着消极的态度对待自己的工作。这样的员工很难担当大任，永远不可能在自己的岗位上得到进步和发展。

仔细观察就会发现：没有人因为喋喋不休的抱怨而获得奖励和提升。其实这也不难理解，假如一个船上的水手总不停地抱怨：这艘船怎么这么破，船上的环境太差了，食物简直难以下咽，以及有一个多么愚蠢的船长。试想这样的水手能将自己的工作做到最好吗？

因此，当你觉得自己缺少机会或者是职业道路不顺畅时，不要抱怨环境，而应该问问自己是否承担了工作的责任，想想自己有没有尽到最大程度的努力。

于强在一家电器公司担任市场总监，他原本是公司的生产工人。那时，公司的规模不大，只有30多人，有许多市场等待开发，而公司又没有足够的财力和人力，每个市场只能派去一个人，于强被派往西部的一个市场。

于强在那个城市里举目无亲，吃住都成问题。没有钱坐车，他就步行去拜访客户，向客户介绍公司的电器产品。为了等待约好见面的客户，他常常顾不上吃饭。他租了一间破旧的地下室居住，晚上只要电灯一关，屋里就有老鼠们在那里"载歌载舞"。

那个城市的气候不好，春天沙尘暴频繁，夏天时常暴雨，冬天天气寒冷，这对于强来说简直就是一个巨大的考验。公司提供的条件太差，远不如于强想象的那样。有一段时间，公司连产品宣传资料都供应不上，好在于强写得一手好字，自己花钱买来复印纸，用手写宣传资料。在这样艰苦的条件下，不抱怨几乎是不可能的，但每次抱怨时，于强都会对自己说："开拓市场是我的责任，抱怨不能帮助我解决任何问题。"他选择坚持下来。

一年后，派往各地的营销人员都回到公司，其中有很多人早已不堪忍受工作的艰辛而离职了。后来，于强凭着自己过硬的业绩当上了公司的市场

总监。

即使在恶劣的环境下，于强也没有选择抱怨，对自己工作的坚持，使他有了飞速发展。一名员工，无论从事什么工作都应当选择不抱怨的态度，应该尽自己的最大努力去争取进步。把不抱怨的态度融入到自己的本职工作中，你才能不断进步，才能得到社会的认可，受到老板的青睐。

你是否能够让自己在公司中不断进步，这完全取决于你自己。如果你永远对现状不满，以抱怨的态度去做事，那你在公司的地位永远都不可能变得更加重要，因为你根本就不能做出重要的成绩。

抱怨的人很少积极想办法去解决问题，不认为主动独立完成工作是自己的责任，却将诉苦和抱怨视为理所当然。任何一个聪明的员工都应该明白这样的道理：一个人一旦被抱怨束缚，不尽心尽力，而是应付工作，这只会自毁前程。如果希望改变自己的处境，希望自己能够取得不断的进步，那么首先从不抱怨开始吧。

别抱怨，这是你的工作

抱怨的最大受害者是自己。在现实工作中，有太多人虽然受过很好的教育，并且才华横溢，但在公司里却长期得不到提升，主要是因为他们不愿意自我反省，总是怀疑环境，对工作抱怨不休。工作中时常表现出这样的情况：一项任务交代下来后，如果上司不追问，结果十有八九会不了了之；有些事情，如果上级不跟踪落实，就很难有令人满意的反馈；还有的人面对布置的工作常常只会睁大眼睛，满脸狐疑地反问上司："怎样做？""这事我不知道啊？"抱怨的人很少积极想办法去解决问题，总认为工作就是给老板做的。其实，工作是自己的，工作中应该做的一切事都要去做，因为那是每一个员工的义务。

"记住，这是你的工作！"美国前教育部长威廉·贝内特说，"工作是需要我们用生命去做的事。"每一位员工都应记牢这句话。哪怕遇到困难，我们也不能找任何借口，也不要进行任何没有必要的抱怨。

在西点军校，执行没有任何借口，面对任务失败同样没有任何借口。因为这是你的任务，是你的职责，对自己的工作必须负全部责任。对此，杜尼嵩上校曾有过深刻的体会。

当他还是个中尉的时候，第一次去外地执行任务，连长交代了七件事：要见一些人，要向上级请示一些事，要申请一些东西，包括地图和醋酸盐

（当时醋酸盐严重缺乏）等等。他下定决心把七件事都做好，尽管他没有多大把握。因为既然连长把任务交代下来，这任务也就是他自己的事了，也意味着荣誉，是责任。万一有什么差错，一切都必须由自己来承担。结果事情并不顺利，问题就出在醋酸盐上。当他向负责补给的中士说明连部是多么需要醋酸盐时，中士只是冷冷地看了他一眼，什么都没有说，好像中尉根本就不存在一样。当他又说没有醋酸盐将会给连部造成多大损失时，中士也说出一大堆理由说明醋酸盐是如何地缺乏，随便拨出是如何地不守军规，即使是少量的一点点。当时中尉失望极了，他甚至想放弃了，想干脆回去告诉连长说这个中士是如何地不可理喻。

但是，中尉知道，醋酸盐不仅仅是连部的事，也是自己的事，如果他放弃，那就意味着自己放弃了自己。于是他硬着头皮继续和中士周旋。后来，他干脆摆出一副不可侵犯的架势，以示军人的尊严。到最后，中士终于拨了一些醋酸盐给他。当中尉回去向连长复命的时候，连长并没有多说什么，但是他的眼神里充满了肯定和赞许，因为他并没有想到杜尼嵩能把七件事一一完成。杜尼嵩之所以能够圆满完成任务，是因为他一直把任务当做自己的事来做。

无论何时，只要你还在工作，就必须时刻铭记"这是你的工作"这句话，如此，你才会视工作为自己的事业，并以经营自己事业的心态和严格的标准来要求自己，认真负责地面对当前的工作，也只有这样你才能走上成功之路。

以事业的态度来对待你工作中的每一件事，并把它当成使命，你就能发掘出自己特有的能力，即使是再烦闷、再枯燥、再艰巨的工作，你也能从中感受到价值和责任，在完成使命的同时，你的工作也会真正变成一项事业。

无论在工作中执行什么样的任务，也不管这项任务是上司委派还是你主动请缨，你都必须时刻铭记着"这是你自己的事"。"这是你自己的事"是"没有任何借口"的延伸，是由被动接受到主动执行的一个态度上的转折。"没有任何借口"还存在自我强制的因素；而"这是你自己的事"说明，你是主导，你肩负着责任，你左右着整个任务的进程。

是的，既然你从事了这一职业，选择了这一岗位，就必须接受它的全部，就算是屈辱和责骂，那也是这项工作的一部分，而不是仅仅享受它给你带来的益处和快乐。

面对你的职业，你的工作岗位，请时刻记住，这就是你的工作。可不要忘记工作赋予你的荣誉，不要忘记你的责任，也不要忘记你的使命。

把工作当做生命的信仰，我们的生活才会过得更充实，我们的人格才会变得更完美，我们的人生才会变得更多彩，我们的生命才会变得更有意义！

不找借口，一起努力工作吧！把工作当做生命的信仰，在工作中实现人生的辉煌，因为工作是属于我们自己的。

莫让不良情绪主导你的工作

在我们身边总有这样的员工，他们总是被工作或生活中的一些事情影响情绪，并将这种情绪带到接下来的工作中，以至于让其他人的情绪也大受影响。要知道情绪也是会传染的，当人们不开心的时候，身边的人很容易就成了宣泄的对象，有时候我们往往会找比我们弱的人进行发泄，以此平衡自己的情绪。同样的，被发泄者也会继续将这些负面情绪传递给别人，以此类推……

其实，只要肯换个想法，调整一下态度，或者转移一下视角，就能让自己有新的心境。只要我们肯稍作改变，就能抛开坏心情，迎接新的处境。

我们须记住："生气，是一种毒药！"这种毒药无论在生活还是工作中都应该被禁止。我们不能让自己的情绪只停留在问题的表面，我们必须学习"转念"、"少点抱怨、多点包容"、"多洒香水、少吐苦水"，让负面的思绪远离，而用乐观的正面思绪来迎接人生，用积极乐观的态度来对待工作。

除了愤怒以外，其他忧郁、迟疑等不良情绪也会影响到我们的工作，这些不良情绪一旦主导了我们的工作，往往会令人失去理智。把一点小事看得像天一样大的人，过于认真让他们夸大了自身的感觉，从而对工作产生了畏惧、厌倦等诸多负面心理。其实，只要稍稍平静下来，就会发现事情并没有你想象得那么悲观。

避免让这些不良情绪抑制自己的最好的办法就是时刻保持冷静和宽容。用冷静面对周围发生的事，用宽容容忍自己身边的事，这样，你会发现，再灰暗的世界也会变得多姿多彩起来。

人生在世，难免遇到挫折和坎坷，职场之路，更是棘荆密布，与其在不良情绪的主导下低效率地工作，不如调节自己，在快乐的心情下愉快地工作。要想保持快乐的心情，其实并不难，只要你学会保持快乐的7种方法，快乐将非你莫属。

1. 想一想：换个角度来讲，挫折和失败是对人意志、决心和勇气的锻炼。人是经过了千锤百炼才成熟起来的，重要的是吸取教训，不犯或少犯重

复性的错误。

2. 走一走：到野外郊游，到深山大川走走，散散心，极目绿野，回归自然，荡涤一下胸中的烦恼，清理一下浑浊的思绪，净化一下心灵尘埃，唤回失去的理智和信心。

3. 比一比：与同事、同乡、同学、好友相比，虽说比上不足，但比下有余。及时调整心态，以保持心理平衡。不因小败而失去信心，不因小挫而伤锐气。

4. 放一放：如果不是急事大事，索性放下不去管它，过几天再说，或许会有个更清晰的认识、更合理周密的打算。

5. 乐一乐：想想开心的事、可笑的事；或拿本有趣的书，读几段令人开怀大笑或幽默风趣的章节。

6. 唱一唱：唱首优美动听的抒情歌，一曲欢快轻松的舞曲或许会唤起你对美好过去的回忆，引发你对灿烂未来的憧憬。

7. 让一让：人生如狭路行车，该让步时姿态高些，眼光远点，不在一时一事上论短长。让人一步，海阔天空。

身在职场，无论你是穿梭于高楼大厦的白领，还是刚刚开始创业的青年俊杰，无一不面对办公室简单而又复杂的竞争，或者事业沉浮中的颠沛流离。我们每个人都在被情绪的问题困扰，所以我们要学会对自己的情绪进行自我调节，只有这样我们才能开心地工作，拥有快乐和成功的人生。

与其抱怨，不如自省

经常有员工抱怨自己的工作不赚钱、公司不好、老板太苛刻……似乎在他们眼中，自己不成功、生活不顺心等所有的责任都应该由这些不尽如人意的环境来负责。很多时候，改变环境不如改变自己，改变了自己，就能改变世界，就能扭转劣势，就能找到成功的方法。

环境确实会影响我们的成功，这点我们必须承认，工作条件好，不用下什么工夫，公司就能多赚钱，福利也很好，我们的生活和工作肯定会更舒适，成功相对来说也会很容易。然而，似乎很少有具备这些条件的工作，而且即使有这样的工作，凭这种工作态度，你觉得自己能赢得这份工作吗？

任何一份工作都有它的优势和劣势，任何事情都有它的优点和缺陷，世间没有完美的东西。有许多员工能够将工作做得很好，甚至达到完美，不是因为工作改变了，而是他们自己改变了，学会了在环境的限制中将工作做到

更好。做到这一点，你才是优秀的，不然你只能在抱怨中蹉跎一生。

作为一个员工，我们必须明白，工作中的许多事情都不是我们能够改变和左右的。在这种情况下，抱怨环境是没有任何作用的，你唯一能做的是充分发挥自己的优势，在有限的活动空间中将工作做好。

黄莉在摩托罗拉不到一年，就开始不断抱怨公司不好、上司不好、工资不高等。有一次，她又向朋友诉苦："我那个上司，简直就是一个周扒皮，整天阴沉着脸，看谁都不顺眼。今天上午，就因为我报告中一个格式问题，冲我发了好大的脾气，没见过这么没有风度的男人！你说我什么时候才能摆脱这个变态的上司呢？"

朋友说："我有办法让你现在就能摆脱他，你别在这个公司干不就行了吗？"

黄莉一愣，随即说道："那可不行，虽然现在不如意，但相比其他公司还是不错的，况且现在辞职也不好找工作啊！"

朋友说："那你就把你的上司换掉吧。"

"那怎么可能，我又不是公司老板！"

"那你能改变你上司的脾气吗？"

"改不了。"

"那你跟我抱怨有什么用呢？既然改不了，你只能思考另外一个问题：在这种环境下，我怎样可以把事情做好。"

既然改变不了环境，那就改变自己吧。这才是明智的员工应有的工作态度。改变了自己，你会发现，世界也会变得随心所欲起来。

任何一个纷乱的时代都有成功者，正如任何一个黄金时代都有失败者。所以成败的关键不在于环境的好坏，不在于能否改变环境，而在于我们能否认清环境的优劣，能否将劣势抑制成最小阻碍，将优势发挥出最大价值。

工作中，你是否常常抱怨自己从事的职业太平凡，前途太渺茫？要改变结果，首先要改变自己，要让结果更好的话，自己必须变得更好。只有人进步了，事情才有进步。我们成功和进步的关键就在于：改变自己。

如果让不断改进成为一种习惯，你将会受益无穷。一名不断改进的职员，他的魄力、能力、工作态度、负责精神都将会为他带来巨大的收益。

改变自己的行为模式，改变自己的思维模式，改变自己的心态，改变自己的观念，改变自己和客户说话的方式，改变自己交往的人群，改变自己看事情的角度。只有改变，才能取得更好的结果，才能获得成功。

即使我们不接受命运的安排，也不能改变事实分毫，我们唯一能改变的，只有自己。改变了自己，相当于为自己提供了更多的生存机遇，为职场发展扫除了诸多障碍，为事业的成功增添了砝码。

人生中不如意者十之八九，这时很多人都会抱怨命运不公。其实命运就掌握在你自己手中，你的命运只有你自己才能改变。要想改变你的命运，必须先改变你自己。每个人的命运都掌握在自己手中，你只要充分发挥自己的主观能动性，主动改变自己，那么你的命运也会随之改变。

有怨气不如有志气，化抱怨为抱负

宽容地讲，抱怨实属人之常情。然而，抱怨之所以不可取就在于：抱怨等于往自己的鞋里倒水，只会使以后的路更难走。常言道：放下就是快乐。与其抱怨，不如将怨气转化为志气，化抱怨为抱负，用超然豁达的心态去面对一切，这样迎来的将是另一番新景象。

抱怨对事情没有一点帮助，与其不停地抱怨，不如把力气用在行动上。在职场上，也有许多人虽有远大的理想却由于种种原因无法实现，满腹的怨言无处倾诉，如果能把怨气化为志气，努力奋斗，就能成就自己的事业。

肯德基的创始人哈兰·山德士，6岁丧父后，母亲外出工作，小小年纪的哈兰就要照顾3岁的弟弟及尚在襁褓中的妹妹。他10岁到农场打工，赚取每月2美元的酬劳养家。他什么工作都做过：售卖车票、轮胎、保险，驾驶过蒸汽船。

哈兰经过10年的钻研，调配出一种以11种香草和香料混合的腌料。后来，哈兰迁往加油站附近的餐厅开展他的饮食生意。为了配合旅客短促的逗留时间，他率先采用能加快鸡块烹煮时间的压力锅，以最短的时间生产最大量的炸鸡。1935年，他被肯塔基州州长授衔上校，以表彰他对肯塔基州饮食界所作出的贡献。

二战爆发令餐厅关门大吉。大战结束后，餐厅虽然重开，但一条横跨科尔宾的州际公路粉碎了哈兰东山再起的美梦。旅客都使用州际公路了，根本不会经过他的餐厅，他的生意一落千丈，他不得不拍卖所有财产还债。

当时已62岁的哈兰带着仅余的资产：一张炸鸡秘方、一个压力锅，驾着老爷车穿州过省从头干起。他逐家餐厅兜售自己的配方："尝尝我的炸鸡吧，要是你喜欢，我可以把调味料卖给你，条件只是你每卖出一块鸡，分我4美分。"放下自尊，顶着失败的创痛和年迈的身体，每天重复地说着同一

番话，可不是每个人都挨得住的。终于，第一间被授权经营的肯德基餐厅在盐湖城开业了。至1964年，经哈兰游说成功的特许经营店已达600间，并遍及美、加，那年他已经74岁了。

肯德基上校面对着事业的起落，并没有怨天尤人，而是努力重新开始，最终让肯德基餐厅名扬全球。

怨气并不能给你的工作以任何实质性的帮助或指导，在工作当中，怨气只能阻碍事业发展，将怨气转化为志气，才能成为助推事业发展的动力。在面对坎坷的时候，要将自己的抱怨化为抱负，以重新来过的志气和勇气去面对，一定能获得成功。

许多年前，史坦雷先生还是一个年轻小伙子的时候，在一家著名的五金公司当小店员，每个月领着极微薄的薪水，他希望能通过自己脚踏实地的工作，使自己步步高升。所以他做起事来，永远抱着学习的态度，处处小心留意，想把工作做得十分完美。他希望能够获得经理的赏识，提升他为推销员，谁知经理对他的印象恰好相反。

有一天，他被唤进经理室遭到了一顿训斥，经理告诉他说："老实说，你这种人根本不配做生意。但你的臂力健硕无比，我劝你还是到钢铁厂去当一名工人吧，那种活不需要大脑！我这里用不着你了。"

一个年轻气盛的人，踏入社会不久，便遭受这样严重的打击，换了别人，肯定受不了，他们会气得暴跳如雷，从此做起任何事情来，都会抱着消极的态度。然而，史坦雷虽然被辞退了，但仍有自己的理想。他要在被击倒后重新爬起来，争取更大的成绩。

"是的，经理。"他说："你当然有权将我辞退，但你无法消磨我的斗志。你说我无用，当然，这是你的自由，但这并不减损我的能力。看着吧！迟早我要开一家公司，规模比你的大10倍。"

从此他借着这次受辱的激励，努力上进，几年后，果然有了惊人的成就。

唯有用实力才能证明自己的价值，抱怨别人、抱怨环境又有什么作用呢？人人都有怨气，但并不是人人都能将怨气转化为志气。生活从来不简单，不去抱怨生活，就要将抱怨化为抱负。在实现抱负的过程中，还需要运用智慧去拼搏。

有一个10岁的小男孩，在一次车祸中失去了左臂，但是他很想学柔道。最终，小男孩拜一位日本柔道大师为师，开始学习柔道。他学得不错，

可是练了三个月，师傅只教了他一招，小男孩有点不明白大师为什么要这样做。

终于，他忍不住问师傅："我是不是应该再学学其他招数？"

师傅回答说："不错，你的确只会一招，但你只需要会这一招就够了。"

小男孩仍旧不是很明白，但他很相信师傅，于是继续照着师傅的教导练下去。

几个月后，师傅第一次带小男孩去参加比赛。小男孩没有想到自己居然能进入决赛。

决赛的对手比小男孩要高大、强壮许多，也似乎更有经验。小男孩一度显得有点招架不住，裁判担心小男孩会受伤，就叫了暂停，还打算就此终止比赛，然而师傅不答应，坚持说："继续下去！"比赛重新开始后，对手放松了戒备，小男孩立刻使出他的那一招制服了对手，由此赢了比赛，得了冠军。

回家的路上，小男孩和师傅一起回顾每场比赛的所有细节，小男孩鼓起勇气道出了心里的疑问："师傅，我怎么凭一招就能赢得冠军呢？"

师傅答道："有两个原因：第一，你基本掌握了柔道中最难的一招；第二，就我所知，对付这一招唯一的办法就是抓住你的左臂，可是你没有了左臂。"

小男孩的成功在于把自己的劣势转化为了优势。职场上也是如此，遭遇不幸的时候，不要只是抱怨，而应主动在困境中寻找机遇，这样你也可以成功。

如果你对工作依然存在抱怨、消极和斤斤计较，把工作看成是苦役，那么，你对工作的热情和创造力就无法被最大限度地激发出来，你的工作将永远归于平庸。与其怨天尤人，不如立志实干，将自己的怨气转化为提升工作的动力，相信你一定会取得成功！

用行动代替抱怨

无论你所在的公司规模多么小、业务多么简单，但是它存在并能够给你薪水，就说明它有一定的过人之处，这或许是一项高科技产品，或者是一种先进的管理经验，或者是一种催人上进的企业文化，而这些都是你人生发展必不可少的。所以每天面对自己的工作，我们应该做的，就是全面地认识自己的公司，每天去观察它的成长和自己的成熟，从公司和公司的同仁那里学

习知识和技巧，充分利用公司的现有资源，努力做好自己的手头工作，而不是盲目地抱怨。

迈克尔刚进公司的时候，上司非常赏识他。为了不辜负上司的器重与信任，他主动申请去开拓公司在非洲的外埠市场，义无反顾地离开了美国，独自去了那块陌生的土地。

在非洲，迈克尔竭尽所能地克服生活上的种种不适，虽然问题仍是接踵而至，但他仍卖力地开展工作。他不但要以经理的身份代表公司去洽谈业务，还要以搬运工的身份亲自去码头取货、送货。面对这些，迈尔克没有一句怨言，只是默默地承受，把这一切的磨难当成理所当然。然而，在非洲这块土地上，他辛勤的劳作并没有换来丰盛的成果。两年多来，虽然每天都在竭尽全力地工作，却没有获得在本土时一半的成绩，他成了同事中业绩最差、进步最小的人！上司对他在非洲的表现颇有微辞，对他在工作上的支持也没有了以往的热情。但迈克尔没有时间抱怨，仍一如既往地卖力工作。

辛勤劳作，并没有换来上司的嘉奖，尤其这种嘉奖对迈克尔来说已经成为他坚持下去的动力，这使他在相当长的一段时间里心境悲凉，觉得前途灰暗，看不到成功的方向。然而，他最后还是选择坚持下去而不是埋怨上司的不理解，并尽最大的努力与上司保持着沟通。他一直把这份艰辛当作一种契机，一首成功的前奏曲。终于，在半年之后，他在非洲的市场有了令人瞩目的重大转机。

迈克尔的事例告诉我们，每一次任务都蕴含着机会，与其抱怨不如实干，一名优秀的员工应当像迈克尔一样，无论做什么样的工作，都要时刻以自觉的行动来代替报怨。对于他而言，公司的组织结构如何、谁该为此问题负责、谁应该具体完成这一任务都不是最重要的，在他心目中唯一的想法就是如何解决问题。

倘若我们的抱怨毫无理由，就应从根本上改变自己的心态，由消极变为积极，由推诿变为主动，由事不关己变为责任在我。有时，即使我们的抱怨具备十足的理由，那也还是不要抱怨吧。因为在逆境中拼搏能够产生巨大的力量，这是人生永恒不变的法则。当你遇到某一个难题时，也许一个珍贵的机会正在悄悄地等待着你。

所以，一旦你决定要从事某种职业，或者你一旦在从事某种职业，就要立即打起精神，不断地勉励自己、训练自己、控制自己。在你的工作中要有坚定的意志、积极的心态，无论做什么事情都要全心全意去执行。实际上，

如果你能够静下心来，仔细地审视自己的工作，你就会发现每一份工作都是一个自我实现的极好的平台，都有着极好的资源等着你去利用。不信，请看下面这则关于丹尼太太的故事。

丹尼太太是一家公司的清洁工，她是一个40多岁、身体有些发福的女人，手脚不是很勤快，但嘴巴却总是闲不住，经常与人搭讪，身边的手提电话也是天天响个不停，好像比公司的经理还要忙。

一天，公司的一些员工们聚在一起聊天，一个叫布鲁斯的职员突然感叹道："我们连丹尼太太都不如啊！"见到别人诧异，他又说："你猜她每个月能赚多少钱？"

一个清洁工，薪水再高能高哪去？于是大家七嘴八舌地讨论开了，有说500的，有说800的，但布鲁斯只是摇摇头，伸出了四个指头，于是有人就"大胆"地预测："不会是4000吧，挺厉害的呀。"

"什么4000？是4万美元！她每个月至少可以赚4万！！"布鲁斯笑着说。

"不会吧？"除了布鲁斯，每个人惊讶得眼珠子都差点掉下来。

"是她自己跟我说的。"布鲁斯笑着说。

"丹尼太太还说，做清洁工只是一个平台，我觉得她完全可以做一个CEO了！"

原来，丹尼太太借着到公司做清洁工，打听公司里谁需要找钟点工、谁需要租房子，然后就当起了中介，收取中介费。丹尼太太还自己买了一套房子，并以一万的月租把这套房子租给了一个韩国公司的总裁。

丹尼太太借清洁工这个平台延伸出的另一项业务是卖保险。公司里面有不少员工都已经跟着丹尼太太买了几万元的保险。

清洁工不会是丹尼太太钟爱的工作，因为没有人会喜欢和垃圾打交道。但是她整合资源的能力比任何一家公司的CEO都不差——她能够非常敏锐地发现的利润来源、寻找适当的客户、选择合理的沟通方法以及适时地转变经营项目。她这种利用现有优势做好每一件手头工作的智慧却值得我们每一个人学习。

那么，我们如何像丹尼太太那样有效地利用现有资源，将手头的工作做好呢？首先我们应该做的就是认识自己的公司，找到它每一个值得我们学习的地方，我们可以这样做：

1. 了解公司的情况

要找到公司值得学习的地方，光是在公司认真工作是不够的。我们还应

该花点时间在网上或图书馆里查阅有关所在公司的情况，尽可能多地了解一些信息，包括它的产品、规模、收入、声誉、形象、管理人才、员工、技能、历史以及所信奉的企业文化等。特别是了解公司在整个行业中的位置，以及别人或者别的公司对于自己所在公司的评价。

2. 与同事积极合作

公司是一个集体，你就像其中的一只小蚂蚁，是微不足道的，只有你和另外一群蚂蚁联合起来，才能有所作为。因此，你应该不只关心自己的工作，也应该知道同事在哪里工作，观察他们怎样工作，诸如前台接待人员怎样问候陌生人之类的事情也可能对您有所启发，这都是你平时手头上应该做好的工作。

3. 寻求优秀者

优秀者不一定身居高位，他们在经验、专长、知识、技能等方面比我们略胜一筹，也许是你的同事、同学、朋友、引荐人，他们或物质上给予、或提供机会、或予以思想观念的启迪、或言传身教潜移默化。有了强者的帮助，一来容易脱颖而出，二则缩短成功的时间，三是在危机时能够在第一时间找到强援。

4. 背景学习

无论大小，每个公司都有它的背景，每个公司都有它的中心人物和故事，都体现着公司的核心价值。这些故事讲了些什么？是巨大的成功？卓越的服务？还是商业策略上的竞争？这些故事本身会告诉我们有关公司的许多事情，值得去思考、去学习。

"我为什么要坐在这里？""我为什么要工作？而且，还是为了这样一个公司。""如果我离开这里会不会更好？"当这些问题经常出现在脑海里时，说明关于工作上的苦恼已经和你纠缠在一起了。这表明你对于自己所从事的工作已经失去了兴趣和激情，没有了工作的热忱，此时你的敬业精神就开始接受最大的考验。出现了这样的问题，你不妨提醒自己知足常乐，因为无论公司大小，工作好坏，你已经站在了前程的起跑线上了，而你所要做的就是把自己手头的工作做好，像丹尼太太那样，充分地利用现有的资源，如果你能这样做的话，那么，成功与卓越就离你不远了。

第二章

脚踏实地，低调务实

踏实工作，全力以赴心中的梦

有个自负聪明的学生参加考试。试卷一发下来，他大致浏览了一下，除了试卷上头一行"请先看完所有题目之后，再开始作答"的字样之外，有100道是非题。以他的实力，大约30分钟可答完，他满怀自信地提笔开始答题。

过了两分钟，有人满面笑容地交卷，这个聪明的学生不禁心中暗笑："又是交白卷的家伙。"

再过5分钟，又有七八个人交卷，同样是笑容满面，看来不像是交白卷的模样。这个聪明学生看看自己只答到20几道题，连忙加快速度，埋头作答。

待他答到第76题时，赫然发现题目写着"本次考卷不需作答，只要签上姓名交卷便得满分，多答一题多扣一分。"

聪明的学生看着试卷第一行的说明："请先看完所有题目之后，再开始作答。"他不禁痛恨起自己的浮躁。

在职场上也是同样的道理，踏踏实实是职场人士所必备的素质，也是实现梦想、成就一番事业的关键因素，自以为是、自高自大是脚踏实地工作的最大敌人。你若时时把自己看得高人一等，处处表现得比别人聪明，那么你就会不屑于做别人的工作，不屑于做小事、做基础的事。

因此，每个职场中的人要想实现自己的梦想，就必须调整好自己的心态，打消投机取巧的念头，从一点一滴的小事做起，在最基础的工作中，不断地提高自己的能力，为开始自己的职业生涯积累雄厚的实力。

美国柯立芝总统是一位深谋远虑做事脚踏实地的人，因此当他做决定时，对于事情的结果，早已有八分的把握了。

有一次，麻州哈德森市发生了一桩命案，一个无名男子被人在小湖里打死了。当时市政府派委员普勒特前去调查，普勒特拟将尸首移开，但不知法律上是否允许这样做，因此便到市上最有名的两个律师亨利和费特的事务所去，想问个究竟。

当他赶到事务所时，凑巧那两个律师都有事外出，所里只有一个青年，坐在一张小写字桌前，正在阅读一本法律书。普勒特问他所里是不是只有他一个人，那个青年极客气地吐出一个"是"字，接着仍旧看他的法律书。

普勒特等了好一会儿，仍然不见有人回来，终于等得不耐烦了，只好把来意告诉了青年，并且说他实在不能再等下去了，因为那个尸体非赶快移开不可。

青年仔细听他说完，想了一会儿，冷冷地回答说："你把那尸首移开好了。"

普勒特感到疑信参半，再用极沉重的口吻问道：

"你对这事可以负责吗？"

青年这时仍用冷冷的口吻回答说："是的，你尽管把那尸首移开好了。"

于是普勒特半信半疑地离开，在门口凑巧碰见亨利律师回来。

普勒特连忙把事情重述了一遍，并很不满地问道："亨利先生，那个坐在屋子里的家伙是谁？"

亨利笑着说："请您不要见怪，那个小伙子平时总是这样不大开口的，但是他做起事情来，却稳重得像老牛一般。他虽然来我们这里只做了几个月的事，但已经使我们知道他是一个说出话来永不会打回票的人了。所以现在他既然回答你可以把那尸首移开，你尽管大胆照着去做好了，包你不会有错！"

那个青年是谁？他就是后来被选为总统的柯立芝！

职场中的人要记住：只有埋头苦干的人，才能显出真正的聪明，才能成就一番事业。

李嘉诚说："不脚踏实地的人，是一定要当心的。假如一个年轻人不脚踏实地，我们使用他就会非常小心。你造一座大厦，如果地基打不好，上面再牢固，也是要倒塌的。"

脚踏实地，才能跳得更高

克劳斯特·宾偶然间从报纸中缝里发现了一则"德国科利银行"招聘经营管理职员的广告。他准时赴约，总经理扬·德班接待了他。克劳斯特·宾一看满脸严肃的总经理，心里就忐忑不安起来。但是他尽力保持镇静，详尽地回答总经理的提问。

总经理问："先生，你能从工作的实际经验出发，给我描述一下公司的未来吗？"

克劳斯特·宾回答说："先生，我认为公司的发展应当是秩序化的管理，而不是什么关于未来的夸夸其谈。"

总经理问："为什么这样说呢？"

"因为我到您这里的时候，已经看到了公司的现状。"这时，外面突然传来警车鸣笛的声音，但是克劳斯特·宾却好像什么也没有听见，仍在认真阐述自己的观点……

总经理说："你是到本公司面试的第 109 个人，其中有 84 个人与你的观点相近。"

总经理的话意味着什么，明眼人一听就知道了。克劳斯特·宾心里感到很难受，真是"乘兴而来，败兴而去"，不过，他还是很有礼貌地起身告辞。

他走到门口的时候，突然发现有一个钉子掉在地上，没有多想什么，他就把钉子捡了起来装在自己的口袋里，慢慢地向门外走去……

这时，总经理突然在后面喊道："先生，我能继续和您谈谈吗？"

克劳斯特·宾非常惊讶地问："先生，我不是没有希望吗？"

总经理笑着说："先生，在面试的 109 个人中，只有你一个人是那样回答问题的。重要的就是你刚才捡钉子的动作，实在让我震惊。要知道，有多少面试的人都踢开了这颗钉子，惟有你看到了这颗钉子的存在，这证明你非常务实。我决定录用你！"

事实证明，克劳斯特·宾到了公司之后，脚踏实地，做出了卓越成绩，最终成为公司的总裁。

命运掌握在勤勤恳恳工作的人手上，所谓的成功正是这些人的智慧和勤劳的结果。即使你的智力比别人稍微差一些，你的实干也会在日积月累中弥补这个弱势。

实干并且坚持下去是对勤奋刻苦的最好注解。要做一个好的员工，你就

要像石匠一样，一次次地挥舞铁锤，努力把石头劈开。也许 100 次的努力和辛勤的捶打都不会有什么明显的结果，但最后的一击石头终会裂开的。成功的那一刻，正是你前面不停地刻苦的结果。

卡尔森是卡尔森企业集团的老板，名下有全世界最大的旅行社以及瑞森大饭店。《福布斯》杂志估计他的财产近 5 亿美元。他是勤奋致富的典范。他是个从推着自行车卖奖券开始，一直做到全国首屈一指的大富豪的传奇人物。他的工作哲学是"星期一到星期五是在保持竞争力不落人后，星期六与星期日拿来超越他人。"卡尔森是一个工作狂。

工作中，许多人都会有很好的想法，但只有那些在艰苦探索的过程中脚踏实地付出辛勤劳动的人，才有可能取得令人瞩目的成果。同样，公司的正常运转需要每一位员工付出努力，脚踏实地在这个时候显得尤其重要，而你的勤奋的态度会为你的发展铺平道路。

脚踏实地是一所高贵的学校，所有想有所成就的人都必须进入其中，在那里可以学到有用的知识，独立的精神和坚忍不拔的习惯也会得到培养。

每个人必须要对工作保持足够的用心。做事和人的成长一样，都是从小到大，一步步开始的。没有人能够一步登天的，眼高手低，好高骛远，自认为自己的能力很强，不能干那种琐碎的小事，这种想法会阻碍一个人的前进。凡事需要一点一滴地做起，如果缺少了这份积累和耕耘，一切都只能是空想。

正是因为有了脚踏实地的精神，人类才夷平了新大陆的所有障碍，建立起人类居住的共同体。

滴水可以穿石，锯绳可以断木。如果三心二意，哪怕是天才，终有疲惫厌倦之时。只有仰仗恒心，点滴积累，才能看到成功之日。坚持的人能笑到最后，如同耐跑的马终会脱颖而出。

"永远不要绝望。"杜邦公司总裁这样告诫他手下的员工："如果做不到这一点的话，那么就抱着绝望的心情去努力工作。"

从失败中学到的东西要比从成功中学到的东西多得多。人们往往是通过发现哪些是不该做的以后，才懂得哪些是应该做的。从不犯错误的人也许永远不会发现。

人生目标贯穿于整个生命，你在工作中所持的态度，使你与周围的人区别开来。日出日落、朝朝暮暮，它们或者使你的思想更开阔，或者使其更狭隘，或者使你的工作变得更加高尚，或者变得更加低俗。

行为本身并不能说明自身的性质，而是取决于我们行动时的精神状态。工作是否单调乏味，往往取决于我们做它时的心境。每一件事都值得我们去做，而且应该用心地去做。

在工作中，克制浮躁、脚踏实地的员工，才能跳得更高。

多一点务实，少一点浮躁

有一个中国人在德国问路："先生，这个地方怎么走？大概什么时候能到？"德国人根本不理他，他就觉得这个人很傲慢。而当自己往前走了二三十米时，德国人突然追上来说："你到那儿大概要 12 分钟。"这个中国人就问："那你刚才为什么不告诉我？"德国人说："因为你问我多长时间到，所以我要看看你走路的速度才能决定。"

这是一个很有意思的讲述普通德国人务实作风的例子。其实，德国人的务实作风不仅体现在日常生活的方方面面，更体现在其工作的整个过程中。

在德国企业里，无论是高层的管理者，还是基层的员工，他们都致力于自己的本职工作，兢兢业业、踏踏实实做事。"好"的意义在德国人的字典里比原来的好更加深了一层，他们不仅仅要完成工作，而且在完成工作后要先自行检查，每一个细节都要认真核对，绝不放松。对于德国人来说，90%的完美并不表示完成了工作，他们甚至会为了达到另外 10%的完美付出和90%的完美同样多的时间和精力，而这仅是德国人务实作风的冰山一角而已。

从深层次探讨，我们发现德国人的务实作风不仅来源于德国企业对员工的严格要求，更来源于员工的高度自觉性，因为员工一旦出现一点儿敷衍塞责和马虎失职，那就只有另谋高就了。可以说，严谨务实是德国人的整体精神所在，他们每一个人都和散漫浮躁格格不入。强烈的实事求是、一丝不苟的工作态度已经渗入德国人的血液里，他们工作起来，就像一架精密运转的仪器，严格冷峻，绝不夸夸其谈。正是凭借这样的务实作风，德国企业才能创造出驰名世界的汽车等众多产品，将其特有的严谨务实的工作态度和思维习惯推向世界。

当前，人才是一个企业制胜的法宝，然而让众多中国企业人力资源部门头痛的是，在员工中普遍充斥着一种浮躁的情绪，这不仅影响了工作效率，而且对于整个企业的工作氛围也造成了不良影响，进而造成企业整体效益的下降。所以，教育员工克服浮躁心态，并进入"务实工作状态"，并在这个

过程中达到企业和员工的共同成长，这才是解决问题的关键。

而对员工来说，要想成就一番事业，就必须具有求真务实的精神。务实是成就一切伟大事业的前提，现在的很多优秀企业都以务实作为评估人才的一项重要标准。英特尔中国软件实验室总经理王文汉先生说，在英特尔公司里，考虑员工晋升时，从来就不把学历当做一个因素。学历最多只是起到敲门砖的作用，在进入企业之后，员工个人的发展就完全取决于自己的努力。有的硕士生可能不够务实，那么他的工资待遇就会降下来，而一些本科生经过自己的努力，取得了优异的成绩，那么他就会更快得到晋升。

王文汉先生还举了下面这个凭借务实的努力拼搏精神在英特尔实现成功的例子：

英特尔中国软件实验室里有一位软件工程师甚至连大学学历都没有，当初这位工程师就是凭借自己设计的一些软件程序进入英特尔的。最初，他只是作为一名普通的程序员被录用的，但是王文汉不久以后就发现，这位程序员并不普通，他不仅可以高效率、高质量地完成相关的程序设计工作，而且还主动学习高科技软件的研发知识，甚至他还利用休息时间参加了英特尔内部及各大院校举办的软件开发课堂。一年之后，当英特尔中国软件实验室需要引进高水平的软件工程师时，这位程序员因为业绩扎实、技术水平先进而成为选拔对象，而很多比他先进入公司的、拥有更高学历的程序员们依然在程序员的位置上继续消耗自己的青春。

成功所需要的一切因素都需要靠务实努力来获取：大量有用的知识要靠扎扎实实地学习来获得；克服困难的力量要靠一点一滴的艰苦努力来积淀；同事的协作和上司的支持要靠诚信的品质和实实在在的能力来赢取；转瞬即逝的机遇要靠脚踏实地的艰苦付出来把握。

务实是成就一切事业的前提，如果没有务实的工作态度和工作作风，爱迪生纵然再有聪明的头脑也不过是一个幻想家，而不会成为世界上最伟大的发明大师；如果没有投身于科技事业的奋斗精神，比尔·盖茨即使聪明绝顶，也不会成为领导世界 500 强的全球首富；如果没有艰苦卓绝的努力练习，达·芬奇即使是天才也不会有诸多伟大作品的问世……

总之，成功必须靠务实努力来实现。成功的道路是靠一步一个脚印走出来的，从来没有一蹴而就的成功。如果没有求真务实的奋斗，没有踏踏实实的努力，即使拥有再多的知识、获得他人的多少帮助、遇到过多少良好的机会，都不会实现最终的成功。

因此，每一个职场人士都应该针对自己，分析现状，找出浮躁的根源，全面充实提升自己，从个人务实发展、务实做事、务实做人几个方面鞭策自己、要求自己，不断努力，才能使自身不断得到发展。

养成务实的习惯

只有把务实当作工作的使命并努力去做，养成务实的好习惯，你的工作才会变得更有效率，你才能更乐于工作，而且还更容易取得成功。对每一个职场人士来说，这无疑是再好不过的结果。

因此，不管你正处于"蘑菇"时期，还是你做的工作很单调、很琐碎，你都应该全心全意做好，这样才会使自己得到成长，才会有加薪和晋升的机会。一个销售人员，如果希望自己有一天能当业务经理，首要条件是把推销员的工作做得有声有色，使业绩超过所有的人，才有希望获得经理职位。如果你是一个操作机器的工人，你就应当把时间全部用在机器上，认真地去了解它所具有的性能，了解它每一部分的功能。如果你使用了几年的一部机器，除了会操作之外，对它一点都不了解，甚至于什么地方出了毛病也不知道，升迁和加薪就很难与你有缘。

弗雷德是美国邮政的一名普通邮差，然而他实现了从平凡到杰出的跨越。他的故事改变了 2 亿美国人的观念。

一天，职业演说家桑布恩迁至新居，邮差弗雷德前来拜访："上午好，先生！我的名字叫弗雷德，是这里的邮差，我顺道来看看，向你表示欢迎，介绍一下我自己，同时也希望对您有所了解，比如您的职业。"

当得知桑先生是职业演说家时，弗雷德问："那么你肯定要经常出差旅行了？"

"是的，确实如此，我一年有 200 来天出门在外。"

弗雷德点点头继续说："既然如此，最好你能给我一份你的日程表，你不在家的时候我可以把你的信件暂时代为保管，打包放好，等你回来时再送来。"

这简直太让人吃惊了！不过演说家说："把信放在门前邮箱里就行了，我回来时取也一样的。"

邮差解释说："桑布恩先生，窃贼经常会窥探住户的邮箱，如果发现是满的，就表明主人不在家，那你可能就要身受其害了。"

演说家想："弗雷德比我还关心我的邮箱呢，不过，毕竟在这方面，他

才是专家。"

弗雷德继续说:"不如这样好了,只要邮箱的盖子还能盖上,我就把信放到里面,别人不会看出你不在家。塞不进去的邮件,我搁在房门和屏栅门之间,从外面看不见。如果那里也放满了我就把信留着,等你回来。"

两周后,演说家出差回来,发现擦鞋垫跑到门廊一角了,下面还遮着什么东西。原来美国联合递送公司把他的一个包裹送错了地方,弗雷德把它捡回来,送回原处,还留了张纸条。

这就是邮差弗雷德的故事,把信件放入邮箱是一项十分单调的工作,如果邮差弗雷德能以如此卓越的创新精神和责任心来对待它,那么我们也一样可以调整工作态度,重新焕发青春,使自己生机勃勃。

因此,每当我们工作沮丧乏力、意志消沉的时候,我们应该相信,不论自己从事什么工作,在何种行业,也不论你住在何处,每个人都可以像邮差弗雷德那样,用百倍的责任心赋予工作更多的新意和创举。

工作是成就事业的唯一途径,如果把工作看成是生活的代价,是一种无可奈何、无法避免的劳碌,那将是十分错误的!

一个轻视自己工作的人,是不可能尊敬自己的。由于看不起自己的工作,因此备感工作艰辛、烦闷,自然他的工作也不会出色。

有些人认为公务员更体面、更有地位,而不喜欢商业和服务业,不喜欢体力劳动。他们总是固执地认为自己在某些方面更有优势,有更广阔的前途,应该活得更加轻松,应该有一个更好的职位,工作时间也应更自由。这是一种错误的从业心态。

还有不少人自命清高、眼高手低。他们动辄感到被老板盘剥、替别人卖命、打工,是别人赚钱的工具,因而在思想上产生了严重的抵触情绪,聪明才智没有用来思考如何十全十美地做好上级交给的工作,而是整日抱怨,把大好的光阴和大把精力,在蹉跎中白白浪费掉了。

这一现象,在一些刚走出校园进入社会的人身上尤为突出。他们总对自己抱有很高的期望,认为以自己的学识和才干,应该从事些体面的工作,获得重视。

但事实上,刚刚跨入社会的年轻人,由于缺乏工作经验,无法被委以重任,工作自然也不是他们所想象的那样体面。然而,当老板要求他去做应该负责的工作时,他就开始抱怨起来:"我被雇来不是要做这种活的。""为什么让我做而不是别人?"对工作就丧失了起码的责任心,不愿意投入全部力量,敷衍塞责、得过且过,将工作做得粗陋不堪。长此以往,嘲弄、吹毛求

疵、抱怨和批评的恶习，将他们卓越的才华和创造性的智慧悉数吞噬，使之根本无法独立工作，成为没有任何价值的员工。因此，在职场中，一个人即使很有才华，但如果没有敬业精神，不尽心尽力，只是一味地应付工作，那么他在任何公司里都是难以取得成功的。

汤姆逊是一家咨询公司的员工。他受过很好的教育，才华横溢。但是他在这家公司工作很长时间了，却久久得不到提升。

原来，他工作十分散漫、马虎，从未认认真真地把一件工作完整地做好过。他整日都在消磨时间，把精力都用来思考怎样逃过一项艰难的工作和应付上司的监督上。在工作时间，他虽端坐在自己的位子上，但他的心却不在此，他在想着昨晚的球赛或今天晚上下班后到哪里去玩。一旦工作推不过，不得不做时，他也是应付了事，根本不会考虑这样做会有什么影响或给公司造成怎样的损失。

正是因为他不把公司放在心里，没有时刻想着公司，公司也把他"遗忘"了。所以，他直到现在还在做着平凡普通的工作，把自己的一生都耽误了。

不管从事什么工作，有所投入才能有所收获。只要你还在一个工作岗位上，就应该安下心来，认真负责地完成这项工作。如果你能够养成职业的责任感，对自己的工作高度重视，你就会成为老板最信赖的人，将会被委以重任，否则只能收获平庸。

"天生我材必有用"，"三百六十行，行行出状元"，只要我们立足本职工作，发挥自己的聪明才智，为企业做出了应有的贡献，就会得到老板的承认、同事的赞美。

低调做人，高调做事

怎么才能要别人喜欢你？因为你在他面前，能让他感到很舒服、很自在、很优越、很有成就、很有自信……周星驰深深地了解这一点，所以他成功了！

周星驰的票房之所以会高，不是因为他善于演喜剧片，而是因为他是一个"心理学专家"，他懂得真正的成功道理——低调做人，高调做事。把别人垫高，把自己放低。让别人有了"安全感"，让别人有了"快乐"，让别人有了"自信"，让别人有了"希望"，这样别人才会喜欢自己，让自己顺顺利利地成功。

在现实生活中用"藏巧于拙、用晦而明、聪明不露、才华不逞"等韬略来隐蔽自己的行动，可以达到出奇制胜的目的。表现低调些，做事情过于张扬就会泄漏"事机"，就会让对手警觉，就会过早地把目标暴露出来，成为对手攻击和围剿的"靶子"。保护自己的最好方式就是不暴露，尽管这样做会有损失，却能避免更多不可预知的风险。

任正非也是一个低调的人。1998 年，华为以 80 多亿元的年营业额，雄踞当时声名显赫的国产通信设备四巨头之首，势头正猛。而华为的首领任正非不但没有从此加入到明星企业家的行列中，反而对各种采访、会议、评选唯恐避之不及，就是直接有利于华为形象宣传的活动甚至政府的活动也一概坚拒，并给华为高层下了死命令：除非重要客户或合作伙伴，其他活动一律免谈，谁来游说我就撤谁的职！整个华为由此上行下效，全体以近乎本能的封闭和防御姿态面对外界。

2002 年的北京国际电信展上，华为总裁任正非正在公司展台前接待客户。一位上了年纪的男子走过来问他："华为总裁任正非有没有来？"任正非问："你找他有事吗？"那人回答："也没什么事，就是想见见这位能带领华为走到今天的传奇人物究竟是个什么样子。"任正非说："实在不凑巧，他今天没有过来，但我一定会把你的意思转达给他。"

关于任正非还有很多故事。有人去华为办事，晕头转向地换了一圈名片，坐定之后才发现自己手里居然有一张是任正非的，急忙环顾左右，斯人已踪影不见。有人在出差去美国的飞机上，与一位和气的老者天南地北地聊了一路，事后才被告知那就是任正非，于是懊悔不迭。这些多少有点传奇的故事，说明想认识任正非的人太多，而真能认识任正非的人却很少。

近两年来，华为的壁垒有所松动，出于打开国外市场的需要，华为与境外媒体来往密切，和国内媒体的接触也灵活不少，华为的一些高层也开始谨慎露面。唯一没有任何解禁迹象的，是任正非本人。

正是由于任正非的低调做人，才使他有更多的时间和精力打理公司，每年花大量时间游历全球，在各个发达市场与发展中市场上寻觅机会，在通信设备国际列强间合纵连横，寻觅可用的力量与资源，深刻领悟西式规则的同时，充分发挥东方的智慧，带领着华为再创辉煌。

做人要低调，做事要高调。做事高调就是说做事情要积极主动，发挥出自己最大的能力与才干。每当有工作当前时，不要总是推托，能不做就不做，总以为自己多做了就会吃亏。其实，只要你认真努力工作，公司的同事

会看到眼里，上级主管会看在眼里，公司的老总也会看在眼里。最重要的是高调的工作让你成为一个积极向上的人，让你可以在工作中学到更多东西，可以成长得更快。所以，千万不要等你的领导来催促你。不要做一个墨守成规的人，不要害怕犯错，勇敢一点吧！领导没让你做的事你也一样可以发挥自己的能力，成功地完成任务。

要尽力改善，争当领头羊。当你看到什么事情不如意时，不要推托，要马上解决，这样你不仅可以在解决困难中得到锻炼和成长，更可贵的是你可以学到很多东西。你是否觉得你的公司应该制造一种新产品？如果要，就赶快想办法尽量改善吧，你应相信：即便开始时是一个人孤军奋战，只要这个构想真的很好，对众人都有利，很快就会赢得支持。工作时的高调让你赢得一些其他人不可能有的机遇。

我们有能力只能算得上能干，而真正得到上级肯定，前途光明的员工是那种能干而又肯干的人，而那些站在场外袖手旁观的人，在工作上行为低调的人，永远也只能是看客。大家都信任脚踏实地的人，人们一致相信：这个人敢说敢做，绝对知道怎么做最好。我们还没听过有人因为没有打扰别人、要等别人下令才做事而受到称赞的。

成功人士和平庸之辈，是两种截然不同类型的人。成功人士在做事上都是高调的，在做人上都是低调的。他们都把精力放在做事情上，但从不喜欢在别人面前显露自己。而那些庸庸碌碌的普通人恰恰相反，他们总喜欢把自己夸耀得什么都能做，而实际上却什么都不想做。他们是说话的将军，行动的败兵。现在的社会会说话当然很重要，但是如果只知道说，把自己吹得天花乱坠却从来不切切实实地去做事，在别人眼里，也只是一个说话的工具而已。

成功没有别的捷径，只能是脚踏实地，一环扣一环地前进，也就是人们经常说的"一步一个脚印"。再精巧的木匠也造不出没有根基的空中楼阁，任何伟大的事业也都是由无数具体的、微小的、平凡的工作积累的，不愿意干平凡工作的人，很难成大事，世间没有突然的成功，成功的诀窍就是脚踏实地、勤勤恳恳地做事，谦虚谨慎、实实在在地做人。

第三章

学会认真，雕琢细节

认真细致，确保工作万无一失

尽管很多经营者都知道质量是企业的生命线，但在实际行动中，出于成本等考虑，他们在追求质量方面，总是"适可而止"，有时候，为了提高销量，甚至不惜牺牲质量。

这里有一组数据，可以让在质量方面"适可而止"的人大吃一惊。

如果99.9%就算够好了的话，那么，在美国——

每年会有1145万双不成对的鞋被船运走；

每年会有20077份文件被美国国家税务局弄丢；

每年会有25077本书的封面被装错；

每年会有2万个处方被误开；

每年将有55077盒式软饮料质量不合格；

每天将有3056份《华尔街日报》内容残缺不全；

每天会有12个新生儿被错交到其他婴儿的父母手中；

每天会有2架飞机在降落到芝加哥奥哈拉机场时，安全得不到保障；

每小时会有18322份邮件投递错误；

……

99.9%的合格率，尚且如此让人触目惊心，而对很多企业来说，根本还没有达到这一合格率。

任何一件事情，无论它有多么艰难，只要你认真去做，全力以赴去做，就能够做到。一个人比较成功，一定是他比较认真。假如一个人还没有成功，那他一定还不够认真。

2%的责任得到了100%的落实，2%的可能被一一杜绝。终于，100%，这个被认为"不可能"的产品合格率成为了现实。

在日本，河豚被奉为"国粹"，河豚肉质细腻，味道极佳，但这种鱼的味道虽美，毒性却极强，处理稍有不慎就有可能致人死命。在中国，每年中毒、死亡者都达上千人，但同样是吃河豚，在日本却鲜有中毒、死亡的事情发生。

日本的河豚加工程序是十分严格的，一名上岗的河豚厨师至少要接受两年的严格培训，考试合格以后才能领取执照，开张营业。在实际操作中，每条河豚的加工去毒需要经过30道工序，一个熟练厨师也要花20分钟才能完成。但在中国，加工河豚就像做普通菜一样，加工过程随随便便，烹饪过程也没有太多的工序。

加工河豚为什么需要30道工序而不是29道？我们不得而知，我们知道的是日本人很少有人吃河豚而中毒，原因就出在工序上，经过30道加工工序后，河豚肉不仅味道鲜美，而且卫生无毒害，但粗糙对待工序只会导致严重的后果。

公司就是你的船，一个毫不起眼、微不足道的问题就可能导致整条船的沉没。因此我们在工作中要培养认真细致的做事风格，确保工作万无一失。在企业中，做事情一定要一板一眼，凡事都按照流程去做，宁愿多花成本、降低做事效率也要保证公司的利益和安全。事实上，严格按照流程去做，最后都能达到预期目标，走捷径、投机取巧有时反而会把事情弄糟。凡事都按照流程去做的话，有些细节就会在操作中一步步被发觉，隐患也就理所当然地被消除了。

差不多就是差很多

差不多就是差很多，差一点成功就是没有成功。差不多精神是企业经营的大忌，如果企业上下都形成了差不多的文化和风气，那么这个企业差不多就要走到尽头了。

中国一家国有企业想与一家英国公司洽谈商务合作事宜，为此，这家国企花了大量时间做前期准备工作。在一切准备工作就绪后，这家国企邀请英国公司代表前来企业考察。

前来考察的英国公司总裁，在这家国企领导的陪同下，参观了企业的生产车间、技术中心等一些场所，对中方的设备、技术水平以及工人操作水平

等都点头认可。中方非常高兴，设豪华宴席款待了英方总裁。

宴会选在一家十分奢侈的大酒楼，有20多位中方企业代表及市政府的官员前来作陪。这位英方总裁还以为中方有其他客人以及活动，当他知道只为款待他一人时，感到不可思议，当即表示与中方企业的合作要进一步考虑。

这位总裁回国后，发来一份传真，拒绝了与这家国企的合作要求。中方认为，企业的各项要求都能满足英国公司的要求，对英方总裁的招待也热情周到，却莫名其妙地遭到拒绝，对此他们不理解，便发函询问个究竟。

英方公司回复说："你们吃一顿饭都如此浪费，若我们把大笔的资金投入进去，我们怎么能放心呢？"这家国企因为一顿奢侈的晚宴而毁掉了一个即将到手的合作，很是懊恼，此时木已成舟，他们追悔莫及！

在总结这次合作未成功的大会上，这家国企的老总说："要不是我们在宴会上的疏忽，我们一定会与英国公司合作成功的！离合作成功我们就'差一点'了！"

差一点就是差很多，连企业的老总都喜欢用"差一点"为自己推脱责任，就很难想象这家企业能够像海尔、联想这样的国际知名企业一样成为中国企业界的骄傲。

差一点就是差很多，无论是经营企业还是做任何事情，细节决定成败是一项放之四海而皆准的训条。马克思十分推崇并在经典著作中多处引用的"马蹄铁现象"，说明了由于事物的内在联系，某些初始条件十分细微的变化，可能对事物的发展造成灾难性的后果，千军万马中丢了一块马蹄铁，有可能输掉一场战争。

二战期间，驻守索伦港的英军与总部的一次无线电通话被德军截获，因通话中一处保密上的疏忽而"泄露天机"，结果被德军全歼；日军在中途岛战役中，由于用简易密码联系淡水供应问题而被美军破译，以致遭到惨败。

诸如此类小事酿大祸的例子不仅在战争中比比皆是，在其他领域中也并不鲜见，1970年美国进行导弹发射试验，由于操作人员对弹体上的一个螺母少拧了半圈，导致系统失灵发射失败；1980年"阿丽亚娜"火箭试射，操作人员不慎将火箭上的一个商标碰落，正好堵住了燃烧室喷嘴，结果耗费巨资的发射毁于一旦。

100件事情，如果99件事情做好了，一件事情未做好，而这一件事就有可能对某一公司、单位及个人产生100%的影响。在数学上，"100-1"等于99，而在企业经营上，"100-1"却等于0。

一百次决策，有一次失败了，可能让企业关门；一百件产品，有一件不合格，可能失去整个市场；一百个员工，有一个背叛公司，可能让公司蒙受无法承受的损失；一百次经济预测，有一次失误，可能让企业破产……

巴林银行是伦敦一家著名的金融企业。它成立于1763年，在其两百多年历史中，有一批又一批业务员为它效力，它也经营过无数笔业务。然而，因为一个小的职员在新加坡疯狂投机，给公司带来86亿英镑损失，并直接导致巴林集团的历史宣告结束。这是"100 – 1 = 0"的真实写照。

一位企业经营者说过，"如今的消费者是拿着'显微镜'来审视每一件产品和提供产品的企业。在残酷的市场竞争中，能够获得较宽松生存空间的企业，不是'合格'的企业，也不是'优秀'的企业，而是'非常优秀'的企业。自己要求自己的标准，必须远远高于市场对你的要求标准，你才可能被市场认可。"

无论是密码保密上的失误，还是巴林银行的一次风险交易，都是危机的萌芽，刚开始很容易驱除，但如果因一时大意被忽略，都会造成毁灭性的打击。一个小病毒的入侵就可能使整个企业的信息系统陷于瘫痪，一个小岗位的设计失误就可以导致整个组织的效率大减，任何对蛛丝马迹的不察、对细枝末节的大意和对细小变化的疏忽，都可能为企业发展带来无法弥补的损失。

工作中一个小小的疏忽和失误，就会造成产品和服务上的缺陷，每一个缺陷都会影响到企业在顾客心目中的形象和地位，给企业带来难以估量的损失。海尔集团总裁张瑞敏曾经说过："把每一件简单的事做好就是不简单，把每一件平凡的事做好就是不平凡。"在精细化管理的时代，细节可以决定一个企业的成败。我们要让企业这艘船平安地驶向目的地，就应当养成注重细节的习惯，把事故的苗头消灭在萌芽之中。

严谨的工作态度决定完美的工作细节

一位年轻的修女进入修道院以后一直从事织挂毯的工作，做了几个星期之后她再也不愿意干这种无聊的工作了。

她感叹道："给我的指示简直不知所云，我一直在用鲜黄色的丝线编织，却突然又要我打结、把线剪断，这种事完全没有意义，真是在浪费生命。"

身边正在织毯的老修女说："孩子，你的工作并没有浪费，其实你织出的很小的一部分是非常重要的一部分。"

老修女带着她走到工作室里摊开的挂毯面前，年轻的修女呆住了。

原来，她编织的是一幅美丽的《三王来朝》图，黄线织出的那一部分是圣婴头上的光环。她没想到，在她看来没有意义的工作竟是这么伟大。

你可能永远都无法看到整体工作的美，但是缺少了你那部分，整体工作就不完整了，什么都不是了。

工作实质上并没有孰优孰劣之分，认真对待每一件事都算是做大事，固守自己的本分和岗位，就是作出的最好的贡献。

没有哪一个人的付出是没有意义的，每一个工作过程都成就了另一个过程，只有环环相扣，整体工作才会和谐美好。每个人各就各位，努力尽责并扮演好自己的角色，我们才可以顺利地完成一份共同的责任——让企业发展得更好！完整的工作有意义，就像一部零件齐全的车才能在路上奔驰。我们不能想象一辆只有三个车轮的宝马汽车在大马路上飞速行驶。一只狮子，它对付一只大象时，会用尽其所有的专注、敏捷与力量，而当它对付一只兔子时，它使用的力量是一样的。

在工作中，一些小事常反映出大问题。所以，我们的小节便是我们的名片，是我们身份的象征。

鲁尔先生要雇一名勤杂工到他的办公室帮忙处理一些杂务，他最后挑了一个男童。

"我想知道，"他的一位朋友问，"你为什么要挑他，他既没有带介绍信，又没有人推荐。"

"你错了。"鲁尔先生说："他带了很多介绍信。他在门口时擦去了鞋上的泥，进门时随手关门，这说明他小心谨慎。进了办公室，他先脱去帽子，回答我的问题干脆果断，证明他懂礼貌而且有教养。其他所有的人直接坐到椅子上准备回答我的问题，而他却把我故意扔在椅子边的纸团拾起来，放到废纸篓中。他衣着整洁，头发整齐，指甲干净。难道这些小节不是极好的介绍信吗？"

不要忽视小节，这句话在现代职场上已被奉为金玉良言。

在一家公司上班，待的时间长了，一些人就很随意地自然不自然地把公司的物品私自拿回家使用，小到一张复印纸、一支圆珠笔，大到电脑、汽车，并且顺其自然地使用这些免费资源。

把公司的一个信封、一沓稿纸、一支圆珠笔等物品顺手牵羊地拿回家，尽管这些小东西不值钱，却能反映一个人的职业操守和道德品质。

公司的物品不是免费资源，员工必须坚持原则，处处注意自己的不良行为，养成不拿公司一针一线的习惯。即使别人都在那样做，你也绝对不能跟着去仿效。大家认为不过是拿公司不值钱的小东西，不过是用公司的电脑上上网、发发邮件、玩玩游戏而已，其实，这也会影响公司的生产成本，加重公司的负担，甚至会严重影响公司的正常发展。如果老板知道你的这些不良行为，也不会对你有好感，这将直接影响你在职场上的成功。

一家公司的女职员把公司的稿纸拿回去，给上小学的孩子当作业本用。孩子老师的丈夫就是另一家公司的部门经理，该家公司正要与女职员所在的公司合作一个项目。当他无意中看到孩子的作业本竟是公司的稿纸时，他就想："这家公司的风气太坏了，这样的公司怎么能做好生意呢？"于是便中止了与该公司的合作计划。

有谁会想到这么一个大项目的合作失败竟然是一本稿纸惹的祸呢？可以试想一下，如果那名女职员的老板知道了这件事的原委，女职员会有怎样的下场呢？

也许你会这样想：占用公司一本稿纸、一支圆珠笔有什么大不了的？这些不值钱的东西，用用又有什么关系？其实，你的想法是错误的。一个人职业品质的好坏，往往从细小的地方表现出来，不要小看一张纸或一支笔，它所造成的伤害，会比你想象的要严重得多。许多人在职场打拼多年，没有取得成功，就是败在自己不良的职业操守上。

另外，占用上班时间做私事，在公司打私人电话，这些事同拿公司的一张纸或一支圆珠笔一样，都是贪占公司的小便宜，从这些小事中可以看出一个人的职业品德。做到上班时全身心地投入工作，不占用上班时间处理私事；下班后，不顺手拿走公司的一针一线。注意这些细小之事，对你的职业生涯甚至人生都有益处。

在中国的宋朝有个文人，整天看些禅宗的书，苦思冥想的，希望能参禅悟道。有天他去街上买肉，看到肉案子上红红白白的肉，向卖肉的说道："给我来六两精的（瘦肉被称为精肉）。"卖肉的把刀往案上一剁，怒道："哪个不是精的？"文人言下大悟。

工作不也是这样吗？有哪一个岗位上的工作是不重要的呢？只要尽心尽职去努力，就值得大加颂扬。由此我们认为，没有不重要的工作，当每个员工都把哪怕是看似微不足道的工作做好时，整个企业就一定能有大发展。

零缺陷管理：只有100％才是合格的

尽管很多经营者都知道质量是企业的生命线，但在实际行动中，出于成本等考虑，他们在追求质量方面，总是"适可而止"，有时候，为了提高销量，甚至不惜牺牲质量。

一位管理专家一针见血地指出，从手中溜走1％的不合格，到用户手中就是100％的不合格。为此，员工要自觉地由被动管理到主动工作，让规章制度成为每个员工的自觉行为，把事故苗头消灭在萌芽之中。

国内某房地产公司的老总曾回忆到："1997年，一个与我们公司合作的外资公司的工程师，为了拍项目的全景，本来在楼上就可以拍到，但他硬是徒步走了两公里爬到一座山上，连周围的景观都拍得很到位。当时我问他为什么要这么做，他只回答了一句：'回去董事会成员会向我提问，我要把这整个项目的情况告诉他们才算完成任务，不然就是工作没做到位。'"

这位工程师的个人信条就是："我要做的事情，不会让任何人操心。任何事情，只有做到100％才是合格，99分都是不合格。60分就是次品、半次品。"

当今全美国大的戏剧院不少出自密斯·凡·德罗之手。他在设计每个剧院时，都要精确测算每个座位与音响、舞台之间的距离以及因为距离差异而导致不同的听觉、视觉感受，计算出哪些座位可以获得欣赏歌剧的最佳音响效果，哪些座位最适合欣赏交响乐，不同位置的座位需要做哪些调整方可达到欣赏芭蕾舞的最佳视觉效果。更重要的是，他在设计剧院时要一个座位一个座位地去亲自测试和敲打，根据每个座位的位置测定其合适的摆放方向、大小、倾斜度、螺丝钉的位置，等等。

他这样细致周到地考虑的结果，使他成为一个伟大的建筑师。和密斯·凡·德罗一样，美国著名的建筑大师莱特在做每一件事时，都将细微之处做到完美。

在他毕生许多作品中，最杰出的也许要算坐落于日本东京抗震的帝国饭店。这座建筑物使他名列当代世界一流建筑师之林。1916年日本小仓公爵率领了一批随员代表日本政府前往美国礼聘莱特建一座不畏地震的建筑。莱特随团赴日，将各种问题实地考察了一番。他发现日本的地震是继剧震而来的波状运动，于是断定许多建筑物之所以倒塌，实际上是因为地基过深、地基过厚。过深、过厚的地基会随着地壳移动，建筑物势必坍塌下来。

他决定将地基筑得很浅，使之浮在泥海上面，从而使地震无从肆虐。

莱特决定尽量利用那层深仅 8 尺的土壤。他所设计的地基系由许多水泥柱组成，柱子穿透土壤栖息在泥海上面，可是这种地基究竟能不能支持偌大一座建筑物呢？莱特费了一整年工夫在地面遍击洞孔从事实验。他将长度 8 尺、直径 8 寸的竹竿插进土里随即很快抽出来以防地下水冒出，然后注入水泥，他在这种水泥柱上压以铸铁，测验它能负担的重量。结果成绩至为惊人，根据帝国饭店的预计总重量，他算出了地基所需的水泥柱数，在各种数据准确的情况下，大厦动工了。筑墙所用的砖也经过他特别设计，厚度较常加倍。1920 年帝国饭店正式完工，莱特返美。

3 年之后一次举世震骇的大地震突袭东京与横滨。当时莱特正在洛杉矶建造一批水泥住宅，闻讯坐卧不宁，等待着关于帝国饭店的消息。

一连数日毫无消息，到了某天凌晨三点，莱特的寓所里电话铃声狂鸣。"喂！你是莱特吗？"听筒内传来一阵令人沮丧的声音，"我是洛杉矶检验报的记者。我们接到消息说帝国饭店已被地震毁了。"

数秒钟后，莱特坚定地回答道："你若把这消息发出去，包你会声明更正。"

10 天之后，小仓公爵拍来了一通电报："帝国饭店安然无恙，从此成为阁下天才纪念品。"帝国饭店在整个灾区中竟是唯一未受损害的房屋，成了万千灾民的避难所。

小仓公爵的贺电顷刻间传遍全球，莱特成了妇孺皆知的名流。

因此，要想把事情做到最好，领导者心目中必须有一个很高的标准，不能是一般的标准。在决定事情之前，要进行周密的调查论证，广泛征求意见，尽量把可能发生的情况考虑进去，以尽可能避免出现 1% 的漏洞，直至达到预期效果。

职场中留心"小善"和"小恶"

刘备告诫后代说"勿以恶小而为之，勿以善小而不为"，这句话同样适用于现代职场。职场中，同样要留心"小恶"与"小善"这些细节，也许一个小小的爱心就会改变你的命运，让你一举成名；也许一点小小的私心和贪欲就会毁掉你的大好前程，在善与恶之间，在成与败之间，就在于如何正确地选择和把握。

《资治通鉴》里有这样一个故事：一天，子思对卫侯说起苟变。子思说：

"苟变的才能是可以担当大将的。"卫侯说:"我知道其才可担大将,然而他在担任地方官时,曾向老百姓索要过两个鸡蛋,因此我不用他为将。"

可见一个人品质的好坏,往往从细小的地方表现出来,而这影响到一个人事业的成败。在此,苟变因两个鸡蛋错失大将的机遇就是一个例证。

对于公司的每个员工来说,一定要牢记"勿以恶小而为之"的教训,不要小看一张纸或一支笔,它所造成的伤害,会比你想象的要严重得多。许多人在职场打拼多年,没有取得成功,就是败在自己不良的职业操守上。

有才华的人往往都会恃才傲物,故做天马行空状,无拘无束。其实,这样做只会给自己设置障碍,也会让别人由此怀疑你的人品、为人等。

曾经有一位毕业生,大学成绩非常好,很希望到某家世界 500 强公司去工作,事实上他也顺利地通过了笔试和面试,在一起参加应聘的 30 位同学中取得综合第一的成绩,而那家公司会聘用四个人,他正准备第二天去签约时,却突然被告之那个公司决定不聘用他了。那位毕业生暴跳如雷,又不知道是什么原因,后来才打听到,原来在面试完毕大家休息时,面试官无意中问他其他前三位同学的情况,他就大谈特谈别人的缺点,抨击这个不行、那个不好,尤其是综合成绩第二的那位同学睡觉爱打呼噜,是一双汗脚,怎么洗都有臭味,听说大学女朋友和他分手就是因为有次在操场闻到了他的汗脚味的事都谈出来了。当时那位面试官只是随意问他一些情况,但是没有想到从他嘴里没有听到别人的一句长处,反而连别人的私生活都被他拿来做嘲笑的卖点,所以这个 500 强公司的负责人认为他可能是个爱无事生非的人,如果聘用了他到公司来,很有可能与别的同事相处不好,斤斤计较别人的缺点,"这样的人才,不要也罢。"那位负责人说,不要搞得公司没有了团结和和谐的氛围。

可见,一个人要想在世间立足,成就一番事业的话,一定要注意培养自己"爱"的艺术。不要忽视生活中的一些细微的言谈举止,它们总是留有你人格与修养的印记。记得有位诗人说过:"如果把爱拿去,地球就变成了一座坟墓了。"就像故事中的那位毕业生一样,只图口舌之快,信口抨击他人,结果只是自掘失败的坟墓。

细节磨炼你的能力

一位日本少女,非常向往记者的工作。大学毕业后,她去一家新闻单位,被录取了。但是,由于没有记者的空缺,经理叫她暂时做一些为同事泡

茶的工作。虽然她对这种安排非常失望，不过想到将来有做记者的机会，于是就静下心来，每天为同事泡茶倒茶。

三个月过去后，她开始沉不住气了，心里总是抱怨自己这份不喜欢的工作，她泡出来的茶，味道也一天不如一天，但她并未察觉。

有一天，她泡好茶端给经理，经理喝了一口，就大骂起来："这茶是怎么泡的，难喝得要命！亏你还是大学毕业呢，连泡杯茶都不会！"她气坏了，几乎哭起来。她正准备当场辞职，突然来了重要访客，必须好好招待。她想，反正要离开了，就好好泡一壶茶吧！于是，她把心里的不愉快暂时抛开，认真地泡好茶，把茶端进去。当她转身刚要离开时，突然听到客人由衷地赞叹道："哇！这茶泡得真好！"那位骂她的经理也喝了一口，情不自禁地夸赞道："这壶茶特别好喝！"

她呆住了！突然发现，只是小小的一杯茶而已，竟然造成那么大的差异，或挨骂，或被赞美，截然不同。这茶里显然有很深奥的学问，值得好好研究。从此以后，她不但对水温、茶叶、茶量都悉心琢磨，就连同事的喜好、心情，也细心地体会，甚至连自己泡茶时的心量、状态会带来的结果，也了如指掌。很快，她成为公司的灵魂人物。几年后，她就被升为总经理。

有人说，茶道是人道，同时也是做事之道。悟透了茶道，就一定能透懂工作之道！因为茶道中对每一个细节的关注和严格要求，实际上已融入了茶文化的精神，在这一点上，和做好小事所彰显出来的精神，达到了高度的一致！

就泡茶这件看似简单不过的事情，却需要对水温、茶叶、茶量，甚至饮茶者的心情、喜好都要悉心琢磨，细心体会，就连自己泡茶时的心量和状态这样的因素也极有讲究，实在值得我们去思考。

在中国的茶文化中，泡一壶茶，的确已不是一种操作过程，其中包含了太多文化的元素。品茶，和品位、性情、境界、禅意、悟道等这样的字眼紧密相连。因为赋予了茶太多灵动和有生命的成分，就必然要求在泡茶的过程中，每个细节都要做到位。

云南大理白族招待嘉宾时泡制的"三道茶"及潮汕地区独具特色的"功夫茶"在细节的严格执行上就极具代表性。其中，"功夫茶"在泡茶方式上极为讲究，因为泡制起来需要一定的功夫，功夫茶才因此得名。功夫茶，是融精神、礼仪、沏泡技艺、巡茶艺术、评品质量为一体的茶道形式。对茶具、泡工、茶叶、水温、饮用程式等每个细节的要求几乎达到了苛刻的程度。光泡制工艺，就有后火、虾须水（刚开未开之水）、捅茶、装茶、烫杯、

热罐（壶）、高冲、低斟、盖沫（以壶盖将浮在上面的泡沫抹去）、淋顶十法。每一个细节都要操作顺畅，从不得过且过……

茶道追求一丝不苟的精神，工作更应如此。在日常工作中，应考虑每一个细微之处，把每一件小事做好，方能做到有板有眼。

第四章

勤奋刻苦，自动自发

胜利来自于比别人早走一步

曾有人这样形容现代职业人的竞争环境："每一条跑道上都挤满了参赛选手，每一个行业都挤满了竞争对手。"在人满为患的跑道上和拥挤的行业竞争通道中，怎样才能成为一匹黑马，成为令人羡慕的领跑者呢？最简捷的方法就是比别人早一点做好准备。

有哲人说，你永远不可能比别人多长一个脑袋，但预先准备，却能使你变得不可替代。

在一个企业中成为一个不可替代、不可或缺的人，是每个人都想做到的。有人说过："成功等于准备加上适时的机遇。"那么，当这种机遇到来时，你能不能抓紧它，这就要看你有没有完全准备好。

安娜在一家服装公司做销售工作，业绩一直不错。可是公司为了开拓第三市场，决定减少服装的生产量，裁减员工，以达到压缩成本的目的，资金被转向了第三产业——房地产业。

现在，所有员工都面临着被裁减的危险，大家都人人自危。销售岗位要裁去一半人员，这不能不让所有销售人员心里打起鼓来。大家平常工作都差不了太多，谁走谁不走呢？

面对这种情况，安娜却镇定自若，似乎并没有太在意。最后的结果是销售部人员走了一半，副主管也被辞退了，而安娜升任了此职。

原来，安娜在平常的工作中，就十分注意整理所有客户的资料，又利用业余的时间学习编程工作，为公司建立了一个庞大的数据库。这个数据库的建立为销售渠道的正规化提供了科学的依据，大大地提高了工作效率。早在

一个月前，安娜就向主管拿出了这个数据库，得到了认可，正在等待讨论通过与实施。

升职后的安娜除了将销售方式正规化外，还积极联系境外的销售客户。当第一次与意大利出口贸易签单时，总经理发现安娜竟能用流利的意大利语来与客户交谈，不禁更加对她另眼相看。不久安娜理所当然地升为副经理，成为这家公司的骨干，在销售领域无人可以替代。

俗话说，"春耕莫等东方明，插秧莫等鸡开口"，生活中丰衣足食，工作上一帆风顺的人都是比别人早走一步的人，然而提前做好准备的精神在现实中已经被人们忽视了。安娜的工作业绩一直不错，表面上看和大家没有什么区别，但实际上，安娜已经在平时一点一滴地做好了许多能够增加自己价值的准备。无论是编程还是客户的积累，以及意大利语的学习，都是其中的一部分。这并不能证明安娜的智商比其他人高多少，但是却证明了安娜重视准备的一种态度。正是因为具有了这种态度，安娜才成为了这家公司最不可替代的人。

哲学家说：世界上有两种人，一种人，虚度年华；另一种人，过有意义的生活。在第一种人的眼里，生活就是一场睡眠；在第二种人眼里，生活就是建立功绩……人就在完成这个功绩中享受到自己的幸福。

想成为企业中不可替代的人吗？那么，提前做好准备吧！

天道酬勤，多做一点见彩虹

曾经有首歌唱道："……不经历风雨，怎么见彩虹，没有人能够随随便便成功……"平淡的语言，蕴含深刻的哲理，令人荡气回肠，回味无穷。的确，没有人能够随随便便成功，除非他勤奋工作、努力奋斗、不懈追求。

勤奋工作是通向成功殿堂的桥，不愿付出努力，不想付出努力，甚至付出得不够，成功是绝不会降临到你的身旁。

古人云：懦者能奋，与勇者同力也。不要担心，不要畏惧，请相信：只要能够奋发起来，每个人都将会迸发出巨大的潜力，把自己推向成功的彼岸。

勤奋是敬业的基石，是把握机遇走出一条完美人生之路的跳板。只有用勤奋努力的可贵精神来激励自己，积极钻研，不断进取，奋发向上，才能成就梦想。

现在，社会上到处是一些看似就要成功的人，而最后，他们并没有成为真正的时代英雄。这是什么原因呢？他们没有付出与成功成比例的代价，没有足够的勤奋努力。他们希望登上辉煌的巅峰，但却没有勇气越过那些拥有

艰难险阻的梯级；他们渴望获得胜利，但却没有勇气参加战斗；他们希望事事一帆风顺，但却不愿意遭遇任何阻力。

杰恩是美国众多推销员中的一个，为了做好工作，他每天起得很早，花三个小时到达他要去的地方，尽管困难重重，他依旧在勤奋地努力着。工作是他的一切，他以此为生，也以此来体现自己生命的价值。

要知道，杰恩比一般人艰难得多。由于出生时，大夫不慎用镊子夹碎了他大脑的一部分，致使他的大脑神经系统瘫痪，影响到说话、行走和对肢体的控制。杰恩长大后，人们都认为他的神志会存在严重的缺陷和障碍，州福利机关将他定为"不适于雇用的人"，专家也认为他不适合去工作。杰恩应该感谢他的母亲，是她一直在鼓励他做一些力所能及的事情，经常对他说："你能行，你能够工作，你能够自立！"在母亲的鼓励下，杰恩从未将自己视为残疾人，开始从事推销工作。

起初，杰恩去福勒刷子公司应聘，这家公司说他根本不适合工作，拒绝了他，接下来的几家公司也采取同样的方式拒绝了他。但杰恩没有放弃，最后怀特金斯公司很不情愿地接纳了他，让他去根本无人愿意去的波特兰、奥根地区开展业务。虽然条件很苛刻，但毕竟有工作了，杰恩当即答应了。

第一次上门推销时，杰恩犹豫了四次才鼓起勇气按响门铃，可这人家并没有买他的商品，第二家、第三家也如此……但他并没有放弃，以对事业的必胜信心作为精神支柱，即使顾客对产品毫无兴趣，甚至嘲笑他，他也不沮丧。最终，他不仅取得了成绩，而且成绩由小到大，节节攀升。

杰恩每天花在工作和路上的时间共 14 个小时，等他晚上回到家时，已经筋疲力尽了，他的关节会痛，偏头痛也经常折磨着他。每隔几周，他都要打印一份顾客订货清单，可他只有一只手是管用的，在别人看来非常简单的工作，他却要花去 10 个小时。

由于心中对顾客、对工作、对事业、对自己的必胜信心支撑着他，他什么苦都能承受。他负责的地区越来越多的门被他敲开，且都乐意购买他的商品，业绩自然也不断攀升。在他工作了 24 年后，他已经成为销售技巧最好的推销员。

不怕苦，不怕累，勤奋工作，努力奋斗，不懈追求，必定会迈向成功。比尔·杰恩最终成为怀特金斯公司的形象代言人并获得特别奖励，就是这句话的最好印证。

勤奋努力是人生和事业的必经之路，没有人能够随随便便成功，只有实

干的人才是"真正英雄"！

老板不在，勤奋不减

一位哲人曾经说过："世界上能登上金字塔顶的生物只有两种：一种是鹰，一种是蜗牛。不管是天资奇佳的鹰，还是资质平庸的蜗牛，能登上塔尖，极目四望，俯视万里，都离不开两个字——勤奋。"

一个人的发展与成长，天赋、环境、机遇、学识等外部因素固然重要，但重要的是自身的勤奋与努力。没有自身的勤奋，就算是天资奇佳的雄鹰也只能空振双翅；有了勤奋的精神，就算是行动迟缓的蜗牛也能雄踞塔顶，观千山暮雪，渺万里层云。成功不单纯依靠能力和智慧，更要靠每一个人自身孜孜不倦地勤奋工作。

有一个偏远山区的小姑娘到城市打工，由于她没有什么特殊技能，于是选择了餐馆服务员这个职业。在常人看来，这是一个不需要什么技能的职业，只要招待好客人就可以了。许多人已经从事这个职业多年了，但很少有人会认真投入到这个工作中去，因为这看起来实在没有什么需要投入的。

这个小姑娘恰恰相反，她一开始就表现出了极大的热情，并且彻底将自己投入到工作之中。

她不辞劳苦，每天忙到很晚，而且无论老板在与不在，她始终如一地忙碌着。一段时间以后，她不但能熟悉常来的客人，而且掌握了他们的口味，只要客人光顾，她总是千方百计地使他们高兴而来，满意而去。她不但赢得了顾客的交口称赞，也为饭店增加了收益。她总是能够使顾客多点一二道菜，并且在别的服务员只照顾一桌客人的时候，她却能够独自招待几桌的客人。

就在老板逐渐认识到其才能，准备提拔她做店内主管的时候，她却婉言谢绝了这个任命。原来，一位投资餐饮业的顾客看中了她的才干，准备投资与她合作，资金完全由对方投入，她负责管理和员工培训，并且郑重承诺：她将获得新店 25% 的股份。

现在，她已经成为一家大型餐饮企业的老板。

勤奋，终于让山村姑娘成为城市里的老板，所以身为员工任何时候都应记住，老板不在绝不能成为你偷懒或放松自己的理由。恰恰相反，你应该将之视为一个机会，一次考验，在严格自律的同时，锻炼一下自我鞭策的能力，让自己有一个积极的进步。

积极的进步是不需要老板监督的。作为自身发展的必要条件，勤奋对每

个员工的职业生涯都具有重要的意义，这个意义正随着越来越多的公司致力于建设学习型组织而日益凸显。勤奋是保持知识更新、适应时代发展的必然选择，不是一朝一夕的事情，因此，必须通过持续的努力追求进步，追求卓越。我们要使勤奋成为一种习惯，如一日三餐般不可或缺，只有这样，才能成为一个优秀的员工，一个前途光明的员工。

成才的两种途径：一是专门的学习，这要花费自己很多金钱和时间；二是公司为你提供的学习机会，包括在职培训，这是不用付费的"搭便车"，是最好的机会。而究竟谁能够得到这种"搭便车"的机遇，关键在于谁更用心，谁更勤奋。

俗话说："师傅领进门，修行在个人。"无论是公司的培训还是员工自己有意识地汲取知识，都要通过严格的自律和勤奋的努力来实现，与老板无关。

古语说："士别三日，当刮目相看。"一个有前途的员工不会趁老板不在的时候松懈，相反他们还会把老板不在当作提高自我的有利契机。

无论你现在是雄鹰还是蜗牛，要想登上塔顶，成就辉煌，都要记住一句话：老板不在，勤奋不减！

主动汇报你的工作进展

小崔是本田公司中国市场部的一名策划，向来工作努力，策划能力也强，上司也很器重他这样的人才。一次上司交给小崔一个项目，该项目大概要一个月左右才能完成，因为上头很重视，小崔不敢怠慢，接到后便埋头苦干了起来。

这期间上司找小崔了解情况就找了两次，不巧在工作快接近尾声时上司要出差，于是匆忙叮嘱两句就启程了。

小崔的工作进展很顺利，但中间有一处拿不准，他本来想打个电话给上司，但一想反正上司三两天就回来了，现在问上司他又不在身边，看不到样本也就不好说什么，就在焦急中等待上司的归来。谁知，在他踌躇之中，上司的电话来了："小崔啊，那个项目现在完了吧？……什么?! 还没完，那你怎么不早和我说一下情况呢？……行了，行了，别解释了，那交给小高做吧。"上司挂断了电话，小崔觉得满腹委屈，陷入沉思中。

在工作中，不管工作成效好坏，都不要在老板问起时才汇报，这样的态度很糟糕。工作汇报应该是随时进行的，尤其是发生变动和异常情况时更应及时汇报，这是员工的天职，也是常识。

有些人总是要在老板问起时才会汇报，这样显然是不行的。作为一名下属，要尽量在老板提出问题之前主动汇报，即便是要花费很长时间才能完成的工作，也应该在中途提出报告，让老板了解工作是不是依照计划进行了，如果不是，需要做哪些方面的调整。这样一来，即便工作无法依原计划达到目标，让老板知道经过原委，才不至于有所责难。

即使老板只出差两三天，在中途也应该通过电话向老板汇报工作进行的状况。这样的人自然容易让老板放心，能得到老板的重用。

汇报的速度越快越好，不管是好消息还是坏消息，都要及时汇报。如果错过了时机，所有的汇报就会失去价值。汇报一迟，老板的判断也跟着迟了，这样一来一定会影响公司的业务和你的业绩。

大多数的人都喜欢汇报好消息，对于坏消息就迟迟不敢汇报，特别是失败的原因是由自己引起的，那就更不敢讲出来了。其实遇到这种情况时，绝对不可以隐瞒，如果一拖再拖也许会真的一发不可收拾，导致最严重的后果。所以，对于不好的消息，更是越早汇报越好，这样老板才能及时想出对策应付。

汇报对接受批示、任务的人来说，是一种应尽的义务。汇报的好、坏，也会使一个员工的评价受到影响。

无论从哪一方面说，不及时汇报的人都不是老板所喜欢和器重的人，这样的员工也是难以取得成功的人。

为何要大家及时、准确汇报工作，其实最关键的问题是能够及时得到老板的指点与支持，这样更利于自己工作的展开，否则一个再能干的员工，只会埋头工作，而不问成果，怎能让人放心呢？想成为老板要找的那个人，及时主动汇报工作是一个不得不重视的工作细节。

自动自发，用心做好每件事

做一名合格的员工要时常怀着一颗感恩的心去工作！只有这样你才能具有责任感、团队精神，你才能积极主动、富有创造力，只有这样你才能懂得自动自发。

在工作过程中，最优秀的执行者，都是自动自发的人，他们无一不确信自己能够出色地完成任务。

自动自发的人的个人价值和自尊是发自内心的，他们不是凭一时冲动做事，也不是只为了得到称赞，他们永远主动地不断地追求完美。

无论你现在在什么位置上，只要你能用心去做每件事，你就能实现自己的价值。即使日常生活中再平凡不过的事，也值得我们全神贯注地去做。行为本身并不能说明自身的性质，而是取决于我们行动时的精神状态。工作是否枯燥乏味，通常由我们工作时的心境决定。

每个人所做的工作，都是由许多琐碎的事情组成的，但不能因此而对工作中的小事敷衍应付或轻视懈怠。记住：用心做好每件事。

发生在日本的一家轿车公司的故事，再一次向我们证明了用心才能做好每件事的真义。

随着汽车工业的日臻成熟，高夫所在公司扩大了与日本一家生产高档轿车公司的合作。他此行的目的就是与日方谈判，为他们提供轿车及附件。如果谈得顺利，公司将获得巨大的经济效益。

日本对这次谈判显得很慎重，派出年轻有为、处事谨慎的副总裁梅川前来迎接。豪华气派的迎宾车就停在机场的大厅外。高夫办完通关手续，与梅川一行见面。梅川亲自为高夫打开车门，示意请他入座。

高夫刚一落座，便随手"砰"地关上车门，声音极响，梅川甚至看见整个车身都微微颤了一下。梅川不禁愣了一下："是旅途的劳累使高先生情绪不佳，还是繁复的通关手续让他心烦？他可是株式会社的贵客，得更加小心周到地接待才行。"

一路上，梅川一行显得十分热情友好，甚至到了殷勤的程度。迎宾车停在株式会社大厦前的停车坪上，梅川快速下车，要为高夫开车门。但高夫却已打开车门下车，又随手"砰"地关上车门。这一次，比在机场上车时关得还要响，似乎用的力还要重得多。梅川又愣了一下。

日方安排的洽谈前的考察十分紧张，株式会社董事长兼总裁铃木先生还亲自接见，令高夫感到非常满意。会谈安排在第三天。在接下来的两天里，梅川极尽地主之谊，全程陪同高夫游览东京的名胜古迹和繁华街景，参观公司的生产基地。高夫显得兴致很高，可回到下榻酒店时，他关上车门时又是重重的"砰"的一下。

梅川不禁皱了一下眉。沉吟了片刻，他终于边向高夫鞠躬，边小心地问道："高先生，敝社的安排没什么不妥吧？如果有，还望先生明示。"高夫显然没什么不满意的："梅川先生把什么都考虑得非常周到细致，谢谢。"说这话时，高夫是满脸的真诚，梅川却显得若有所思……

第三天到了，接高夫的车停在株式会社大楼前，他下车后，又是一个重重的"砰"。梅川暗暗地咬了咬牙，暗中向手下的人吩咐几句后，丢下高夫，

径直向董事长办公室走去。高夫正感到有些莫名其妙，梅川的手下客气地将他请到了休息室，说："梅川课长说是有紧急事要与董事长谈，请高夫先生稍等片刻。"

董事长办公室里，梅川语气严肃地对铃木说："董事长先生，我建议取消与这家公司的合作谈判！至少应该推迟。"

铃木不解地问："为什么？约定的谈判时间就要到了，这样随意取消，没有诚信吧？再说，我们也没有推迟或取消谈判的理由啊。"梅川坚决地说："我对这家公司缺乏信心，看来我们株式会社前不久对该公司的考察走了过场。"铃木是很赏识这个精干务实的年轻人的，听他这么说，便问："何以见得？"

梅川说："这几天我一直陪着这个高总工程师。我发现他多次重重地关上车门，开始我还以为是他在发什么脾气呢，后来才发现，这是他的习惯，这说明他关车门一直如此。他是这家知名汽车公司的高层人员，平时坐的肯定是他们公司生产的好车。他重重关上车门习惯的养成，是因为他们生产的轿车车门用上一段时间后就易出现质量问题，不容易关牢。好车尚且如此，一般的车辆就可想而知了……我们把轿车和附件给他们生产，成本也许会降低很多，但这不等于在砸我们自己的牌子吗？请董事长三思……"

一个关车门的动作，可谓微不足道，相信无论是在生活中还是工作中都不会有人更多关注它，但恰恰是这种别人眼里的微不足道，被梅川抓到了，并通过进一步的细致分析，揭出了这一习惯性动作背后可能隐藏的深层问题，从而帮助公司避免了可能遭遇的重大损失。

身为员工，我们必须把梅川当作楷模，自动自发用心做好每件事。用心做事，就是要让自己比过去做得更好，比别人做得更好。

不妨多做点分外的事

戴尔公司的一批电脑因为有问题而被紧急召回，公司号召全体员工协助运输部门迅速将这些电脑转入库房，大家都参加到搬运电脑的行动中，唯有财务部的比克没有动，同事问他为什么不去，他说："我来公司是做财务工作的，不是来当搬运工的。"恰巧这句话被从身边经过的主管听到，当时主管只是意味深长地说："比克，看来我们公司没有让你充分施展才能。"第二天，比克就收到了公司的解雇通知书。

一个优秀员工的成功，除了尽心尽力履行自己的工作职责以外，还要多做一些岗位职责之外的工作。当然，分外的工作可能会让你的工作变得很紧

张，但却能督促你保持旺盛的斗志，而且还可以在工作中不断地锻炼自己，充实自己。最重要的是，多参与一些其他领域的工作，也会让你拥有更多的表演舞台，从而充分发挥自己的才华。一方面可能因此找到自己更具竞争力的地方，另一方面也会引起老板的注意。

卡丽是一家世界500强咨询公司的普通助理，她每天的工作就是整理、撰写、打印一些材料。她的工作单调而乏味，很多人都这么认为。但卡丽不觉得，她觉得自己的工作很好。卡丽说："检验工作的唯一标准就是你做得好不好，不是别的。"

卡丽整天做着这些工作，做久了，卡丽发现公司的文件中存在着很多问题，甚至公司的一些经营运作方面也存在着问题。

于是，卡丽除了每天必做的工作之外，她还细心地搜集一些资料，甚至是过期的资料，她把这些资料整理分类，然后进行分析，写出建议。为此，她还查询了很多有关经营方面的书籍。

最后，她把打印好的分析结果和有关证明资料一并交给了老板。老板起初并没有在意，一次偶然的机会，老板读到了卡丽的这份建议。这让老板非常吃惊，这个年轻的秘书，居然有这样缜密的心思，而且她的分析井井有条，细致入微。后来，卡丽的建议中很多条都被采纳了。

老板很欣慰，他觉得有这样的员工是他的骄傲。

当然，卡丽也被老板委以重任。卡丽觉得没必要这样，因为，她觉得她只比正常的工作多做了一点点。但是，老板却觉得她为公司做了很多很多。

作为员工，你能否像卡丽一样，每天多留心一下自己分外的工作呢？这其实就是为职场人士所熟知的"多一盎司定律"。它是由著名投资专家约翰·坦普尔顿通过大量的观察研究得出的一条工作原理。他指出，取得突出成就的人与取得中等成就的人几乎做了同样多的工作，他们所作出的努力差别很小，只是"多一盎司"，但其结果，所取得的成就及成就的实质内容方面，却总是有着天壤之别。

德尼斯最早开始在杜兰特的公司工作时，只是一个很普通的职员，但现在他却成为杜兰特先生最得力的助手，成为一家分公司的总裁。他如此快速地得到升迁就是因为他总是设法使自己多做一点工作。

"我刚来杜兰特公司工作时，我发现，每天大家都已下班后，杜兰特依旧会留在公司工作到很晚，于是我决定自己也留在公司里。是的，谁也没有要求我这样做，但我觉得我应该留下来，在杜兰特先生需要时给他提供

帮助。"

"杜兰特先生在工作时经常找文件和打印材料，最开始他都是亲自做这些工作。后来他发现我时刻在等待他的吩咐，于是他让我代替他去做这些工作……"

杜兰特之所以主动让德尼斯为他工作，就是因为德尼斯比别人多留在办公室一会儿，使杜兰特随时可以见到他。尽管德尼斯并没有多获得一分钱的报酬，但他获得了更多的机会，让老板认识了他的能力，从而也为自己的晋升创造了条件。

对于分外的工作，也许本不该我们做，而我们做了，这就是机会。不但如此，还要学会接受老板交给我们的一些"意外"的工作，并出色地完成。这样可使自己在老板面前升值，还会使自己变成老板不可取代的帮手。

其实我们有上百个机会去为公司多做一点事，然而现实中很少有人去主动寻找这样的机会。但基于以下两点，我们也应该这么去做。

首先是当我们有了"每天为公司多做点事"的习惯时，我们已经比周围的人具有了一定的优势，无论在哪一个公司，都会有我们的一席之地。

其次是我们要想使自己的能力得到提升，多做一点事，是最好的办法。如果我们在做分内事的同时为公司多做一点，就能对公司的工作了解更多，学习到更多工作技能。

我们在工作上，有时候不仅要做好分内的事情，也要积极主动地承担一些分外的工作。这样长期下来，你不仅把自己分内的工作做得好，还获得了一些额外的能力。一个毕业不久的大学生说得好："要在关键时刻脱颖而出，就要平时比别人多走几步路。"

这就要求我们在工作中，不要斤斤计较，应该比别人多付出一些。多付出一些并不难，难就难在出于主动和不求回报。只要你主动付出，那么或许现在，或许将来，你一定会有回报。有时候，一个人的一生中所能得到的最佳奖赏，往往是由于他肯多付出一些。

永远别说已经做得足够好了

一个人成功与否在于他是否做什么都力求最好。成功者无论从事什么工作，都不会轻率疏忽，满足现状。相反，他会在工作中以最高的规格要求自己，能做到最好，就必须做到最好。

对于老板来说，这样的员工才是最有价值的员工。

在第二次世界大战中期，美国空军和降落伞制造商之间发生了分歧，因为降落伞的安全性能不够。事实上，通过努力，降落伞的合格率已经提高到99.9%了，但军方要求达到100%，因为如果只达到99.9%，就意味着每1000个跳伞士兵中会有一个因为降落伞的质量问题而送命。但是，降落伞商则认为提高到99.9%就够好的了，世界上没有绝对的完美，根本不可能达到100%的合格率。军方在交涉不成功后，改变了质量检查办法。他们从厂商前一周交货的降落伞中随机挑出一个，让厂商负责人装备上身后，亲自从飞机上往下跳。这时，厂商才意识到100%合格率的重要性。奇迹很快出现了：降落伞的合格率一下子达到了100%。在通常情况下，99.9%的合格率已经够好的了。但如此"够好"，却意味着每1000个士兵中，就可能有一个人不是死于敌人的枪炮，而是死于降落伞的质量问题。

事物永远没有"足够好"的时候。我们这种不知足的心态与健康观念的知足常乐是不相矛盾的，我们这里没有"足够好"，只是告诫人们小富难久安的道理。

满足现状的员工在接受任务时，习惯说"要求太高了"！即使是力所能及的事情，他们也可能这么抱怨，他们希望要求越低越好。

当任务完成得不理想时，他们又习惯说："已经做得够好的了。"

工作上的追求应该是永无止境的，习惯于说"已经做得够好的了"的人，他的职业前景永远不会很乐观，因为他们抱怨，第一，会让老板认为他是个不求上进的人；第二，老板会认为你是一个缺乏责任心的人；第三，老板一旦发现你工作中有问题，他就会觉得你在敷衍他，甚至欺骗他。即使自己真的觉得做得不错了，也不要对老板说做得够好的了。与其说"我已经做得够好的了"，不如说"我做得还不够到位"。到位是一种境界，而不够到位就是接近完美。

无论客户、上司还是老板，并没有一个人是真正存心挑剔，他们提出的要求都是迫于各自不同的需要。客户担心产品出问题；上司怕工作质量影响业绩；老板则更是迫于市场的巨大压力才严格要求，因为他从来都无法对市场说："我已经做得够好的了，你降低要求吧！"

因为，职场是无情的，有时可能只比竞争对手稍逊一点点，结果就被淘汰出局。

所以，永远别说"已经做得够好了"，因为人生本无"最好"，更何况职场之中。永远记住，再主动一点点，你将会做得更出色！

积极做好每一份工作

平凡的是工作岗位，平庸的是工作态度。无论你从事什么样的工作，你都应当以一种主人翁的精神投入到工作中去，积极地做好每一项工作。

任何一个岗位都有它存在的作用和价值，都值得我们去做好。无论是多么不起眼的工作，只要你能够主动地投入自己的热情和创意，你就能够像杰克一样，将平凡的工作做得很出色。

杰克是一家超市的打包员，他在业余时间学会了使用计算机。刚开始，他们在计算机上设定三栏，他每晚回家后，就找出"每日一思"。如果找不到他喜欢的，他会自己"想一个"！然后他把"每日一思"打进计算机，印出很多份，切割好，在每张背面签名。第二天，他帮顾客装袋打包时，就将"每日一思"放入顾客的购物袋中。把个人的心得以温馨、有趣而有创意的方式表现出来，让顾客感受到生活的活力。一个月之后，那家超市的经理到结账区巡视，发现排在杰克结账台后的顾客比其他台长3倍，他马上吼叫："再开几个结账台！把人疏散！"但是顾客说："不用，不用，我们要在杰克这边结账，我们要他做的'每日一思'！"

有个妇女靠近经理说："我本来一周才来一次，现在我每次经过就进来，因为我想要'每日一思'！"

在一次部门领导的聚餐中，经理说："你想谁是我们店里最重要的人物？当然是杰克！"

三个月之后，经理发现杰克真的"改造了"他们的店，现在鲜花部门里，如果有受损的花或未用的胸花，他们就在店内找位老妇人或者是小女孩，为她们戴上花。肉类部门的一位包装人员则因为喜欢史奴比，所以他买了5万张史奴比的贴纸，在每块肉的包装盒上都贴上贴纸，他们这里充满了乐趣，顾客也很喜欢。越来越多的人开始在工作中发挥创意，创造出个人的象征，这也使得工作场所充满了爱与活力。

演艺圈里面有这么一句话，"没有小演员，只有小角色"。在工作中也是如此。每个人的工作都十分重要，都值得我们全力以赴地做好它。

同样，在我们的工作中没小岗位小角色，只有做不好工作的人。每个人都是工作的主人，如果大家都能像杰克那样，积极地演好自己的角色，那么整个公司就会永远充满活力，动力十足地向前发展。

■ 服务质量篇

500强企业员工秉承的服务理念

人品决定产品

大长今的职场启示：做菜时，想着吃菜人的样子

大型励志剧《大长今》为我们带来了很多的职场启示，长今在做每一道料理时，都是满怀诚意地去做，正如长今第一次将自己做的点心送给闵大人时说的那样："这是我用诚意来做的食物。想到吃的人脸上的笑容，我就会很快乐。"

是啊，长今在做菜时，心里会想着吃菜人的样子，就如同我们身在职场，对待工作、对待客户，都应该百分百地用心。怀着满满的诚意去做每一件事，是人品中最为基本的条件。有了诚意就会有热情，就会对自己所做的每件事负责，这是一个好员工在职场的立身之本和成功之道。

剧中有这样一段：选拔御膳房的最高尚宫时，太后来做评定。她出的第一道题是：利用百姓们平常不知道的那些可以吃的东西做出可口佳肴，希望借此帮助天下百姓渡过歉收难关。长今费尽心力买来上好牛骨熬炖牛骨汤，却因违反太后出题的本意而落败。

韩尚宫认为长今缺少做菜的诚意，就安排长今出宫去照顾一位命在旦夕的老尚宫，奄奄一息的老尚宫最大的心愿就是吃到小时候哥哥拿给她的一把味道香甜的米。苦寻不到之时，长今发现庙里的居士整日将米在太阳下翻晒。为了尽快满足老人的心愿，长今不顾居士的反对，将米放入锅内炒干，以为这样与阳光下的翻晒效果差不多且可以节省时间，但是换来的是老人的摇头。后来庙里的居士用尚未成熟的稻米蒸熟再晒干，味道香甜，老人吃完后心满意足地离开了人世。

长今终于领悟到世间没有所谓的秘方，真正的佳肴是用诚心和汗水做出来的。

最高尚宫决赛时，长今替韩尚宫与崔尚宫对决，决胜局长今献上了一碟很普通而低廉的山草莓。皇后娘娘问长今："这是你最好的菜肴，有什么理由呢？"

长今回答说："山草莓是奴婢母亲过世的时候，奴婢最后请母亲吃的食物。母亲受了伤，什么东西都吃不下，当时奴婢非常担忧母亲，因此奴婢摘了山草莓，又担心母亲咽不下去，所以先在口中咀嚼之后放入母亲的嘴里，母亲吃下我诚心准备的食物，向奴婢微笑，离开人世。皇上，您是万千百姓的父母，恩请您，就算吃了微小的山草莓，也能像奴婢的母亲一样报以微笑。请您以宽容的慈悲护佑天下百姓。奴婢是以担忧母亲的心怀，呈上这盘菜肴给皇上。"

皇上听后大为感动："真是好吃，朕一定不会忘记，你母亲丢下你离去的心情，就像她担心留下你孤独一人该如何是好。朕也会这么体恤百姓、打理政务的。山草莓，对朕来说也是最好的饮食，而你就是朝鲜最优秀的御膳厨房宫女。"

长今的成功靠的不是超凡脱俗的厨艺，而是她对吃菜人的用心以及对待食物的诚意。这验证了成功的不二法则：高尚的人品和是否用心的态度是决定成败的关键所在。

人品决定态度，态度决定行动。认真做好所做的每一件事并不难，难的是你到底有没有这样的心，以积极的心态去面对，而不是流于形式。人品的高低决定了你所生产的产品以及提供的服务品质的高低。一个在做菜的时候，能够考虑吃菜人感受的人，他所做出来的一定是这个世间稀有的佳肴。拥有高尚人品的职场中人，是最为有效的质检员，他们会用心做每一件事，他们在做这一道工序的时候，会想到需求的人是否会因为自己的努力而获得帮助，不会因为自己而感到困扰。这样的员工就是产品和服务品质的保证。

奥康：人品决定鞋品

很多人可能还记得1987年8月8日杭州武林门的一把火，它将温州鞋业彻底烧入了低谷。杭州相关部门在检查市场上鞋子的质量时，发现了18种鞋子的底板帮头是纸壳做的，其中16种鞋产自温州。各大媒体的争相报道，更使得温州鞋瞬间臭名远扬，"一日鞋"、"黄昏鞋"、"星期鞋"，温州鞋俨然成了假冒伪劣的代名词，甚至连温州人也连带成了不诚信的代名词。1987年的上海南京路百货商场甚至打出了"本店无温州鞋"的标语，来证明货真

价实。很多专家预言：温州完了！

鞋的品质的好坏是由人来决定的，人品决定鞋品，对于人品的要求真的不能有丝毫的懈怠、妥协。正因为它的重要性，湖北兴发化工集团股份有限公司董事长李国璋甚至提出了"谁不重视质量，谁要是砸牌子，我就砸谁的饭碗"的口号。也就是因为温州制鞋业中的少数人在利益面前人品的软弱，使得整个温州陷入了水深火热之中。

温鞋危机之时，正在租柜台卖鞋的王振滔被撵出了湖北鄂州商场，20万元的皮鞋全部被工商局没收。这个小人物就是奥康的老总，遭遇无妄之灾的年轻人很激愤："温州人如果连鞋子都做不好，还能干什么？"就这样，1988年3月，王振滔用3万元，三个合伙人，几位鞋匠，在自家的一间房子的一角，开始了艰难的创业。商标定为"奥康"，取自"发扬奥林匹克精神，推进企业健康发展"，他执著地要为温州鞋一雪前耻。

王振滔就是要"从哪里跌倒，从哪里爬起来"。平常的王振滔万事好商量，唯独涉及皮鞋质量问题时，没有任何商量的余地。奥康集团曾因皮鞋质量问题一举解聘了8名高层管理人员，其中5人在集团分厂担任正、副厂长。王振滔痛心疾首地说："我最害怕的就是员工的质量意识淡薄，现在奥康有几千人，质量没有保障，大家就要丢饭碗。谁让我们丢饭碗，我们就先砸他的饭碗。"

在一次和香港的某公司合作时，第一批鞋正待装运，就在这时，王振滔突然发现有180双鞋商标贴歪了，他当下操起剪刀，将180多双高档皮鞋全部剪毁，把这些鞋陈列在工业园内，让全体员工参观，不少工人都掉了眼泪。王振滔却说："对于奥康来说，最值钱的是消费者的信任，决不能干杀鸡取卵的事。"

无论是一个人还是一个企业，从小到大，从无到有，从开始到现在，都会面临各种利益的诱惑。面对诱惑，坚守人品，你会发现你守住的比你放弃的更多。

王振滔的办公室坐椅后面，"言必信，行必果"几个大字很是漂亮醒目，不是为了欣赏书法艺术，而是为了让这几个字时时鞭策自己。人在商场中，王振滔哪怕自己的利益受损也要守住信义，守住承诺。接洽好的意大利的一笔订单，投产时才发现按实际成本计算，出口价格每双鞋最少还要增加1美元。"既然签了合同，就是亏本了也要做，奥康多赚1美元少赚1美元并不重要，重要的是要恪守信用。"这是王振滔的承诺。他提出了一个1：10：100

质量监督理论：1 块钱成本的商标标志问题，到了客户那里被发现再处理，可能要耗费 10 块钱；如果卖给了消费者，可能就需要耗费 100 块钱。因为他可能拿过来退，或者因质量问题起诉，那成本就更高了。所以，如果在生产环节上就用好这 1 块钱，就能避免以后 100 块钱的赔偿。

10 年后，温州鞋浴火重生了，王振滔的梦终于圆了，奥康皮鞋被中国皮革工业协会评为"中国真皮鞋王"。1999 年 2 月 15 日，王振滔继武林门后烧了第二把"火"，不过这次他是将从全国各地收缴的数千双假冒奥康鞋付之一炬！这一把火还了温州鞋业新的一片天空。

温州的少数人为了眼前的利益，而选择放弃人品，陷入危机，甚至差点儿就到了万劫不复的地步，但是就是因为吃过这个苦果，选择了痛定思痛，意识到人品的重要，人品决定鞋品，又因为对人品的珍视，牢牢坚守住了人品，从而使温州如凤凰涅槃般复活了，并且焕发出更夺目的光彩。

同仁堂：诚实无欺，逐利有道

同仁堂一路走来，300 多年枝繁叶茂，常青秘诀之中诚实无欺、逐利有道是不可缺少的。这点可以从同仁堂的"古训"中窥视一斑，此"古训"始见于康熙四十五年（1706 年）同仁堂编纂的《乐氏世代祖传散膏丹下料配方》一书的"序言"中，至今已 302 年，此"古训"说明，中药的制作过程和工艺虽然很复杂，但必须尽心尽力，精益求精，不敢有半点懈怠；中药配方的成本甚高，有些药材资源甚至稀缺难求，价格昂贵，但为了出珍品，保疗效，也不惜代价，坚持下真料、下足料，不敢有半点含糊。同仁堂人就此一以贯之，不断发扬光大。

"古训"反映了药业深刻的经营哲理和同仁堂人无比高尚的人品和职业道德。人品决定药品，药品则关乎人的性命，如果掺杂使假、偷工减料，即使获暴利兴盛于一时，最终人品丧失而商誉毁于一旦，为世人所不齿。遵循"修合无人见，存心有天知"的信条，求珍品，卖真药，即使一时获利甚微，最终一定会因讲求道德而美名传扬，保持长久的兴盛繁荣。

郭金生是同仁堂的一名普通质检员。他的认真负责，是同仁堂员工的缩影。

郭金生 1992 刚来到同仁堂时，被分配在药材细料库房工作，由于所学专业不对口，他对药品养护、鉴别知识一无所知，光几百种中药名称就已经让他眼花缭乱了。看着师傅们娴熟的技能，郭金生感到必须学药、懂药、认

药，尽快掌握中药知识，才能胜任本职工作。于是，他每天早来晚走，勤学苦练，认真求教。那时他把所有的业余时间都用在了学习和认药上，看书做笔记，对照图谱，死记硬背，逐步掌握了几百种常用饮片、药材的传统鉴别方法。后来，在领导推荐下，郭金生参加了同仁堂主办的北京市第八届工业系统技术工人比赛暨中药技能大赛，取得了第三名，晋升为高级工，并荣获北京市高级技术能手称号。

随着自己技术的逐渐成熟，领导把郭金生从库房抽调到质量部，负责验收工作。2003 年，"非典"疫情在北京蔓延期间，药材公司承担了"非典"用药任务。在防"非典"八味方推出后，京城出现了抢购风潮，药品供不应求。当时，供应价格每天看涨，质量却参差不齐，鱼目混珠的现象不时发生。同仁堂把人民用药安全当成政治任务来完成，严格要求质量，不让一斤伪劣药品入库。那些天，郭金生放弃了所有休息日，哪里有验收任务，就往哪里去，经常加班连夜工作，逐次逐批验收饮片 180000 余公斤，拒收伪劣饮片 5000 余公斤，在有关部门的检查中没有一种不合格饮片从单位发出，维护了同仁堂的信誉。

正是因为同仁堂人骨子里对于人品的恪守，对于商誉的维护，企业才能够拥有诚信行为的价值基础，才能自觉地去实践承诺、信守合同，才能去主动地为客户着想服务、才能够坦诚、平和地看待和参与竞争，才能够不至于为小利而损大义，才能够真正地做到诚实无欺，逐利有道。

迪斯尼乐园：把你该做的事做好

在竞争激烈的现代社会，毫不夸张地说，一个公司的存亡，就取决于其员工的敬业程度。只有企业员工具备忠于职守的职业道德，才有可能为顾客提供优质服务，并创造出优质的产品。那些世界上优秀的企业都很清楚这一点。

世界上有 6 个很大的迪斯尼乐园，在美国的佛州和加州的两个迪斯尼营业都有一段历史了，并创造了很好的业绩。不过，全世界开得最成功的、生意最好的，却是日本的东京迪斯尼。美国加州迪斯尼营业了 25 年，有 2 亿人参观。东京迪斯尼，最高纪录一年可以达到 1700 万人参观。研究这个案例，我们可以看到，东京迪斯尼的员工是如何做到优秀的。迪斯尼公司优于他人之处就是，它拥有一批经过训练的具有高度职业奉献精神的员工。

到东京迪斯尼去游玩，人们不大可能碰到迪斯尼的经理，门口卖票的和

剪票的也许只会碰到一次，碰到最多的还是扫地的清洁工。所以东京迪斯尼对清洁人员非常重视，将更多的训练和教育集中在他们身上。

在东京迪斯尼扫地的有些员工是暑假打工的学生，虽然他们只扫两个月时间，但是培训他们扫地要花三天时间。

第一天上午要培训如何扫地。扫地有三种扫把：一种是用来扒树叶的，一种是用来刮纸屑的，一种是用来掸灰尘的。这三种扫把的形状都不一样。怎样扫树叶，才不会让树叶飞起来？怎样刮纸屑，才能把纸屑刮得很好？怎样掸灰，才不会让灰尘飘起来？这些看似简单的动作，却都要严格培训。而且扫地时还另有规定：开门时、关门时、中午吃饭时、距离客人15米以内等情况下都不能扫。这些都要认真培训、严格遵守。

第一天下午学照相。十几台世界上最先进的数码相机摆在一起，各种不同的品牌，每台都要学，因为客人会叫员工帮忙照相，可能会带世界上最新的照相机，来这里度蜜月、旅行，如果员工不会照相，就不能照顾好顾客，所以学照相要学一个下午。

第二天上午学怎么给小孩子包尿布。孩子的妈妈可能会叫员工帮忙抱一下小孩，但如果员工不会抱小孩，动作不规范，不但不能给顾客帮忙，反而会增添顾客的麻烦。抱小孩的正确动作是：右手要扶住臀部，左手要托住背，左手食指要顶住颈椎，以防闪了小孩的腰，或弄伤颈椎。不但要会抱小孩，还要会给小孩换尿布。给小孩换尿布时要注意方向和姿势，应该把手摆在底下，尿布折成十字形，最后在尿布上面别上别针。这些地方都要认真培训、严格规范。

第二天下午学辨识方向。有人要上洗手间，"右前方，约50米，第三号景点东，那个红色的房子"；有人要喝可乐，"左前方，约150米，第七号景点东，那个灰色的房子"，有人要买邮票，"前面约20米，第十一号景点，那个蓝条相间的房子"……顾客会问各种各样的问题，所以每一名员工要把整个迪斯尼的地图熟记在脑海里，对迪斯尼的每一个方向和位置都要非常明确。

训练三天后，发给员工三把扫把，开始扫地。如果在迪斯尼里面，碰到这种员工，人们会觉得很舒服，下次会再来迪斯尼，也就是所谓的引客回头，这就是所谓的员工面对顾客。不管你现在在哪个岗位上，把你该做的事做好，就做到敬业了。

对自己的人品有高度要求的人无论在生活中还是在工作中，无论他们担任什么样的角色，只要是自己分内的工作，就会尽力把它做好。再小的事、

再不起眼的小角色，也有它存在的价值和意义。

美国商界名人约翰·洛克菲勒曾对工作做过这样的注解："工作是一个施展自己才能的舞台。我们寒窗苦读获得的知识、我们的应变力、我们的决断力、我们的适应力以及我们的协调能力都将在这样一个舞台上得到展示……"

其实，每个工作岗位都承担着一定的社会职能，都是从业人员在社会分工中所获得的扮演角色的舞台。每个人不仅可以通过工作获得生活的物质来源，而且能够履行自己的社会职能，获得他人的认可和尊重。

那些勤奋、敬业的员工往往会在工作中受益匪浅：在精神上，他们获得了快乐和自信；在物质上，他们也获得了丰厚的报酬。相反，一个对工作不负责任的人，往往是一个缺乏自信的人，也是一个无法体会快乐真谛的人。要知道，有人品才能享受快乐，就当你将工作推给他人时，实际上也是将自己的快乐和信心转移给了他人。

第二章

人品修炼之道

自律自制：优秀人才必备的素质

自律是一个人的优良品质，一个人要想担负起责任，没有这种品质是不行的；一个人如果想很好地为自己的团队服务，也必须具备这样的品质。它之所以这样重要，因为它是一个优秀人才必备的素质，也是任何人都希望具有的。

杰克·韦尔奇认为，一名优秀的员工应该具备出色的自制能力，一个连自己都管理不了的人，是无法胜任何职位的，当然，最终他也不会成为一名好员工。

对于自制自律的问题，诙谐作家杰克森·布朗曾经有过一个有趣的比喻："缺少了自我管理的才华，就好像穿上溜冰鞋的八爪鱼。眼看动作不断可是却搞不清楚到底是往前、往后，还是原地打转。"如果你有几分才华，工作量也实在不少，却始终无法取得老板的赏识，那么，你很可能缺少自我约束的能力。

曾经有一位立下了赫赫战功的美国上将，有一次他去参加一个朋友孩子的洗礼，孩子的母亲请他说几句话，以作为孩子漫长人生征途中的准则。将军把自己历经征战苦难以至最后荣获崇高地位的经历，归纳成一句极简短的话："教他懂得如何自制！"

在职业生涯过程中，大多数人很难在开始的时候就具备出色的自律能力，往往是经历了他律、协助性自我管理之后，才能实现真正意义上的自我管理。

自律能力在完善一个人的个性方面起着巨大的积极作用。"如果一个人

没有自律能力，那他在工作上的敬业程度就会大打折扣。"一家大企业的人力资源经理举了这样一个例子：我们的上班时间是 8:30，有人 8:20 就到了，有人 8:30 到，也有人 8:40 才到。在平时是看不出这三类人有什么本质的区别。但是在关键时刻，或许正是因为这迟到 10 分钟的习惯，误了大事。这其实就是每个人的自律能力不同导致的不同后果。

当你意识到自制自律的重要性，并在工作中加以实现，那么你会发现，你的生活习惯与工作习惯都会因此得到一定的提高。无论做什么事，都会有条理可循，做事稳重，不留后患。在同事与老板眼中，你是一个严格要求自己的优秀员工，是一个可以让人放心的人。因此，你的老板就会放心地把重要的工作交由你去完成；你的同事也喜欢与你共同工作，并会主动与你交往。你的能力在执行老板交代的任务中得到了锻炼与提高，为你赢得了晋升与加薪的机会；你的人际网络在同事与你的交往过程中得到了扩展，这可能会为你带来许多意想不到的成功机遇。

由此可见，只有具备良好的自制自律能力，才能称得上是一名优秀的员工。那么，我们要从哪些方面入手来提高自己的自制自律能力呢？

1. 坚持思考

如果不开动脑筋，就不可能把事情做好。即使是天才，要想做好事情，也必须充分运用上帝赋予他的才智。剧作家乔治·萧伯纳说："在一年之中，有两到三次用心去认真思考问题的人不多。我之所以在世界上有点名声，就是因为我每周都认真思考一到两次。"如果你始终让大脑保持活跃，经常考虑富有挑战性的问题，不断思索需要认真对待的事情，你就能培养起有规律的思维习惯，这对于控制你的个人行为将会很有帮助。

2. 控制情绪

著名的作家奥格·曼狄诺说过："强者与弱者的唯一区别在于，强者用行为控制情绪，而弱者只会任由情绪主宰自己的行为"。衡量一个人自制力强弱的关键，就在于他是否能够有效地控制自己的情绪。

"高尔夫奇才"鲍伯·琼斯的生活经历就是一个典型的例子。它说明一个人如果不控制情绪，其后果将是很严重的。

正像今天的"老虎"伍兹一样，琼斯也是一个高尔夫神童，他年仅 5 岁的时候就开始接触高尔夫球了，12 岁时就取得了以低于标准杆数打完全场的好成绩，这个成绩是大多数高尔夫运动员一辈子都做不到的。14 岁时，他就有资格参加"全美业余高尔夫球比赛"了，但琼斯并没有取得成功。因为他经常发脾气，影响了球技的发挥，还得了个"俱乐部喷火器"的绰号。

一位被琼斯称为"巴特爷爷"的高尔夫前辈告诫他说："如果你不控制自己的情绪，你永远赢不了。"琼斯听取了这位前辈的忠告，开始注意控制情绪。21岁时，琼斯终于成功了，他成为历史上最伟大的高尔夫球员之一。巴特爷爷总结说："鲍伯在14岁时就能在高尔夫比赛中挥洒自如，但直到21岁时才真正懂得如何控制自己。"

3. 行为规律化

阿尔伯特·哈伯德说："那些需要牛奶的团队不应只是坐等奶牛上门来送奶。"保持思维敏锐、控制自己的情绪，虽然很重要，但还不够，只有行动起来才能脱颖而出，这就是成功者与失败者的区别。富兰克林在《我的自传》中，将"自制"称为自己获取成功的13种美德之一，认为自己之所以能够取得如此骄人的成就主要获益于"做事有定时，置物有定位"的良好习惯。如果你想成为一名优秀的员工，就应当像富兰克林那样，学会使行为规律化。

4. 强化你的工作习惯

总结一下你的首要任务和行动，看看你的方向是否正确，每天做些必须做的事，以强化工作习惯。

5. 挑战自我

为坚定你的信念和决心，选择一项超出你想象的任务，全身心投入其中并完成它。为此，要求你思维敏锐、行动规律化。坚持下去，你会发现自己能做到的远远超出自己原先预期的。

正直如山：为人处世的根本

一个人的人品不像他的骨架子，一眼就能看出来。但人品是一个人的精神的骨架，支撑着他的身躯东奔西走。这样就有了各种各样的人，拥有各式各样的身架。有些人看上去很魁伟，但与之相处久了就觉得其矮小猥琐；有些人毫不起眼，但能让你在他的平淡如行云流水中领略到山高海深。看不见的力量才是伟大的力量，那是人的品格魅力。

一位名医，在当地享有盛誉。有一天，一位青年妇女来找他看病。检查后发现，她的子宫里有一个瘤，需要手术割除。

手术很快就安排好了，手术室里都是最先进的医疗器材，对这位有过上千次手术经验的名医来说，这只是个小手术。

他切开病人的腹部，向子宫深处观察，准备下刀。但是，他突然全身一

震，刀子停在空中，豆大的汗珠冒上额头。他看到了一件令他难以置信的事：子宫里长的不是肿瘤，而是个胎儿！

他的手颤抖了，内心陷入矛盾的挣扎中。如果硬把胎儿拿掉，然后告诉病人，摘除的是肿瘤，病人一定会感激他；相反，如果他承认自己看走眼了，那么，他将会声名扫地。

经过几秒钟的犹豫，他终于下了决心，小心缝合刀口之后，回到办公室，静待病人苏醒。然后，他走到病人床前，对病人和病人家属说："对不起！我看错了，你只是怀孕，没有长瘤。所幸及时发现，孩子安好，一定能生下个可爱的小宝宝！"

病人和家属全呆住了。隔了几秒钟，病人的丈夫突然冲过去，抓住名医的领子，吼道："你这个庸医，我要找你算账！"

孩子果然安好，而且发育正常。但医生被告得差点破产。

有朋友笑他，为什么不将错就错？就算说那是个畸形的死胎，又有谁能知道？

"老天知道！"名医只是淡淡一笑。

我们不得不佩服这位名医的勇气，在名誉与良心道德的杠杆上，他倾向了后者。而在通往众人景仰的圣殿与万人唾弃甚至是牢狱之灾的路上，他也选择了后者，这是怎样的一种品格啊！

一个人的品格是其人性中最重要的部分，它是一个人的道德规范在其心智中的内在化。正直、善良才是高贵品质的根本，其他的优良品质都是正直和善良品质的结果。有品格的人不仅是社会的良知，而且是社会前进的动力和民族的脊梁。

正直，是人类的脊梁，更是一个人为人处世的根本。

正直的人，实际上是一些有信念、原则的人。正直是一种标准，或者被人们称为标杆、标尺。以这个标准衡量人的行为、品格的高下、为人的优劣差别顿时显现。在此标杆之上，我们可以做一个堂堂正正、受人尊敬的人，也往往能获取长久的成功；在此标杆以下，无论如何也显得猥琐、渺小，纵然能够得逞于一时，但总归长久不了。

卢梭是法国著名的革命家、哲学家。但是他小时候却做过一件令他十分懊悔的事情。那时，卢梭为了生存，经人介绍，在一个有钱人家里打工。一天，这家的女主人去世了，家里非常混乱。卢梭乘机偷偷拿了这家小姐的一条绣带。谁也没有看到。卢梭当时只是觉得好玩才拿的，也没有怎么特意藏

起来，不久就被发现了。老管家把卢梭叫到跟前，拿着那条绣带问卢梭："这条绣带是哪里来的？"

卢梭当时非常紧张，支吾了半天，说："是马里翁送给我的。"马里翁是家里的厨娘，比卢梭大几岁，不但人长得漂亮，而且乖巧、谦虚、诚实。大家都很喜欢她。听说是马里翁偷了绣带，大家都不相信。

于是，管家又把那个姑娘叫来，让她和卢梭当面对质。卢梭由于做贼心虚，指着马里翁抢先大声地说："就是她！是她把那个东西送给我的。"姑娘吃惊地瞪大眼睛看着卢梭，好半天才说："不是的，管家。我根本不知道这件事，我也没见过这条绣带。"卢梭仍然硬着头皮说："你撒谎，就是你送给我的。"姑娘用一双无辜的眼睛看着卢梭，说："卢梭，求你说实话，可不要因为一条绣带断送了我的前途啊！"

卢梭虽然知道这样诬陷他人是不对的，可是又不好意思反悔，只好继续很无耻地指控那位姑娘。姑娘很气愤，对卢梭说："卢梭，我原来以为你是个好人，想不到你是个爱撒谎的坏孩子。我看错你了。"她转过头去，继续为自己辩解，再没有答理卢梭。因为她不屑于和这样不诚实的人争论。由于卢梭和马里翁都不承认是自己偷拿了绣带，管家只好把两个人都辞退了，并且说："撒谎者的良心会惩罚自己的。它是会为无辜的人找回公道的。"

老管家的预言果然没有落空，卢梭从此受到了来自良心的强烈谴责。他时常会想起那双无辜而善良的眼睛。一想到由于自己的不诚实，使得她丢掉工作，白白顶上小偷的罪名，并且很难再得到他人的信任，甚至找不到工作，卢梭就有说不出的难过，就好像有千万只小虫子在咬他的心一样。卢梭没有勇气承认自己的错误，反而错上加错，诬陷了善良无辜的马里翁。他逃脱了法律的制裁，却没有逃脱良心的谴责。卢梭一生都承受着这种痛苦。

说谎不仅不能够隐瞒真相，而且还会给说谎者在道德上和精神上带来巨大的压力，既危害别人，同时又伤害了自己。生活中，有的人总把自己看做"智多星"，把别人看成"糊涂蛋"，动不动就对别人用心计、要手腕，把自己所拥有的那点小聪明发挥到极致。他们或以谎言取巧，或以诈术牟利，以致在生活中成为别人厌恶的对象。

其实，这种欺诈者活得很累，每遇重大事件，说谎者常担心谎言被人戳穿，使诈者要提防诈术被人识破，心术不正的人往往因此食不甘味、寝不安眠。欺诈并非处世久计，失掉诚信，就失去了立身之本。

对很多人而言，正直是一件很难的事，一种很难的活法。因此，正直的人站在我们面前，就显得那样有力，那样让我们产生情不自禁的仰慕感。

其实，从根本上说，正直具有其无与伦比的价值，正直给正直者的事业带来了很多利益。

正直者追求信念坚定不移，使他更有机会获取荣誉。

正直者心地坦荡，使他轻而易举就可以化解生活的波折和事业的挫折。

正直还可以带来友谊、信任和尊重。

做正直的人，首先要学会诚实，诚实地对待生活中的每一件小事。这些小事看起来微不足道，但日积月累，它会使我们身上闪现出浩然正气。当大事来临的时候，我们才能临危不惧，显示出正直的力量。

学会正直，做一个正直的人，我们必定会在职场中不断走向成功。

善良如水：给工作带来无限生机

爱具有无与伦比的力量，它能使人敞开心扉。人的一生应该是施与爱的一生，只有这样，我们才能活出真正的自我，获得一个充实而美好的人生。

有一天，美国儿童俱乐部的一个代表请求某个人拿出很少的捐款来帮助美国儿童俱乐部，这个俱乐部的工作内容就是对孩子们进行品德教育，但被他以恶劣的态度拒绝了。

"滚出去！"他说，"我病了，讨厌人们向我要钱！"

这位代表转身向外走，走到门口又停住脚步，转过身来，和善地望着书桌后的那个人说道："你不想同这些贫困的人分担疾苦，但是我愿意同你分享我所有的一部分东西——一句祷文：愿上帝祝福你。"说罢他就关上门走了。

过了几天，发生了一件有趣的事。说过"滚出去"的那个人敲着儿童俱乐部办公室的门，问道："我可以进来吗？"他随身带着一张50万美元的支票。他把这张支票放在桌上，说道：

"我捐赠这50万美元有一个条件：请你绝不要让任何人知道我做了这件事。"

"为什么？"代表问他。

"我不希望孩子们知道我的名字，误认为我是一个好人，而实际上，我是一个罪人。"他捐助钱财是为了使孩子们避免做出他所做过的错事。

你可能没有钱，就像那位儿童俱乐部的代表一样，但是你能同别人分享你所拥有的一部分东西；你也能像他一样，成为伟大事业的一部分；你也能在需要给予的时候慷慨地给予。你最贵重的财富和最伟大的力量常常是看不

见和摸不着的，没有人能拿走它们，只有你才能分配它们。

事实上，你施与他人的东西愈多，你所拥有的东西也会愈多。

有一个关于维克多连锁店的故事。

维克多是从父亲的手中接过这家食品店的，这家食品店很早以前在镇上就很出名了。

维克多希望它在自己的手中能够发展得更加壮大。

一天晚上，维克多在店里收拾货物、清点账款，第二天他将和妻子一起去度假。他打算早早地关上店门，以便为外出度假做准备。突然，他看到店门外站着一个面黄肌瘦的年轻人，他衣衫褴褛、双眼深陷，一看就知道是一个典型的流浪汉。

维克多是个热心肠的人。他走了出去，对那个年轻人说道："小伙子，有什么需要帮忙的吗？"

年轻人略带点腼腆地问道："这里是维克多食品店吗？"他说话时带着浓重的墨西哥口音。"是的。"维克多答道。

年轻人更加腼腆了，他低着头，小声地说道："我是从墨西哥来的，来这里找工作，可是整整两个月了，我仍然没有找到一份合适的工作。我父亲年轻时也来过美国，他告诉我他在你的店里买过东西，喏，就是这顶帽子。"

维克多看见小伙子的头上果然戴着一顶十分破旧的帽子，那个被污渍弄得模模糊糊的"V"字形符号正是他店里的标记。"我现在没有钱回家了，也好久没有吃过一顿饱饭了。我想……"年轻人继续说道。

维克多了解到眼前站着的人只不过是多年前一个顾客的儿子，但是，他觉得自己应该帮助这个小伙子。于是，他把小伙子请进了店内，好好地让他饱餐了一顿，并且还给了他一笔路费，让他回国。

不久，维克多便将此事淡忘了。过了十几年，维克多食品店的生意越来越红火，在美国开了许多家分店，他于是决定向海外扩展。可是由于他在海外没有根基，要想从头发展也是很困难的。为此维克多一直犹豫不决。

正在这时，他突然收到一位陌生人从墨西哥寄来的一封信，原来写信人正是多年前他曾经帮助过的那个流浪汉。

此时，那个年轻人已经成了墨西哥一家大公司的总经理，他在信中邀请维克多来墨西哥发展，与他共创事业。维克多真是喜出望外，有了那位年轻人的帮助，维克多很快在墨西哥建立了他的连锁店，而且经营发展得异常迅速。

施与爱心总会有回报，成功的法则就是这样。有人会担心付出而没有回报，是的，也许你的某次付出，甚至好多次付出都没有回报，但是，如果你坚持做下去，坚持做一年、两年、一辈子，你将获得想象不到的回报。

无论我们做什么工作，如果能秉持多付出一点的爱心原则，成功就是必然的。

世界就整体而言是美丽的，人生就整体而言是美好的，不要让局部的消极现象挡住我们的双眼。

自我反省：只有经常反省的人才能进步

自省就是反省自己，这是只有人类才能办到的事。

一般来说，自省心强的人都非常了解自己的优劣，因为他时时都在仔细检视自己。这种检视也叫做"自我观照"，其实质也就是跳出自己的身体之外，从外面重新观看、审察自己的所作所为是否为最佳的选择。这样做就可以真切地了解自己了，但审视自己时必须是坦率、无私的。

能够时时审视自己的人，一般都很少犯错，因为他们会时时考虑：我到底有多少力量？我能干多少事？我该干什么？我的缺点在哪里？为什么失败了或成功了？这样做就能轻而易举地找出自己的优点和缺点，为以后的行动打下基础。

安利是美国知名的消费品制造商，拥有超过100万名独立经销商的全球直销网络，而且旗下所贩售的产品超过4300种。

更惊人的是，安利所有的商品都是通过上门推销和邮购的方式销售，年营业额高达数十亿美元。

安利是由狄韦斯和杰文·安黛尔两人共同创立的。狄韦斯在读高中时，遇到了杰文·安黛尔，两个年轻人有着相同的梦想、希望和目标，就这么开始了一起创造事业的过程。

20世纪50年代末，他们在自家的车库里展开了他们的事业。后来虽然遭遇过许多挫折，但是他们两人从不放弃，并且彼此扶持、鼓励，经过长时间的努力之后，终于演变成现在的安利。

当媒体询问狄韦斯的经营之道时，狄韦斯认为，那些梦想拥有自己事业的人，最后往往只看重管理事业，而不是继续成长。大多数公司之所以会垮，是因为原本的创立者忘了继续进步的重要，只陶醉在公司目前的繁荣景象中。而如果要继续进步的话，就不能忽略时时自我反省。

的确，有很多人都曾这样抱怨："我每天都在拼命地工作、工作，我一刻也没闲过，可如此努力为什么却总是不能成功？"

正如成功多是内因引起作用一样，失败也多是自己的缺点引起的。一个人必须懂得不断反省和总结自己，改正自己的错误才不会老在原处打转或再次被同一块石头绊倒；人只有通过"反省"，时时检讨自己，才可以走出失败的怪圈，走向成功的彼岸。

一天，有一个年轻人，在街角的小店借用电话。他用一条手帕，盖着电话筒，然后说："是王公馆吗？我是打电话来应征做园丁工作的，我有很丰富的经验，相信一定可以胜任。"电话的接线生说："先生，恐怕你弄错了，我家主人对现在聘用的园丁非常满意，主人说园丁是一位尽责、热心和勤奋的人，所以我们这儿并没有园丁的空缺。"

年轻人听罢，便有礼貌地说："对不起，可能是我弄错了。"接着便挂了电话。小店的老板听了年轻人的话，便说："年轻人，你想找园丁工作吗？我的亲戚正要请人，你有兴趣吗？"

年轻人说："多谢你的好意，其实我就是王公馆的园丁。我刚才打的电话，是用以自我检查，确定自己的表现是否合乎主人的标准而已。"

可见，在工作中，只有不断自我反省，才能使自己不断进步。

中外历史上许多杰出的人物都曾进行过深入、细致、全面的自我分析。孔子的学生曾参说："吾日三省吾身——为人谋而不忠乎？与朋友交而不信乎？传而不习乎？"只有进行自省，才能了解自己，对自己进行正确的认识和评价，也只有这样，才能扬长避短，驾驭情绪，让自己的人生道路少些坎坷，多些收获。

一般自信而开朗的人，会坦然地承认他们自己的缺点和优点。事实上，他们并不过多地关注自己。他们知道，即使是那些最健康的个体也有弱点和不足，所以，他们对自己并不感到羞愧和内疚。他们按其本来面貌承认他们的天性，因为他们有面对现实的勇气。也正是这种勇气，让他们在不断的自省中正确地认识和评价自己，也袒露出他们真实的一面。

寻找真实的自己、寻找事情的真相、真诚地面对压力，不管是好的还是坏的。你思想中的自动引导系统能从否定的反馈资料中矫正你行为的方向，它可认出错误，改正过来，并且确定行进的方向。承认你的错误与过失，但切勿为此而哭泣。矫正过错之后，你仍可以坦然地继续向前迈进。

适者生存：调整不了工作，就调整好心态

你的职业生涯正如一辆全速行驶的列车，而你的心态为它提供足够的动力，决定它前行的方向。

1939 年，德国军队占领了波兰首都华沙，此时，卡亚和他的女友迪娜正在筹办婚礼。然而，卡亚做梦都没想到，他和其他犹太人一样，光天化日之下被纳粹强行推上卡车运走，关进了集中营。卡亚陷入了极度的恐惧和悲伤之中，在不断地遭到摧残和折磨中，他的情绪极不稳定，精神遭受着痛苦的煎熬。

同时被关押的一位犹太老人对他说："孩子，你只有活下去，才能与你的未婚妻团聚。记住，要活下去。"卡亚冷静下来，他下定决心，无论日子多么艰难，一定要保持积极的精神和情绪。

所有关在集中营的犹太人，每天的食物只有一块面包和一碗汤。许多人在饥饿和严酷刑罚的双重折磨下精神失常，有的甚至被折磨致死。卡亚努力控制和调适着自己的情绪，把恐惧、愤怒、悲观、屈辱等抛诸脑后，虽然他的身体骨瘦如柴，但精神状态却很好。

5 年后，集中营里的人数由原来的 4000 人减少到不足 400 人。纳粹将剩余的犹太人用脚镣铁链连成一长串，在冰天雪地的隆冬季节，将他们赶往另一个集中营。许多人忍受不了长期的苦役和饥饿，最后横尸于茫茫雪原之上。在这人间炼狱中，卡亚奇迹般地活了下来。他不断地鼓舞自己，靠着坚韧的意志力，维持着虚弱的生命。

1945 年，盟军攻克了集中营，解救了这些饱经苦难、劫后余生的犹太人。卡亚活着离开了集中营，而那位给他忠告的老人，却没有熬到这一天。

若干年后，卡亚将他在集中营的经历写成一本书，他在前言中写道："如果没有那位老者的忠告，如果放任恐惧、悲伤、绝望的情绪在我的心间弥漫，很难想象，我还能活着出来。"

是卡亚自己救了自己，我们同时也应该向他学习，既然不能要求环境适应自己，只能让自己适应环境。

在工作中同样也是如此，你也许无法改变自己在工作中和生活中的位置，但完全可以改变自己对所处位置的态度和方式。

美国独立企业联盟主席杰克·弗雷斯从 13 岁起就开始在他父母的加油站工作。弗雷斯想学修车，但他父亲让他在前台接待顾客。当有汽车开进来

时，弗雷斯必须在车子停稳前就站到司机门前，然后去检查油量、蓄电池、传动带、胶皮管和水箱。

弗雷斯注意到，如果他干得好的话，顾客大多还会再来。于是，弗雷斯总是多干一些，帮助顾客擦去车身、挡风玻璃和车灯上的污渍。有一段时间，每周都有一位老太太开着她的车来清洗和打蜡。这个车的车内踏板凹陷得很深，很难打扫，而且这位老太太极难打交道。每次当弗雷斯给她把车清洗好后，她都要再仔细检查一遍，让弗雷斯重新打扫，直到清除掉所有的棉绒和灰尘，她才满意。

终于有一次，弗雷斯忍无可忍，不愿意再伺候她了，他的父亲告诫他说："孩子，记住，这就是你的工作！不管顾客说什么或做什么，你都要记住做好你的工作，并以应有的礼貌去对待顾客。"

父亲的话让弗雷斯深受触动，许多年以后他仍不能忘记。弗雷斯说："正是在加油站的工作，使我学到了严格的职业道德和应该如何对待顾客，这些东西在我以后的职业生涯中起到了非常重要的作用。"

生活中我们经常看到一些人抱怨自己的工作枯燥、卑微，轻视自己所从事的工作，无法全身心地投入工作。他们在工作中敷衍塞责、得过且过，将大部分心思用在如何摆脱目前的工作环境上，这样的员工在任何地方都不会有成就。

一个人事业上的成功，需要有正确的思想和理念的指引。真正具有建设性的精神力量，蕴藏在左右一生命运的心态中。每时每刻的精神行为，会对生命产生决定性的影响。

你的职业生涯正如一辆全速行驶的列车，而你的心态为它提供足够的动力，决定它前行的方向。在工作中不难发现，有的人在艰难困苦的逆境中，却能够含垢忍辱、负累前行，在别人的冷眼和鄙视中一鸣惊人、一飞冲天。而有的人生活优裕舒适，开创事业的条件样样具备，机会更是不计其数，但他们总是消极麻木、不思进取，宁可坐享其成，让时光虚掷，也不愿立志实现梦想。两种为人，两种人生，造成差别的原因，还是与自身调节有关。前一种人能遇挫不折、遇伤不悲、自我激励，因而能获得成功。而后一种人没有前进的动力，因而成了命运的输家。

多少个世纪以来，无数先哲曾在黑夜里叩问苍穹：决定我们每个人不同命运的因素到底有哪些？我们必须怎样努力才能有效地把握人生？我的下一个目标是什么？我怎样才能做到既实现自我目标，又能愉快地帮助他人一起前进，共同分享成功的果实与经验？这一个个问题，成为许多人生存中的

困惑。

只有良好的心态才能使你成为命运真正的主人，那么，你现在就可以调节你的心态，指挥它、命令它，让它给你无限的想象力，只要你有这样的决心，并且拥有阳光般的心情，那么，你的梦想终会成真！

中庸之道：完美的做人智慧

程颐说："做事，不偏不倚叫做中，不改变叫做庸。行中，这是天下的正道；用中道，这是天下的公理。中庸的基本要义，就是不偏不倚，恰到好处。"中庸的道理讲究不偏不倚，过与不及都是不好的，体现在做事上，则必须做到恰到好处。为人处世、持家治国等人生作为，无不体现了这个道理。

一个人想做到中庸，必须加强品德修养，提高自我调控能力，使自己的言行、情感、欲望等要适度、恰当，避免"过"与"不及"。

中庸属于道德行为的评价问题，也是一种德行，而且是最高的德行。宋儒说，不偏不倚谓之中，平常谓庸。中庸就是不偏不倚的平常的道理。中庸又被理解为"中道"，中道就是不偏向对立双方的任何一方，使双方保持均衡状态。中庸又称为"中行"，意思是说，人的气质、作风、德行都不偏向一个方面，对立的双方互相牵制、互相补充。中庸是一种折中调和的思想。调和与均衡是事物发展过程中的一种状态，这种状态是相对的、暂时的。

"中庸"强调的是做事守其"中"，既不左冲右突，又不参差不齐。其实这种人生哲理，从我们的日常生活中的许多细节中即可观察出来。商汤的开国大臣伊尹，不仅能把握做菜口味的"中庸"技巧，甚至把它上升到"齐家治国"的高度上。

伊尹辅佐汤推翻了夏桀的残暴统治，建立了我国历史上约600年之久的商朝。伊尹原来不过是汤身边的厨师，是汤妻陪嫁的奴隶，他之所以被汤看中而委以重任，是因为他确实很有才干，也善于从生活中发现人生智慧。他看到汤成天为与夏桀争夺天下而忙碌着，显得十分焦急，以致一日三餐都食不甘味，他就想出一个办法来引起汤的注意。他把上一顿饭菜做得特别咸，下一顿饭菜又故意不放盐，让汤吃得不对味而来责备自己。接着，他又把第三顿饭菜做得咸淡适中、美味可口，让汤吃得十分满意。伊尹早已算计好了，汤准会表扬自己。果然，饭后汤对伊尹说："看来你做菜的本事确实

不凡。"

伊尹已是成竹在胸，不等汤把话说完，就借题发挥说："大王，这并不值得夸奖，菜不宜太咸，也不能太淡，只要把作料调配得当，吃起来自然适口、有味。这和你治理国家是一个道理，既不能无所作为，也不能急于求成，只有掌握好分寸、关节，才能把事情办好。"

孟子后来对伊尹的评价是："治亦进，乱亦进，伊尹也。"意思是说伊尹在天下太平时入世做官，在天下动乱时也入世做官。伊尹之所以能够做到这点，关键是善于把握好分寸，有所为有所不为，深悟中庸的为人处世哲理。

就常理而言，盐不可吃得太多，亦不可吃得太少，要恰到好处。同理，炒菜不可太生，亦不可太熟。生熟恰到好处，菜才好吃。此恰到好处，即是"中"。又如商人卖东西，要价太贵，则客人不买；要价太少，又不能赚钱；必须要价不多不少，恰到好处。此恰到好处，即是其"中"。中庸学既讲究恰到好处，又讲究因时而中。做任何事情，都是这样。

在很多人看来，中国人大部分在过着中庸的生活。林语堂先生在《谁最会享受人生》中，深刻地剖析了中国人的生活模式，提出要摆脱过于烦恼的生活和太重大的责任，可实行一种中庸式的、无忧无虑的生活哲学。林语堂先生说："我相信主张无忧无虑和心地坦白的人生哲学，一定会叫我们摆脱过于烦恼的生活和太重大的责任。一个彻底的道家主义者理应隐居到山中，去竭力模仿樵夫和渔夫的生活，无忧无虑，简单朴实如樵夫一般去做青山之王，如渔夫一般去做绿水之王。不过要叫我们完全逃避人类社会的那种哲学，终究是拙劣的。此外还有一种比这自然主义更伟大的哲学，就是人性主义的哲学。所以，中国人最崇高的理想，就是做一个不必逃避人类社会和人生，而本性仍能保持原有快乐的人。"

应该说，在与人类生活问题有关的古今哲学中，还不曾发现过一个比这种学说更深奥的真理，这种学说，就是指一种介于两个极端之间的那一种有条不紊的生活。这种中庸精神，在动作与静止之间找到了一种完全的均衡。所以理想人物，应属一半有名，一半无名；懒惰中带有功，在用功中偷懒；穷不至于穷到付不起房租，富也不至于富到完全不做工，或是可以随心所欲地资助朋友；钢琴也会弹，可是不十分高明，只可弹给知己的朋友听听，而最大的用处还是给自己消遣；古玩也收藏一点，可是只够摆满屋子的壁炉；书也读读，可是不能用功；学识颇广博，可是不成为任何专家……总而言之，这种生活成为中国人心目中的理想生活。

更有不少人认为，中国人的聪明才智得以淋漓尽致地发挥是从"中庸"被我们"活用"以后的事。"中庸"成了一个有识者必争的制高点，抢到了，无往而不胜；丢掉了，处处被动挨打。中庸好比是圆心，从它出发，到圆周的任何点上，距离都相等，随时可以变换立场、化敌为友、左右逢源；站在圆周上，左半圆的"激进派"以它为矛攻击对手，右半圆的"保守派"以它为盾保护自己，天下最锋利的矛遭遇天下最坚固的盾，一点也不"矛盾"，星光一闪，奏出悦耳、和谐的乐章。

以德报怨：人生的立世之法

在中国传统文化中，无论是老子的"以德报怨"，还是孔子的"以直报怨"，二者都坚持了一个共同原则，即不念旧恶，也不争一时之短长；即别人有怨于我，不是斤斤计较、耿耿于怀、必思报复而后快，而是既往不咎，因此不会使旧怨添新仇，越积越深。同时，双方以真诚之心寻找新的共同点，求同存异，任何一方没必要卑躬屈膝，迎合对方；只是把旧怨放在一边，双方为共同的目标和利益进行合作，在合作过程中重建新的友谊。这样旧的怨恨就会逐渐淡化，自然消除，以达到"两惠无不释之怨，两求无不合之交"的效果。

春秋五霸之一的楚庄王，有一次邀群臣会饮，天色已黑，酒过三巡，大家喝得半醉半醒。这时殿上照明的烛火忽然被一阵风吹灭了，全场一片黑暗，有人乘机调戏王后，用手拉扯王后的衣裙。王后一把揪住那人的盔缨并使劲摘了下来，暗中向楚庄王说：

"有人调戏我，拉扯我的衣裙，我已将他的盔缨摘下来了，请大王赶紧把蜡烛点亮，看这个没有盔缨的人是谁。"

楚庄王却说："不要点烛。"

随后又高声说道：

"我已经说过这是一个不必拘礼节的酒宴，现在我要行一个酒令，要求大家都把盔缨摘掉，谁不摘，谁就要受重罚。"

于是群臣全都把自己的盔缨摘掉，蜡烛点燃时，也就无法找出是谁对王后动手动脚了。

两年后，晋军兴师伐楚。楚庄王阵前落马，危急之中，一将孤身奋勇来救，杀退晋兵。此人正是当初暗中调戏王后的唐狡。

事后有人问唐狡："楚王并无恩惠于你，何故拼死救驾？"唐狡说："我

是以德报德，以直报怨。"

楚庄王在处理王后受辱的事情上，体现出了一代王者的宽广胸怀。因为他平时能容人，所以他的臣下才能真诚为他效力，在战场上不怕牺牲，为他冲锋陷阵。

人世纷争，难免有恩怨。因恩生爱，因怨生恨，会导致人际关系的巩固或破裂。如何处理恩怨，尤其是如何释怨，着实是人生处世的重大课题。"以直报怨，以德报德"作为人生的立世方法，应该说更实用，也更容易施行。

工作中有许多事当忍则忍、能让则让。忍让和宽容不是怯懦胆小，而是关怀体谅。忍让和宽容是给予、是奉献、是人生的一种智慧、是建立人与人之间良好关系的法宝。一个人经历一次忍让，会获得一次人生的亮丽；经历一次宽容，会打开一道爱的大门。因此，人们常说："爱产生爱，恨产生恨。"这句老话是不会错的。

杨戏，三国时蜀国大司马，性情一向坦率。有一次，丞相蒋琬和他谈事情时，杨戏没有及时表态，有人便在丞相面前诋毁他说："您与杨戏交谈，他不及时表态，这样轻慢您，不是太过分了吗？"蒋琬回答说："人的想法不同，各人的表现也不同。如果当面顺从、背后议论，这是古人所引以为戒的。杨戏如果想说赞同我的话，则不是出自他的本意；如果说些反对我的话，又怕暴露了我的过错，这就是他默不作答的原因，这正是他直率的地方。"还有一次，督农杨敏诋毁蒋琬说："蒋琬办事糊涂，比不上前任丞相（指诸葛亮）。"有些人请求蒋琬追究杨敏恶意中伤大臣的罪责。蒋琬却说："我实在不如诸葛丞相，没有什么可追究的。"后来杨敏因事被关在牢里，可是蒋琬却没有因以往的事而心存芥蒂，而是从轻发落了他。

唐代李吉甫，借祖上的庇荫补了个太常博士。他很熟悉典章制度，李泌、窦参非常欣赏他的才干，待他很好。当时陆贽怀疑他们结党营私，就奏请皇上让李吉甫外出任明州刺史。后陆贽遭贬，发配忠州，宰相想谋害陆贽，便将李吉甫升任忠州刺史，让他办理陆贽一案，好报前仇。李吉甫到忠州后，并没有计较个人的恩怨，而是以正直无私的心态渐渐与陆贽结成了密友。人们都因此而敬重李吉甫的度量。

朱熹说："于其所怨者，爱憎取舍，一以至公而无私，所谓'直'也。"即某件事应该怎么办，就怎么办，并不因为他对我有怨而挟私报复。你给我一拳，我无论如何要还给你一脚，这样的小肚鸡肠，是无知小人的逻辑。

唐代高僧寒山问拾得和尚："今有人侮我、笑我、藐视我、毁我、伤我、嫌恶恨我、诡谲欺我，则奈何?"拾得答曰："子但忍受之，依他、让他、敬他、避他、苦苦耐他，装聋作哑，漠然置之，冷眼观之，看他如何结局?"这种大智大勇的生活艺术，值得我们去认真领悟。

第四篇　服务质量篇

第三章

质量零缺陷的秘诀

惠普：把质量设计进每个产品

在质量管理方面，惠普公司坚持保证产品质量是提高竞争力，赢得用户信誉的重要因素的竞争理念。他们认为，产品质量越高，技术支持费用就越少，因而质量管理也是获取利润的手段之一。例如，惠普公司从 1975 年起开始执行一项可靠性改进计划后，其产品保修成本大大低于预期的成本，据称一般可降低 33%。

惠普公司对待质量管理的一个原则是，质量要设计进每个产品。因此，质量保证首先从研制设计阶段开始执行，然后贯彻到生产和销售全过程，并反馈回研制设计。他们认为，产品质量是通过设计、生产和服务保证的，而不是单纯通过检验保证的。惠普公司业已树立起这样一种风尚：产品质量与每一个雇员都有关系，而不只是与质量保证部门有关。

在研制设计阶段，设计人员用先进的仪器对所选用的器件、集成电路和插件板进行百分之百的测试。他们对失效的器件进行详尽分析，精确地指出器件供库商在工艺和测试方面所存在的问题，以帮助他们提高器件质量。

设计人员还非常重视仪器内部产生的热量的分布问题，认为这是仪器发生故障的主要原因。他们采用数学模型来估计产品的可靠性，以保证产品达到可靠性设计指标。

应力试验是惠普公司在研制设计阶段和生产阶段广泛采用的可靠性试验方法。有关人员把极限温度、极限湿度、极限振动和其他参数极限加在产品上，有意地使产品发生故障。通过分析随时间和应力而变化的失效机理，就可以获得重要的线索来了解问题的相对严重性以及最经济的解决途径。这些

应力试验再加上随后的纠正措施，有助于保证产品在正常工作条件下的长期质量。

在试生产阶段，惠普公司要进行 24 仪器一星期的应力试验，即用 6 台仪器做 4 星期的试验，或用 4 台仪器做 6 星期的试验。

在正式生产阶段，每个产品分部的质量保证部门，还要站在用户的立场上对产品进行抽样检查，而不重复生产线测试人员业已做过的试验。他们同产品分部管理人员密切配合，审查已经发现的故障和问题。他们画出生产故障的几率曲线，以便使产品分部所有的人都了解潜在的问题，从而采取对策，不让产品带着潜在的故障出厂。

惠普公司也非常强调系统能力的测试。像计算机外部设备这类产品虽然也单独出售，但常常成为大型惠普系统的组成部分。因此，这类产品不仅在单独使用时性能要可靠，而且在同其他仪器互联时也要可靠。通过对这类产品在现有系统中的互联兼容性试验，就可以在排除所有可能发生的故障后再交给用户。

美国旭电公司：追求完美、超越顾客期望

美国旭电公司成立于 1977 年，位于加州硅谷，是一家高科技电子制造服务公司，公司自创立以来，一直以高质量产品和管理技术服务于客户，并于 1991 年以及 1997 年两次获得美国国家最高品质奖，成为美国唯一一家在 12 年内连续两次获得此项殊荣的公司。温斯顿·陈博士是旭电公司的第一任总裁，他为公司质量领导体系的建立和推广不遗余力。他认为公司所有员工都应当重视如下内容：

（1）顾客要求；

（2）制造流程的质量改进；

（3）合理回报股东的挑战；

（4）承担满足的责任。

旭电公司有一套基本的价值观即旭电公司信念，作为所有员工行为规范的模式。它们是：

1. 顾客第一

顾客具有第一优先权，及时且无缺陷地满足顾客需求是旭电始终如一的目标。这样做是为了加强合作关系，通过革新与无缺陷，提供高价值的产品与服务。

2. 尊重员工

旭电公司认为听取每位员工的建议很重要。他们重视员工的尊严、平等与成长。

3. 质量

顾客有权要求产品与服务符合他们的期望与要求。旭电公司的目标是追求完美、超越顾客期望。

4. 供应商关系

旭电重视合作、沟通与评价。

5. 商业伦理

诚实、正直及可靠是所有成功关系的基石。我们相信必须以坚持不懈的正直态度开展业务。

6. 股东价值

旭电持续改进以求获得最佳商业成果。

7. 社会责任

旭电的目标是成为社会的资产。

1988年，西村康一作为首席运营官加入旭电公司。西村博士的目标是发展并保持基层设施与管理体系，使它们能够迎接年增长率30%的挑战；同时保证利润水平，提高顾客满意度，并且为员工创造发展机会。

旭电公司的企业愿景是成为世界上最优秀的电子设计与制造服务公司。1989年，西村博士应用了马可姆·波里奇质量奖的标准，将它作为旭电公司企业体系与领导体系的基本框架。

为了使旭电公司的领导体系和整个公司的流程符合波里奇评奖标准，西村建议公司进入大奖程序，这样评审官可以反馈需要改进的方面。1989年，西村博士这时已经成为旭电公司的董事长、总裁兼首席执行官，以他为主的公司领导团体已经运用了波里奇评奖标准，包括内部与外部评价标准，促使公司日趋卓越。波里奇大奖体系促使旭电公司成长、进取，公司平均综合年增长率超过50%。

西村要求他的领导团队明白他们的工作是管理公司并确保所有股东的需求。西村教导领导团队崇尚旭电公司的信念。旭电公司的信念已经适用多年，并且一年接一年得到重申。西村强调如果行为没有反映旭电公司的信念，就应该改变行为方式，而不是信念。

西村康一与高级领导在公司里起动了每年计划流程，该流程包括制定愿景规划、年度营运计划及年度改进计划。高级管理者应不断评审公司业绩，

主要内容包括：

（1）工厂现场经理应每天监控运营、质量、业务、供应商及顾客数据。

（2）总裁应每月评审战略业绩及年度计划，再由总经理会议每两个月集中审阅。由所有地区总经理、现场总经理及公司副总裁出席并提交营业状况及营业成果报告。

（3）西村康一每个季度都亲自监督各个现场，仔细查看运营情况，要求各生产线经理和员工向他递交报告书。在这些会议上，西村康一强调对顾客、股东及员工的承诺。他还实施工厂间的内部交流。

（4）每个季度，工厂的总经理应指导员工信息会议。他们一起审阅主要顾客的季度业务成果、公司发展，审阅重要战略举措状况。这类会议还可以对员工贡献及员工团队予以认同。

（5）总经理会议还将详细审核年度员工执行调查结果。这些数据分析用以改进短期工作及长期能力。重要问题会整理成行为计划，在总裁现场访问里予以评审。

可口可乐：质量管理体制

可口可乐进入中国已经有 70 多年的历史了，无论是 1927 年第一次进入中国在上海成立第一家装瓶厂，还是 1981 年第二次进入中国在北京成立第一家装瓶厂，可口可乐公司都非常注重产品的整个生产过程，从选购原材料到生产的全过程，都定时检测，不仅在厂里，还派人到市场买回产品来检测产品的质量。

可口可乐公司在刚进入中国市场时，产品的质量不是很高，糖和玻璃瓶的质量都不够好。20 世纪 80 年代前后，中国的玻璃瓶只能承受 16 个大气压，而国外则要求能承受 32 个大气压。鉴于这种差别，可口可乐公司把玻璃瓶专家派到中国，无偿地把技术提供给中国的玻璃瓶制造商。这样中国的可口可乐产品销量增加了，装瓶厂也因此受惠，而且整个饮料行业都因为技术改变而受益颇丰。

可口可乐在中国所有的合资装瓶厂占少量的股份，中国企业方面占大部分股份。合资后，整个生产力、产量、营业能力都提高了很多。天津厂与可口可乐合资后，它的产量提高了 200% 以上，效益提高了 300% 以上。正是因为可口可乐的进入，合资厂才有了新资金、新技术和新的管理体制，尤其是质量管理体制，使得整个系统的生命力和动力增强。武汉厂和沈阳厂也是

这样。

可口可乐公司带来新的生产方法和质量管理体制，即"集中生产主机，分散灌装饮料"，就是把最重要的饮料生产元素——主机和浓缩液集中在一个或几个质量控制比较好的厂生产，并授权在各地的灌装厂加水、加气、加糖。用这个方法和体制，企业不仅可以保证质量，并且业务也得到很快的发展，效率大大提高。可口可乐公司的这个方法和体制给中国饮料行业起了模范带头的作用。

摩托罗拉：质量文化变革

20世纪70年代以来，摩托罗拉的质量改进之路充满艰辛：持续受到来自竞争市场的打击。一家日本公司从摩托罗拉手中购走摩托罗拉在美国的一家电视机制造厂后，迅速采取行动，给工厂的运作模式带来了极大的变化。在这家日本公司的管理下，工厂生产的电视机的缺陷率只有原来摩托罗拉管理下的1/20。

20世纪70年代末和80年代初，公司参与反不正当竞争运动，想通过政策保护来面对竞争压力。最后，甚至连摩托罗拉自己的首席执行官都不得不承认"我们的质量在衰退"，于是摩托罗拉决定认真地采取质量战略。摩托罗拉当时的首席执行官鲍勃·高尔文从企业文化方面开始着手公司的质量改进之路，最终他在摩托罗拉质量改进中取得的巨大成就，成为了企业的象征。

有一天，摩托罗拉的CEO鲍勃·高尔文在与他的高级幕僚们开会，会议的主题是总结过去、放眼未来，讨论如何才能使公司更具竞争力。突然，有位市场营销经理插话了——他是一位备受人们尊重的人："的确，我们都在竭尽全力使公司具有卓越的表现，但是坦率地说，我们的质量还很差！"

他的话说完，所有在场的人都大吃一惊：他们根本不同意他的说法。于是，激烈的讨论开始了；接下来便是大家分头就"质量"主题展开的调查。不久，结论上来了：他们原先的做事方法并非像他们想象的那样好，在质量改进方面，他们还有许多必须要做的事情。事实让大家清醒过来：过去那套做事的方法已不再具有竞争力了，甚至成为了思想的桎梏；必须重新启动一场全新的竞争，为客户创造价值！

于是，在公司各部门中高层领导的参与和指导下，一场"质量文化变革"正式启动了。它的核心概念是：改变心智、改变价值观及改变角色模

式，为客户创造价值。这些核心理念具体落实在文化改造的"4 I"上：鼓舞（Inspiration）：必须激励员工积极投身保持公司竞争力所需要的变革；信息（Information）：必须告诉员工要变革什么并给予他们足够的培训，以分享新的文化成果；实施（Implementation）：必须实施与新的文化相关的变革；制度化（Institutionalization）：必须使新的变革成为每一个人参与的日常工作的一部分。并按6个步骤循序展开：自上而下承诺；衡量与跟进检查；设定较高目标；强化教育培训；树立成功榜样；进行奖赏与分享。

"质量文化变革"运动实施不久，人们的信念开始改变了。由认为质量是质量部门的事，变为"质量是每一个人的事"；由认为质量改进方面的修修补补，变为"全方位提高质量"——既小修小补，又大刀阔斧；由认为改进质量太费时间，变为减少做事所需的时间实际上就是提高质量；由认为质量计划主要是针对诸如产品和制造部门的，变为质量应引起一切部门的关注，从制造部门、服务部门和行政部门到外部供应商与代理商等组织，为企业提供发展与质量经营相关的良机。

人们的态度也变了。由认为"人非圣贤岂能无过"，变为不接受错误、追求零缺陷，全心全意追求客户的完全满意。这是一场心理上的竞争：人们常规的思维逻辑或传统的智慧与不折不扣的"零缺陷"心态的争斗；一场工作哲学与执行标准的竞争：如果一家公司开始就接受错误，就一定会接受妥协与让步，就会失去市场、失去利润，并向那些坚忍不拔地追求零缺陷的公司俯首称臣。

奔驰：保持产品优良

"奔驰"的成功之路，是质量至上之路，奔驰车以高质量的形象屹立于世界汽车王国！它向人类展示产品质量务求完美在市场竞争中的突出地位。

保持产品优良是奔驰公司也是任何一家企业在竞争中立于不败之地的一条重要法则。

奔驰汽车至今已有100多年的历史。1886年，世界上第一辆汽车就是在这里诞生的。100多年来，奔驰汽车公司向世界各地提供了大量豪华、新颖、优质的汽车。"奔驰－600型"高级轿车成为许多国家元首、世界超级富翁、国际明星的首选，也成为权势、金钱的象征。

100多年来，"奔驰"也为该公司带来了巨额财富。仅就该公司成立100周年的1986年而言，奔驰汽车公司创造了年销售额达510亿德国马克，税后

利润高达 65 亿美元的历史新纪录。在世界汽车工业发展史上，奔驰汽车留下了自己不朽的足迹。

对产品质量作精益求精的探索，创造第一流的产品，这是一百多年来奔驰汽车公司的经营宗旨。在整个生产过程中，从产品的构思、工艺的设计、样本的研制、批量的生产直到最后的服务，质量第一的原则一直贯彻始终。

为了保证产品质量，该公司从上到下形成了一个质量保证监督网，不合格的零部件坚决不用，不合格的成品坚决不出厂。各厂、车间、班组层层设立质量保证机构，派有专人检验质量。在奔驰汽车公司的工厂中，生产工人中有 1/7 是进行质量控制和检验的，光是一个引擎就要经过 42 道检验。

除此之外，奔驰公司还由董事会代表、车间代表和技术人员共同组成检查组，定期对所属部门进行检查。不仅检查产品质量、工艺和材料质量，还要帮助解决具体问题，而且还检查质量监督、检查人员的工作质量。

随着专业化协作的加强，许多零部件是由协作厂提供的。对此，奔驰公司也严格把关，辛德尔芬根分厂共有职工 3400 名，每天组装汽车 1600 辆。奔驰公司规定如果一箱里有一个零件不合格就全部退货。由于长期执行这项制度，协作厂商也都自觉地提高零部件质量。为了帮助他们提高质量，奔驰公司经常组织技术力量对协作厂开展技术咨询和服务。

对于汽车来说，其质量要求主要是行驶安全、坚固耐用、乘坐舒适、外形美观。为此，奔驰汽车公司研制出世界第一个安全车身。发生车祸时，车身不会挤瘪，方向盘在撞去后能自动收拢，确保驾驶者的人身安全。20 世纪 60 年代，他们研制出 ABS 刹车系统，用电子控制器控制轮胎、紧急刹车时不因路面情况复杂而翻车。20 世纪 70 年代末，他们又研制出转变灵活、既快又稳而且在高速急转和较大倾斜的角度下不会翻车的"190"型小轿车，深受广大用户欢迎。

坚持质量第一，以质求胜的原则还体现在高质量的售后服务上。在奔驰公司的销售处，人们可以看到奔驰公司生产的各种车的图样，了解到汽车的性能特点。顾客如果对汽车的颜色、外观、内部装潢、附加设备等有特殊要求，厂方可以按需生产。为了做好售后服务工作，奔驰公司在各地设立了 1700 多个服务站，提供从换机油、检修、急送零部件，一直到利用电子计算机进行运输咨询等项服务。奔驰就是这样依靠高品质的生产质量和服务赢得了顾客的青睐。

在奔驰汽车公司的 100 多年历史中，它的汽车生产已发展到 160 多个品种，3700 多个型号。但他们为了保证企业的声誉和产品质量，年产量始终控

制在 70 多万辆，其中小汽车只有 44 万辆。而后起的美国福特公司、日本丰田公司年产量都在二三百万辆以上。由于生产严格把关，数量受到一定限制，虽然，价格也是一般车的 2 倍以上，最高售价达 34000 美元，而买主却蜂拥而至。

奔驰因其优良的质量赢得了巨大的声誉，所以年营业额可达 400 亿马克。更为重要的是，奔驰汽车在世界各国的消费者心中牢固树立了这一形象：奔驰等于优质。

阿姆斯壮建材公司：质量领导小组的领导体系

总部位于美国宾夕法尼亚州开斯特市的阿姆斯壮国际公司是一家具有近百年历史的国际公司，1911 年获得倒置桶式疏水阀发明专利，是目前世界上著名的蒸汽系统专业公司。

20 世纪 80 年代末，阿姆斯壮建材公司成立了质量领导小组，该小组包括总经理在内，直接向阿姆斯壮世界工业公司办公室负责。该家公司负责管理阿姆斯壮在美国的天花板业务。1989 年，公司依照波里奇评奖标准实施了一套内部自我评估标准。根据评估结果并且为了增强顾客的关注和满意度，1990 年，建材公司高层管理者重新改组公司，组成了 BPO 综合管理小组。

这一组织的目的是更加正规地定义、执行领导体系。它的重点是增强顾客满意度，改进财务指标，提高各职能部门能力。

1994 年 1 月，为了加强沟通，更有力地将公司价值观和公司期望值赋予员工、顾客与股东，BPO 为运营工作提供了关键性的支持服务。不久，综合管理小组改组为质量领导小组，成员主要包括支持服务系统的经理，还有 5 个增值职能部门的经理。质量领导小组的作用是"确保价值观、目标和体系适时引导且持续不断地追求顾客价值与提高营业绩效"。

质量领导小组的领导体系为了公司能取得优秀的业绩不断发展与改进，其中包括以下具体的作用与责任：

1. 质量领导小组确立质量价值，制定合理的、扩展的目标期望值。

2. 以管理为主导的质量领导小组将领导体系延伸到公司各个地点，领导小组重视顾客需求与持续改进。

3. 质量领导小组运用波里奇评奖标准评估绩效。

4. 根据波里奇评奖标准执行情况的反馈，质量领导小组成员被分派到具体区域利用他们的力量寻求改进机会，设计并执行行动计划。

5. 质量领导小组不断提炼简化质量步骤，建立一体化的战略管理流程，旨在为顾客、员工和股东创造价值与满意度。

6. 质量领导小组成员与其他员工有系统地参加顾客咨询委员会的会议、全国顾客大会，与顾客谈话，通过交流加深公司质量价值观。

7. 质量领导小组改进了与渠道顾客的关系。

8. 质量领导小组成员指导并参与广泛的教育、培训、标准检查与能力发展活动。

9. 质量领导小组成员相互沟通，强化他们对于阿姆斯壮公司大量股东的价值。

阿姆斯壮建材公司价值观的基础是阿姆斯壮的运营准则，公司的运营准则自 1960 年书面确立后就从未改变过，那时恰逢阿姆斯壮成立 100 周年。这些准则是质量价值标准的根基，所有新员工第一天上班时都参与讨论它们。运营准则包括：

1. 重视尊严，经营始终重视个人内在权利。

2. 坚持优良的道德伦理，所有关系反映出诚实、正直、可靠与坦率。

3. 态度、言语与行为中呈现出高品位与足够的礼貌。

4. 公平对待、正确权衡利益，包括经营涉及的各个团体——顾客、股东、员工、供应商、社会、政府与公众。

质量领导小组（前身为综合领导小组）成功地领导了公司文化、组织结构与绩效水平的改进。改进工作日益提高了人们对市场动态、竞争对手经营业绩、经营成果动因的理解。质量领导小组每个月举行两次会议，依照战略计划审议、评价并执行经营计划。所有质量领导小组成员每季度至少评审一次他们的职能计划执行情况，领导小组每半年审核一次。他们每天都会执行计划。总裁及其他领导小组成员在每年两次的工厂质量及服务审核会议、全球工厂厂长会议上与各制造厂一起审核实际执行计划。每年，总裁与质量经理和各工厂质量小组单独审核计划及质量改进程序。质量领导小组的成员要指导员工的年绩效考核工作。质量领导小组的成员积极参加阿姆斯壮公司的年度质量大会，各工厂质量小组组长在一起讨论他们需要改进的地方。质量领导小组每年都会讨论公司的战略管理流程。质量领导小组成员采用大量系统化措施评估并改进个人与集体的领导的有效性，其中包括员工反馈、业绩审核、波里奇评奖标准及标杆公司的设立。

1990 年，阿姆斯壮的质量经理们根据菲利普·克劳斯比的质量哲学设计了阿姆斯壮的 14 项措施。1994 年，为了改进公司的举措，引进新的方法与

体系，比如说能力发展，质量经理改进了这 14 项措施。改进后的 14 项措施是：

1. 领导：理解、承诺并决心改进整个企业的质量。

2. 质量改进小组：计划、实施、评估企业质量改进活动。

3. 顾客满意度：确保体系改进质量，举措改进文化，注重市场与顾客。

4. 制定计划、确立目标：确定具体目标与评估程序。

5. 认知：增强所有员工对质量改进的认识。

6. 教育与培训：为员工提供所需的教育，使员工能有效地参与改进。

7. 评估：明白是否符合顾客需求，了解并沟通现状。

8. 流程改造：认清企业中的所有主要业务流程，建立主人翁地位，分清改进优先顺序。

9. 改进时机：为所有员工提供一种体系，便于激励、交流和奖励改进思想。

10. 供应商质量管理：供应商参与阿姆斯壮改进质量工作，以获取顾客满意。

11. 褒奖：激励、认可、奖励参与改进工作。

12. 质量会议：定期组织管理者共享信息、制定方向。

13. 设立标杆：建立严格的评价方法，以便将程序实施后的业绩与最佳标准相比较。

14. 评估：根据奖励标准评估企业绩效。

企业内相互沟通与强化准则、价值观与计划。在管理会议、质量小组会议、员工会议中，在与顾客、供应商、社区邻里接触中，阿姆斯壮的高层管理者们致力于做到上述这点。经营策略补充了价值观，加强了具体工作的实施。90% 以上的阿姆斯壮制造工人均纳入公司分红计划，以此补偿工厂员工（计时工人）在安全、质量、生产效率和顾客服务方面的改进工作。公司其他员工通过职员奖金计划得到褒奖。1994 年，惊人的销售业绩与收益率使阿姆斯壮建材公司为这两个计划的支出达到历史最高记录。

第四章

做好客户服务

人性化服务是你的最佳卖点

希尔顿连锁酒店创始人康拉德·希尔顿说："高品质的服务是占领市场的通行证。"因此，为顾客提供优质的服务，才能为自己赢得好业绩。优质服务能让顾客满意，让老板满意，也为企业的长足发展开发了源源不断的利润之泉。

作为职场员工，脱颖而出的最好方法是提供最好的服务，人性化服务是你的卖点，体贴的服务能使你的工作达到尽善尽美。

香港著名音乐人林夕有一位朋友，他从日本回到香港，打算开一家日本料理店，请林夕帮他选择店址。

他们跑遍全城，选出 10 个候选地址，作为"准店"。然后把这 10 家准店的位置、环境、布局等各方面情况的优点和缺点列出对照表，反复比较，最后敲定 3 家准店。

接下来，林夕的朋友请专门的市场调查咨询公司，对 3 个准店的市场潜力进行了专业性调查，根据专家的意见，最后确定一处作为开店的地址。

店面按照朋友的要求装修好后，朋友邀请林夕去参观。林夕进去之后，第一感觉是舒服，第二感觉还是舒服。林夕发现，自己作为顾客，能想到的、能提出的要求，店里都做好了。有一些顾客没有想到的，店里也帮其做好了。但是，这位朋友还是不放心，请朋友们来提意见。

林夕对此有些不可思议，说："要是我，现在早就开店赚钱了。你快开业吧，早一天开业，就早一天赚钱。"

可是，朋友说："不，正式开业在一个星期之后。从明天开始，我请朋

友们来这里吃饭。但是，饭不能白吃——大家吃完之后，每个人至少得提出一条意见。"

听他这么一说，朋友们都问："为什么？"

他说："我在日本餐馆考察时，他们永远不会让客人等候超过5分钟。他们不会让客人有任何不满意的地方。假如现在开业，我还没有把握。因此，我请大家来提意见。"

"你这是客气。你要知道，这里是中国。赶快先开业吧，发现问题随时纠正就行了。""不行，我不能拿顾客做实验。在日本的考察经验是：开业前10天的顾客，绝大多数都会成为固定的回头客。如果前10天留不住顾客，这店就得关门。"

"为什么？一个新店，有一点不足很正常嘛！有问题下次改正不就行了吗？"

"真的不行。在日本，没有下一次，只有一次机会。我刚到日本的时候，觉得日本人好傻，你说什么他都相信，如果想骗他，其实很容易。但是，他只会上一次当。以后，他再也不会和你来往。如果是你本人的原因犯了错，你就得离开，根本没有下一次机会了。"

听到这里，林夕明白了朋友的做法。他就是要一次成功，这是他第一次开店，也最后一次开店，绝对不允许失败。

记住，人性化服务是你的卖点，一个人只有懂得服务好别人，才能让别人为自己的业绩加分。无论多么好的商品，如果服务不完善，客人便无法得到真正的满意，甚至当服务方面有缺陷时，会引起客户的不满，从而丧失商品自身的信誉。

要记住，没有一样产品是十全十美的。当然，产品制造得愈好，其所需要的服务工作愈少，但是，如果需要服务的话，那么这种服务一定要是最好的。这种工作应该由受过训练的人员去担任，并使用自己公司所制造经销的或介绍的最好的零件与材料。

留心洞察——投其所好，关注客户的习惯

你细想一下，普通人看到一个小孩蹦蹦跳跳、东摸西抓、片刻不停，就会心中生厌。但一名推销高手，却会对他母亲说："这孩子真是活泼可爱！"孩子是父母心中的"小太阳"，看到孩子，不论长相如何，也不管可爱与否，推销员应该说的是："喔！好可爱的孩子！几岁了？……"这样一定能打开

对方的话匣子，把小宝宝可爱聪明的故事说上一大堆。这种和谐的气氛自然能"融化"他的借口，接受你的商品。

小孩、宠物、花卉、书画、嗜好等都可缩短双方的距离，顾客的喜好是多种多样的，推销员要广泛搜集，并进行研究，掌握其要点，以便对话时有共同语言。了解顾客的喜好对推销的成功具有重要作用，推销员必须善于利用。

日本著名的推销大师原一平准备去拜访一家企业的老板，由于各种原因，他用尽各式各样的方法，都无法见到他要见的人。

有一天，原一平终于找到了灵感。他看到附近杂货店的伙计从老板公馆的另一道门走了出来，原一平灵机一动立刻朝那个伙计走去。

"小二哥，你好！前几天，我跟你的老板聊得好开心，今天我有事请教你，请问你老板公馆的衣服都由哪一家洗衣店洗的呢？"

"从我们杂货店门前走过去，有一个上坡路段，走过上坡路，左边那一家洗衣店就是了。"

"谢谢你，另外，你知道洗衣店几天会来收一次衣服吗？"

"这个我不太清楚，大概三四天吧。"

"非常感谢你，祝你好运。"

原一平顺利地从洗衣店店主口中得到老板西装的布料、颜色、式样的资料。

西装店的店主对他说："原先生，你实在太有眼光了，你知道企业名人某某老板吗？他是我们的老主顾，你所选的西装、花色与式样，与他的一模一样。"

原一平假装很惊讶地说："有这回事吗？真是凑巧。"

店主主动提到企业老板的名字，说到老板的西装、领带、皮鞋，还进一步谈到他的谈吐与嗜好。

有一天，机会终于来了，原一平穿上那一套西装并打着一条搭配的领带，从容地站在老板前面。

如原一平所料，老板大吃一惊，一脸惊讶，接着恍然大悟大笑起来。

后来，这位老板成了原一平的客户。

原一平的例子告诉我们，接近准客户最好的方法就是投其所好，培养与准客户一样的爱好或兴趣。当准客户注意你时，就会有进一步想了解你的欲望。

很多时候，推销员与客户见面不到 30 秒就被拒绝了，这主要是因为你的谈话根本没有引起客户的丝毫兴趣。有大量的事例证明，交易的失败多数情况是因为推销员的知识与推销技巧没有得到很好的运用，或者缺乏这方面的知识。假如有 10 桩生意都失手，那么就表示推销员没有了解到客户的需求，根本不能激起客户的购买欲望！那么怎样做到投客户所好呢？

（1）从对方感兴趣的事情谈起。

（2）从对方最关爱的对象谈起。

（3）从对方最深切的情缘谈起。

（4）从对方最精通的业务谈起。

（5）从消除对方的顾虑谈起。

真诚地把顾客当成自己的朋友

服务顾客的至高境界，是超越买卖关系而建立朋友的关系。许多员工都觉得和自己的客户做朋友是不可能的，事实上，这样的事在很多优秀的企业中和优秀的员工身上正在上演。

顾客在星巴克的咖啡店里，不仅仅消费咖啡，而且还体验着一种莫大的关怀与尊重，星巴克把顾客不仅仅视为应该尊重的上帝，还当作自己的朋友。举个例子：

故事发生在德国。有一对情侣经常光顾星巴克，他们被星巴克浓浓的咖啡、热情周到的服务所吸引。再加上星巴克所散发的浪漫的氛围，这对情侣简直视星巴克为自己的家，每天下班以后都要在星巴克品尝香浓的咖啡。同时，他们也与星巴克的侍者建立了良好的关系。

一天，侍者发现这对情侣只来了一个，小伙子坐在昏暗的角落里不断地叹息，根本没有了往日的潇洒与浪漫。

侍者小心翼翼地走过去，耐心地询问发生了什么事。年轻人很无奈但很坦诚地告诉侍者，他因为一件小事与女朋友吵架，他现在很后悔，不知道该做什么。侍者用同情的目光看着年轻人，轻轻地告诉他，要主动向女朋友道歉，坦诚地面对自己的错误。

年轻人点了点头。

一天、两天、三天过去了，第四天，星巴克的咖啡店里又出现了那对情侣，小伙子用感激的目光看着星巴克的侍者——他的朋友。

星巴克咖啡店里发生的事情很多，每一个星巴克的员工都把顾客当作自

己的朋友，细心地观察他们，询问他们的要求。

　　一位业绩高手曾说，他得到的最有价值的经验就是：与每个顾客都成为朋友。这位员工发现友情经常在交易中成为决定性的因素。也许你有物美价廉的产品，但竞争者的产品可能与你的产品不相上下，这时顾客如何选择？最后，交易总要落到顾客感觉最好的企业或者企业员工身上。美国百万圆桌协会会员，同时也是优秀销售员的布莱恩·迈耶就是一个会和客户做朋友的人。

　　一次，布莱恩去拜访一位年轻的律师，他对布莱恩的介绍和说明丝毫不感兴趣。但布莱恩在临离开他的事务所时不经意说出的一句话，却意外地使他的态度来了个180度大转弯。

　　"巴恩斯先生，我相信将来你一定能成为这一行业中最出色的律师，我以后绝对不再随便打扰你，但是如果你不介意的话，我希望能和你保持联系。"

　　这位年轻的律师马上反问他："你说我会成为这一行最出色的律师，这可不敢当，阁下有什么指教呢？"

　　布莱恩非常平静地对他说："几个星期前，我听过你的演讲。我认为那次演讲非常精彩，可以说是我听过的最出色的演讲之一。这不仅仅是我一个人的看法，出席大会的其他成员也这样评价你。"

　　这些话让巴恩斯眉飞色舞，兴奋异常。布莱恩早已看出来，于是乘胜追击，不失时机地向他"请教"如何在公众面前能有这样精彩的演讲。他兴致勃勃地跟布莱恩讲了一大堆演讲秘诀。

　　当布莱恩离开他的办公室时，他叫住布莱恩说："布莱恩先生，有空的时候希望你能再来这里，跟我聊聊。"

　　没几年时间，年轻的巴恩斯果然在费城开了一间自己的律师事务所，成为费城少有的几位杰出律师之一。而布莱恩一直和他保持着非常密切的往来。跟巴恩斯交往的那些年里，布莱恩时时不忘告诉他自己对他的崇敬与信心，而他也时时不断地拿他的成就与布莱恩分享。布莱恩深以朋友的杰出成就为荣，不止一次地对他说："我早就看出你一定会成为费城最好的大律师。"在巴恩斯的事业蒸蒸日上的同时，布莱恩卖给他的保险也与日俱增，他们不但成了最要好的朋友，而且通过巴恩斯的牵线搭桥，布莱恩结识了不少社会名流，增添了许多有价值的潜在客户。

　　在推销过程中，遇到客户的拒绝在所难免，这时候，推销员要能发挥自

己卓越的沟通能力，尽力关心客户，使客户感到温馨，化解客户的"反推销"心理，让客户把你当成知心朋友，这对你的推销工作会起到积极的作用，同时这也是营销关系建立的一种方式。

超出客户的期望值，建立长期的客户关系

在产品推销中，为客户提供超值服务是一种有效的策略，它不仅仅是指提供产品价值和服务本身的附加值，更重要的是要创造符合客户价值评判、超出客户期望值的服务，要主动以爱心、诚心、耐心给客户更多人性化的关怀，与客户建立起友好的关系，增强客户对自己的信赖感。

××皮业（国际）有限责任公司成立于1995年3月，时至今日，××公司已是皮革行业中的知名品牌。从1999年起，××公司开设了水牛皮凉席专卖店，此时，他们从四川高价收回的"古董"席终于派上了用场，他们将它作为展品挂进了专卖店。开设专卖店后，产品可以比在商场低30%的价格出售了，且专卖店营销人员都是自家员工，便于统一管理，保障了服务质量。

某一天，××水牛皮凉席山西路专卖店来了位老先生。他进屋就让服务员拿货，然后看表，一屁股坐到了席子上，久久不动。大家不知他怎么回事，只好纳闷地看着。半小时后，老人起身伸手摸摸刚才坐的地方，立马叫了起来："太好了，我以为你们在报纸上说的半个小时不升温是骗人的呢！真是这样啊！那我买定了。"老人乐呵呵地取货走了。几天后老人又来了，原来那床牛皮凉席自买回去后，老人只睡了两天，就被从幼儿园回家的小孙子看上了，每晚都吵着要睡牛皮凉席，老人只好忍痛割爱，将牛皮凉席让给小孙子睡。自己睡了两天竹席实在受不了，又揣着钱来了。

专卖店的开设既方便了客户的挑选，也便于销售信息及时得到反馈，得到了员工和客户的好评。不过员工们最感兴趣的，是来人定做。通过来人定做，不仅可以为客户创造更好的价值，还能够为公司带来一定的口碑。

有一次，公司应一对肥胖夫妻的要求，为他们制作了200×220（厘米）的超大型水牛皮凉席。送货上门时发现，他们家的床就铺在地板上，揭开床单就看见两张竹席凑在一起，中间是用胶粘上的。那女士也不避讳："我们夫妻俩都胖，又都爱翻身，已经好几年没在一张整席上睡过了！"皮席刚铺好，女士就迫不及待地躺上去，直嚷舒服。

员工们也有机会接触一些新潮、另类的客户。有一次，来了对青年男

女，希望定做一张两心迭合的"心心相印"型水牛皮凉席。这种席型原皮利用率较低，成本会很高。厂方请他们再考虑一下，可二人称他们是准备结婚的，"心心相印"型婚床已经定做了，现在就想要合适的凉席，价格上不太在乎。交货那天，公司经理不仅把按其规格做好的凉席送上门，还将裁剩的废皮充分利用，做了两双水牛皮凉鞋与一件婴儿用的水牛皮床垫送过去，作为新人的贺礼。这使那对情侣大为感动，从此与公司经理成了好友。

为了给客户回馈更多的额外价值，该公司还于 2002 年开展了一次《幸福家庭》摄影大赛。数千份参赛摄影作品让全体员工对"幸福"有了全新的认识。照片上有的是新婚夫妇，有的是三口之家，也有的是满头白发的金婚夫妻。但更多的是特殊组合：一位 70 多岁的老先生，1997 年便被诊断为肺癌晚期，但由于亲人的关爱，他的生命之火仍然很旺。照片上被老伴与女儿环抱的老人一脸安详。这次活动，客户们收获的是奖品，而公司的员工们收获了更为宝贵的东西。在之后的职工大会上，公司经理动情地告诉员工："知道什么是幸福，比赚再多的钱都重要！"

××公司正是凭借着始终如一地为顾客提供额外服务，才逐渐发展、壮大，成为业内知名品牌。

正如案例中的××公司，用爱心、诚信和耐心向客户提供超越其心里期待的、超越常规的、全方位的满意服务，让客户深受感动，也赢得了客户的长久忠诚。据调查，××公司客户回购率达到 80% 以上，这是右脑策略在销售中的胜利。同时，这也是一个贯彻售后服务的典范。一般的售后服务是有时限的，这正是许多公司的软肋。要想获得客户长期的忠诚，公司必须改变策略，为客户提供更多的额外服务。只有这样，公司才能长久地发展下去。

而作为一个推销员来说，其使命就是让客户感到服务周全、细致，为自己，同时也为企业培养客户忠诚度，所以，推销员应该时时刻刻为客户着想，在完成自己本职工作之余，细心观察客户在业务范围外的需求，从实际出发，尽可能为客户提供超乎其想象的服务，这样就更容易赢得客户的信任和忠诚，自己也更容易取得理想的业绩。

建立客户档案，管好客户资源

客户资源是一个推销员最大的财富，管理好你的客户资源，让你的客户连成片，你就会成为一个优秀的推销员，取得更高的业绩。而管理客户资源的一个首先关注点便是给客户建档案。

为顾客建立档案，体现尽力为顾客服务的心愿，是商业企业的一种有效推销手段。推销员对客户信息的记录的最终目的是建立自己的客户档案，这样即使时间紧迫，只要抽出一点时间浏览一下客户档案，就能立刻对客户的信息了如指掌。在这方面，乔·吉拉德是个典范。

吉拉德说："你要记下有关客户和潜在客户的所有资料——他们的姓名、地址、联系电话，他们的孩子、嗜好、学历、职务、成就、旅行过的地方、年龄、文化背景及其他任何与他们有关的事情，这些都是有用的推销情报。

"所有这些资料都可以帮助你接近客户，使你能够有效地跟客户讨论问题，谈论他们感兴趣的话题，有了这些材料，你就会知道他们喜欢什么、不喜欢什么，你可以让他们高谈阔论、兴高采烈、手舞足蹈……只要你有办法使客户心情舒畅，他们就不会让你大失所望。"

即使对于已经成交的客户，这些档案记录也能发挥作用。通过对这些客户购买记录的详细分析，可以把握住客户的深层购买趋势，从而便于进行更持久的销售。其实，这种档案管理与分析的方法不仅仅是推销员的特例，也是诸多商家采取的一种策略。

号称"经营之神"的王永庆最初开了一家米店，他把到店买米的客户家米缸的大小、家庭人口和人均消费数量记录在心。估摸着客户家里的米缸快没米时，不等客户购买，王永庆就亲自将米送上门，因此深得客户的好评和信任。这种经营方法和精神使王永庆的事业蒸蒸日上。

王永庆之所以能够做到这些，是因为他通过对客户购买记录的分析，在心里已经为各个客户做了一个详细的销售计划，这一计划一旦开展起来，那么销售的就不只是产品了，而是一种服务。

在这一方面，华登书店做得非常好。他们充分利用客户购买纪录来进行多种合作性推销，取得了显著效果。最简单的方法是按照客户兴趣，寄发最新的相关书籍的书目。

华登书店把书目按类别寄给曾经购买相关书籍的客户，这类寄给个别读者的书讯，实际上也相当于折价券。

这项推销活动是否旨在鼓励客户大量购买以获得折扣呢？这只是一方面。除了鼓励购买之外，这也是一项目标明确、精心设计的合作性推销活动，引导客户利用本身提供给书店的资讯，满足其个人需要，找到自己感兴趣的书。活动成功的关键在于邀请个别客户积极参与，告诉书店自己感兴趣和最近开始感兴趣的图书类别。

华登书店还向会员收取小额的年费，并提供更多的服务，大部分客户也都认为花这点钱成为会员是十分有利的。客户为什么愿意加入呢？基本上，交费加入"爱书人俱乐部"，就表示同意书店帮助自己买更多的书，但客户并不会将之视为敌对性的推销，而是合作性的推销。

　　通过对客户购买记录的分析，华登书店适时开发了新的营销模式，把推销变为为客户提供更全面的服务，从而加大了客户的购买力度，增加了销售量。

　　而对于推销员来说，如果要以明确的方式与个别客户合作，最重要的也是取得客户的回馈，以及有关客户个人需求的一切资料。一般来说，拥有越多客户的购买记录，也就越容易创造和客户合作的机会，进而为客户提供满意的服务。

第五章

像他们一样为客户服务

格兰仕：努力让客户感动

周日的下午，格兰仕售后服务中心维修组的热线电话响了起来。值班人员王京接起电话说："您好，这里是格兰仕维修组，请问您有什么问题吗？"

从话筒的那边传来了一个犹豫的声音："我家的空调坏了，我想请你们来修理一下。不过……我家空调不是从你们那儿买的，不知道行不行？"

"可以。我们公司正在开展'收留家电遗孤'的服务计划，不管您家空调的厂家属于已经倒闭破产企业，还是您无法和他们联系上，我们都可以为您上门维修，只收取成本费。"王京耐心地解释道。

"好的，好的，我就是听说你们好像有这么个服务，所以来问问。今天你们能来吗？"客户还存有顾虑。

"可以的，我们在周末设有加班人员，我现在就过去，您家里方便吗？"

客户听了，高兴地说："那太好了，谢谢您了！"

询问了具体地址后，王京带上维修工具立刻赶到了客户家。

这位客户一看到王京就开始大倒苦水："您瞧，我家的空调刚买了不到两年就坏了！想找厂家维修，可哪儿想到他们厂子这么快就黄了！"

一边说着，客户一边拿出一张空调厂家赠送的"空调整机10年免费保修金卡"来，说："'10年免费维修金卡'，这承诺倒是好听，可叫我上哪儿找人去？"

王京对这样的诉苦已经听了很多，特别能理解这位客户的心情，便安慰说："没事，让我看看你家空调吧，我会尽量给您修好的！"

当王京拆开这台空调机箱，看了几眼后感叹地说："唉，您瞧，这台机

器的内部零配件和材料存在着严重的偷工减料现象，根本不符合国家标准。您家机器买了还不到两年吧？您瞧这里面，好多部件都上锈了。"

"啊？上锈了？他们竟然给新机器用的都是旧零件！这些厂家啊，真是坑人，怪不得会倒闭呢！都黑了心了！"客户看着锈迹斑斑的机器内部气愤地说。

"您也别生气，您不知道，像您这样的客户可多了。每年的 3·15 期间，都有许多消费者投诉无法得到倒闭家电企业的保修服务。保守地估计，仅空调这一个行业，就至少有超过 500 万台的机器没人照管，别说是保修，就连维修都找不到地方。"王京一面安慰着客户，一面道出了这个惊人的数字。

"哎，这回可幸亏有你们，要不非得再买台新的了。你们格兰仕这个'心级'服务的活动可真是太好了，以前我还从来没听说有哪个厂家愿意为别的牌子的机器做维修的，就是有也是个别的，从没有过像你们这么大规模的，这种服务对像我这样上当受骗的消费者来说真是太需要了！你们格兰仕的服务真周到，都想到客户的心坎里了啊！"

现在企业的竞争，可以说就是服务的竞争。谁的服务做得好，谁就能取胜。

在许多行业，客户可以在任何商店、公司或工厂里买到相同的商品。如果价格相同，客户在考虑从什么地方购买时，唯一可能起决定作用的就是较好的服务质量。如果客户可以有诸多选择，为什么他要忍受冷漠、粗鲁？何况卖主又不是一家。在这种情况下，客户选择的将是"最好的服务"。

向顾客提供更好的服务，比竞争对手有更高的服务标准，有助于鼓励顾客的忠诚——这是推动企业经营业绩的主要动力。能给客户提供优质服务的员工为企业赢得了荣誉，他们代表着企业的形象，也决定着企业的成败。

香格里拉大饭店：记住每一位客户的名字

在中国的北京，入住香格里拉大饭店的施密斯先生早晨起来一开门，一名漂亮的中国小姐便微笑着和施密斯打招呼："早，施密斯先生。""你怎么知道我是施密斯？""施密斯先生，我们每一层的当班小姐都要记住每一个房间客人的名字。"施密斯心中很高兴，乘电梯到了一楼，门一开，又一名中国小姐站在那儿："早，施密斯先生。""啊，你也知道我是施密斯，你也背了上面的名字，怎么可能呢？""施密斯先生，上面打电话说您下来了。"施密斯这才发现她们头上挂着微型对讲机。

接着，这位小姐带施密斯去吃早餐，餐厅的服务人员替施密斯上菜时，都尽量称呼他为施密斯先生。这时来了一盘点心，点心的样子很奇怪，施密斯就问她："中间这个红的是什么？"这时施密斯还注意到一个细节，那个小姐看了一下，就后退一步说那个红的是什么。"那么旁边这一圈黑的呢？"她上前又看了一眼，又后退一步说那黑的是什么。这个后退一步就是为了防止她的唾沫溅到菜里。

施密斯退房离开的时候，刷卡后服务生把信用卡还给他，然后再把施密斯的收据折好放在信封里，还给施密斯的时候说："谢谢您，施密斯先生，真希望第五次再看到您。"施密斯这才想起，原来那次是他第四次去。

3年过去了，施密斯再没去过北京。有一天他收到一张卡片，发现是北京的香格里拉大饭店寄来的："亲爱的施密斯先生，3年前的5月20号您离开以后，我们就没有再看到您，公司全体上下都想念得很，下次经过中国一定要来看看我们。"下面写的是"祝您生日快乐"。原来那天是施密斯的生日。

现在，施密斯先生只要到北京来出差，一定会入住香格里拉大饭店，并会介绍他的朋友、合作伙伴也选择香格里拉大饭店。香格里拉大饭店的服务真正做到了顾客的心坎里。

注重细节，达到精益求精的程度，这是职业人士的态度。精益求精是追求成功的卓越表现，也是生命中的成功品牌。一个人做事精确的良好习惯要远远超过他的聪明和专长。如果一个职业人士在工作中技术精湛、本领过硬、态度谨慎，那么他必定能出类拔萃、脱颖而出。

对一种商品来说，质量好、性能优越是世界上最好的广告。

对一种服务来说，以细心的关怀和精心的态度迎来回头客，是对你的服务的最大肯定。

全力以赴、力求至善的精神，对人一生的影响是无可估量的。差之毫厘，谬以千里。平庸和卓越，一般与最好之间有着巨大的差别。只要我们对自己所做的一切精益求精，在细节上做足工夫，我们终究会磨炼出超人的才华，激发出那潜伏的高贵品质。一旦这种力求至善的精神主宰了一个人的心灵，渗透进一个人的个性中，它就会影响一个人的行为和气质。做事追求完美的人，他不会忽略任何一个细节，他明白细节决定成败。他会用自己的细心与精心完满地完成一项工作，并从中得到满足与乐趣。

中国移动通信：让话筒的另一端感受到你的微笑

2005年仲夏的一天下午，湖南移动通讯1860客服中心的雷雅珊接到一个电话，她习惯性地问候："您好，请问有什么可以帮您？"

1秒、2秒……10秒钟过去了，无论她说几次"您好"，电话那头还是长久的沉默。

她想这可能是骚扰电话，便快速地报完结束语，正准备挂，电话那头却传来一个低哑的男声："喂，我和我女朋友要分手了！"

她听了纳闷，轻声问："先生，请问这跟我们移动有什么关系吗？"

对方马上语气高昂，异常气愤地说："怎么会没关系？你们移动服务总是这么差，害得我和我女朋友总是吵架，现在都要分手了，我再也不相信你们移动了！"

她正要询问是什么问题时，对方已经"砰"地挂断了电话。

被莫名其妙地"批"了一顿，雷雅珊很懊恼，但客户那义愤填膺的语气也不像是装模作样，也许他确实是遭遇到了不一般的问题。

随后，她查看了这位客户拨打1860的记录，对方姓吴，今天他有5次拨打记录，每次都不到一分钟。

由此，雷雅珊断定：他可能认为我们不会帮他解决问题，所以他只是通过拨打1860来宣泄他的不满。站在客服的角度来讲，她不希望客户放弃对公司的信任，于是，她便主动拨通了吴先生的手机，以最甜美亲切的声音问候："您好，我是1860的客服代表……"

没等她说完，一个粗暴无礼的男声便大声喝道："我心情不好，你莫来吵我，我跟你们移动公司没什么好讲的！真让人烦躁！"说完他又"砰"地重重挂断了电话。

耳边一阵空寂，又一次被拒之门外后，雷雅珊有一种沉重的挫败感，但她并没有放弃，第二天，又拨打了吴先生的电话。

"精诚所至，金石为开"，这一次对方居然没有挂断电话，雷雅珊赶紧亲切地询问他遇到什么样的问题。

"我告诉你，你能帮我吗？"对方的语气中透出明显的不信任。

"先生，我们1860的职责就是帮您解决问题，请将您的问题告诉我，我一定竭尽所能为您解决。"她一字一句铿锵有力地说。

经了解，雷雅珊总算弄清了问题：吴先生住在湖南涉外经济学院附近，

由于所在地是高校区而且位置比较偏远，导致网络信号较差，长期接收不到来电，久而久之，吴先生在外地工作的女友起了疑心，总猜疑他是不是又找了女朋友。

吴先生对此深感头痛，拨打1860反映了几次网络状况，但1860回复说正在考虑建设新基站，但并不能马上为吴先生解决问题。

前天女友又打电话给他，好不容易接通了，吴先生正准备好好跟她聊聊，结果还没说几分钟，突然电话里传出另外一个女孩大声嚷嚷："喂喂，你是谁!"女友沉默了半晌就"啪"地挂了电话，吴先生再打电话过去，她就吵着要分手了，无论吴先生如何解释她也不肯相信。

突遭变故的吴先生简直是手足无措，不知道该怎么办才好，前几次拨打1860的经历让他认为反映问题并没有用，所以昨天就抱着发泄的心理一遍又一遍地拨打1860。

听完客户的叙述，雷雅珊马上诚恳地向他道歉："对不起，先生，对给您带来的不便我深表歉意。"然后解释说："我们现在已经着手在湖南涉外经济学院的报告厅处建设新基站，来改善您当地的网络状况。另外，您接听电话会出现第三方的声音是由于网络串线造成的，您可以告诉您的女友……"

吴先生突然插话道："我女友现在根本不接我电话，我怎么跟她说呢?"

"这样吧，先生，"雷雅珊真诚地说，"如果您信任我，等一下我跟您的女友解释。"

"呵呵，那再好不过了，"吴先生第一次有了爽朗的笑声，他激动地说，"我女友肯定会相信你们1860的小姐，真是太感激你了!那就拜托你了。"

结束通话后，雷雅珊马上跟吴先生的女友取得了联系，在她的反复解释与说明中，对方明白了事情的经过，表示既然是误会就不会再和吴先生赌气了。她还笑着说，湖南的1860真是服务到家，居然还"越位"帮他来做说客。

雷雅珊回答说："吴先生是我们湖南移动的用户，我们当然要为他负责到底。"

顺利地解决完问题后，雷雅珊及时地和吴先生取得了联系，当他听说女友已经原谅自己时，高兴得像个孩子一样大叫起来："哦，太好了，真是太感谢你了!太谢谢你了!下次有问题我一定还要来麻烦你的。"

"好啊，欢迎您再次拨打我们1860客服热线。"雷雅珊可以感觉在这一瞬间，她和她的客户，都在对电话那端露出了会心的微笑。

哈佛大学教授、营销学大师特德·莱维特指出："顾客真正购买的不

是商品，而是解决问题的办法。"当我们能够以"有限价值，无限服务"为宗旨，当客户遇到困难时能主动地"雪中送炭"，真心诚意地帮其解决问题时，就能赢得客户的信任和认同，就能在平凡的岗位上体味到不平凡的快乐！

沟通已经渗透到生活的各个部分，包括个人关系、家庭关系、社会成员之间的关系、个人与社会的关系、团体与团体的关系。

在人与人之间，模糊有利于审美，而清晰则有利于合作与交流。通过沟通，很好地处理好人际关系，对你的成功来说，好处是不言而喻的。这种良好的人际关系不仅带给你工作上的成功与顺利，还带给你安宁、愉快、轻松、友好的心理环境。

而人与人之间的沟通重在真诚。沟通不只是言语的对接，而且是思想的相通与灵魂的碰撞。用心去沟通，用心去交流，让对方能够深切地体会到你的诚意与友好，你的沟通便是成功的，成功的沟通是可以创造无限价值的。

万科：让客户微笑

万科成都物业管理人员韩冬平在这个平凡的岗位上，视业主为亲人，用其真诚周到、细致体贴的服务，换来每一位业主满意的微笑。对于一些特殊业主，韩冬平总是能为业主着想，倾注浓浓爱心，尽最大可能帮助业主解决生活难题。

韩冬平所在的小区有一家住户，家中有个年近八旬的老人，老人的儿子、儿媳和孙子都各自忙于事业、学业，没有时间照顾老人，将老人一个人放在家里又不放心，便想请保姆照顾老人，但不知该怎样找素质高些的保姆来，在聊天时把这件苦恼的事向韩冬平说了。韩冬平听了便四处帮助打听家政服务的消息，对于哪些家政服务公司的信誉度高，哪里的家政服务员素质好，进行了充分的了解，最后，向这户人家推荐了一个值得信赖的家政公司。果然，请来的保姆将老人的事情打理得特别好，还与这家业主缔结了友谊。这个保姆在这户人家服务了 3 年之后，要回老家了，这家人很是不舍得，老人更是泪流满面。

之后，这家人又找到韩冬平，希望她再帮他们找一个保姆，韩冬平又笑着答应了。在她看来，做这些事情都是她的分内之事。

平凡的是工作岗位，平庸的是工作态度。无论你从事的工作多么琐碎，

都不要看不起它。所有正当合法的工作都是值得尊敬的。只要你诚实地劳动，没有人能够贬低你的价值，关键在于你是如何看待自己的工作的。

生活中我们经常看到一些人抱怨自己的工作枯燥、卑微，轻视自己所从事的工作，无法全身心地投入工作。他们在工作中敷衍塞责、得过且过，心思不是用在工作上，而是用在如何摆脱目前的工作环境上，这样的员工在任何地方都不会有所成就。

很多情况下我们无法选择自己的工作种类，但我们可以选择自己对待工作的态度。无论在什么情况下，我们都应该充满热情地投入自己的工作中，用创意和努力让自己的工作变得卓越。

全聚德：让顾客享受到的不只是烤鸭

2006年3月8日，全聚德和平门店大厅里坐了一群特殊的客人，她们是全国三八红旗手的代表，今天被请到全聚德尝尝北京的烤鸭。

大家落座后，准备停当，只见一位中年女服务员以娴熟的动作将香喷喷的烤鸭快速地片成了鸭肉卷，那鸭肉卷薄厚均匀，铺在盘上，煞是好看。

片完鸭肉，她又为在座的客人每人卷了一卷鸭肉，并细心地向客人讲解全聚德的历史和烤鸭的部分工艺。全聚德测定水质和土壤来选定鸭种和大葱等原料的生产基地；严格筛选不多于3斤的鸭子，并在鸭子的处理中由专人负责每一道工序，而且在鸭坯出场和入炉时再进行两次检查；鸭坯要在一定的烤炉中烤至并达到规定的重量、颜色、口感、温度等质量标准；烤鸭必须在出炉后三到四分钟内上桌；等等。通过细致入微的规定，全聚德力求保障出炉的每一只烤鸭都是精品。

最后，这名服务员还耐心地回答了客人们的提问。她的每一步服务都准确到位，博得了客人的好评。

这位服务员不是别人，正是全聚德的服务大师赵艳萍。她在全聚德已经工作28年了，每一次服务她都要求自己做到最好，以一颗赤诚的心面向顾客，而不论服务对象是国际国内政要还是普通百姓。赵艳萍最常说的一句话就是："在全聚德，要让顾客享受到的不只是烤鸭。"那一天是妇女节，赵艳萍以自己的方式招待了中国女性的优秀代表，同时也以这种方式给自己过了节。

在公司中，普遍存在着这样一种人，他们认为自己的工作已经都做了，当客户表示不满意时，他们习惯说："我已经做得够好了，是客户太挑剔

了。"工作中习惯于说自己"做得够好了"的人是对工作的不负责任，也是对自己的不负责任。工作永远没有"够好"的时候，只有把它"做到最好"才能真正成功。

无论客户、上司还是老板，真正存心挑剔的时候并不多，他们提出的要求，都是迫于某种需要。客户认为自己的付出没有得到相同价值的服务，上司怕工作质量影响业绩，老板则更是迫于对手的激烈竞争和市场的巨大压力才严格要求，因为他从来都无法对市场说："我已经做得够好了，你降低要求吧！"市场是无情的，有时可能只比竞争对手稍逊一点点，就被淘汰出局了。

当每个员工将为客户提供最佳的产品和服务化为一种习惯时，就可以从中学到更多的知识，积累更多的经验，而且还能从全身心投入工作的过程中获得快乐。

IBM：服务从一点一滴做起

美国纽约城曾发生过一次大停电事故，华尔街停电，纽约证券交易所都关闭了，银行、公司顿时混乱。在 25 小时的停电期间，室外气温达华氏 95 度左右，空调、电梯、照明一概失效。而 IBM 的工作人员却不辞辛苦地攀登一些高层大楼——包括有 100 多层的世界贸易中心大楼。

他们带着各种急需的部件为顾客维修设备，力求把顾客损失的时间减少到最低程度。

有一次，一家出版公司在宾夕法尼亚州的斯克朗顿的电脑主机出了故障，其原因是一个非常便宜的小部件失灵，因为这个小部件极少引起机器故障，当地没有替换件。为此，IBM 就派飞机去科罗拉多州寻找这个小部件，使故障在 24 小时之内就完全排除了。

服务应从一点一滴做起，IBM 公司在世界上享有"最讲求以服务为中心的公司"这一殊荣，这也是靠数年以来一点一滴的小事，积累起了今天 IBM 的声誉，塑造了 IBM 的形象。

提供最佳的售后服务应该是每个企业的一条神圣原则，建立稳固销售基础的最可靠办法是为顾客提供最佳服务，而且，从长远看，服务就是对未来的一种最好投资，这可以成为许多企业借鉴的经验，IBM 除了经营，就是要求员工为客户提供最佳的服务。

宝洁：把消费者当成自己的老板

把消费者当作老板，全心全意地为消费者服务，了解消费者的需求，满足消费者的偏好，是宝洁员工的一贯作风。

事情发生在柏林墙倒塌后的一个秋天，宝洁公司采取一个国家引进一个产品的策略，每一次的产品引进都以广泛的研究为基础。宝洁早就知道东欧人需要较好的清洁产品，但是东欧的消费者并没有想过清洁产品该是什么味道，研发人员也无从问起。宝洁的调查员和当地家庭一同生活，了解到东欧民众的喜好，他们注意到洗衣剂的香味和清洁度几乎是同等重要的。于是，宝洁根据东欧民众的需求，最终推出了3种不同价位的品牌，一举成为东欧市场的领导者。

当宝洁公司进入中国时，宝洁公司首先调查了中国人民的洗衣方式，他们注意到中国气候变化大，经常出汗，劳动强度大，衣服相对比较难洗，所以宝洁改良了熊猫洗衣粉，推出了含宝洁特有超洁因子的熊猫超洁洗衣粉，用这种洗衣粉洗出来的衣物更干净，洗衣更轻松。

同样，当意识到中国人的口腔保健习惯与欧美各国的差别时，宝洁推出了第一支含中草药的佳洁士多合一牙膏。

正是宝洁对消费者的需求全面满足，把消费者当作自己的老板，才占领了众多市场，并在竞争激烈的日用品市场上保持领先。

就像一个多世纪前宝洁的创始人一样，宝洁人永远着眼于未来，宝洁公司一贯奉行"生产和提供世界一流产品，美化消费者的生活"的企业宗旨，在世界各地生产出了众多质量一流、深受消费者喜爱的产品；每一个成功企业背后都有一种体现适应性、创造性、开放性和导向性的企业文化；他们的常胜之道在于了解顾客、不断创新，并以此来满足消费者的需求；尊重员工，与员工良性互动，让员工成为公司真正的主人。同时，宝洁也要求员工把对消费者的服务当成工作的核心。

■ 业绩提升篇

500强企业员工
应有的业绩思维

向行动要业绩

天下没有白吃的午餐

有人曾经做过一个心理小测验：

有五种动物，老虎、猴子、孔雀、大象、狗。你到一个从未去过的原始森林探险，带着这五种动物，四周环境危险重重，你不可能都将它们带到最后，你不得不一一地放弃。你会按着什么样的顺序放弃呢？

大多数人的答案是：孔雀、老虎、狗、猴子、大象。孔雀代表你的伴侣、爱人；老虎代表你对金钱和权力的欲望；大象代表你的父母；狗代表你的朋友；猴子代表你的子女。这个问题的答案意味着在困苦的环境中你会首先放弃什么，让你通过小测验看看你自己是什么样的人。

在困苦的环境中我们会最先放弃我们的爱人？在选择中，为什么首先弃孔雀呢？因为人们觉得孔雀是在艰苦的环境中最不能帮助自己的东西。

但是，有一个人的答案都与众不同：猴子，老虎，大象，狗，孔雀。

为什么最后放弃孔雀？他回答说在这所有的动物中，唯有孔雀是最没有保护自己的能力的，我怎么能轻易放弃，让它置身于一个危险的环境中呢？

在我们选择的过程中，我们太多地考虑了别人对我们的付出，而没有想到别人需要我们什么样的付出。

职场中也是如此，凡是成功者，背后都蕴藏着各自的故事，这些故事无不演绎着这样一个道理：辛勤耕耘，必有收获。

许多成功人士拥有如此的成就，是与他们的辛苦实干分不开的，他们的每一份收获，都凝聚着他们的努力与汗水。

一位演说家曾讲述过这样一个故事：

有一次，我的两位朋友巴那德与吉米，在8月份的大热天到阿拉巴马的丘陵地开车。他们口渴了，因此巴那德找到一所废弃的农舍，碰巧院子里有吸筒。他跳出汽车，跑到吸筒那里，抓起手柄就开始打水。

打了一两下以后，巴那德指着一只旧木桶，要吉米到附近溪里取一点水来灌吸筒。因为所有打水的人都知道，必须在吸筒的上面加一点水来装填吸筒，打水时水才会顺利流出。

这里的8月天相当热，巴那德打了几分钟以后，满头大汗。此时他开始问自己，为了得到水到底该做多少工作才合算。他关心他所花费的努力能换回多少报酬。过了一会儿，他说："吉米，我不相信这口井有水。"吉米回答："会有的，巴那德，亚拉巴马州的井都是深井。深井都有清洁、甘甜、纯净的水。"

巴那德已经疲倦得浑身发热，他停住了手说："吉米，这口井没有水。"吉米很快地跑过来，抓住吸筒的柄继续打水，说道："现在不要停，巴那德，如果你一停止，水将往下倒流回去，那你就要从头开始。"

最后，他们终于喝到了甘甜的井水。

其实，在工作中也是如此，许多人渴望拥有良好的业绩，以此获得升职加薪的机会，却不想付出劳动，需知，天下没有白吃的午餐，努力拼搏的人才能成功。

一次行动胜于百次空谈

有一家大型贸易公司正好赶上周期性的贸易淡季。

从年初到7月份时，其贸易额连续下降了十几个百分点，业务员们都变得动力不足，老板想了很多激励办法，结果都是效果不佳。公司终日陷在现金流动危机之中，老板每天都愁眉不展。

8月底，公司举办了一次国际性的大型贸易促销会，老板希望对公司有所帮助，但也是一场更艰巨的挑战——如果在这次贸易促销会上不能签订几个"救命"的大订单，公司到年末恐怕要面临破产的危机。

在促销会开幕前两天，老板决定在全公司开一次"动员大会"做最后的鼓动。

在"动员大会"临近结尾的时候，老板请在座的经理和业务员们全都站起来，寻找一下，看自己的座椅下有什么东西。

于是，每个人都非常惊奇地在自己的椅子下面发现了一枚硬币。

在大家惊讶过后，这位老板对大家公布了一个出乎意料的统计结果——在场的每个人至少都捡到了一枚硬币，最多的，有人甚至拿到了100美元。

这时，老板说："这些钱都归你们，但你们知道这是为什么吗？"

大家面面相觑，没有人能猜出为什么，全场的人都在窃窃私语，摸不着头脑。

最后，老板严肃以对："我只想告诉大家一件事——坐着不动是永远也赚不到钱的，我需要你们擦亮眼睛，去发现隐藏在你们身边的商机！"

行动才有可能成功，只会空想的人终会一事无成。下面的例子有着异曲同工之处。

在一次行动力研习会上，主讲师做了一个活动。他说："现在我请各位一起来做一个游戏，大家必须用心投入，并且采取行动。"他从钱包里掏出一张面值100元的人民币，说："现在有谁愿意拿50元来换这张100元人民币。"他说了几次，但很久没有人行动，最后终于有一个人跑向讲台，但仍然用一种怀疑的眼光看着老师和那一张人民币，不敢行动。那位主讲师提醒说："要配合，要参与，要行动。"他才采取行动，终于换回了那100元。他顷刻赚了50元。

最后，主讲师说："凡事马上行动，立刻行动，你的人生才会不一样。"

行动能使人走向成功，似乎人人都知道，但当人们面临行动时，往往就会犹豫不决，畏缩不前。"语言的巨人，行动的矮子"不在少数。

人们害怕行动，大多由于心态的原因，一行动就想到失败。这种恐惧的心理会摧毁我们的自信，关闭我们的潜能，束缚我们的手脚。

许多人喜欢把难事往后拖，迟迟未动手解决，这主要是基于两个方面：第一，不知道如何解决难题；第二，没有信心解决，对难题产生畏惧心理。所以面对难题时，许多人采取的方法都是一拖再拖。其实，"拖"是最糟糕的方法，因为它只会令难题越来越棘手，越来越难以解决，最后发展到不可收拾的地步。

在人的一生中，充满着各种憧憬、理想、愿望和计划，如果我们在抓住它们的时候，都能马上付诸实践，那真不知我们的事业会何等伟大了。只可惜，我们的许多计划都沦为空谈，许多机会都化为泡影。拖延使满腔的热情冷淡，使美好的幻想最终破灭。

行动不一定成功，但是不行动一定不会成功。职场中那些事业有成之人

都有一个共同的特点，那就是："行动，立即行动"。

在行动中成熟计划

很多人都有一个坏习惯，非等算计到"万无一失"，才开始行动。其实，这是懒惰的表现。周密的计划自然不可缺少，但把没有周密的计划作为不去行动的借口，是可悲的。目标是对未来的设计，肯定有许多把握不准的因素，目标真的适合自己吗？其可行性如何？只有行动才是最好的检验。所以，还是先行动起来。

"行动具有激励的作用，行动是对付懒惰的良方。"

只有行动才能改变自己，只有行动才能改变生活态度。因此，最聪明的做法就是勇往直前，去实现自己的梦想。想做什么就去做，然后再考虑完善自我或完善目标。只要行动起来，生活就会出现奇迹。

桑德斯上校发明了炸鸡秘方后，立即付诸行动。他开始挨家挨户敲门，把想法告诉每家餐馆："我有一份上好的炸鸡秘方，如果你能采用，相信生意一定能够提升，而我希望能从增加的营业额里抽成。"很多人都当面嘲笑他："得了吧，若是有这么好的秘方，你干吗还穿着这么可笑的白色服装？"

但这些话没有让桑德斯上校打退堂鼓，丝毫没有，因为他还拥有天字第一号的成功秘方，即"能力法则"，意思是"不懈地拿出行动"。在你每当做什么事时，必须从其中好好学习，找出下次能做得更好的方法。桑德斯上校确实奉行了这条法则，从不为前一家餐馆的拒绝而懊恼，反倒用心修正说词，以更有效的方法去说服下一家餐馆。

终天在整整 1009 次之后，他才听到了第一声"同意"。

不要被重重阻力所吓倒，要时刻都敢想敢做。

事情要先做起来，才能判定自己行或不行，因为太多的事情对社会来说是前所未有，对参与者来说是从未做过的。太快的发展和太多的选择逼着人们要先动起来，做与学同步，顺学做之过程，透视自己的优势，发挥自己的长处。"尝试"——作为一种行为方式，一时间几乎成为时代的行为特征了，已经很少有人从未体会过"尝试"了。这种方式有助于人顺行动之自然理解自己，在尽力做事的过程中发现自己潜在的独特能力。

按目标的方向拿出具体的行动，可别一拖再拖。一个真正的决定必然是有行动的，并且还是立即的行动，此时你就要针对自己的目标采取积极的行动。你先别管要行动到什么程度，最重要的是要行动起来，打一个电

话或拟一份行动方案都是可行的，只要在接下去的 10 天内每天都有持续的行动。当你能这么做时，这 10 天小小的行动必然会形成习惯，最终把你带向成功。

有一次，沃尔特·B. 皮特金在好莱坞时，一位年轻的支持者向他提出了一项大胆的建设性方案。在场的人全被吸引住了，它显然值得考虑，不过他们可以从容考虑，然后讨论，最后再决定如何去做。但是，当其他人正在琢磨这个方案时，皮特金突然把手伸向电话并立即开始向华尔街拍电报，电文热烈地陈述了这个方案。当然，拍这么长的电报所费不菲，但它转达了皮特金的信念。

出乎意料的是，1000 万美元的电影投资立项就因为这个电文而拍板签约。假如他们拖延行动，这项方案极可能就在他们小心翼翼的漫谈中自动流产——至少会失去它最初的光泽。然而皮特金立刻付诸行动了，行动的结果是甜蜜的。

由于付诸行动，使我们的准备更加周全，能力也获得增强，到了最后，变成最称职的人。一旦我们拟妥工作计划，就要展开行动，落实行动，落实计划。

期盼"万事俱备"后再行动，你的工作也许永远没有"开始"。人们往往在事情到来之时，总是先有积极的想法，然后头脑中就会冒出"我应该先……"，这样一来，你的一只腿就陷入了"万事俱备"的泥潭。一旦陷入，你将顾虑重重，不知所措，无法定夺何时开始，时间一分一秒地浪费了，你陷入失望的情绪里，最终只有以懊悔面对悬而未决的工作。

我们着手做事，不论对错，都会得到反馈；而这些反馈的信息，大多是我们追求成功最初阶段时，所无法获得的资讯，必须实际行动之后才产生的新资讯；不仅充实我们既有的策划思路，也会使得一切变得有序起来。

一旦你养成"立即行动"的工作习惯时，你就开始叩响成功的大门了。

你的工作能力和态度越好，报酬和职务也越高。那些工作效率高、做事多、乐此不疲的人，往往在公司担任高职。一旦你下定决心开始行动，你就朝自己的远大前程迈出了重要的一步。

很多时候，你若立即进入工作的主题，将会惊讶地发现，如果拿浪费在"万事俱备"上的时间和潜力处理手中的工作，往往绰绰有余。而且，许多事情你若立即动手去做，就会感到快乐、有趣，加大成功几率。

在执行中创造佳绩

美因混合保险公司的创始人史东，觉得对他一生影响最大的一句话，来自于妈妈逼他遵守的一个行为习惯——立即就做！从卖报纸的时候起，他就一直遵守"立即就做"的准则，后来，他通过保险推销，训练了一批非常优秀的保险队伍，并成为百万富翁。

有一天，他听到一个消息：曾经生意兴隆的宾西法尼亚伤亡保险公司，因为经济大萧条发生了危机，已经停业。该公司属于巴尔的摩商业信用公司所有，他们决定以160万美元将这家保险公司出售。

史东想了一个不花自己一分钱就得到这家保险公司的主意。这个想法实在太美妙了，美妙得让他不敢相信，美妙得使他甚至准备放弃。但是，放弃的念头一出现，他就马上对自己说："立即就做！"

于是他马上带领自己的律师，与巴尔的摩商业信用公司进行谈判。

"我想购买你们的保险公司。"

"可以，160万元。请问你有这么多的钱吗？"

"没有，但是我可以向你们借。"

"什么？"对方几乎不相信自己的耳朵。

史东进一步说："你们商业信用公司不是向外放款吗？我有把握将保险公司经营好，但我得向你们借钱来经营。"

商业信用公司经过调查后，对史东的经营才能很有信心，于是，奇迹出现了：史东没有花一分钱，就拥有了一家自己的保险公司。之后，他将公司经营得十分出色，成了美国很有名的保险公司之一。

如果我们认准了一项工作，那么我们就要立即行动，因为世界上有93%的人都因拖延懒惰而一事无成。

拖延损害我们的品格，囚禁我们的自由，最终让我们沦为奴隶。消除拖延的最好办法，就是马上行动，说做就做，一分钟也不要推迟。"立即行动"是成功者的座右铭，也只有这样，才能将人们从堕落的深渊中解救出来。

如果下定决心立刻去做，往往会使你最渴望的梦想也实现。孟列·史威济正是如此。

史威济非常喜欢打猎和钓鱼，他最喜欢的生活是带着钓鱼竿和猎枪步行50里到森林去，过几天以后再回来，筋疲力尽，满身污泥而快乐无比。

这类嗜好唯一不便的是，他是个保险推销员，打猎钓鱼太花时间。工作和

爱好不能兼得让史威济十分苦恼。有一天，当他依依不舍地离开心爱的鲈鱼湖，准备打道回府时突然想到，这荒山野地里会不会也有居民需要保险？结果他发现阿拉斯加铁路公司的员工散居在沿线五十里各段路轨的附近。他决定沿铁路向这些铁路工作人员、猎人和淘金者拉保险。

史威济就在想到这个主意的当天开始积极计划。他向一个旅行社打听清楚以后，就开始整理行装。

史威济沿着铁路走了好几趟，那里的人都叫他"走路的史威济"，他成为那些与世隔绝的家庭最欢迎的人，不只因为没有人愿意跟他们打交道，他却前来拉保；同时，他也代表了外面的世界。不但如此，他还学会理发，替当地人免费服务，学会了烹饪，由于那些单身汉吃厌了罐头食品和腌肉之类，他的手艺当然使他变成最受欢迎的贵客啦。而在这同时，他也正在做一件自然而然的事，正在做自己想做的事：徜徉于山野之间、打猎、钓鱼，并且——像他所说的——"过史威济的生活"。

在人寿保险事业里，对于一年卖出100万元以上的人设有光荣的特别头衔，叫做"百万圆桌"。在孟列·史威济动身前往阿拉斯加的荒原以后，在沿线走过没人愿意前来的铁路以后，他一年之内就做成了百万元的生意，因而赢得"圆桌"上的一席地位。

任何一件该做的事，要立即行动，试一试，才知道结果。做，也许会失败；不做，只有失败。

凡成功人士都有一个共同特点，那就是绝不拖延！生活就像一盘棋赛，坐在你旁边的就是"时间"。只要你犹豫不决，你将被淘汰出局。像围棋比赛中一样，每一步都有时间限制的，超时了，你就自动出局吧！职场就是战场，你不冲就是死路一条。

不管在公司里还是自己的私事上，该做的事，决不拖延。要知道，时间永远是不等人的。老板们相信，对那些做事拖延的人，总有各种各样借口的人，是不可能报以太高的期望的。

优秀的员工是那些遇事沉稳却不拖延，能在执行中创造出佳绩的人。

230

积极行动，一切皆有可能

德谟斯吞斯是古希腊的雄辩家，有人问他雄辩术的首要之点是什么？

他说："行动。"

第二点呢？

"行动。"

第三点呢？

"仍然是行动。"

另一位芝加哥出身的著名成功人士是 W. 克勒蒙特·史东。他是属于古典的《赫雷萧·亚尔嘉成功谈》故事里的主角型人物，他早年的生活非常贫困，在南塞德卖报生涯中开始他的创业，据说他目前拥有 3 亿美元以上的财富。

他也是博爱主义者，希望每个人都能发挥潜能，一生都奉献给启蒙活动。

他在自己办的杂志《成功》中谈到："不必理睬向你说不可能这些悲观字眼的人。"然后提出好的方法来证明"那种事不可能"乃是谎言。以下就是他的建议。

"有数百万人在他们的人生中拥有能力却不能实现更高的目标，这是为什么呢？

"听到别人对他说'那种事是不可能的'，自己也就相信了。并且未曾学习和应用'积极思考法'来振奋自己。如果他们能有意识地树立积极的态度，周围纵然满是荆棘，也能在不侵犯他人权益的情况下，达到所有目标。

"他们如果采取下列行动，就必能实现一生的最高目标，解决最困难的问题：

"对自己读到、听到、看到、想到以及经验的事物，加以剖析，有所领悟并灵活运用。

"设定极高的理想目标并写成文章。然后每天利用 30 分钟或更长的时间，就该目标学习、思考、拟订计划。这样重复多次以后，潜意识中将会显现所要的答案。"

拒绝不可能才会有可能，成功是如此简单。

华特·席斯乐写过一篇横跨麦基奈克湖峡的一座大桥的故事。早在 19 世纪 80 年代，密歇根州有远见的商人就建议在这个湖峡上建一座桥。铁路已经有一条支线向东穿过密歇根州上半岛到湖峡北岸的圣伊格雷斯，也有一条支线从底特律向北到湖峡南岸的麦基劳市，而以渡船运送旅客和货物来往于分隔这两条铁路终端的五里宽的水面。到了冬天的时候，湖湾中结了冰，渡船不能动了，这样就妨碍了半岛上经济的发展。各个团体陆续倡议建一座桥，但是他们一再遭到"不可能"这句话的阻拦，自作聪明的人说建桥是不可能的，因为永远没有办法建出一座能抵抗得住横扫湖峡的强风的桥来。又有人说建桥是不可能的，因为冬天里厚冰的压力会压碎、损坏桥柱和桥基。更有人认为建桥是不可能的，因为湖峡的底床是混板岩，不能承受桥基的重量。

几十年来这些反对理由阻延了建桥的进展，在第二次世界大战结束后不久，普伦第士·布朗参议员出面安排，对这些所谓的障碍做了一番科学的调查研究。

调查发现湖峡所曾记录的最大风速，是在1940年10月一次暴风雨中的每小时78里，而土木工程师证实可以设计出能承受2倍于这个风速的桥来。工程师也定出了桥和桥基的规格，足以承受地球上最大的冰面的5倍压力。彻底的测试显示湖峡下面的岩石可以承受超过每平方尺60吨的压力，计算指出桥基可以保持在每平方尺只产生15吨以下的压力。

一旦发现这些推翻了以往悲观主义者的说法之后，这座长久以来被认为"不可能"的桥就有了建筑计划。

"不可能"或者"我做不到"都是一种推托的借口，在工作中，只要努力，就没有"不可能"。所以，面对困难，不要轻言放弃，积极地寻找方法，找到成功的途径的人才是老板需要的优秀员工。

成功是由行动获得的，积极行动才能创造奇迹。在工作中，积极的行动不仅可以让我们获得更多成功的机会，还可以让我们克服懒散的习惯。没有克服不了的困难，积极行动起来，一切皆有可能。

第二章

向细节要业绩

公司、客户无小事

乔·吉拉德说过："最好的餐厅替顾客想得非常周到，使顾客感到温暖。我的顾客从这里到汽车离去的时候就有一种在最好的餐厅享受完美味佳肴之后步出大门的感觉。当顾客把车开回来要求修理或提供其他服务时，我尽一切努力为他们争取到最好的东西。"

对顾客表现出同情心，意味着你理解他们的心情，并明白了他们的观点，但并不意味着你完全赞同他们的观点，而只是了解了他们考虑问题的方法和对商品的感觉。顾客对商品提出异议，通常是带有某种主观情感在里面，所以，要向顾客表示你已经了解了他们的这种感情，可以通过下面的话来表达你的意思："我明白你的意思了"、"很多人就是这么看的"、"这个问题你提得很好"、"是的，这一点很重要"、"我知道了你的具体要求"，等等。

一定要尊重顾客的意见，说几句表示理解的话，能使顾客意识到你是在为他分忧，他在你心目中占有一定的地位，并且表明你很重视他们提出的问题。对顾客做出的这些积极反应反过来也会促使顾客对你产生信任感。

在沃尔玛公司，有一条10步服务原则，即无论何时，只要顾客出现在自己的10步距离范围内，员工就必须看着顾客的眼睛，主动打招呼，并询问是否需要帮忙。

这一原则也是山姆·沃尔顿首创的。他在密西西比大学读书的时候，十分有抱负，决定竞选校学生会主席。他为自己找到了一条迅速提高知名度的捷径，那就是对在校园里遇到的每一位学生，在他们开口之前，先跟他们打招呼，并尽可能地与他们交谈。他说："如果我认识他们，我会主动叫他们的名

字打招呼，即使我不知道他们的名字，我也主动打招呼。"久而久知，山姆·沃尔顿成了大学里认识学生最多的人。在竞选的时候，这些人都认出了他，都把他当成自己的朋友，结果他如愿以偿地当选为主席。后来，山姆·沃尔顿把这一成功经验带入他的商业帝国，并加以完善，最终使之成为公司具有鲜明特色的企业文化的一部分。

每个沃尔玛的员工都被要求宣誓，"我保证对10步以内的顾客微笔，并且直观其眸，表达欢迎之意。"在员工培训时，公司甚至要求员工微笑的标准是上下露出一排8颗牙齿。沃尔玛这样告诫第一次进店的员工："顾客来到商店，是来给我们付工资的，这样无论如何，我们都要好好对待员工，永远要尽力帮助顾客，要走到顾客的身边，问他们是否需要帮助。"

沃尔玛力图让顾客在每一家连锁店都感到"这是我们的商店"，都相信会得到"殷勤、诚恳的接待"，以确保"不打折扣地需足顾客需要"。

正是"事事以顾客为先"的点滴小细节为沃尔玛赢得了顾客的好感和依赖。掌握细节已是当今社会普遍关注的问题，媒体不断地反复提及，企业也纷纷提倡"关注细节，把小事做细"的精神。的确，细节往往会被人所忽视，但往往正是这易被人所忽视的细节会决定我们事业的成败。

小汤姆·沃森在《企业及其信念》中谈到："随着时间的推移，优质服务几乎成了国际商用机器公司的代名词。父亲生前总爱夸耀公司能够做些什么，1942年战争物资生产委员会的一位官员给他提供了一次夸耀付诸行动的好机会。这位官员在耶稣受难日（星期五）的傍晚给父亲打电话定购150台机器，要求他下个星期一把所有货物送达华盛顿。父亲说，他一定把机器准时送达。星期六上午，他和身边的工作人员分别给公司的全国各地办事处打电话，指示他们在复活节的周末把总共150台的机器送达华盛顿。为了保证订货人了解实情，父亲指示其工作人员：每辆货车一踏上前往华盛顿的征途，立刻给那位官员的办公室或住宅打电话，告诉车辆出发时间和预期抵达时间。父亲还做了具体安排，请警察和陆军军官护卫昼夜行驶的各辆载货卡车；把客户工程师请到现场；而且在乔治城建立了一座小型的工厂，处理这批机器的接收和安装事宜。那个周末，国际商用机器公司及战争物资生产委员会都有许多人在夜以继日地工作着。"

对于员工而言，根植内心的服务观是一种没有尽头的追求，顾客满意更是永远的心愿，今天是这样，未来也不例外。企业员工应该把服务当作一种习惯，把服务视为一种修行，一种表达感谢的行动，想要有突出的业绩，就要牢记一句话："公司、客户无小事。"只有认真对待客户的每个问题，我们的工作

才会顺利。

损失，就在细微之处

小时候，亨德里经常去父亲的工厂里看他制模，就是那种用于生产塑料用品所需要的模具。有一次，父亲把咖啡杯举得齐肩高："要是我丢下去，你猜会怎样？"

"会摔碎。"

结果，父亲松开拿咖啡杯的手，杯子随着一声清脆的"叮当"声跌在水泥地上，接着弹跳了几次，最后躺在了他脚下。

"杯子一点儿没损坏，"他边查看边说，"想想吧，一个干活踏实的人做的一套模具，可以生产出千万只杯子。"

在广告业务上，老板让亨德里确信，你必须推销的第一件东西是你自己。老板极端自信，集中全部心力拉新的客户。

三年后，亨德里从一位见习广告文稿作者逐步擢升为副总经理。

亨德里夜以继日地工作，但是，有一些用户对他们不满意了，拒绝付款。

终于，老板把亨德里找来，对他说："我认为你的工作现在达不到标准要求了，因此我想现在应是我们分手的时候了。我希望你趁早清理一下办公室，在接替人上班前离开公司。"

亨德里来到父亲的工厂，把委屈与苦水倒给父亲。

"我知道你受了伤害，"父亲说，"不过请对我说实话，你的工作称职吗？"

"我费尽心力，写成了很多广告文稿。"

"可是，是好稿子吗？"父亲问。

"当然，够好的了。是按他要求做的。"

父亲领亨德里到他的工作台前。亨德里看着那些旧的棕黄色塑料咖啡杯："你还在生产这同一种老杯子吗？"亨德里问，"反反复复做一个东西，你不觉得厌烦吗？"

"噢。我们还没能把它做得十全十美呢。"他说着，笑了，"因此，我们还在努力。当然，我们不得不经常改进模具，以适应生产的需要——不过，那是我们的工作，没有多少人可以把它做得更好。"

父亲拧亮一盏灯，说道："靠近些看吧。模具表面还有些细微刮痕，而这些刮痕会损害杯子的完美。它们还会有损于这个工作的声誉，而我决不能容忍这种情况存在。对于老板来说，这个杯子的质量可能够棒的了，可是我认为它

不够好!"

亨德里问:"如果这只杯子掉在地上会怎样呢?"

亨德里一松手,杯子先是伴着熟悉的"叮当"声摔在水泥地上,接着便反跳一下,然后躺在地上。亨德里捡起杯子一看,在一侧从下向上有一道细小的裂缝,最后在杯缘留下了一个小缺口。

"就是那些轻微刮痕在作怪,"父亲就事论事地解释,"如果我们用这套模具生产一星期,就把自己的错误增加了 1000 倍。"

在每一个人的工作中都有各种各样的小事、琐事,多数人对待这些小事都采取敷衍了事的态度。所以,要想成为一个好员工,细化工作,把每个环节都做到完美,做到百分之百是必需的前提。

20 世纪 50 年代初的一天,西欧某国组织了一次陆、海、空三军联合军事演习。在这次演习中,该国投入了一架最先进的战斗机,并选派了一名具有多年飞行经验且技术高超的优秀飞行员来驾驶。由于这种飞机是首次运用到军事演习中,为确保万无一失,飞行前主管部门提出了极高的技术要求,地面勤务人员对飞机实施了多次全方位的检测,以保证飞机飞行的绝对安全。

然而,令人震惊的事情发生了。当飞机刚刚离开地面时,飞机两翼就突然在空中剧烈地震动了几下,随后,便一头栽倒在跑道上,爆炸起火,机毁人亡!

通过对各种飞行信息进行仔细分析,并运用实际模型对飞行情况进行推演,发现了一个更加令人震惊却简单得让人难以置信的结果:竟是一颗纽扣造成了飞机失事。原来,在飞机起飞时,飞行员胸前的一颗纽扣脱落,落入仪器中,使仪器不能正常工作,影响了飞机的飞行,造成了这一严重的后果。

战斗机驾驶舱内的各种仪器设备都极为精密,而且由于空间狭窄,安排得极为紧凑,不允许有任何微小的异物混入。这就要求设计人员在每一个环节的研究设计上,都必须严格考虑到每一个细节,包括飞机员的服装。然而,这一细节却被忽视了。在此事故之前,设计人员为飞行服设计了样式新颖的纽扣,与飞行服巧妙配合。但是,就是这样一颗小小的纽扣,却导致了一场意想不到的严重事故,致使机毁人亡。

工作中的细节看上去毫不引人注意,却恰恰是一个人工作态度的最好证明。那些百分之百关注现在的工作的员工,总是能够认真对待工作的每一个细节,将工作做到尽善尽美。也正是这样的工作态度,才使他们获得了成长和发展的机会。

在工作中经常出现各种各样的问题,这些问题往往只是一些小的细节没做

好导致的，但正是一些小小的细节，却会对我们的工作造成极大的影响。

小事作为一种反映事物内在联系和本质的微小事物和情节，本身即具有一种预测的功能，通过一些具体的小事和细节，可以反映整个组织系统的运行情况。领导只要抓住这种带有倾向性的小事和细节，并着手加以解决，就可以起到示范效应，从而带动整个工作。

我们正处于"细节"的时代，产品、服务、管理等微小的细节差异有时会放大到整个市场上变成巨大的占有率差别。一个公司在产品、服务和管理上有某种细节上的改进，也许只给用户增加了 1% 的方便，然而在市场占有的比例上，这 1% 的细节会引出几倍的市场差别。原因很简单，当用户对两个产品做比较之时，相同的功能都被抵消了，对决策起作用的就是那 1% 的细节。对于用户的购买选择来讲，是 1% 的细节优势决定那 100% 的购买行为。这样，微小的细节差距往往是市场占有率的决定因素。

一件件的事情总是环环相扣，形成系统。所谓大事也都是由许多的小细节组成，忽视任何部分，你都可能会功亏一篑。

无论在何种场合，细节的重要性都是不言而喻的。不要觉得那些不起眼的细节根本就算不了什么，要知道你忽视细节，成功也必将忽视你。因为真正的成功是在一个个细节成功的基础上累积起来的。就好比千里之行，始于足下，你必须把每一步都走好，你才有可能尽快到达成功的彼岸。

工作中无小事

一位作家说："生活的细节越分越密，密不可分时，就糊成一片了，按科学术语说，出现了混沌。人在混沌中，也好过粗枝大叶。忽略细节的人是古装戏里的'洒狗血'——内心什么也没有，却装着有感情的样子，大喊大叫，拼命表演。"

开学第一天，苏格拉底站在讲台上，对他的学生们说："今天大家只要做一件事就行，你们每个人尽量把胳膊往前甩，然后再往后甩。"说着，他先给大家做了一次示范。接着他又说道："从今天开始算起，大家每天做 300 下，大家能做到吗？"学生们都自得地笑了，心想：这么简单的事，谁会做不到？可是一年过去了，等到苏格拉底再次走上讲台，询问大家的完成情况时，全班大多数人都放弃了，而只有一个学生一直坚持着做了下来。这个人就是后来与其师齐名的古希腊大哲学家——柏拉图。

大多数人的弊病是，他们不知道改进的唯一秘诀，乃是随时随地求进步，

在小事上求进步。正所谓大处着眼，小处着手。只有随时随地求进步，才能收到最后的成效。

在大的位置也会岌岌可危，在小事上都不能胜任，何谈在大事上"大显身手"呢。没有做好"小事"的态度和能力，做好"大事"只会成为"无本之木，无源之水"，根本成不了气候。可以这样说，平时的每一件"小事"其实就是一个房子的地基，如果没有这些材料，想象中美丽的房子，只会是"空中楼阁"，根本无法变为"实物"。在职场中每一件小事的积累，就是今后事业稳步上升的基础。

一只新组装好的小钟放在了两只旧钟之间。两只旧钟"滴答""滴答"一分一秒地走着。其中一只旧钟对新来的小钟说："来吧，你也该工作了。可是我有点担心，你走完3153.6万次以后，恐怕会受不了。"

"天哪！3153.6万次。"小钟吃惊不已，"要我做这么大的事？办不到，办不到。"

另一只旧钟说："别听它胡说八道。不用害怕，你只要每秒摆一下就行了。"

"天下哪有这样简单的事情。"小钟将信将疑，"不过如果真是这样，那我就试试吧。"

小钟很轻松地每秒钟"滴答"摆一下，不知不觉中，一年过去了，它摆了3153.6万次。

工作上细节不容忽视。注意细节所做出来的工作一定能抓住人心，虽然在当时无法引起人的注意，但久而久之，这种工作态度形成习惯后，一定会给你带来巨大的收益。这种细心的工作态度，是由于对一件工作重视的态度而产生的，对再细小的事也不掉以轻心，专注地去做才会产生。会成为大人物的人，即使要他去收发室做整理信件的工作，他的做法也会跟别人有所不同。这种注重细微环节的态度，就是使自己的前途得以发展的保证。

著名的瑞士Swatch手表的目标就是在手表的每一个细微处展现自己的精致、时尚、艺术、人性。此外，随着季节，Swatch不断地变化着主题。针盘、时针、分针、表带、扣环……这些细节无一不是Swatch的创意源泉。它力图在手表这样一个狭小的空间里，每一个意念都得到最完美的阐释。Swatch尤其受到年轻人的拥戴，其每一款图像、色彩，在每一个细微处，都暗含年轻与个性的密码，或许这就是它风靡的原因。

在工作中，没有任何一件事情，小到可以被抛弃；没有任何一个细节，细

到应该被忽略。同样是做小事，不同的人会有不同的体会和成就。不屑于做小事的人做起事来十分消极，不过只是在工作中混时间；而积极的人则会安心工作，把做小事作为锻炼自己、深入了解公司情况、加强公司业务知识、熟悉工作内容的机会，为日后更好地工作打下基础。

西方流传着这样一首民谣：

丢失一个钉子，坏了一只蹄铁；

坏了一只蹄铁，折了一匹战马；

折了一匹战马，伤了一位骑士；

伤了一位骑士，输了一场战斗；

输了一场战斗，亡了一个帝国。

现代职场的成败，在很大程度上已经由细节决定了。然而，在现实中，细节同样以各种方式影响我们的工作生活。对于工作的细节和生活的小节，我们没有理由不去重视。

在常人看来，大人物总是和大事件联系在一起，小人物总是和小事件联系在一起。有的人一辈子也不会做成一件大事，但是，无论大人物还是小人物，都会和一件又一件的小事发生关系。因此，小事情是人一生中最基本的内容，聚焦小事，必能升华你的人生。

注意细节，创造骄人业绩

在工作中遇到阻力的时候，不妨从细节处着手，向细节要业绩，著名的推销员梅尔则精通此道：

"任何一个推销员都应该把销售看作是一个过程而不是一个偶然事件。推销中应注意教育、引导潜在客户及原有客户。换句话说，如果你的潜在客户像你一样了解你的产品或服务，而且与你对产品或服务的感觉一样，那他们肯定会购买。更值得注意的是，你应该让他们知道，你的产品或服务有助于增加他们公司盈利能力和价值。如果你能证明你的产品或服务可以给他们的投资提供更高的回报，那他们将会购买。"

梅尔曾经有一个客户，十分难缠，最初梅尔拜访他的时候，他很明确地拒绝说："我已经收到了全纽约所有著名的大保险公司的投保计划书，其中五份是我的朋友送来的，并且其中三位还是我周末打高尔夫球的朋友，他们的公司是相当大而且很不错的。假若你也有一份计划书要给我的话，不是白送吗？"

但是，梅尔并不灰心，他耐心地道："就我所知，贵公司最近要借50万美元。根据这笔交易的规定，你个人必须买一份价值50万美元的人寿保险。而保险受益人必须是你的债权人，是这样吗？"

"那么，你必须马上买一份保险，对你以后可能面临的意外情况提供保障。"

"也就是说，借钱给你的公司对你非常有信心。如果你活着，他们对你信心十足；如果你不幸身故，他们对公司的信心也许会马上丧失。杜勒斯先生，你认为这样说有道理吗？"

"风险都给保险公司。要是今晚你突然想起公司的火险到期了，一定会无法安稳地睡觉。明天早上你要办的第一件事就是要保险公司马上给你办份新的火灾保险，我没有说错吧？"

"当然，厂房没有保险怎么能行呢？"

"看来你也明白，要知道你的债权人看你的这份保险的重要性的心情，跟你看工厂的火灾保险的心情是一样的。你想想看，如果你不马上决定买下这份保险，你的债权人会日夜提心吊胆，很可能减少对你的信任，或者干脆不把这笔钱借给你。"

"我还真没想到这一点，但他们很有可能会做出这种事的。"杜勒斯先生道。

"要是你没有办法顺利地获得这项贷款，给你带来的损失可能不止50万美元吧？"

"老兄，看来这份保险我是必须要买的……"

"杜勒斯先生，我已经帮你约好了卡利耳大夫，你可以马上到他那里做身体检查。卡利耳大夫可是全纽约市最有名气的身体检查医生，每一个保险公司都接受他所做的健康检查。50万美元不是开玩笑，你是一位很重要的人物，马虎不得。"

梅尔看了看手表，然后笑着对杜勒斯说："杜勒斯先生，现在我们马上就出发的话，可以在11点赶到卡利耳大夫那里。你今天早上看起来面色红润，健康情况很好。要是今天早上去做检查，你就可以在48小时内拿到你需要的保单。"

梅尔并不跟对方争执，他只是毫不放松地诱导对方，以一种自然、合乎情理的力量来影响对方作出决定。

"那请你想想看，去做健康检查是不是你眼下最重要的事呢？"

"梅尔先生，你到底是哪一家保险公司派来的呢？"

"杜勒斯先生，我代表的是客户，我是在为你买保险呀！"

精明干练的杜勒斯低下头沉思了几分钟，然后抬起头望了望窗外，转身拿过帽子，对梅尔说："我们走吧！"

最后，梅尔终于从细节处突破，做成了这项生意。

能成功者，他们从不认为他们所做的事情是简单的小事，他们始终认为，现在所做的"小事"是为今后的"大事"做准备，他们目光所及之处，是十分辽阔的沃野，是浩瀚无边的大海，而常人眼中，现在所从事的工作，只是毫无生机的衰草。

大事能检验一个人的智慧、才能和品格，小事也能。如果每一件小事都做得漂亮、舒心，那你也能得到极大的快乐和对自我的肯定。

有一天，曼迪诺站在一家商店出售手套的柜台前，和受雇于这家商店的一名年轻人聊天。年轻人告诉曼迪诺，他在这家商店服务已经4年了，但由于这家商店的"短视"，他的服务并未受到店方的赏识，因此，他目前正在寻找其他工作，准备跳槽。

在他们谈话中间，有一位顾客走进了这家商店，他告诉这位年轻的店员，自己想看一些帽子。这位年轻店员对这名顾客的请求置之不理，一直继续和曼迪诺谈话，虽然这名顾客已经显出不耐烦的神情，但他还是不理。最后，他把话说完了，这才转身向那名顾客说："这儿不是帽子专柜。"

那名顾客又问："帽子专柜在什么地方？"

这位年轻人回答说："你去问那边的管理员好了，他会告诉你怎么找到帽子专柜。"

4年多来，这位年轻人一直处于一个很好的机会中，但他却不知道。他本来可以和他所服务过的每个人结成好朋友，而这些人可以使他成为这家店里最有价值的人。因为这些人都会成为他的老顾客。

可能有人会说，成大事者不拘小节。在这些人的眼睛里只看到一些重要的事情，觉得那些小事根本就没有意义。其实不然。试问，如果你连小事都做不好，你又怎么能干成大事呢？

不要抬眼过高，那样你将错过很多东西。眼高手低的后果是你将一事无成。不要总想着干什么不平凡的大事业，而对很多细节却视而不见。事实上，把每一件平凡的事做到最好就能造就不平凡。

小事到位，工作才能完美

伊川杏子在东京一家贸易公司上班，专门负责为客商购买车票。她常给美国一家大公司的商务经理购买"东京—大阪"的往返火车票。不久，这位经理发现一件趣事，每次去大阪时，座位总在右窗口，返回东京时又总在左窗边。

经理询问杏子其中的缘故，杏子笑答道："车开往大阪时，富士山在您右边；返回东京时，富士山已到了您的左边。不同的车票刚好能让您来回都能欣赏到富士山的美景。"这位美国经理听后十分感动，深深折服于这家公司职员注重细节的精神。他很快就提高了与这家公司的贸易额，杏子也因此而得到了升迁。

杏子的成功就在于把小事做到位。这不仅给公司带来了大笔的生意，也为她自己的发展创造了机会。不要轻看任何细节。

一位政治家说过："比另外的事情更重要的是，你们需要明白如何将一件事情做好；与其他有能力做这件事的人相比，假如你能干得更好，那么，你将永远不会失业。"

一个成功的商人说："你如果能真正做好一枚别针，应该比你制造出粗陋的蒸汽机更容易赚到更多的钱。"所以，在工作中把小事能够做好的人才有机会成功。

一位人力资源部经理说："看一个人是否有责任，不用从什么大的方面来看，就从那些细微的小事，下意识能做的事情就可以得到答案。"

有时候也许一个细节是很不起眼的，但很多细节串联起来力量就非常强大了。你忽视了一个环节，它就有可能引起连锁反应，最终导致非常严重的后果。

积累，一件又一件小事地去积累，直到有一天，你会惊讶地发现，自己是一个多么了不起的人。比如雷锋，他并没有做什么惊天动地的大事，但他珍惜每一件小事，把每件小事都当作一个新的出发点，当做一件大事来看待，倾注全部的热情和心血，谁又能怀疑他的伟大呢？

日本一代霸主丰臣秀吉最初只是给贵族织田信长拿拖鞋的仆人。虽然只是拿拖鞋的卑贱仆人，丰臣秀吉也没有放弃努力，反而想尽种种办法接近织田信长。譬如在寒冬的清晨，他将织田信长的拖鞋放进怀里温暖，织田信长对于这种用心当然会有所回报。不久，他就任命丰臣秀吉为杂物采购官，丰

臣秀吉的发迹从此开始了。如果他不能关注到把拖鞋先放到怀里温暖这样的细节，他也不会得到织田信长的重视，从众多的仆人中一跃为官员。

小事往往能让你脱颖而出。因为别人忽视的，你看到了做到了，这就是你的出众之处。细节是你的个人才能得以发挥的重要途径，也是最能看出你不同凡响的地方。如果你能把很小的细节都做得很到位，你必定能一步一个脚印地走向成功。小事做到位，工作才能完美。

第三章

向困难要业绩

在困难中创造业绩

沃特·韦嘉邓在7岁的时候经历了20世纪严重的脊髓灰质炎，他幸存了下来，但是他胸部以下瘫痪了，在后来25年的时间里他不得不借助一个超过650磅的人造肺生存。他每天使用这一人造肺18小时，晚上也睡在同样的房间里，这样的生活持续了25年。他是自己生活的囚徒。

虽然脊髓灰质炎在15世纪晚期索尔克和塞宾疫苗发明之后就在很大程度上得到了控制，随着人造肺的发明得到了解决，但是对于韦嘉邓来说，科学水平更高的人造肺才可以令他的生活更加自由。

人们经常说有需求，才会有发明，在这个故事里一点不假。在1975年，韦嘉邓设计了第一个便携式人造肺，很快就在全美使用了。在25年的时间里韦嘉邓一直是自己生活的囚徒，现在他获得了自由，他可以更加快乐地享受生活。事情总是相对的，不是吗？

他的便携式人造肺比以前的人造肺改进了很多，因为它可以提供更大的压力。在1984年，经过曼彻斯特和波士顿地区的肺病专家建议，专门为肌肉发声不良的人设计了几种人造肺，这可以增加上身的机能以及呼吸肌肉的机能。在发明了适用于小孩和年轻人的类型之后，27个地区和7个国家开始使用韦嘉邓发明的便携式人造肺。

韦嘉邓是一个满怀热情面对生活的人，是超越巅峰的人。在他解决自己生活中问题的同时，他也帮助别人解决了问题。他面对人生的厄运没有丧失生活的信心，反而使得人生的厄运成为了他生命中最宝贵的财富。当他发明了便携式人造肺之后，他的行动自由增加了，但是不仅仅是行动自

由的问题，由于他的发明帮助了很多人，这给他带来的欢乐和幸福是另一种无法言说的自由。他意识到了自己生命的价值，他的生活是有意义的，是充实的。

困难，对于弱者来说是拦路虎；但对于勇敢的人，困难是成功路上的垫脚石！

里克现在是一家报业公司的总经理，他刚到报业公司的时候，从事的是广告业务员的工作。报社广告部的经理是一个十分能干的上司，在这样的上司手下做事既有好处也有坏处，好处就是能向他学到很多东西，坏处就是你必须把他安排的每件事都做得十分优秀，否则就会受到严厉的批评。里克原本就聪明好学，而且他从不偷懒，所以里克创造了十分优秀的业绩。

有一天，上司找到了里克，他并没有和里克谈到自己要升迁的事，而是告诉里克："你非常优秀，我相信你能够变得更加优秀。有一件事我希望你能同意，以后将对你的薪金做出调整，我的意思是说，以后你的底薪没有了，只按广告费抽取佣金，当然抽取的比例要比以前更大。"显然，这给里克带来了一定的压力，不过里克决定接受这个挑战。

里克马上开始了第一轮的工作，他列出一份名单，准备去拜访一些不好对付但十分重要的客户，而且他给自己定下了两个月的期限。其他业务员认为要想争取到这些客户无异于天方夜谭，而里克却满怀信心地一一拜访客户。第一天，他以自己的努力和智慧与20个"不可能的"客户中的3个谈成了交易；在第一个月的其他几天里，他又成交了两笔交易；到了月底，20个客户中只有一个还不买他的广告。同事们都认为里克已经算是大功告成了，至于剩下的那个"难缠的老头儿"（一家商店的主人），已经没必要再在他身上浪费时间了。但里克没有放弃。第二个月，里克一边发掘新客户，一边锲而不舍地说服那个商店的主人。每天清晨，那位老人一开商店的大门，里克就进去和他谈广告的事情，而那位老人总是回答："不！"

第二个月又要过去了，这一天里克又来到了这家商店，这位老人的口气缓和了许多："你已经浪费了两个月的时间在我身上，我现在想知道的是，你为什么要这样做？"

"我并没有浪费时间，和你打交道本身就是一种收获，即使你不买我们公司的广告，我也从你身上锻炼了自己克服困难的意志。"

那位老人笑了："年轻人，你很聪明，也十分踏实肯干，我相信拥有你

这样员工的公司一定是一家优秀的公司，我决定买一个广告版面。"

里克赢了，不只在这件事上，而且他还升任了广告部的经理。他直到现在还感激经理当初赋予他的压力，而且他一直也这样对待自己的下级，直到他成了报业公司的总经理以后还是如此。

失败往往有唤醒睡狮、激发潜能的力量。勇敢的人，总可以转逆为顺，如同河蚌能将砂粒包裹成珍珠一样。一旦雏鹰学会了飞翔，老鹰便立即将它们逐出鹰巢，让它们在空中接受考验。正由于有了这种锻炼，雏鹰才能成长为百鸟之王，才会凶猛敏捷，才成为追捕猎物的高手。

很多人总是到走投无路的地步才发现自己的力量，灾祸的折磨有时反而会使他发现真正的自我。困难与挫折，就像锤子和凿子，能把生命雕琢得更加美丽动人。

世界上有成千上万的人没受过苦难的磨炼，因而他们的才能无法变得锐利和坚韧。苦难与挫折并不总是我们的仇人，它们也带给我们恩惠。

困难为什么降临到我们身上？因为上天是要给我们一个发展自身潜能的机会，因为所有成长的机会都蕴藏在困难之中。挑战与机遇总是并存，困难与希望总会相伴而行，只要我们还有机会，还有希望，挑战和困难就会来临。

成功的人都懂得，失败并不可怕，对它要保持积极的心态，要看到自己具有足够的力量，要学会向困难要业绩。

学会为老板分忧解难

1999年，曾是美国第一大零售商的凯玛特开始显露出走下坡路的迹象，有一个关于凯玛特的故事在广泛流传。

在1990年的凯玛特总结会上，一位高级经理认为自己犯了一个"错误"，他向坐在他身边的上司请示如何更正。这位上司不知道如何回答，便向上级请示："我不知道，您看怎么办？"而上司的上司又转过身来，向他的上司请示。这样一个小小的问题，一直推到总经理帕金那里。帕金后来回忆说："真是可笑，没有人积极思考解决问题的办法，而宁愿将问题一直推到最高领导那里。"

经营管理一家公司是件复杂的工作，会面临种种烦琐的问题。来自客户、来自公司内部巨大的压力，随时随地都会影响老板的情绪。要知道老板也是普通人，有自己的喜怒哀乐，有自己的缺陷。他之所以成为

世界500强企业培训经典集

老板，并不是因为完美，而是因为有某种他人所不具备的天赋和才能。因此，首先我们需要用对待普通人的态度来对待老板，不仅如此，我们更应该同情那些努力去经营一个大企业的人，他们不会因为下班的铃声而放下工作。

当你已有的工作中又出现新任务时，同样要这么做。你要随时了解上司的想法和对你的期望，这样你就可以把时间和精力集中在这些事上，而不是在其他事情上白费时间了。

在老板眼中，没有任何事情能够比一个员工处理和解决问题更能表现出他的责任感、主动性和独当一面的能力。一个经常为老板解决问题的人，当然能得到老板的赏识。

能主动为老板分忧解难的员工，将会获得更多奖赏。如果只有在别人注意时才有好的表现，那么你永远无法达到成功的顶峰。最严格的表现标准应该是自己设定的，而不是由别人要求的。如果你对自己的期望比老板对你的期许更高，那么你就无需担心会失去工作。同样，如果你能达到自己设定的最高标准，那么升迁晋级也将指日可待。

不管身处哪一个部门，员工都应该养成主动、积极工作的习惯，都应当为创造良好的业绩奋斗。

我们经常会发现，那些被认为一夜成名的人，其实在功成名就之前，早已默默无闻地努力了很长一段时间。成功是一种努力的累积，不论何种行业，想攀上顶峰，通常都要漫长时间的努力和精心的规划。如果想登上成功之梯的最高阶，你得永远保持主动率先的精神，纵使面对缺乏挑战或毫无乐趣的工作，终能最后获得回报。当你养成这种自动自发的习惯时，你也能获得重用。

勇于向高难度任务挑战

哈代再次决心去冒考验他信念的风险。他把长期以来一直固定不变的爬泳姿势在方法上做了大胆的改动，使之更加自由和灵活：游泳时头朝下，吸气时把脸转向一侧，当脸回到水下时再呼气。这样，划水一周所需的时间缩短了，游泳速度也提高了，而哈代也并没有被淹死。他挑战传统爬泳的标准姿势，从而发明了新的自由泳。

为此，哈代又被誉为"现代游泳之父"。那么，他又冒了什么样的挑战体能、勇气的风险呢？这也碰巧和水有关。有一次，哈代邀请一群军界的重

要人物乘坐他的游艇，在切萨皮克湾观光巡游，一是为了招待他们，二是为了确认一些防务训练合同。不巧这时出现了巨大的风暴，水面上波涛汹涌。一些陆、海军军官忍不住发晕呕吐起来，游艇就像钓鱼用的软木浮子一样被拖来推去。据说，当时就连操舵员也在船舷边摇摇欲坠。

哈代不是不知道狂涛巨浪的厉害，但他天生是一个不怕水的人。他毫不犹豫地冲上去抓住舵盘，与风暴展开了搏斗。他的一位朋友喘着粗气儿，阻止他说："太危险！你别去！"哈代只是笑了笑说："我要试一试。"结果，在他的努力下，游艇终于安全地返回了港口。也许这只是一个传奇的故事，但哈代的确是那个时代的一位传奇人物。

从那以后，人们总是喜欢把哈代叫做"虎胆老头"。

从这一点上我们知道，许多看似不能征服的困难，只要我们勇敢地去挑战，就一定能看到"柳暗花明"的境地。

但是，对每个员工而言，在工作中出色表现的最大局限或者说敌人，是不能超越自我；创造辉煌业绩的主要障碍不是你的能力和学识，也不是你所处的环境，恰恰是不能挑战和打败你自己。

荷兰壳牌石油公司人事部经理舒曼德·尤里因在描述他心目中的榜样员工时说："我们所急需的人才，不是那些有着多么高贵的血统或者多么高学历的人，而是企求那些有着钢铁般的坚定意志，勇于向'不可能'完成的工作挑战的人。"

伍尔夫和吉姆都是设计部的设计师。因为交易会的来临，他们都接到了新的任务。这是两个著名企业的展位设计，两个公司都对设计标准提出了比以往更高的要求，老板把两个项目分别交给了吉姆和伍尔夫。

吉姆看到客户的要求，不由得抱怨起来："怎么可能呢？怎么可能达到这样的要求，简直就是个'不可能完成的任务'。"对于这个"不可能完成的任务"，吉姆觉得很烦恼。他想，反正交给谁做都是一样做不出来。于是，他仍按照以往较低的标准设计了这个展位。客户看到初稿之后，大失所望，并明确表示，他们会考虑转换另一个设计公司。这样的结果令吉姆更为沮丧。

伍尔夫接手之后，感到这确实是一个很有挑战性的项目，不同以往，又没有往例可以参考。但另一方面，他又从心里感到高兴。他认为，这是一个很好的锻炼机会。为了获取新的灵感，他付出了大量的心血。最后，他从海洋世界的纪录片中获得了灵感，设计出来的展位美仑美奂。老板和客户都非

常满意。

如今企业已越来越注重员工的开拓精神，也就是越来越注重员工的拼搏意识，越来越推崇能用坚定的意志将"不可能"改写的人！

无可否认，企业里能让"不可能"改写的员工越多，它所潜在和面临的发展机遇也就会越多，腾飞的翅膀也就会更加强壮有力。

事实上，我们每个人的意志里都蕴涵着极大的力量，它能克服一切困难，不论经历的过程有多艰难，付出的代价有多巨大，在他们无坚不摧的意志里，永不言败的自信和勇气最终会帮助他到达成功的彼岸。

这种无坚不摧的意志和自信，就是能战胜别人，更能战胜自己的神奇力量所在！

勇于向"不可能"挑战的精神、信心和勇气，是一个员工获得成功的根本基础，也是他晋升加薪的重要砝码。

一位老板描述自己心目中的理想员工时说："我们所急需的人才，是拥有奋斗进取精神，勇于向'不可能完成'的工作挑战的人。"

世界上没有一件可以完全确定或保证的事。成功的人与失败的人，他们的区别并不在于能力或意见的好坏，而是在于是否相信判断、具有适当冒险与采取行动的勇气。

所以，千万不要被困难和失败吓倒，那些正在经历人生低谷的朋友们，请认真地扪心自问，你是否已经为自己的目标尽了最大的努力，你是否已经真诚而竭力地去解决你所面临的问题。当你感到失望和沮丧的时候，请对自己说：再坚持一下，再去尝试一次！

著名心理学家威廉·詹姆斯指出：要想使一个人真正地努力的确不是一件容易的事，因为在通常情况下，一个人在经过短暂的努力之后会感到很疲倦，这样就很自然地想到半途而废。是的，既然"半途而废"在大多数人来说是自然而然的，那"坚持不懈"反而就成了少数人才能做到的。其实，这也是这个世界上为什么能获得成功的永远只有少数人的原因！

不敢向高难度的工作挑战，是对自己潜能的画地为牢，最终使自己无限的潜能化为有限的成就。结果，终其一生，也只能从事一些低层的平庸工作。

西方有句名言："一个人的思想决定一个人的命运。"勇于向"不可能完成"的工作挑战，是事业成功的基础。

坚忍不拔，终会成功

第二次世界大战后，功成身退的英国首相丘吉尔应邀在剑桥大学毕业典礼上发表演讲。

经过邀请方一番隆重但稍显冗长的客套话之后，丘吉尔走上讲台。只见他两手抓住讲台，注视着观众，大约在沉默了两分钟后，他就用那种他独特的风范开口说："永远，永远，永远不要放弃。"接着又是长长的沉默，然后他又一次强调："永远，永远，不要放弃。"最后，他再度注视观众片刻后蓦然回座。

场下的人这才明白过来，紧接着便是雷鸣般的掌声。

这场演讲是成功演讲史上的经典之作，也是丘吉尔最脍炙人口的一次演讲。

丘吉尔用他一生的成功经验告诉人们：成功根本没有秘诀，如果有的话，就只是两个：第一个是坚持到底，永不放弃；第二个就是当你想放弃的时候，回过头来照着第一个秘诀去做：坚持到底，永不放弃。

当年，当哥伦布的船在怒涛汹涌、漫无边际的大西洋航行时，他并不知道自己将到何处。他曾经绝望地想，他将永远无法抵达目的地了，他可能要永无止境地在怒涛中挣扎，也可能将永远地消失于这个世界。然而这仅仅只是一瞬间的想法，哥伦布仍然没有放弃……

情况危急的时刻，船破了，水手们威胁着要叛变。所有这一切，都没有阻碍哥伦布对航向正确性的怀疑。他在私人航海日记上这样写道："今天我们继续往西航行。"正是他的坚持不懈，终于在历经千辛万苦之后发现了"新大陆"。

的确如此，在困难面前只要我们在思想上不轻易放弃，一定会找到有效的解决办法。

从前有一个叫希罗的叙拉古王。他统治的国家相当小，但正因此他想要一顶世界上最大的王冠。于是他叫来一个有名的金匠，当然，他是一个技艺非常出色的金匠，并交给他 10 磅纯金。

"用它铸出一顶让世界上所有国王都羡慕的王冠，把我给你的每一粒金子都用上，不许混进任何别的金属。"他说。

"您会得到您想要的王冠，我收了您 10 磅金子，90 天后我将给您一顶同样分量的王冠。"金匠说。

90 天后，正如他所答应的，金匠送来了王冠。这是一件出色的作品，每个人都说世界上再也找不出可与它相匹敌的王冠了。当希罗王把它戴在头上，它并不那么令人惬意，可国王并不在乎戴着它是否舒服——他相信世界上再也没有国王会拥有如此漂亮的王冠了。他端着王冠左顾右盼，然后把它放到他的秤盘上，它和国王要求的分量毫厘不差。

"你应该受到最高的奖赏，"国王对金匠说，"你的工作非常出色，而且没有丢失一粒金子。"

在国王的大臣中有一个非常聪明的人叫阿基米德，当他被叫来欣赏国王的王冠时，他将王冠翻来覆去地端详了很长时间。

"怎么，你觉得它怎样？"希罗问道。

"手艺确实很出色，"阿基米德说，"不过这金子……"

"金子一点不差。"国王叫道，"我已经用自己的秤称过了。"

"分量也许一样，但金子的成色不大对头。它不像是赤金，而呈亮黄色，我能清楚地看出这一点。"阿基米德说。

"绝大多数金子都是黄色的，不过你这么一说，我倒想起来原先的金块的确比它颜色要深。"希罗王说。

"金匠会不会偷下一两磅金子，然后用黄铜和银子补足分量呢？"阿基米德问道。

"哦，他不会的。"希罗王说，"金子不过是在铸造过程中改变了颜色罢了。"

但他越是琢磨这事，对王冠的满意程度就越少。最后，他对阿基米德说："你有没有什么办法证明金匠确实欺骗了我，或者他是诚实的？"

"我现在还没有想出什么办法。"阿基米德回答道。

但是阿基米德从来不认为有什么事是不可能的。他从解决难题中得到极大的乐趣。当有难题时，他总是拼命钻研，直到找出答案为止。因此，一天又一天，他反复思考着，试图找到一个既不损坏王冠又能检验金子成色的方法。

一天早上，当他准备洗澡的时候，他仍然思考着这个问题。澡盆里放满了水，当他跨进去的时候，水就从澡盆里溢了出来。同样的事情发生过上百次，但是这一次阿基米德开始思考这个问题。

"当我跨进澡盆时，有多少水溢了出来？"他问自己，"谁都知道溢出来的水的体积等于我身体的体积。我一半的人跨进澡盆时，溢出的水也将是我的一半。"

"假如我把希罗王的王冠放入澡盆，那么它所排出的水正好是王冠的体积。啊，让我想想，金子比银子沉得多，10磅纯金的体积比7磅金子加3磅银子的体积要小。如果希罗王的王冠是纯金的，它排出的水将和任何10磅纯金的水一样多。但是假如金匠在金子中掺进了银子，它排出的水就会比纯金多。我终于想出办法了。我知道了。"

阿基米德不顾一切地冲出浴室，身上一丝不挂，向王宫跑去，嘴里大喊大叫："我发现了，我发现了。"

王冠接受了检验，人们发现它排出的水远远多于10磅纯金排出的水。金匠的罪行得到了证实，但是不知道他是否受到了惩罚，因为这比起阿基米德的发现来已显得不重要了。

阿基米德澡盆里的发现对世界来说比希罗王的王冠更有价值。

阿基米德是古希腊著名的发明家和数学家，约于公元前290年出生在希腊殖民地西西里的叙拉古。这个有关他著名的发现之一的故事，对人类在智力领域的坚忍品格是一个珍贵的启示。正如美国的托马斯·爱迪生所说："天才是1%的灵感加99%的汗水。"

在任何时候，面对困难我们都不要妥协，要坚信"再努力一次"就会有新的转机。

蔑视困难让你"锐不可阻"

高尔基早年生活在十分艰难的日子中，3岁丧父，母亲早早改嫁。在外祖父家，他遭受了很大的折磨。外祖父是一个贪婪、残暴的老头。他把对女婿的仇恨统统发泄到高尔基身上，动不动就责骂毒打他。更可恶的是他那两个舅舅，他们经常变着法儿侮辱这个幼小的外甥，使高尔基在心灵上过早地领略了人间的丑恶。只有慈爱的外祖母是高尔基唯一的保护人，她真诚地爱着这个可怜的小外孙，每当他遭到毒打时，外祖母搂着他一起流泪。高尔基在《童年》中叙述了他苦难的童年生活。在19岁那年，高尔基突然得到一个消息：他最为慈爱的、唯一的亲人外祖母，在乞讨时跌断了双腿，因无钱医治，伤口长满了蛆虫，最后惨死在荒郊野外。外祖母是高尔基在人世间唯一的安慰。这位老人苦了一辈子，受尽了屈辱和不幸，最后竟这样惨死。这个不幸的噩耗几乎把高尔基击懵了。他不由得放声痛哭，几天茶饭不进。每当夜晚，他独自坐在教堂的广场上呜咽流泪，为不幸的外祖母祈祷。1887年12月12日，高尔基觉得活在人间已没有什

么意义。这个悲伤到极点的青年，从市场上买了一支旧手枪，对着自己的胸膛开了一枪。但是，他还是被医生救活了。后来，他终于战胜了各种各样的灾难，成为世界著名的大文豪。

阿伦·皮特森在月刊《美好的家庭》上发表了一篇文章，其中有这样一句话："每个人曾经都会一次或者多次感到已经彻底地失败了，失败的恐惧会将很多人击垮。事实上，恐惧比失败更可怕，失败的恐惧会在你出发之前就将你击垮。"

2001 年 5 月 20 日，美国一位名叫乔治·赫伯特的推销员，成功地把一把斧子推销给了小布什总统。布鲁金斯学会得知这一消息，把刻有"最伟大推销员"的一只金靴子赠与了他。这是自 1975 年以来，该学会的一名学员成功地把一台微型录音机卖给尼克松后，又一学员获得如此高的殊荣。

布鲁金斯学会以培养世界上最杰出的推销员著称于世。它有一个传统，在每期学员毕业时，设计一道最能体现推销员能力的实习题，让学生去完成。克林顿当政期间，他们出了这么一个题目：请把一条三角裤推销给现任总统。8 年间，有无数个学员为此绞尽脑汁，可是最后都无功而返。克林顿卸任后，布鲁金斯学会把题目换成：请把一把斧子推销给小布什总统。

鉴于前 8 年的失败与教训，许多学员知难而退，个别学员甚至认为，这道毕业实习题会和克林顿当政期间一样毫无结果，因为现在的总统什么都不缺少，再说即使缺少，也用不着他们亲自购买。

然而，乔治·赫伯特却做到了，并且没有花多少工夫。一位记者在采访他的时候，他是这样说的："我认为，把一把斧子推销给小布什总统是完全可能的，因为布什总统在得克萨斯州有一农场，里面长着许多树。于是我给他写了一封信，说：'有一次，我有幸参观你的农场，发现里面长着许多矢菊树，有些已经死掉，木质已变得松软。我想，你一定需要一把小斧头，但是从你现在的体质来看，一些新小斧头显然太轻，因此你仍然需要一把不甚锋利的旧斧头。现在我这儿正好有一把这样的斧头，很适合砍伐枯树。假若你有兴趣的话，请按这封信所留的信箱，给予回复……最后他就给我汇来了 15 美元。'"

我们经常将人生中的不如意消极地解释成"挫败"来逃避，但若能将之视为一种"挑战"的话，它就会引领我们积极地去面对了。

拒绝苦难的人，就不可能拥有幸福。因此，不要拒绝苦难，要善待苦难。所谓善待苦难，首先，就是把苦难看作是人生的必然内容。其次，对苦难抱有一种乐观的态度，微笑的面孔。不要有一种本能的对苦难的害怕，应该忍受生活所必需的苦难、磨炼，因为这是走向成功、幸福的必经之路。再次，要战胜苦难，不要让苦难战胜自己。许多人缺乏对人生的正确理解，只想拥有幸福，而拒绝苦难，但这是不可能的，在你渴求幸福、追求幸福的时候苦难总会悄然而至，许多人最终是让苦难给打败了。

新观点、增加自信的想法或者合理的理念会使人更有活力，更有冲劲。在你受到激励的时候，你的表现会更加出色，因此必须保证不断受到激励。当你遇到困难的时候，你应该接受激励，继续向前。例如，每一个长期从事销售的人员都会告诉自己："当你遇到困难的时候，如果你继续努力，一定可以克服困难。你做成了第一笔生意，第二笔也就接踵而至，希望将会为你增加冲劲。"

工作中，当我们感到一些积极的事情要发生的时候，我们就会变得充满活力。当我们存在恐惧失败的感觉时，我们就会丧失活动力，这就是激励在顺境和逆境中都很重要的原因，这也是渴望成功的人总是不断地接受激励的原因。只有从容地面对困难，甚至蔑视困难的人才会"锐不可当"。

超越自我，充分发挥个人潜能

约翰·费尔德见儿子马歇尔在戴维斯的店里学着招揽生意，就对戴维斯说："你觉得马歇尔学得如何？"

戴维斯从桶里拿了一个苹果给约翰，回答说："他确实是个稳重的好孩子，这毫无疑问。不过，因为他天生不具备做商人的资质，即使在这儿学上10年，也不会成为一个出类拔萃的商人。你还是带他回乡下学养牛吧！"

幸好马歇尔当时没有呆在那里做个店伙计，否则，他以后就不可能成为举世闻名的商人了。他去了芝加哥，目睹许多贫困孩子做出了令人吃惊的事业。这一切唤起了他的志气，坚定了他成为一个大商人的信念。他自问："别人能做出惊人事业，为何我就不能呢？"实际上，他本有大商人的天赋，只是在戴维斯的店里，他的潜能无法被激发。

当巨大的困难阻挡在你面前的时候，举双手去迎接它吧！只有当重任在肩面临绝境时，你才会奋起拼搏，发挥潜力。在这个过程中，多种优越品质，如自信、坚毅和勇敢等才会自然展现。只有这样，你才有机会走向

辉煌。

尼采用史诗般神圣且充满勇气的话语形容人生："人生是一条高悬于深渊的绳索。要从一端跳到另一端是危险的，行走于其间是危险的，回顾观望是危险的，战栗与踟蹰不前都是危险的。人生之所以伟大，正在于它是座桥梁而非终点！人生之所以可爱，正在于它是一个跨越的过程与完成。"

约翰和汤姆是相邻两家的孩子，他们从小在一起玩耍。约翰很聪明，学什么都是一点就通，他知道自己的优势，自然也颇为骄傲。汤姆没有他的朋友那么聪明，尽管十分用功，但成绩却不理想。与约翰相比，他从心里时常流露出一种自卑。然而他的母亲却总是鼓励他，让他不要成为一个成绩的"追逐者"，而是要用耐心和毅力完成学业，抵达目标。

聪明的约翰尽管聪明，但一生业绩平平，没有成就任何一件大事。而自觉很笨的汤姆却从各个方面充实自己：一点点地挑战自我，超越自我，最终成就了非凡的业绩。

约翰愤愤不平，以致郁郁而终。他的灵魂飞到天堂后，质问上帝："我的聪明才智远远胜过汤姆，我应该比他更伟大，可为什么他却成为了人间的卓越者呢？"

上帝笑了笑说："可怜的约翰，你到现在还没有明白，我把每个人送到世上，在他生命的'褡裢'里都放了同样的东西，只不过我把你的聪明放到了'褡裢'的前面，你因为看到或是触摸到自己的聪明而沾沾自喜，以致耽误了你的终生！而汤姆的聪明却放在了'褡裢'的后面，他因看不到自己的聪明，总是仰头看前方，所以，他一生都在不自觉地迈步向上、向前！"

一个人要想战胜自我，就要在心理上做自己的对手，坚信自己一定能走出困境。只有有了这种必胜的信念，才有成功的可能。重要的是你如何看待发生在你身上的事，而不是到底发生了什么事。

无论在你一生中的何种情形下，都要不惜一切代价走进可能激发你的潜能、激发你走上成功之路的环境之中。竭尽全力亲近那些了解你、信任你和鼓励你的人，他们对你日后的成功，具有不可忽视的巨大作用。你更应与那些伟人接近，因为他们有着高雅的志趣和远大的抱负。接近那些坚韧奋斗的人，会使你在无意中受到他们的感染，从而形成奋发向上的精神。当你做得不够完美的时候，你周围那些不断向上的朋友，就会鼓励你更加努力，你就永远不会失去奋斗的勇气。

每一个人都应该永远记住这个真理，只有不断挑战自我，超越自我的

人，才是一个真正聪明的人。人生在世，每个人都有自己独特的禀性和天赋，每个人都有自己独特的实现人生价值的切入点，你只要按照自己的禀赋发展自己，不断地超越心灵的羁绊，你就不会忽略了自己生命中的太阳，而湮没在它们的光辉里。

第四章

向智慧要业绩

创意为王：问题迎刃而解

今天的社会，是一个充满竞争、充满机会与挑战的社会。受大环境的影响，企业的环境也总是处于不断地变化和竞争之中。在这种竞争激烈的环境中，每个公司必须时刻以增长为目标才能生存。但任何人都不是万能的，都有自己的弱项和局限性，单凭一个人的力量不可能把企业带上一座座高峰。所有成功的企业老板都喜欢其他的人能多给自己一些有益的建议，以弥补自身的不足，促进企业的发展。这就是为什么老板们都喜欢有创意员工的原因所在。

人们每天都在解决问题，但每天也都面临新的问题，也时常被问题所困扰，如果大家在解决问题的过程中都利用一些创意，问题解决起来可以更容易些。

一家百货商场，虽地处闹市中心，但总是门外车马喧嚣，而店内冷冷清清，许多人都是从店门前的大街上匆匆而过，很少踅进店驻足。没有顾客，商场的生意就一直很清淡。经理对此一筹莫展。一次，经理的朋友偶然路过商场，听经理叹息着说了商场的惨淡经营后，朋友沉思良久，笑着对经理说："要让过往行人都能到你店里来看看并不难，有一面镜子就行了。"

经理半信半疑，但还是按照朋友的吩咐，在临街的墙上装上了一面仅几个平方米的镜子。镜子的上方，用红纸贴了一行大字：朋友，请注意您的仪容！镜子的下方贴了一行小字：店内备有免费用的木梳。

当许多人又从商场门前经过时，会不由自主地走到镜子前照一照，然后就走进了商场梳理头发；如果需要打鞋油，鞋刷备有十几把，可以免费使用，但各种鞋油店内却在柜台上销售。

商场内的人一下子拥挤起来，有买鞋油就地擦鞋的，有买发胶就地梳理头发的，有买口红对着店里的镜子涂抹的，当然，店内的护肤品、日用小百货等也销量激增，商场的生意一下子就火爆了起来。一面镜子，就把匆匆而过的路人"照"成了店内购物的顾客，就这么简单。

在我们的工作过程中，时时刻刻得检查工作的执行情况。而我们周围的环境和事物不断变化，因此在工作的执行过程中难免会因为变化而带来新问题。针对我们发现的新问题，如果我们还以旧的思维去思索问题，以旧的方法解决问题，不仅无法解决问题，还会带来一系列的新问题。新问题需要新思路和新的解决方法，需要创意来产生主意，并敢于将这些想法付诸于行动，变为创新的结果。

高露洁公司也是一个利用创意取胜的很好例子，创意在引导高露洁公司走上辉煌之路有着不可抹杀的作用。

高露洁公司在创业的头几年，尽管其产品的质量不错，但销售总上不去，因此业绩平平。公司的决策者为企业的生存和发展绞尽脑汁，但一直苦于想不出有效的办法。后来老板横下决心，公开征求良策。他在媒体上登出广告："谁能想出使高露洁牙膏销量激增的创意，即赠送 10 万美金奖金。"

10 万美元奖金的诱惑十分具有吸引力，来自世界各地的应征者数以万计。高露洁公司决策者只选中一个。他的创意只有寥寥几行字：很简单，只要把高露洁牙膏的管口放大 50%，那么每天消费者在匆忙中所挤出的牙膏，自然会多出一倍，牙膏的销量因而会激增。

这一创意的创作者利用小小的创意就一下子赚了 10 万美金，但是高露洁公司采纳了该创意后，销量急剧上升，其所赚到的钱乃是上千万甚至过亿美金。直至今天，高露洁牙膏的管口仍然保持这一创意。

有着无限创造力的人，充分享受工作的快乐，把创意融入工作的各个层面，是老板特别喜欢的那种榜样员工。

"点滴液"是给衰弱病人补充营养的药液，以前点滴液都是封在大大的玻璃瓶中，就像一支大号的安培瓶。一旦病人需要输液，就由医护人员在玻璃瓶壁上划开一个小口子，将一根橡皮管子插进去。进行输液，每次都要在玻璃瓶壁上划开一个口子，非常不容易，使用起来要花半天时间来对付这个玻璃瓶。但是"点滴液"是要输到病人的血里去的，卫生程度要求非常高，千万不能为图方便而让细菌混到里面去。有没有一种办法，既保证了"点滴液"的卫生和安全，又便于医护人员快捷地使用呢？

日本一家制药公司的社长瞄准了这个"不便之处"大做文章，他想：如果能够在点滴瓶上动点脑筋，一定会受到人们的欢迎！……于是，社长向全体员工发出命令："必须造出便利的点滴瓶。"不久，有位年轻的职员向公司提出了自己的建议："能否在玻璃瓶的瓶口上加一个橡皮塞，要输液的时候，只要把针头从橡皮塞中插进去，滴液就会从瓶中流出来。"公司对他的建议非常感兴趣，马上就把他的这项提议申报了专利，然后又制出成品，向外大量推广。这项小发明如今已被世界所有国家所采用，在任何医院都是用这种"可无菌使用的，且使用极其方便"的新式点滴瓶来"挂盐水"、"挂葡萄糖"。由于这项简单的专利适用面非常广，产品销量也就非常大，这家医药公司因此所获得的专利收入也非常可观，在"一夜之间"，由一个乡村的小作坊，发展成日本数一数二的大制药公司，扬名世界。

有着无限创意的人才能提出革新性的问题，工作才能有所突破，业绩才会不断革新。

方法成就高效

麦克是一家大公司的高级主管，他面临一个两难的境地。一方面，他非常喜欢自己的工作，也很喜欢跟随工作而来的丰厚薪水——他的位置使他的薪水只增不减。但是，另一方面，他非常讨厌他的上司，经过多年的忍受，他发觉已经到了忍无可忍的地步了。在经过慎重思考之后，他决定去猎头公司重新谋一个别的公司高级主管的职位。猎头公司告诉他，以他的条件，再找一个类似的职位并不费劲。

回到家中，麦克把这一切告诉了他的妻子。他的妻子是一个教师，那天刚刚教学生如何重新界定问题，也就是把你正在面对的问题换一个角度考虑，把正在面对的问题完全颠倒过来看——不仅要跟你以往看这问题的角度不同，也要和其他人看这问题的角度不同。她把上课的内容讲给了麦克听，麦克也是高智商的人，他听了妻子的话后，一个大胆的创意在他脑中浮现了。

第二天，他又来到猎头公司，这次他是请公司替他的上司找工作。不久，他的上司接到了猎头公司打来的电话，请他去别的公司高就，尽管他完全不知道这是他的下属和猎头公司共同努力的结果，但正好这位上司对于自己现在的工作也厌倦了，所以没有考虑多久，他就接受了这份新工作。

这件事最美妙的地方，就在于上司接受了新的工作，结果他目前的位置就空出来了。麦克申请了这个位置，于是他就坐上了以前他上司的位置。

我们什么时候感到自己逆潮流而动，收效甚微，什么时候就是我们采取一些有效的方法、开启通向高效率之门的时候。

一个成功的企业背后，必然有一群能力卓越且业绩突出的员工，没有这些成功的员工，老板的辉煌事业就无法继续下去。所以，老板看重勤奋，更看重业绩，势在必然。而取得好的业绩，努力工作是一个因素，更重要的是用正确的方法工作。

一个小伙子初次到工厂做车工，师傅要求他每天车完 28800 个铆钉。一个星期后，他疲惫不堪地找到师傅，说干不了想回家。

师傅问他："一秒钟车完一个可以吗？"小伙子点点头，这是不难做到的。

师傅给他一块表，说："那好，从现在开始，你就一秒钟车一个，别的都不用管，看看你能车多少吧。"小伙子照师傅说的慢慢干了起来，一天下来，他不仅圆满完成了任务，而且居然没有累着。

师傅笑着对他说："知道为什么吗？那是你一开始就给自己心里蒙上一层阴影，觉得 28800 是个多么大的数字。如果这样分开去做，不就是七八个小时吗？"

方法成就高效，用对方法，才能做出佳绩。

一家公司招聘一名业务代表。进入决赛的甲、乙两名应聘者，在不同的时间段分别被通知前来面试。

甲在面试期间，各种问题对答如流。就在他自我感觉良好之际，负责面试的考官忽然递给他一把钥匙，并随手指了指室内的一扇小门，笑吟吟地说："请你帮我到那间屋里拿只茶杯来。"

甲接过钥匙就去开那扇小门，钥匙很容易就插进了锁孔，可就是拧不动、打不开。甲非常耐心地鼓捣了好一阵子，才回过头来，很礼貌地问那位翻看材料的考官："请问，是这把钥匙吗？"

"是的，"考官抬头看了看甲，又补充一句，"错不了，就是那把钥匙。"然后接着看他的材料。

甲打不开门，就转身走回考官的面前，很为难地说："门打不开，我也不渴……"

考官打断他的话："那好吧，你回去等通知吧，一个星期之内如果接不到通知，就不用等了。"

乙在回答问题时尽管不太流畅，可他很快就凭着那把钥匙在那间屋里取

来一只茶杯。考官为他倒了一杯水，高兴地告诉他："喝杯水，然后签个协议，你被录用了。"

原来，那间屋不止一扇门，除考官房间的那扇内门外，还有一扇与考官房门相邻的外门。乙打开了外边的那扇门，取出求职成功的那只茶杯来。

在工作中，有时候我们花费了很大的工夫，却始终不能取得理想业绩，这时我们不妨考虑些其他的方式，考虑其他捷径。

如果你在工作的每一阶段，总能找出更有效率、更经济的办事方法，你就能提升自己在老板心目中的地位。你将会被提拔，会长远地被委以重任。因为出色的业绩已使你变成一个不可取代的重要人物。

职位再高的员工，他工作的时候，也要考虑工作方法。一个优秀的员工就是在不断改进工作方法中创造出更好的业绩，从而实现自己的理想，向更高更长远的目标前进，这样才会充满激情和活力，整个企业也就充满了力量。

作为员工，我们必须切实做到用头脑做事。除了用负责、务实的精神去做好每一天的每一件事之外，还要不放过工作中的每一个细节，并能主动地看到细节背后可能潜在的问题，找到适合的解决方法，从而让自己比过去做得更好，比别人做得更好。

任何时候都要牢记：方法成就高效。

用简单的方式获得丰美的硕果

在美国企业界一直流传着克莱斯勒汽车公司重新引进敞篷车的故事。

克莱斯勒的总裁艾柯卡有一天在底特律郊区开车时，驶过一辆野马牌敞篷车。那正是克莱斯勒缺乏的——艾柯卡心想——一辆敞篷车。

他回到办公室以后，马上打电话向工程部的主管询问敞篷车的生产周期。"一般来说，生产周期要 5 年。"主管回答，"不过如果赶一点，3 年内就会有第一辆敞篷车了。"

"你不懂我的意思，"艾柯卡说，"我今天就要！叫人带一辆新车到工厂去，把车顶拿掉，换一个敞篷盖上去。"

结果艾柯卡在当天下班前看到了那辆改装的车子。一直到周末，他都开着那辆"敞篷车"上街，而且发现看到的人都很喜欢。第二个星期，一辆克莱斯勒的敞篷车就上设计图了。

和克莱斯勒有着异曲同工的另一个故事的主人公是佛罗里达州米顿市

艾伯已经好几次听说公司经理在开会讨论要发展一种防冻盘管，但是说归说，一直都没有实质性的进展。

艾伯记得小时候有游泳池的人家，在天冷时会把一块木头放到池里去。当池水结冰时，冰块就会将木头挤出，填满木头原来所占据的空间。这个简单的方法可以防止游泳池龟裂。

"我们的盘管何不利用相同的原理？"艾伯想。

艾伯希望速战速决又不花太多钱。问题是，当时佛罗里达是大夏天，很难模拟结冰的情形。这种情况下，艾伯原可向某昂贵的实验室求助，仿造一个冬天的景象。但是他又想："我只要家用冰箱的冰冻柜就可以了。"

于是艾伯到工厂取了两个相同的盘管，一个保持原样，另一个在里面放了一个橡皮擦，他希望这个橡皮擦能发挥和游泳池里的木头一样的效果。艾伯将两个盘管装满水，将两端焊接密封起来以后，放进冷冻柜去，就上床睡觉了。

隔天早上，艾伯发现没有橡皮擦的盘管裂开了，而另一个依然完好无损。他的设想成功了。

想一个简单的方法，每一件事几乎都有解决方法，艾伯的故事传达了一个基本观念。不是每一个成功的高效人士都深知其理，马上行动，追求简单，事情越显得容易。反之，任何事都会对你产生威胁，让你感到棘手、头痛，精力与热情也跟着低下。就像必须用双手推动一堵牢固的墙似的，费好大的劲儿才能完成某件事情。化繁为简，会使工作变得可行，信心跟着大增。因此，同样一件工作，在不同的人看来，会成为不一样的事情。

美国的一份著名报纸，曾经举办过一项高额奖金的有奖征答活动。题目是：

在一个充气不足的热气球上，载着三位科学家。

第一位是环保专家，他的研究可拯救无数人，使人们免于因环境污染而面临死亡的厄运。

第二位是核专家，他有能力防止全球性的核战争，使地球免于遭受灭亡的绝境。

第三位是粮食专家，他能在不毛之地，运用专业知识成功地种植食物，使几千万人脱离饥荒的命运。

此刻，热气球即将坠毁，必须丢出一个人以减轻载重，使其余的两人得以存活。请问，该丢下哪一位科学家？

问题见报后，很多热心的读者纷纷把自己的答案投给报社。回答大多集

中在讨论哪一位科学家的重要程度上，有人说环保重要，有人说核重要，有人说粮食重要。为此，各方支持者争吵不休。

结果出来了，众多的回答都与大奖无缘。最终，是一个小男孩答对了题，中了大奖。小男的答案再简单不过了——"丢下那个最胖的人"！

我们在做任何事情的时候，千万不要把事情过于复杂化，简单的时候就是简单，太多的顾虑反而会让我们走弯路，事情的结果也会和我们的希望不能一致。

做自己力所能及的事情，是简单有效的选择。在工作中，订立切实可行的计划，认真做好身边的每一件事情，那么你的工作就是有效率的。要避免为追求高目标，而不从实际出发，人为地陷入无休止的复杂之中。

有这样一个故事，一些大学毕业生去一家公司应聘，面试时考官出了这样一道算术题：10 减 1 等于几？

有的应试者神神秘秘地趴在朋友的耳边说："你想让它等于几，它就等于几。"还有的人自作聪明地说："10 减 1 等于 9，那是消费；10 减 1 等于 12，那是经营；10 减 1 等于 15，那是贸易；10 减 1 等于 20，那就是金融；10 减 1 等于 100，那是贿赂。"

只有一个应试者回答等于 9，还有点犹犹豫豫。问他为什么？这位应试者说："我怕照实说，会显得自己很愚蠢、智商低。"然后，他又小声地补充了一句，"对获得一份好工作来说，诚实可能是这个世界上最没用的武器。"

但这个老实人被录用了。

为什么出这样的问题呢？

考官说，我们公司的宗旨就是"不要把复杂的问题看得过于简单，也不要把简单的问题看得过于复杂"。

工作中，我们经常看到有人善于把复杂的事物简明化，办事又快又好，效率高；而有的人却把简单的事情复杂化，迷惑于复杂纷繁的现象，使复杂的事物更为复杂，结果只能陷入其中走不出来，工作忙乱被动，办事效率极低。这两种类型的人，其工作效率之高低不同，原因在于会不会运用化繁为简的工作方法和艺术。

智者找助力，愚者找阻力

备受人们爱戴的哲学家、教育家冈索勒斯，在大学就读的时候，有一天，向校长提出了若干改进大学制度弊端的建议。但是最终，他的意见没有

被校长接受。于是，他做了一个重要决定——自己办一所大学，他要自己来当校长，以消除这些弊端。

在当时，办学校至少需要 100 万美元。

这可是笔不小的数目，上哪找这么多的钱呢？

他每天都待在寝室里苦思冥想如何能赚 100 万美元的各种方法，坚信自己可以筹到这笔钱。面对他的妄想，同学们都认为他有神经病，劝说他天上不会白白掉钱下来。

终于有一天，他意识到，这样下去是永远也不会有答案的，决定不再思考，而是去寻求帮助。他采用一个在前些日子里想出的计划，决定给报社打电话，说他准备举行一个演讲会，题目是《如果我有 100 万美元》。

他给无数家报社打了电话，说明他的想法，但是没有一家报社理他。最后，终于有一个报社的社长，被他的诚意和精神打动，告诉他后天有一次慈善晚会，在晚会上，允许他发言，但时间只能是 15 分钟。

出席那场盛大的慈善晚会的有许多商界人士。

面对台下诸多成功人士，他鼓起勇气，走上讲台，发自内心、充满激情地说出了自己的构想。

最后，待他演讲完毕，一个叫菲利普·亚默的商人站了起来："小伙子，你讲得非常好。我决定投资 100 万，就照你说的办。"

就这样，年轻人用这笔钱办了一所自己梦寐以求的大学，起名为亚默理工学院——也就是现在著名的伊利诺理工学院的前身，他实现了自己的梦想。

不管你要成为一个优秀的员工，还是要成为一个成功的人，都不要忘记这样一句话：智者找助力，愚者找阻力。没有一个人能够独自成功。让更多的人帮助你成功，这是一种高效的社会智慧。

有这样一个招聘故事：

某公司要招聘一个营销总监，报名的人很多，经过层层考试，最后只剩下 3 个人竞争这个职位。

为了测验谁最适合担任这个角色，公司出了一道怪题：请 3 个竞争者到果园里摘水果。

3 个竞争者一个身手敏捷，一个个子高大，还有一个个子矮小，看来，前面两个最有可能成功，但正好相反，最后获胜的竟然是那个矮个子。这到底是为什么？

原来，这次考试是经过精心设计的，竞争者要摘的水果都在很高的位置，而且大多都在树梢。个子高的人，尽管一伸手就能摘到一些果子，但是数量毕竟有限。身手敏捷的人，尽管可以爬到树上去，但是树梢的一部分，他就够不着了。而个子矮小的人，一看到这种情形，二话不说就往门口跑。守门的是个老头，也是果园的维护者。这位小个子的应聘者意识到这次招聘非同寻常，也许个个是考官，也许处处是考场，所以在刚进门时，他就很热情地和老头打过招呼。他很谦虚地请教老头平时他是怎样摘这些树梢上的水果的。老头回答说是用梯子。于是，他向老头提出借梯子，老头十分爽快地答应了。有了梯子，摘起水果来自然不在话下，结果，他摘得比谁都多。因此，他赢得了最后的胜利，获得了总监的职位。

从他这个故事中，你是否看出了主考官在考什么？他考的是团队精神中的一项重要内容——通过对他人的关心和支持，赢得别人的帮助以及协作的能力。

很多人之所以觉得问题难，是由于他只倚重自己的才华和能力，而不懂得去获取别人的帮助。有的人甚至由于过于突出自己，把本来可以帮助自己的人赶走了。

人不是孤立的，而是活在群体中的，所以我们要充分考虑自己的现状，善于和别人合作，把两者的长处有机地结合起来，共同去迎接、挑战困难，这样才有可能避免陷入生存的绝境。

问题也能变机会，成功一定有方法

小李大学毕业后进了一家公司当文员。没想到，工作不久，公司就因为投资失误，面临倒闭，公司开始不断裁员，人心越来越不稳定，有门路的纷纷找关系离开，没有人安心工作。甚至连老总的秘书，也离他而去。

这时候，只有小李一如既往地任劳任怨地工作，在老总的秘书离开后，她又主动地帮助老总处理好各种善后工作。最后，公司倒闭了，她也不得不离开公司了。

老总是一位60多岁的老先生，属于文人下海，没有经验，才导致了这次失败。老总心里很伤心，但是，对小李的表现，他十分感激，不仅在公司清盘之后，多给了她半年工资，还不断想法要帮助她安排一个好职位。不久，老总的一位学生从美国留学回来，准备在北京开一家大公司，要他推荐人才。他毫不犹豫地推荐了小李。

小李从新公司成立之初，就很受器重，而她也更加努力工作，从办公室副主任做起，不到两年就成为了那家公司的主管人事和行政的副总裁。

一次，公司招聘营销总监，小李是主考官，其中一位前来应聘的人，竟然是小李原来公司的副总经理。自从公司倒闭离开后，这位副总经理就一直没找到好位置。当他发现最后决定他此次应聘命运的主考官，竟然是原来单位不起眼的文员时，大为震惊，不由得大声感慨说自己上到了人生的一场很重要的课，并总结说："遇到危机，对于愚蠢的人是灾难，但对于聪明的人却是机会！"

每一名员工都应学会在问题中寻找机会，真正做出卓越的成绩来，而不能消极地抱怨。坚信问题也能变为成功的机会是每一个员工必须具备的基本理念。

电影问世后不久，有一天法国巴黎正放映一部叫《拆墙》的电影短片，片中有一堵危墙被众人推倒的镜头。由于放映员普洛米奥的粗心大意，放映的是还没有"洗"的片子，即片子放映完后，应把它再倒转回来。这样一来在银幕上出现了情景相反的图像：一堵被推倒的墙，又从残墙断壁的废墟中慢慢重新竖了起来。

此事立即引起观众的哄堂大笑和口哨声，普洛米奥羞红着脸马上关掉放映机……

这一失误引起了普洛米奥的思考：这种现象能不能成为拍电影的新技术呢？也许它能给人们带来一种全新的视觉效果呢。

后来，在一部叫《迪安娜在米兰的沐浴》的电影中，他有意识地运用了这种他发明的倒摄方法，观众在银幕上看到，跳水女郎的一双脚先从水里钻出来，然后整个身子倒转180度，最后轻飘飘柳絮般落在高高的跳板上。

这种奇异的倒摄方法，引起全场观众的热烈掌声，从此，它成了电影拍摄中常用的一种技术。

当所有人遇到同样的困难和问题时，只要你能先于他人攻克困难、化解难题，那么，普遍的困难和问题，就成了你超常的独特良机。

对成功者而言，机会无处不在。这不仅在于他们在寻常状态下，对机会有全方位的嗅觉，还在于他们善于挖掘潜藏于危机之中的机会。对一个职场中人而言，出现危机是可怕的。但是，如果把握得好，你会发现这可能是你脱颖而出的一个最好的机会。

世界500强企业培训

经典集

下

沧海明月　编著

全国百佳图书出版单位

江苏美术出版社

■ 完美执行篇

500强企业员工
履行的落实标准

第一章

服从，之后完美执行

完美工作始于服从

服从是军人的天职，而在西点，它也体现为一种美德。对于每一位员工也一样，对上司工作的每一步安排，都必须服从并认真履行，一项完美的工作正是由这样一环扣一环的执行构成的。

毫无疑问，一个高效的企业必须有良好的服从观念，一个优秀的员工也必须有服从意识。因为上司的地位、责任，使他有权发号施令；同时上司的权威、整体的利益，不允许部属抗令而行。

在美国历史上就有一个事件很好地说明"服从"的重要性与严肃性。很少有人会知道哈里·杜鲁门总统为何解除了道格拉斯·麦克阿瑟将军的职务。杜鲁门总统在解除麦克阿瑟将军职务时说，他之所以终止麦克阿瑟将军的政治生涯，既不是由于麦克阿瑟将军同他意见不一致，也不是由于麦克阿瑟将军对他进行人身攻击，而是由于麦克阿瑟将军不尊重总统办公厅的意见，不服从他们的命令，这是绝对不能容忍的。麦克阿瑟最后被撤职，就是因为他不服从上级。

麦克阿瑟不服从上级指令可是历来有名的。在 20 世纪 20 年代末 30 年代初的经济危机期间，一些退伍军人及其家属到华盛顿请愿，要求政府发给现金津贴。当时任陆军参谋长的麦克阿瑟到示威现场阻拦。在任总统胡佛指示麦克阿瑟不要动用军队对付示威者。麦克阿瑟对总统的指示不予理睬，用军队驱散了示威的人群。

二战结束后，杜鲁门总统尽管对麦克阿瑟印象不佳，但还是对麦克阿瑟委以重任。麦克阿瑟成为日本的绝对统治者，他对日本的政治、经济进行了

力度非常大的改革，使日本基本上消除了军国主义、法西斯主义，走上了社会经济迅速发展的道路。但麦克阿瑟在没有经过华盛顿批准的情况下，擅自将驻日美军削减一半。麦克阿瑟的举动实属目中无人，杜鲁门大为恼火。战争结束后，杜鲁门两次邀请麦克阿瑟回国参加庆典，都被麦克阿瑟以"日本形势复杂困难"为由回绝。

1951 年 4 月 11 日，杜鲁门总统下令撤销了麦克阿瑟的一切职务。最让麦克阿瑟尴尬的是，他是在新闻广播中获悉自己被撤职的。这一消息实在太突然了，没有丝毫思想准备的麦克阿瑟听到后，面部表情一下子呆滞了。他万万没有想到，功勋卓著的他，会被总统在战场上撤销一切职务。

不仅是在战场上、政坛上要服从上级的指令，在组织中、在公司里，也要服从领导的指挥与安排。当然，这不是说你一定要同意上司的见解。但在公司中，必须要保持上级指挥下级、下级服从上级的制度。若是不注意这一点，不但会给本人和上司造成麻烦，公司的业务进展也会不顺利。

在很多员工的理念中，服从就是"对的就服从，不对的就不服从"，其实这种观点是错误的。服从是无条件的，凡是老板的指令，作为员工第一时间就应该按指令去行动。

每个人都有自己的个性，要做到"没有任何借口地服从"并非易事。沃尔玛能将其视为优秀雇员的重要行为准则，自然也必有它重要的作用，而绝非空穴来风！

当然，如果上司的决策错误时，你可以大胆地说出你的想法，让你的上司明白，作为下属的你不是在刻板执行他的命令，你一直都在斟酌考虑，考虑怎样做才能更好地维护公司的利益和他的利益。但是，我要告诉你，无论你在公司的职位有多高，只要你身为公司的员工，你就要谨记一点：你是来协助上司完成经营决策的，不是由你来制定决策的。所以，上司的决定，哪怕不尽如你意，甚至与你的意见完全相反，当你的建议无效时，你应该完全放弃自己的意见，全心全力去执行上司的决定。在执行时，如果发现这项决意的确是错误的，尽可能地使这项错误造成的损失降到最低限度，这才是你应有的态度。

想要使自己在职场上立住脚，必须要视服从为天职。这样才能远离没有服从精神的"乌合之众"，向追求卓越的员工看齐。

要为工作全力以赴

从《致加西亚的信》中我们可以从罗文身上学到一种精神，那就是：忠于上级，迅速地行动起来，全力以赴地完成任务——把信送给加西亚。

许多员工之所以工作没有效率，得不到上级的重视，就是因为做事轻率，不能像罗文那样尽心尽力，全力以赴。这些人对于自己所做的工作从来不会做到尽善尽美。

通用电气（GE）前董事长兼首席执行官杰克·韦尔奇曾深有感触地说："我最不喜欢听到下属在接受任务时说：'NO（不）'，而只爱听他们说'YES（是）'。每当有工作要交给属下处理时，我都希望属下愉快地接受，然后说一句'OK！我一定会尽快办好！'或者说'OK！我一定会尽最大努力去做！'"

在通用公司如此，在其他公司也一样。当上司给你安排任务时，你会很自然地想到两个问题：第一，这是一件非常艰巨的任务，需要花费很大的精力和时间，我能不能办，或者应该怎样去办？第二，布置任务的上司正在等待你表态，等待你给他一个明确的答复，你是尽自己最大努力去做呢，还是对上司说"不"？

如果是个经验丰富的下级的话，这些问题都不是问题。首先，对于第一个问题，不应考虑过多，不要过多地去想完成这项任务如何如何困难，更没有必要现在就担心完不成的后果。只需牢记事在人为的道理和有志者事竟成的箴言。同时明白上司对你的能力和水平是了解的，对你能否完成任务，也是心中有数的。因此，你可以直接避开第一个问题，考虑第二个问题，然后用坚定的语气回答："好的，我一定完成任务！"或"我会尽最大努力去做！"等等。这时，上司心里才会有一种满意感、解脱感，说不准还会因为你能为他分担重任对你产生谢意和更深的信任。

不要对工作抱一种可有可无的态度。对于工作，无论是工作中的大事还是小事，都要全力以赴，发挥出自己最大的能力。但事实上，好多员工懒惰，不喜欢付出，当看到自己的同事受到上级表彰的时候，在一旁冷眼旁观地说一句："哼，这种成绩我也能取得，只是我没有全身心投入，等我全力以赴的时候，肯定比他做得好。"这种人肯定会滑入职场的低谷，因为他们不会像说得一样"全力以赴"。因此，即使你有能力，但没有做出业绩，谁又知道呢？所以，工作中，无论做什么都要全力以赴，尽自己最大的努力去

做好，这样即使失败也无怨无悔。

在工作中应该严格要求自己，能做到最好，就不能允许自己只做到一般；能完成100%，就不能只完成99%，能尽到100%的心，就不要只尽到99%的心。

某年一家世界500强企业的财政发生了困难。这件事被在外头负责推销的销售人员知道了，他们因此失去了工作的热忱，销售量开始下跌。到后来，情况更为严重，销售部门不得不召集全体销售员开一次大会，全美各地的销售员皆被召去参加这次会议。销售部的主管贝里先生主持了这次会议。

首先，他请手下最佳的几位销售员站起来，要他们说明销售量为何会下跌。这些被唤到名字的销售员一一站起来以后，每个人都有一段最令人震惊的悲惨故事要向大家倾诉：商业不景气，资金缺少，人们都希望等到总统大选揭晓以后再买东西等等。

当第五个销售员开始列举使他无法完成销售配额的种种困难时，贝里先生突然跳到一张桌子上，高举双手，要求大家肃静。然后，他说道："停止，我命令大会暂停10分钟，让我把我的皮鞋擦亮。"

然后，他命令坐在附近的一名小男孩把他的擦鞋工具箱拿来，并要求这名小男孩把他的皮鞋擦亮，而他就站在桌子上不动。

在场的销售员都惊呆了。有些人以为贝里发疯了，人们开始窃窃私语。在这时，那个小男孩先擦亮他的第一只鞋子，然后又擦另一只鞋子，他不慌不忙地擦着，表现出第一流的擦鞋技巧。

皮鞋擦亮之后，贝里先生给了这个小男孩一毛钱，然后发表他的演说。

他说："我希望你们每个人，好好看看这个小男孩。他拥有在我们整个工厂及办公室内擦鞋的特权。之前担当他这个工作的是位年纪比他大得多的男孩。尽管公司每周补贴他5元的薪水，而且工厂里有数千名员工，但他仍然无法从这个公司赚取足以维持他生活的费用。

"这个小男孩不仅可以赚到相当不错的收入，既不需要公司补贴薪水，每周还可以存下一点钱来。而他和之前那个擦鞋匠的工作环境完全相同，也在同一家工厂内，工作的对象也完全相同。

"现在我问你们一个问题，那个前任男孩拉不到更多的生意，是谁的错？是他的错还是顾客的错？"

那些推销员不约而同地大声说：

"当然了，是那个男孩的错。"

"正是如此。"贝里回答说，"现在我要告诉你们，你们现在推销收银机和一年前的情况完全相同：同样的地区、同样的对象以及同样的商业条件。但是，你们的销售成绩却比不上一年前。这是谁的错？是你们的错，还是顾客的错？"

同样又传来如雷般的回答：

"当然，是我们的错！"

"我很高兴，你们能坦率承认自己的错。"贝里继续说，"我现在要告诉你们，你们的错误在于，你们听到了有关本公司财务发生困难的谣言，这影响了你们的工作热忱。因此，你们就不像以前那般努力了。只要你们回到自己的销售地区，并保证在以后30天内，每人卖出5台收银机，那么，本公司就不会再发生什么财务危机了。你们愿意这样做吗？"

大家都说"愿意"，后来果然办到了。那些他们曾强调的种种借口：商业不景气、资金缺少、人们都希望等到总统人选揭晓以后再买东西等，仿佛根本就不存在似的，统统消失了。

任何一位渴望优秀的员工必须拿出自己的最佳状态，全力以赴，不为工作留一点余地。这样，才是真正地应对危机、解决问题的最佳办法，也是事业取得成功的不二法门。

超越平庸，追求完美

世界中有千千万万的人，而真正做出一番事业的人就那么几位。为什么同样生活在这个世界上，有的人能够走向卓越，而大多数人却只能平平淡淡地度过一生呢？这是因为大多数人满足于平庸，他们已经习惯了平庸。

在公司中，很多人都以为自己做得已经足够好了，真的是这样吗？你真的已经做得尽善尽美了吗？你真的已经发挥了自己最大的潜能了吗？如果你的回答是肯定的，说明你已经习惯了平庸，优秀的员工是绝不会就此满足的，他们拒绝平庸，追求卓越。

拒绝平庸，追求卓越首先是一种心态问题，你要自觉意识到你的工作是不平凡的。不要认为自己的工作是平庸的，一旦你有了这个想法，那么你的工作真是平庸的。你做出的工作不会被人重视，你也感觉不到自己生命的价值。只要工作，就要拒绝平庸，无论做什么工作都要把它做到最好，都要追求卓越。

要想从合格迈向卓越，就必须养成事事追求卓越的习惯。一位作家这样

说过："无论做什么事情，都应该尽心尽力，一丝不苟，因为究竟什么才是事关真正的大局，什么才是最重要的，这一点其实我们并不清楚。也许，在我们眼里微不足道的细节，实际上却可能生死攸关。"美国金融家斯蒂芬·吉拉德几乎就是追求卓越的化身。凡是他颁布的命令，必须严格执行，不能有丝毫违背。他有一句广为人知的名言："我们要的，不是做得很少有错，而是做得没有任何一点儿错。"

有一个叫凯撒的年轻人，因为家境困难，没有读多少书。他到一家工厂做车间工人时，工友似乎个个都比他更有文化，更讨老板欢心。

然而，时间一久，情形发生了变化，老板开始交给他一些不属于工人办的事情。比如去某客户那里送交一些资料，去某供应商那里联络一些原料。后来，老板甚至让他管理工厂的现金。很快，凯撒学会了工厂经营管理的很多知识，成了老板身边的得力助手。

有一天，老板问凯撒："你知道我为什么如此器重你吗？"

凯撒不知道。

"因为你总是做得最好。你还在车间里的时候，虽然没人要求你，你还是精益求精，你所生产的产品合格率远远超出了我的期望值。后来，我让你办其他事情，你所做的，也比其他人做得好。"老板说。

在企业里，我们常常听到这样的声音："我没有机会，老板不重视我。"老板重视你的前提，应该是你用才能去引起老板的重视，如果你做到了最好——像凯撒那样，老板会不重视你吗？

事实上，面对激烈的竞争，你应该不断地超越平庸，追求完美，你需要制定一个高于他人的标准。为自己设定一个比他人更高的标准：不推脱、不敷衍、尽全力。这样的人是异常优秀的人，他们不仅仅会做别人要求他们做的，而且会出人意料地做得非常完美。

一位哲人说：成功是因为你一定要成功，走向成功是因为你选择了成功。每个人都要自己选择。你可以选择一种得过且过的生活，当然你也可以选择一种追求完美的生活。当然，选择了就要去做，而且要处处体现在工作中，这样，才有成功的机会。

有三个年轻人去一家世界500强企业应聘采购主管。他们都是从上百位竞争者中挑选出来复试的，因此竞争很是激烈。

在整个面试过程中，他们经过一番番测试后，在专业知识与经验上各有千秋，难分伯仲。随后招聘公司总经理亲自面试，他提出了这样一道问题，

题目为:

假定公司派你到某工厂采购 4999 个信封,你需要从公司带去多少钱?

几分钟后,应试者都交了答卷。第一名应聘者的答案是 430 元。

总经理问:"你是怎么计算呢?"

"就当采购 5000 个信封计算,可能是要 400 元,其他杂费就 30 元吧!"答者对应如流。但总经理却未置可否。第二名应聘者的答案是 415 元。对此他解释道:"假设 5000 个信封,大概需要 400 元左右,另外可能需用 15 元。"总经理对此答案同样地没表态。但当他拿第三个人的答卷,见上面写的答案是 419.42 元时,不觉有些惊异,立即问:"你能解释一下你的答案吗?""当然可以,"该年轻人自信地回答道,"信封每个 8 分钱,4999 个是 399.92 元。从公司到某工厂,乘汽车来回票价 10 元。午餐费 5 元。从工厂到汽车站有一里半路,请一辆三轮车搬信封,需用 3.5 元。因此,最后总费用为419.42 元。"

总经理不觉露出了会心一笑,收起他们的试卷,说:"好吧,今天到此为止,明天你们等通知。"很显然,被录用的肯定是第三位应聘者。

第三位赢就赢在他的认真与精确上,这反映出他在工作中追求卓越的态度。现在绝大多数的员工都是做事寻求"差不多"的效果。一个是否精确的数字,反映出的是卓越员工与平庸者之间的差别。

现实生活中的人,不妨问一下自己:"你会在生活和工作中追求卓越吗?你的工作可以做得更好吗?"

选择过一种完美的生活,追求目标,做自己想做的梦,人人定能成功。

尽职尽责才能尽善尽美

老板喜欢的是那些不论老板在不在都能坚持做自己工作的人。这种员工会默默地接受上级下达的工作,不会提出任何幼稚的问题,他们会尽力去把工作做好,永远不会在工作中偷懒。他们永远都不会被解雇,他们更不会为了加薪而罢工。这种员工总是优秀企业最渴求的人。

一个不负责任、没有责任意识的员工,不但不会忧企业之忧,想企业之想,而且有可能给企业带来损失。

沃尔玛超市一店长在自己的超市视察时,看到自己的一名员工对前来购物的顾客极其冷淡,偶尔还发发脾气,令顾客极为不满。

这位店长问清缘由之后,对这位员工说:"你的责任就是为顾客服务,

令顾客满意，并让顾客下次还到我们这里来，但是你的所作所为是在赶走我们的顾客。你这样做，不仅没有担当起自己的责任，而且使企业的利益受到损害。你懈怠自己的责任，也就失去了企业对你的信任。一个不把自己当成自己企业一分子的人，就不能让企业把他当成自己的人，你可以走了。"这位缺乏责任意识的员工尝到了他种下的苦果。

其实，履行职责，是对一个人最基本的要求，也是最重要的要求。事实上，很多人并没能履行自己的职责。履行职责给了每一个人实现忠诚获得成功的机会，因为每一个人都有履行职责的机会。同时，它也给每一个梦想成功者提供了一种途径：你并不需要叱咤风云，并不需要惊天动地，只要你尽心尽力、勇于负责，就可以成为成功者。

事业成功的人大都是这样：高度责任心；工作态度表里如一、一丝不苟；永远充满激情。他们的成功是一种透明的成功，没有半点虚假，没有半点水分。当年的迈克尔·乔丹是篮球场上无敌的"飞人"，年薪上千万美元；白发苍苍的美国 Viacom 公司董事长萨默·莱德神采奕奕，永远年轻，他所领导的公司在美国拥有很大的名气；已是全球首富的比尔·盖茨仍潜心凝神地工作，决意把微软的产品卖到全球每一个地方……在这里，虽然他们的身份各异，或者是球星，或者是公司的董事长，但是他们的态度却有着惊人的相似：尽职尽责地对待工作，百分之百地投入工作，从来没有想过要投机取巧，从来不会在工作上打折扣。

所以说，一个人在执行中能否尽职尽责，决定了其执行的结果是否完美。

唐骏可以说是当今 IT 界的精英。他刚进微软时，担任微软最基层的程序员，成为微软这个大"蜂巢"里千千万万的"工蜂"之一。

微软当时正在开发 Windows，先做英文版，然后再由一个 300 人的大团队开发成其他语言版本。以中文版为例，并不只是翻译菜单那么简单，许多源代码都需要重新改写。比如 Word 里打完一行字自动换行，英文是单字节的，中文却是双字节，比如一个"好"字，如果照英文版来，可能"女"在上一行末尾，"子"就到了下一行开头。为此，大家不懈努力修改了大半年，才改出满意的中文版。所以最初 Windows 上市后，中文版过了 9 个月才上市；到了 Windows3.1，中文版上市时间更是滞后了 1 年多。

埋头开发 10 个月后，唐骏越想越觉得不对劲：常年雇那么多人做新版本，成本太高；其他语言版本推迟那么久上市，实在是贻误良机。

能不能改进一下？下了班，唐骏开始动脑筋，琢磨怎样才能解决这个问题。半年后，他写出了几万行代码，反复运行，证明他的程序经得起检验，才找老板面谈。公司又花了3个月时间进行认证，于是，原先的300人团队一下缩减到了50人。凭借这个业绩和表现出来的对待工作精益求精的精神，唐骏得到了提升，在微软一直做到微软（中国）总裁的位置，也获得了微软很少颁发的"比尔·盖茨终身成就奖"。

对工作尽职尽责才能尽善尽美，唐骏用他的经历证明了这一点。任何一位梦想成功的员工不妨就从这最基本的工作做起，为自己的成功积蓄力量。

第二章

带着思考去工作

会思想的大脑比千万资金更重要

成功始于思想，成于思想。会思想的大脑比千万资金更加重要。

一个人没有技能，可以拜师学艺；没有知识，可以求学问道；没有金钱，可以筹借贷款……但一个人如果不善于思想，一切都无从谈起。多换思想少换人是一种商业智慧，是认识智力资本巨大价值的创新行为。有智者事竟成，无智又不肯动脑的人，终其一生也只能平庸地度过。

有这样一则故事：

有个饭店老板开了一家餐厅，他手下的3个伙计都是自己家乡过来的同乡，因此，老板对待这3名同乡自然也是非常好。开始的时候，饭店的生意非常火，这些伙计都能够按月得到相应的报酬，他们都很高兴，觉得这一生能这样已经很不错了。

但是好景不长，后来由于竞争越来越激烈，加上饭店内部管理不善，很快生意就开始走下坡路，于是老板开始慢慢减少伙计们的报酬，有时候甚至加班都没有加班费。伙计们对于老板的做法心中多少产生了一些不满。

终于有一天，老板对伙计们说："现在饭店的生意越来越难做了，我很难过地告诉大家，现在我决定宣布破产。大家对于饭店的发展都作出过很大的贡献，我想在大家都离开之前，给大家一些补偿。希望这点钱能够为你们的生计起到一点作用，你们都自谋生路吧。"于是，这3名伙计每个人都得到了1万元。

第一名伙计拿到钱之后，非常开心，他觉得凭借这些钱就可以解决自己以后的出路问题了。他思前想后，觉得还是找一份稳定的工作比较好。正好

他看到出租车公司在招聘司机，于是就先用这些钱学会了开车，并且考了驾照。他去出租车公司应聘，顺利地成为一名出租车司机，报酬比以前在饭店的时候要高一些，但是开出租车很辛苦，需要经常加班，有时候还要跑长途，紧张的时候一天到晚都没有休息的时间。然而有这样一份工作比没有工作要好得多，于是他觉得自己的生活过得很成功了。后来他在这座城市里结婚生子，日子过得也算可以了。

第二名伙计拿到钱以后，觉得自己什么技术也不会，还不如继续干自己原来的行当。于是他苦苦寻觅，在这座城市终于找到一个招聘饭店伙计的招聘信息，他欣喜若狂。但是前去应聘的人有很多，竞争很激烈，于是他就花钱买了一些贵重礼品送给饭店里的负责人，经过一些周折，最后终于成为这家饭店的伙计。在这里，他对业务比较熟悉，所以干活还能够得到老板的肯定，但是由于餐饮业的不景气，所以他的报酬比原来那家饭店的报酬要低一些。他觉得能够在这座城市里混一口饭吃就已经不错了，于是就这样过着日子。

第三名伙计得到钱之后，他看到原来的老板之所以破产是因为经营管理有问题，所以他决定自己也开一家饭店。他自己租了一个铺子，由于自己的资金不够用，于是就托一位朋友的关系向银行贷款，找朋友借钱，在各方面的支持下，饭店终于开张了。他精心设计了店铺的装潢，虽然不是很高贵典雅，但是让人觉得非常干净、非常舒服。他自己一个人是忙不过来的，于是就开始雇佣一些伙计为他做事。开始的时候，只有附近的一些人前来就餐，对饭店的口味评价比较好，他很满意。后来，他根据顾客们的建议，设立了几道特色菜作为饭店的亮点，于是顾客又多了一点。现在他觉得应该扩大自己饭店的知名度了，于是他找到几家媒体，想要通过广告的形式来扩大饭店的知名度，这一次花了不少钱，但是比较成功。他的饭店的知名度很快就提高了，客人络绎不绝，他自己的腰包自然是一天天鼓了起来。在自己的饭店发展得很兴盛的时候，他还联合其他的饭店，互相开展特色菜联合展览。

有一天，一位出租车司机前来就餐，想尝尝这家饭店的特色菜，但是由于客人太多，于是老板打电话让自己的合作饭店送过来。那家饭店的伙计送过菜来，这才发现，原来这个饭店的老板和出租车司机就是当年曾一起工作的伙计同伴，想不到几年过后，大家竟是这样的现状。

这个故事给我们的思考很多，最重要的一点就是：不同的道路必然走向不同的结果。而作出不同道路选择的原因即是 3 个人的思想不同、思维方式不同：一个伙计的思维已经固化，将自己始终定位于给人打工，于是选择继

续当伙计，现在还是伙计；一个伙计对自己的前途有所思考、规划，认识到做伙计这一行的职业危机，于是选择改行，谋求更好的职业，选择开车，成为一名出租车司机，相对于以前有所提升；第三位伙计是个有思想的人，是一位边工作边思考的人，所以能发现以前老板的许多不足，进而提出自己的一些想法，于是在失业之后选择创业，现在就成了老板！

大量的事例都说明，现在之所以智囊辈出、创新如潮，就是因为许多人都有创新思想。社会以各种形式奖励那些有创新思想的人，不断激励着个人、组织和企业想办法、出主意、巧策划。

没有做不到，只怕想不到

戴高乐说："眼睛所到之处，是成功到达的地方，唯有伟大的人才能成就伟大的事，他们之所以伟大，是因为决心要做出伟大的事。"

工作中必然会遇到各种各样的困难，在那些工作不用思想的员工看来，困难总是太大太多，以至于根本无法克服；而在善于用思想工作的人眼中，没有做不到的事情，只有想不到。

如今享誉全球的麦当劳公司就是在莫里斯·麦当劳和查特·麦当劳两兄弟不向困难屈服，敢于向不可能挑战的精神中诞生的。在 20 世纪 20 年代，这对"不安分"的小青年"初生牛犊不怕虎"，毅然告别乡村老家，勇闯美国著名影城好莱坞。

1937 年，历经多次挫折的兄弟二人，抱着永不服输的念头，借钱办起了全美第一家"汽车餐厅"，由餐厅服务员直接把三明治和饮料等送到车上——也就是说，麦当劳兄弟二人最初办的是路边餐馆，定位于服务到车、方便乘客的经营方式。

由于思维创新特异，餐厅很快便一炮打响，一时间他们的"汽车餐厅"独领风骚。后来人们纷纷效仿，办"汽车餐厅"的业者日益增多，麦当劳兄弟的生意大不如前，而且每况愈下。

在困难面前，兄弟二人没有丝毫的退缩、沮丧和消沉，继续冥思苦想着再一次勇敢超越自己的良策。他们摒弃了原有的"汽车餐厅"服务理念，转而在"快"字上大做文章，以"想吃花哨和高档的请到别处去，想吃简单实惠和快捷的请到我这儿来"的全新经营理念，一举获胜，吸引了千千万万顾客蜂拥而来。

而兄弟二人并没有满足于现状，继续敢想敢干，敢在"冒尖"和"出

奇"上制胜。比如后来推出纸盘、纸袋等一次性餐具、进行了厨房自动化的革命，等等，来不断迎接新的挑战。

麦当劳兄弟二人的成功带给我们这样一个启示：世上无难事，只怕有心人。面对困难，只要你勇于尝试，积极寻求解决方案，就没有做不到的事。

1793年，守卫土伦城的法国军队叛乱。叛军在英国军队的援助下，将土伦城护卫得像铜墙铁壁，前来平息这次叛乱的法国军队怎么也攻不下。土伦城四面环水，且有三面是深水区。

英国军舰就在水面上巡弋着，只要前来攻城的法军一靠近，就猛烈开火。法军的军舰远远不如英军的军舰，根本无计可施，法军指挥官急得团团转。

就在这时，在平息叛乱的队伍中，一位年仅24岁的炮兵上尉灵机一动，当即用鹅毛笔写下一张纸条，交给指挥官："将军阁下：请急调100艘巨型木舰，装上陆战用的火炮代替舰炮，拦腰轰击英国军舰，以劣胜优。"

指挥官一看，连连称妙，赶快照办。

果然，这种"新式武器"一调来，英国舰艇无法阻挡。仅仅两天时间，原来把土伦城护卫得严严实实的英军舰艇就被轰得七零八落，不得不狼狈逃走。叛军见状，也很快缴械投降。

经历这一事件后，这位年轻的上尉被提升为炮兵准将。

你知道这位上尉是谁吗？他就是后来成为法国皇帝、威震世界的拿破仑。

和许多卓越的人一样，拿破仑的成功在相当程度上是在关键的时候开动了脑筋，为指挥官找到了突破困难的方法。就这样，他才走上了一个有高度的新起点。他后来每一步的升迁，几乎都和他善于运用智慧突破困难的惯常做法有关。

在困难面前保持足够的韧性，遇到困难不惧怕，是优秀员工获取事业成功的重要因素，也是带着思想工作的重要表现。成功学家卡耐基曾经说过："生活只需要积极的人，而消极的人只能在这个世界上逐渐萎靡，最后消失。"古今中外，任何一个获得成功的人，无不是经历了重重艰难，战胜了数不尽的困难后，才取得伟大的个人成就的。

西方有句名言："一个人的思想决定一个人的命运。"不敢向高难度的工作挑战，是对自己潜能的画地为牢，只能使自己无限的潜能化为有限的成就。

优秀员工必是善于动脑之人

这是一个充满变化的时代。在这里，员工不动脑，就意味着将被淘汰出局。

因为懒于动脑，所以创造力消失了；因为缺乏创造力，所以构想消失了；因为缺乏构想，所以产品消失了；因为缺乏产品，所以客户消失了；因为缺乏客户，所以生意消失了；因为缺乏生意，所以企业消失了。所有这些结果，都只因为员工的懒于动脑。所以，善于动脑筋可以影响到你的产品，影响到你的生意，影响到你的企业。

企业需要善于动脑的员工，在企业的眼中，最优秀的员工必是善于动脑之人。

英国皇家海军有一次招聘雇员，口试题目为：在一个大风雪的夜晚，你开着一辆车，经过一个车站，有3个人在等车。一位是快病死的老太太，一位是救过你命的医生，一位是你梦寐以求的情人。你会载哪一位？请说明你的理由。

载老太太，因为救人第一？

载医生，因为知恩图报？

载情人，因为可能一辈子再也碰不到？

200多位应聘者，给出了各式各样的答案，有的应聘者还在答案后附加了很多理由。但最后被录取的那位的答案是："把车钥匙给医生，让医生载老太太去医院，我留下来陪梦寐以求的情人等车。"

几乎每个人都认为这是最好的答案，但是只有少数人能说出同样的答案。能想到这个最佳答案的人一定善于及时转变自己的思考模式，能够善于运用自己的大脑，他的答案体现出他随机应变、善于处理棘手事务的智慧光芒。这样的员工自然会成为企业最需要的员工。

彼得和查理一起进入一家快餐店，当上了服务员。他俩的年龄一般大，也拿着同样的薪水。可是工作时间不长，彼得就得到老板的嘉奖，很快加了薪，而查理仍然在原地踏步。面对查理和周围人的牢骚与不解，老板让他们站在一旁，看看彼得是如何完成服务工作的。

在冷饮柜台前，顾客走过来要一杯麦乳混合饮料。

彼得微笑着对顾客说："先生，您愿意在饮料中加入一个还是两个鸡蛋呢？"

顾客说："哦，一个就够了。"

这样快餐店就多卖出一个鸡蛋，在麦乳饮料中加一个鸡蛋通常是要额外收钱的。

看完彼得的工作后，经理说道："据我观察，我们大多数服务员是这样提问的：'先生，您愿意在您的饮料中加一个鸡蛋吗？'而这时顾客的回答通常是：'哦，不，谢谢。'对于一个能够在工作中积极主动地发现问题、主动提高工作质量的员工，我没有理由不给他加薪。"

争做企业的优秀员工，就要像彼得一样，用自己的智慧努力为企业创造更多的效益。

市场的大潮是无情的。它要求企业顺着潮势随时变化，如果哪个企业稍有迟疑、动作迟缓，那么必将为大浪所吞没，甚至会永远地退出市场。

企业要求生存、求发展，就必须随时改变。人是企业的根本，如果人不动脑、不改变，企业谈何发展？作为企业发展的智慧源泉，员工有责任要求自己在工作中融入自己的思想，从而更为出色地完成任务。企业都喜欢具有创造力的、善于动脑的员工，不能够为企业创造价值的员工只能被无情地淘汰出局。

工作的结果是由思想决定的

在一个已经被各种条条框框所规范的世界里，失去思想的进步与突破将意味着彻底毁灭。人需要经由改变世界、改变环境而改变自己，需要经由对工作负责、对生活负责而对自己负责。怯懦与勇敢、守旧与创新、因循与改变都是人头脑中的东西，因此一个人的成功与失败只能由他自己把握，也就是说，一切的结果都是由他的思想决定的。

有两个人同时在候车室等车，他们准备离开家乡去外面打工。一个想去深圳，一个想去北京。但他们在等车时，又都改变了主意，因为邻座的人议论说，深圳人精明，外地人问路都收费；北京人质朴，见了吃不上饭的人，不仅给馒头，还送旧衣服。

打算去深圳的人想，还是北京好，挣不到钱也饿不死，幸亏车没到，不然真掉进了火坑。

打算去北京的人想，还是深圳好，给人带路都挣钱，还有什么不能挣钱的？我幸亏还没上车，不然真要失去一次致富的机会。

于是他们在退票处相遇并交换了车票。

到北京的人发现，北京果然好。他初到北京的一个月，什么都没干，竟然没有饿着，不仅银行大厅里的太空水可以白喝，而且大商场里欢迎品尝的点心也可以白吃。

到深圳的人发现，深圳果然是一个可以发财的城市，干什么都可以赚钱。带路可以赚钱，开厕所可以赚钱，弄盆凉水让人洗脸也可以赚钱。只要想点办法，再花点力气，都可以赚钱。

凭着乡下人对泥土的感情和认识，第二天，他在建筑工地装了 10 包含有沙子和树叶的土，打理得干净精巧，以"花盆土"的名义，向喜欢植物又好干净的都市白领兜售。当天他在城郊间往返 6 次，净赚了 50 元钱。一年后，凭"花盆土"，他竟然在深圳拥有了一间小小的门面。

在常年的走街串巷中，他又有一个新的发现：一些商店楼面亮丽而招牌较黑，一打听才知道是清洗公司只负责洗楼而不负责洗招牌的结果。他立即抓住这一空当，买了人字梯、水桶和抹布，办起一个小型清洗公司，专门负责擦洗招牌。如今他的公司已有 150 多名员工，业务也由深圳发展到杭州和南京。

前不久，他坐火车去北京考察清洗市场。在北京车站，一个捡破烂的人把头伸进软卧车厢，向他要一只空啤酒瓶。就在递瓶时，两人都愣住了，因为 5 年前，他们曾换过一次票。

这就是思想不同带来的不同结果。"思想决定命运。"这是每个人都认可的名言。人与人的差别从根本上说首先是思想的差别，而思想上的细小差异就会给实际工作带来很大的影响。

著名企划人詹宏志曾说："创意不一定是改变了东西，有时候只是改变了自己，改变了想法。"很多人在固定的生活圈里处久了，思维模式变得有些僵化，造成创意及活力的日益减损，无法打破思考的固有模式，在狭小的领域里打转，框住了自己的世界。

因此，我们要用正确的思想引导我们的工作，这样才能取得辉煌的成就。

多一点怀疑精神

国内一位知名企业的人力资源主管曾经说过，在企业中提升最快的往往是那些善于发现问题、解决问题、具备强烈的任务意识的员工。要发现问题，就需要有一定的怀疑精神，要敢于质疑自己的工作，自己是不是在做公

世界 500 强企业培训经典集

第六篇 完美执行篇

司发展最需要的事，自己目前的工作有哪些需要改进的地方，自己对公司的经营和管理有没有什么合理的意见和建议等等。只有不断地质疑自己的工作，才能发现工作中潜在或者已经存在的问题，才能更有效地推动企业的发展。

质疑工作是完善自己工作的前提。在微软公司的一次项目会议上，总经理让他的下属们针对自己的工作谈一些看法，有一个部门经理站起来慷慨陈词地说："我现在对自己所从事的这项工作产生一些怀疑。在这两年之中，在首席执行官的指导下，每个部门都接到了上百个项目，有许多项目都投入了大量人力资源和资金，往往进行到中途便不了了之，这样下去，会毁了公司。我们难道不能抓一些大一点的项目？或者我们能不能为每一个部门分配一些不浪费人力资源和资金，又能迅速见到效益的项目？这些项目不必太多，只要能见到效益，又不会浪费我们的时间和精力，这对我们的发展有莫大的好处。"

这位经理的一番话，震动了总经理和坐在周围的各位部门经理，他们都为这位经理勇于负责的工作精神所感动。整个下午，大家都放弃了原先开会的议题，针对这位经理所提出的问题，进行分组讨论，重新制定战略目标，结果，经过重新调整战略规划后，为公司节省了许多开支，加快了公司发展的步伐。

一名优秀的员工，应当像例子中的这位部门经理一样，要敢于质疑自己的工作，这样才能在工作中发现问题并提出合理的建议，这样才会在工作中不断培养出自己的创新能力，并取得骄人的业绩。

在公司中，很多人都以为自己做得已经足够好了，真的是这样吗？一名优秀的员工不应当满足自己尚可的工作表现，而是应当不断地关注自己工作的实际效率，不断地发现问题，提出合理的意见。当然，这也是实现自我提升当中一个很重要的步骤。自我督促的压力能够让你感到兴奋和充满活力，时刻充满着渴望向更高的要求挑战的勇气。

叶灵和江昊是一家大型跨国公司里的两名优秀职员，在对待工作上，都能够尽职尽责。但是，她们两个人的差别就在于，叶灵认为自己尽职尽责地完成了自己岗位上的工作后，便觉得自己的工作已经努力到家了；而江昊则要求自己在尽职尽责之外，还应当不断地发现公司经营管理上的一些失误和漏洞，只有这样，才称得上是对公司负责。

江昊在工作之中，经常认真寻找一些组织管理中的漏洞和失误，并从中

找出一些具有挑战性的问题。尽管她的这种做法，常常令上司和同事头痛，但是她的这种负责精神为公司减免了许多不必要的损失。

值得一提的是，有一次公司高层制定了一个战略规划，准备研发一种新型的胶印机械。这个方案已经全部做好，款项也陆续到位了。但是，江吴在工作刚刚开始时，便对所要开发的这个产品产生了怀疑，她认为，从自己所了解的情况看，这个项目在操作上有许多仓促之处。再加上高管层制定这个项目计划时，没有对所研发的产品进行详细的论证，这将会造成产品刚开发出来不久，就可能被市场淘汰的危险。因此，她详细地把自己对这个产品的怀疑之处写出来，并提出了许多的建议，交给上司。由于她的见解深刻，公司高层重新召开了研讨会，对市场状况和这个项目重新进行论证，又经过专家的审查鉴定，这个项目最后被放弃了，而江吴的行为也深深地感动了公司的管理层。

两年后，江吴成了这家公司的一位部门经理，社交的范围更广泛了；而叶灵，仍然只是一名业务主管。

职场中谨小慎微的专家认为，要想保住自己的一切，就要按照熟悉的一切工作，不要打破工作的秩序，也不可轻易尝试新的方法，更不要承接那些自己从来没有做过的事情，否则，就有可能被撞得头破血流。固然，循规蹈矩的人用大家习惯的做法处理自己的工作，一般不会犯大的错误。但仅做到不犯错误，是不可能有太大的发展机会的。

在现今这种竞争激烈的商业社会里，公司和个人都面临着巨大的压力，只有一个对公司持有认真负责态度的员工，在工作中不断质疑自己的工作，才能够帮助公司完善体系，适应市场变化，增强竞争力，推动公司向前进。

第三章

成为解决问题的高手

找对方法走对路

在现在的公司中，主动找方法解决问题的人，总是公司的稀有资源。不管是国内还是国外，只要有这样的人出现，他们就能够像明星一样闪耀。哪怕他没有刻意去追求机会，机会也会主动找上门来。假如你通过找方法做了一件乃至几件让人佩服的事，就能很快脱颖而出并获取更多的发展机会。

多年前，美国兴起石油开采热。有一个雄心勃勃的小伙子，也来到了采油区。但开始时，他只找到了一份简单枯燥的工作，他觉得很不平衡，心想：我那么有创造性，怎么能只做这样的工作？于是便去找主管要求换工作。

没有料到，主管听完他的话，只冷冷地回答了一句："你要么好好干，要么另谋出路。"

那一瞬间，他涨红了脸，真想立即辞职不干了，但考虑到一时半会儿也找不到更好的工作，于是只好忍气吞声又回到了原来的工作岗位。

回来以后，他突然有了一种感觉：我不是有创造性吗？那么为何不能就从这平凡的岗位上做起呢？

于是，他对自己的那份工作进行了细致的研究，发现其中的一道工序，每次都要花39滴油，而实际上只需要38滴就够了。

经过反复试验，他发明了一种只需38滴油就可使用的机器，并将这一发明推荐给了公司。可别小看这1滴油，它给公司节省了成千上万的成本。

这位年轻人就是洛克菲勒，美国最有名的石油大王。

上述故事说明了一个道理：在任何单位、任何机构，能够主动运用智慧去工作的人，最容易做出成绩，一旦做出成绩，你的事业就可以更上一层楼。

事实上，成大事者和平庸之辈的根本区别之一，就在于他们是否在遇到困难时理智对待，主动寻找解决的方法。只有敢于去挑战，并在困局中突围而出，才能奏出激越雄浑的生命乐章，最大化地彰显人性的光辉。诗人泰戈尔曾经说过："当鸟翼系上黄金时，就飞不远了。"如若我们在困难来临时选择了逃避或自暴自弃，而不是坚持不懈地挑战和克服"困局"，就会被困难所累而最终碌碌无为，和那只永远也飞不高的鸟儿没有两样。

勤于思考，不断提出新方法的员工是最受老板喜欢的员工。无论他们提出的建议和方法是否可行，他们都运用自己的经验去思考了，在思考过程中，他们会更多地了解公司的情况，至少他们的思维不是懒惰的。世界500强企业最不能容忍的员工就是思维僵化的员工。只要敢想，敢于创新，就会受到老板的重用。

一位世界500强企业的总裁描述自己心目中的理想员工时说："我们所急需的人才，是积极思考，不断地寻找新的方法，勇于向'不可能完成'的工作挑战的人。"

麦肯锡咨询公司要招聘一名高级女职员，一时应聘者如云。经过一番激烈的比拼，莫尼卡、凯丽和苏珊三人脱颖而出，成为进入最后阶段的候选人。三个人都是世界名牌大学的高才生，又是各有千秋的美女，条件不相上下，竞争到了白热化状态。她们都在小心翼翼地做着准备，力争使自己成为"笑到最后"的胜利者。

这天早上8点，三人准时来到公司人事部。人事部长给她们每人发了一套白色制服和一个精致的黑色公文包，说："三位小姐，请你们换上公司的制服，带上公文包，到总经理室参加面试。这是你们最后一轮考试，考试的结果将直接决定你们的去留。"三位美女脱下精心搭配的外衣，穿上那套白色的制服。人事部长又说："我要提醒你们的是，第一，总经理是个非常注重仪表的先生，而你们所穿的制服上都有一小块黑色的污点。毫无疑问，当你们出现在总经理面前时，必须是一个着装整洁的人，怎样对付那个小污点，就是你们的考题；第二，总经理接见你们的时间是8点15分，也就是说，10分钟以后，你们必须准时赶到总经理室，总经理是不会聘用一个不守时的职员的。好了，考试开始了。"

三个人立即行动起来。

莫尼卡用手反复去揩那块污点，反而把污点越弄越大，白色制服最终被弄得惨不忍睹。她紧张起来，红着脸央求人事部长能否给她再换一套制服，没想到，人事部长抱歉地说："绝对不可以，而且，我认为，你没有必要到总经理室去面试了。"莫尼卡一下子愣住了，当她知道自己已经被取消了竞争资格后，眼泪汪汪地离开了人事部。

与此同时，凯丽已经飞奔到洗手间，她拧开水龙头，撩起自来水开始清洗那块污点。很快，污点没有了，可麻烦也来了，制服的前襟处被浸湿了一大片，紧紧贴在身上。于是，凯丽快步移到烘干器前，打开烘干器，对着那块浸湿处烘烤着。烤了一会儿，她突然想起约定的时间，抬起手腕看表：坏了，马上就到约定时间了。于是，凯丽顾不得把衣服彻底烘干，赶紧往总经理室跑。

赶到总经理室门前，凯丽一看表，8点15分，还没迟到。更让她感到庆幸的是，白色制服上的湿润处已经不再那么明显了，要是不仔细分辨，根本看不出曾经洗过。何况堂堂大公司总经理，怎么会死盯着一个女孩的衣服看呢？除非他是一个色鬼。

凯丽正准备敲门进屋，门却开了，苏珊大步走出来。凯丽看见，苏珊的白色制服上，那块污迹仍然醒目地躺在那里。凯丽的心里踏实了，她自信地走进办公室，得体地道声："总经理好。"总经理坐在大班桌后面，微笑地看着凯丽白色制服上被湿润的那个部位，好像在"分辨"着什么。凯丽有点不自在。

这时，总经理说话了："凯丽小姐，如果我没有看错的话，你的白色制服上有块地方被水浸湿了。"凯丽点了点头。"是清洗那块污渍所致吗？"总经理问。凯丽疑惑地看着总经理，点了点头。总经理看出凯丽的疑惑，浅笑一声道："污点是我抹上去的，也是我出的考题。在这轮考试中，苏珊是胜者，也就是说，公司最终决定录用苏珊。"

凯丽感到愕然："总经理先生，这不公平。据我所知，您是一位见不得污点的先生。但我看见，苏珊的白色制服上，那块污点仍然清晰可见。"

"问题的关键是，苏珊小姐没有让我发现她制服上的污点。从她走进我的办公室，那只黑色公文包就一直优雅地横在她的前襟上，她没有让我看见那块污迹。"总经理说。

凯丽说："总经理先生，我还是不明白，您为什么选择了苏珊而淘汰了我呢？我准时到达您的办公室，也清除了制服上的污点，而苏珊只不过要了个小聪明，用皮包遮住了污点。应该说，我和苏珊打了个平手。"

"不。"总经理果断地说，"胜者确实是苏珊，因为她在处理事情时，思路清晰，善于分清主次，善于利用手中现有的条件，她把问题解决得从容而漂亮。而你，虽然也解决了问题，但你却是在手忙脚乱中完成的，你没有充分利用你现有的条件。其实，那只公文包就是我们解决问题的杠杆，而你却将它弃之一旁。如果我没猜错的话，你的'杠杆'忘在洗手间里了吧？"

凯丽终于信服地点了点头。总经理又微笑着说："如果我没猜错的话，苏珊小姐现在会在洗手间里，正清洗她前襟处的污渍呢。"

三个女孩面试的故事，说明了一个道理：在任何单位、任何机构，能够主动找方法解决问题的人，最容易受到上级的青睐。

方法能为人解除不便，能够让他人有更大的发展，更能给单位创造最直接的效益。哪个单位的领导，能不格外重视想方法帮单位解决问题的人呢？

不畏惧问题才能解决问题

鲁迅说："人生的旅途，前途很远，也很暗。然而不要怕，不怕的人面前才有路。"所以无论有多么棘手的问题挡在你前进的道路上，你都不应感到畏惧，而应该用积极的心态去迎接它，然后运用智慧寻找解决之道。

虽然"飞人"刘翔在上海田径黄金大奖赛上惊艳复出，但他的师傅孙海平却出言谨慎，说刘翔重回巅峰尚需半年。从巅峰到谷底再到"王者归来"，刘翔伴随着"鸟巢"退赛后的唏嘘声开始便屡遭"诟病"。因当"政协委员"却缺席会议受到质疑，因代言一款轿车出车祸险成被告，"退赛阴谋论"一直困扰着他……在饱受"冷遇"的同时，曾经身兼十几家企业代言人的刘翔，几乎被所有的企业打入"冷宫"。

刘翔要面对社会的种种期望、质疑，又无法回避商业操作背后的利益纠葛……我们不难想象，这13个月的"蛰伏期"，一度被神化了的刘翔承受着怎样的心理压力？

但是刘翔没有畏惧问题，顶住来自社会各界的重重压力，顶住那些怨声载道还有不绝于耳的骂声。历史给了刘翔重整旗鼓的机会。13秒15，和特拉梅尔同时撞线，最后通过电脑分析，精确到千分之一秒后才分辨出最后名次，刘翔屈居特拉梅尔之后，获得亚军。这是让人激动和惊喜的成绩，也是所有人包括刘翔和教练孙海平没有想到的。

在鸟巢面对那么多双眼睛，在电视机前还有13亿电视观众，刘翔因为跟腱骨刺忍痛选择转身，走出的通道那样漫长，他经受人生的最低谷，撕心

裂肺的痛只能自己一个人背负。但是他没有畏惧，也没有退缩，他把自己归零，13个月，他经历去美国手术、养伤、恢复训练，才有了13个月后的完美复出。

所以面对问题，我们不应当畏缩，不应当逃避，而应该坦然地去面对，将问题的相关方面研究清楚，将问题的根源找出来，开动自己的脑筋，寻找更多的解决之道。看待问题时，我们不能将其放大，相反，除了要正视问题，更要"藐视"问题。问题的出现经常出乎人的意料，但只有不被它吓倒，才有解决问题的可能。那些一开始就被问题所吓倒的人，永远不会找到出路。

在工作中，你是否遇到过这种情况：某一问题就像山一样摆在你面前，要克服它，似乎完全不可能。于是，一种说不出的恐惧不招自来，你很快就向山一样高大的问题屈服了。我们不应该将问题无端放大，以至于很快心生恐惧、逃避，最终将自己打败。实际上，问题绝大多数时候并不像我们想象的那样严重，只要我们撕破畏惧的面纱，就能很好地解决它。

面对问题，我们不应当畏缩，不应当逃避，而应该坦然地去面对，将问题的相关方面研究清楚，将问题的根源找出来，开动自己的脑筋，寻找更多的解决之道。

找对病根，才能下药

很多人解决问题，都只是把问题从系统的一个部分推移到另一部分，或者只是完成一个大问题里面的一小部分。比如，工厂的某台机器坏了，负责维修的师傅只是做一下最简单的检查，只要机器能正常运转了，他们就停止对机器做一次彻底清查，只有当机器完全不能运转了，才会引起人们的警觉，这种只满足于小修小补的态度如果不转变，将会给公司和个人带来巨大的损失。正确的做法是深入问题的根部，找出合理的方案，将问题一次性地彻底解决。

马博是某食品公司的业务主管。有一次，他从一个用户那里考察回来后，敲响了经理办公室的门。

"情况怎样？"经理抬头就朝马博问道。

马博坐定后，并不急于回答经理的问话，而是显得有些心事重重的样子。因为他十分了解经理的脾气，如果直接将不利的情况汇报给他，经理肯定会不高兴，搞不好还会认为自己没尽力去办。

经理见马博的样子，已经猜出了肯定是对公司不利的情况，于是改用了另一种方式问道："情况糟到什么程度，有没有挽救的可能？"

"有！"这回马博回答得倒是十分干脆。

"那谈谈你的看法吧！"

马博这才把他考察到的情况汇报给经理："我这次下去了解到，这个客户之所以不用我们厂的产品，主要是因为他们已经答应从另一个乡镇食品公司进货。"

"竟有这样的事！那你怎么看呢？"

"我想是这样的，我们公司的产品应该比乡镇企业的产品有优势，我们的产品不但质量好而且价格还很公道，在该省已经具有了一定的知名度。"

"就是，一个小小的乡镇企业怎么能和我们相比呢？"经理打断了马博的汇报。

"所以说，我们肯定能变不利为有利。最重要的是，当地的客户多年来使用我们公司的产品，与我们有很好的合作基础，这是我们的优势所在。但该客户答应与那个乡镇企业订货，主要是因为那个乡镇企业距离他们较近，而且可以送货上门。这一点，我们不如那家乡镇企业，我们可以直接到每个乡镇去走访，在每个乡镇找一个代理商，这样问题就解决了。"

"小马，你想得真周到，不但找到了症结所在，还想出了解决的办法，要是公司里的员工都像你这样有责任心就好了。"

"经理过奖了，为公司分忧是我的责任。经理您工作忙，我就不打扰您了。"

不久，马博被调到了销售科专门从事产品营销，公司的建材销量节节上升，马博也越来越受到重视，很快成了公司的业务骨干。

在工作中遇到问题时，我们应该认真分析问题的根源所在，找准病根儿对症下药，一定不要被问题的表象所迷惑，才能又快又好地将问题解决掉。

在一些管理者看来，衡量一个人工作效能高低的一个重要标准就是看他能否找到病根儿将问题彻底地解决。能够把事情做得彻彻底底，将问题一次性解决，你才能够成为一名真正高效能的员工。

主动解决问题，不要让自己成为问题的一部分

埃尔德·克利弗说，这个世界上有两种人。一种人是看见了问题，然后界定和描述这个问题，并且抱怨这个问题，结果自己也成为了这个问题的一

部分。另一种人是观察问题，并立刻开始寻找解决问题的办法，结果在解决问题的过程中自己的能力得到了锻炼、品质得到了提升。

在一次企业管理培训课上，一位蛋糕店的女老板和大家一起分享了她的创业经验。她深有感触地说：

"我很幸运，有一位善于找方法解决问题的员工。那次如果没有她，我的店很可能早就关门了。"

原来，女老板开着一家糕点店，这个行业，竞争本来就十分激烈，加上女老板当初在选择店址上有些小小的失误，开在了一个相对偏僻的胡同里，因此，自从蛋糕房开张后，生意一直冷冷清清，不到半年，就支撑不下去了。面对收支严重失衡的状况，女老板无奈地想结束生意。这时，店里负责卖糕点的一个女员工给她提了一个建议。

原来，这个员工在卖蛋糕的时候曾经碰到过一个女客人，想给男朋友买一个生日蛋糕。当这个员工问她想在蛋糕上写些什么字的时候，女客人嗫嚅了半天才不好意思地说：

"我想写上'亲爱的，我爱你'。"

员工一下子明白了女客人的心思，原来她想写一些很亲热的话，又不好意思让旁人知道。有这种想法的客人肯定不只一人，现在，各个蛋糕店的祝福词都是千篇一律的"生日快乐""幸福平安"之类，为何不尝试用点特别的祝福语？

于是，这个员工送走女客人后，就向老板建议：

"我们店里糕点师用来在蛋糕上写字的专用工具，可不可以多进一些呢？只要顾客来买蛋糕，就赠送一支，这样客人就可以自己在蛋糕上写一些祝福语，即使是隐私的也不怕被人听到了。"

一开始，女老板并没有将这个创意太当回事，只是抱着试试看的心态同意了，并做了一些简单的宣传。没想到，在接下来的一个星期中，顾客比平时增了两倍，每个客人都是冲着那支可以在蛋糕上写字的笔来的。

那位女老板说："从那以后，我的生意简直可以用奇迹来形容。我本来都做好关门的心理准备了，没想到我的店员帮了我大忙，现在，她成了我的左膀右臂，好主意层出不穷，我都觉得我离不开她了。"

你愿意成为问题的一部分，还是成为解决问题的人，这个选择决定了你是一个推动公司发展的关键员工，还是一个拖公司后腿的问题员工。

工作和生活中难免会出现种种问题。一个企业自成立那一天起，就注定

要面对重重困难和问题，因此，一名员工自从进入一家公司那一刻，就要让自己成为解决问题的人，用自己的行动和智慧推动公司的发展，而不是让自己成为问题的一部分。

提升重点思维，找到解决问题的关键

把精力集中在重要问题上，从重点问题上寻求突破，是解决问题的关键。一个人只有养成了重点思维的习惯，才能在实际中避免眉毛胡子一把抓，从而赢得经营上的成功和丰厚的利润，也才会在日后的工作中取得良好的成绩。

查尔斯是一个具有重点思维习惯的人。他于 1970 年加入了凯蒙航空公司从事业务工作，3 年以后，美国西南航空公司出资买下了这家公司，查尔斯先后担任了市场调研部主管和公司经理。他由于熟悉业务，并且善于解决经营中的主要问题，使得这家公司发展成北美第一流的旅游航空公司。

查尔斯的经营才能得到了公司高层领导的高度重视，他们决定对查尔斯进一步委以重任。

航联下属的一家国内民航公司购置了一批喷气式客机，由于经营不善，连年亏损，到最后就连购机款也偿还不起。1978 年，查尔斯调任该公司的总经理。担任新职的查尔斯充分发挥了擅长重点思维的才干，他上任不久，就抓住了公司经营中的问题症结：国内民航公司所订的收费标准不合理，早晚高峰时间的票价和中午空闲时间的票价一样。查尔斯将正午班机的票价削减一半以上，以吸引去瑞典湖区、山区的滑雪者和登山野营者。此举一出，很快就吸引了大批旅客，载客量猛增。查尔斯任主管后的第一年，国内民航公司即扭亏为盈，并获得了丰厚利润。

查尔斯认为，如果停止使用那些大而无用的飞机，公司的客运量还会有进一步的增长。一般旅客都希望乘坐直达班机，但庞大的"空中巴士"无法满足他们的这一愿望，尽管DC－9客机座位较少，但如果让它们从斯堪的纳维亚的城市直飞伦敦或巴黎，就能赚钱。但是原来的安排是DC－9客机一般到了哥本哈根客运中心就停飞，旅客只好去转乘巨型"空中客车"。查尔斯把这些"空中客车"撤出航线，仅供包租之用，辟设了奥斯陆—巴黎之类的直达航线。

与此同时，查尔斯的另一举措也充分显示了他的重点思维能力，这就是"翻新旧机"。

当时市场上的那些新型飞机引不起查尔斯的兴趣，他说，就乘客的舒适程度而言，从DC－3客机问世之日起，客机在这方面并无多大的改进，他敦促客机制造厂改革机舱的布局，腾出地盘来加宽过道，使旅客可以随身携带更多的小件行李。查尔斯不会想不到他手下的飞机已使用达14年之久，但是他声称，秘诀在于让旅客觉得客机是新的。西南航空公司联出1500万美元（约为购买一架新DC－9客机所需要费用的65%）来给客机整容，更换内部设施，让班机服务人员换上时尚新装。公司的DC－9客机一直使用到1990年。靠着那些焕然一新的DC－9客机，航空公司招徕越来越多的旅客，当然，滚滚财源也随之而来。

正因为查尔斯懂得解决问题的关键要从重点问题入手，有了这样的主要目标，他做起事来的效率就会很高。所以我们在解决问题时，要善于抓主要矛盾，解决问题就变得容易多了。

另外，具有重点思维习惯的人是不会去回避问题的。因为最大的问题，可能恰恰是"没有问题"。正如一位知名企业家所言，"最危险的瞬间往往发生在成功的瞬间。"对于每一个人来说，问什么样的问题，就意味着他可能得到什么样的结果。

第四章

找对方法方能做对事

方法藏在角度里

一位心理学家曾经说过："只会使用锤子的人，总是把一切问题都看成是钉子。"就好像卓别林主演的《摩登时代》里的主人公一样，由于他的工作是一天到晚拧螺丝帽，所以一切和螺丝帽相像的东西，他都会不由自主地用扳手去拧。

错误的习惯往往会使人习惯错误，过去的成功经验，也会使人故步自封，以至于妨碍人生的发展。如果你已习惯常规的思维方法，就只会从普通的角度来思考问题，不愿也不会转个方向、换个角度想问题，这就是很多人的一种愚顽的"难治之症"。

其实方法的灵光一现，有时候就是角度的转换。就像切苹果一样，如果不换种切法，你就永远不可能看到苹果的美丽图案。

一对夫妇希望购买一辆旧车，他们到一家商店看了好几次，都不满意，迟迟下不了决心。商店的推销员根据仔细观察，发现这对夫妇自尊心很强，而且也爱挑剔。他想：如果照现在这种推销法，是无法让他们感到满意的。于是，他改变了推销方式，不但对他们的挑剔一点也不抱怨，反倒夸奖他们很有眼光，即使不买，他每次还是十分热情地送他们出门，并恳切地表示以后还要向他们请教。

几天后，"请教"的机会来了。一位顾客到商店里想卖掉自己的旧车，经过讨价还价，最后以500美元的低价成交。之后，他打电话给那对夫妇，说有人向他推销一部旧车，但他拿不太准，所以想请他们夫妇过来指教。在他热情的邀请下，那对夫妇很高兴，很快就过来了。约翰带他们仔细看了这

辆车，然后说：“经过几次接触，我越来越敬佩你们，你们都是通晓汽车的人。这辆车，麻烦你们看一看，它到底能值多少钱？”

受到这样的尊敬，这对夫妇既吃惊又感动，对这辆车又摸又看，最后说：“我们认为，如果车主愿意以800美元卖掉，您就立即买下来了吧。”

推销员对他们的建议再次感谢，然后提出：“假如我花这么多钱把车买下，您不想再从我这里买走吗？”

“很愿意啊！”当妻子的立即说。不过立即又开始犹犹豫豫，说：“你先买下的话，不要加价吗？”

“没关系，这点您不用担心，既然是您看准的，就照800美元给您吧！”

那对夫妇高高兴兴地从他手上将这辆车买走了，双方皆大欢喜。

有时候用一个新的方法，巧妙地转换思维，问题就迎刃而解了。无论在任何单位和机构，那些能够主动找方法解决问题的人，才容易受到上级的青睐。

你每天都在和几百万个人竞争，所以要不断提升自己的价值，边工作边思考，只工作不思考永远不会找到好的工作方式和方法。要在每天工作以后都想一想自己的收获和教训，这样才会不断地完善自己，更上一层楼。

换一种思维，换一片天

美国但维尔地区的百货业巨子约翰·甘布士是美国商界家喻户晓的人物。

有一年，但维尔地区经济萧条，不少工厂和商店纷纷倒闭，被迫贱价抛售自己堆积如山的存货，价钱低到1美元可以买到100双袜子。

那时，约翰·甘布士还是一家织制厂的小技师。他马上把自己积蓄的钱用于收购低价货物，人们见到他这股傻劲儿，都公然嘲笑他是个蠢材。

约翰·甘布士对别人的嘲笑漠然置之，依旧收购各工厂和商店抛售的货物，并租了很大的货仓来贮货。

他妻子劝他说，不要购入这些别人廉价抛售的东西，因为他们历年积蓄下来的钱数量有限，而且是准备用做子女教养费的。如果此举血本无归，那么后果便不堪设想。

对于妻子忧心忡忡的劝告，甘布士笑过后又安慰她道：

“3个月以后，我们就可以靠这些廉价货物发大财了。”

甘布士的话似乎兑现不了。

过了 10 多天后，那些工厂即使贱价抛售也找不到买主了，他们便把所有存货用车运走烧掉，以此稳定市场上的物价。

他太太看到别人已经在焚烧货物，不由得焦急万分，便抱怨起甘布士。对于妻子的抱怨，甘布士一言不发。

终于，美国政府采取了紧急行动，稳定了但维尔地区的物价，并且大力支持那里的厂商复业。

这时，但维尔地区因焚烧的货物过多，存货欠缺，物价一天天飞涨。约翰·甘布士马上把自己库存的大量货物抛售出去，一来赚了一大笔钱，二来使市场物价得以稳定，不致暴涨不断。

在他决定抛售货物时，他妻子又劝告他暂时不忙把货物出售，因为物价还在一天一天飞涨。

他平静地说："是抛售的时候了，再拖延一段时间，就会后悔莫及。"

果然，甘布士的存货刚刚售完，物价便跌了下来。他的妻子对他的远见钦佩不已。

后来，甘布士用这笔赚来的钱，开设了 5 家百货商店，生意也十分兴隆。

如今，甘布士已是全美举足轻重的商业巨子了。

从约翰·甘布士身上，我们可以看到一种与众不同的想法。正是因为他没有延续普通人一贯的思维才会获得普通人不能获得的财富。工作中，不要人云亦云，对于每天都从事的工作换一种思维去做，说不定就会提高工作效率，在工作中发现不一样的感受。

对许多人来说，平平常常的生活简直乏味得难受，偶尔不按牌理出牌，巧妙地转换思维，转换问题，反而能使难题迎刃而解。

创新的源泉，实质上就是突破思维定式，向新的方向多走一步。就像切苹果一样，如果不换种切法，你就永远不可能看到苹果里面美丽的图案。

当你陷于惯性思维中时，除了不质疑让自己改变的能力外，你必须质疑一切。

解决惯性思维问题的方案有 3 个步骤，即：发现、确信、改正。

1. 必须发现惯性思维

你可能会在很晚的时候才发现你在进行惯性思维。你必须养成习惯，经常回顾自己所做的努力，看看自己已经做了什么，以及你将要做什么，并以此来确定你仍然在沿着正确的方向前进，而不是踏入歧途。

2. 承认自己在进行惯性思维

这一条做起来就比说出来难得多。这需要承认你已经犯下了一个错误。但这种事情很难做到，并且具有讽刺性：你越是规矩死板，那么你想阻止自己的损失，停止愚蠢做法的可能性就越小。事实是这样，你所做的一切，不过是让你在思维的牛角尖里钻得更深而已。

3. 从惯性思维中走出来

这是一条最难做到的。知道和承认问题并不等于能解决它。但是，实施一个解决方案，同样也是一个有趣的部分。因为这个解决方案拯救了你，并让你再次行动起来了。

一旦你突破这种惯性思维，不再固守陈规，相信你的人生和工作中必然时时会有创新、有新意。久而久之，一种创新性思维将会取代那种僵化的惯性思维。

创新性思维的核心是创新突破，而不是过去的再现重复。它没有成大事的经验可借鉴，没有有效的方法可套用，它是在没有前人思维痕迹的路线上去努力控制。

在著名的盖洛普公司曾经搞的一次对世界 500 强企业高层主管人物的调查中，有 58% 的人认为在过去的 10 年间，对变化加以利用最好的是工业上的新行业，而不是传统的竞争对手。当被问到原因时，90% 的被调查者认为：原因在于这些新兴的行业深刻地改变了游戏规则。只有 10% 左右的人认为新兴的行业之所以能成功，是因为技术更好的缘故。

那么，90% 被调查者所说新兴行业"深刻地改变了游戏规则"这段话的背后又蕴藏着怎样的含义呢？

那就是现在越来越多的企业，感受到了墨守成规不会有较快或更大的发展，只有选择在变化中求生存，用敏锐的眼光去发现使自己立于不败之地的机会。换一种思维才会赢得新的天地。

日本的东芝电气公司 1952 年前后曾一度积压了大量的电扇卖不出去，7万名职工为了打开销路，费尽心机地想办法，进展依然不大。

有一天，一个小职员向当时的董事长石板提出了改变电扇颜色的建议。在当时，全世界的电扇都是黑色的，东芝公司生产的电扇自然也不例外。这个小职员建议把黑色改成为浅色。这一建议立即引起了石板董事长的重视。

经过研究，公司采纳了这个建议。第二年夏天，东芝公司推出了一批浅蓝色电扇，大受顾客欢迎，市场上甚至还掀起了一阵抢购热潮，几十万台电扇在几个月之内一销而空。从此以后，在日本以及在全世界，电扇就不再都

是一副统一的黑色面孔了。

换一个思维，换一片天，只是改变了一下颜色，大量积压滞销的电扇，几个月之内就销售一空。这一改变颜色的设想，效益竟如此巨大。有许多的发明就是因改换思维而灵光闪现的；许多企业起死回生、抢占市场也是因为他们能突破传统思维。

中国有句古话叫"不破不立"，艺术大师毕加索说："创造之前必须先破坏。"破坏什么？当然是传统观念和传统规则这些框架，他们遮住了我们的视线，限制了我们的思维，不将它们打破，我们就看不到崭新的世界，思维也像坐井观天的青蛙一样，永远只在井口大的空间里打转，这样的眼界，这样的思维，又怎能创造出新事物、开发出新思路来呢？只有灵活多变、勇于打破规则、能不断尝试从新角度运用新思维思考问题的员工才能得到企业的青睐。这，正是你应该努力的方向。

分解难题，把大目标分解为小阶段

俗语说"心急吃不了热豆腐"、"一口吃不成胖子"、"欲速则不达"。

有时候，我们碰到的难题较为巨大，无法局限在某一个层次进行处理，但分成不同层次就好解决了。

有一位青年，曾梦想要做美国总统，但这个梦想似乎过于遥远、不可思议。该怎么办呢？经过几天几夜的思索，他拟定了这样一系列的连锁目标。

做美国总统首先要做美国州长→要竞选州长必须得到雄厚的财力后盾的支持→要获得财团的支持就一定得融入财团→要融入财团就最好娶一位豪门千金→要娶一位豪门千金必须成为名人→成为名人的快速方法就是做电影明星→做电影明星的前提需要练好身体，练出阳刚之气。

按照这样的思路，青年开始步步为营。一天，当他看到著名的体操运动主席库尔后，他相信练健美是强身健体的好点子，因而萌生了练健美的兴趣。他开始刻苦而持之以恒地练习健美，他渴望成为世界上最结实的壮汉。3年后，借着发达的肌肉、一身雕塑似的体魄，他开始成为"健美先生"。

在以后的几年中，青年囊括了欧洲、世界、全球、奥林匹克的"健美先生"。在22岁时，他踏入了美国好莱坞。在好莱坞，他花费了10年，利用在体育方面的成就，而一心去表现坚强不屈、百折不挠的硬汉形象。终于，他在演艺界声名鹊起。当他的电影事业如日中天时，女友的家庭在他们相恋

9 年后，也终于接纳了这位"黑脸庄稼人"。他的女友就是赫赫有名的肯尼迪总统的侄女。

他与太太生育了 4 个孩子，建立了一个幸福的家庭。2003 年，年逾 57 岁的他，告老退出了影坛，转为从政，成功地竞选成为美国加州州长。

他就是阿诺德·施瓦辛格。

可见，"分"是一种人生大智慧，它不仅能帮助我们解除心理上的压力，也能帮助我们将难解决的问题高效解决。

拿破仑·希尔曾举过这样一个例子：

同样是做房地产生意，杰克计划向银行贷款大约 12000 万美元，而罗比则向银行贷款 11939 万美元。

最后，银行贷款给罗比，而拒绝了杰克的贷款请求。

在银行主任看来，罗比的预算具体且考虑很周到，说明罗比办事仔细认真，成功的希望较大。

罗比是怎样做到将预算计划得如此详细呢？罗比介绍了一种将目标逐一击破的方法。利用这种方法，你可以对自己的工作进行规划：

假设你的工作计划为 5 年，让你的 5 年宏伟目标获得成功的秘诀是化整为零，每天做一点能做到的事。

1. 将你的目标分成 5 份。你把 5 年目标分成 5 份，变成 5 个一年目标，那你就可以确切地知道从现在到明年的此刻你必须完成的工作了。

2. 将每年的目标分成 12 份。祝贺你，你将进一步有了每月的目标了。如果要落实你的 5 年计划，你现在就更能清楚地了解从现在到下月的此时你应该完成什么了。

3. 将每月的目标分成 4 份。现在你可以知道下星期一早上必须着手做什么了。同时，唯有如此，你才会毫不迟疑地去做自己该做的事，然后，继续进行下一步。

4. 将每周的目标分成 5~7 份。用哪个数字划分，完全取决于你打算每周用几天从事这项工作。如果喜欢一周工作 7 天，则分成 7 份；如果认为 5 天不错，就分成 5 份。自动地选择哪一种全靠你自己。但是，不论做何种选择，结果都是一成不变的，你一定要问自己为了成功，我今天必须做什么？

当你从头到尾采取这种程序后，每天早晨就会胸有成竹地奔向坚定不移的目标，日复一日，年复一年，直至到达你最喜爱的乐土。

内容明晰的每周、每月和每年的目标有助于你发挥个人所长，集中精力，全力以赴地完成既定工作，从而获取个人的成功和幸福。同时，分成可行的小目标可以减轻你因为茫然不知所措而产生的烦躁。

如果你对所做的事情不断怀疑，事情往往会做得很糟糕。但是，一旦你知道所做的事正好掌握了最佳时机，你就一定会做得更快、更好，而且有更大的热情和冲劲。

确立 5 年目标，并将它们划分成可以逐日完成的工作还有一个益处，即它能帮你判断你是否已真正瞄准目标。

例如，你从事销售，并决定一年内要拜访 500 个新主顾才能达到销售额，那么扣掉周末和节假日，一年大约有 250 个工作日。也就是说，每个工作日只需拜访两个人（早晨、下午各一人）就可以达到目标了。

如果你真的一天拜访两个人，将来有一天，当你发现自己一年竟已拜访了 500 个后，可能就会说："我还可以做得更好，等着瞧吧！"

或者还有另一种情况，你发现每周 5 天的计划竟只用 3 天半就完成了。因此，第二个月的月底，就已经在做第 5 个月的工作计划了。所以，确立精确到日的 5 年目标这一做法，消除了成功遥不可及的神秘感，彻底把它化为行动。

工作中遇到的困难就是我们要攻克的目标。每个人都会有或多或少的惧难心理，如果困难太大，很容易使我们因畏惧而裹足不前。若将困难划分为一个阶段一个阶段的具体目标，继而有针对性地去攻破，那么，无论多大的困难都会被我们瓦解了。

方法是技巧，但不是投机取巧

方法是我们解决问题的一种智慧、一种路径、一种技巧，但这并不意味着我们掌握了正确的方法之后就可以投机取巧、偷工减料，要解决好现实工作中的问题，我们还应当下苦功夫、笨功夫。

著名作家胡适先生说过这样一句话："聪明人更要下苦功夫。"那些在事业中取得巨大成功的人无不是既懂得积极思考，把握正确的做事原则和方向，又肯下苦功夫，踏实勤奋的人。

毫无疑问，比尔·盖茨是信息时代最聪明的人之一：抓住了这个时代发展的潮流，选择软件行业进行创业，而且擅长与资本市场结合，凡此种种，都说明他是一个智力超群的人。

然而，他是一直这样聪明的吗？或者换一种问法，他是怎样变得这么聪明的？

这里有一个比尔·盖茨年轻时的故事：

在比尔·盖茨读中学时，有一次，老师布置写一篇作文，规定要写5页，比尔竟然写了30多页。还有一次，老师让同学们写一篇不超过20页的故事，比尔竟洋洋洒洒写了100多页，让老师和同学们目瞪口呆。

这个故事告诉我们，那些头脑聪明的具有过人天赋的人要取得事业上的成功，不仅要靠精明的头脑和过人的智慧，还要有踏实勤奋、吃苦耐劳的品质。有时候，最笨的方法常常是最有效的方法。

大家都知道，王永庆以木材起家，因塑胶而发迹。他早年的木材生意，都是向林务局的林场标购原木，简单加工后再转售出去。那些待标售的原木，为了避免因干燥龟裂，全都浸泡在大水池里面。

当时木材商向林务局标购原木的做法是，先用长竹竿在水池中探测原木的数量，再用肉眼观察原木的品质后，即写出价格向林场投标，最后由最高价者得标。

因为大部分的原木都浸泡在水里面，光用竹竿评估数量，经常造成很大的偏差，因而标购水池里的原木风险很大，"赌"的味道很浓。

有一次，王永庆向林场投标原木，出乎同业意料，王永庆所报的价格虽然高出别人甚多，可还是因购得那一池原木，赚了不少钱。同行都大惑不解，到底他用什么方法，能够把原木的数量算得那么准确。

原来王永庆在招标截止的前一天晚上，悄悄地跳入水池中（潜入浸泡原木的水池中极为危险），花了一晚上的时间，把水池里原木的数量点得一清二楚，所以，第二天他非但能报出合理的价格，而且还赚了一票。

人们说："王老板（指王永庆）追根究底的功夫，真让人钦佩，这正是老板经营企业最成功之处。"

工作中绝不能投机取巧，但这并不意味着不寻找工作中的技巧。无论多么复杂多变的工作任务，总会有一定的技巧在里面，从实际出发去有效地解决问题，是一个聪明的工作者的标志。大凡有所作为之人，都是那些认真对待问题，巧妙处理问题的人。

技巧是成功的手段，而投机取巧只是在注定失败的工作中取得了暂时的胜利而已，两者的关系，从长远来看，不言而喻。

另辟一条"同质化突围"的路径

在产能过剩的今天，随着竞争的加剧及技术进步的日新月异，一方面产品的同质化日益变成了一种常态，另一方面产品的功能也在企业的想方设法中不断增添、不断雷同。因此，如何在几乎"长着同一张脸"的产品之林中"木秀于林"，就成了众多企业人士苦苦思索的永恒性课题。

其实，只要多些"蓝海思维"，多一些创意和创举，我们同样可以从惨淡的红海中全身而退，成功实施"同质化突围"。

"同质化突围"，就是开辟出一条有自己特色的路，让自己长着一张与别人不一样的脸，以便让自己在众多的产品中可以被人一眼就认出来。

个人电脑专卖店——SOFMAP，在铃木庆社长运用各种出奇制胜的贩售手法后，SOFMAP 疾速成长。他是个彻底贯彻"差别化"策略的人，脑中时常盘算着如何才能让公司产品与众不同。

首先，他们制作免费的使用手册，提供使用者参考。因为当时随机附赠的使用手册都是盗版的，其用语对初学者而言相当艰深且难以理解。所以 SOFMAP 自制使用手册的这项服务便深得消费者的青睐。此外，一般厂商提供的产品保证期限都只有 1 年，SOFMAP 将保证年限延长为 5 年而广受好评。

他们促销的花招也是五花八门。

铃木庆认为，若要打进满街老字号的秋叶原电器市场，就要不断地推陈出新，抓住消费者心理，做到别人做不到的事。SOFMAP 一直以"差别化"的策略在同业中求生存，逐步扩大其在东京秋叶原的版图。为了应对日新月异的电脑市场，铃木庆亦将经营触角由个人电脑专卖店伸展至软件开发上。

目前连 DAIE 等大型家电用品企业也正式进军个人电脑市场，这是商业竞争中无法避免的事，永远会有人抢食争夺这块利益大饼。而 SOFMAP 此时又瞄准了另外的领域。

将视角从传统的领域移开，向旁边看一看，往往就可以看到一片新的天地。美国商业银行之所以能够异军突起，就是因为它所选择的定位与众不同，自然，也就决定了它所走的路线与众不同，独特的风格与吸引人的优质服务，自然成为了它独占鳌头的杀手锏。

那么这家企业的员工，显然也是善于寻找"同质化突围"的路径的。

一家公司打算生产番茄酱，可是市场上已经有各种各样的番茄酱，它们在包装、价格、营销手段等方面已经"打得不可开交"，如何才能让自己的

产品投入市场后受到消费者的关注呢？

这时，一名叫做汉斯的员工出了一个好主意：不在包装和价格上做文章，而在番茄酱本身上做文章，把番茄酱做得特别浓，口感也比较浓重。

果然，这种番茄酱投入市场后，立刻因为独具特色而被消费者认识了。但是，随后，问题又出现了。因为此种番茄酱流速太慢而引起消费者不满，人们纷纷抱怨这种牌子的番茄酱"倾倒的时间太长"，而其他产品没有这种毛病，因而该种番茄酱的销售受阻。

面对这种情况，公司老板一时拿不定主意，是改变番茄酱配方，降低番茄酱浓度，还是改变包装，使之容易倒出？但不论哪一种方案，都将使"汉斯"番茄酱失去特色。这时，仍是汉斯又想出一个妙招，既不改变包装，也不降低浓度，而是因势利导，改变广告宣传重点。在广告中指出，这种番茄酱之所以流速慢，是因为它比别的番茄酱浓，味道也比稀的好，广告中公然宣称，改种番茄酱是流动最慢的番茄酱。如此，不仅不把消费者抱怨的"流速慢"视为短处，而且使之优于其他番茄酱。这个广告刊出之后，果然效果奇佳，市场占有率从原来的19%迅速上升为50%。

"同质化突围"，关键在于找准自己的定位，树立自己独特的特点，并在这个区别于别人的特点上做足功夫，功夫到家了，开辟"同质化突围"的工程自然也就成了。

采用迂回策略赢得业绩突破

遇到困难与问题，应该百折不挠，不达目的誓不罢休。这是一种很好的精神。然而，具体解决难题的过程，并不是任何时候都要一味地往前冲，撞了南墙也不懂得回头。

有时候，就得特别强调退。能进，也能退，这才是一种完整的智慧。必要的"退"，恰恰是为了更好的"进"。

在工作中，也要具有这种"以退为进"的智慧，都说"退一步海阔天空"，策略上采取的"退"，往往能够获得业绩上的"进"。

日本著名风景区热海市有一家名为新赤尾的观光馆。在 1979 年，该旅馆接待观光游客 15 万人，营业额为 29 亿元，利润超过 3 亿日元。这个业绩在日本同类型旅馆中是没人能与其相提并论的。

新赤尾旅馆的老板赤尾藏之助，是一位"和常识唱反调的经营者"。他在经营策略上采取"退"的形式，却在效益上得到了"进"的突破。

其突出表现有如下几个方面：

第一，尽量延长游客每天的住宿时间。

传统的观念认为，缩短每天每位游客的住房时间，可以充分提高客房使用率而取得较佳的经济效益。但赤尾藏之助却反其道而行之，他宣布：凡是住进新赤尾旅馆的游客，每日进房时间为上午8点钟，退房时间为次日上午10点钟。这样，游客花24小时的住宿费，便可享受26小时的服务。这种做法表面上是增大了旅馆的工作量，影响了收益，实际上却吸引了大批游客，使该旅馆不管是在淡季还是在旺季，生意都很兴隆。

第二，适当控制人数，优先向全家旅行的游客服务。

一般的旅馆老板认为，旅馆客房应该全部满员。所以，各家观光旅馆，大多数愿意为人数较多的团体游客服务，而把人数较少的全家外出旅游的游客放在次要地位。为此，许多旅馆常常不惜折价招徕团体游客，以保证客房的高入住率。

对此，赤尾藏之助不以为然。他的观点是：游客们到风景区观光旅游，是为了尽情享受优美的自然景色和旅馆的安逸舒适的生活。如果旅馆内因客满而时时人声鼎沸，势必破坏那种宁静、安逸的气氛，影响游客的兴致。他们最容易破坏旅馆的气氛，并且为他们服务，旅馆往往还必须折价。

因此，新赤尾旅馆并不像其他旅馆一样，千方百计地吸引团体游客，即使接待，也尽量控制人数。

反之，对于全家旅游，特别是新婚旅行的游客，新赤尾则非常热情，不论是客房安排，还是餐厅进食，服务员都会优先安排，周到服务。贯彻优待家庭游客思想的结果，使新赤尾旅馆能始终保持一种优雅、静谧的气氛，反过来又为旅馆吸引了更多的游人。

第三，为顾客提供一些免费服务。

通常，观光旅馆的经营者认为，游客既然外出观光游览，一定是不会在乎几个钱的。因而游客住进店，样样服务都收费。

而赤尾藏之助的做法却与众不同：在新赤尾旅馆，游客们可以免费享受到诸如早餐、咖啡、温泉浴后享用的橘子水、打乒乓球及玩麻将等服务。这些免费提供的服务项目，虽然微不足道，但却给人们留下了良好的印象，有利于招徕更多的游客。

正是由于赤尾藏之助能打破常规，在经营上采用了奇特的招数，采取了"退一步"的策略，才使得新赤尾旅馆不仅能同任何对手竞争，而且一直充满生机，取得了"进三步"的结果。

在工作中，员工要正确处理退与进的关系。退，即让步，是躲避锋芒、摆脱劣势的手段，是用来赢得进的积极行动。

古代哲学家老子提出"进道若退"，就是主张以柔克刚，以退为进。

无论是战场还是商场，也无论是胜利后的退还是失败后的退，只要"退"仅是手段，而不是最后目的，只要有利于整体目标的实现，"退"又何尝不是上策呢？

第五章

每个流程做足 100 分

量化你的工作

火箭飞向月球需要一定的速度和质量。科学家们经过精密的计算得出结论:火箭的自重至少要达到 100 万吨。而如此笨重的庞然大物无论如何也是无法飞上天空的。因此,在很长一段时间里,科学界都一致认定:火箭根本不可能被送上月球。直到有人提出"分级火箭"的思想,问题才豁然开朗起来。将火箭分成若干级,当第一级将其他级送出大气层时便自行脱落以减轻质量,这样火箭的其他部分就能轻松地接近月球了。

分级火箭的设计思想启示我们:有了正确的目标之后,要到达目的地,还需要根据所处形势与自身实际,把这一目标分解开来,化整为零,变成一个个容易实现的小目标,然后将其各个击破,逼近最终目标。在落实工作任务,尤其是落实复杂艰巨工作任务的过程中,掌握这种方法有益于工作任务的有效落实。

理想的目标内容应能够具体叙述"目标成果",而且能够用具体方式、具体数字将规定期限内应完成的成果加以表达;还要将目标数量化,陈述实施的具体内容,使目标在实施过程中有明确的标准。

量化目标对于执行到位是非常重要的,把具体目标定量化,将一个大的目标分解成数个小目标,明确到每个人身上。这样,操作就容易到位。

我们不妨借鉴一下海尔集团推行的做法,"妙用'资源存折'"。

在海尔集团事业部信息塑胶分厂喷涂车间,喷漆工刘忠计的工位上挂着一张每天都要更新数据的"资源存折",上面的数据显示:

2002 年 12 月 29 日,他给 25 英寸电视机前壳喷漆时,油漆的"额定用

量"是 11.87 千克，而他的"实际用量"却是 11.96 千克，折合成金额，亏损 6.75 元，按 10% 兑现，当天他欠企业 0.675 元。

2003 年 1 月 5 日，油漆的"额定用量"是 18.78 千克，而他的"实际用量"是 13.91 千克，到当年已经累计挣到了 45.55 元。

原来，这个"资源存折"和"银行存折"是一个道理，也有"贷方"和"借方"。贷方是企业，上面记录着企业按操作标准应该为员工提供多少资源；借方是员工，上面记录着员工在实际工作中使用了企业多少资源。借贷相抵得出的数，便是这个员工收入的盈亏数。

这个量化目标的方法非常简单明了！这样，员工就能够根据具体的数字来确定工作中要达到的目标，确保资源的有效利用，杜绝浪费。

这是写在《海尔的故事与哲理》一书中的一个著名案例。它说明：海尔的节约是从一分一厘开始的。其做法是将目标分解，落实到每一个岗位、每一个人。

对目标进行细分使其更具有可执行性，同时把共同目标和实际执行有效地衔接起来。对目标的分解就是把共同目标分解为企业目标、部门目标和员工目标，体现了目标的层级关系，使目标有系统、有层次，让执行更具有"可操作性"。作为企业的员工，工作职责与工作标准的达成情况，对企业的总体目标做出哪些贡献，通过细分把这些目标具体化，具有可操作性，使个人与部门的执行方向和执行情况一目了然。

让你的工作系统化、程序化

有人说：一家企业应该有两本书：一是红皮书，称为战略；二是蓝皮书，即战术，就是标准作业程序。战略是作战指导纲领，可以大而全，高而玄，可是战术却一定要细化量化。战术如果发挥不出来，战略就不可能达到目的。通常战略是指导纲领，是一个框架，它的执行靠战术；而战术的每一个流程、支撑、动作、支持，都是一个细节，都需要去系统化和程序化。

不管我们把一件事情做得怎么样，是成功还是失败，都能从中学到东西，一个懂得学习的人会进行认真总结，一个杰出的企业会把做完的事系统化。

有一位老板发现，公司里有很多的新进员工成长得特别快，往往经历一两个实际的项目后，他们的技术熟练水平和效率就赶上甚至超过了很多有多年工作经验的老员工。

于是，他就留心观察和分析，把那些成长快的员工身上的特质与那些老

员工比较。他发现，那些老员工，虽然工作多年，但是他们工作效率还是很低，随意性比较强，因此，工作的过程中随机问题表现明显，各个环节之间衔接空隙大，造成有的时候忙得四脚朝天，有的时候闲得百无聊赖。

而那些成长快的新员工将每次遇到的工作加以分析总结，将工作处理的过程进行记录，然后将工作系统化、程序化。在建立个人的工作系统之前，他们坚持三个原则：规范、认真和研究。

对于每一件小事都以认真的态度、规范的方法去研究它、做好它，把它形成系统，才有可能做出大事业来。

执行程序化告诉我们先做什么，后做什么，"有章可循，有条不紊"。这样看上去有些死板，但对于执行却是很有效的。

企业都将程序化作为强化操作的一个重要手段。我们来看看麦当劳是如何要求厨师将洗手这项工作程序化，以确保食品的安全和卫生的。

在麦当劳，首先对洗手的时间作出了明确的规定：

1. 使用或清洁卫生间之后。

2. 进入厨房和接触食品前。

3. 休息后。

4. 在清空垃圾箱或接触垃圾之后。

5. 进行餐厅清洁工作后。

6. 在做了不卫生的动作之后，例如：摸鼻子或头发。

7. 在接触染有病菌的表面或物体后，例如：门把手。

8. 和他人握手之后。

9. 在接触生的冷冻牛肉饼或生鸡蛋之后，在接触面包或汉堡以前。

接着，麦当劳对洗手的步骤、顺序也作出了明确的规定：

1. 用清水打湿双手。

2. 在手部涂麦当劳特制杀菌洗手液。

3. 双手揉搓至少 20 秒钟，清洗手指之间、指甲四周、手臂直至手肘部位。

4. 用清水将上述部位彻底冲洗干净。

5. 用烘手机烘干双手。

所有麦当劳餐厅都安装了定时洗手系统，以达到洗手标准。这一系统能促进所有员工按时洗手，每小时至少一次。这样可降低由双手带来的潜在的食品污染，就能保证食品的卫生，并且确保执行到位。

今天的世界是思想家、计划家的世界。只有有系统的思想家，能订立计

划并有力量执行的计划家，才能成功。头脑不清楚，办事无方法的人没有立足的余地。学会系统化、程序化地工作，才能让你忙而不乱，做事规范、有条理，才能力保每个环节不出问题，环环紧扣、有条不紊，有层次、高质量地完成工作。

越有操作性，执行越到位

在很多公司的管理中，领导会强调，用简单的管理规章，一看就比较明了的内容，篇幅不要太长的形式来进行有效管理。从理论上说，这种管理规章是所有企业一直在追求的管理规章制度。为什么呢？一看就明白，就是提高效率，篇幅少就是可以减少学习时间。在量和质都达到了这个要求，似乎是方案的最佳状态了。但是这种管理思想一般缺乏可操作性。理论上比较美妙的东西，执行起来往往难度很大。

执行到位，这只是一个大的纲领。具体怎么执行才能到位？不要总说应该怎么办，而要表明到底怎么办。这个"怎么办"指的就是操作性。执行方案的可操作性问题，阻碍了我们执行力的提高。

简洁明了的操作步骤，能够让人清楚明白，执行起来得心应手。海尔的执行之所以做得如此好，和他们强调操作性密切相关。这只要看看他们的员工手册就知道了。

海尔的员工手册中将包括如何与人握手、如何递名片、如何掌握工作基本操作手段等都详细列了出来。这样一来，就将操作性落实得极为具体。

"手册"中让人印象最深刻的是"个人必须每天反省的4个内容"：

1. 为用户增值在哪里？

2. 为企业增值在哪里？

3. 个人增值在哪里？

4. 应该警示和避免的问题。

（1）工作中的自以为是。

①我们现在已经比别人好了，出点问题是不可避免的；②部下已做好，现在没问题了；③这件事我已经通报处罚了，问题已经解决了；④这个是某某提供的，他是我部门专门负责此事的人，数据肯定不会错。

（2）工作中敷衍了事。

①我已经给部下安排好了；②我现在非常忙，没时间去管这件事；③这个问题是某某负责，我不清楚；④这个问题部下已经向我汇报了；⑤现在制

度规定这样，我只能这样做；⑥安排了，不等于听明白了、不等于记住了、不等于懂了、不等于认同了、不等于做了、不等于做对了、不等于习惯了、不等于落实到体系上了、不等于做好了、不等于成为 SBU（战略业务单元，海尔要求每个人都要好好把握自己、经营自己，成为创新的、自主经营的SBU）。

海尔员工手册中指导员工用问题检验自己工作是否做到位，其细致和可操作的程度，让执行效果立竿见影。

其中"不等于……"这一连串的否定，就是告诉员工，所做的工作，只有达到了预期的目标，才算是执行到位，而不是交代下去了，事情就做完了，执行就到位了。

类似这样的方式比只知道吩咐"你应该如何如何"，而不告诉具体应该怎么做的"教条主义"要简单明了得多，可操作性也要强得多。

执行应该强调操作性，告诉下属实际操作方法比一味进行理论上的指导更重要，这样他们才会真正懂得该"怎么做"。

少一点"应该"，不要跟员工说"你应该……"时间长了，不仅起不到好的作用，反而会让员工产生逆反心理："凭什么非得这么做，我换一种方式怎么就不行呢？我偏要用别的方式。"

多一点"怎么办"。一些更具有操作性的方法，可以让下属直接找到执行的方向，工作变得更有效率，避免产生矛盾，执行起来才会更到位。

简单的操作步骤，执行起来更能让人得心应手。操作性越强，执行也越容易到位。对此我们应该做到：

（1）尽可能用简单明了的语言，单句文字尽量控制在 8 个字以内。

（2）在面对原则性的条款时，要有解释，对原则性的范围进行相应的阐释。对有歧义的文字坚决不用，若非用不可，则将自己要表达的意义阐释清楚；对于一些专业术语用口语进行解释。

（3）方案的篇幅尽可能地长些。这个长并非为了长而长，而是对于一些细节以及可能出现的危机、出现危机的解决方法、理解偏差造成的损失、对于各条例使用的范围和期限进行必要的说明和解释。

（4）在成熟型企业的管理中，最大问题是风险控制。降低内部效率损失，降低歧义和解释不清带来的经济效益损失，避免成为日后风险的集中地。

（5）对于下发的每一个命令都需要进行相应的培训和必要的阐述。对于新进员工，宁可多花两天进行公司条款的详细培训，也不能仅仅告知原则性

问题，而忽略概念阐释，否则就增加了执行出现偏差的风险。

让我们的方案变得更加具有可操作性吧，只有如此，执行才会到位。

圆满：执行的最高境界

落实不是空谈战略，它应该是细微而现实的，只有对每一个细节进行探究和较真才能够达到完美的落实，即圆满。

一个企业产品想要打动顾客，吸引顾客，最要紧的是步步为营，抓住每个细节仔细推敲，做到无懈可击！世界上许多成功的企业之所以成功，和它们注重细节的做法是分不开的。世界 500 强企业麦当劳、肯德基、戴尔等无不是从精耕细作走向辉煌的。

以麦当劳为例。25 美分一个汉堡包，再加上 20 美分一个冰淇淋，一碟炸土豆条，几片酸黄瓜。如此小本生意，竟然每年营业额高达百万亿美元，不能不说是一个奇迹。

因此，美国不少专家、学者都在研究克洛克成功的诀窍。他们连篇累牍地发表文章，出版书籍，可是到了克洛克的嘴里，却简单明了，他只有一句话："我只是认真对待汉堡包生意。"

克洛克的"认真"并非一句口号，而是有着极其深刻的内涵。虽然是快餐食品，但由于人们工作十分紧张繁忙，营养跟不上，势必造成疲劳，所以麦当劳的汉堡包绝不是凑合、对付的食物，而是根据人体所必需的各种营养来搭配制作的。对于人们所需的 5 大营养元素——蛋白质、脂肪、碳水化合物、维生素、纤维素，一应俱全，比例适中。

麦当劳对原料的标准要求极高，面包不圆和切口不平都不用，奶浆接货温度要在 4℃ 以下，高一度就退货。一片小小的牛肉饼要经过 40 多项质量控制检查。任何原料都有保存期，生菜从冷藏库拿到配料台上只有两小时的保鲜期，过时就扔掉。生产过程采用电脑操作和标准操作。制作好的成品和时间牌一起入到成品保温槽中，炸薯条超过 7 分钟，汉堡包超过 19 分钟就要毫不吝惜地扔掉。麦当劳的作业手册，有 560 页，其中对如何烤一个牛肉饼就写了 20 多页，一个牛肉饼烤出 20 分钟内没有卖出就扔掉。

麦当劳的创始人克洛克强调细节的重要性："如果你想经营出色，就必须使每一项最基本的工作都尽善尽美。"

要想把任务落实到最好，你的心中必须有一个很高的标准，苛求细节，完美的细节才能造就完美的落实，唯有圆满，才是执行的最高境界。

第六章

执行到位很关键

科学的程序是执行力的保障

企业领导是怎样利用执行力这把双刃剑击败对手，又是如何摆脱执行怪圈，远离黑洞，不做执行的奴隶的？答案就在于完善科学的决策和执行程序。在执行的过程中，科学的程序是一个企业的执行力能否贯穿始终的关键。这里的"科学"指的就是效率化。管理学中有个名词叫做科学管理（Scientific Management），就是指管理要非常的科学，也就是非常的有效果和有效率。

任何一个企业，成功都不是偶然的，每一个成绩都是强化执行的结果。强化执行不能只依靠口头传授，而应该言行一致，这样就要求我们必须有一套完整和科学的程序来确保执行的效果。

下面几个环节是执行的重要保障：

（1）目标本身一定要可量化、清晰化，就是可度量、可考核、可检查，本身不能模棱两可，因为目标是关键技术指标。

（2）要有明确的时间表。有两层含义：一是要有开始的时间。董事会决定做了，我一定要知道什么时候开始做。二是管理者一定要知道什么时候结束。大家很多工作都是只知道什么时候开始，但不知道什么时候结束，没有结束的时间，好像这项任务永远也完不成似的。这个底线一定要遵守。

（3）优先顺序的概念。有很多事情要分轻重缓急。用80%的时间解决重要的事情，20%的时间处理琐事。

（4）指令一定要明确简明。指令是否明确也是当领导最重要的功夫之一。有歧义或自己想当然地认为下属已理解，后果是严重的。对指令要确

认，下属理解的是不是这么回事。下属也要确认领导是不是这个意思，得到确认之后再去执行，会减少很多的偏差。多了这一句话，但效果却不一样，执行中很注重一些细节问题。

（5）要下属作出承诺。"第一目标清楚吗？能不能完成？授权够不够？资金有没有问题？"既要看相应的资源条件具不具备，又要看能力怎么样，包括现实能力与挖掘潜力后的能力。

（6）要跟进。定个制度不是万事大吉，然后就靠员工自我约束，自我管理。企业管理的问题不能形而上学，不能唯制度论，过程还是要关注，必要的时候要去督促、去指导，对可能发生的事情进行预判断。跟进对企业领导来说也是重要的一项工作。

（7）执行要有反馈机制。这样形成工作闭环，强调正强化和负强化，链子断的地方就是反馈的环节，对员工要进行评价，而且要及时，为公司争荣誉，拿到单子，开发了重要客户，有一种反馈；做得不好，是什么原因不好，是不可抗拒的呢，是能力不够呢，是授权不充分呢，还是资源欠缺？

如果你是一个搞生产的员工，那么不要跟客户说："不好意思我们延误了。"应该在第一次发现延误和偏差的时候就要说："我们比预定的进度晚了三个小时，今天晚上加班都要把这三个小时补回来。"这样到了后面就不会延误了。如果不及时跟踪目标，往往会出现这样的情况：买料延误了一周，上线延误了两周，生产又延误了两周，最后的包装、仓储、送货又延误一周……不停地陷入恶性循环。只有真正理解了科学程序，并且都能做到，那么执行力的问题，你大概都可以避免了。

另外，团队如何吸引执行力强的人？这就是要给这些执行力强的人放手，不仅给他们丰厚待遇，还要把这些人搭配好，使他们能够有权力。责权结合，能够让他们清晰地认识到个人的未来，要有更大的发展空间，不断补充新的决策权力。人才难留，执行力强的人更难留，关键是企业本身也要发展，不断有新的业务、新的市场，让英雄有用武之地。

敢于承担责任，关键时刻挺身而出

老板总是喜欢那些敢于挺身而出，承担重大责任和艰巨任务的人。油滑谄媚、溜须拍马的人或许会获得一时的宠信，但遇到实际问题，老板决不会信赖和依靠他们。

公司的每个部门和每个岗位都有自己特定的职责，但总有一些突发事件

无法明确地划分到哪个部门或个人，而这些事情往往还都是比较紧急或重要的。如果你是一名称职的员工，就应该从维护公司利益的角度出发，积极处理这些事情。

某商场要开设自己的千兆网站，建立千兆网，需要克服大量技术上的困难，而具体到网站的设置，又牵涉到大量商业问题。

老板发了愁，到哪里找既懂计算机，又懂销售的人来负责呢？问了好几个人，但他们深知责任重大，自己又有许多不懂的业务，都推辞了。

商场的这项计划一直拖延下来。王杰是计算机专业毕业的，在商场里从事计算机联网的工作，对商业销售也不懂。但他看到老板一筹莫展的样子，便自告奋勇，说："我试试吧。"

老板抱着试试看的心理同意了。王杰接手之后，一边积极学习商业销售知识，向专门人员请教，一边着手解决技术问题。

项目推进得虽然不快，可是却在稳步前进。老板对他的信任也在增加，不断放手给他更大的权力和更多的帮助。最后，王杰完成了任务，被提升为该网站的主管。

那些不把问题留给老板的员工总能够在老板最需要的关键时刻挺身而出，老板也会把一些重要的工作留给他们去做。

钢铁大王安德鲁·卡内基年轻的时候，曾经在铁路公司做电报员。一天正好他值班，突然收到了一封紧急电报，原来在附近的铁路上，有一列装满货物的火车出了轨道，要求上司通知所有要通过这条铁路的火车改变路线或者暂停运行，以免发生撞车事故。

因为是星期天，卡内基一连打了好几个电话，也找不到主管上司。眼看时间一分一秒地过去，而正有一次列车驶向出事地点。此时，卡内基做了一个大胆的决定，他冒充上司给所有要经过这里的列车司机发出命令，让他们立即改变轨道。按照当时铁路公司的规定，电报员擅自冒用上级名义发报，唯一的处分就是立即开除。卡内基十分清楚这项规定，于是在发完命令后，就写了一封辞职信，放到了上司的办公桌上。

第二天，卡内基没有去上班，却接到了上司的电话。来到上司的办公室后，这位向来以严厉著称的上司当着卡内基的面将他的辞职信撕碎，微笑着对他说："由于我要调到公司的其他部门工作，我们已经决定由你担任这里的负责人。不为其他任何原因，只是因为你在正确的时机做了一个正确的选择。"

卡内基在需要有人承担风险的时候没有瞻前顾后，而是第一时间站了出来，作出了需要承担风险的决定。而他正因为这种甘于为组织冒险的高度负责的精神，得到了上司的赏识。

有时候，公司也需要你这样做，老板更希望在他无法兼顾的时候你能维护公司的利益。往往越发艰巨的任务，你越应该主动去承担。另外，承担艰巨的任务是锻炼自己能力难得的机会，长此以往，你的能力和经验会迅速得到提升。在完成这些艰巨任务的过程中，你有时会感到很痛苦，但痛苦会让你变得更成熟。

工作绝不打折扣

有一位成功的培训大师曾在培训中说过这样一件事：

前不久，因为搬新家，我订购了几套新家具，因为工作繁忙，为了节省时间，我和几个厂家约好在同一天送货。谁知道，本来一天可以做完的事情，却花了整整两个星期。

到了约定送家具的那天，先是送床的工人给我打来电话，说因为绳子没有绑紧，运送的时候床垫和床架掉到了马路上，结果床垫被人捡走了，床架他们花了100元才赎回来。于是，他们给我送了一张没有床垫的床，说3天后再将床垫送过来。

接着，送影视墙的厂家又给我打来电话，说工人在搬东西的时候，不小心将影视墙的底座弄坏了，他们只能重新再做，至少得花两个星期，两个星期后才能送货。这样一来，我预订的电视和配套的音响就只能放在地上，而且还得等影视墙送到后，再请师傅重新上门安装。于是，我只能对已经在家等待的师傅说，请他下次再来。

但烦恼并没有到此结束，送书架的工人上门后，却发现其中的一组书架和墙的尺寸对不上，无法安装，只能回去再换。不仅如此，我预订的电动晾衣架，安装后第二天就发现接触不良，既升不上去又降不下来，结果只好又打电话约定时间，请工人再次上门检查安装。

其实，这些本来都是可以一次做到位的事，却要反复做好几次，客户的时间耽误了不说，对自己来说，损失也很大。

这个故事能够给你足够的启示吗？当我们接受任务之后，是不是该全力以赴将事情做到最圆满呢？

这样的例子在我们的工作中也随处可见。许多人接受任务后，敷衍了

事、漫不经心，本来可以一次完成的事情，偏偏要翻来覆去不停地折腾才把事情完成，给自己、公司和客户都带来不必要的损失。执行中普遍存在这样的问题。

有责任心的员工、力争优秀的员工都有一个共性：工作时不打折扣。他们会想尽办法，竭尽全力把任务完成，并且会培养"一步到位"的执行精神，强化执行品质和效果。

有一位老会计，从事财务工作几十年，没有做错过一笔账。有人问他为什么能做到这点，他的同事说："你不用看他记账，只要看一下他扫地就明白了。"

原来这位老会计，扫地都与众不同。他总是那样一丝不苟，干净利落。他扫完地后，你会发现他扫过的地方比清洁工扫过的都要干净。别人又问他是怎么做到这一点的，他说："什么事情，如果你觉得它没有价值，那你就可以不去做它。但是，如果确定要去做了，你就要做好，这是一种责任心。因为你已经选择了做这件事，这就是你的职责，你怎么还能三心二意、马马虎虎地去对付呢？"

一份英国报纸上刊登了一则教师的广告："工作很轻松，但要尽职尽责。"一个人无论从事何种职业，都应该认真地把工作做好，不打折扣，尽自己的最大努力，求得不断地进步。这不仅是工作的原则，也是一个人拥有责任感的体现。

在工作中我们就要聚焦责任，不能马虎了事。美国的卡特总统在得克萨斯州一所学校做演讲时曾对学生们说："比其他事情更重要的是，你们需要知道怎样专注于一件事情并将这件事情做好，这样你就永远不会失业！"

最后步骤不到位，前面就是白执行

人们经常在做了90％的工作后，放弃最后能让他们成功的10％，甚至相当一部分人做到了99％，只差1％，但就是这一点细微的差距，使他们在事业上难以取得突破和成功。行百里者半九十——最后的步骤不到位，前面的执行就是白执行，甚至会带来比不执行还要恶劣的后果。

安妮就曾经因为没有在工作中落实到"最后一节"而吃了苦头。

有一名职业演说家叫阿尔，他觉得自己成功最重要的一点是让顾客及时见到他本人和他的材料。所以，作为阿尔的秘书，安妮的一个十分重要的任务就是保证材料的到位。

8 年前，阿尔去多伦多参加一个由他担任主讲的会议。在芝加哥，阿尔给安妮打电话，问她演讲的材料是否已经送到多伦多，安妮回答说："别着急，我在 6 天前已经把东西送出去了。""他们收到了吗？"阿尔问。"我是让快递公司递送的，他们保证两天后到达。"安妮回答到。

从这段话中可以看出，安妮觉得材料应该是万无一失的。

事实上，她确实为快递公司提供了正确的信息（地址、日期、联系人、材料的数量和类型）。她还选择了适当的货柜，亲自包装了盒子以保护材料，并及早提交给快递公司，为意外情况留下了时间。

但是，她没有及时去电查询包裹是否到达，最后材料还是出现了问题。在阿尔开始演讲前半个小时，还不见材料的踪影。阿尔打电话向安妮怒吼："材料为什么还没有到？你知不知道会议马上要开始了！"

安妮赶紧给快递公司打电话，但已经来不及了，材料送到的时候，阿尔的演讲已经开始了半个小时。为此，会议结束后，安妮被解雇了。

在执行的过程中，最后的关键时刻没把工作做透，最后一个小环节没有到位，就会前功尽弃，不仅"煮熟的鸭子飞了"，还有可能造成不可挽回的损失。

要赢得成功，就应当自觉戒除糊弄工作的错误态度，为自己的工作结果树立标准，严格地落实到最后一个环节。因为最后的一节往往是至关重要的，它决定了你的工作是否有效果。

有一个奇妙的"30 天荷花定律"能说明最后的环节有多么重要。

荷花第一天开放时只是一小部分，到了第二天，它们就会以相当于前一天的两倍的速度开放。到了第三十天，荷花就开满了整个池塘。

很多人以为，到第十五天时，荷花开了一半。然而，事实并非如此！到第二十九天时荷花才开了一半，最后一天便开满全池。

最后一天的速度最快，等于前二十九天的总和。

差一天，就会与成功失之交臂，越到最后，事情越关键、越重要。就像打锣一样，我们说"一锤定音"就是指铜匠打下的最后一锤。

有一个专打铜锣的铺子里的工匠师傅已近 70 岁了，还每天坚持掌锤。每到打锣心的时候，老工匠就会使足力气打下最后的一锤。原来，锣心的一锤与周边的锤法都不一样，锣心以外的每一锤都只是准备，最后的一锤才是定音的，或清脆悠扬，或雄浑洪亮，都因这一锤而定。最后一锤，要打得不轻不重，恰到好处。这一锤打好了，就是好锣，否则，这只锣就报废了。不

论多么优质的铜材，不论剪裁的尺寸多么合适，也不论一开始打了多少锤，这都不是最重要的，恰到好处的最后一锤才是一只锣制造成功的关键。

真正有效的执行就是如此，不管我们在哪个领域做什么事情，一旦明确了工作的目标，那就一定要坚持不懈地做下去，做到底，做到位。每个人在行动的过程中，都会遇到许多问题和困难，要成为一个优秀的人才，你就不能在过程中失去耐心，只有不断激励自己，为工作负责到底，才能保证执行的结果。

员工执行能力的 5 大误区

执行能力分为心态能力和技术能力。偏废任何一方都会造成执行力的丧失。个人拥有的技能强弱，可以决定其工作态度的积极与否；一个人的工作态度，又会影响个人能力的发挥。要做有执行力的员工，就必须从这两个方面的培养入手。能力的培养与态度的端正是不分先后，不分主次的。

在当前企业中，员工执行力之所以成为企业的困扰，多是因为员工在执行任务的过程中走进了以下几个误区：

1. 心态误区

（1）自以为是。总是认为上面的决策是不合理的，在执行过程中喜欢按自己的意思去改动，结果一级一级地改动下去最后导致了执行的完全失真。

（2）爱找借口和推卸责任。出了问题就怪团队、怪环境、怪条件差，动不动就是"都是某某的错"、"客源不足"、"竞争对手太强了"这些辩解的话。

（3）嘴巴尖，眼睛红。在上司面前说其他同事的坏话，在外面就说公司的坏话，无视公司形象。见同事的奖金比自己高就心里不平衡，从不检讨一下自己。

（4）自命清高。摆架子，在客户面前死要面子，决不愿意为客人做些提包倒水的小事。

这些心态误区最大的弊端就是影响团队，激化内部矛盾，极大地削弱执行效率。

2. 能力误区

执行者能力误区主要表现在 3 个方面：

（1）不学习，不上进，能力倒退。不能吸收新思想、新理念，安于现状，反对变革，成为执行的阻力。

（2）把能力使错了方向。智商高，精力充沛，但把能力用在怎样晋升向上爬了，不但无用反而还会起坏的带头作用。

（3）纵容"能力不够的人"。一是不想得罪人，充当老好人；另外就是怕手下的人能力过强，超越自己，所以就起用能力只有自己50%的人。如此一来，执行力无疑就大打折扣了。

3. 不授权

很多人热衷于把权力紧抓在手中，什么事都亲力亲为，结果别人没事干，而他却累得要死，且执行效果还不好。不要认为整天瞎忙就是敬业，其实这是在阻碍效率的提升。

4. 搞内部对立

把"团队精神"和"团伙精神"搞混淆了，和上司、下属称兄道弟，做哥们儿，搞权力投机。

5. 虎头蛇尾

很多执行者做事就是开始热，过了三天就开始松懈了，再过段时间就撒手不管了，一旦这种习惯已经形成，那以后的任何决策都无法彻底执行下去。

这些不良的心态和习惯足以让企业的执行力消失。对此，无论是企业还是普通员工都应引起高度的重视，引以为戒。根据执行力中存在的这几点误区，我们认为提升执行力需要明确以下几点：

（1）优化工作流程，提高自身素质与工作能力；坚持自我学习和提升。学习就是工作，工作就是学习。

（2）要注重企业文化，把公司的理念、愿景、使命等与自身牢牢地联系在一起。

（3）调整心态，自动激发工作激情，使自身总是处在高效工作状态。

（4）强化责任心，明确自己的任务，戒除懒散之心。

第七章

复命：视任务为使命，用行动去落实

任务是一种使命

使命感这个词来自拉丁语，它的意思是呼唤。它是一种促使人们积极采取行动，实现自我信仰和人生目标的心理状态。当一个人怀着虔诚的心去对待生活和工作时，他就能感受到使命感给他带来的无穷力量。

在 2008 年抗震救灾的过程中，许多新闻工作者工作在第一线，坚守职业岗位，都是源于强烈的使命感。

突如其来的特大地震灾害，是对民族精神的庄严洗礼，是对公民情操的升华淬炼，也是对新闻工作者凝聚力、战斗力、先进性的严峻考验。作为一支特殊的队伍，新闻工作者从大地震发生的那一刻起，便一直活跃在抗震救灾的最前线，哪里有困难，哪里有险情，哪里就有他们的身影。他们以事实澄清传言，用真情稳定人心，表现出高度的政治意识、责任意识和大局意识；他们用实践诠释"天职"，用新闻呼吁生命，表现出过硬的应急能力、实战能力和高尚情怀；他们在废墟滚石中，用激扬的文字、激荡的声音和激昂的画面，全方位、多层次、立体式展现了战胜灾难、重建家园的壮阔画卷，唱响了万众一心、众志成城、不畏艰险、百折不挠的主旋律，为党中央、国务院和灾区人民的抗震救灾架起了信息桥梁，为抗震救灾工作提供了强大的精神动力、舆论支持和思想保障。

使命感能够激发出一个人内心的责任感和热忱。一个人最大的动力，并不是来自于物质的诱惑，而是来自于精神上执著的追求。我们越忠于内心的使命和追求，就越会全力以赴地去完成它。

迷惑的弟子问苏格拉底："什么是生活？"

苏格拉底回答："生活就是对力量的追求。真诚的追求战无不胜，哪里有付出，哪里就有收获，这也是生活的真理。"

弟子又问："我也曾经努力付出过，为什么我的生活总是一团糟？"

苏格拉底回答："不要企图使你的生活一下子变得完美，把精力集中于你的每一次行动，把每一次行动都变成神圣的使命，总有一天你会发现生活就在你手中发生改变。"

一个人能够存在于这个世界，而且能够掌握自己的行动，这是上天对我们的眷顾。然而上天对我们也仅限于此，剩下的路就看我们自己怎么走了。理解上天用意的人，把每一次行动都当成神圣的使命，他们的生命因此而意义非凡。当一个人全神贯注于工作时，他的身心就会构成一种真正的和谐。

工作任务在大多数人的生活中占据着重要地位，除去睡眠时间之外，人的一生当中占据时间最长的就是工作了。对于自己所从事的工作，有些人视为苦役，他们丝毫感受不到工作的意义和成就感；有些人视工作任务为使命，他们钟爱自己的职业、喜欢工作中的挑战，所以他们能够在工作中充分发挥自己的创造力，并且充分享受由自己的努力换来的成就和喜悦。

很多人慨叹自己的任务有多么艰难、多么枯燥，或者是多么没有意义，如果我们能像唐朝的玄奘法师求取佛经一样对待眼前的任务，又何愁找不到工作的意义呢？玄奘法师求经路上的艰难不可谓不多，日复一日地向西而行也确实枯燥，但这一切在玄奘法师眼中都微不足道，因为他早在出发之前就明确了自己的使命——解救众生于苦难之中。

在伟大的使命面前，所有的艰难都是对我们的考验，只有那些经受住考验的人才能完成使命。有人说："把任务看成自己的使命，说起来容易，做起来却很难。"做到这一点的确不容易，可是当你真正认识到工作的意义，并且愿意为工作而负责时，你就会发现，工作已经成了自己的一项使命，而且你已经从完成这一使命的过程中品尝到了成功的滋味。

具有强烈使命感的人，不但具有坚强的意志和坚忍不拔、埋头苦干的决心，还具备极强的探索精神，肯在自己的工作领域里刻苦钻研、尝试创新。他不是被动地等待着新使命的来临，而是积极主动地寻找目标和任务。在他们眼中，每一次任务都是一次成长的机遇。他们不是被动地适应工作使命的要求，而是积极、主动地去研究变革所处的环境，尽力作出一些有意义的至关重要的贡献，并从中汲取再一次走向成功的力量。

愿景——使命——行动力

美国著名军事家布莱德利有一句名言："船只是根据星光而不是过往船只发出的灯光来确定自己未来的方向的。"

实践证明，落实力强大的企业都有一个共同的愿景。公司愿景为公司的生存和发展提供基本方向和行动指南，为公司员工形成共同的行为准则奠定了基础。职场上，有些人之所以能进入高层次的职业领域，是因为他们将自己价值观的核心内容与公司的愿景融为一体，他们的行为虽然看起来与其他员工并无太大的差别，但是由于公司价值观（愿景）的引领，他们做事的出发点往往会落在公司利益上。

愿景就是工作使命，是每个人行动的动力。

在联想集团发展史上，曾经有一段最困难的时候，可谓"内外交困"。内部，高层管理人员间的矛盾到了白热化程度。外部，一是由于市场环境等问题，香港联想出现亏损；二是国内 PC 市场被国外几个大的品牌厂商占据了绝对市场份额。面对这种形势，柳传志坚定地高举"振兴民族工业"的旗帜，起用杨元庆等年轻人，大举展开本土战略旗帜，一跃成为中国内地市场份额最大的品牌厂商，进而出击国际市场。如果没有"振兴民族工业"的旗帜，柳传志也不可能在当时的形势之下一举扭转联想在中国市场的态势，并从此奠定了中国 PC 界龙头企业的地位。

执行公司愿景意味着员工要认同和执行企业的价值观和愿景，一个优秀的员工，是懂得如何使用共同价值观激发自己情感动力的员工。在速度、品质和生产力愈发重要的时代，企业需要自律主动的员工，因为这样的员工能够将他们最好的主意和上司一同分享。

管理学家奥里森·马登注意到这种现象："如果员工知道他们的公司代表什么，知道他们所拥护的标准是什么，就能做出支持这些标准的决策，也会认为自己是公司内重要的一员，他们会因为在公司工作对他们具有意义而受到激励。"当员工的价值观和公司的价值观保持一致时，个人的生活就会更好，对工作的态度会比较乐观，压力也会减轻。

公司价值观是公司愿景的核心，它为公司管理提供了衡量凝聚力的尺度，这种共同的规则体系和评判准则决定了公司全体人员共同的行为取向。没有共同价值观的公司必定是松散而没有竞争力的，如同大海中失去航向的船只。公司价值观中还包含价值理想，这种永恒的追求赋予公司员工以神圣

感和使命感，并鼓舞公司员工为崇高的信念而奋斗。

每一个创办公司的老板，都希望自己的公司能够不断发展壮大。很多企业也希望建立健康、向上的组织文化，形成自己的核心价值观，然后把企业的核心理念落实到每个管理者和员工的身上，让员工能够认同企业的核心价值观，从而使企业形成强大的执行力、落实力和团队战斗力。

员工要认同和执行公司的价值观和愿景，学会使用共同价值观激发自己的情感动力。在速度、品质和生产力愈发重要的时代，公司需要有自律主动的员工，因为这样的员工会把公司的愿景和使命，融入行动中，更好地开展工作、落实工作。

坚决履行"4 小时复命制"

有这样一个故事：

一家公司的老板和一个长期合作的供应商在电话里大声吵了起来，老板气急，"砰"地挂了电话，当即写了封信，要秘书小姐立刻传真过去。秘书小姐接过去，见信里充满谩骂、羞辱之词，秘书知道一定是老板正在气头上，考虑了一下就把这封信压了下来。

一个星期过去了，公司又要进货了。老板在市场上跑了个遍，才发现都比原来那个供应商的价格要高，可是一想到自己曾经在信里那样冲人家发火，就怎么也不好意思开这个口。看着公司的成本不断攀升、利润不断下降，老板心里也一直因那封信耿耿于怀。

很长时间之后的一天，老板和秘书谈起这件事，秘书小姐笑着说："其实这封信根本就没发出去，当时看您也是一时发火，就没发这份传真。以后进货还是继续找他吧！"秘书小姐话未落音，老板就怒眼圆睁，大声吼道："没发你怎么不早说呢？早说公司就不至于遭受这么大的损失！"听到老板的斥责，秘书小姐惊呆了，她还以为自己压下传真会因此得到表扬呢。秘书小姐第二天就被辞退了。

试想一下，如果这位秘书小姐"及时复命"的话，也就不会出现这样糟糕的结局了：公司损失、自己被"炒"。如果她在事后这样告诉老板："昨天工作太忙，这份传真我还一直没有发，您看……"这个时候，老板就可以很冷静地做决策了。

这个故事对"及时复命"的阐释已经淋漓尽致了。可见，及时复命的要领就在于双方要保持信息的通畅，对交代给你事情的这个人负责，帮助他有

效地理顺头绪，及时高效地解决问题。

对于及时复命，刘光起先生在《A 管理模式》中提出了一项重要理念——"4 小时复命制"，就是：对任何命令，不管完成与否，受令人都要在规定的时间内向下令人复命；完成任务后，受令人要及时向下令人复命。如果受令人在执行任务时发现有不可克服的困难或阻力，无法按时、按标准完成规定的任务，也要立即向下令者复命，并讲明不能完成任务的困难或原因。下令人根据情况撤销原命令或更改命令的内容而成为新的命令，复命的时间一般不超过 4 小时。

4 小时复命制的核心是有命必复，只要这件事布置下去，就必须复命。怎么复呢？有个时间限制，4 小时复命，也就是在规定的时间内复命，也叫及时复命。也就是一件事不能无限制地拖延。4 小时复命制并不是指 4 小时内完成任务，而是领导布置一项工作时，下属若不提出异议，就要按时完成，并在完成工作的 4 小时内给予领导答复。若在执行工作的过程中遇到突发、意外事件，应在 4 小时内汇报；若在做工作的过程中遇到困难，也应在 4 小时内向上级汇报，以便领导及时调动人力、物力、财力，协助克服困难，使工作顺利完成，不能在没按时完成工作时再提出种种理由，这时已经违背了 4 小时复命制。

4 小时复命制，反映的是一个职业化员工的修养，也是提高落实责任能力的一种有效工具。如果你过去没有意识到的话，从今天开始，学会利用这把效率的利剑吧，它必将帮你披荆斩棘、顺路开道，必将让你艰难的落实之路变成康庄大道，必将让你的责任变成顺风车，即刻即达，快速复命！

当然，除了"4 小时复命制"，还有"8 小时复命制"、"24 小时复命制"等管理制度。在许多优秀的企业里，优秀的员工根据任务的特质，按照限定的时间进行高效的复命。"4 小时复命制"、"8 小时复命制"等制度的有效运行，是优秀企业文化的集中体现，同时也是员工对复命精神不懈坚守的结果。

4 小时复命制是一种落实责任的有效管理方法，它不仅仅适用于企业，也适用于各级政府管理部门。4 小时复命制的应用，可以大大减轻领导的工作，而且还可以大大提高企业工作效率。我们知道，在没有实行 4 小时复命制管理模式的企业和单位，往往是布置工作的领导在操心工作的完成情况，其结果常常有这样几种：领导天天问，天天操着心，则工作的完成情况相对会好些；若领导不及时过问，则实际执行的人可能拖延工作甚至不去做这项工作，当领导问起这件事时，他总有一大堆理由去解释原因。这种事情，在

我们的现实生活中非常普遍，也致使很多做领导的为此整天忙得晕头转向，而 4 小时复命制可以很好地解决这一问题。4 小时复命制所强调的是接受工作的员工必须提出这项工作完成的具体时间和完成是否有困难，如果没有困难，到时必须完成，并在完成工作的 4 小时内向领导汇报；若完成工作的过程中遇到困难，必须 4 小时之内向领导汇报，可得到领导的明确指示，这样该谁责任谁责任。采用 4 小时复命制会使工作达到意想不到的效果。

第六篇　完美执行篇

■ 效能管理篇

500强企业员工
推崇的效能定律

第一章

时间管理

掌握你的时间节奏

在我们日常的工作和生活中，除了每天能力状态的规律性波动之外，我们还可以观察到较长时间段里的生理节奏。通过生理节奏管理，我们可以解读体内的"生物钟"，了解其规律，通过主动调整，使自己的能力与其自然波动相适应。

在低点周期和临界日，我们养精蓄锐，放松休息，多做重复性工作、回避不愿见的人和令人头疼的问题。与此相反，在高点周期则要大干一番！这时候适宜作出决定，重新部署工作，贯彻自己的意图。

管理好自己的生理节奏，可以让我们更好地掌握自己的时间和身体，享受更轻松、更简单的工作和生活。那么，究竟什么是"生理节奏"呢？看过下面这个生活中的小例子我们就会明白了。

汤米睁开了眼睛，才不过清晨5点钟，他便已精神饱满，充满干劲。另一方面，他的太太却把被子拉高，将面孔埋在枕头底下。

汤米说："过去15年来，我们俩简直几乎没有同时起床过。"

像汤米夫妇这样的情况，并非少见。

我们的身体像个时钟那样复杂地操作，而且每个人的运转速度也像时钟那样彼此略有不同。汤米是个上午型的人，而他的太太则要到入夜后才精神最好。

一位大学赛船冠军队队长曾说过："我们的教练常常提醒队员说：'要想赢就得慢慢地划桨。'如果划桨的速度太快的话，就会破坏船行的节拍，一

搅乱节拍，再恢复正确的速度就很难了。"同样，我们要做好工作与生活的协调，就要注意用好自身的节奏。

很久以来，行为学家一直认为人体生物钟方面的差异主要是个人的怪癖或早年养成的习惯。直到 20 世纪 50 年代后期，医生兼生物学家赫森提出了一项称为"时间生物学"的理论，此一见解才受到挑战。赫森医生在哈佛大学实验室中发现某些血细胞的数目并非整天一样，视它们从体内产生的时间不同而定，但这些变化是可以预测的。细胞的数目会在一天中的某个时间比较高，而在 12 小时之后则比较低。他还发现心脏新陈代谢率和体温等也有同样的规律。

赫森的解释是，我们体内的各个系统并非永远稳定而无变化地操作，而是有大约一个周期，有时会加速，有时会减慢。赫森把这些身体节奏称为"生理节奏"。

时间生物学的主要研究工作，现在全部由美国太空总署主持。罗杰斯就是该署的一位研究生理学家，亦是一位生理节奏学权威，据他说，在大多数太空穿梭飞行中，制定太空人的工作程序表时都应用了生理节奏的原理。

这项太空时代的研究工作有许多成果可以在地球上被采用。例如，时间生物学家可以告诉你，什么时候进食可以使体重不增反减，一天中哪段时间你最有能力应付最艰苦的挑战，什么时候你忍受疼痛的能力最强而适宜去看牙医，什么时候做运动可以收到最大效果。罗杰斯说："人生效率的一项生物学法则是：要想事半功倍，必须将你的活动要求和你的生物能力配合。"

你可以利用生理节奏规律来帮助你。但是，你首先必须知道如何去辨认它们。罗杰斯和他的同事们已研究出以下这套方法，可以帮助你测定自己的身体规律：

早上起床之后一小时，量一量你的体温，然后每隔 4 小时再量一次，最后一次测量时间尽量安排在靠近上床时间。一天结束时，你应该得到 5 个体温度数。

每个人的变化不同而结果亦异。你的体温在什么时候开始升高？在什么时候到达最高点？什么时候降至最低点？你一旦熟悉了自己的规律之后，便可以利用时间生学家的技术来增进健康和提高工作效率。

我们的生理节奏到达最高峰的时候，做体力工作便会得到最佳的成绩。对大多数人来说，这个最高峰大约持续 4 小时。因此，你应该把花费气力的活动安排在体温最高的时候进行。

至于从事脑力活动的人，时间表则比较复杂。要求准确性的任务，例如教学工作，最好是在体温正向上升的时候去做。大多数人体温上升时间是在早上8时或9时，对比之下，阅读和思考则在下午2时至4时进行比较适宜，一般人的体温在这段时间会开始下降。

虽然每个人都有自己不同的生理节奏，每个人的高峰和低谷时间也各不相同。但是我们要用好自己的生理节奏，有一个习惯是不能忽略的，那就是养成早睡早起的习惯，对于那些朝九晚五的上班族来说，这种习惯显得更加重要。

被人们称为时间管理大师的哈林·史密斯曾经提出过"神奇3小时"的概念，他鼓励人们自觉地早睡早起，每天早上5点起床，这样可以比别人更早开始新的一天，在时间上就能跑到别人的前面。利用每天早上5~8点的"神奇的3小时"，你可不受任何人和事的干扰做一些自己想做的事。每天早起3小时就是在与时间竞争，你必须讲求恒心，养成早起的习惯，以后你会受益无穷。

仔细研究一下，早睡早起除了哈林·史密斯所提到的"神奇3小时"的好处之外，还有以下一些好处：

1. 获得内心的平静

已故诺贝尔和平奖得主特里萨修女曾说过，现代生活在都市的人最缺乏的、最渴望的就是"心灵的平静"。而早睡早起，利用早上神奇的3小时想些问题、做些重要工作，这样往往可以捕捉到都市喧嚣忙乱背后的宁静时刻。

2. 规划一天工作

"一日之计在于晨"，清晨往往是你精神最集中、思路最清晰、工作效率最高的时候。在这段时间里，绝对没有人或电话来骚扰你，你可以全心全意做一些平日可能要花上好几个小时才能完成的工作或事务，规划一下未来的工作，并且可以取得很好的成效。

3. 培养自律

养成早睡早起的习惯，可以使你一天精力充沛，更能增强你的信心，考验你的自律，为你建立一个正面的"自我概念"。

4. 调息身心

当然早睡早起并不是苛刻地剥削我们的睡眠时间，正好相反，早睡早起只是将我们的睡眠及起床时间略微调整，而这正是高效率利用时间的要求。如果我们在晚上10点睡觉、早上5点起床的话，我们的睡眠时间仍然是7个

小时。而一般人如果在午夜 12 点入睡，早上 7 点起床的话，他们的睡眠时间也同样是 7 个小时而已。

所以我们在这里提倡早睡早起，运用"神奇的 3 小时"这一概念，只是非常有策略性地将休息和工作的时间对调了一下，我们将晚上 10 点至午夜 12 点这段本是用来看电视、看报纸、娱乐、应酬的时间用于睡眠，而早上 5 ~8 点这段本应用做睡眠的时间，则用来做一些更重要的事情。这个调整也符合大部分人生理上的节奏和规律。

节约时间是在为自己赚钱

每一个成功者都非常珍惜自己的时间。无论是老板还是打工族，一个做事有计划的人总是能判断自己面对的顾客在生意上的价值，如果有很多不必要的废话，他们都会想出一个收场的办法。同时，他们也绝对不会在别人的上班时间，去海阔天空地谈些与工作无关的话，因为这样做实际上是在妨碍别人的工作，浪费别人的生命。

在美国近代企业界里，与人接洽生意能以最少时间产生最大效率的人，非金融大王摩根莫属。

摩根每天上午 9 点 30 分准时进入办公室，下午 5 点回家。有人对摩根的资本进行了计算后说，他每分钟的收入是 20 美元，但摩根说好像不止这些。所以，除了与生意上有特别关系的人商谈外，他与人谈话绝不超过 5 分钟。

通常，摩根总是在一间很大的办公室里，与许多员工一起工作，他不是一个人待在房间里工作。摩根会随时指挥他手下的员工，让大家按照他的计划去行事。员工走进他那间大办公室，是很容易见到他的，但如果没有重要的事情，他是绝对不会欢迎任何人的。

摩根能够轻易地判断出一个人来接洽的到底是什么事。与他谈话时，一切转弯抹角的方法都会失去效力，他能够立刻判断出来人的真实意图。这种卓越的判断力使摩根节省了许多宝贵的时间。有些人本来就没有什么重要事情需要接洽，只是想找个人来聊天，而耗费了工作繁忙的人许多重要的时间。摩根对这种人根本不予理睬。

从摩根的事例中，我们可以悟出一个道理：节约时间实际上是在为自己赚钱。

一名员工要高效率地完成工作，就必须善于利用自己的时间。能否对时

间进行有效的管理，直接关系到员工工作效率的高低。时间是有限的，不合理地使用时间，计划再好、目标再高、能力再强，也不会产生好的效果。浪费时间就等于浪费企业的金钱。

没有什么比时间重要，也没有什么比准时更能节省你自己和他人的时间。然而，在职场中有许多员工因为不准时而失去了赚钱的机会。

陈莹是一家广告公司的职员，每天辛辛苦苦在外面招揽广告业务。一次，在陈莹的再三恳求下，一家科技公司的经理答应约她在星期一上午10点到自己办公室去，与她面谈广告合作业务。

陈莹星期一去见这个经理的时候，比约定时间晚了20分钟，到达经理办公室时经理已不在办公室了。陈莹大为恼火，埋怨经理不守信用，欺骗自己。

过了几天，陈莹在外面巧遇经理。经理问她那天为什么不准时来。

陈莹振振有词地说："先生！那天我是10时20分到的。"

经理马上提醒她："但我是约你10点来的呀？"

陈莹心里并不服气，她以狡辩的语气回答说："是的，我知道，我只迟到20分钟有什么要紧呢？你应该等我一下嘛！"

经理很严肃地说："怎么无关紧要呢？你要知道，准时赴约是极重要的事情。你不能准时，你已失去你向往的那笔广告业务。因为就在当天下午，公司又接洽了另一个广告公司。现在我要告诉你，你不能认为我的时间不值钱，以为等一二十分钟不要紧。老实告诉你，在那一二十分钟的时间里，我还预约了两件重要的谈判项目呢！"

陈莹因为浪费时间太多，没有养成准时做事的习惯，从而失去了已经落入手中的赚钱的机会。

要想为企业、为自己赚更多的钱，就必须养成守时的习惯，按时完成任务，改变对时间漠视的态度。员工应该主动地把握时间、规划时间、管理时间，让有限的时间发挥更大的效用。

一位作家在谈到"浪费生命"时说："如果一个人不争分夺秒、惜时如金，那么他就没有奉行节约的生活原则，也就不会获得巨大的成功。而任何伟大的人都是争分夺秒、惜时如金的。"

"浪费时间是生命中最大的错误，也是最具毁灭性的力量。大量的机遇就蕴含在点点滴滴的时间之中。浪费时间是能毁灭一个人的希望和雄心！它往往是绝望的开始，也是幸福生活的扼杀者。年轻生命最伟大的发现就在于

时间的价值……明天的财富就寄寓在今天的时间之中。"

所以，假如你想成功，就必须认清时间的价值，认真计划，准时做每一件事。这是每一个人只要肯做就能做到的，也是一个人能够走向成功的必由之路。如果你连时间都管理不好，那么，你也就不要再奢望自己能管理好其他的任何事物，更不要奢望金钱源源而来。

合理利用零碎时间

所谓零碎时间，是指不构成连续的时间或一个事务与另一事务衔接时的空余时间。这样的时间往往被人们毫不在乎地忽略过去。零碎时间虽短，我们把一辈子的零碎时间都加起来，一天、一个月、一年以至一生的积累，这些零碎的时间将是我们人生的三分之一。如果我们可以充分地利用这些零碎时间，那么创造出来的价值将会超出一般人的想象。

吴华和朋友新开了一家公关咨询公司，一年接下约 130 个案子，她每年去各地旅行，有很多时间是在飞机上度过的。她相信和客户维持良好的关系是很重要的。所以她常利用飞机上的时间写短笺给他们。一次，一位同机的旅客在等候提领行李时和她攀谈，他说："我在飞机上注意到你，在 2 小时 48 分钟里，你一直在写短笺，我敢说你的老板一定以你为荣。"吴华平静地回答"我就是老板。"

可见，我们不仅做事业上的老板，还要学会做时间的"老板"。

在实际生活和工作中不管你多么有效率，总是有机会让你等待：你可能错过公车、地铁、飞机，碰上出其不意的中途休息；你也许已经尽可能地小心计划每一件事，但是你可能意外地被困在机场，平白多了 3 个小时可利用。而所有成功人士在这种情况下所做的事是："我带本书，我写东西，我修改报告。我们可以在这样的时间里做任何的工作。"这样，你不但挖掘出了你隐藏的时间，而且你也向成功者的行列迈近了一步。

每个人每天都会有很多零碎的时间，把零碎时间合理利用起来，可最大限度地提高工作效率。充分利用零碎时间，短期内也许没有什么明显的感觉，但长年累月，将会有惊人的结果。

凡是在事业上有所成就的人，几乎都是能有效地利用零碎时间的人。本杰明·富兰克林曾说过："世界上真不知有多少可以建功立业的人，只因为把难得的时间轻轻放过而默默无闻。"

英国文学史上著名女作家艾米莉·勃朗特在年轻的时候，除了写作小

说，还要承担全家繁重的家务劳动，例如烤面包、做菜、洗衣服等。她在厨房劳动的时候，每次都随身携带铅笔和纸张，一有空隙，就立刻把脑子里涌现出来的思想写下来，然后再继续做饭。

与之习惯相似的还有杰克·伦敦。在著名美国作家杰克·伦敦的房间，有一种独一无二的装饰品，那就是窗帘上、衣架上、柜橱上、床头上、镜子上、墙上……到处贴满了各色各样的小纸条。杰克·伦敦非常偏爱这些纸条，几乎和它们形影不离。这些小纸条上面写满各种各样的文字：有美妙的词汇，有生动的比喻，有五花八门的资料。杰克·伦敦从来都不愿让时间白白地从他眼皮底下溜过去。睡觉前，他默念着贴在床头的小纸条；第二天早晨一觉醒来，他一边穿衣，一边读着墙上的小纸条；刮脸时，镜子上的小纸条为他提供了方便；在踱步、休息时，他可以到处找到启动创作灵感的语汇和资料。不仅在家里是这样，外出的时候，杰克·伦敦也不轻易放过闲暇的一分一秒。出门时，他早已把小纸条装在衣袋里，随时都可以掏出来看一看，想一想。

这是成功者的秘诀，也是我们学习借鉴的好方法。

从一个青年人怎样利用他的零碎时间上、怎样消磨他冬夜黄昏的时间上，就可以预言他的前途。平庸的员工是看不到细碎如沙的零碎时间是可以建造一所城堡的，所以任凭自己零碎的时间从身边溜走，而毫无成就。优秀的员工却懂得把细碎的时间珍珠串成项链。所以，他们会抓紧一切可以利用的零碎时间为自己"充电"，经年累月下来，终使他们小有所获。

赢取时间的 19 个办法

1. 把该做的事依重要性进行排列，这件工作，你可以在周末前一天晚上就安排妥当。俗话说："凡事预则立，不预则废。"

2. 每天早晨比规定时间早 15 分钟或半个小时开始工作，这样，你不但树立了好榜样，而且有时间在全天工作正式开始前，好好计划一下。

3. 开始做一件工作前，应先把所需要的资料、报告放在桌上，这样将免得你为寻找遗忘的东西浪费时间。

4. 利用电话、电报、信件等，以节省时间。

5. 购买各种书籍，尽可能多地吸收知识，这样可增强你处事能力，减少时间浪费。

6. 把最困难的事搁在工作效率最高的时候做，例行公事，应在精神较差

的时候处理。

7. 养成将构想、概念及资料存放在档案里的习惯，在会议、讨论或重要谈话之后，立即录下要点。这样，虽事过境迁，仍会记忆犹新。

8. 训练速读：想想看，如果你的阅读速度增快 2～3 倍，那么办事效率该有多高？这并不难做到，书店及外界都有增进你这些能力的指导训练书籍。

9. 不要让闲聊浪费你的时间，让那些上班时间找你东拉西扯的人知道，你很愿意和他们聊天，但应在下班以后。

10. 利用空闲时间：它们应被用来处理例行工作，假如那位访问者失约了，也不要呆坐在那里等下一位，你可以顺手找些工作来做。

11. 充分发挥你手提箱的功用：把文件有条不紊地排好，知道哪些东西在哪个位置上，这样可避免费时去找东西，更不会在与人洽谈时翻箱倒柜去查找。

12. 琐事缠身时：务必果断地摆脱它们。尽快地把事做完，以便专心致志地处理较特殊或富创造性的工作。口述时，只述重点，其余就让秘书或助手来替你做，只要使他们知道你期待他们做什么事就可以了。

13. 管制你的电话：电话虽然不可缺少，但如果完全被你太太或朋友占用了，那这工具岂非像一个被埋没的天才？还有，在拿起电话前，先准备好每件要用的东西，如纸、笔、姓名、号码及预定话题、资料等。

14. 该做的事都放在桌上，以免遗漏。

15. 晚上看报：除了业务上的需要外，尽可能在晚上看报，而将白天的宝贵时光，用在读信、看文件或思考业务状况上，这将使你每天工作更加顺利。

16. 开会时间最好选择在午餐或下班以前，这样你将发现在这段时间每个人都会很快地做出决定。

17. 当你遇到一个健谈的人来访时，最好站着接待他，奇怪吗？这样他就会打开天窗说亮话，很快就道出来意了。

18. 休息片刻，来杯咖啡、茶、冷饮，甚至只要在窗前伸个懒腰，就能够使你精神抖擞了。

19. 沉思：每天花片刻时间思索一下你的工作，可找到各种改进工作的方法，受益匪浅。

运用 80/20 法则

当我们把 80/20 法则应用到时间管理上时，就会出现以下假设：

一个人大部分的重大成就——包括一个人在专业、知识、艺术、文化或体能上所表现出的大多数价值，都是在他自己的一小段时间里取得的。

如果快乐能测度，则大部分的快乐发生在很少的时间内，而这种现象在多数的情况里都会出现，不论这时间是以天、星期、月、年或一生为单位来度量。

用 80/20 法则来表述就是：80% 的成就，是在 20% 的时间内取得的；反过来说，剩余的 80% 时间，只创造了 20% 的价值。一生中 80% 的快乐，发生在 20% 的时间里；也就是说，另外 80% 的时间，只有 20% 的快乐。

如果承认上述假设，那么我们将得到 4 个令人惊讶的结论：

结论一：我们所做的事情中，大部分是低价值的事情。

结论二：我们所有的时间里，有一小部分时间比其余的多数时间更有价值。

结论三：若我们想依此采取行动，我们就应该采取彻底行动。只做小幅度改善，没有意义。

结论四：如果我们好好利用 20% 的时间，将会发现，这 20% 是用之不竭的。

花一点时间去印证 80/20 法则，几分钟也好，几小时也行。找出在时间的分配与所得的成就（或快乐）两者之间，是否真的有一种不平衡现象。看看你最有生产力的 20% 的时间，是不是创造出 80% 的价值；你 80% 的快乐，是不是来自生命中 20% 的时间。

这是非常重要的问题，不可轻视。也许你该把书本放下，去散个步，一直到你确定了你的时间分配是否平衡，再回来继续读。

我们对于时间的品质及其扮演的角色所知甚少。许多人根据直觉即可明白这个道理，而千百个忙碌的人并不知道学习管理时间，他们只是瞎忙。我们必须改一改我们对待时间的态度。

如果要你把自己最宝贵的 20% 的时间拿出来，去当一个好士兵，去参加一场别人认为你会参加的会议，或去做同伴都在做的事，或是去观察你所扮演的角色，不论是哪一项，你可能都不愿意。因为对你而言，上述这几件事都不必要。

若你采取传统的行动或解决方式，那么你就逃不出 80/20 法则的预测，而把 80% 的时间花在不重要的活动上。

为了避免这种结果，你必须找出一种可行的方法来管理你的时间。问题是，若你不想被排除在世界之外，你能离传统多远？有特色的方法不见得全都能提升效率，想出几种，然后挑一个最适合你的个性的方法来进行时间管理。

运用 80/20 法则，你可以很快地找到符合自己的时间管理方法。80/20 法则对于时间的分析，是与传统看法大异其趣的，而受制于传统看法的人，可从这个分析中得到解放。80/20 法则主张：我们目前对于时间的使用方式并不合理，所以也不必试图在现行方法中寻求小小的改善。我们应当回到原点，推翻所有关于时间的假定。

时间不会不够用。事实上，时间多得是，我们只运用了我们 20% 的时间，对于聪明人来说，通常一点点时间就造成了巨大的不同。依 80/20 法则的看法，如果我们在重要的 20% 的活动上多付出一倍时间，便能做到一星期只需要工作两天，收获却可比现在多 60% 以上。这无疑是对于时间管理的一场革命。

80/20 法则认为，应该把重点放在 20% 的重要时刻上，而应削减不重要的 80% 的时间。执行一项工作计划时，最后 20% 的时间最具生产力，因为必须在期限之前完成。因此，只要预计完成的时间减去一半，大部分工作的生产力便能倍增，时间就不会不够用。

下面的例子将告诉你如何提高效率。

这些例子都是关于非传统式时间管理法的例子。当管理顾问的人，通常工作时间很长，还要面临多得令人发狂的事务。让我们看看下面 3 个管理顾问是如何管理他们的时间的。第一位是佛烈德，他从事顾问事业赚得千万财富。他并非商学院出身，却有能力设立一个成功的大公司，公司上下除了他以外，几乎每人一星期都要工作 70 小时以上。佛烈德很少进公司，每月只与股东开一次会，而且是全球股东都得参加的会议，他比较喜欢把时间用来打网球和思考。他以强硬手腕管理公司，但从不大声讲话，他通过 5 个主要部属来掌握公司的一切。这就是他的管理方法。

第二位顾问叫蓝迪，是位陆军中校。全公司里除了创立者以外，他是唯一的不是工作狂的人。他前往另一个遥远的国家，在那儿有一个快速成长的公司，员工主要来自家乡，工作非常努力。没有人知道蓝迪如何运用时间，也不知道他的工作时数是多少，但他的确逍遥自在。

蓝迪只参加重要客户的会议，其他事务则授权给年轻合伙人处理，他有时还编造荒唐的理由，解释自己为何不在公司。

蓝迪虽是公司领导者，却不管任何行政事务。他把所有精力拿来思考如何在与重要客户的交易中增加获利，然后再安排用最少人力达到此目的。蓝迪的手上从不曾同时有3件以上的急事，通常一次只有一件，其他的则暂时摆在一旁。为蓝迪工作的人充满挫折感，但他确实效率奇高。

第三位叫吉姆，他的办公室很小，里面还有很多同事，是一个非常拥挤且骚动的办公室，有人打电话，有人正准备着向客户做报告，屋子里到处是声音。

但吉姆好比一片平静的绿洲，把注意力全集中在分内的事上，他在运筹帷幄。有时他会带几位同事到安静的房间内，向他们解释他对每一个人的要求，不只是讲一两遍，而是再三说明，务求交代所有细节。然后，吉姆会要求同事重述一遍他们即将进行的工作。吉姆动作慢，看似毫无生气，且半聋，但他是非常棒的领导者。他把所有时间都拿来思索哪件工作最具价值，谁是最合适的执行者，然后，紧盯着事情的进度。

看完这些例子，你也许将开始运用80/20法则来改善你的时间管理。

第二章

效能思维

要事第一：给你的工作排号入座

集中精力在最重要的事情上，是很多成功人士所奉行的重要原则，同时，也是我们高效完成工作，不把问题留给老板的一个重要前提。

遍布全美的都市服务公司创始人亨利·杜赫提说过，人有两种能力是千金难求的无价之宝——一是思考能力，二是分清事情的轻重缓急，并妥当处理的能力。

白手起家的查理德·洛曼经过 12 年的努力后，被提升为派索公司总裁一职，年薪 10 万，另有上百万其他收入。他把成功归功于杜赫提谈到的两种能力。查理德·洛曼说："就记忆所及，我每天早晨 5 点起床，因为这一时刻我的思考力最好。我计划当天要做的事，并按事情的轻重缓急做好安排。"弗兰克·贝格特是全美最成功的保险推销员之一，每天早晨还不到 5 点钟，便把当天要做的事安排好了——是在前一个晚上预备的——他定下每天要做的保险数额，如果没有完成，便加到第二天的数额上，以后依此推算。

长期的经验告诉我们，没有人能永远按照事情的轻重程度去做事。但是你要知道，按部就班地做事，总比想到什么就做什么要好得多。我们工作中遇到的事情有的非常重要，有的却可做可不做。如果我们分不清事情的轻重缓急，把精力分散在微不足道的事情上，那么重要的工作就很难完成。

我们每个人每天面对的事情，按照轻重缓急的程度，可以分为以下 4 个层次，即重要且紧迫的事；重要但不紧迫的事；紧迫但不重要的事；不紧迫也不重要的事。

1. 重要而且紧迫的事情

这类事情是你最重要的事情，是你的当务之急，有的是实现你的事业和目

标的关键环节，有的则和你的生活息息相关，它们比其他任何一件事情都值得优先去做。只有它们都得到合理高效地解决，你才有可能顺利地进行工作。

2. 重要但不紧迫的事情

这种事情要求我们具有更多的主动性、积极性和自觉性。从一个人对这种事情处理的好坏，可以看出这个人对事业目标和进程的判断能力。因为我们生活中大多数真正重要的事情都不一定是紧急的，比如读几本有用的书、休闲娱乐、培养感情、节制饮食、锻炼身体。这些事情重要吗？当然，它们会影响我们的健康、事业还有家庭关系。但是它们急迫吗？不。所以很多时候这些事情我们都可以拖延下去，并且似乎可以一直拖延下去，直到我们后悔当初为什么没有重视，没有早点来着手重视解决它们。

3. 紧迫但不重要的事情

紧迫但不重要的事情在我们的生活中十分常见。例如，本来你已经洗漱停当准备休息，好养足精神明天去图书馆看书时，忽然电话响起，你的朋友邀请你现在去泡吧聊天。你就是没有足够的勇气回绝他们，你不想让你的朋友们失望。然后，你去了，次日清晨回家后，你头昏脑涨，一个白天都昏昏沉沉的。你被别人的事情牵着走了，而你认为重要的事情却没有做，这或许会造成你很长时间都比较被动。

4. 既不紧迫又不重要的事情

很多这样的事情会在我们的生活中出现，它们或许有一点价值，但如果我们毫无节制地沉溺于此，我们就是在浪费大量宝贵的时间。比如，我们吃完饭就坐下看电视，却常常不知道想看什么和后面要播什么，只是被动地接受电视发出的信息。往往在看完电视后觉得不如去读几本书，甚至不如去跑跑健身车，那么刚才我们所做的就是浪费时间。其实你要注意的话，很多时候我们花在电视上的时间都是被浪费掉了。

我们可以按照上述的分类，将重要而且紧迫的事情定为 A 类，将重要但不紧迫的事情定为 B 类，紧迫但不重要的事情定为 C 类，既不紧迫又不重要的事情定为 D 类，在实际工作中，我们应该先干重要的事，即 A 类事情，这一类事情做得越多，我们的工作效率就越高。

4 个妙招让你摆脱组织惯性

成功是一种惯性，失败也会成为一种惯性。无论掉进了哪种惯性的怪圈中，都会限制组织的成长。

众所周知，许多曾经辉煌的企业之所以成为明日黄花，淡出了人们的视线，并非是它们面对环境无能为力，而是它们不能随着时代的发展变化迅速地作出调整，总是囿于昨日的失败阴影中，一味恪守前人的经验，不能敏锐地把握未来的发展方向，不敢突破、不敢创新，被一种惯性束缚着，在昨日的教训上平白失掉了明天的机会，也丧失了自我成长的空间。

讲到这里，我们已经模糊地提出了"组织惯性"的说法，即思维定式和行为定式。大多数企业的成功，都归因于拥有独特而富有竞争力的经营管理模式。因此，在变化面前，它们的管理者们往往秉持自信，很少怀疑这一成功模式的价值。昔日的辉煌渐渐蜕变为生存道路上的羁绊，被组织惯性支配着的企业，在管理上几乎都存在着以下一些基本特征：

1. 战略框架的束缚

企业的战略框架构筑了企业的经营理念和发展方向。然而，战略框架在帮助管理者认清形势和问题的同时，往往也成为迷惑管理者注意力的烟幕弹，使他们的思维和视野局限于个别问题上。

2. 工作流程的陈旧

一个企业在确定了经营管理模式之后，企业成员总能在实践中摸索出它的程序，并逐渐习惯地运用这套程序解决各种问题。由于习惯所致，在实践中，管理者与员工很少会思考这些方法是否仍然有效、合理。如果企业任由组织惯性发展下去，必然会出现上下、平级沟通不畅的状况。

3. 关系网的泥潭

企业的成功离不开与顾客、雇员和供应商及投资者等利益群体间的良好关系。但当环境发生变化时，企业通常会发现，拘泥于现有的关系网会阻碍其为了适应变化而开发新产品和开拓新市场。此时，企业原有的关系便成为它发展的羁绊。

4. 价值取向的陷阱

价值取向是企业生存和发展的信念与动力。然而，随着企业的成熟和竞争环境的变化，企业如果不思考过去的价值取向是否符合未来形势发展需要，将走向失败。

组织惯性对企业的破坏是潜在而危险的。一个陷于"组织惯性"困境中的企业要想突破组织惯性，摆脱束缚，站在制高点上，需要在观念和行动上有所改变：一是，不能被过去的成功经验所累；二是，要勇于突破，敢于创新，学会在变革中求生存、求发展。

惯性阻碍人的成长，员工会在惯性中固步自封，不求改变和进步，这样

使得公司的活力大减，犹如死水一潭。由此，作为一名优秀的员工，应该在工作中勇敢打破组织惯性给自己带来的不良影响，把责任落到实处。

善用信息过滤器

世界每时每刻产生的新信息充斥于每一个角落。据美国某研究机构的统计，全世界仅一天之内正式发表的论文，如果要一个人全部看完（假如能将其全部看懂），大概要 1100 年！然而，在这庞大的信息流里，真正对你有用、有价值的信息其实为数很少，以致许多企业家感慨："资料太多，资讯太少！"由此可见，我们要在信息社会达到自己的目的，不仅要懂得占有信息，还要懂得让你手头掌握的信息变得有意义，能够为己所用。

在了解信息过滤器之前，我们先来介绍占有信息的 4 种主要方法。

1. 阅读法

通过快速阅读图书、报刊等获取信息。运用此法重在一个"快"字，在阅读时不要考虑其他事情，尽可能多接触相关的资料。

2. 捕捉法

利用电视、广播、网络，甚至电话、会议等渠道来捕捉信息。运用此法要注意保持客观的态度，聚精会神地听，了解说话者的意思，把握其意图。

3. 调查法

从各项社会调查中收集信息，要掌握调查方法，进行缜密的调查。一些全球知名的公司如美国电话电报公司、杜邦、IBM 等都非常喜欢到最佳作业典范企业进行现场调查。他们的理由是可以得到更为真实的第一手材料。

4. 交换法

用你自己所拥有的信息与别人进行交换，以获取对方的信息。有人说："你拿一个苹果与别人交换苹果，你只得到一个苹果。但你拿一条信息与别人交换信息，那你就得到两条信息。"

但是，如果我们只会占有信息，而不将无用、无效的信息过滤掉，那么我们将被淹没在信息的洪流中，永远都无法实现自己的目的。未经过滤的信息犹如"消火栓中喷出来的水"，既不纯净又不甘甜。要想"喝到甜美的纯净水"，就该使用"信息过滤器"。在使用"信息过滤器"时，我们应注意按照一定的顺序将大量的信息一层层过滤。

依照信息过滤器，我们可以筛去一些无关的信息，将自己的精力集中在主要目标上。

制定任务清单，让工作条理化

每天的工作不止一项，有时还会是一堆琐碎的小事，如果没有一个合理有序的工作秩序，东做一样，西做一样，不仅毫无章法，而且效率不高，甚至会完不成。有些员工会认为，都是一些小事不需要做规划。但是许多优秀员工的成功经验告诉我们，制定一个任务清单，能保证工作的条理化，是一个优秀员工必备的良好习惯。

认真地做一份任务清单，无论是大任务还是小任务，不但不会约束我们的行动，还可以提高我们的工作效率。当将要结束一天工作的时候，对照任务清单认真核实，有助于日事日清。养成每天做任务清单的好习惯，对以后的工作安排有很大的帮助。如果你想高效工作，学会列任务清单是必不可少的一项技能。

任务清单并不是要把一天的工作都罗列出来，而是要有顺序有技巧地排列，如何做好一份任务清单呢？有以下几点建议：

1. 任务要落到纸上

好记性不如烂笔头，再好的记性也不如写到纸上，做起事来也踏实，不用担心会漏掉什么工作。平时，我们总是在忙着一件工作的同时还惦记着下一件事，把工作都记下后，我们就可以专注于一件工作，而不会心有旁骛，效率自然会提高很多。

我们的大脑就像一个平行的处理器，幕前幕后的工作可以同时进行，写在纸上的事，脑子就会将这些事转移至幕后，就会产生一种潜意识，自觉地知道下一步该干什么事情。只要我们利用这种潜意识解决问题，就会发现它的作用相当惊人。

2. 简单明了

任务清单是为了把工作量化、细分，让我们的工作有条理性，所以一定要简单明了，用一些自己可以理解的关键词即可，一看就明白，这样可以节约编写任务清单的时间，同时也是很好的工作习惯。

要把任务清单列在一个专门的本子上，而不是记在一些小纸片、桌上的及时贴或是粘在冰箱上的字条。也不可以随意乱放，应该随身携带。

3. 时间是关键

做好任务清单，就是为了使工作有序进行，不拖延，所以时间是关键。看到任务就应该可以估算自己大概需要多长的时间去完成它，在任务清单的

旁边制订完成各项任务所需的时间，严格按照规定的时间完成，不拖延，这也是对自己能力的考验与锻炼。

4. 定期检查

早上起床后的第一件事就是查看任务清单，这是一天工作的开始，是大部分成功人士的良好习惯。如果你确定要做的事都列在任务清单上，而且每天固定检查任务清单，你就绝不会因为忘记而没有完成任务。在福布斯二世的书桌上一直都放着一张记录重要事项的纸，这是他的个人管理系统中心，他说："每当我觉得进退两难时，我就会看看这张纸，确定使自己动弹不得的事是否真的值得让我为难。"福布斯二世的这张纸上通常有 20 件事情，有电话、信件以及他必须口述的一小段专栏文章。他常告诫他人："如果你没有一个固定的记事本记录你想要做的事，事情将永远无法完成。"

每做完一项工作就可以删除一项，如果没有及时完成，这个任务清单就形同虚设，所以必须严格要求自己，定时检查完成任务清单的进度。

5. 制定长期任务清单

任务清单不止限于一天的工作事项，许多善用时间的成功人士都会规划长期任务清单。基层员工也是一样，工作中要有自己的目标，工作都是有连续性的，不要只把眼光放在当下，应放远一点。即使不能预知下一步工作，也可以为自己的学习进行规划。

制定任务清单，按照清单上的计划去做，分配时间和精力，这样可以让你有效掌控时间，管理好时间。工作中，制定任务清单是每一个优秀员工的工作习惯，这样有利于工作效率的提高，同时体现出了员工认真严谨的工作作风，而这种科学习惯的养成对成功大有益处。

遵守 OEC 法则：做到日事日清

"OEC"法则，即英文"Overall，Every，Control and Clear"的缩写。其内容是：

O—Overall（全方位），E—Everyone（每人）、Everything（每件事）、Everyday（每天），C—Control（控制）、Clear（清理）。"OEC"管理法则也可表示为："日事日毕，日清日高。"

"日事日毕"，就是要求对当天发生的各种异常现象，在当天弄清原因，分清责任，及时采取有效措施进行处理，以防止问题积累，确保工作责任的真正落实。

在海尔洗衣机厂，每天下班前，依照规定，工人们要进行每日的清扫工作。

一天，有一位员工在清扫地面时，发现了一个螺丝钉。他非常紧张，因为他知道若是地上多了一个螺丝钉，就代表着有一台洗衣机少了一个螺丝钉。这关系到产品的品质，也关系着企业的信誉与形象，因此他立即向上呈报。

厂长知道后，立即下令要求对当天生产的 1000 多台洗衣机做全面复检。全体员工经过细心检查后，发现所有成品都没有缺少螺丝钉。

大家感到很奇怪："问题到底出在哪里？"虽然已经过了下班时间，但没有一个人离开，他们还在寻找原因。

又花了两个多小时的时间，他们终于发现了原因：原来，物料仓库在发材料的时候，多发了一个螺丝钉。

所谓"日清日高"，就是对工作中的薄弱环节不断地进行改善、不断提高。公司算了一笔账，职工"坚持每天提高 1%"，70 天工作水平就可以提高一倍。

海尔总裁张瑞敏建立的 OEC 管理法，即依据企业的总体目标，对每一个企业每一个员工的职责、任务量和操作进行分解安排，将每个员工每天工作的 7 个要素（产量、质量、物耗、工艺操作、安全、文明生产、劳动纪律）进行量化，每天由每个员工自我清理，计算日薪并填写记账、检查确认，车间主任及职能管理员抽查，月底汇总兑现计件工资。这使得每个人每天的工作有了一个明确定量的结果，体现了数据说话的公正性和权威性，保证了各项工作的有序进行，也就消除了懒惰现象。

在 OEC 管理法实施后，海尔集团获得了长足的发展，企业管理精细化程度、流程控制能力都得到了提高，为后来成为世界家电百强奠定了基础。

"OEC"管理法由 3 个体系构成：目标体系→日清体系→激励机制。首先确立目标；日清是完成目标的基础工作；日清的结果必须与正负激励挂钩才有效。

这个管理法的落实过程需要借助于一个叫做 3E 卡的记录卡。"3E"卡，就是用来记录每个人每天对每件事的日清过程和结果。"3E"是英文 Everyday、Everything、Everyone 的缩写，即每天、每件事、每个人。"3E"卡是"日事日毕，日清日高"的具体化。海尔要求每个员工每天都要填写一张 3E 卡，3E 卡将每个员工每天工作的 7 个要素量化为价值，每天由员工自我清理计算，日薪（员工收入就跟这张卡片直接挂钩）并填写记账、检查确认后给

班长，不管多晚，班长都要把签完字的卡拿回来签字并交给上面的车间主任，车间主任审核完后再返回来，就这样单调的工作天天填、月月填，不管几点下班都得完成。据说海尔就这样一直落实了 16 年，并且到目前为止还丝毫没有准备放弃的迹象！

事实上，正是这张"日清卡"，使他们把工作、目标分解落实到了每个员工身上，每个零部件都有一个责任人。也是通过"3E"卡的考核，通过对企业每件事、每个人的表扬与批评来形成员工共同的价值观念，创造优秀的产品。

善做日常备忘录

今天在电视中露面最频繁的广告，大多是美国宝洁公司的飘柔、潘婷、沙宣、海飞丝、伊卡露、佳洁士、玉兰油等洗涤品、化妆品。这家创建于 1837 年的世界著名洗涤剂、化妆品公司，迄今已有 170 年历史。宝洁公司在全球的销售额每年平均为 300 亿美元。宝洁公司在全球 70 多个国家设有工厂及分公司，所经营的 300 多个品牌的产品畅销 140 多个国家和地区。

诚然，作为一家成功、出色的公司，必有它独特的过人之处。宝洁公司的法宝之一就是它的备忘录制度。宝洁的备忘录一般分为两类：信息备忘录和建议备忘录。

信息备忘录内容包括研究分析、现状报告、销售与市场份额汇总及竞争力分析；建议备忘录则是一种说服性的文件，重点包括：建议目的、背景信息、建议方案以及背后的逻辑讨论和下一步的做法。建议备忘录非常重要，那些希望晋升的品牌管理员工必须掌握建议备忘录的撰写技能。

备忘录大多不会超过 4 页。品牌管理人员如果想要升迁，最好先学会写备忘录。在宝洁，备忘录的写作甚至被当做一种训练的工具。对资历较浅的人员来说，一个备忘录重写 10 次是常见的事；成为品牌经理后，一个备忘录仍有可能被要求重写五六次。凭借不断地重写备忘录，宝洁希望能够训练员工更加周密地思考问题。

宝洁公司"一页备忘录"的结构如下：

（1）相关信息（发自谁、发给谁、转交给谁、日期）。

（2）标题。

（3）一句话总结备忘录的主要内容。

（4）3～4 行总结备忘录的主要内容。

（5）相关背景资料介绍（2~3行）。

（6）备忘录内容（建议、意见、工作总结、信息共享等）。

（7）主要缘由、总结、工作计划等。

（8）下一步任务。

（9）签名。

在日常工作中，备忘录是一种很重要的方法。如果平时不记"备忘录"，往往会因为工作忙而有所遗忘，这不但会造成工作的拖延，甚至会造成不可预料的严重后果。因此，养成做"日常备忘录"的习惯可以让你在落实责任时轻松很多。当你每天早上打开当天的"备忘录"，就可以找到你想要的东西；你可以把苦思冥想的时间省下来，用在其他的工作上；你总能知道你的约会、计划和文书工作，也会因不用分心于其他事而变得工作起来相当有效率。

同时，它还能记录你的工作状况，让你能看清楚自己在某段时间里的变化，从而引导你采取正确的工作方法与技巧走向新的目标。

学会使用"日常备忘录"吧！坚持这个好习惯，因为它能帮你在工作中用最少的时间去提高效率，为你的成功提供有力的保证。

以繁化简，简单取胜

日常工作中，我们经常会遇到这样的现象：某位员工就某件事情汇报了半天，领导却不得要领，不知其主要说什么；某位员工就某件事写了一篇文字材料，洋洋数千言，可这件事到底是怎么回事，看了半天也不明白。这是效率低下的普遍表现。

主要从事组织沟通管理咨询的艾森克·胡德自1992年开始至今，曾对美国企业进行了一项以"简单管理"为专题的调查研究，长期观察企业员工的工作模式，探讨造成工作过量、效率低下的原因。最初的调查对象包括了来自500家企业的2500名人士，持续至今已经扩大到800多家企业，人数达到35万人，其中包括了美国银行、通用电气、迪斯尼等国际知名的大型企业。随后，艾森克将"简单"的理念运用到日常的工作实务上。根据他多年的研究调查结果，现代人工作变得复杂而没有效率的最重要原因就是"缺乏焦点"。因为不清楚目标，总是浪费时间重复做同样的事情或是不必要的事情；遗漏了关键的讯息，却浪费太多时间在不重要的讯息上；抓不到重点，必须反复沟通同样的一件事情。

职场人士往往会有这样的体会，最初创业时，只有老板（包括合伙人）和被雇佣者两个层级，那时候上下级之间的关系非常简单，工作效能也很高。然而，当发展成为大公司后，关系越来越复杂，管理也越来越困难了。这是什么原因？著名的管理大师彼得·德鲁克说过："最好的管理是那种交响乐团式的管理，一个指挥可以管理 250 个乐手。"他通过调查和研究得出的结论是，对企业而言，管理的层级越少越好，层级之间的关系越简单越高效。

同样，一名职场中的高效能员工必须想尽办法，化繁为简，将牵绊工作效率的障碍毫不足惜地甩掉。但"简单一些，不是要你把事情推给别人或是逃避责任，而是当你焦点集中、很清楚自己该做哪些事情时，自然就能花更少的力气，得到更好的结果。"艾森克在接受杂志访问时如此说道。简化问题，从细节入手，避免冗繁是我们简化工作的重要途径。

1. 简化问题

美国威斯门豪斯电器公司董事长唐纳德·C. 伯纳姆在《时间管理》一书中提出自己提高效率的一项重要原则：在做每一件事情时，应该问自己 3 个"能不能"："能不能取消它？能不能把它与别的事情合并起来做？能不能用更简便的方法来取代它？"在这 3 个原则指导下，善于利用时间的人就能把复杂的事情简明化，办事效率有很大提高，不至于迷惑于复杂纷繁的现象，处于被动忙乱的局面。无论在工作中，还是在生活中，为了提高效率，就必须决心放弃不必要或者不太重要的部分，并且把重要的事情也进行有序化。

简化问题是我们简化工作的一个重要原则。正确地组织安排自己的活动，首先就意味着准确地计算和支配时间，虽然客观条件使得你一时难以做到，但只要你尽力坚持按计划利用好自己的时间，并就此进行分析总结并采取相应的改进措施，你就一定能赢得效率。

2. 从细节开始

简化工作要从我们工作中的一些细节方面入手。例如可以通过有效利用办公用具达到简化工作的目的。

（1）有效利用名片简化人际管理。

名片不止是记载姓名电话的纸片而已，善用数字科技，有助于你日后的整理与搜寻，这是建构人脉网不可或缺的基本方法。

你可以这样开始：接到一张新名片后，马上在名片记下"小抄"充当备忘录，内容包括：会面的日期与地点、在何种场合下碰面、会谈的主题与要

点、由何人介绍认识，以及双方约定的后续接触事项。

（2）合理利用记事本。

在记事本里，分作以下 4 项来登记：常用电话号码、待办杂务、待写文件、待办事项。事情办好之后，就可以用笔把它划掉。如果不想弄得太复杂，记事本还可用颜色增进效率。如用红笔显示紧急事务，黑笔代表一般的事。依需要选择不同颜色，标出事情的优先顺序和重要程度，可避免事到临头一团糟。

颜色总是比较抢眼的，比文字的效果好，简单明了。

3. 避免冗繁

冗繁是效率管理的大敌。一位出色的高效能员工应当善于把握事物的重点，化繁为简。世界 500 强企业之一的宝洁公司，其制度就具有人员精简、结构简单的特点，回应了保罗的简单原则。宝洁公司强烈地厌恶任何超过一页的备忘录，推行简单高效的卓越工作方法。曾任该公司总裁的哈里在谈到宝洁的"一页备忘录"时说："从意见中择出事实的一页报告，正是宝洁公司作决策的基础。"他通常会在退回一个冗长的备忘录时加上一条命令："把它简化成我所需要的东西！"如果该备忘录过于复杂，他会加上一句："我不理解复杂的问题，我只理解简单明了的。"

国内有许多公司为了提高员工的工作效率，专门花重金请来专业的咨询公司，编写出一些文采飞扬、图文并茂、理论和案例也十分丰富的规定性和执行性文件，但最后这些文件的命运都是殊途同归，也就是往往被束之高阁，并没有达到管理者预期的目的。

同样，将所了解的事情用"一页备忘录"表述出来，并不是一件容易的事。一是需要对事情做深入细致的调查；二是要把所得到的材料反复研究，"了然于胸"，然后从中找出规律性的、代表性、本质性的东西来。如何衡量是不是"吃透"了，一个最简便、最有效的方法是：看能不能用"一页备忘录"概括你要讲的或写的内容。如果做到了，说明吃透了。反之，则说明叙述者对所说或所写的内容仍然是心中无数，无论怎么表述都是很难收到理想的效果。

化繁为简是提高工作效能的有效措施。马上行动，追求简单，事情就会变得越来越容易。

第三章

自我管理

摆脱约拿情结，充分发挥潜能

《圣经》中记载了这样一则故事：上帝要约拿到尼尼微城去传话，这本是一种难得的使命和很高的荣誉，也是约拿平素所向往的。但一旦理想成为现实，他又感到一种畏惧，感到自己不行，想回避即将到来的成功，想推却突然降临的荣誉。这种成功面前的畏惧心理，心理学家们称之为"约拿情结"。

约拿情结是一种普遍的心理现象。我们想取得成功，但面临成功，总是伴随着一种心理迷茫。我们既自信，同时又自卑，我们既对杰出人物感到敬仰，又总是有一种敌意的感情。我们敬佩最终取得成功的人，而对成功者，又有一种不安、焦虑、慌乱和嫉妒。我们既害怕自己最低的可能性，又害怕自己最高的可能性。

简单地说，"约拿情结"就是对成长的恐惧。它来源于心理动力学理论上的一个假设："人不仅害怕失败，也害怕成功。"它反映了一种"对自身伟大之处的恐惧"，是一种情绪状态，并导致我们不敢去做自己能做得很好的事，甚至逃避发掘自己的潜力。在日常生活中，约拿情结可能表现为缺乏上进心，或称"伪愚"。

小石是一家广告公司的业务员，业绩也一直不错。原来与小石一同进这家公司的许多人的业绩都在他之下，只有小李、小王和小石的业绩一直不相上下，可近来这两个人成长迅速，业绩也比先前有了更大的提高，唯独小石还在原地徘徊。一天部门刘经理把小石叫到办公室，谈到了这个问题。刘经理说道："小石，你很有潜力啊！我一直都很看好你，但是最近进步不大啊，

为什么呢?"小石自己其实也不知道原因是什么,听经理这么一问,就把自己的想法说出来了。他说,其实我也觉得自己还可以有更大的进步,但是我不敢去想自己超越了小李和小王将会是怎样的情形,也不敢想象公司里我的业绩是最好的,所以什么都不敢去做。刘经理听后坦诚地说:"人首先不能畏惧自己的成长和进步,只有突破自己,才会成功。"

后来,小石在工作过程中慢慢磨炼自己,后来业绩果然赶超了小李和小王,成为公司业绩最棒的员工。

小石在慢慢地克服自己对成长和优秀的恐惧,慢慢地摆正了心态,使自身的潜力得到充分的发挥,为自己赢得了进步和成功。

约拿情结是一种复杂的心理现象,尤其是当成功机会降临的时候,这些心理表现得尤为明显。因为要抓住成功的机会,就意味着要付出相当的努力,面对许多无法预料的变化,并承担可能导致失败的风险。很多员工在遇到这个问题时,都会感到茫然不知所措,他们会怀疑是否自己哪里出了问题。从自我实现的角度看,它是一种自我的心理障碍。优秀的员工当他们遇到这样的问题时,会积极寻找方法去解决,去释放自己的恐慌,而不会让这种惶恐左右自己。

我们每个人其实都有成功的机会,但是为什么总是只有少数人成功,而大多数人却平庸一世呢?究其原因就是在面临机会的时候,只有少数人敢于打破平衡,认识并摆脱自己的"约拿情结",勇于承担责任和压力,最终抓住并获得成功的机会。

学会展现自己

在现代职场中,默默无闻、埋头苦干的人,不一定得到重用。优秀的员工,都善于把握时机展示自己,这样才有机会脱颖而出。每个员工都有自己的理想和目标,都想能够在最适合的岗位上发挥出自己的全部优势,这就需要我们首先要学会醒目地亮出自己,向别人,向老板展示自己的优点,这样,才能为自己创造更多机会。

有人说,"酒香不怕巷子深"、"是金子总会发光的",只要你有能力,老板迟早会关注你的。确实,有能力是一种优势,我们也不排除有些老板会主动发现或发掘员工的优点,但在如今竞争激烈的职场中,每个人都在忙自己的事,老板也在为公司的发展绞尽脑汁,很少有时间去仔细琢磨你的优点,如果你不能让他一眼看到你的优势,很可能就会成为下一批被炒鱿鱼员

工中的一员。所以，与其被动等待老板的选择，不如主动出击，既然是好酒就不怕摆上台面，是金子更应该擦亮自己吸引更多的注意力，这样，你成功实现梦想的机会才会更大。

邓光和魏峰同时进入通用汽车公司，两人都从最基本的技术员做起。邓光是学技术的科班出身，为人踏实，任何事情都做得有板有眼，但是不善表述，比较沉默，只喜欢独自钻研技术。魏峰技术底子差，但为人开朗大方，有不懂的地方就向同事请教，短短半年时间，他从同事尤其是邓光身上学到不少技术。邓光研究出来的一些小窍门经过他的宣传与推广迅速在车间普及，与此同时，魏峰还对一些不太合理的规范提出质疑，并表现出希望通过努力解决问题的意愿。车间主任看到魏峰比较活泛，做事又灵活，正好有个出国培训名额，就让魏峰到美国总部去接受正规培训。

在总部培训时，魏峰表现得更加主动积极，很快得到总部一位经理的赏识，培训结束后，这位经理一纸借调令将他留在美国。魏峰的表现没有让经理失望，他很快成长为独当一面的技术专家。五年后，他回国担任原地区公司的驻外技术顾问，忽然想起了技术能手邓光，但公司的记录表明，早在三年前，邓光就在一次公司大规模裁员中被裁掉了。

邓光有能力，技术过硬，但却因上司看不到他的优点和工作成绩而丧失了竞争力。而起点不高的魏峰却因为展示出了自己的优点而得到深造的机会，两人的人生因此大相径庭。通过两人的发展我们应该明白：即使是金子，如果你不能及时地亮出自己，很可能会被继续埋没。

中国人一向崇尚谦虚，然而，过分谦虚往往形成负面效应，一是透着股虚伪，二是自贬身价，让他人看不起。当然我们并不主张那种锋芒毕露、恃才傲物、处处咄咄逼人的做派，但抓住时机表现一下还是可取的。我们工作不是为了上司，而是为了自身的生存与发展。但是，上司的认可程度毕竟在一定时间段内直接影响着我们的生存状态和自身价值的实现。所以，展示自己并非采用拍马逢迎之类的手腕去取悦上司，而是在适当的时候展现自己的才能。由于种种缘故，上司有他的小圈子，我们可能不属于圈内人士，但上司若是明智之人，对下属的才华和脱颖而出的表现，他也会刮目相看的。而且，只有上司了解你的能力，才会为你分配相应难度与报酬的工作。

因此，聪明的员工，在上司迟迟未能看到自己的成绩时，他们不是选择跳槽，也不是抱着"是金子总会发光"的信念继续默默工作，而是主动寻求良机与上司进行沟通，向上司展示自己的优势。

对工作要精益求精

对工作的追求应该是永不止境的。优秀的员工每个人自己心中对工作自有一个标准，不管老板是怎样规定的，他们通常更遵循自己的标准，并且总是能够超出老板的期待。对工作的不懈追求是一种敬业的表现。这是源自内心的自我管理，而无需任何的监督和督促，因为这是一种心理标准。获全国劳动模范、全国五一劳动奖章者田梅君就是一个很好的例子。

田梅君是大连商场百货文化卖区一名普通的营业员，也是一名共产党员。她在平凡的三尺柜台前默默奉献了近30个年头。她对工作的孜孜以求是出了名的。2001年，卖区引进了新品台湾"上手嫁"系列炒锅。由于新产品价格较高，对一般顾客来讲比较难接受，销售难度较大。她凭着多年积累的销售经验，认真分析顾客的消费心理，根据不同的消费群体打心理战，并利用资料，自己总结了一套讲解词，突出产品环保、节能的特点，使"上手嫁"品牌逐渐被消费者所接受。在她坚持不懈的努力下，"上手嫁"的销售逐年上升，已经成为百货文化卖区销售和创利大户。在商场68周年店庆活动中，田梅君自己4天就销售了130口锅，创历史新高，一时传为佳话。

优秀的员工之所以或进步神速，或能得到意外的收获，与他们对工作的高标准严要求是分不开的。他们不仅会多做很多事，更在意自己是否尽了最大的力把工作做到完美，正是这种对工作的孜孜以求使他们取得了超越自己的工作岗位的成绩，也成了其他人羡慕和学习的榜样。

罗杰斯是一位20多岁的小伙，他在一家裁缝店学成出师之后来到加州的一个城市，开了一家自己的裁缝店。由于他做活认真，并且价格又便宜，很快就声名远播，许多人慕名而来。有一天，风姿绰约的贝勒太太让罗杰斯为她做一套晚礼服，等罗杰斯做完的时候，发现袖子比贝勒太太要求的长了半寸。但贝勒太太就要来取这套晚礼服了，罗杰斯已经来不及修改衣服了。

贝勒太太来到罗杰斯的店中，她穿上了晚礼服，在镜子前照来照去，同时不住地称赞罗杰斯的手艺，于是她按说好的价格付钱给罗杰斯。没想到罗杰斯竟坚决拒绝。贝勒太太非常纳闷。罗杰斯解释说："太太，我不能收您的钱。因为我把晚礼服的袖子做长了半寸。为此我很抱歉。如果您能再给我一点时间，我非常愿意把它修改到您要求的尺寸。"

听了罗杰斯的话后，贝勒太太一再表示她对晚礼服很满意，她不介意那半寸。但不管贝勒太太怎么说，罗杰斯无论如何也不肯收她的钱，最后贝勒

太太只好让步。

在去参加晚会的路上，贝勒太太对丈夫说："罗杰斯以后一定会出名的，他勇于承认错误、承担责任及对结果认真负责的工作态度让我震惊。"

贝勒太太的话一点也没错。后来，罗杰斯果然成为一位世界闻名的高级服装设计大师。

顾客已经满意自己的工作成果，按说员工自己也应该满意了，一般的员工都会这么想，这也是一种很普遍的想法。但是罗杰斯没有这么想，因为在他的心中做到最好才是唯一的目标。田梅君和罗杰斯都对工作精益求精、孜孜不倦，将把工作做到尽善尽美为己任。他们不但是给企业创造效益最多的优秀员工，是其他员工学习的榜样，同时也成为了猎头公司竞相想要挖走的对象。

面对激烈的竞争，你应该不断地追求完美的结果，你需要做好自己这份工作，并且做到精益求精。

站好最后一班岗

王广是某集团的一名员工，工作上事多烦琐，时常听到他的抱怨"工作太多"、"时间太紧"、"每天都太忙了"……

王广究竟是怎么"忙碌"的呢？早晨8:30准时上班，然后吃早餐和酝酿工作情绪花掉半小时。工作两个小时后，发现很快就该午休了，于是决定翻翻当日报纸来等待中午吃饭休息。下午从1:30工作到3:00，他又按捺不住了，决定活动活动手脚，或和同事聊聊天，因为还有一会儿工夫一天的工作就结束了！算一下他每天真正工作的时间只有5个小时！这中间还不包括其他事情的干扰！

王广就是在这样繁忙中度过了一春又一夏，他以为以后的一秋一冬同样是在平静而忙碌中完结，因为他自认为自己工作很"努力"。但是，一封无情的解雇书还是送到了他的面前。

不知道有多少员工会在王广的身上看到自己的影子呢？又有多少个"王广"存在于办公大楼的一个个角落？殊不知，任何对工作不负责任的行为，最后只能是由我们自己负责。也许我们大家都不曾想到，我们在有意无意中也在扮演着这样一个角色。试想，每当还有半个小时就吃午饭了，当仅剩半小时就下班了，当明天就是某个假日时……自问一下，我们能否像平时那样，用心负责保质保量地完成我们的工作？

站好最后一班岗，哪怕是你在岗位上的最后一分钟了，你也应该做好这60秒。因为只要你还在工作岗位上，你就要对每一分每一秒负责，这是一个人必需的职业精神。同时，也是发自内心的自我管理。你尽职尽责地做好了自己的每分每秒，那么成长、晋升、高薪、成功都会如约而至。

许媛是南京一家美容院的美容师，春节快到了，美容师们纷纷盘算起春节回家的事。其他美容师在离放假最后几天的工作中，都心不在焉，为春运期间买票的事担忧，对待工作也很怠慢。只有许媛一直到春节当天都认认真真对待自己的工作。许媛的负责和坚持，老板都看在了眼里。又听店长反映，许媛平时工作一直都很负责踏实，春节假期结束后，许媛被提拔为主管，而其他美容师们就只能望洋兴叹了！

做好工作的最后一分钟，是一件微不足道的小事，然而把它做到位也并非轻而易举，优秀员工具备这种踏踏实实的工作态度和高度负责的职业精神。而这些正是老板所看重的员工身上最优秀的品质之一，往往就是这样的员工，更容易取得成功。一个人做事如果没有始终如一的恒心，那么他迟早会被社会无情地抛弃。

为世人所敬仰与怀念的著名"黑人"总统林肯，曾经做过邮政局长，其实是一个只有他一个人的邮局。他要做的事情很多，而有一次他为了要及时送信给当地的居民，居然徒步走了几十里的山路！

大概很多人会认为他"太傻"或"太诚实"，然而就是因为其做事贯彻始终的恒心与毅力而更加令人敬佩。

最后一分钟干好60秒要的就是一种可贵的坚持，好好珍惜并利用它来为我们创造宝贵财富。如果只是敷衍了事，马马虎虎，终将不能取得成功。

懂得家庭和工作的和谐平衡

美国通用电气的总裁杰克·韦尔奇在平衡工作和生活方面堪称是一个专家。在一次接受采访时，杰克·韦尔奇先生将自己平衡工作与生活的经验做了一番集中的阐述：我执行的原则就是好好工作，好好享受，花一点时间来当父亲。工作与生活的平衡问题在90年代已经成为十分热门的话题，但一直到我2001年退休之后，它才真正热门起来。在我过去三年去世界各地的时候，我遇到了许多这方面的问题。最常见的是，"你怎么会有那么多的时间去打高尔夫球，还能继续干好CEO的工作？"

在个人应该如何排列生活中各部分的优先次序的问题上，这里有一些经

验和心得值得你借鉴：

1. 分清管理的优先次序

这里，首先我们要确定所谓"工作与生活的平衡"究竟指的是什么。它涵盖了我们所有人应该如何管理生活、支配时间的问题——关于优先次序和价值观的问题。基本上，这个平衡是关于"我们应该把多少精力消耗在工作上"的讨论。

工作与生活的平衡是一个交易——你和自己之间就所得和所失进行的交易。平衡意味着选择和取舍，并承担相应的后果。有时候，站在老板的角度上换位思考可以更有利于你把握工作与生活平衡的实质。

（1）你的老板最关心的事情是竞争力。当然他也希望你能快乐，但那只是因为你的快乐能够帮助公司赢利。实际上，如果他的工作做得好，他就可以让你的工作变得很有吸引力，使你的个人生活显得不那么拖后腿。

老板给你付工资的原因，是因为他们希望你贡献所有的一切——包括你的头脑、体力、活力和献身精神。

（2）绝大多数老板都非常愿意协调员工的工作与生活的矛盾，如果你能给他出色的业绩。请注意这里强调的是要以员工优异的业绩为前提。

很多企业曾利用积分系统来处理工作与生活的平衡问题。那些有突出业绩的人可以获得"积分"，用以交换自己工作的弹性。

（3）老板们很清楚，公司手册上面关于工作、生活平衡的政策主要是为了招聘的需要，而真正的平衡是由一对一的谈判决定的，其背景是一个相互支持性的企业文化。

公司手册是件华丽的宣传品，有醒目的照片、多项终生福利的介绍，也包括倒班或工作弹性等。然而许多聪明人很快就明白，手册上所列举的"工作与生活的平衡规划"主要是面向新人的招聘工具。

事实上，真实的平衡安排是在老板与员工之间就具体问题进行单独谈判得到的，使用的方法正好是我们刚介绍过的业绩与弹性交换的制度。

（4）要避免抱怨的情绪。那些公开为工作与生活的矛盾问题而斗争、动辄要求公司提供帮助的人会被当作动摇不定、摆资格、不愿意承担义务或者无能的人，或者以上全部，因此，那些消极抱怨的人最后总免不了被边缘化的命运。

所以，在你第五次开口，要求公司减少你的出差，要求在星期四上午请假，或者希望回家去照顾小孩之前，你应该知道自己是在发表一项声明。而且不管你用什么辞令，你的请求在别人听来都似乎是"我对这里的工作并不

真的感兴趣"。

（5）注意及时行动。即使最宽宏大量的老板也会认为，工作和生活的平衡是需要你自己去解决的问题。实际上，绝大多数人也知道，的确有一些策略能帮助你处理好这个问题，他们也希望你能采用。

2. 一些经验之谈

把握工作与生活的平衡是一门高级的个人管理艺术，每个人都有自己独特的办法。在这里，杰克·韦尔奇为我们提供了一些可供借鉴的经验。

经验1：无论参与什么游戏，都要尽可能地投入。我们已经陈述过，工作希望你150%地投入，生活也同样。因此做事时要努力减轻焦虑、避免分心，或者说，要学会分门别类、有条不紊。

经验2：对于你所选择的工作与生活平衡之外的要求和需要，要有勇气说"不"。最终，大多数人都会找到适合自己的工作与生活的平衡位置，以后的窍门就是坚持。

学会拒绝将给你带来巨大的解脱，因此，你应该力争对一切不属于你有意识的平衡选择之外的项目说"不"。

经验3：确认你的平衡计划没有把你自己排除在外。在处理事业与生活的平衡关系时，一件真正可怕的事情是陷入"为了其他所有人而牺牲自己"的综合症。有许多非常能干的人，他们制定了完美的平衡计划，把自己的一切都贡献出来，给了工作、家庭、志愿者组织。问题在于，在这样的完美计划的核心，却有一个真空，那就是对当事人而言根本没乐趣。

在认真考虑这个话题的时候，你会发现，如果自己想追求平衡和完美，最关键的不过是明白几个道理。

（1）除了工作以外，你要弄清楚，你还想从生活中得到什么。

（2）在工作中，你要明白自己的老板需要什么。

（3）争取业绩积分，根据自己的需要来兑换弹性，再不断补充它。

（4）找寻平衡将是一个过程，找对感觉需要反复实践。在获得经验和思考之后，你可以做得更好。最终，在一段时间过去之后，你会发现事情并没有那么艰难，不过是平凡的生活而已。

工作时间对私事免疫

一个在工作时忙于应付私事的员工，他是没有时间获得成功的。而且不把工作放在首要位置的人，公司老板也不会把你放在首位。

"喂？干吗呢？"一大早刚上班就能看到陆平忙碌的身影。一会儿是老同学，叙旧谈话一刻钟，一会儿是父母慰问电话 10 分钟，当然少不了的还有女友的温馨问候……

3 个电话过后，已经快到中午了！他只好开始抱怨事太多，处理不完，因为没有时间，更主要的原因是自己人缘好，总有不同的人和他联系。而陆平又是一个来者不拒，对朋友很重情义的人。因此，朋友和女朋友闹分手，他也会毫不吝惜自己的工作时间，先电话咨询安慰，再发短信了解事情进展。最后别人的事情差不多理顺了，就只有他自己还沉浸在别人的故事中无法走出，满堆的工作却毫无头绪，不知从何开始！

一个对私事没有"免疫力"的人，他身上缺少成为一名优秀员工的特质。因为私人的事情无论是令你喜悦的，还是令你不快的，它们都会干扰你的工作情绪，分散你的工作精力，使你一天的工作效率极其低下。优秀的员工从来就是公私分明的人，他们懂得如何保持工作作风，努力使自己在工作上不出差错，而绝不会占用上班时间，处理个人的私人事件。

如果你通常在工作期间处理私人事务，老板会感觉你不够忠诚。因为公司是讲求效益的地方，任何投入必须紧紧围绕着产出来进行。工作时处理私人事务，无疑是在浪费公司的资源和时间。

所以说，工作时间要对私事"免疫"。具体可以参照以下几点做法：

1. 不要带亲友来单位

非本单位的人往往对厂里的机器、设备、原材料等情况十分不熟悉，一不小心就会出事故。轻则磕磕碰碰，弄得头破血流，重则可能有生命危险。

尤其是孩子，他们年幼无知，好奇心又大，生性顽皮，一不小心就会出事故。又要工作，又要分心管孩子，到头来很可能孩子没管好，工作上又出了差错。

2. 不要经常和朋友打电话聊私事

老板与部属的关系是工作关系，单位自然是工作场所，私人电话一般不应该在上班时打进来。有些人不自觉，他们不断有私人电话打到单位里来，而且一聊就是半天，把工作搁在一边。有人甚至认为，打私人电话要花钱，这种"马拉松电话"就该在单位里打。这实在不是一个合格员工所应该有的想法。

上班时间遇到这种情况时，你可以这样处理：

"对不起，我要去开会了，有事下次再说吧！"

"对不起，我现在正好有客人来访，一会儿再回你电话。"

3. 不要在上班时间占用网络流量

现在办公室多是电脑办公，一不留神就会有人开小差，逛逛网店买买衣服、小首饰，打打网络游戏还能看电影和电视剧。这些事情在上班时间发生，一方面影响其他同事的正常工作，如果被领导发现更会给领导留下不好的印象。

4. 更不要擅自离开公司去做个人的私事

不要趁领导不在的时候，到外面做按摩、美容、足疗、洗头和到超市买私人用品。

一个优秀的员工，在工作的时候心里应当只有工作，不应随便地把个人的私事带到公司，也不要上班时间出去做一些与工作无关的个人私事。

对老板来说，工作时间处理私人事务，很大程度上反映出员工工作的心态。有些老板通常把私人事务的多少，当作一位员工是否积极上进、安心本职工作的考核标准。因此，公私不分，工作时间处理私人事务，既影响你的工作质量，也直接影响了你在老板心目中的形象。

第四章

办公区管理

注意工作形象，保持办公桌的整洁有序

有人说，每个人都有两个地盘，一个是自己的家庭，另一个就是自己的办公桌。如果你想让老板认为你是一个优秀员工，那么，你一定要在属于自己的小天地里用心表现自己，可此时，办公桌就成了彰显你优秀的宝地。

商界人士在生意场上，也有一定的职业道德必须遵守。这一方面的问题虽则主要表现为个人的操守，但与自己的事业却是直接相关的。芝加哥和西北铁路公司前总裁罗兰·威廉姆斯曾经说过："那些桌上老是堆满东西的人会发现：如果你把桌上清理干净，只保留与手头工作有关的东西，会使你的工作进行得更加顺利，而且不容易出错。我把做到这一点称为管好家，这也是迈向高效率的第一步。"

为了便于使用时方便，暂时不用的物品，就分门别类地归置到抽屉里或文件柜内，最好给重要的资料编上一份索引。这样需要用时，就会马上找到，不至于在他人面前翻来覆去找不到，让人觉得自己的办事不稳妥，没有计划性。

放在桌子上的常用物品，要各就各位。文件要放在文件或文件筐里，钢笔、铅笔、尺子要放入笔筒。不要随手乱扔，把办公桌的桌面搞得像小商小贩的地摊一样。

新职员进入公司后，主管带你认识的除了同事之外，就是分给你使用的办公桌了。

从办公桌的整洁状况，也能够反映出一个员工的能力和修养，因此，对待办公桌也要像呵护自己的内心一样，不但要纤尘不染，而且要脉络清晰。

办公桌是自己在公司办公的地方，它应该放上这样几件东西。

1. 记录用品

笔座、容易书写的好笔和空白便条纸是不可缺少的物品。如果你和重要用户或上级领导通话，需要记下重要事情却找不到纸和笔，那就未免太狼狈了。

2. 书夹

可以把常用的书、资料摆在桌上，不妨挑个你喜欢的书夹把它们整理好。你也可以把每天都要用到的东西，如胶水、钉书机放在桌面上。

3. 抽屉或书架

办公桌是最容易弄脏的地方，放得乱七八糟的书籍或会议文件，要根据日期和内容装订起来放到抽屉中或书架上。摆在桌面上的东西要少，要使桌上的空间尽量大一些。

抽屉里不要摆得乱七八糟，可以分段整理，使自己取放都方便。

另外，尽量不在办公桌上摆放自己的私人物品。诸如孩子的小照、恋人的信物、备用的化妆品、个人的收藏品等等，均不宜公开陈列。

如果你的办公桌老是弄得乱糟糟的，别人也许就会觉得你这个人的工作大概也像你的办公桌一样杂乱无章，交办给你的任务你又能完成得怎样呢？你的上司就会对你不放心、不信任，进而你在办公室的地位就不稳固。

其实你的办公桌就像一面镜子，它反映出你为人的作风和办公的效率。还有一些自己看不到别人却很清楚的东西，所以时刻要记住保持办公桌的整齐和清洁。只有这样，你才能一直保持自己的良好心情和别人眼中的优秀形象。要想给上司、同事和来访者留下好的印象，千万不要忘记布置好自己在写字间里的工作"主战场"——自己的办公桌。

掌握基本技能，熟练操作办公设备

现代技术发达，新式的办公设备层出不穷。作为职场的优秀员工，你除了具备最基本的专业技能，还要拓宽自己的技能面，能熟练使用各种办公设备。下面就介绍一些电脑、复印机、传真机的使用方法。

1. 电脑的使用

在政府机关或公司的办公室中，基本上都配备了电脑。办公室许多日常工作已离不开电脑。电脑正在给办公室带来一场革命，实现办公自动化、信息化，提高了办公效率，减轻了工作量，使员工能够更好地为本单位、本公

司服务和工作。尤其是网络更为办公室开辟了一个崭新的时代，一定程度上实现办公的网络化。

（1）学会正确地使用电脑。不要让电脑因你的错误操作遭受损失，如丢失文件等。

（2）与他人共用电脑时，要与他人协调好电脑的使用时间，应根据任务量的轻重缓急区别对待。

（3）给打印机装满纸，换好色带，补足空白软盘。

（4）简易的故障，可以自己修理。不能修理时，应找有关修理人员来。

（5）未经允许，不要使用别人的磁盘或登录密码，不要偷看别人的文件。注意机密文件的保密。

（6）清理好自己的文件，及时更改你的软盘标签，这样可以提高工作效率。

（7）不要在病毒发作日使用电脑，否则可能损害计算机和丢失所有信息。

（8）不要在工作时间玩电脑游戏。

（9）当你工作结束后，应保持环境和设备的整洁，以便后面的人继续使用。

2. 复印机的使用

使用复印机须注意以下几点：

（1）一般说来，先到者先用。如果两个人同时到达，复印量少的人先用。

（2）如果别人仅复印一两页，而你的工作量很大，应让他先印。如果你去复印时，别人正在大量复印，你可以请求让你先复印一两页。

（3）完成一项巨大的复印工作后，应检查复印纸，如有必要应予补充。

（4）不要用复印机复印私人文件，除非使用自己的纸，还要趁休息时复印，而且应确认这种做法是符合办公室的规定的。

（5）进行必要的维护，诸如更换碳粉或处理卡纸的问题。如果不知道怎样处理，应请别人来帮助处理。不要把问题留给下一个使用者。

（6）用完后不要忘记重新设备复印机，一般设置尺寸为 A4 型。

3. 传真机的使用

传真在远程通信方面可取代邮递，其所含的信息量又远远大于电话能传达的。收发传真时，有下列的使用规则：

（1）选择好发传真的时间，以有利于工作为原则。为节省费用，发长途

传真时可选择清早或吃午饭时。

（2）当接收方的传真设备为多人共用时，应事先给收件人去电话，告诉他什么时间发去传真。未经对方同意不能擅自发传真，否则是无礼的表现。

（3）使用有本公司名称的公文纸，在第一页前加传真封面，列出收件人姓名、传真号、电话号码以及所在部门的名称，发送人的姓名、传真号、电话号码以及所在部门名称以及传送文件页数等信息，还应包括发送的时间和日期、是否急件等。

（4）如果要传送图片，应选择黑白的，彩色的传真效果不好。

（5）如果你要发传真时，发现已有一份传真，应将它放在收件箱或交给本人，不是给你的传真就不要乱翻。

（6）更换色带，加满纸。如维修时，可以找有关人员。

细处见礼，不忽视电话小细节

在当今发达的通讯时代，电话成为商界交往频繁使用的通讯工具，在所有通讯设备中，电话是最快捷、方便、及时和直接的。尤其是在业务交往中，电话使用的频率要比其他通讯设施高出许多倍。但是使用电话越频繁，就应当更加关注使用电话的许多原则，而更加需要引起人们注意的应该是接听电话的原则。

电话不仅传递声音，也传递你的情绪、态度和风度。虽然电话是通过声音交流，对方看不见你，然而，这并不代表你就可以随心所欲地说话，因为在电话线的另一端，对方完全可以听出你当时的情绪、心理，甚至你的品质。

当客户第一次打电话到某公司时，接电话者明朗的声音、清晰的吐字、礼貌的语言和适度的措辞，会给对方留下深刻而美好的印象，同时也会使对方对该公司产生深刻而美好的印象。反之，对方就会对接电话者产生不好的印象，同时也会对该公司产生不好的印象。因此，对于每一位电话接听者来讲，一定要具有一种我代表某公司的意识，这样不但树立了自己的良好形象，同时也把自己企业的良好形象留给了对方。

1. "您好"之后请报公司名称

接听电话时，第一声应说"您好"，然后再报上公司的名称以及自己所在的部门或姓名。

姿态正确，声音就明朗。有些人认为，在打电话的时候，姿态正确与否

反正对方也看不到。实质上，这是一种错误的观点。在接听电话的过程中，虽然双方相互看不到对方，但也应当保持正确的姿态。只有这样，才能使声音变得明朗、清晰。

2. 不要让铃声响得太久

电话铃声响两次之前，要迅速拿起电话来自报家门，这是一种避免让对方久等的礼貌做法。如果在特殊情况下，铃声响几声后才接电话，那么你应当向对方致歉，这样会使对方对你产生良好印象，认为你很有礼貌、很有修养，同时也会对你的单位有一个良好的印象。

用左手握话筒，右手执笔。接听公务电话时，一定要用左手持话筒，右手执笔，一边交谈，一边记录电话内容。正确记载所欲传达的事。企业电话最讲究效率第一，电话的记录传达也应该追求简洁明了，最忌讳拖泥带水、不得要领。在作电话记录时，要记下何时、何人、何地、何事、如何处理。

3. 通话完毕应让对方先挂断电话

在日常生活和工作中，在你打完电话之后，对方刚准备向你说"谢谢"的时候，还没说完，你就已经把电话重重地挂上了，这时对方的心情会很不愉快。同时，放电话时的重重声音会通过听筒传给对方，使对方感到你这个人不仅不懂礼貌，而且素质太低。所以，在通话完毕后，应把电话轻轻地放在电话机上。打电话的一方，应该先挂断电话。如果对方的社会地位、年龄、职务或影响比你高，你应该让对方先挂掉电话，然后自己再轻轻地挂掉电话。

4. 拿起电话筒时，请中断任何交谈

在休息、吃饭、聊天的时候，或在会议进行当中，电话铃突然响的时候，我们应当怎样应对电话，才算得体呢？同事们正在聊天，电话铃突然响起的时候，聊天的声音应该放低，作为企业电话，最忌讳一边说笑、吃东西，一边接电话，通话的对方往往首先对接电话的人反感，继而对这家公司产生不佳的印象。遇到这种情况，你首先应该停止谈话，并且把口中的食物咽下去。然后间隔一小段呼吸的时间，迅速转换新状态，再拿起电话筒。

认真细致，对重要文件和档案作备份

优秀的员工，始终要求自己对工作尽心尽力，尤其在看似细小的事情上，更体现他们可贵的负责精神，做事情有始有终，比如，整理文件、给文件分类、对重要文件和档案作备份，以防不时之需，这些都是一名员工做事

有始有终的体现。

有一个年轻人，大学毕业没多久，进入某跨国公司企划部工作，他很珍惜这份工作并且兢兢业业地投入到工作中。一天企划部经理叫他做个企划案，当天晚上，他加班加点终于写出一份满意的策划，然后放心地回家了。

第二天一早，在公司例会上，他胸有成竹地打算向经理以及同事展示他的成果，却发现他的电脑瘫痪，原来储存在电脑中的策划文件也丢失了。后来才知道，原来他走后公司的同事使用他的电脑，中了病毒导致瘫痪。幸好这个年轻人当时对他的策划文件作了备份，他才能在例会上顺利地将他的完美创意呈现出来。

由此可见，对重要文件和档案作备份是何等重要。做事情不仅需要能力，更重要的是认真细致的工作态度。

一个显赫的商人曾说过，很多雇员因粗心大意、不求精确而产生的错误，每天要使商界损失上百万美元。芝加哥一个大商行的经理说，他不得不在商行里安排很多纠察员，以及时解决那些不求精确、经常犯错的习惯所带来的问题。约翰·瓦纳梅科的一个搭档说，每年在他们的公司里，由不必要的错误带来的损失高达 2.5 万美元。华盛顿邮局的退信部门每年要收到 700 万封无法投递的信件。这些信中间，有的连地址都没有写，很多信是来自商务写字楼的。你觉得，这些失误的职员们会得到升迁的机会吗？

每一个成功的人做事都有始有终。很多人面临的问题是，他们自认为，即使自己的工作质量很差、马马虎虎、半途而废，他们也能生产出一流的产品。他们不明白，只有拥有极度的细心和高度的责任心，才能成就伟大的事业。

那么，怎样才能做好对重要的文件和档案作备份这项工作呢？

首先要做好文件分类。

把要用而未分类的文件通通整齐地堆叠在一起，放在固定的位置，千万不要散成纸海，这样你找某一份文件时就有序可循，等看过后再依自己的分类方式归纳好。

初步救急的方式只适用于少量文件，大量的文件还是得靠符合自己工作需求的分类方式来归纳。给每个产品一个大的资料夹，每个资料夹中又分成公关、活动、记者会、展览等，分别收好，做好标签，再整齐地收到产品资料夹中，这样就能一目了然。每份文件可能有不同版本，建议每次更新都能注明日期，这样就能快速找到最新版本的文件，如果要追溯之前的内容或是

否修订有误，也可轻易找到。

你还可以依据经常接触的部门业务来分，例如业务部、行销部、财务部等；或是依文件功能，如合约类、工作报告类、厂商资料类等。重点就是要按自己的工作对象与需求来分类，分类后，最好能利用有索引内页的文件分类套来归纳，更方便找寻。

另外期刊的收藏也占据了很大的空间。经常阅读期刊的人也要将期刊有秩序地归档。首先分成周刊、月刊，周刊下又可以再分细一点。每一种刊物按期别顺序排好，种类之间再以小隔板或小书架隔开，这样调阅资料非常便利。

其次要善用工具，保存文件。

整理文件是为保存它们的情报价值，而不是为了收集而收集。所以，存放资料时，编排的方法很重要，要保证这些资料容易检索，当然，也要便于保管。

1. 活用文件夹

过去保存资料都是用打孔机将资料装订成厚厚的一册。但这种形式在寻找自己所需的资料时则比较耗时，而且也不便于携带。

目前，各公司从节省空间和经费的立场出发，认识到毁弃没有价值的资料的重要性，开始普遍采用文件夹保存资料。这种方式分类清楚，易于查找，没有价值的资料可以及时毁弃，需要存档的及时存档。

使用文件夹保存资料，可以把每一个文件夹都整齐并排地放在文件柜里或者办公桌的右下方的抽屉里，这种方式叫做文件柜式或垂直式保存法。

（1）文件夹一般是用硬壳纸对折而成的。在对折处写上资料的名称或类别。

（2）文件分类一般只分大类和中类，用硬纸板将不同类别的文件分开，对于各类文件夹要标明它们的区间位置。

（3）使用文件夹保存资料，一般就不用铁钉来装订，但各种票据、日报及简报仍可以用铁钉装订。

（4）资料标签要贴在文件夹上，不同类别的资料要用不同颜色的标签，这样就便于查找，不容易搞混。

2. 文件夹的排列方法

（1）文件夹在文件柜里要按从右到左的顺序排列。

（2）文件夹一般是 16 开，如果资料大于这个尺寸，就将资料对折起来放进去。

（3）文件夹原则上不装订，需要装订的资料一定要在左上角对齐装订，否则看不清这些资料里面的页数。

（4）如果资料需要折起来，就要从正面往背面折。如果折成两折还不好放，再将外面的那一半对折一次。

3. Windows 中的文件分类管理

（1）如果你想显示文件夹里文件的详细资料，你可能知道选择资源管理器中的查看详细资料选项（名称、类型、大小及修改时间）。遗憾的是这些文件的分类仅仅是通过 Microsoft（微软）或者是其他应用软件的一些说明创建的。很多说明性的广告文字占用了大量的磁盘空间（举个例子，每个 Office 文件，类型处都标有 Microsoft），并且这个文件的分类并不见得合理。

（2）一个管理文件的好方法就是用 Power Desk 4，一个免费的替代 Windows 资源管理器的软件，可以从 On track 网站上直接下载。根据 Windows 文件分类选项，Power Desk 添加了通过文件扩展名的分类功能。

（3）你还可以通过文件分类选项编辑文件说明的类型，比如你可以把你的图片说明由 "Bitmap Image" 改成 "bmp"， "GIF Image" 改成 "gif"，"JPEG Image" 改成 "jpeg"，也可以将它们整编分类改成 "Images bmp"、"Images gif"、"Images jpeg"，这样所有的图片就按类型排列在一起了。

凡事留心，尤要在看似微不足道的小事上留心，培养做事善始善终的习惯，对一个人的影响是深远的。作为优秀的员工，在平时琐碎的工作中，将文件、档案等物品分类管理好、保存好，重要的文件建立备份，是十分必要的。

第五章

效能工具箱

把握复命中的 5 个关键问题

无论谁落实责任，都想得到一个良好的结果。这就需要我们员工把握复命过程中的 5 个关键点，只有这样，才能做到及时复命、有效复命，更好地把责任落实到位。

1. 要明确你该做什么

很多员工除非领导有明确的布置任务，平时不知道自己该干点什么，处于一种"等、靠、要"的状态，也就是人们常说的"眼里没有活"。这是一种极其被动的状态，是等人使唤的心态，为什么不自己主动复命呢？怎样才知道你该做什么，可从以下内容中找出来：

（1）公司目标。

（2）部门计划、任务。

（3）参与的项目。

（4）岗位职责。

（5）上级布置的任务。

（6）会议决策。

（7）协作的工作。

2. 了解复命的含义

（1）复命，首先是针对一个目标、计划、项目或者事件等，事先已经明确了的具体任务，泛泛地说"工作取得了一定的进展"，那不是复命，而是对某总给你的某个任务的完成、回复。

（2）复命，一定要出结果。完成情况和程度是必须能够用百分比来描述

的，而不是对做事过程的描述。在这里，只看功劳，不问苦劳。

（3）复命，一定是在既定的时间、限定的时间来复命，迟了，没有意义。

（4）复命，带上问题来时，同时一定要带处理建议、解决方案来。复命者应该且必须对他手头负责的进行了一段时间的工作最清楚、最有发言权，别人谁也不会比他更清楚。他不带解决方案，就是最大的失职，他在这个岗位上已经没有存在必要了。

3. 掌握复命的原则

（1）复命，一定是按事情的轻重缓急分类做的。高效的复命者能够分清事情的轻重缓急，按事情的优先级，做到主次有序，抓住并抓紧最重要的事情，一抓到底，毫不放松，直至完成。这样，即使次要的事没有做完，甚至没有来得及去做，但完成了最重要的工作，也是富有成效的，否则，忙得昏天黑地，到复命时只做了一些无关痛痒的琐碎小事，给公司带不来任何效益，这样的复命是最糟糕的。

（2）复命，一定是按流程去做的。按照公司制定的流程，全面分析，系统推进，由表及里，由浅入深，直至完成。低效的复命则临事忙乱，没有章法，挂一漏万，虎头蛇尾，最不可取。

（3）复命，一定是追求高效能的。复命可以分为以下几种状态：

①办了，不了了之——必须淘汰的复命。

②办了，没有按时办完，延误了工作——无效的复命。

③办了，按时办完了——有效率、及格的复命。

④办了，很快办完且效果不错——有效果、良好的复命。

⑤办了，办得又快又好，又创造了更多效益——有效能、高效的复命。

我们提倡高效能的复命，并且积极奖励那些具有高效复命精神、复命能力的员工，他们具有最大的成长潜力。

4. 如何才能有效复命

向上级复命，不是简单的见面，而是要有所准备，即思路上的准备、内容上的准备及方法上的准备。以下几点应值得注意：

（1）见面前，必须让上级感到与你有见面的价值。

（2）必须高度重视沟通上的技巧，若我们在复命言辞上有缺陷，过于冗长或艰涩，或易于产生误会，就很难引起上级对我们的兴趣，甚至引起反感。

（3）选择汇报一个比较重要的成果，并提前做一些准备。

（4）为上级提供建设性、启发性的谈话，让他感到大有收获，并根据你的复命汇报及时调整战略构想。

（5）坦率直言的态度更能赢得领导的信任，因为他身边有许多溜须拍马之徒。

（6）了解领导最喜欢的沟通方式：如交谈、举证、引经据典等。

5. 复命一定要有检查系统

（1）要实现高效复命，一定要有检查系统。明确检查人，检查人也是责任人。检查人对他检查的复命项目必须有连带责任，这样才能够提高责任心，否则，检查就会流于形式。

（2）把复命内容写下来。美国宝洁公司提倡"书写的力量"，凡是涉及复命的内容，一定要有书面的东西，尤其是复命要求的结果、时间、地点、责任人、检查人等一定要写清楚，可以对账，不能抵赖，不能推脱。这样，人人往前，不敢落后，实现高效复命。

检查后要及时发出催促，并且记录在案，更要让复命者知道检查结果记录在案。这样，如果催促无效，检查者要及时上报，绝不能听之任之，一任公司的计划、目标往后推延，要采取果断的措施。

掌握 7 大沟通法宝，让合作打通落实的经络

沟通对于整个团队工作效能的提升十分重要。如果员工之间沟通不畅，就会造成内耗，并处于一种无序和不协调的状态之中，所以，我们要实现双方合作关系，就必须学会有效沟通，保证责任的落实。

1. 谈论别人感兴趣的话题

一个高效能的人士应当具备出色的沟通能力，为此，他必须是一个"话题高手"，善于谈论他人感兴趣的话题。

所以，如果我们想在沟通中更好地影响他人，就应当养成谈论他人感兴趣的话题这个好习惯。

2. 最好面对面沟通

面对面是最亲切、最有效的交流方式。通过面对面的交流，你可以直接感受到对方的心理变化，在第一时间正确地了解对方的真实想法，从而达到快速有效的沟通。因此，每一位高效能人士都应该学会面对面与别人交流的习惯。

高效能人士在与人面对面沟通时采取的策略为：

策略一：80%的时间倾听，20%的时间说话。

策略二：沟通中不要指出对方的错误，即使对方是错误的；

策略三：面对面沟通时三大要素影响力的比率是文字7%，声音38%，肢体语言55%。

一般人在与人面对面沟通时，常常强调讲话内容，却忽视了声音和肢体语言的重要性。其实，沟通便是要努力和对方达到一致性以及进入别人的频道，也就是你的声音和肢体语言要让对方感觉到你所讲和所想的十分一致，否则对方无法收到正确讯息。沟通必须练习一致性。

3. 提高沟通能力的5个步骤

（1）明确沟通对象。

明确沟通对象的目的是使自己清楚自己的沟通范围和对象，以便全面地提高自己的沟通能力。

（2）改善沟通状况。

明确好自己的沟通状况之后，可以问自己下面几个问题，了解自己该从哪些方面去改善自己的沟通状况：

对哪些情境的沟通感到愉快？

对哪些情境的沟通感到有心理压力？

最愿意与谁保持沟通？

最不喜欢与谁沟通？

是否经常与多数人保持愉快的沟通？

是否常感到自己的意思没有说清楚？

是否常误解别人，事后才发觉自己错了？

是否与朋友保持经常性联系？

是否经常懒得给人写信或打电话？

……

客观、认真地回答上述问题，有助于你了解自己在哪些情境中、与哪些人的沟通状况较为理想，在哪些情境中、与哪些人的沟通需要着力改善。

（3）优化沟通方式。

在这一步中，我们可以通过下面几个问题看一看自己的沟通方式存在哪些改善的地方：

通常情况下，自己是主动与别人沟通还是被动沟通？

在与别人沟通时，自己的注意力是否集中？

在表达自己的意图时，信息是否充分？

主动沟通者与被动沟通者的沟通状况往往有明显差异。研究表明，主动沟通者更容易与别人建立并维持广泛的人际关系，更可能在人际交往中获得成功。

（4）控制自己的计划。

总结上述经验，然后做出一个循序渐进的沟通计划，然后把自己的计划付诸行动，体现在具体的生活小事中。比如，你可以规定自己每周与两个素不相识的人打招呼，具体如问路、说说天气等。不必害羞，没有人会取笑你的主动，相反，对方可能还会欣赏你的勇气呢！

最后，我们在执行计划时要对自己充满信心，相信自己能够成功。一个人能够做的，比他已经做的和相信自己能够做的要多得多。

培养有效落实责任的7个习惯

只要有心，敞开改变的大门，培养良好的责任落实习惯，学习不同的行为模式，不论你的现状如何，没有改变不了的习惯。

"行动养成习惯，习惯培养性格，性格决定命运。"良好的习惯是我们大脑中存放的一种资本，这个资本不断增值，我们会在一生中享受它的利息。当我们面对许多困惑时，可以尝试着改变一下习惯，如生活方面、工作方面、人际交往方面，等等，一段时间后就会有所发现。

良好的习惯是一种坚定不移的高贵品质，主要依赖于人的自我约束，或者说依靠人对自身惰性的否定。然而，坏习惯则会毒害人的心灵，它在不知不觉中，长年累月地影响着我们的品德，暴露出我们的本质，左右我们的成败。

作为一名优秀的员工，应当培养以下7种习惯，这对于责任的有效落实起到了至关重要的作用。

1. 自助者天助

自信是成功的一半，"只有自信才能他信"，当你请求别人帮助时，只有提供帮助的人感觉到你对他的将来有"预期"，即对他会有所回报，他才能对你提供帮助。因为被帮助者的潜能越大，越能使那些提供帮助的人感到欣慰，加之自助者懂得报恩，得到的帮助也会越来越多。

2. 全力以赴工作

一个小孩使尽了所有的力气去搬动路边的一块石头，他无论是呐喊，还是咬着牙，向着石头一次又一次地发起进攻都不能动之一下，于是这个小孩

大哭。这时过来一个大人问他："孩子，你尽全力了吗？"小孩说："我用尽了自己所有的力气。""不，你并没有用上你所有的力量，因为你还没有请求我的帮助啊！"这个大人说着弯下腰抱起石头扔在了一边。其实，我们也常犯这个小孩的那种错误，应该时常检讨自己"用尽全力了吗"？

3. 净化心灵，充满激情

污水中捕捉的一条鱼应把它放在清水里吐污纳新后再吃，这样做无毒害并有营养。人的大脑充满了杂乱东西，应先"虚其心"才能学到新的知识，即易其心。工作中有时会遇到让我们闷闷不乐的事情，想积极起来总是做不到，这就需要我们树立充满活力、积极、有激情的人生态度，即所谓那种高品位的生活，不断树立有思想、有追求、有理想、有道德观的工作目标。那些成功者及其成功的思想、理念、方法就是我们的活力之源。

4. 人道天然

"人"为本，如一棵树的"干"；"道"为根，即这棵树的根；"天"为时，即天时、天理，"根"有多深，"干"就有多茂盛，即得天时则自然发达也。和那些"把戏"、"术"相比，"道"才是真正的永恒。所谓"道"就是让部属与领导者的价值观相一致，这样部属就会与领导者同生死，不会畏惧什么困难和危险，表现出崇高的献身精神。如木桶原理中盛水的多少固然取决于最短的木板，但铁箍对构成这个木桶的所有木板形成凝聚力的大小决定了它是否是一只"漏水桶"。要想培养出有强烈团队意识和高度责任感的员工，管理者有必要"箍"好这只水桶。

5. 勇于任事，善于沟通

要做一名优秀的部属应当是勇于承担责任，而不是一味地阿谀奉承，为得其一时的蝇头小利而无远虑。古人云："明察成败，早防而救之，塞其间，绝其源，转祸以为福，君终无忧，如此者，智臣也。"这句话包含两层含义：一是勇敢往往与任务相关，高度的责任心产生高度的勇敢；二是勇于负责的目的在于做一个优秀的自己，这样才能严格地进行自我管理。

6. 终身学习

养成终身学习的习惯。许多单位向员工们发出了"不换脑袋就换人"的警告，于是，"换脑袋、求生存"成了人们面临的严峻现实。更新知识结构非常必要，一个不断创新的企业需要不断创新的员工，市场会淘汰滞后的企业，而企业也会淘汰落后的员工，于是创新成了一个民族进步的灵魂。

7. 耐得住寂寞

古往今来，凡成就大事者在他们身上无不闪烁着一个"静"字，因为炫

耀和凑热闹是人另一种必然的天性，正是这种天性的任意发挥阻碍了许多人不能成就功业，而落得个老大徒伤悲的结局。

只要有心，敢于改变自己，培养良好的责任落实习惯，学习不同的行为模式，不论你的现状如何，没有改变不了的习惯。虽然这需要长时间下工夫，但是必定会有鼓舞人心的直接收益。诚如美国开国初期政治思想家佩因所说："得之太易必不受珍惜。唯有付出代价，万物始有价值。上帝知道该如何为他的产品制定合适的价格。"

第七篇　效能管理篇

■ **创新学习篇**

500 强企业员工的
自我提升之道

创新是不可推卸的责任

创新是一种能力，更是一种责任

有一句话说："公司兴亡，我有责任。"作为企业的一员，每一名员工都有巧妙地克服工作中的困难的责任，都有追求利润最大化的责任，都有为客户提供最佳服务的责任，都有创造性地将工作做到完美的责任。做到这一切，创新是必不可少的元素。可以说，创新不只是一种能力，更是员工不可推卸的责任。

创新的责任可以使我们战胜胆怯，变得更加勇敢，可以激发我们的潜能去完成具有高难度的任务。

牛根生一直将创新作为自己的责任，同时，也在工作中演绎了许许多多的创意新篇章。

如果问你，卖冰激凌应该在什么时候开业？相信你会不假思索地说："夏天啊！"但是，你也许不知道，牛根生偏偏让冰激凌在冬天火了一把。

20世纪90年代中期，牛根生是伊利的一名员工。那时，伊利推出了冰激凌新品"苦咖啡"。有位地位显赫的女士来伊利参观。这位女士有糖尿病，按理说不能吃甜食，但尝了"苦咖啡"后，连声说好，又要了第二根。

当时，牛根生正在内蒙古工学院学计算机，周围都是些爱吃冰激凌的女孩，但问起"苦咖啡"，谁都不知道。

在把这两件事联系在一起后，牛根生不禁想：连糖尿病人都抑制不住连吃两根的"苦咖啡"，我们却把它"藏在深闺人不知"，这怎么行呢？

按惯例，冬季是冰激凌业的淡季，但牛根生却把工人召集到一起：咱们今年冬天作一次营销——让人们在大冬天里吃冰激凌！这就是企业要勇于创

新，想前人之不敢想、做前人之不敢做。

经商定，伊利首先在呼和浩特与包头两个市作试点。

当时的广告创意是：一个天真可爱的小男孩，手持"苦咖啡"，初咬一口，眉头紧锁——苦！越吃越香，露出灿烂的笑容——甜！话外音："苦苦的追求，甜甜的享受！"

一句广告语，赋予了"苦咖啡"无限的联想，后来还成为公司的经营理念之一。

在当时，牛根生采取了国内从未有过的传播策略：只要有广告时段，就加入"苦咖啡"广告，以达到"无孔不入，无人不知"的目的。这种"高密度、全覆盖广告法"取得了立竿见影的传播效果。

1996 年 12 月，呼和浩特和包头两市满大街都是"苦咖啡"，"淡季"变成了"旺季"。

事实证明，牛根生是对的。"高密度、全覆盖"的传播策略，让"苦咖啡风暴"跳出了区域市场，"刮"向了全国。

1996 年，"伊利冰激凌进军亚特兰大奥运会"的事件让伊利的形象广告首次走入了中央电视台。1997 年，"苦咖啡风暴"又让伊利的产品广告首次登陆中央电视台。

1997 年一年，"苦咖啡"单品销量创纪录地突破 3 亿元！

牛根生的梦想终于实现了：伊利雪糕借助"苦咖啡风暴"迅速风靡全国，销售额由 1987 年的 15 万元增长为 1997 年的 7 亿元，被誉为"中国冰激凌大王"。

牛根生做了一次突破性的举动，让人们在冬天里吃冰激凌。伊利推出的轮番广告攻势，使呼和浩特和包头的冬天充满了"苦咖啡"的味道。在冰激凌业的淡季推出新的产品，在对手放假休息时率先抢占市场。当夏季到来，冰激凌业的旺季再一次来临时，"苦苦的追求，甜甜的享受"已深入人心。

卖冰激凌在冬天开业，这是一个一般人所不敢有的想法，牛根生却使它成为现实，并创造了 3 亿元的效益神话，这就是创新责任的力量。创新的责任使牛根生有了开拓的勇气与力量，创新的手段使牛根生为伊利赢得了市场份额与经济效益，创新的能力使牛根生成为"攻城"的先锋。也正是创新的责任支持着牛根生一路走来，支持着他创办了连续 3 年增长速度排列中国第一的伊利集团。

有人说：能不能做到创新是能力问题，但想不想创新则是一种态度问

题。如果我们每一个人都能像牛根生一样，将创新作为自己不可推卸的责任，在工作中开拓自己的思路，努力寻找创新的方法，必将开拓出一片崭新的空间，带领企业实现突飞猛进的发展。

工作在不断改进中完美

如果你问普通员工与优秀员工有何区别？

我们会告诉你：普通员工满足于"尚可"的状态，而优秀员工会将工作视为自己的责任，用尽一切办法以求达到"完美"。

其实，平凡和卓越只有一线之隔。在平凡中日复一日，做一天和尚撞一天钟，是为平凡；在平凡中勇于开拓、不断创新，即为卓越。

海尔集团的员工魏小娥用实际行动向我们阐释了"卓越"的含义。

为了发展海尔整体卫浴设施的生产，1997年8月，33岁的魏小娥被派往日本，学习掌握世界上最先进的整体卫浴生产技术。在学习期间，魏小娥注意到，日本人试模期废品率一般都在30%~60%，设备调试正常后，废品率为2%。

"为什么不把合格率提高到100%？"魏小娥问日本的技术人员。"100%？你觉得可能吗？"日本人反问。从对话中，魏小娥意识到，不是日本人能力不行，而是思想上的桎梏使他们停滞于2%。作为一个海尔人，魏小娥的标准是100%，即"要么不干，要干就要争第一"。她拼命地利用每一分每一秒的学习时间，3周后，带着先进的技术知识和赶超日本人的信念回到了海尔。

时隔半年，日本模具专家宫川先生来华访问，见到了"徒弟"魏小娥，她此时已是卫浴分厂的厂长。面对一尘不染的生产现场、操作熟练的员工和100%合格的产品，他惊呆了，反过来向徒弟请教。

"有几个问题曾使我绞尽脑汁地想办法解决，但最终没有成功。日本卫浴产品的现场脏乱不堪，我们一直想做得更好一些，但难度太大了。你们是怎样做到现场清洁的？100%的合格率是我们连想都不敢想的，对我们来说，2%的废品率、5%的不良品率天经地义，你们又是怎样提高产品合格率的呢？"

"用心。"魏小娥简单的回答又让宫川先生大吃一惊。用心，看似简单，其实不简单。

一天，下班回家已经很晚了，吃着饭的魏小娥仍然在想着怎样解决"毛

世界500强企业培训经典集

第八篇 创新学习篇

边"的问题。突然，她眼睛一亮：女儿正在用卷笔刀削铅笔，铅笔的粉末都落在一个小盒内。魏小娥豁然开朗，顾不上吃饭，在灯下画起了图纸。第二天，一个专门收集毛边的"废料盒"诞生了，压出板材后清理下来的毛边直接落入盒内，避免了落在工作现场或原料上，这就有效地解决了板材的黑点问题。

魏小娥紧绷的质量之弦并未因此而放松。试模前的一天，魏小娥在原料中发现了一根头发。这无疑是操作工在工作时无意间落入的。一根头发丝就是废品的定时炸弹，万一混进原料中就会出现废品。魏小娥马上给操作工统一制作了白衣、白帽，并要求大家统一剪短发。又一个可能出现2%废品的因素被消灭在萌芽之中。

2%的改进得到了100%的完美，2%的可能被一一杜绝。终于，100%，这个被日本人认为是"不可能"的产品合格率，魏小娥做到了，不管是在试模期间，还是设备调试正常后。

魏小娥的"用心"体现的就是一种责任，它表现在对2%的改进上，而2%的改进又进一步成就了100%的完美。魏小娥作为卓越员工的代表，再一次向我们证明：只要用心，只要能够创新，没有什么问题是不可以解决的，没有什么目标是不可以达到的。

"完美"并不是遥远的神话，是可以真真切切地做到的。这个过程又是异常艰辛的，它需要我们激活全身的能量，开启聪明才智，转换思维模式，及时将"创新因子"注入其中。

树立超前意识，把握未来趋势

在优胜劣汰的市场经济体系里，今天的胜利者，很可能成为明天的失败者。我们唯有具备超前意识，根据形势的变化作出新的对策，做到未雨绸缪，才可以在市场大潮中生存。

超前意识体现的是一种非凡的智慧，它使决策者能够看到别人看不到的前景，从而调整战略，抢占先机。这一点在洛克菲勒身上有较为明显的体现。

第二次世界大战结束后不久，战胜国决定成立一个处理世界事务的联合国。可是在什么地方建立这个总部，一时间颇费思量。地点理应选在一座繁华都市，可在任何一座繁华都市购买可以建设联合国总部庞大楼宇的土地，都是需要很大一笔资金的，而刚刚起步的联合国总部的每一分钱都肩负着重

任。就在各国首脑们商量来商量去，不知如何是好的时候，洛克菲勒家族听说了这件事，立刻出资870万美元在纽约买下了一块地皮，在人们的惊诧声中无条件地捐赠给了联合国。

联合国大楼建起来后，四周的地价立即飙升起来，洛克菲勒家族在买下捐赠给联合国的那块地皮时，也买下了与这块地皮毗邻的全部地皮。没有人能够计算出洛克菲勒家族凭借毗邻联合国的地皮获得了多少个870万美元。

台塑的创办人、被誉为台湾"经营之神"的王永庆认为，不论做任何事情，若能抢占先机、先发制人，就算是多了一分胜算。而作为企业的负责人，也必须时刻把触角伸出"水面"，吸收时代的感觉。

企业要生存，要具有市场竞争能力，其关键就是要把握先机，快人一步。这就要求我们要比竞争对手更迅速地掌握未来的动态、未来的资讯、未来的走向，超前意识已经成为决定一个企业或者个人成败的最关键的因素。

在这里，财富新贵，分众传媒（中国）控股有限公司的创始人江南春就为我们树立了一个很好的典范。

2000年，江南春看到了电梯里包含的巨大商机，用液晶电视播放广告来填补等待时间，用动态画面代替户外静态广告的创意应运而生。全新的商业模式再加上江南春的个人魅力，立刻吸引了软银的风险投资。两年内，分众的液晶电视覆盖了40多个城市的2万多座楼宇，成为行业急先锋。

小小一方电梯间，成就了江南春的大舞台。

做广告出身的江南春，除了精于推销，善于演讲，能在任何陌生人面前滔滔不绝地讲上4个小时，每天平均睡眠4个小时，拥有不知疲倦的工作热情外，更为可取的是他的创新能力。在他自己看来，由他一手缔造的永怡就富有这样的天然优势："和4A广告公司相比，我们的创新性是相当强的，其一在于传统媒体的创新性运用，其二就是开发原来没有的创新性广告传媒平台。"

循着这样的思路，江南春建立了一套自己的广告无缝化传播理论和新载体。"分众传播的角度强调立体化传播和无缝化传播，立体化指针对人们生活的多元化，进行多渠道的传播，单一媒体已经不能满足人们立体化的多元生活。无缝化传播是根据特种人群的生活习性，进行符合他们生活习惯的传播。我们根据人们的文化生活习性和媒体接触点，来开发创造出一些新的、原来没有的媒体形式、渠道、方式等。"

例如，商务人士整日忙于工作、应酬而无法关注传统媒体这一事实，使江南春认识到，要打这类人的广告，不能采取传统模式，而要在他们常在的会所、健身房、办公楼宇等地方树立媒体。

这种认识使江南春决定尝试电视广告非家庭化的思路，"我们只有把电视广告从家中带到他们经常去的家庭以外的各种地点，并且通过在不同地点设置视频广告，才能帮助广告到达所要针对的不同的目标人群，从而大大提升传播的有效性，避免大量的媒体预算浪费在错误的人群中。"凭着这样的理念，江南春首先想到的是高档写字楼此前毫无额外利用的电梯，"利用人们等电梯的无聊时间来播放广告"。

2003 年 5 月，江南春注册成立分众传媒（中国）控股有限公司，并出任首席执行官。当分众传媒通过私募获得充沛资本之后，江南春以迅雷不及掩耳之势在全国各大城市掀起了"圈地"攻势，在短短两年多的时间里，江南春在全国 45 个城市中占领了 2 万栋商业楼宇。据最新的统计数据显示，分众已在全国拥有 3.75 万块液晶屏。正如《福布斯》杂志所描述的："江南春以最快的速度占领当地的主要高档写字楼，将剩下的市场空间留给了随后出现的模仿者。"分众传媒以其独特的商业模式、独特的分众性，不但赢得了业界的高度认同，其高速成长更得到众多国际知名投资机构的积极响应，相继注资数千万美元，推动了户外电视广告网络的发展。

2005 年 7 月，分众传媒成功登陆美国的纳斯达克，成为海外上市纯广告传媒第一股，上市短短 5 个月，其市值已经飙升至 12 亿美元。

江南春以及分众传媒的成功告诉我们，现代企业的成功不仅依赖于科技和管理上的创新，更依赖于决策者英明的远见和科学的预测。

比尔·盖茨也说，要想成功就要常常"思考未来"，当改变必然发生时，你必须预先指出它、接受它和找出方法使其能为你服务。多"思考未来"，才能看清方向，把握商机。

呼唤危机感，激活变革之心

有这样一则寓言：

两只青蛙相邻而居。一只住在远离公路的深水池塘里，另一只却住在公路上的小水坑中。

公路上车来车往，交通繁忙。住在池塘里的青蛙认为公路实在太危险，便友好地劝住水坑的邻居搬到它那里去，说在那将会生活得更好、更安全，

可是邻居却说现在的生活已经很好，他并不认为有什么危险，不想搬来搬去。

结果，几天后，这只不愿搬迁的青蛙就被过路的车子轧死了。

在职场中，很多人都像那只住在公路上的青蛙，没有危机意识，认识不到处境的危险，也不愿有任何的改变，最终落入被市场大潮吞没的深渊。

人，是需要危机感的。因为，危机感可以促使我们奋进，可以促使我们随着环境作出适当的改变，并且可以激活我们的变革之心，像鹰一样经历一次重生，继而直冲云霄，任意翱翔。

鹰是世界上寿命最长的鸟类之一，其寿命可达70年，但当鹰长到40岁的时候，它的爪子开始脱落，喙变得又长又弯，翅膀上的羽毛也长得又浓又厚，已不再是飞行的工具，相反成了一种负担。这时的鹰就如同企业的中年员工一样，必须作出一个困难却又关乎生命的选择：要么安静地死去，要么经过一个痛苦的进化过程获得新生。

让人敬佩的是，几乎所有的鹰选择了后者。它们努力地飞到悬崖边上筑巢，数月停留在那里不再飞翔，用喙击打岩石，直到老喙完全脱落。新喙长出后，鹰会用它把指甲一根根地拔出来，新指甲长出来后再用爪子把羽毛一根根拔掉。5个月后，鹰获得了重生。

世界著名的信息产业巨子、英特尔公司的缔造者安迪·葛鲁夫，在功成身退之时，回顾自己创业的历史，曾深有感触地说："只有那些危机感强烈、恐惧感强烈的人，才能生存下去。"

恐惧，无疑是一种不良的心志，而居安思危是使"惧"成为不惧的新起点。"惧"是审时度势的理性思考，是在超前意识前提下的反思，是不敢懈怠、兢兢业业、勇于进取的积极心态。正是在这种惧者生存的经营理念下，"英特尔"在安迪·葛鲁夫的领导下，才能够适时地进行变革，最终成为全世界最大的半导芯片制造商。

"英特尔"成立时，葛鲁夫在研发部门工作。1979年，葛鲁夫才出任公司总裁，刚一上任，他立即发动攻势，声称在一年内要从摩托罗拉公司手中抢夺2000个客户，结果"英特尔"最后共计赢得2500个客户，超额完成任务。此项攻势源于其强烈的危机意识，他总担心英特尔的市场会被其他企业占领。

1982年，由于经济形势恶化，公司发展趋缓，他推出了"125%的解决方案"，要求雇员必须发挥更高的效率，以战胜咄咄逼人的日本。他时刻担

心日本已经超过了美国。

在销售会议上，可以看到身材矮小、其貌不扬的葛鲁夫。他的匈牙利口音使其吐词不清，他用拖长的声调说："'英特尔'是美国电子业迎战日本电子业的最后希望所在。"这一刻，几百名青年男女热血沸腾，似乎被一个共同的命运所吸引，甘愿牺牲一切去完成一个神圣的使命：把生产出来的芯片卖掉！

危机意识渗透到安迪·葛鲁夫经营管理的每一个细节中。1985年的一天，葛鲁夫与公司董事长兼CEO的摩尔讨论公司目前的困境。他问："假如我们下台了，另选一位新总裁，你认为他会采取什么行动？"

摩尔犹豫了一下，答道："他会放弃存储器业务。"葛鲁夫说："那我们为什么不自己动手？"在1986年，葛鲁夫为公司提出了新的口号："英特尔，微处理器公司"。

"英特尔"顺利地渡过了困难时期。其实，这皆赖于葛鲁夫那浓厚的危机观念。他始终认为，惶者方可生存，企业家一定要居安思危，只有如此，企业才可长久。

由于不愿意让公司再度陷入厄运，葛鲁夫让"英特尔"几近疯狂地投入到微处理器的战场之中。1992年，葛鲁夫让"英特尔"成为世界上最大的半导体企业。因为"英特尔"已不仅仅是微处理器厂商，它逐渐成为整个计算机产业的领导者。1994年，一个小小的芯片缺陷，一下子将葛鲁夫再次置于生死关头。12月12日，IBM宣布停止发售所有奔腾芯片的计算机。预期的成功变成泡影，一切变得不可捉摸，雇员心神不宁。12月19日，葛鲁夫决定改变方针，更换所有芯片，并改进芯片设计。最终，公司耗费相当于奔腾5年广告费用的巨资完成了这一工作。

但"英特尔"又一次活了下来，而且更加生机勃勃，是葛鲁夫的性格和他的危机观念挽救了公司。

如今，"英特尔"已经掌握了微处理器的市场，可在危机观念的指导下，他们没有任何放松的迹象，葛鲁夫仍然没有沾沾自喜而就此松懈。在他的带领下，"英特尔"把利润中非常大的部分花在研发上，继续疯狂行径的葛鲁夫依旧视这一行及其竞争者如洪水猛兽。葛鲁夫那句"只有恐惧、危机感强烈的人，才能生存下去"的名言已成为"英特尔"企业文化的象征。

葛鲁夫是一个有着强烈危机感的人，这种危机感促使他带领"英特尔"积极变革，以变革来应对危机。

曾有一个关于"蝉猴"的故事。蝉猴是蝉的幼虫，在它成长为可以爬上

树"歌唱"的蝉之前，要经过一次至关重要的蜕皮，如果不完成这次蜕变，它只能长眠于地下，永远也不能变成可以欢歌的蝉。其实，蝉猴的经历也是我们每一个人甚至每一个企业的写照。危机是随时都会出现的，危机当前，逃避不是上策，只有勇敢地面对它，根据发展形势进行必不可少的变革，才是个人与企业长久发展之计。

第八篇 创新学习篇

第二章

在工作中融入创新智慧

在细节中挖掘创意

有些人总抱怨自己找不到创新的机会，那是因为他们总是抬头望"天"，都不愿低头走好脚下的路；他们的目光总盯着能够震动一时的大事物，而不会从细小处着手，在细节中寻找到创新的种子。

张瑞敏常说："创新不等于高新，创新存在于企业的每一个细节之中。"

在北美的大学校园里，海尔的一种只有60升的小冰箱特别受欢迎，但包括张瑞敏在内的海尔人自己都不明白为什么卖得好。为了解开这个问号，张瑞敏特地派数人到美国校园里调查，后来发现销量大的原因是因为海尔冰箱的顶部最平整——在美国的学校宿舍里，空间狭小，这种小冰箱的顶部可以当桌子使用。受此启发，海尔在冰箱顶部加了折叠板，令桌面更大，后来又采纳建议，在桌面下加了一个抽拉板放键盘，这样这个小冰箱又变成了一个电脑桌。

事实上，海尔在细节上创新的案例可谓数不胜数，仅公司内单以员工命名的小发明和小创造每年就有几十项之多，如"云燕镜子""晓玲扳手""启明焊枪""秀凤冲头"，等等，而且这些创新已在企业的生产、技术等方面发挥出越来越明显的作用。

老子说："天下难事，必做于易；天下大事，必做于细。"企业的经营，只有重视细节，并从细节入手，才能取得有效的创新。

管理大师彼得·杜拉克说："行之有效的创新在一开始可能并不起眼。"而这不起眼的细节，往往就会造就创新的灵感，从而能让一件简单的事物有

了一次超出常规的突破。

自新任老板长川上任以后，常磐百货公司营业额每年翻一番，其经营物品几乎包揽了全县所有人的日常生活用品和食品。

长川成功的秘诀是什么呢？

原来他刚刚到常磐百货公司上任时，公司只是一个很普通的生活用品商场，和他们公司同样大小的百货公司县城还有五家。怎样才能在竞争中尽快地出效益呢？

如今人们买东西常集中采购，为防止丢三落四，先写一个购物清单。有一次，长川看见一位女顾客买完一件东西要走时，把一个纸条扔到商场门口的纸篓里，他马上跑过去捡起来，发现上面写了顾客需要的另两种东西，他们商场里也有，只是质量不如顾客点名要的品牌好。他根据这一信息，更换了该商品的品牌，果然有很好的效果。于是长川经理开始每天把废纸篓里的纸条全部捡回去，仔细研究顾客的需要。很快，他就知道了顾客对哪几类商品感兴趣，尤其青睐哪几种牌子，对某类商品的需要集中在什么季节，顾客在挑选商品时是如何进行合理搭配的，等等。在长川经理的带动下，常磐百货公司总是以最快的反应速度适应顾客，并且合理地引领顾客超前消费，一下子把顾客全部拉进了他们的店里。

巨大的机会常常就潜藏在一个微不足道的细节中。即使废纸篓里的一些废纸条，有时也预示着某些创意。善于发现细节，在创新思维的指导下化平凡为神奇，你就能掌握到更多的机会，从而能多角度、多渠道地解决好问题。

策略退一小步，业绩进一大步

遇到困难与问题，始终有一种坚毅的精神，不达目的誓不罢休，然而，具体解决难题的过程，并不是任何时候都要一味地往前冲，撞了南墙也不懂得回头。

有时候，就得特别强调退。能进，也能退，这才是一种完整的智慧。必要的退，恰恰是为了更好地进。

《伊索寓言》中便讲了一个以退为进的智慧小故事。

一个暴风雨的日子，有一个穷人到富人家讨饭。

"滚开！"仆人说，"不要来打搅我们。"

穷人说："只要让我进去，在你们的火炉上烤干衣服就行了。"仆人以为

这不需要花费什么，就让他进去了。

这个可怜人，这时请求厨娘给他一个小锅，以便他"煮点石头汤喝"。

"石头汤？"厨娘说，"我想看看你怎样能用石头做成汤。"于是，她就答应了。穷人于是到路上拣了块石头洗净后放在锅里煮。

"可是，你总得放点盐吧。"厨娘说，她给他一些盐，后来又给了豌豆、薄荷、香菜。最后，又把能够收拾到的碎肉末都放在汤里。

当然，您也许能猜到，这个可怜人后来把石头捞出来扔在路上，美美地喝了一锅肉汤。

这个穷人深谙"以退为进"的智慧。他首先提出了最低的要求，之后一步一步向前进，最终达成了自己的目标。如果这个穷人对仆人说："行行好吧！请给我一锅肉汤。"会得到什么结果呢？恐怕话还没有说完就被赶了出来。

在工作中，也要具有这种"以退为进"的智慧，都说"退一步海阔天空"，策略上采取的"退"，往往能够获得业绩上的"进"。

在工作中，员工要正确处理退与进的关系。退，即让步，是躲避锋芒、摆脱劣势的手段，是用来赢得进的积极行动。

古代哲学家老子提出"进道若退"，就是主张以柔克刚，以退为进。

无论是战场还是商场，也无论是胜利后的退还是失败后的退，只要"退"仅是手段，而不是最后目的，只要有利于整体目标的实现，"退"又何尝不是上策呢？

多提合理化建议，让自己成为企业的"创意金库"

作为企业的员工，应时刻培养自己的主人翁意识，树立"公司是我的"的信念。优秀员工会特别关注企业中存在的问题或遇到的困难，并积极地为企业提供合理化建议。

有一家旅馆的经理，对于旅馆内的一些物品经常被住宿的旅客顺手牵羊的事情感到头痛，却一直拿不出很有效的对策来。

他嘱咐属下在客人到柜台结账时，要迅速派人去房内查看是否有什么东西不见了。结果客人都在柜台等待，直到房务部人员查清楚了之后才能结账，不但结账太慢，而且觉得面子挂不住，下一次再也不住这个饭店了。

旅馆经理觉得这样下去不是办法，于是召集了各部门主管，想想有什么更好的法子，能制止旅客顺手牵羊。

几个主管围坐在一起苦思冥想了一番。一位年轻主管忽然说："既然旅客喜欢，为什么不让他们带走呢？"

旅馆经理一听瞪大了眼睛，这是哪门子的馊主意？

年轻主管急忙挥挥手表示还有下文，他说："既然顾客喜欢，我们就在每件东西上标价。说不定还可以有额外收入呢！"

大家眼睛都亮了起来，兴奋地按计划来进行。

有些旅客喜欢顺手牵羊，并非蓄意偷窃，而是因为很喜欢房内的物品，下意识觉得既然付了这么贵的房租，为什么不能取回家做纪念品，而且又没明白规定哪些不能拿，于是，就故意装糊涂拿走一些小东西。

针对这一点，这家旅馆给每样东西都标上了标价，说明客人如果喜欢，可以向柜台登记购买。在这家旅馆之内，忽然多出了好多东西，像墙上的画、手工艺品、有当地特色的小摆饰、漂亮的桌布，甚至柔软的枕头、床罩、椅子等用品都有标价。如此一来，旅馆里里外外都布置得美轮美奂，给客人们的印象好极了。

这家旅馆的生意竟然越来越好了！

著名的海尔公司是一个很有创新力的公司，而它的创新力就来自于公司内部每一个积极为企业提供合理化建议的员工。

在海尔公司，有一个名叫戴弋的女孩儿，她只是空调事业部的一个普通质检员。

以前在检验空调的时候，冷凝器上有油脂，在大批量检验完后，水便会浑浊，一天要换好几次水，每次都用掉近10吨水，很是浪费。

如果一般人遇到这种情况，大不了只是将问题向上级反映。细心的戴弋发现了这个问题，但她并没有简单地上报给主管领导，而是动起了脑筋，开始想怎么能够解决这个问题。

后来，戴弋想出了一个可以节约用水的好办法：根据不同大小的机型，水位不必要都一样高，有的可以调低，这样就会节约很多水。

经过试验以后，这个方法果然可行！她的合理化建议一经上报，就立刻通过了。

后来，戴弋又连续通过了4项合理化建议。

事后，戴弋说："当时没想别的，一心就想解决问题。"

对于这样积极提供合理化建议的员工，领导当然很赞赏。空调事业部一厂的订单执行经理吴希红说："戴弋这个小姑娘，根本不用人操心！她一发

现问题就一直盯着，直到把问题解决！那股认真劲儿，看了让人高兴！"

如果人人都像戴弋这样不仅善于发现问题，而且自己还提出合理化解决方案，单位的效益哪能不加倍提升呢？个人的发展之路又怎么会不平坦易行呢？

巧用时机做宣传

企业的形象往往决定了企业的发展决策和进一步的发展前景。作为一名员工，我们有责任抓住一切时机为企业多做宣传，努力增强企业的知名度和美誉度。

为企业做宣传是维护企业利益的一种表现，也是员工忠诚于企业的体现。能够维护公司利益的员工都具有强烈的责任感，视促进企业的发展为自己的使命。

一位姓李的温州老板曾经讲述了他这样一段经历。

10多年前，李先生的一位远方亲戚在欧洲开饭店，邀请他过去帮忙。没料到，他到欧洲不久，亲戚就突然患病去世了，饭店很快也垮了。

几年后，他到了一家中等规模的保健品厂工作。公司的产品不错，但知名度却很有限。他从推销员干起，一直做到主管。一次他坐飞机出差，不料却遇到了意想不到的劫机。度过了惊心动魄的10个小时之后，在各界的努力下，问题终于解决了，他可以回家了。就在要走出机舱的一瞬间，他突然想到在电影中经常看到的情景：当被劫机的人从机舱走出来时，总会有不少记者前来采访。

为什么自己不利用这个机会，宣传一下自己的公司呢？

于是，他立即做了一个在那种情况下谁都没想到的举动：从箱子里找出一张大纸，在上面浓描重写了一行大字："我是××公司的××，我和公司的××牌保健品安然无恙，非常感谢解救我们的人！"

他打着这样的牌子一出机舱，立即就被电视台的镜头捕捉住了。他立刻成了这次劫机事件的明星，很多家新闻媒体都对他进行了采访报道。

等他回到公司的时候，公司的董事长和总经理带着所有的中层主管，站在门口夹道欢迎他。原来，他在机场别出心裁的举动，使得公司和产品的名字几乎在一瞬间家喻户晓了。公司的电话都快被打爆了，客户的订单更是一个接一个。董事长动情地说："没想到你在那样的情况下，首先想到的竟然是公司和产品。毫无疑问，你是最优秀的推销主管！"董事长当场宣读了对

他的任命书：主管营销和公关的副总经理。之后，公司还奖励了他一笔丰厚的奖金。

李先生的例子告诉我们，一名优秀的员工与其他人的区别，就在于他时刻都将企业的利益放在第一位，无论遇到什么事情，哪怕是类似劫机事件的遭遇，都能够抓住时机来为企业大做宣传。这类员工都是具有企业荣誉感的员工。

有荣誉感的员工，他们会顾全大局，以公司利益为重，绝不会为个人的私利而损害公司的整体利益，甚至不惜牺牲自己的利益。他们知道，只有公司强大了，自己才能有更大的发展。事实上，有这样想法的员工才有可能被真正地委以重任。往往是那些有集体荣誉感的员工，才真正知道自己需要什么，企业需要什么。没有集体荣誉感的员工是不会成为一名优秀员工的，具有集体荣誉意识的人，在任何一个团队中都会受欢迎。

问题面前，多一套解决方案

工作中出现问题时，你能否拿出解决方案？能否想出更多的解决方案？有些人说：我能想出一种办法已经是极限了。但实际上并不是这样的。

让我们来看一个拿破仑·希尔的实验。

有一次，拿破仑·希尔问 PMA 成功之道训练班上的学员："你们有多少人觉得我们可以在 30 年内废除所有的监狱？"

学员们显得很困惑，怀疑自己听错了。一阵沉默过后，拿破仑·希尔又重复："你们有多少人觉得我们可以在 30 年内废除所有的监狱？"

确信拿破仑·希尔不是在开玩笑以后，马上有人出来反驳："你的意思是要把那些杀人犯、抢劫犯以及强奸犯全部释放吗？你知道这会造成什么后果吗？那样我们就别想得到安宁了。不管怎样，一定要有监狱。"

"社会秩序将会被破坏。"

"某人生来就是坏坯子。"

"如有可能，还需要更多的监狱。"

拿破仑·希尔接着说："你们说了各种不能废除的理由。现在，我们来试着相信可以废除监狱。假设可以废除，我们该如何着手？"

大家有点勉强地把它当成试验，沉静了一会儿，才有人犹豫地说："成立更多的青年活动中心可以减少犯罪事件的发生。"

不久，这群在 10 分钟以前坚持反对意见的人，开始热心地参与讨论。

"要清除贫穷，大部分的犯罪都起源于低收入阶层。"

"要能辨认、疏导有犯罪倾向的人。"

"借手术方法来治疗某些罪犯。"

……

总共提出了 18 种构想。

这个实验的重点是：当你相信某一件事不可能做到时，你的大脑就会为你打出种种做不到的借口。但是，当你相信，真正地相信某一件事确实可以做到，你的大脑就会帮你找出做得到的各种方法。

我们身边有很多善于创新的员工，他们不一定是最聪明的员工，但往往是准备最充分的员工。只要你肯动脑筋，多想几种方法，创新就会变成一件简单可行的事情。

明白了这一点，当你面对新问题的时候，你要逼着自己想出多的方案，这样新的问题才能得到更好地解决。

下面我们来看一个发生在荷兰的故事。

大家都知道荷兰是花园之国，但由乱丢垃圾引起的城市环境卫生问题也曾让相关部门很是头疼。

政府部门动员卫生局的全体员工献计献策，很快，员工们提出了第一个解决方案：对乱堆乱放垃圾者罚款 25 元。可是，许多居民并不在乎这些小钱，垃圾还是照样乱丢不误。

于是，当局把罚款额提高到了 50 元。一些人白天怕罚款，就晚上偷偷跑到街上一倒了事。

不久，员工们又提出了第二种方案：增加街道巡逻人员，采取强硬措施。但是收效甚微。

该市的卫生工作人员可谓绞尽了脑汁，他们又用了其他几种办法，结果也都不理想。

正在局长大为烦恼的时候，一个年轻的职员走进了局长的办公室："局长，我现在有一个更好的办法能够解决目前的垃圾问题。"

过了几天，这个年轻人的方案落实了下去，效果出奇的好。

这是为什么呢？

原来这个年轻人通过对前几种方案的观察，提出了新的方案：

设计一种电动垃圾桶，桶上装有感应器，每当垃圾丢进桶里，感应器就启动录音机，播出一则事先录制好的笑话，笑话内容经常变，不同的垃圾桶

笑话也不同。

这样，市民们被这个新奇的玩意吸引了，开始喜欢往垃圾桶里倒垃圾了。

凡事总有一种更好的解决方法，当现有的方案不足以彻底解决问题时，多准备一种解决方案便成了上策。

多一种解决方案，起初也许你会感觉到"多此一举"，而事实会告诉你：那是必需的，也是卓有成效的。同时，这也是具有创新精神的员工所必须具备的素质和能力。

第八篇 创新学习篇

第三章

引爆潜能，成为创新天才

展开想象力的翅膀

如果我们的创意是埋在头脑中的一座宝藏，那么想象力就是帮助我们寻找这座宝藏的使者。

安东尼·罗宾斯说："想象力能带领我们超越以往范围的把握和视野。"

爱因斯坦也说："想象力比知识更重要，因为知识是有限的，而想象力概括世界上的一切，推动着进步，并且是知识进化的源泉。"

想象力在创新的过程中起着必不可少的重要作用。因为有了想象力，人们根据飞鸟发明了飞机；牛顿从下落的苹果联想到了地球上的万有引力；瓦特从喷汽的壶盖想到了发明蒸汽机。

不止这些，我们身边的生活中的许多发明创造中都是借助了想象的威力。

1975年8月的一天，四川省汶川县白岩村的青年姚岩松，劳动之余坐在地上休息。他意外地发现，脚下有一只"屎壳螂"在向前爬行，而且正推动着一团比它自身重几十倍的泥土。这一现象引起了姚岩松的兴趣，他蹲在地上仔细观察了好久，似有所悟而又好像越来越迷惑不解。第二天一大早，他在山坡上又找到了一只"屎壳螂"。为了做进一步观察，他用白线拴了一小块泥土套在这只"屎壳螂"的身上，让它拉着走。奇怪的是，这一小块泥土比昨天的那块要轻得多，而这个"屎壳螂"却怎么也拉不动。姚岩松接着又找了好几只"屎壳螂"来做同样的试验，情况都一样。这让姚岩松悟出一个道理：拉比推更费劲，能够推得动的东西未必能拉得动。

姚岩松曾开过几年拖拉机。他早就发现，在电影上看到的那些各种各样

的耕作机械不可能行驶在自己家乡狭小、又高又陡的山地上，他深深感到遗憾。这时他联想到：能不能学一学"屎壳螂"推土，将拖拉机的犁放在耕作机身动力的前面呢？

按照这一联想，他把从山上采摘来的茅花秆一节一节地切断后，又一节一节地制成"把手""机身""犁圈"等，忙碌了几天，他终于制作出了一台用茅花秆和小铁丝做成的耕作机模型。3个月后，姚岩松耗费数千元制作的耕作机开进了地里，但它却不听使唤。寝食不安的姚岩松有一天在岷江河畔被一台推土机吸引了。他发现，推土机由于机下有履带，所以稳定性强、着地爬动力好。这时他又联想到，耕作机同推土机一样，要稳定性强，着地爬动力好，不也可以装上履带吗？

又是几个月过去后，姚岩松的第一台"履带式耕作机"终于问世，但这还不是最后的成功。后来又经过数百次改进、试验，直到1992年2月，他才成功地拿出了第十台"屎壳螂耕作机"，以推动力代替牵引力，突破了耕作机械传统的结构方式，他的这一发明兼具创造性、新颖性和实用性，在国内属于首创。

姚岩松发明的这种"屎壳螂耕作机"，体积小，重量轻（仅64公斤），一个人就可以背上山；可以在石梯上行进，还能爬45度的坡，两小时耕的地就相当于一头牛一天耕作的地，而它的价格也只相当于一头牛的价格。由于它具有这些优点，机器一问世，要求联合生产的厂家就络绎不绝。

当然，我们这里所说的想象并不是"胡思乱想"，而是有科学根据的，是符合客观规律的。如果违背了规律，任何想象都不会产生有价值的创意，而只能成为"天马行空"般的臆想。

而且，只有想象力是远远不够的，创新的成果不可能产生于纯粹的想象中，它需要你在想象力的指引下脚踏实地地去实践，在实践中不断地改进，最终创造出趋于完善的创新成果。

擦亮创新的慧眼

在我们的生活中，会有各种各样的事情发生，这些事情有时表现得很偶然，甚至有些反常。其实，这些偶然事件并没有过多神秘之处，但如果你能够细心地去观察，耐心地去思考，参透其中的原因，也许就抓住了一个创新的机会。

我们现在使用的许多东西，当初发明它们的灵感就源于对生活中遇到的

事情的细心观察和思考。

格德纳是加拿大一家公司的普通职员。一天，他不小心碰翻了一个瓶子，瓶子里装的液体弄湿了桌上一份正待复印的重要文件。

格德纳很着急，心想这下可闯祸了，文件上的字可能看不清了。

他赶紧抓起文件来仔细察看，令他感到奇怪的是，文件上被液体浸染的部分，其字迹依然清晰可见。

当他拿去复印时，又一个意外情况出现了，复印出来的文件，被液体污染后很清晰的那部分，竟变成了一团黑斑，这又使他转喜为忧。

为了消除文件上的黑斑，他绞尽脑汁，但一筹莫展。

突然，他头脑中冒出一个针对"液体"与"黑斑"倒过来想的念头。自从复印机发明以来，人们不是为文件被盗印而大伤脑筋吗？为什么不以这种"液体"为基础，化其不利为有利，研制一种能防止盗印的特殊液体呢？

格德纳利用这种逆向思维，经过长时间艰苦努力，最终把这种产品研制成功。但他最后推向市场的不是液体，而是一种深红的防影印纸，并且销路很好。

格德纳没有放过一次复印中的偶然事件，由字迹被液体浸染后变清晰，复印出的却是黑斑这一现象，联想到文件保密工作中的防止盗印，由此开发了防影印纸。不可不说他抓住了一个创新的良机。

衣物漂白剂的发明与此有异曲同工之妙，也是源于一次意外的发现。

吉麦太太洗好衣服后，把拧干的洗涤物放到一边，疲倦地站起来伸伸腰。这时，吉麦下意识地挥了一下画笔：蓦地，蓝色颜料竟沾在了洗好的白衬衣上。

他太太一面嘀咕一面重洗。但雪白的衬衣因沾染蓝色颜料，任她怎么洗，仍然带有一点淡蓝色。她无可奈何地只好把它晒干。结果，这件沾染蓝颜料的白衬衣，竟更鲜丽、更洁白了。

"呃！这就奇怪啦！沾染颜料竟比以前更洁白了！"

"是呀！的确比以前更白了，奇怪！"他太太也感到惊异。

第二天，他故意像昨天一样，在洗好的衣服上沾染了蓝颜料，结果晒干的衬衣还是跟上次一样，显得异常明亮、雪白。第三天，他又试验了一次，结果仍然一样。

吉麦把那种颜料称为"可使洗涤物洁白的药"，并附上"将这种药少量溶解在洗衣盆里洗涤"的使用法开始出售。普通新制品是不容易推销

的，但也许他具有广告的才能吧，吉麦的漂白剂竟出乎意料的畅销。凡是使用过的人，看着雪白得几乎发亮的洗涤物，无不啧啧称奇，赞许吉麦的"漂白剂"。

一经获得好评后，这种可使洗涤物洁白的"药"——蓝颜料和水的混合液，就更受家庭主妇的欢迎了。

吉麦发明这种漂白剂出于偶然的灵感，但如果能抓住它，就能获得不凡的创意。

事物是有规律的，偶然中蕴涵着必然，对生活中的偶然不能轻易放过，擦亮你的创新慧眼，也许你会获得一些意外的发现。

学会在困境中快速"抓拍"

有一位老师为了考考学生的快速应变思维能力，提了这样一个问题："空中两只鸟儿一前一后地飞着，你怎样一下子把它们都抓住？"

学生们你一言我一语地说：用大网、用气枪、用麻袋……，说什么的都有，方法很多，但大家感到这些方法难以实现。

这时，一名学生大声喊出了他的答案：

"用照相机抓拍！"

用快速抓拍的方法，太妙了！瞬间就能留下永恒。

灵感有时就像那飞翔的鸟一样，突然闪现，转瞬即逝。在困境之中的特点更为明显，人们往往能够急中生智，触发灵感，那么，我们就要学会在困境中迅速抓住脑海中的想法，不让它溜走。

有一次国际名酒博览会中，第一次展出了中国名酒茅台。那时，茅台酒虽然在中国享有盛名，但在国际上还是一个无名小卒。

展出的名酒都有美丽高级的包装，茅台酒却因为没有好看的包装，而很少有人问津。

博览会眼看就要结束了，经过展示摊位的来宾，却都是看一眼就匆匆地离开，负责展示的人员因为无法向上级交差，个个心急如焚，不知如何是好。

这时，一位工作人员灵机一动，"失手"打破了一瓶茅台酒，场内立刻香气四溢，许多来宾闻香而来，没多长时间，摊位上就集聚了大批观众。

博览会结束了，中国酒厂接到大批订单。从此茅台酒在国际上就有了知名度。

有时，在平时的工作环境中难以产生灵感，需要在困难的境地中"逼一逼"，把自己逼到不动脑筋不行、不创新不可的境地，可以激发更多更好的创意产生。

从前，中国古代某部落有一个年轻的伙夫，一次部落首领宴请宾客，他充当一位善于做菜的女仆的助手。在轮到该上第七道菜时，担任主厨的女仆突然昏倒了。这时，外面又正在催促赶快继续上菜，急得这个年轻的伙夫满头大汗。在这样的紧急情况下，他急中生智，抓了一把鲜嫩的瘦肉，裹上蛋黄，丢入油锅，然后三炒两炒便做成了一道菜，连忙送到宴席上。首领吃了十分满意，宾客也吃得津津有味。宴会结束后，首领询问这道菜叫什么名字，左右的仆人们都答不上来，只得如实禀报说，这道菜是伙夫做的。首领下令要立即见这个人。这位年轻的伙夫听说首领要见自己，心想这下糟了，大祸临头了！他战战兢兢地走到首领的面前，当首领问他这道菜叫什么名字时，他脱口回答说："回大人，这道菜叫黄金肉。"首领听了哈哈大笑，连声说道："不错！不错！这道菜做得好！名字也取得好！"

在主厨的女仆晕倒后，作为她的助手，年轻的伙夫有责任承担做菜的任务。情急之下想出了一个好办法，既缓解了紧张的形势，又博得了首领的表扬。"黄金肉"的创意不就是一个被逼出来的典型案例吗？

捕捉灵感创新思维的火花，就像"一下子抓住两只鸟"需要用"抓拍"的方法一样，需要快速"抓拍"能力。

灵感的瞬间爆发是长期艰苦探索、长期思考酝酿的结果，从灵感产生的过程来看，灵感的酝酿往往有一个因人而异、长短不一的潜伏期。但是，它的出现又是快速的，稍纵即逝，即在百思不得其解之后突然悟出一个问题的绝妙答案或解决方案，即在困境中生发出的灵感也是稍纵即逝的。因此，我们必须具备快速抓住灵感的能力。

挖掘思考"软"资源

在广告行业有这样一句话："只要能够想到，就能够做到。"在各行各业中，不管是创新者还是追求其他方面成功的人，这个道理都同样适用。

工作中疏于思考的直接后果就是工作方式变得单一、呆板。如果工作中总是安于现状，不求新，不求突破，思想懒惰，怎么能在工作中表现出优异的成绩呢？

在企业中，一些部门与员工的工作方法越来越机械，毫无创意可言。造

成这种现象的原因是不爱动脑，不思考。为什么不爱动脑子思考呢？恐怕是缺乏动脑的动力与压力。不动脑，依葫芦画瓢自然最省事，既然有现成的办法，大家都这样做，而且这样做最保险，谁还去找麻烦？对上有交代，对下有说法，同事之间也好看，谁还愿意动脑筋呢？

从某种程度来讲，创新就是一个思考的过程。工作取得进步，就是一个思考深入的过程。思考得多了，想到的方法自然就多了。当一个猎人打了一只兔子时，他就会想办法如何去猎一只鹿；当他猎到一只鹿时，他就会想如何去打一只熊。而只有这样不断地思考，不断地寻找更好更有效的办法，才有可能成为一名优秀的猎人。工作何尝不是一个猎人的思考过程呢？

很多成功的创新人士和发明专家都是十分重视思考的力量的。

比尔·盖茨很小的时候就很善于思考。一次，妈妈在催他几次吃饭无果后，来到他的房间，看到比尔·盖茨在"发呆"。妈妈不耐烦地问他："你究竟在做什么？有没有听到我叫你？"小盖茨用同样的音量回应妈妈："我在思考！"妈妈不禁吃惊地问："你在思考？""对，思考。妈妈，你尝试过思考吗？"比尔·盖茨一直保持着思考的习惯，这一习惯也使他每次都能审时度势，抓住机遇，最终创造了一个又一个微软神话。

凡是善于引发灵感，能够形成创造性认识的人，都很会用脑。对一般人以为显而易见的现象，他们产生了疑问；一般人用习惯的方法解决问题，他们却有独创。他们的特点是喜欢思考，遇事多问几个"为什么"，多提几个"怎么办"。任何创新项目的完成，都是思考和钻研探索的结果，因此就不能迷信、不能盲从、不能只用习惯的方法去认识问题，或只用已有的结论去解决问题，也不能迷信专家、权威，而是要从事实出发，从需要出发，去思考问题、探索问题，去寻找新的方法、新的答案、新的结论。

要促进灵感的产生，就必须多用脑，因为人的认识能力，是在用脑的过程中得到锻炼，从而不断提高的。所谓多用脑，不是指不休息地连续用脑，而是要把人脑的创新潜能充分地发挥出来。

爱因斯坦对为他写传记的作家塞利希说："我没有什么特别才能，不过喜欢寻根究底地追求问题罢了。"在这个寻根究底的过程中，最常用的方法就是思考。他自己深有体会地说："学习知识要善于思考、思考、再思考，我就是靠这个学习方法成为科学家的。"

"数字化教父"尼葛洛·庞蒂说："我不做具体研究工作，只是在思考。"

达尔文说："我耐心地回想或思考任何悬而未决的问题，甚至连费数年亦在所不惜。"

牛顿说："思索，持续不断地思索，以待天曙，渐渐地见得光明。如果说我对世界有些微贡献，那不是由于别的，却只是由于我的辛勤耐久的思索所致。"他甚至这样评价思考："我的成功就当归功于精心的思索。"

从这些名言中，我们不难得出这样一条道理：思考是一个人有所创造最重要、最基本的心理品质。所以，养成思考的习惯，是要成大事的人必备的条件。

要提倡思考，鼓励大胆联想，思想越"疯狂"越好，提出的设想越多越好。西方古谚云："世上有5%的人主动思考，5%的人自认为在思考，5%的人被迫进行思考，而其余的人一生都讨厌思考。"这在某种程度上揭示了能进行主动、独立的思考并不容易。

思考实际上是灵魂在和它自己对话。或当夜深人静之时，或在独处山林之际，让思想神游八方，多么惬意。思考是人们进行创造活动的必要前提，它能够带来创新的成果，这又是多么快慰的事。

给自己的"知识库"升级

王明是一家外贸公司的职员，他对自己的现任工作很不满。

在一次朋友聚会上，他十分生气地对他的好友张亮说："我的老板真是有眼无珠，他从来都不重视我，我哪天非在他面前发火不可，然后离开公司。"

张亮听后，问王明："你对你所在的公司完全了解了吗？对公司所做业务的窍门搞明白了吗？"

王明摇摇头，非常疑惑地看了看张亮。张亮接着说："俗话说'君子报仇十年不晚'嘛！你不用着急辞职，我建议你把你们公司的业务流程先全部搞清，并认真学习那些你不会的东西，等什么都学会后再辞职不干也来得及。"

张亮见王明表情迷惑，就解释说："你想想啊，公司是一个不用花钱就可以学习的地方，等你全部都学会了再辞职的话，就能给自己出气，还能有很多收获，岂不是一举两得吗？王明，难道你不这么认为吗？"

张亮的建议王明谨记在心。此后，王明勤学默记，经常在别人下班之后，他还待在办公室中研究写商业文书的方法。

时间过得飞快，一年后，王明偶然遇到了张亮，张亮问他："现在你应该把公司的事情学得差不多了吧？什么时候准备拍桌子辞职啊？"

不料王明却说："但是，这半年来我感觉老板对我非常重视了，近来不断给我加薪，并委以重任，现在，我已经是公司最红的人了！"

从这个故事中，我们应该明白这样一个道理：

现在已经步入终生学习的时代，学习是终生的事情，是没有时间的分隔、人员的界定和场所限制的，要想有所发展，就一定要时刻学习。

提高学习的能力要比学习知识重要得多，知识虽然也在时刻更新，人们只有在提高了学习知识能力的同时才能更好地吸收新知识、运用新技能，以此提高自己的整体素质，适时地爆发出自己的创意潜能。

企业是靠员工来推动发展的，员工的能力是企业前进的源动力，作为员工，有责任和义务时刻来提升自己的才能，只有这样，才能保证企业的快速发展。世间根本不存在某一种能力是万能的，能在任何的职业中适用的。作为一名合格的员工，务必要知道自己需要具备的能力，以充分发挥出自己的最佳才能。

作为一名优秀的员工，不能放过任何一个学习知识、提升技能和寻求挑战的机会。与其坐以待毙地靠单位或是凭运气，还不如靠自己，想方设法提高自己的能力，并寻找机会展现自己。如果想要成为被老板重视的人，那么对企业的各种培训一定要非常的重视，并热情而积极地给予配合。实际上，企业的各种培训目的就是让自己的员工成为知识渊博、业务干练、热爱事业的人，让员工成为推动企业快速发展的支柱。由此，员工之间的团结精神及相互间的依赖关系也能很好地得以增进，这样企业文化也就形成了。

当你积累了大量业务知识，你的上司就会特别重视你，当然这是有理由的，这是由于你的学识比较渊博，以及你的突出表现，这些都是让上司在考虑晋升人选时把你列入晋升名单的原因。

第四章

成为拉着企业奔跑的人

做受企业欢迎的人，更要做拉着企业奔跑的人

通用电气的前任首席执行官杰克·韦尔奇曾说：

每年，我们都要求每一家 GE 公司为他们所有的高层管理人员分类排序，其基本构想就是强迫我们每个公司的领导对他们领导的团队进行区分。

他们必须区分出：在他们的组织中，他们认为哪些人是属于最好的 20%，哪些人是属于中间大头的 70%，哪些人是属于最差的 10%。

如果他们的管理团队有 20 个人，那么我们就想知道，20% 最好的四个和 10% 最差的两个都是谁——包括姓名、职位和薪金待遇。表现最差的员工通常都必须走人。

韦尔奇把员工分为 A、B、C 三类：

A 类是指这样一些人：他们激情满怀、思想开阔、富有远见。他们不仅自身充满活力，而且有能力帮助和带动自己周围的人。他们能提高企业的生产效率，同时还使企业经营充满情趣。

B 类员工是公司的主体，也是业务经营成败的关键。我们投入了大量的精力来提高 B 类员工的水平。我们希望他们每天都能思考一下为什么他们没有成为 A 类，经理的工作就是帮助他们进入 A 类。

C 类员工是指那些不能胜任自己工作的人。他们更多的是打击别人，而不是激励；是使目标落空，而不是使目标实现。你不能在他们身上浪费时间，尽管我们要花费资源把他们安置到其他地方去。

A 类员工又被称为 24 小时员工。这个称呼并不是指他们真的一天干 24

小时，或是执行坐班纪律的模范，而是他们的用心——他们将自己的喜忧与公司的荣衰紧紧地联系到一起，时时挂念着公司运营中的问题。你看办公楼里一盏盏深夜亮着的灯，就是他们辛勤的身影。他们就是拉着企业奔跑的人，是公司最大的财富。

主动找事做的员工是最优秀的员工，只有他们才能够自动自发地把任何工作做到最好。

这类员工对自己从事的工作引以为荣，所做的事情超出了他们的工作范畴并提供特别的服务。他们并不是因为希望立即获得回报才这样做，他们知道自己会在今后得到相应的利益。

这类员工不怕付出，对于他们来说，付出并不意味着失去，相反还有可能得到更多。其实，得到或得不到，对他们来说也不是什么大事，他们的付出纯属自觉自愿。他们甚至不在乎能否得到回报，全力以赴地工作只是他们的一种优秀品质而已。

B类员工是100%完成任务的员工，也就是受企业欢迎的人。

钢铁大王卡内基说："一般人只投入25%的精力和能力在工作上。如果有人愿意投入50%以上的能力，那可是值得全世界的人向他们脱帽敬礼。至于100%全心投入工作的人，在这个世界上可真是找不出几个。"

从卡内基的这番话中，我们可以看出，能100%完成任务的员工，是相当可贵的。但是，他们与那类主动找事做的员工相比仍稍逊一筹。

受企业欢迎的人与拉着企业奔跑的人有两大区别：

其一，与主动找事做的员工比起来，他们对经营业绩的贡献要低许多。

其二，他们在敬业度上有差距。有的员工赞同组织或团队的价值和使命，但对自身工作要求缺乏准确的理解。

这样的工作状态，稍不留神就会坠入平庸的深谷。

对于C类员工，约翰·史都嘉·米勒宣称，工人无法适应工作，是"社会最大的损失之一"。世界上最不快乐的人，也就是憎恨他们日常工作的"产业工人"。

对于韦尔奇而言，他是这样对待三类员工的：

A类员工得到的奖励应当是B类的2～3倍。对B类员工，每年也要确认他们的贡献，并提高工资。至于C类，则是什么奖励也得不到。

每一次评比之后，我们会给予A类员工大量的股票期权。60%～70%的B类员工也会得到股票期权，尽管并不是每一个B类员工都能得到这种奖励。

失去 A 类员工是一种损失。一定要热爱他们、拥抱他们、亲吻他们，而不要失去他们。每一次失去 A 类员工之后，我们都要做事后检讨，并一定要追究造成这些损失的管理层的责任。

对于我们自己而言，我们则应作出最明智的选择：不只做受企业欢迎的人，更要做拉着企业奔跑的人。

拉着企业奔跑是一种使命，企业的生存与发展呼唤有更多的拉着企业奔跑的人诞生；拉着企业奔跑是一种精神，那是一种更主动、更敬业、更专注的精神；拉着企业奔跑是一种职业素养，是一种将个人的命运与企业的命运紧紧相连、把工作当作事业来做的品质。

拉着企业奔跑的人不但可以为企业带来丰厚的收益，他们自己也能够成为最终的受益者。他们不但能在激烈的竞争中胜出，而且能够树立自己的职业品牌，成就常青的职业。

我们要做受企业欢迎的人，更要做拉着企业奔跑的人，这是观念层次的上升，也是指引我们前进的方向。

要么卓越，要么出局

NBA 的乔丹、姚明的成功与辉煌告诉我们，一个球员，一支球队，只有稳坐第一把交椅，才能掌握自己的命运。成功有很多种，冠军却只有一个。

NBA 的字典里只有胜利，只有冠军。只有夺取冠军，才能拥有荣誉和成功。而只有超越所有的竞争对手，做到卓越，才能赢得冠军。"第二名没有立足之地，"就连 NBA 杰出教练文斯·隆巴第也曾说："美国人始终有一种热切的欲望，做什么都想拿第一，赢了又赢。"

商业竞争乃至人生的竞争，与 NBA 遵循同样的法则——要么卓越，要么出局。追求卓越，做到最好——最好的思想，最好的员工，最好的产品，最好的服务，才能打败竞争对手。管理大师易斯·B. 蓝伯格奉行的哲学是："不要退而求其次。安于平庸是最大的敌人，唯一的办法是追求卓越。"

追求卓越！这个激励了无数人奋斗不息的理念，是所有企业人最熟的一句话。可以说，只要你有一定的知识基础，在企业里工作了一段时间，就不会对"追求卓越"这句话感到陌生。

"追求卓越"，无论是对企业，还是对员工，都有不凡的意义。

"追求卓越"给众多的企业带来了目标，带来了动力，也带来了严格认真地抓规范化管理的理由，还带来了激励员工的精神元素和建设优秀企业文

化的素材，对企业的意义十分重大。在现代市场环境里，很难找到与"追求卓越"有同样价值和魅力的语句，这一点已经被大多数企业所认同。那么，对我们这些普普通通的企业员工来说，"追求卓越"对于我们的意义又何在呢？

和给企业带来的价值一样，"追求卓越"给企业员工带来了职业发展的目标和动力，带来了认真做好自我管理的理由，更带来了那种能促使我们激情澎湃、忘我工作、不懈努力的精神。可以这么说，如果你作为一个普通人，渴望在职业生涯中赢得成功，那么这种"追求卓越"的精神就是你不可或缺的。

曾任外交学院副院长的任小萍说，在她的职业生涯中，每一步都是组织上安排的，自己并没有什么自主权。但在每一个岗位上，她都有自己的选择，那就是要比别人做得更好。

大学毕业那年，她被分到英国大使馆做接线员。在很多人眼里，接线员是一份很没出息的工作，然而任小萍在这个普通的工作岗位上作出了不平凡的业绩。她把使馆所有人的名字、电话、工作范围甚至连他们家属的名字都背得滚瓜烂熟，当有些打电话的人不知道该找谁时，她就会多问，尽量帮他准确地找到要找的人。慢慢地，使馆人员有事外出时并不是告诉他们的翻译，而是给她打电话，告诉她谁会来电话、请转告什么，等等。不久，有很多公事、私事也开始委托她通知，使她成了全面负责的留言点、大秘书。

有一天，大使竟然跑到电话间，笑眯眯地表扬她，这可是一件破天荒的事。没多久，她就因工作出色被破格调去给英国某大报记者处做翻译。

该报的首席记者是个名气很大的老太太，得过战地勋章，授过勋爵，本事大，脾气大，甚至把前任翻译给赶跑了。刚开始时她也不接受任小萍，看不上她的资历，后来才勉强同意一试，如果无法使她满意，就将小萍辞退。结果一年后，老太太逢人就炫耀："我的翻译比你的好上 10 倍。"不久，工作出色的任小萍又被破例调到美国驻华联络处，她干得同样出色，不久即获外交部嘉奖。

当你在为公司工作时，无论老板安排你在哪个位置上，都不要轻视自己的工作。担负起工作的责任来，而且尽可能多地承担责任。每份工作都值得你追求卓越，每一份工作都有可能淘汰掉平庸的人。

其实，做到最棒，做到出色，做到卓越，并不仅仅有益于公司和老板，最大的受益者是我们自己。它意味着机会、加薪、提升以及其他更多的报

酬，包括金钱、权力、名望、欢乐、人际关系的和谐、精神上的启发、信心、开放的心胸、耐性，以及其他任何你认为值得追求的东西。对事业的无限忠诚与执著，全力以赴追求卓越、做到最棒的习惯一旦养成，会让你成为一个值得信赖的人，使你成为不可缺少的人物和可以被委以重任的人，让你始终被老板所器重，永远不会失业。那时，你不但能安稳保全你的工作，同时还有能力选择工作，或许还意味着升迁。

可见，所有机构都喜欢最卓越的人。成功的团队来自于区别对待，即保留最好的，剔除最弱的，而且总是力争提高标准。老板总是奖赏那些最优秀的人才，同时剔除那些效率低下的员工。最高的薪水、最高的奖赏，都是给那些做到卓越的员工。

要么卓越，要么出局，不仅是 NBA 的成功法则，更是一切商业成功的普遍法则。企业只需要卓越的员工。无论是普通员工，还是各级管理者，只有做到卓越，才能掌握自己的命运。若不想出局，就要全力以赴地投入工作，做到卓越。

成为企业的灵魂人物

在职场中，能够做好例行工作的人很多，但是在公司面临难关的时候，能够有所贡献的人却很少。而能做到的人，往往在难关面前显示出了自己的价值。这时，仅仅凭经验无法应付，更重要的是能超越私人的利害得失，有一往无前的气魄。这是对于公司真正有影响力、有价值的人。这种人叫做灵魂人物。

人人都能够靠积累的努力，成为公司的灵魂人物。什么样的人在公司里容易成为灵魂人物呢？

记住一点：无论你是什么样的人，都应该谨慎地工作。在老板心中，公司的灵魂人物占据着主要空间，灵魂人物最本质的一点，就是他们对公司的生存和发展起到了重要的作用。公司的生存和发展，是老板的头等大事。

若你的工作就像剧组里的导演，或者运动队中的教练一样，表面上并不风光，然而若没有你的辛苦工作，老板无法大红大紫，那么你就是灵魂人物。

一位心理学家在研究过程中，为了实地了解人们对于同一件事情在心理上所反映出来的个体差异，他来到一所正在建筑中的大教堂，对现场忙碌的几个敲石工人进行了访问，希望能有所收获。

心理学家问他遇到的第一位工人："请问你在做什么？"

工人没好气地回答："在做什么？你没看到吗？我正在用这个重得要命的铁锤，来敲碎这些该死的石头。而这些石头又特别硬，害得我的手酸麻不已，这真不是人干的工作。"

心理学家又找到第二位工人："请问你在做什么？"

第二位工人无奈地答道："为了每天50美元的工资，我才会做这件工作，若不是为了一家人的温饱，谁愿意干这份敲石头的粗活？"

心理学家问第三位工人："请问你在做什么？"

第三位工人眼光中闪烁着喜悦的神采："我正参与兴建这座雄伟华丽的大教堂。落成之后，这里可以容纳许多人来做礼拜。虽然敲石头的工作并不轻松，但当我想到，将来会有无数的人来到这儿，再次接受上帝的爱，心中便常为这份工作献上感恩。"

同样的工作，同样的环境，人们却有截然不同的感受。

第一种工人，是无可救药的人。可以设想，在不久的将来，他将不会得到任何工作的眷顾，甚至可能成为生活的弃儿。

第二种工人，是没有责任感和荣誉感的人。对他们报有任何期望肯定是徒劳的，他们抱着为薪水而工作的态度，为了工作而工作。他们肯定不是企业可依靠和老板可依赖的员工。

该用什么语言赞美第三种工人呢？在他们身上，看不到丝毫抱怨和不耐烦的痕迹；相反，他们是具有高度责任感和创造力的人，他们充分享受着工作的乐趣和荣誉，同时，因为他们的努力工作，工作也带给了他们足够的荣誉。他们就是我们想要的那种员工，也就是我们要寻找的灵魂人物。

另外，我们认为公司的灵魂人物应该是能够独当一面的，因为在工作上要做到独当一面，老板才会信赖你。

老板在工作中需要把握全局，具体的每个部分工作都由下属分工来负责。这就需要你能够独当一面才行，这是你升职的必备素质。

假如你能够在财务、英语、计算机等方面有特长，老板从这些方面认识到你的价值，你的地位才能巩固。另外，当下属可能仅仅是一种"过渡"，在"过渡"期内积累工作经验和能力十分重要。

假如你没有独当一面的能力，不但不能让老板省心，而且会给老板带来负担，他是不会信赖你的。

如何锻炼你独当一面的能力呢？

（1）见解应该独到。老板在做决策的时候，需要下属们提出"点子"，

这些"点子"就算没有被采用，也会为老板作出决策提供新的角度。

（2）把同事们不能做的大事接下来。因为这种事老板和同事都会感到棘手，而你却能从容地把问题解决，老板对你往往会另眼相看。

（3）把同事们不愿意做的小事情接下来。公司里有很多小事，这常常是被人忽略的地方，有心的下属是不会忽视小事的。

学做一些小事情，在老板看来，或许是查缺补漏，可是时间久了，你考虑事情周到、肯吃苦、工作认真的作风会深深地印在老板脑海里。

成为可托大事的人物

现实生活中有很多年轻人把自己得不到公司重用的原因归咎于老板的不公平，他们认为老板目光短浅、不识英才，对像自己这样工作能力超强的员工不但不委以重任，而且还不屑一顾，这是老板在嫉贤妒能。他们还错误地认为在这样的老板手下做事，最终会使像自己这样的人才变成庸才，不但实现不了自身的价值，而且取得成功也变成了遥不可及的事情。

事实上，没有哪个老板不是聪明睿智的，他会对每一个新员工进行细心的观察，员工的工作能力、个人品行、生活习惯、人际关系、性格情感等都在其观察之列。直到观察一段时间，发现这个人没有工作能力，个人品行又恶劣，还有着许多不良习惯的时候，老板才会认为这个年轻人确实不是一个可造之才。

要知道，公司是老板一手创办的，里面有着他的心血，他之所以不重用那些工作能力不强的人，是因为他不想拿自己苦心经营的公司当赌注。当今社会，企业的竞争实际也就是人才的竞争，拥有了人才，企业才能更好地发展下去，那些没有才能的人当然只会被老板解雇。

一块大石头往往需要小石头的支撑才能够放稳，面对老板知识和管理上的不足，关键时刻如果你能够挺身而出，用自己的行动和智慧为老板分忧解难，共同应对工作中的难题，老板对你的行动即使在嘴上不说，也会在实际行动中对你表示赞赏。

一位咨询公司的顾问谈起了他曾经服务的一家公司，该公司总裁精力旺盛，而且对流行趋势的反应极其敏锐。他才华横溢，精明干练，但是管理风格却十分独裁，对部属总是颐指气使，从不给他们独当一面的机会，人人都只是奉命行事的小角色，连主管也不例外。

这种作风几乎使所有主管离心离德，大多数员工一有机会便聚集在走廊

上大发牢骚。乍听之下，不但言之成理而且用心良苦，仿佛全心全意为公司着想。只可惜他们光说不练，以上司的缺失作为自己工作不力的借口。

然而，有一位叫李为的主管却不愿意向环境低头。他并非不了解顶头上司的缺点，但他的回应不是批评，而是设法弥补这些缺失。上司颐指气使，他就加以缓冲，减轻属下的压力，又设法配合上司的长处，把努力的重点放在能够着力的范围内。

受差遣时，他总是尽量多做一步，设身处地体会上司的需要与心意。如果奉命提供资料，他就附上资料分析，并根据分析结果提出建议。

有一次，总裁外出。在那天半夜里，保安紧急通知几位主管，公司前不久因违纪开除的三个员工纠集外面一帮"烂仔"打进厂里来了，已打伤了数个保安和员工，砸烂了写字楼玻璃门。其他几位主管因为对总裁心怀不满又不够负责任，就干脆装作不知道。而当李为接到通知后，立刻赶赴现场，他首先想到的就是报警，接着又请求治安员火速增援。为控制局面，他用喇叭喊话，同对方谈判，稳住对方，直到民警和治安队员赶来将这帮肇事者控制住。

这件事情过后，李为赢得了其他部门主管的敬佩与认可，总裁也对他极为倚重，公司里任何重大决策必经他的参与及认可。

人无完人。老板也是一样。除了在性格方面有所缺陷之外，在某些特定知识上老板也可能会有些不足，这时候员工就应当发挥所长，用自己的特长弥补老板特定知识的不足。

当人们提及"无知"这个词的时候，往往给人一种贬义感觉。其实大可不必如此。人人都有无知的时候，既有自身的原因，也有外界的影响。

通常，老板都是有着某种技术特长或专业知识的，但是作为一个管理者——传统意义上的管理者，仅有专业知识是不够的。技术特长只能保证做好某一项工作，而管理工作则是千头万绪。还有一种情况，老板由一个部门调任到另一个工作性质截然不同的部门，他的原有的知识结构可能会造成某种无知。

要想成为老板眼中的重磅人才，还需要会察颜观色，替老板排忧解难，在公司出现矛盾时及时调节，一定要站在老板这一方。

因为老板既然是人不是神，决策就会有失误之时。即使一贯正确，群众中也可能出现对立面。这时，也许有些人会站在群众一边，同老板对着干，这可就糟透了，这样做无疑是掉进了晋升道路中难以自拔的陷阱。

聪明的做法是，当老板与员工发生矛盾时，你应该大胆地站出来为老板

做解释与协调工作，最终还是有益于员工利益的。但作为老板，当最需要人支持的时候支持了他，也就自然视你为知己。实际上，上级与下属的关系是十分微妙的，它既可以是老板与员工的关系，也可以是朋友关系。诚然，老板与员工身份不同，是有距离的，但身份不同的人，在心理上却不一定有隔阂。一旦你与老板的关系发展到知己这个层次，较之于同僚，你就获得了很大的心理优势，你也可能因此而得到老板的特别关怀与支持。甚至，你们之间可以无话不谈。至此，是否可以预言，你的晋升之日已经为期不远了？

　　总而言之，要想拥有更多机会，就要求你在努力工作的同时，也要善于为老板排忧解难，这更能让老板认为你可托大事。

第五章

用创新基石奠定个人品牌

用创新基石奠定自己的核心竞争力

有家大型广告公司招聘高级广告设计师，面试的题目是要求每个应聘者在一张白纸上设计出一个自己认为是最好的方案，没有主题和内容的限制，然后把自己的方案扔到窗外。如果谁的方案最先设计完成，并且第一个被路人捡起来看，谁就会被录用。

设计师们开始了忙碌的工作，他们绞尽脑汁描绘着精美的图案，甚至有的人费尽心思画出诱人的裸体美女。

就在其他人手忙脚乱的时候，有一个设计师非常迅速、非常从容地把自己的方案扔到了窗外，并引起路人的哄抢。

他的方案是什么呢？原来，他只是在那张白纸上贴上了一张面值100美元的钞票，其他的什么也没画。就在其他人还疲于奔命的时候，他就已经稳坐钓鱼台了。

显然，该设计师的方法并非投机取巧，而是在理解了题目基础上的创新之举。这个简单的举动使他在众多优秀者中脱颖而出。

无独有偶，有一个小男孩也是靠着自己的智慧和创意争取到了自己中意的职位。

那正是经济大萧条时期，工作实在不好找，但男孩还是想出去试一试。一天，他在报纸上看到一篇招聘启事，正好是适合他的工作，这让他很兴奋。第二天早上，当他准时前往应征地点时，发现应征队伍中已有20个男孩在排队。

男孩意识到自己略处劣势了。如果在他前面有一个人能够打动老板，他就没有希望得到这份工作了。他认为自己应该动动脑筋，运用自身的智慧想办法解决困难。他不往消极面思考，而是认真用脑子去想，看看是否有办法解决。

他拿出一张纸，写了几行字，然后走出行列，并要求后面的男孩为他保留位子。他走到负责招聘的女秘书面前，很有礼貌地说："小姐，请你把这张纸交给老板，这件事很重要。谢谢你。"

若在平时，秘书会很自然地回绝这个请求，但是今天她没有这么做，因为她已经观察这些男孩有一阵子了，他们有的表现出心浮气躁，有的则冷漠高傲。而这个男孩一直神情愉悦、态度温和、礼貌有加，给她留下了深刻的印象。于是，她决定帮助他，便将纸条交给了老板。

老板打开纸条，见上面写着这样一句话：

"先生，我是排在第 21 号的男孩。在见到我之前请您不要做出决定，好吗？"

最后的结果可想而知，任何一位老板都会喜欢这种在遇到困难时开动脑筋，积极寻找解决办法的员工的。他已经有能力在短时间内抓住问题的核心，想办法转变自己的劣势，然后全力解决它，并尽力做好。这样的聪明员工，老板怎么会不用呢？

能够主动寻找创新方法的员工，是企业不变的期待。创新能够使你在竞争中脱颖而出，哪怕起初你处于不利的地位和形势。也许你的经历不是最高的，经验不是最丰富的，技术不是最熟练的，但是你的创新能力是价值非凡的，它所创造的价值将使你本身存在的弱势不成为阻碍你前进的问题。创新会为你的工作业绩增值，使你成为最受企业欢迎和重用的人。

激发非凡的创意，创造非凡的业绩

善于创新的员工是思路异常灵活的一群人，他们能够以敏锐的视角洞察市场的变化，迅速抓住机遇，寻找更好的办法创造非凡的业绩。

李彬是海尔集团西宁冷柜的产品经理。2005 年 10 月，他得知中国移动公司西宁分公司要在 2005 年年底推出一个活动：存 1 万元手机费，送 5000 元话费！

移动公司的这一活动引起了李彬的浓厚兴趣：他决定要拿下这笔订单！

你看得也许有点糊涂，西宁移动公司不是推出话费优惠活动吗，跟冰柜

有什么关系？

但是李彬却把这件事情跟自己的工作联系了起来。

李彬了解到：西宁的经济不算发达，手机对当地人来说，是身份与地位的象征。

掌握了这些西宁的经济特点的信息还远远不够，李彬又去了解了移动用户的信息：一些经济富裕的移动用户自己一年的电话费也花不到 1 万元，再送 5000 元也花不出去，就白白浪费了，所以他们这样的人对移动公司的这个活动并不感兴趣。

了解到这些信息后，李彬马上设计出了自己的方案：

如果移动公司赠送的话费可以买海尔冰柜，那对于移动公司来说，活动的吸引力、可行性会更大，参与活动的移动用户会更多；而对于移动用户来说，赠送的话费不仅不会浪费掉，而且有了"意外收获"！

方案提出后，马上得到了移动公司的认可。就这样，这笔相当于西宁冷柜平均月销量两倍的大订单被拿下了！

李彬是一个具有创新头脑的人，他把两件毫不相关的事情联系在了一起，从其他行业的市场之中发现了自己的市场，从而不但提升了业绩，还使原来两个公司共有的难题变成了一个"双赢"的结果。

争做企业的优秀员工，就要像李彬一样，用自己的智慧努力为企业创造更多的效益。

市场的大潮是无情的，它要求员工顺着潮势随时创新，如果哪个人稍有迟疑、动作迟缓，就有可能被大浪吞没，也必将给企业带来严重的后果。作为员工，企业时刻都在关注我们的业绩。要想使个人的业绩有所提升，就要开动脑筋，运用创新的方法和智慧，在工作中寻求突破。

一个百货公司的老板去检查他的一个新售货员："你今天服务了多少客户？"

"一个。"小伙子回答。

"只有一个？"老板说，"你的营业额是多少呢？"

售货员回答："58334 美元！"

老板大吃一惊，让他解释一下。

"首先我卖给他一个鱼钩，然后卖给他钓鱼竿和渔线。接着我问他在哪儿钓鱼，他说在海滨，于是我建议他应该有只小汽艇，于是他买了一条 20 英尺长的快艇。当他说他的轿车可能无法带走快艇时，我又带他到机动车部

卖给他一辆福特小卡车……"

老板惊讶地说："你卖了这么多东西给一位只想买一个鱼钩的顾客？"

售货员回答："不，他来只是为治他妻子的头痛而买一瓶阿司匹林的。我告诉他，夫人的头痛，除了服药外，似乎更应该注意放松。周末快到了，你可以考虑去钓鱼！"

这名员工善于及时转变自己的思考模式，从顾客的角度来考虑问题，对顾客的购买需求进行一步步的诱导，仅一笔生意便创造了非凡的营业额，不可不称之为一个创新之人，一个受企业欢迎的优秀之人。

企业要求生存、求发展，就必须创新。人是企业的根本，如果人不创新，企业谈何创新？

作为企业发展的智慧源泉，员工有责任要求自己在工作中融入创新元素，从而更为出色地完成任务。企业都喜欢具有创造力的、善于创新的员工。因为只有这样的员工才能创造骄人的业绩，成为企业财富的源泉。

挥舞创新之剑，成为不可替代的人

文艺复兴时期，一个画家是否能够出人头地取决于能否找到好的赞助人。

米开朗琪罗的赞助人是教皇朱里十二世。一次在修建大理石石碑时，两人产生了分歧——他们激烈地争吵起来，米开朗琪罗一怒之下扬言要离开罗马。

大家都认为教皇一定会怪罪米开朗琪罗，但事实恰恰相反——教皇非但没有惩罚米开朗琪罗，还极力请求他留下来。因为他清楚地知道米开朗琪罗一定能够找到另外的赞助人，而他永远无法找到另一位米开朗琪罗。

米开朗琪罗身为艺术家，其卓越的才华是他手里的王牌。

现代商业社会竞争激烈，那些不能胜任、没有才能的人，都被摈弃在就业的大门之外，只有最能干的人，才会被留下来，他们永远都不怕失业。

现实是残酷的，为了自己的利益，每个老板只保留那些最优秀、最有价值的员工。正如一位老板所说的那样："我手下有 8 名销售代表，2 名顶尖高手创造的销售增长额高达总数的 50%。这两个人我是丢不起的。"

这两个"丢不起"的员工，就是老板"不可替代"的员工。

无论是在什么领域，任何一个人拥有了别人不可替代或逾越的能力，就会使自己的地位变得十分稳固。正如一名企业家所说的那样，一个人拥有了

别人不可替代的能力，才会使自己永远立于不败之地。具有不可替代性，就可以让自己的地位坚不可摧。一个拥有特殊才能的人不需要依赖特定的上司或特定的工作场所来巩固自己的地位。

吴定军是天津市宝乐器公司一分厂厂长。他在工作中不仅制定了自己的一套独特的生产经营思路，而且还带领员工在技术开发上屡屡创新。

吴定军深知现在企业生存靠的是新产品、新技术、创市场、降成本。如果技术革新、创新方面走在他人后面，那么企业只有倒闭一条路。于是，在工作中他带领工程技术人员不断钻研和探索。

吴定军常说："我们国家资源有限。我们要卖技术赚钱，不要卖资源赚钱。"通过摸索、试验，吴定军和他所带领的技术人员先后改进工装、工艺，引进先进设备100余项，使产品中多个基础配套零件的生产技术、成本消耗走在了全国同行业的先列，大量节约了工时能源。在原材料价格平均每年上涨30%的情况下，达到材料消耗每年平均下降1个百分点。

2005年，吴定军带领一分厂员工大胆改革：鼓励装配流水线的使用，在节省了空间的同时还避免了产品磕、磨、划、碰等质量问题的频繁出现；电镀车间扩建，产量增加近10倍；静电喷涂自动流水线设备的投入使用，不但使效益增加10倍左右，且当年投入使用，当年就见效益；木鼓帮打孔制作传统工艺是钻头打孔，在吴定军的带领下，员工们积极探索，试验用冲压机打孔，效率提高了3倍，质量大有改进，这在国内外尚属首例。

领导在谈到一分厂的时候，总是情不自禁地说："一分厂少不了老吴啊！"

俗话说：物以稀为贵。具有创新意识的人是不多的，正因为如此，具有创新能力的人才成了各个企业和老板争抢的宠儿。创新行为与日常工作又是一个互动的关系，创新可以提高工作效率，同样，在工作中又可以激发出创新灵感。如此反复，创新不但克服了工作中的困难，为企业实现了最大化的经济效益；同时，也可以为自己提供更多的发展机会，为实现自己的人生规划扣上重要的一环，最终使自己成为那个不可替代的人。

414

创新之盾：树立职场中的常青品牌

一个企业家的个人品牌，甚至可以决定一个企业的品牌；对于一个职业经理人来说，个人品牌是职业发展的助推器，借助它你可以更快地得到升迁、平步青云；对于一个普通工作者来说，个人品牌能使你在职场沉浮

中立于不败之地，更有机会获得加薪或奖赏，甚至成为竞争对手争相猎取的"猎物"。

乔·吉拉德堪称"世界上最伟大的推销员"，这种品牌的建立使他的事业迈入到一个更加辉煌的境界，同时，这种个人品牌的树立则得益于他的创新头脑，他总能够根据客户的需求有所创新之举，使客户更加信任他、喜爱他。

下面这个小故事便可以展现吉拉德在此方面的风采。

有一次，一位中年妇女走进乔·吉拉德的汽车展销室，说她想在这看看车，打发一下时间。她告诉乔·吉拉德，她想买一辆白色的福特车，就像她表姐开的那辆一样。但对面福特车行的推销员让她过一小时后再去，所以她就先来这儿看看。她说，这是她给自己的生日礼物，"今天是我55岁生日"。

"生日快乐！夫人。"乔·吉拉德一边说，一边把她让进办公室，自己出去打了一个电话。然后，乔·吉拉德继续和她交谈："夫人，您喜欢白色车，既然您现在有时间，我给您介绍一下我们的双门式轿车，它也是白色的。"

他们正谈着，女秘书走了进来，递给乔·吉拉德一束玫瑰花。乔·吉拉德郑重地把花送给那位妇女："尊敬的夫人，有幸知道今天是您的生日，送您一份薄礼，祝您好运！"

她很感动，眼眶都湿了。"已经很久没有人给我送礼物了。"她说，"刚才那位福特推销员一定是看我开了部旧车，以为我买不起新车。我刚要看车，他却说要去收一笔款，于是我就上这儿等他。其实我只是想要一部白色车而已，只不过表姐的车是福特，所以我也想买福特。现在想想，不买福特也可以。"

最后她在乔·吉拉德手里买走了一辆雪弗莱，并填了一张全额支票。其实，从头到尾乔·吉拉德都没有劝她放弃福特而买雪弗莱。只是因为她在这里感觉到了重视，于是放弃了原来的打算，转而选择了乔·吉拉德的产品。

乔·吉拉德是世界级汽车营销大王，在15年的推销生涯中，共卖出13001辆汽车，曾创下一年卖出1425辆（平均每天4辆）的纪录，这个成绩被列入《吉尼斯世界纪录大全》。

他的几万个客户，每隔一段时间就会接到他寄来的贺卡，上面只有这样的一些话："祝您生日快乐"、"为您的荣升干杯"、"希望什么时候再能聆听您的教诲"……他的秘诀是：绝不营销汽车，只营销问候。乔·吉德拉不仅是销售大师，还是创造性工作的一把好手。他并没有用什么特殊的方法使工

作方式发生多么大的改变，而只是用了一点小创意，便帮助自己打出了一个区别于其他销售员的个人品牌，这也是奠定他辉煌业绩的一个基础。

一名优秀的员工，应时时具备创新的思维，在工作中加入自己的创意，打出自己的品牌，登上事业的高峰。

在竞争如此激烈的市场环境中，一个人不可能永远属于一个公司、一个职位，很多变化是我们无法控制的，我们唯一能够控制和把握的就是自己的实力和口碑。

美国管理学者华德士提出："21世纪的工作生存法则就是建立个人品牌。"他认为，不只是企业、产品需要建立品牌，个人也需要在职场中建立个人品牌。用创新之盾树立职场中的常青品牌，是每一个职业人都应有的职业追求，同时也是立身之本。

第六章

创新型员工的 4 大素养

质疑：问题是创新的最佳导师

在这个竞争已趋白热化的时代，创新型员工对组织越来越重要，组织期待更多创新型员工的诞生。质疑对于创新型员工来说是一种必不可少的精神，只有敢于质疑，勇于对现有的状况提出问题，才可以为事物的发展进步提供一个突破口，为创新的进行打下思想基础。爱因斯坦说："提出问题比解决问题更重要。"只有能提出问题，才能够进一步寻找解决问题的方法和途径。

琴纳是一位长期生活在英国乡村的医生，对民间的疾苦有着深切的了解。当时，英国的一些地方发生了天花，夺去了许多儿童的生命。琴纳眼看着那些活泼可爱的儿童染上天花，因没有特效药不治而亡，内心十分痛苦。

有一天，琴纳到了一个奶牛场，发现一位挤奶的女工尽管经常护理天花病人，但却从没有得过天花。这令琴纳很疑惑，因为天花的传染性很强，究竟是什么原因让挤奶女工幸免遇难呢？琴纳隐约感到这其中隐藏着什么。他仔细询问后得之她幼时得过从牛身上传染的牛瘟病。这个发现使琴纳联想到了一个问题，可能感染过牛瘟病的人，对天花具有免疫力。

想到这一点后，琴纳感觉到自己已经找到了解决问题的突破口，于是马上采取行动，大胆地试验。他先在一些动物身上种牛痘，效果十分理想。为了让成千上万的儿童不再受天花之灾，他顶住了一切压力，在当时仅有一岁半的儿子身上接种了牛痘。接种后，儿子反应正常，但是，为了要证明儿子是否已经产生了免疫力，还要给儿子接种天花病毒，如果儿子身上还没有产生免疫力，那么，他的儿子也许就会被天花夺去生命。

为了千千万万的儿童能够健康成长，琴纳把一切都豁出去了，把天花病毒接种到了自己儿子的身上。结果，儿子安然无恙，没有感染上天花，琴纳的实验终于成功了。从此，接种牛痘防治天花之风从英国迅速地传播到了世界各地。

琴纳发现了防治天花的方法，他的质疑精神在其中起到了至关重要的作用。如果他当初对挤奶女工没有染天花这一事件不存在任何疑问，不去探究根本原因，恐怕，天花防治问题的解决还要向后推不知多少年。

在创新领域里，质疑精神一直是被推崇的。这里的质疑，不仅指像琴纳一样对所看到的现象具有敏感性，进而探究根源，同时也包含对既有事实的质疑，对专家学者权威学说的质疑。

就传统思维而言，做到后一层面的质疑恐怕是更为困难的。既有的事实、权威的学说常常成为我们头脑中的桎梏，推翻它们简直就像经历了一场革命！然而，真理才是唯一的追求，在探寻真理、寻求方法的路上，任何阻碍我们前进步伐的绊脚石都应该被毫不留情地踢走。

下面故事中的年轻人就是一个敢于质疑权威的人，他似乎走得更远，不仅质疑了权威、提出了问题，还给出了可行性方案。这不仅显示出了他的胆量，更彰显了他的智慧。

2002 年秋季，在中国移动的强力阻击下，中国联通 CDMA 的销售在全国范围内陷入了历史性低谷。从 5 月份进入福州市场，到 11 月份 CDMA 销量才达 2 万多用户，其中数千部还是靠员工担保送给亲朋好友的。

与国内其他城市相比，这个成绩实在是拿不出手。联通本来是委托全球著名的一家专业咨询策划公司做的策划方案，但是根据这一方案在近一年内投进去的大量广告费都未起作用。

当时，杨少锋所在的广告公司正在为福州联通做策划方案。当杨少锋看过那家全球著名策划公司的方案后，得出了四个字——"不切实际"。

被他评述为"不切实际"的公司成立于 20 世纪 20 年代，在全世界拥有 70 多家分支机构，是被美国《财富》杂志誉为"世界上最著名、最严守秘密、最有声望、最富有成效、最值得信赖和最令人仰慕的"企业咨询公司。

年仅 24 岁，大学刚毕业两年的杨少锋，竟然斗胆否定了这家公司的方案！因为他自己已经有了一套完整周密的营销计划。中国联通福建省公司的领导经再三权衡后，还是接受了他的计划。

杨少锋计划的最重要一步，就是提高 CDMA 在福州的认知度。他认为，通过媒体重新对 CDMA 进行包装是最好的渠道。

之后，他们在报纸、电视等媒体上大量投放广告，使 CDMA 具备了极高的认知度。

他紧接着开始了营销计划的第二步——公开"手机不要钱"的概念。通过赠送 CDMA 手机，使联通打下了坚实的市场基础。

杨少锋的方案获得了成功，因为根据用户与联通签订的协议，这批用户两年内将给联通带来将近 7000 万元的话费收入。

这一成就源于杨少锋突破了头脑中的桎梏，没有被传统观念和专家权威所束缚。

问题是创新的最佳导师。提出一个问题，便是打开了一个思路，工作中我们不能逃避问题，而要善于质疑、善于提问。只有这样，才能够催生新方案的诞生，才能更好地开拓新思路，创造一番不凡的成绩。

求实：创新既要顶天，又要立地

创新并非是天马行空、任意而为。很多事物既有自己的特性，也有内在的联系。吴甘霖先生在他的著作《我们都是创新天才》中指出，一流的创新者最懂得因地制宜，他们能够把自己的创意和实际相结合，既能顶天，又能立地。"顶天"指的是有所突破，"立地"指的则是要求实，要符合现实生活的客观规律。

吴甘霖举了个因纽特人使用电话的例子，给我们留下了深刻的印象。

使用电话，对绝大多数人来说是轻而易举的事。但你或许想不到，对于加拿大北部的因纽特人来说，要学会使用电话，简直是太难了。

因纽特人长期过着原始生活，他们有个别人看来很奇怪的特点，就是形象思维能力很强，而抽象思维能力则很弱。他们没有数学概念，不会读数，也不会计数。

也就是说，他们根本不可能记住别人的电话号码，也不可能把自己的电话号码告诉别人。即使给他们安了电话，也只是一个摆设，没有人会用。

如果要你在因纽特人中推广电话，你会怎么做？

是耐心地从教他们识数开始，还是发给他们每人一本电话使用手册？

加拿大政府在给因纽特人推广电话时，可真是伤透了脑筋。

为了解决这一"难题"，政府官员们特意请来了思维学家，大家凑在一起商量，怎么才能让因纽特人用上电话。

思维学家突然想到，既然因纽特人形象思维能力很强，那么他们就能很容易记住海豹、海象之类的动物。为什么不在这上头做点文章呢？

可以将从 0 到 9 的每一个数字，都用一种动物来代表，比如用海豹代表数字 1，那么就在电话的号码键上画上一只海豹。同样的道理，海象代表 2，鲸鱼代表 3，北极熊代表 4，北极狐代表 5，北极狼代表 6……

这样一来，因纽特人在打电话时，只要按顺序按动物号码就行了。比如，某个人的电话是 2135，那么只要在电话机上拨海象、海豹、鲸鱼、北极狐就行了。

这样，因纽特人很快就学会了打电话。

创新就要有所突破，破除旧规矩，开辟新道路，这里即指为因纽特人安电话，但因纽特人无法记住数字，只能通过形象思维来记忆就是他们的规律，依照这一规律才能找到最佳的解决方法，创新才能切实可行。

创新需要打破常规，但同样需要结合实际，否则创新不但会失去意义，恐怕还会引来一系列的麻烦。

如果你关注我国生态环境的相关报道，相信你对"紫荆泽兰"与"飞机草"这两个名字并不陌生。现在，这两种植物在我国大量繁殖，无法消除，严重破坏了生态环境的可持续性。也许你并不清楚，现在的"祸草"是曾经的"创新之举"的结果。

紫荆泽兰因茎为紫色而得名，远望颇为美观，有科学家将其引入我国，本想美化环境，却没想到它到了我国的土地上疯狂地生长，而且它分泌出的液体和气味有较强的毒性，使其周围无法生长其他植物，牲畜和人物均不敢靠近它，以致到目前为止仍没有一个解决这个问题的好方案。

飞机草也是作为观赏草引入我国的，之后也出现了类似紫荆泽兰的问题，疯狂生长而难以铲除，成了环境的一大危害。

无论何种创新都应让它在规律中成长，引入外来物种的确是创新之举，但是他们没有看到大自然内在的客观规律，才惹出了这么大的麻烦。

客观世界的内在规律是永恒不变的，就像永远也不能造出永动机是因为它违背了"能量守恒"的定律。创新不是异想天开，不是"胡作非为"，一定要遵循客观规律，否则即使有创新，也不会走得长远。

主动：创新源于"整天想着去发现"

先听一个故事。

这是 QBQ 公司创办人约翰·米勒先生亲身经历的一件事，也许从这件事中你可以体会出主动创新的含义。

那是阳光明媚的一个中午，在明尼阿波利斯市区，米勒先生经过一家叫"石邸"的餐厅，想吃顿简单的午餐。

餐厅就餐的人非常多，赶时间的米勒先生很庆幸找到了一张吧台旁边的凳子坐了下来。几分钟后，有位年轻人端了满满一托盘要送到厨房清洗的脏碟子，匆匆地从他的身边经过。年轻人用眼角余光注意到了米勒先生，于是停下来，回头说道："先生，有人招呼您了吗？"

"还没有，"他说，"我赶时间，只是想来一份沙拉和两个面包圈。"

"我替您拿来，先生。您想喝点什么？"

"麻烦来杯健怡可乐。"

"对不起，我们只卖百事可乐，可以吗？"

"啊，那就不用了，谢谢。"米勒先生面带微笑地说道，"请给我一杯水加一片柠檬。"

"好的，先生，马上就来。"他一溜烟不见了。

过了一会儿，他为米勒先生送来了沙拉、面包圈和水，留下米勒先生用餐。

又过了一会儿，年轻人突然为米勒先生送来了一听冰凉的健怡可乐。

米勒先生一阵高兴，却又有疑问："抱歉，我以为你们不卖健怡可乐。"他问。

"没错，先生，我们不卖。"

"那这是从哪儿来的？"

"街角杂货店，先生。"米勒先生惊讶极了。

"谁付的钱？"他问。

"是我，才 2 块钱而已。"

听到这里，米勒先生不禁为年轻人专业的服务所折服，他原本想说的是："你太棒了！"但实际却说："少来了，你忙得不可开交，哪有时间去买呢？"

面带笑容的年轻人，在米勒先生眼前似乎变得更高更大了。"不是我买

的，先生。我请我的经理去买的!"

瞬时，米勒先生下了一个决定：把这家伙挖过来，不管多费事!

米勒先生被这位年轻人的工作作风感动了，年轻人显然一直在主动地工作，主动地寻找方法。本来他可以在回答"不卖健怡可乐"之后便使这件事情结束，但他并没有那样做，而是主动地想办法来为米勒服务，甚至不惜想出了"请经理去买"的点子。无疑，他是一名不可多得的优秀员工，这种在问题面前主动创新的人始终都是企业青睐的对象。所以，米勒先生最后产生"把这家伙挖过来，不管多费事"的念头，也就不足为奇了。

要创新，就要求我们主动地去思考，主动地去想办法。曾有人夸赞牛顿的卓越成就，牛顿则笑笑说："我取得这样的成绩，是因为我整天想着去发现。"

整天想着去发现，是一种积极主动去创新的表现。不想着去发现，即使创新的机遇就在眼前，也可能如过眼云烟，瞬间消散。

在工作中，我们也应该"时刻想着去发现"，只有这样，才能够洞察创新的时机，才能为工作的开展带来新的机遇和更大的发展。蒙牛集团的总经理杨文俊在工作中就曾提出了许多很好的创意和方案，究其原因，他说，那也是源于他"整天想着去发现"。

2002 年 2 月，时至春节，杨文俊在深圳沃尔玛超市购物时，发现人们购买整箱牛奶搬运起来非常困难。

由于当时是购物高峰，很多汽车无法开进超市的停车场，而商场停车管理员又不允许将购物手推车推出停车场，消费者只有来回好几次才能将购买的牛奶及其他商品搬上车，这一细节引起了杨文俊的重视。

此后，杨文俊就不断在思考这件事情，想着怎样才能方便搬运整箱的牛奶呢？

一次偶然的机会，杨文俊购买了一台 VCD，往家拎时，拎出了灵感：

一台 VCD 比一箱牛奶要轻，厂家都能想到在箱子上安一个提手，我们为什么不能在牛奶包装箱上也装一个提手，使消费者在购物时更加便利呢？

这一想法在会上一经提出，就得到了大家的认同，并马上得以实施。

这个创意使蒙牛当年的液体奶销售量大幅度增长，同行也纷纷效仿。

现在看来，这一创意很简单。可为什么杨文俊能够提出来，而其他人却提不出来呢？原因就在于是否有创新的意识，是否能做到"整天想着去发现"。

有些人将工作看做"差事"，是用来"应付"的，他们日复一日地工作，却没有进行创新的意识；但杨文俊式的员工将工作当成自己的责任，整天想着去发现，创新的念头和思路也就源源不断地涌现了。

坚韧：只要精神不滑坡，方法总比困难多

你是否遇到过这种情况：明明想到了一个很不错的点子，却迟迟不将其付诸实践？

为什么？

因为我们害怕失败，害怕挫折会将我们的那一点灵感和激情冲击得荡然无存。

可你有没有想过，只因害怕失败而不去尝试、不去探索，有可能会与创新的成果失之交臂？那时，留下的恐怕只能是遗憾了。

一提起爱迪生，我们总是首先想到他头上无数的光环，却很少有人知道，这些光环背后经历过多少挫败。

爱迪生晚年的时候，对提取橡胶产生了浓厚兴趣，立志要扩大橡胶提取的来源。

一天，一位朋友来拜访爱迪生，问他家的佣人："爱迪生先生在哪里？"

佣人说："先生在书房，我去叫他！"

朋友不想打扰爱迪生工作，就说："不用了，我在客厅里等他好了。"

佣人却说："我还是去请他出来吧，因为他现在正在研究新问题，每天要看很多书，不知道什么时候才能出来。而且昨天他的新试验失败了，恐怕今天一天都不会走出书房了。爱迪生先生现在的身体非常糟糕，我想请先生站在一个朋友的立场上劝他休息一下。"

听到这些话，这位客人立即要求佣人带他去书房见爱迪生。

爱迪生一见朋友来了，马上高兴地说："来看看我的新发明，不过它昨天出了一点小问题，现在我正在忙着找办法解决呢！"

"噢，朋友，你的佣人说你的试验失败了。"

爱迪生闻言脸上没有丝毫沮丧，他说："是的，我已经试过几千种植物了，可还是没找到提取橡胶最理想的植物。"

"试了几千种还没有成功？你还是好好休息一下吧，你都已经80岁了，不要再去做这些费力不讨好的发明了。"

但爱迪生却坚定地说："不，我不会放弃，这才几千种，我发明电灯的

时候，光灯丝就找了上万种材料。"

面对这样一个固执的老头，朋友只能叹气而去。

一年后，爱迪生终于从一种叫黄花蒿草的植物中，成功提取出了橡胶。

一个80岁的老人都可以坦然面对几千次的挫败，那我们面对的几次、几十次甚至上百次的失败又算得了什么呢?

人，最大的敌人并不是对手，而是我们自己。我们常常不会被对手打败，却被自己的轻言放弃所摧毁。我们常常能战胜对手，却难以战胜自己那颗畏惧失败的心。而这时，只有将自己的性格历练得更加坚韧，对困难不再恐惧，才能更快地踏上创新之路。因为，创新的成果不会青睐懦夫。

坚信"方法总比困难多"，能够增强我们战胜困难的信心，还能激发出我们的创造热情。许多成功者回忆走过的艰难路途时说：就是因为有了"方法总比困难多"这一信念的支撑，才有了他们今日的成就和辉煌。

第八篇　创新学习篇

■ 生存发展篇

500 强企业员工的自我完善之策

第一章

职场礼仪不可小视

仪表很重要，懂得服饰搭配的技巧

日本管理学家齐藤竹之助认为，人与人初次交往，90% 的印象来自服装。英国前首相丘吉尔也认为，服装是最好的名片。在社会交往日益频繁的今天，人们越来越重视自己的着装，力求在某些特殊的场合因得体的服装而获得某种交际优惠。

俗话说："人靠衣裳马靠鞍。"不合时宜的着装，会给人造成一种错觉，那就是：这个人层次、品味肯定不高。如果是这样，那你离失败也就不远了。

艾斯蒂·劳达是世界化妆品王国中的皇后。她拥有价值几十亿美元的化妆品企业，是世界化妆品领域的主要代表。但艾斯蒂出身贫穷，并没有受过多少教育，她是以推销叔叔制作的护肤膏起家的。最初，为了使自己的产品能够多销售一些，她不得不走街串巷。后来，她决定将产品定位于高档次上。刚开始她的推销没有什么效果。有一天，她终于忍不住问一个拒绝购买产品的客户："请问，您为什么拒绝购买我的产品呢？是我的推销技巧有什么问题吗？"

那位女士道："不是技巧有问题，是你的形象不好。你的形象告诉我：你根本就是一个低档次的人，让我怎么相信你的产品就是高档次的？"这位女士的话明显带有对艾斯蒂·劳达轻视甚至污辱的成分，但聪明的劳达却兴奋异常，认为自己找到了问题的关键：那就是产品的高档次，首先在于自己的高档次。她想，换成自己也会是这样，推销人员本身的档次不高，自己也确实会怀疑产品的质量和品味。于是，她决心对自己的形象进行精心打造、

包装。她模仿富贵名媛和上层妇女，像她们一样穿着打扮，模仿她们的举止。另外，她注意培养自己的自信，让整个人看上去魅力四射。渐渐地，越来越多的人买下了她推销的产品。从此，她一发不可收，直至建立自己的化妆品王国……

良好的职业形象对于我们的日常工作和社交活动非常重要。对于一名优秀的员工来说，给人以良好的职业形象是事业成功的重要组成部分。

下面是我们选择服装的一些技巧：

1. 适合工作的需要

职业人着装是为了有助于自己更好地工作。因此，适应工作需要是十分重要的。灰色的套装被公认为是最佳的职业装，但如果你把它奉为绝对真理，那你就大错特错了。一般说来，公司的形象是相对稳定的，而雇主的品味则显得十分主观，一旦你投其所好，就会获得意想不到的收益；而一旦情况有变，比如雇主或者是你的直接上司更换了，你就必须细致观察、谨慎行动，迎合新的需要。

2. 穿出个性风格

虽然我们强调职业着装要适应工作的需要，但并非说不要自己的风格。因为无论在哪个公司，雇主都会首先注意到有个性、有风格的员工。

在职场中穿出个性风格并非易事，它需要以下几个原则：与公司形象和谐统一，与本人气质、性格相吻合，同时不让雇主、同事、客户反感。独特的着装风格，可以让自己从芸芸众生中"跳"出来。靳羽西的"童花头"、梁爱诗的中分发髻，都是十几年甚至几十年不变的"老招牌"，有人说她们的着装和扮相就像注册商标一样，是别人模仿不来的。如果做到了这一层次，你的装扮水准就到了炉火纯青的地步了。

3. 职业男士着装

男士在职场中应着正装：西装，领带，皮鞋。夏天一般是衬衫，如果遇到正式的场合还是得穿上西装外套，此外，还得注意与鞋袜的整体搭配。

西服是男士最常用的职业装，在穿西装时，男士们应当注意下面几个问题：

（1）撕掉袖口的标签。它并不能显示你西服的名贵，而如果让它"随你起舞"的话，往往会贻笑大方。

（2）注意打领带的技巧。打领带的长度要适宜，其下端一般应在皮带下1~1.5厘米处。领带夹不是装饰品，最好不要把领带夹暴露在他人的视野之内。

（3）处理好细节。衬衣领口要整洁，纽扣要扣好。男士的衣服和裤子的袋口要整理服帖，不要塞东西造成鼓鼓的感觉，这会破坏整体形象。衬衣的袖口可长出西装外套的0.5～1厘米，不能过长，不然会显得格外局促。裤子要烫直，折痕清晰。裤型不紧不松，很合身，长及鞋面。鞋底与侧面同样保持清洁，鞋面要擦亮，不要留有碰擦损痕。

4. 职业女士着装

一家知名女性杂志上曾有一篇文章披露："那些服装'绝对女性化'的女性主管，通常收入较少，而且晋升机会不多。另一方面，高收入的女性是那些穿着专业化的、单调的、保守的、非性感的和无花饰的人。"文章说，穿着保守而专业化的女性，其晋升机会大约是那些穿着有花饰而又性感的女性的两倍。

太耀眼、太大的首饰在职场中不适合佩戴，佩戴的饰物太多就会破坏别人的注意力。女士的手提包应该擦亮，保持干净，勿破旧不堪，也不可以放在桌上。

在化妆方面，要注意协调，不可以太夸张，以身边的人看不出你化了妆为宜。特别提醒，女士不要在职业场合（办公室、饭店或有其他人同乘的车上）化妆，应该去盥洗室补妆。

女性标准职业装扮包括：

（1）头发要保持干净整洁，发型要大方，前发不要遮眼、遮脸为好。

（2）指甲需要精心修理，不能留太长的指甲，指甲油不要太浓艳。

（3）最适合办公时间穿着的服装依次是：套裙、西裤或裙子配以上衣、西装或短外套。注意：服饰端庄，领口干净，衬衣领口不能太复杂、花哨。

（4）公司标志应佩戴在显眼位置，不能把私人饰品与其并列佩戴。衣袋中只放手帕或单张名片之类的物品。

（5）鞋要洁净，款式大方简洁，不要有过多的装饰与色彩，中跟为好，颜色为中性或深色调。

弄清自己的位置，遵守办公礼仪

在办公室里，经常能看到这些现象：有的人嘴巴很馋，好吃零食，经常在办公桌里"储备"一点儿，一有时间便"垫补垫补"；有的人是畅销小说的爱好者，每有一卷在握，便会极其投入，"感时花溅泪，恨别鸟惊心"，即使是上班时也欲罢不能；有的人"夜生活"过得如火如荼，要么搓麻将、要

么看电视、要么上舞厅，玩得昏天黑地，待到上班了，"瞌睡虫"也随之而至，便昏昏欲睡。无论是吃东西、看小说、睡懒觉，这些都是疏于自律、不懂得办公室礼仪的表现。优秀的员工都应该是严于自律的人，遵守办公室礼仪是一个人职业化的表现。

这里讲述的就是如何运用办公室礼仪游刃于职场的法则：

- 坐、站的姿势必须端正，不能表现出懒散的情绪。
- 外表要干净、整齐。
- 做事态度要积极主动，始终给人以精力旺盛的印象。
- 每天要摆出轻松、愉快的姿态。
- 在办公室不坐在座位上吃东西、嚼口香糖。
- 讲话时不要有紧张的表情，要镇定温和。
- 求同事帮忙时要礼为先。
- 遵守"己所不欲，勿施于人"的原则，用希望别人对你的方式，来对待别人。
- 经常使用"谢谢"、"请"、"对不起"等礼貌用语。
- 对领导和长辈多使用"您"的称呼。
- 保持自己的座位干净整洁，不弄乱别人的座位。
- 经常整理自己的办公区域，顺手帮邻座收拾一下。
- 工作时间不闲聊。
- 不偷听别人谈话，不谈论别人的隐私。
- 切忌捕风捉影，不传播小道消息。
- 未经别人允许前，不轻易借用别人的办公设施和文具。
- 不私自拆开别人的信件、包裹等个人物品。
- 不嘲笑他人。
- 不在办公室大声喧哗，影响他人工作。
- 工作时间不打私人电话。
- 尊敬上级领导和其他部门的领导。
- 对同事和领导使用恰当得体的称呼。
- 开会时把自己的手机关机或者调到静音状态。

在一个团队里，以一个懂礼、守礼的形象面对同事，不但可以突出自身品位、修养，增加个人魅力，获得好人缘，也是一个优秀的职业化人才不可缺少的基本职业素养。所以，要想成为优秀的员工，首先一定要注意办公室的礼仪。

吃出形象，不容忽视的进餐礼仪

职场人士的很多社交活动都是在餐桌上进行的，餐桌上的行为举止也是考验一个人修养的方式之一。文雅得体的就餐礼仪会赢得别人对你的好印象，对提升自我的职业形象大有裨益。所以，优秀的员工需要懂得职场基本的就餐礼仪。

中餐一般是在圆桌上进行，就餐入座时首先须按照职位或年龄顺序，依次就座。座位还有上座和下座之分，基本上门处为下坐，其正对方为上座，其余则依次就座。入座后如果菜还没有上来，可以先与同桌的人随意进行交谈，创造一个和谐融洽的就餐氛围。开始上菜时，再将餐巾从桌上取下来，当然要由主客和长辈先动手。如果一落座就马上取来餐巾的话，会让人觉得你是在催促用餐。更不要摆弄餐具，发出不和谐的声音，也不要眼睛紧盯着餐桌上的饭菜，显出一副迫不及待的样子。如果只是两三个人用餐的话，可等到上菜时再摊开餐巾，女性最好用双手，这样显得更优雅，轻轻摊开至于膝上，动作要从容大方，决不可将餐巾围于胸前，影响美观。

开始用餐时，一般在大桌上还另外有一组可旋转的餐台，旋转的餐台主要是用来摆置餐点的。在现今较为流行的或高级的大餐馆里上菜时，服务生会从上座将菜端至旋转桌上，然后再以顺时针方向旋转桌面，先让主客品尝，接着再让其他人闻香，欣赏菜色，转一圈之后，由下坐处取回，端到一旁的分餐桌上为每一位宾客配菜，然后再将每一份配菜，分给所有宾客。

进餐时，取菜不宜过多，不要在餐盘上堆积太多的食物，这是十分不礼貌的，还会给人一种奢侈浪费、粗俗的印象，一般要按照自己的食用量，并且要在自己吃完之后再去取。面对自己不喜欢的食物，也不要表现出厌恶的神情，即使某道菜不合自己的口味，也应礼貌性地尝一点。吃东西时要注意形象，不能大声咀嚼，喝汤时也不要发出声响，餐具尽量不要与碗碟碰撞。另外需注意的是所有的食物都是经过两道程序才能入口的，绝不可用自己的筷子或汤匙从大餐盘中夹取菜肴，而是需要先用公筷将食物放置到自己眼前的小餐盘内，再用自己的筷子取用放进口中。喝汤时，必须用汤匙，切记不能捧起汤碗就喝，更不能用自己的餐勺直接到公共汤碗盛汤。

我们中国人习惯使用筷子，所以在使用筷子上的礼仪有必要重点强调一下。

首先，不能挥舞自己的筷子。就餐时严禁一边就餐一边大声谈笑，拿着

筷子挥来舞去，这是十分粗鄙的做法。

第二，不要用筷子敲击餐具。用筷子敲打餐具是对别人的不尊重行为，就餐时应当杜绝。

第三，筷子也不能交叉放置。就餐时，筷子最好是摆放整齐。

第四，就餐时最好不要让自己的筷子掉下餐桌。

关注小节，细节之处见礼仪

名片是现代社会中私人交往和公务交往中非常重要而且非常实用的介绍性媒介，作为一种自我的"介绍信"和社交的"联谊卡"。名片可以在社交中注明身份，广结良缘，联络老朋友，结识新朋友。因此，在互换名片时一定要注意讲究礼仪，它能体现你的素养。

一、如何交换名片

双方在初次见面的时候，一定要交换名片，一般情况下名片放在西装口袋。初次见到顾客，首先要以亲切的态度打招呼，并报上自己的公司名称，然后将名片递给对方，名片夹应放在西装的内袋里，不应从裤子口袋里掏出，递名片时如果对方职务较高或年龄较长，应双手捧着递过去。对一般的人，用右手递送即可，但态度应庄重大方，动作要轻缓，也可以同时说："请多关照"、"欢迎指教，多多联系"等话语。递名片时，目光应正视对方，不要目光游移，显出漫不经心的样子。如果是随上司到别处去拜访，需等上司介绍后，再递出名片，如果对方先递过来名片，要先收好后再递出自己的名片。

拿名片的方法。标准做法是两只手捏着名片的上侧，把自己的名字正对着对方。当然一只手拿也可以，但是正面面对着对方。

当你接到别人的名片时一定要回敬对方自己的名片。如果没有名片，一般也采用委婉的表达，"不好意思名片用完了"，"抱歉今天没有带"。

接受对方的名片时，也要注意礼节，当对方掏名片时就要表现出很感兴趣的模样，接名片时应以双手去接，如果是坐着的，要尽可能地起身接受对方递来的名片，接过名片后要认真地看一遍，并确定姓名和职务，然后郑重地装入上衣上方的口袋里，若有名片盒，可以直接放入名片盒里。切忌一眼也不看，就装入口袋，更不要顺手扔在桌子上，或往扔在桌上的名片上压东西，这样会使对方产生受了轻视的感觉。有的人会不小心把对方的名片掉在地上，或把名片夹在笔记本里，或者名片上的内容记在笔记本上，在名片上面写不相干的东西，这些都是不礼貌的举动。收到他人的名片时，需要说：

"很高兴认识您"、"有机会一定登门拜访"、"谢谢"等等。

二、了解名片的作用

对现代人而言,名片绝非是一种自欺欺人、招摇撞骗的幌子,而是一种物有所值的实用型交际工具。在人际交往中,名片的用途一共有如下 10 种。

1. 自我介绍

初次会见他人,以名片作辅助性自我介绍效果最好。它不但可以说明自己的身份,强化效果,使对方难以忘怀,而且还可以节省时间,避免啰里啰嗦,含糊不清。

2. 结交朋友

没有必要每逢遇见陌生人,便上前递上自己的名片。换言之,主动把名片递给别人,便意味着对对方的友好、信任和希望深交之意。也就是说,巧用名片,可以为结交朋友"铺路架桥"。

3. 维持联系

名片犹如"袖珍通讯录",利用它所提供的资料,即可与名片的提供者保持联系。正因为有了名片上所提供的各种联络方式,人们的"常来常往"才变得更加现实和方便。

4. 业务介绍

公务式名片上列有归属单位等项内容,因此利用名片亦可为本人及所在单位进行业务宣传,扩大交际面,争取潜在的合作伙伴。

5. 通知变更

利用名片,可以及时地向老朋友通报本人的最新情况。如晋升职务、乔迁新居、变换单位、电话改号之后,可以印有变更的新名片向老朋友打招呼,以使彼此联系畅通无阻,对方对自己的有关情况了解得更加充分。

6. 拜会他人

初次前往他人居所或工作单位进行拜访时,可将本人名片交由对方的门卫、秘书或家人,转交给被拜访者,以便对方确认"来系何人",并决定见与不见。这种做法比较正规,可避免冒昧造访。

7. 简短留言

拜访他人不遇,或者需要请人转达某件事情时,可在名片上写下几行字,或一字不写,然后将它留下,或托人转交。这样做,会使对方"如闻其声,如见其人",不至于误事。

8. 用作短信

在名片的左下角,以铅笔写下几行字或短语,寄交或转交他人,如同一

世界500强企业培训经典集

封长信一样正式。若内容较多，也可写在名片背面。在国外，流行以法文缩略语写在名片左下角，以慰问、鼓励、感谢、祝贺他人的做法。

9. 用作礼单

向他人赠送礼品时，可将本人名片放入其中，或以之装入一个不封口的信封中，再将该信封固定于礼品外包装的上方。后者是说明"此乃何人所赠"的标准做法。

10. 替人介绍

介绍某人去见另外一人时，可用回形针将本人名片（居上）与被介绍人名片（居下）固定在一起，必要时还可以在本人名片左下角写上意即"介绍"的法文短语缩写"P. P."，然后将其装入信封，再交予被介绍人。这是一封非常正规的介绍信，是会受到高度重视的。

三、名片的存放

要使名片的交换合乎礼仪，并且使其在人际交往中充分发挥作用，则还应注意如下两个问题。

1. 名片的放置

在参加交际应酬之前，提前准备好名片，并进行必要的检查。

随身所带的名片，最好放在专用的名片包、名片夹里，此外也可以放在上衣口袋之内。

在交际场合，如感到要用名片，则应将其预备好，不要在使用时再去瞎翻乱找。

接过他人的名片看过之后，应将其精心放入自己的名片包、名片夹或上衣口袋内，切忌放在其他地方。

2. 名片的收藏

参加过交际应酬以后，应立即对所收到的他人的名片加以整理收藏，以便今后利用方便。不要将它随意夹在书刊、材料内，压在玻璃板下，或是扔在抽屉里面。

存放名片的方法大体上有四种，它们还可以交叉使用。

（1）按姓名的外文字母或汉语拼音顺序分类。

（2）按姓名的汉字笔画的多少分类。

（3）按专业或部门分类。

（4）按国别或地区分类。

若收藏的名片甚多，还可以编一个索引，那么用起来就更方便了。

第二章

雕塑完美的职业形象

面子很重要，注意修饰自己的仪容

过去企业招人，老板多看重的是你的学历和本领，而现在形象却已经成为老板更加看重的东西。因为从一个人的形象往往可以看出其生活态度、生活质量和个人素质、道德情操等，由此可以推测出其对事业的态度。

1. 要想改变个人形象，给人以好的印象，首先要从"头"做起

发型体现干练个性。发型要大方、高雅、得体、干练，前发不要遮眼遮脸为好；发丝要保持干净整洁；在染发风行的今天，为了追求个性而染发者甚众。但是为了和工作场合与工作性质相符合，染发就不能随心所欲。发色要庄重和谐不夸张。

2. 从手与指甲上现尊敬

当你与客户握手时，当你把文件交到客户手上，当你举杯与客户共祝合作愉快时，一双干净修长的手和十只经过精心修护的指甲无疑会增加你的印象分。正所谓"指"上谈兵，细节取胜。指甲最基本的要求是每星期剪两次、修一次，长度以不超过指尖为宜。对于指甲的修饰，以自然大方为宜，不用假指甲，不留长指甲，不装甲戒等指甲饰品。

3. 胡须：嘴上无毛，办事才牢

现代的职场中，"嘴上无毛，办事不牢"已经不灵，人际关系中第一印象往往很重要，若是胡子一大把会让人觉得没有精神，若是胡须没有理净，也会给人留下办事不利索的印象。为了让合作对象对你有个好印象，为了不给竞争对手"可以抓住的把柄"，一定要让你的下巴干干净净。

4. 皮肤是最好的门面

皮肤是人的"门面"，也是保护人体的"第一道防线"。人便有"花容

月貌"也会美中不足，即使你长得真的无可挑剔，也不妨来点"锦上添花"，尤其是作为有品位、有气质、优雅又精致的职业女性，更不可以素面朝天。因此，职业女性要掌握好职业环境中的彩妆的造型技巧，学会基本的职业彩妆的画法。

5. 耳朵：不可忽略的细节

很多人往往只重视脸和头发的修饰，而忽略了露在头发外面、脸颊两侧的耳朵。如果头发修饰得美丽可爱，面部也装点得貌若天仙，服装也搭配得华丽雍容，可是偏偏耳朵依然如故，那就不相称了。我们简单介绍一下耳朵的化妆：

粉底匀染。把基础粉底均匀地涂敷在耳朵的里里外外，凹凸中间、耳垂各处。这样做了，自然比以前什么都不做的情形好得多。

匀明。在涂抹好粉底的基础上，把耳朵稍前部分、高的部分和耳垂部分，用与粉底同调的但略为明亮的颜色匀明。

添加红色。在耳垂上涂上微红的颜色，这是为了使耳垂更加丰满，更感自然，膏脂状的油质腮红胭脂使用方便，效果也很好。

修改厚薄耳垂。如果耳垂比普通人要厚，则可以在耳的轮廓上淡淡匀染红色。反之，若耳垂较薄，则把红色由周围向中心匀染。

耳廓轻染。如果要戴耳环，则仅在耳廓上轻染淡红，这样看起来就很美观。

魅力不是"魔力"

有些人能受到别人的注意，他们说话有人听，能得到提升，得到资助，而且当他们迷路时能得到路人主动提供的帮助。而工作一样努力，同样富有才华，并且容貌也不差的其他一些人，为取得相似的结果却必须艰苦奋斗。这两个群体的不同之处通常在于前者拥有足够的个人魅力以使自己受到别人的注意。

"魅力"是从日语中直译过来的。日语中的"魅力"与汉文形同、音近，意为"夺人魂魄，使人心旷神怡"。

"魅力"一词，在现代汉语中，已具有了其他词不可替代的涵义。概括起来，主要包含如下三点：第一，指人与人关系中的磁性心理表现；第二，指令人由衷佩服的愉悦性意义；第三，指带有多种因素综合的模糊表现，为一定程度的难以言喻的神秘性。

魅力可以对你的工作和生活产生一系列的影响：

（1）魅力能够增强你影响他人的能力，从而提高你的威望。

（2）魅力能使你更受欢迎，扩大你的人际网络。

（3）魅力能增强你的自尊心和自信心。

（4）魅力能提高领导的效果，从而改进你所在团队的工作绩效。

（5）魅力能给他人带来欢乐和慰藉。

正因为魅力具有多方面的作用，所以人们对它也极为关注。尤其是，由于魅力经常和领袖气质——另一种"神秘"品质联系在一起，它在人们眼中就更加神秘了。人们常常把这两者都看成是并非人人都有的神秘品质。然而，魅力并非魔力。

尽管许多人都觉得魅力是一种说不清道不明的东西，但实际上魅力无非是个人外表及内在气质对人们所产生的影响。一个人如能认清本身的优、缺点，发挥长处，外表纵使乏善可陈，透过言行举止、涵养学识，仍能吸引他人。

魅力是对他人的一种吸引力，能使人们信服、仰赖、崇敬，而为其付出。要拥有魅力不是困难的事，魅力是可以掌握及实践的。

魅力不是位居要职、有权有势者才拥有。在日常生活中，我们常常可以见到，在一个单位里，有些人虽不是领导，没拥有什么权力，可是却吸引了许多同事，惟其马首是瞻，而且常常成为人们茶余饭后交口称赞的中心人物。

我们可以说魅力是一种吸引力与影响力，是一种源自个人性格与行为的表现，是一种人际互动中情绪的激荡与传达，是一种具有权力、威望、令人景仰的心理状态。我们认为魅力并不属于阶级地位、职业身份，不论达官显要或贩夫走卒、朝中大官或市井小民、演员歌手或江湖卖艺者都有其展现独特魅力的可能。因此，人人都有追求魅力的权利。然而，在现实生活中，我们总是会碰到一些不太有魅力的人，或者，你认为自己是一个需要提升自我魅力的人。什么样的人是缺少魅力的呢？

美国管理学家安德鲁·杜布林先生在他的《人格魅力》一书中曾经列出了缺乏魅力者的一些表现，谨列于下，供您参考。

1. 长期以来，你没有接到新的任务，也没有得到提升，你的事业一直处于原地踏步的状态。

2. 你在两三家公司的裁员过程中都遭到解雇。

3. 开会时人们很少询问你的意见。

4. 你缺席某个会议，而事后没人提起过开会时没有见到你。

5. 几乎没有人请你加入他或她的圈子。

6. 当你被分配到新的团队或特别工作小组中的时候，人们一般不会提名你做领导。

7. 对你所说的笑话和俏皮话，别人几乎不会做出多少反应。

8. 在开会时或其他讨论会上，同事们很少提及你的名字。

9. 同事们或上司几乎不会引用你所说过的话。

10. 在开会时，你常常发表看法或主动提出你的意见，却得不到任何回应。

11. 某同事因穿了某件西服而受到赞美。然而，当你穿上几乎一模一样的西服时却没有人恭维你。

12. 向你负责的人们缺乏工作热情。

13. 向你负责的人们面临重大问题时会直接去找你的上司。

14. 你给朋友和熟人所打的电话的次数要远远超过他们所打给你的。

15. 朋友和熟人一般不会给你发电子邮件，除非他们必须回复你给他们的邮件。

16. 当你在上学的时候，你几乎从来没有被提名做队长或俱乐部的负责人。

17. 在感情关系方面，你得付出很大的努力后才会有与人相约的机会，因为别人几乎不会主动邀请你。

18. 在超市时，没人会转过身来对你说："喂，你到我前面来吧。你可能比我更匆忙。"

19. 陌生人很少对你微笑。

20. 在公共大楼里或机场，陌生人一般不会为你开门。

21. 当处在各种年龄的人都有的社交场合，小孩一般不和你说话或站在你旁边。

22. 在社交场合，通常你得先开始谈话，因为几乎没人会自动地开始与你交谈。

23. 无论在上班时还是在下班后，你很少得到别人的赞美。

24. 在与你面对面的交流时，人们往往会不时地打哈欠。

25. 你记不起来有任何人曾经说你很活跃或说你有欢快的个性。

杜布林先生说，根据他的研究，几乎没人能说他们从来没有过这些经历或者只经历其中之一。不过，你若经历过这 25 种经历中的绝大部分时，就

明显表明你的个人魅力水平很低，以致妨碍了你工作和个人生活中的潜在幸福。

是的，魅力既不是知识，也不是能力，但实实在在地给你的工作和生活带来影响。如果你忽视了对它的锤炼，那么无形中为你的事业增添了许多障碍。下面，我们将为你介绍一些提升魅力的方法，如果您能加以参照，必将对你的成功有所助益。

拥有更好的职业气质

气质是人的一个重要的内在特征。心理学家将人的气质分为四种类型，即多血质、黏液质、胆汁质和抑郁质，四种不同的气质类型具有不同的心理特征。

多血质属于活泼而好动型。由于神经过程平衡且灵活性强，这种人更易于适应环境的变化，性情开朗、热情，喜闻乐道，善于交际；在群体中精神愉快，相处自然，常能机智地摆脱窘境；在工作和学习上肯动脑筋，常表现出机敏的工作能力和较高的办事效率；对外界事物有广泛的兴趣，不安于循规蹈矩的工作；情绪不够稳定，易于浮躁，时有轻诺寡信、见异思迁的表现。

黏液质属于缄默而安静型。由于神经过程平衡且灵活性低，反应较迟缓，无论环境如何变化，都能基本保持心理平衡；凡事力求稳妥、深思熟虑，一般不做无把握的事，具有很强的自我克制能力；外柔内刚，沉静多思，很少流露出内心的真情实感；与人交往时，态度持重适度，不卑不亢，不爱抛头露面或做空泛的轻谈；行动缓慢而沉着，有板有眼，严格恪守既定的生活秩序和工作制度。因此，能够高质量完成那些要求有坚韧不拔、埋头苦干的品质和长时间地集中注意力、有条不紊的工作。其不足之处是过于拘谨，不善于随机应变，常常墨守成规，固步自封。

胆汁质属于兴奋而热烈型。表现为有理想有抱负，有独立见解，反应迅速，行为果断，表里如一；在言语上、面部表情和体态上都给人以热情直爽、善于交际的印象；不愿受人指挥而喜欢指挥别人；一旦认准目标，就希望尽快实现；遇到困难也不折不挠，有魄力，敢负责，但往往比较粗心，自制力较差，容易感情用事，有时有刚愎自用、鲁莽的表现；由于神经过程的不平衡，工作带有明显的周期性，能以极大的热情投身于事业；一旦筋疲力尽，情绪顿时转为沮丧而心灰意冷。

抑郁质属于呆板而羞涩型。精神上难以承受或大或小的神经紧张，常为微不足道的小事引起情绪波动；情绪体验的方式较少，极少在外表流露自己的情感，但内心体验却相当深刻；喜欢独处，交往拘束，兴趣爱好少，性格孤僻，在友爱的集体，可能是一个很易相处的人；对力所能及的工作，认真完成，遇事三思而后行，求稳不求快，因而显得刻板；学习工作易疲倦，在困难面前怯懦、自卑、优柔寡断。

在现实生活中，人们的气质类型很难简单地归结为上述四种，大多数人的气质都是几种气质类型的混合。为此，你应该注重自己综合素养的提高，才能真正改善你的气质。有人认为，气质的来源有三种途径：

1. 来自知识

那些知识渊博的人总是更容易受到人们的欢迎。我们这里所说的知识，不仅仅包括书本上的那些历史、哲学、宗教之类的专门知识，还包括那些生活中的小知识，如流行动态、名人逸事、笑话幽默等。如果你确实有见地，而且见闻广泛，可以和男士侃侃足球、汽车，也可以和女士侃侃服装、香水，善于恰到好处地把自己的知识展示给大家，你的人气一定能够大为上升。所以，你一定要善于做生活中的有心人，多注意留意身边人的兴趣爱好，留意一些点点滴滴的小事。久而久之，你就能在人们心目中留下"知识渊博"的印象了。

2. 来自品德

它所形成的是一种"品德美"。善良的心地，宽大的胸襟，光明平和的处世态度；待人谦虚而有自信，积极向上而不嫉妒倾轧，欣赏别人的优点而不自卑，了解自己的长处而不嚣张，勇于负责而不跋扈，这种优良的品德会形成一个人雍容高雅的气质。有这种气质的人自然举止从容、态度大方，有一种安详高雅之美。

3. 来自艺术修养与对自然的欣赏

艺术修养大都要靠平时的积累，而不是在工作中形成的。但是，良好的艺术修养和对自然的热爱对你的工作能够起到很大的帮助作用。

首先，良好的艺术修养能够改变你的谈吐和形象。一个受过良好教育的人，总是能够更容易地博得别人的尊敬和信赖。特别是当你希望进入一个较高的层次的时候，比如想成为一名高级管理人员或是企业家的时候，良好的艺术素养非常有助于你的成功。没有人会喜欢那些粗鄙不堪、举止粗鲁的人。

其次，对艺术和自然的热爱有助于你保持平和的心境，不至于一遇到挫

折或不顺心就焦躁不安。在工作中，不顺心的日子是经常会有的。如果你不能及时排遣心中的郁结，对你的工作和健康都是不利的。艺术和自然有助于你放松心情，并能给你带来灵感。试想，当你下班之后，是到酒馆喝闷酒，还是回家洗个澡，听听音乐更有助于放松呢？

最后，良好的艺术感也有助于改变你的行事风格。你的做事风格会受到你的气质的潜移默化的影响。如果你有良好的艺术感觉，那么你很可能凭直觉就能知道什么工作是重要的，什么是不重要的。最好的工作安排必然是和谐的，你的艺术感有助于你做到这一点。

昂起头来，自信一点

自信心对你的事业成功非常关键。同时，它也是提高你的个人魅力的重要方面。居里夫人曾说过："生活对于任何一个男女都非易事，我们必须要有坚忍不拔的精神；最要紧的还是我们自己要有信心。我们必须相信，我们对一件事情具有天赋的才能，并且，无论付出任何代价，都要把这件事情完成。当事情结束的时候，你要能够问心无愧地说：'我已经尽我所能了。'"一个人只要有自信，那么他就能成为他所希望成为的人。

古往今来，有多少英雄豪杰正是凭着超人的自信心，创造了伟大的业绩，改变了人类的历史。其实，自信并不是这些人所独有的。只要你也有一分自信，一种心情，你也能创造出像他们一样的业绩，你一样也能成为一个成功的人。

那么，自信心能不能被培养起来？能的。拿破仑·希尔先生用他的研究成果和人生智慧一再地告诉我们，只要我们正确地应用"自我暗示"原则，我们就一定能培养出自信心。

在他的《成功法则》一书中，拿破仑·希尔先生向我们介绍了这样一些步骤：

第一，我知道自己有能力实现我的"明确目标"，因此我要求自己采取坚忍、积极和不间断的行动以获取成功。

第二，我明白自己脑中的主要思想终将表现于外在的行动，并逐步变成事实，因此我每天必须花 30 分钟时间集中思想，想象我希望成为一个怎么样的人，在心里想象出这个形象，然后经过实际努力，使这一形象成为真实。

第三，我知道，"自我暗示"原则，我脑中所坚持的任何愿望，最后都

将通过某种实际的现实方式而表达出来，因此我每天要花 10 分钟时间，努力使自己拥有各种成功要素。

第四，我已经清楚地拟出并写下了 5 年内生活中的"明确目标"。对于这 5 年中的每一年，我订下了自己要赚取的工资数目。这是我打算赚取和收受的，我会用有效、满意的服务来达到这个目标。

第五，我充分了解，除非建立在真理与正义之上，没有任何财富或职务能维持永久不变，因此我不会做对其他人没有益处的事情。我将吸纳我所需的力量，并与其他人合作，以赢得成功。我将吸纳其他人替我服务，当然我会先为他们服务。我会培养出对全人类的爱心，以此而消除怨恨、嫉妒、自私及冷嘲热讽。因为我知道，对其他人采取消极的态度，永远不会为我带来成功。我将使其他人相信我，因为我相信他们，而且我相信我自己。

我将在这份声明上签字，并将它背下来，每天大声地朗读一遍，相信它会逐渐影响我的整个生活，使我在自己所选择的行业中成为一个成功快乐的人。

正如上面所说的，希尔先生建议我们将上面的步骤背下来，每天朗读一遍。

希尔先生指出，在某种习惯已经根深蒂固地建立起来以后，这种习惯将会自动控制和指引我们的行动，这时我们也许会发现，某种思想可以转变成为培养自信心的一项有利因素。这个思想就是，你的行动与思想沿着自己所渴望的路线进行，一直到你已形成一种习惯，而这个习惯将控制你，自动地继续把你的行动沿相同的路线发展下去，必要时也可以强迫自己如此。

将自信心确立的法则写下来并重复练习，其目的就是使你形成一种习惯，把对自己的信任变成你意识中最重要的思想。一旦这种习惯养成，这个思想将会完全深植在你的潜意识之中。

第三章

步出社交围墙，掌握人际交往分寸

编织你的人脉关系网

现代社会也是一个关系社会，没有关系，空有才华和能力，也是寸步难行。他山之石，为己开路，借助朋友的力量，是获取成功的捷径。

成功的人大都是有关系网的人。两百年前，清代巨商胡雪岩因为善于经营人脉，而得以从一个倒夜壶的小差，翻身成为清朝的红顶商人，建成自己事业的大厦。两百年后的今天，检视政商界成功人士的成功轨迹，你会发现，他们都因为拥有一本雄厚的"人脉存折"，才有了之后辉煌的"成就存折"。凤博国际集团有限公司董事长董思阳的事业成功在很大程度上也得益于人脉。董思阳曾说："无论你从事什么职业，学会处理人际关系，能够掌握并拥有丰厚的人脉资源，你就在成功路上走了85%的路程，在个人幸福的路上走了99%的路程了。"

一名优秀的员工一定是拥有丰富人脉关系的人。因为他们善于结识并积累一切潜在的资源——客户、同事以及一切可能认识的人。优秀的员工都具有积累人脉的超强本领，并将其视为自己的重要资本，及时把它存入自己的"人脉存折"。

戴尔·卡耐基也曾说过："一个人事业上的成功，仅有15%是由于他的专业技术，另外的85%主要靠人际关系、处世技巧。"如果没有人脉，勤奋不一定就会成功，忙碌也不一定会有结果。优秀的员工懂得用人脉为自己积累成功。

苹果电脑人力资源深副总裁苏利文对员工提出，要想建立良好的人际关系，必须勤下工夫。如果你想变得更加优秀，积累人脉是不可或缺的一项

能力。

以下简单介绍几种积累良好的人脉的方法：

（1）要结成一张高效的关系网。把与自己的生活范围有直接关系和间接关系的人记在一个本子上。

（2）对关系进行分类。生活中一时有难，需要求助于人的事情往往涉及到许多方面，你需要各方面的帮助，只从某一方面获得的情况很少。

一般来说，良好、稳定的人际关系的核心必须由 10 个左右你所信赖的人组成。这首选的 10 人可以是你的朋友，或在事业上与你紧密联系的人。为什么将人数限定为 10 人呢？因为这种牢不可破的关系网需要你一个月至少维护一次，10 人就足以用尽你所有的时间。

（3）保持联系是建立成功关系网络的一个重要条件。"关系"就像一把刀，常磨才不会生锈。所以不要与朋友失去联络，不要等到有麻烦时才想到别人。

（4）必要的"感情投资"，会使你的关系网更加牢固。记下与关系网中的人有关的一些至关重要的日子，比如生日或结婚纪念日，在这些特别的日子里，哪怕只给他们打个电话，他们也会高兴万分。比如：当他们升迁的时候，向他们表示祝贺，当他们处于低谷时，向他们表示慰问，并主动提供帮助。当你的商务旅行地点与哪一个关系成员接近时，你可以与他共进晚餐。当他们向你发出邀请时，不论是升职派对，还是他的儿女的婚礼，都要郑重其事地参加。

如果你想变得更加优秀，现在就开始去建立自己的人脉网络吧。只有建立起了人脉网络，你才会享受到人脉给你带来的好处，那时你才会深刻认识到，一般人才与顶尖人才的区别在于人脉，而非仅仅是才学和能力。平庸的员工，是不懂得为自己的将来投资的人；优秀的员工却懂得用人脉为自己积累社会关系，让丰富的社会关系为自己事业插上腾飞的翅膀。

慧眼识珠，开发你的关键客户

关键客户有两层含义：一方面是指报春花类型的客户，另一层含义则是指在客户中那个促使你们达成订单意向的人。

1. 开发有影响力的中心人物

在销售学中有一个"中心开花法则"，就是推销人员在某一特定的推销范围里发展一些具有影响力的中心人物，并且在这些中心人物的协助下，把

该范围里的个人或组织都变成推销人员的准客户。实际上，这种法则也是连锁介绍法则的一种推广运用，推销人员通过所谓"中心人物"的连锁介绍，开拓其周围的潜在客户。

所以，只要了解确定中心人物，使之成为现实的客户，就有可能发展与发现一批潜在客户。利用这种方法寻找客户，推销人员可以集中精力向少数中心人物做细致的说服工作，可以利用中心人物的名望与影响力提高产品的声望与美誉度。但是，利用这种方法寻找客户，先以其中一人为中心向外扩张，也就是借由这最初的250个人脉关系，从中再寻找可以让你向其他人脉网搭上关系的桥梁，如此周而复始地推动，将每一个人的250条人脉紧紧地串联在一起，也就是直销界经常使用的推荐模式。透过不断联络经营，认识的人会越来越多，真可谓"取之不尽，用之不竭"！

2. 找到客户中有决策权的人

每个销售人员的销售方式都不相同，有的销售人员喜欢说服高层，有的则喜欢与普通员工打交道。有许多销售者很努力，也经常去拜访客户，但业绩并不出色，很可能是因为他接触的是外围人群，对决策层没有多大影响。因此，找到关键的人、关键的信息源很重要。

你推销商品时常常会遇到这样的情况：一个企业或者一个家庭一起来跟你谈生意，做交易，这时你必须先准确无误地判断出其中的哪位对这笔生意具有决定权，这对生意能否成交具有很重要的意义。如果你找对了人，将会给你的推销带来很大的便利，也可让你有针对性地与他进行交谈，抓住他某些方面的特点，把你的商品介绍给他，让他觉得你说的正是他想要的商品的特点。相反，如果你一开始就盲目地跟这一群人中的某一位或几位介绍你的商品如何如何，把真正的做决定者冷落在一边，这样不仅浪费了时间，而且会让人看不起你，认为你不是生意上的人，怎么连最起码的信息——决定权掌握在谁手里都不知道，那你的商品又怎能令人放心。

如何确定谁是交易的决定者，很难说有哪些方法，只有在长期的实践过程中，经常注意这方面的情况，慢慢摸索客户的心理，才能进行准确的判断。这里介绍几种方法，仅供参考。当你推销浴缸时，一个家庭的几位成员过来了，首先是主妇说："哦，这浴缸样式真不错，体积也足够大。"然后长子便开始对这台浴缸大发评论了，还不停地向你询问有关的情况。这时你千万不要认为这位长子便是决定者，从而向他不停地讲解，并详细地介绍和回答他所提出的问题，而要仔细观察站在旁边不说话，但眼睛却盯着浴缸在思索的父亲。你应上前与他搭话，"您看这台浴缸怎么样，我也觉得它的样式

挺好"。然后再与他交谈，同时再向他介绍浴缸的其他的一些性能、特点等。因为这位父亲才是真正的决定者，你向他推销、介绍，比向其他人介绍有用得多，只有让他对你的商品感到满意，你的交易才可能成功，而其他人的意见对他只具有参考价值。

在有些场合下，你一时难以判断出谁是他们中的决定者，这时你可以稍微改变一下提问的方式。比如，你可以向这群人中的某一位询问一些很关键、很重要的问题，这时如果他不是领导者，他肯定不能给你准确明了的答复，而只是简单应答，或是让你去找他们的领导。如果你正碰上领导者，那么他就能对你提出的重要的问题给予肯定回答。这种比较简单的试问法，可以帮你尽快地、准确地找到你想要找的决定者。

请记住，当你与一位经理、厂长、部长洽谈大生意时，与秘书、主任、司机等人先成交小生意的可能性非常大。除了成交真正的生意外，赢得这些"小人物"的心要比争取"大人物"的好感容易得多。

要想使推销成功，需要准确找到你的关键客户，然后集中力量开发此客户。

老客户搭桥，开发新客户

日常工作实践中，许多推销员喜欢抱怨公司不能提供客户源，因而自己无法取得高业绩。那么，推销员到底应该如何增加订单，找到更多的客源呢？在这一方面，我们绝不能忽视老客户追加购买和向其他人推荐的作用。

你一定有过这样的经历，告诉朋友哪家餐厅很有特色，哪家商场东西质优价廉，哪家服装店正在搞大型促销活动。你会主动告诉别人或是在他人需要的时候主动提出来，其实并不是因为你可以从中获取什么样的实际利益，而只是单纯地提供意见、真心地提供帮助，把自己的真实感受说出来而已。

同样，在客户开发的过程中，当你在向客户推荐产品时，如果你的准客户对你的产品尚存在戒心和怀疑，若能让你以前的客户现身说法，尤其是与准客户比较亲近的家人、朋友或是邻居，让他们谈产品的效用，就会取得事半功倍的效果。

因此，推销员要充分利用老客户资源来开发新客户。

电话行销人员："刘总，您好！上次那批机器有没有出现什么问题？"

客户："没什么问题，很好。"

电话行销人员："刘总，到现在我们合作已经有两个月了，我很想知道

您对我们企业服务的看法，看有什么需要改进的。您对我的服务感到满意吗？"

客户："满意，挺不错。"

电话行销人员："首先谢谢刘总对我的鼓励。我希望也能把我满意的服务带给您身边更多的人，所以，刘总，就您所知，您觉得您身边有哪些朋友我也可以帮到他们？"

客户："让我想想。您和××联系一下看看，他是我一个多年的朋友，正经营一家公司，可能会有需要。"

电话行销人员："那太谢谢刘总了。他的联系方式是……"

客户："办公室电话是……"

电话行销人员："刘总，我希望您能亲自给他打个电话，这样，当我打电话给他时，他也不会觉得突然。"

客户："没问题，我等会儿就打电话给他。"

电话行销人员："刘总，我会随时把与××总联系的情况告诉您。您以后有什么问题，请随时打电话给我。"

客户："好的。"

以上这个案例是一个通过老客户推荐而赢得新客户的很好的例子。

有一项研究结果表明：推荐生意的成交率是55%。相比之下，如果你是个新手，可能你接触100个人都不能成交一单生意。可见，被推荐的客户对你是多么有价值！如果你能学会成功地获得推荐生意，那你就不会把客户拱手让出了。

要想让客户推荐，必须先赢得客户的称赞。试想，如果一位客户对你的产品或服务不满意的话，那么他对别人说起时也仅仅是一些负面消息，对你开发新客户有害无利。

值得注意的是，当你的客户向你推荐了新客户后，无论生意成功与否，你都要对老客户表示感谢，这是最起码的礼貌。老客户相信你，才会向你推荐，你应该有个回音。如果成功了，你告诉他，他会为你高兴；如果失败了，你告诉他，他会帮你再想办法。

而且，你一定要让客户推荐给你的那个人感到满意，不要辜负推荐人对你的信任和帮助。人人都明白老客户会给自己带来新客户，维持一个老客户是开发一个新客户成本的1/5，但是很多销售员认为同老客户已经很熟了，不用再花太多的时间去照顾，正是这种掉以轻心使他们失去了老客户，等到发现老客户突然转到竞争对手那里时，后悔已经来不及了。因此，要想让老客

户为你推荐新客户，长期维护与老客户良好关系是一件重要的事情。对于一个销售人员来说更是如此——维持与老客户的关系在工作时间里所占的比重会越来越大，常常超过 1/3。成功推销员的经验告诉我们，老客户往往可以帮助你完成销售定额，而开发新客户是为了超额完成销售任务，从而拿到额外的利润。因此，不妨充分利用老客户资源来开发新客户，这样你做起来会更加容易一些。

平时做好"情感投资"

俗话说："平时不烧香，临时抱佛脚。"那样菩萨虽灵，也不会帮助你。因为你平常心中就没有佛祖，有事才来恳求，佛祖怎会当你的工具呢？所以我们求神自应在平时烧香。而平时烧香也表明自己别无希求，完全出于敬意，绝不是买卖，一旦有事，你去求他，他念在平日你的烧香热忱也不致拒绝。

培育一盆花，在你经年累月的精心呵护之下，才会开出艳丽的花朵；如果你只是在想起来的时候才去看它一眼，恐怕它早就枯萎了。与客户相处之道也是如此。在平时就要做好"情感投资"，做人做事不可急功近利。

乔·吉拉德最喜欢送给客户——尤其是潜在客户——的礼物是贺卡。对于每个客户，他每年大约要寄出 12 张贺卡，每次均以不同的色彩和形式投递，并且在信封上尽量避免使用与他的行业相关的名称。

1 月份，他的贺卡是印制着精美的喜庆图案的拜年卡，同时配上"恭贺新禧"几个大字，下面是一个简单的署名："雪佛兰轿车，乔·吉拉德上。"此外，再无多余的话。即使遇上大拍卖期间，他也绝口不提买卖。

2 月份，他的贺卡上写的是："请您享受快乐的情人节。"下面仍是简短的签名。

3 月份，他的贺卡上写的是："祝您圣巴特利库节快乐！"圣巴特利库节是爱尔兰人的节日。也许你是波兰人或是捷克人，但这无关紧要，关键是他不会忘记向你表示祝愿。

然后是 4 月、5 月、6 月……

不要小看这几张小小的贺卡，它们所起的作用并不小。不少客户一到节日，往往会问夫人："过节有没有人来信?""乔·吉拉德又寄来一张贺卡!"

这样一来，每年中就有 12 次机会使乔·吉拉德的名字在愉悦的气氛中来到每个家庭。乔·吉拉德没说一句：请你们买我的汽车吧！但这种不讲推

销的推销，反而给人们留下了最深刻、最美好的印象，等到他们打算买汽车的时候，往往第一个想到的就是乔·吉拉德。对于那些买过他所销售的汽车的人，他们也会把自己的经历告诉亲近的人。

注重平时的"情感投资"，帮助乔·吉拉德赢得了这样的职业荣誉：连续 15 年成为世界上售出新汽车最多的人。

小雪是北京一家美容院的店长，这家美容院颇具规模在北京有 10 多家店，但小雪店里的业绩每个月都是最好的。于是市场部经理就去这家店考察原因，以供公司其他各店借鉴学习。两个月之后，市场部经理回来了，他发现这家店每月新增顾客也不比其他店多，但是客户流失率却远比其他各家店少；并且还发现，在母亲节、父亲节的节假日时，小雪都组织员工集体给顾客发祝福短信，平时还做了客户记录，在每个顾客生日那天也总能收到员工的祝福。一个顾客说："收到你们的短信，我特别感动！因为我的孩子都不记得今天是我的生日，真的很感谢你们的祝福！"因此，这家店里的客户群比其他各店稳定得多，客户跟员工的感情也比较亲近。这就是原因所在，之后各店纷纷效仿，客户流失率均有所下降，业绩也比以前有所增长。

一些有经验的优秀员工都懂得，向客户赠送小礼品或发送节日祝福。小礼品的价值不高，却能发挥很大的效力，不管拿到礼品的客户喜欢与否，当他们感受到了别人的尊重时，内心的好感必定油然而生。闲暇时送上一句祝福也并不费事，但能深深地感动客户。赢得了客户足够的信任，你还用担心自己的业绩不够理想吗？

善于利用你周围的关系资源

睁开你的眼睛，用心看看你周围的人群，也许他们中很多就是你可获得的人脉资源，最贴近我们的有朋友资源、职场资源、亲戚资源，还有当今时尚流行的网络资源。

北京大学有一个由"金融投资家进修班"学员组成的同学会，仅有 200 余人，控制的资金却高达 1200 亿人民币。

一位创业者在接受《科学投资》杂志采访时说，他到中关村创立公司前，曾经花了半年时间到"北大企业家特训班"上学、交朋友。他开始的十几单生意，都是在同学之间做成的或是由同学帮着做成的。同学的帮助，在他创业的起步阶段起了很大的作用。

1. 朋友资源

"朋友"正是志同道合才能走到一起，他们之间有种天然的吸引力，或者是共同的爱好，或者是共同的志向，或者是共同的追求。正是有了朋友的互相帮助，才有了许多场合的和谐，许多人士的成功。

2. 职场资源

效用最明显的应属职场资源。职场资源即是指创业者在创业之前，为他人工作时所建立的各种资源，主要包括项目资源和人际资源。创业活动有不成文的"不熟不做"的教条。在国内目前还没有像美国或欧洲国家一样，普遍认同和执行"竞业避止"法则的情况下，职场资源恰好可以弥补创业者创业项目缺乏的困难。

从利用职场资源入手进行创业，已经成为许多人创业成功的捷径和法宝。据调查，国内离职下海创业的人员，90%以上利用了原先在工作中积累的资源和关系。

3. 亲戚资源

亲戚资源是与生俱来就形成的，也是每一个创业者发展的基石。它是人脉资源中最稳定也是最牢固的资源。

利用亲戚资源创业者大有人在。"打虎亲兄弟，上阵父子兵"，李泽楷作为李嘉诚的二公子，一天就赚了一大笔钱。但不可否认的是，李泽楷无疑也是借助其家族丰厚的人脉资源，才一举成为香港富豪的。

4. 网络资源

网络可谓是近年来提升人气最时尚快捷的工具，通过互联网，真正让世人体会到了"地球村"的魅力，"海内存知己，天涯若比邻"不再是人们的幻想。太多的人利用网络聚集人脉，走上致富之路。

"在家靠父母，出门靠朋友"，一个人若能广交朋友、善交朋友，在意想不到的时候就会派上用场。亲戚、同学、同乡、同事、朋友犹如资本，对你来说是多多益善。人脉，从这个意义上来说，真正是个人成功路上的可靠资源。

第四章

钻研职业技能，成为专家员工

学习专业知识，让自己成为一名专家员工

有一位美国前总统在得克萨斯州一所学校做演讲时，对学生们说："比其他事情更重要的是，你们需要知道怎样将一件事情做好；与其他有能力做这件事的人相比，如果你能做得更好，那么，你就永远不会失业。"是的，如果你能真正制好一枚别针，应该比你制造出粗糙的蒸汽机赚到的钱更多。

在这个世界上，各行各业的技术高手、才华横溢的人才不胜枚举，可是真正成功的人有几个？500强企业的员工懂得把自己熟悉的专长发挥到极致，然后成为行业里不可替代的顶尖人物。这样的人生才是快乐且富有的，因为他们是在从事自己喜欢的且得心应手的事业，因为他们是企业和社会不可或缺的人。

重庆煤炭集团永荣电厂的罗国洲，是一名有30年工龄的普通而不平凡的员工，从烧锅炉到司炉长、班长、大班长，至今他仍深情地爱着陪伴他成长并成熟的锅炉运行岗位。就是在这个岗位上他当上了锅炉技师，成为国内闻名的"锅炉点火大王"和"锅炉找漏高手"；就是这个岗位，让他感受到了一名工人技师的荣耀和自豪。

罗国洲有一双听漏的"神耳"，只要围着锅炉转上一圈，就能在炉内的风声、水声、燃烧声和其他声音中，准确地听出锅炉哪个部位管子有泄漏声；往表盘前一坐就能在各种参数的细微变化中，准确判断出哪个部位有泄漏点。

除了找漏，罗国洲还练就了一手锅炉点火、锅炉燃烧调整的绝活。在用火、压火、配风、启停等多方面，他都有独到见解。锅炉飞灰回燃不畅，他

提出技术改造和加强投运管理建议，实施后使飞灰含碳量平均降低到8%以下，锅炉热效率提高了4%，为企业年节约32万元。针对锅炉传统运行除灰方式存在的问题，罗国洲提出"恒料层"运行，经实施，解决了负荷大起大落问题，使标煤耗下降0.4克/千瓦时，年节约200多万元。

罗国洲学历不高、工种一般、职务很低，但他却成为社会公认的技术能手和创新能手，他的成长经历给我们的启迪就是：干一行，爱一行，精一行，无论我们做什么工作，都要认真钻研专业技能，让自己成为岗位上的专家。

优秀的员工懂得与其诸事平平，不如一事精通是成就伟业不变的规律。做行业专家是职业人士攀登职业高峰的秘诀。所以，他们在工作中潜心学习专业知识，努力把自己打造成"行业专家"。

贵州医学院有一位李贵真教授，42年如一日地对跳蚤进行观察、描图、分类，为建立中国蚤类学做出了很大贡献，是研究跳蚤方面数一数二的人物，被誉为"跳蚤专家"。

同样的人物在国外也有一位。在英国赛马界，有一位声望很高的极有权威性的人物亨利·亚当斯，他既不是名声显赫的老板，也不是技能出众的赛手，而是一位钉马掌的铁匠。亨利钉的马掌可以说是骏马蹄上最合适的马掌。他说："我给它们钉了一辈子的掌，这就是我的工作，也是我最关心的事，我看到一匹马，首先想到的就是该给它钉一副什么样的掌最合适。"

他一辈子给人家钉马掌，为自己赢得了极高的荣誉，现在他年事已高，但找他钉马掌的赛手们仍络绎不绝，甚至要排队等候，因为在赛手们眼中，他是无人可替代的。

一个人精通一件事，哪怕是一项平凡的技艺，只要他做得比所有人好，那么也能获得丰厚的奖赏。特别是在竞争日益激烈的职场中，你想占有一席之地，并拥有名誉和至高的地位，你就必须选择一个目标，然后全力以赴，付诸行动，做到精益求精。

公司需要精业的"专家员工"，要想在激烈的市场竞争中更好地生存，就必须修炼自己的本职工作，让自己成为一名"专家员工"。

在竞争激烈的现代社会，一个人的知识储备就好比一座矿产，如果我们的个人矿产只比别人丰富一点，那么我们能不能够让它更加丰富一些呢？如果我们不比别人更富有，甚至更贫乏的话，那我们如何让自己成为那个不可或缺的人呢？要想不被人代替，你得有一手绝活。所谓的绝活就是：你有的

资源别人没有，你会的别人不会。这些是你笑傲职场的资本。

打造核心技能，让你不可替代

中央电视台著名主持人白岩松在中国农业大学的讲座上对在座的年轻人提出了一个忠告：不管你将来从事什么职业，不管你从事职业的难易程度和薪水多少，重要的是，你一定要成为这个职位上不可或缺的人。新东方的徐小平也认为：不管做什么工作，一个人把工作做到别人无法替代的程度，就是成功。

杰菲逊说："一个人拥有了别人不可替代的能力，就会使自己立于不败之地。"上面讲到的这些都是不可替代或不可逾越的能力，为自己赢得稳固地位的例子。

现实是残酷的，为了自己的利益，每个老板只保留那些最优秀、最有价值的员工。

不可替代的员工就是企业最优秀的员工，他们身上某项技能的突出潜质能够促进企业的向前发展。企业里的每一位员工，要想使自己变优秀，都要努力提高产品或服务的质量，打造属于自己的核心技能，为公司创造更大的价值。

斯坦门茨是德国著名的技术专家。一次，美国福特公司的一台机器发生了故障，几经努力都没有修好，福特公司请各方人士检查了3个月，仍然束手无策。最后，斯坦门茨被请来了。他经过研究和计算，用粉笔在电机上画了一条线，说："打开电机，把画线处线圈减去16圈。"

福特公司的员工照此做了，果然一切恢复正常：福特公司老板问要多少酬金，斯坦门茨说要1000美元。人们惊呆了——画一条线竟然值这么高的价！斯坦门茨坦然地说："画一条线值1美元，知道在哪个地方画线值999美元。"老板被折服了，不仅付给他报酬，还重金聘用了他。

这就是精湛技能的价值，它让你不可替代。在职场上，唯有拥有着出众的才能，才能让你不可替代；拥有独一无二的技能，才能在激烈的竞争中立于不败之地。同样，在职场中拥有卓越的才华也才会为自己的职业发展奠定良好的基础。

无论从事什么职业，都应该精通它。让这句话成为你的座右铭吧！下决心掌握自己职业领域的所有问题，使自己变得比他人更精通。如果你是工作方面的行家里手，精通自己的全部业务，就能赢得良好的声誉，也就拥有了

一种潜在成功的秘密武器。

超越期待，追求比公司要求更高的工作绩效

造物主赋予我们每个人一种突出的才能，也许你有管理的才能、音乐或绘画的天赋、写作的悟性、思考的资质等。无论你的特色是什么，都不要把自己藏起来，你应该积极地把你的才能发掘出来并发挥得淋漓尽致。

《把信送给加西亚》一书是这样定义卓越的：

卓越就是比别人更执著；

卓越就是比别人更敢于冒险；

卓越就是比别人更敢于梦想；

卓越就是比别人有更高的期望。

一名杰出的员工不但要求自己满意、别人满意，而且要超过别人对自己的期望，并随着企业和自身的发展把内心的标准提得越来越高，不断学习新知识，积累新经验，从而使自己获得成长。因为一个总能在"昨天"完成工作的员工，一个总能把工作做得比老板预想的还好的员工，将会征服任何一个时代的任何老板。

小琳是花旗银行的一名普通员工，她只是一名大专生，但她做的并不比公司的博士生逊色，因为她一心想超出公司的期望做到最好。一天一个客户来取一笔存款，小琳发现那张定期存单还有几天才到期，如果提前支取将损失一大笔利息收入，于是就提醒了这位储户。但这位储户说，自己也是没办法，因为他预订的住房已到了缴款期限。小琳又问清楚了他订房的楼盘、开发商的付款方式，并查看了相关政策，为他设计了一套更合理的缴款方式，这位储户对小琳大为感激。同时也惊叹于小琳精明的理财头脑和为储户着想的认真负责的工作态度。

后来，一家报社的记者采写了一篇关于小琳的报道登上了报纸的头条，原来这位储户是这家报社的主编。银行经理趁势而为，利用她的知名度组建了理财工作室，顺应了社会上开始出现的投资理财需求，加上她的名字所产生的品牌效应，是这家理财工作室在全市储户中享有广泛的声誉。小琳理所当然地成了负责人之一，事业可谓是平步青云。

因为小琳一直对自己的工作有一个高的标准，所以事事做得比其他人更周全和经得起考验。也正因为这种高标准的自我要求，给她带来了事业上的成功转折。

优秀员工与普通员工的区别就在于，当别人都在静待老板的指令和吩咐时，他们已经出色地完成了任务；当别人完成了公司交给的任务时，他们又发挥自己的主观能动性，前进了一步超出了老板的期望。因为他们比别人自觉一点，相应得到提升和赏识的机会也更多。

事实上，面对激烈的竞争，你应该不断地超越平庸、追求完美，你需要制定一个高于他人的标准。罗文在送信给加西亚的时候，为自己设定了一个比他人更高的标准：不推脱、不敷衍、尽全力。这样的人是异常优秀的人，他们不仅仅会做别人要求他们做的，而且会做得非常完美。

现实恰恰与此相反，很多人认为，公司是老板的，我只是替别人工作，工作得再多、再出色，得好处的还是老板，于我何益？有这种想法的人很容易成为"按钮"式的员工，天天按部就班地工作，缺乏活力，然而这种做法无异于在浪费自己的生命和自毁前程。

想取得优秀员工那样的成绩，只能是比那个优秀员工更积极主动地工作；想取得像老板今天这样的成就，那就是比老板更积极主动地工作，永远超越老板的期待。优秀的员工就是如此。他们工作中脚踏实地，一步一个脚印，不断学习和增强自己的能力和经验，创造的成果永远超过老板的期待，突出的业绩总能引起老板的注意。如果你一直业绩平平，又如何能得到老板的提拔呢？

第九篇　生存发展篇

■ 健康管理篇

500 强企业员工的
健康守则

第一章

办公室健康的小细节

办公室简易健身法

上班族最容易腰酸背痛、肩颈酸痛，加上长时间操作电脑，手腕也容易出问题。那么做一些简单的运动，可以轻轻松松帮助你预防这些疼痛。

想象，如果有一天，办公室可以变得像健身房，工作累的时候，你可以马上舒畅地动一动，同事们可以随兴地加入，大家一起运动聊天，赶走了疲劳，然后精神饱满地继续工作。回家之后，你再也不会像以前一样，觉得腰酸背痛，除了窝在沙发上看电视，什么也不想做。相反的，你感觉到身体舒畅，心情愉快，充满成就感。

其实，想要实现这个梦想，一点也不难，你只要学会把办公室变成健身房就可以了。

在办公室运动的秘诀，在于选择简单、轻松、短时间可以达到很好放松效果的运动。这些运动也应该能够帮助你预防或减轻酸痛的症状。

每当你工作半个小时左右，就应该让自己起来休息一下。因为根据研究，人的注意力大约在半小时之后就开始减弱，这时适度的休息，不但可以让自己提升专注力，更重要的是可以让你离开一个已经持续很久的姿势。而休息的时候，就是把办公室变成健身房的最好时机。

办公室内最好的运动就是伸展运动，因为一个姿势持续太久，肌肉就会疼痛、绷紧，这时候我们要把肌肉拉长，让它伸展、放松。以下就是上班族最需要的办公室伸展运动，这些运动都只需要用很短的时间去做，就可以达到很舒服的效果。你可以每种都做，也可以选择你喜欢的来做，不要勉强自己一次做太多，运动时要能感觉肌肉那种拉开、舒畅的滋味。

1. 颈部十字操

前后，下巴尽力贴胸，用力后仰至极限；左右，尽量在不翘肩的情况下把耳朵贴到肩上。每次 4 个 8 拍，上下午各一次。

2. 手腕

手掌使劲向后张开，不松劲时手指尽力往回扣。每次 4 个 8 拍，每天一次。

3. 上肢

借助椅子进行简单的俯卧撑，有能力的可以把脚放在椅子上，手放在地上进行。每组 12 个，每天 3 组，间隔时间不宜过长。此法同时可锻炼腹肌、胸肌和背肌。

4. 腰部

站立，双脚分开，手叉腰，做转腰动作，按顺、逆时针交替做，次数不限。这可以使内脏器官得到按摩，对肠胃病有一定辅助疗效。

5. 腿部

两腿合拢，身体站直，在脚不动的情况下蜷曲双腿（尽量成团），臀骨紧贴脚后跟，平起（保持脚跟不离地）。注意要慢蹲慢起，站起来时上身要垂直于腰部。

6. 办公族"保健操" 8 招

（1）练眼，双眼远眺窗外的景观，眼睛用力向下眨，可舒缓眼睛晶状体的疲劳。

（2）转颈，脖子左左、右右、前前、后后，顺时针转动，再逆时针转动，可放松颈部紧张神经。

（3）双手捂住耳朵，手指弹动脑袋，10～20 次，可促进大脑血液循环。

（4）扯耳朵，右手经过后脑勺，往下扯动左耳垂；随后，左手经过后脑勺，往下扯动右耳垂，每次做 10～20 次。

（5）肩周的最疼点，可采用压抓揉的手法，可缓解痛楚。

（6）搓脸，双手相互搓热后，搓脸，使脸部发热，可起到活血的效果。

（7）双臂举过头，扶住墙壁向下压，可拉伸、牵引劳累的肌肉。

（8）腹式深呼吸，平时我们采用的胸部呼吸，可采用腹部深呼吸，一舒一张。

午睡片刻有奇效

午睡是个养生的好习惯，虽然时间短，但却能起到"四两拨千斤"的效果。

首先，午睡能消除疲劳。午睡会使大脑和全身各系统休息一下，一方面补充上午工作所消耗的能量，另一方面为下午工作消除疲劳，保持充沛精力，有利提高工作效率。

其次，午睡能很好地弥补睡眠不足。正常的睡眠时间不得少于 7 ~ 8 个小时。如果你的睡眠不足，可以通过午睡来弥补睡眠不足。

再次，午睡能促进分泌代谢。午睡不仅对人体分泌及细胞分裂代谢有利，而且对健康长寿也有益。如果人在睡眠峰期不睡眠，不仅对健康长寿有影响，而且易导致健康危机的发生。

最后，睡眠能增强免疫抗病力。专家指出：人体合成各种营养，只有在睡眠和休息时才能很好地完成。因此，睡眠不足不但使身体消耗得不到补充，而且会造成机体内各器官失调，破坏人体免疫系统，失去应有的抵抗力，使一些疾病乘虚而入。

午睡虽然好处很多，可是如果时间把握不好可能给健康带来隐患，因此，我们应该科学地掌握午睡时间。

什么时候上床午睡为好？午饭后休息 30 分钟左右午睡为好。因为午饭后胃里填满了食物，并开始蠕动，各种消化腺也都进入运动状态，如果一放下碗就去午睡，不仅影响消化，而且感到饱胀不舒服，不利入眠。

午睡时间多久为好？一般午觉时间以半小时至一小时为宜，睡多了会进入深睡眠，醒来后会感到不舒服。午睡时间要因人而异，体力劳动者一般可午睡 30 ~ 90 分钟，脑力劳动者睡 30 分钟也可以，但有的人午睡打盹 20 分钟左右就可以了。

午饭前午睡更好。把午睡改在午饭前睡 30 分钟更好，据说这 30 分钟小睡的保健作用，超过了午睡 2 小时的效果。因为午饭前午睡既能减少脑梗塞的危险，又可使大脑得到休息。有利迅速消除疲劳；饭前因未进食物，肚子也不胀满，午睡也感到舒适，有利入眠。

午睡应因人制宜。哪些人需要午睡？首先，是体力劳动者，尤其是重体力劳动者更要午睡；其次，是脑力劳动者、低头伏案人员；再次，是正常身体健康的工作人员都需要适当午睡一会儿，总之，午睡有利于消除疲劳，保持精力充沛，提高工作效率。

午睡之后，要慢慢起来，适当活动，可以用冷水洗个脸，唤醒身体，使其恢复到正常的生理状态。对于那些没有午睡习惯的人，顺其自然是最好的方式。

上班第一件事：打开门窗通通气

在各种日常环境中，我们往往很在意家庭居室里的污染问题，而很少关心办公室的污染问题。其实办公室的污染也很严重，不信我们一起往下看。

办公室现代化，许多高科技，如电脑、复印机、空调器，等等，已经被广泛应用。殊不知这些先进的设备给我们带来便利的同时，也带来了大量问题。

"负离子"是现在非常流行的一个词，对人体及其他生物的生命活动有着十分重要的影响，因此它被称为"空气维生素"。但是现在的办公室，多是关闭的门窗，空调、电脑、复印机、电视机、消毒柜等电器的使用，使得室内空气的负氧离子数目显著减少。原因何在？原来空调等电器设备产生正离子，关闭的室内空气经过反复的过滤，因而负离子就减少了。而且，每每从空调室出来时，都会很明显地感觉到室内外条件的悬殊差异，加上负离子的减少，就会导致室内"空调综合征"，也就是通常说的"空调病"。

另外，一些办公设备，如电脑的显示器、电视机的高压电等会产生臭氧，复印机旁边的臭氧浓度也很高。臭氧具有很强的氧化作用，对呼吸道有着强烈的刺激性。如果复印机室内通风不良的话，容易产生"复印机综合征"，表现为咽喉干燥、咳嗽、头晕、视力减退等，严重时甚至可以导致肺水肿或神经方面的病变。办公设备还有辐射污染，也可对身体造成危害。

再有就是人体体味对办公室的污染。人体呼出大量的二氧化碳，以及肺部可以排出20多种有毒的物质，包括二甲基胺、硫化氢等，人体皮肤也可以散发大量的乳酸等有机物质，对于吸烟的人来说，值得注意的是，室内吸烟的危害远大于马路上一辆行驶的汽车排放的污染物！

所以我们要时刻警惕办公室几个最经常碰到的污染源：

（1）喷墨打印机会带来可吸入颗粒物。

（2）激光打印机会产生臭氧。

（3）涂改液含有对呼吸系统、神经系统有刺激的一氧化碳，二氯甲烷等物质。

热恋办公桌，当心颈椎病

在高压力、高节奏、高竞争、高科技的办公环境中，许多办公室白领日复一日地对着电脑，从早到晚伏案工作，加上不良姿势，重复单调的动作，

时间一长难免腰酸背痛、脖子发硬，很多人在不知不觉中患上了颈椎病。调查显示，原来多发于老年人的颈椎病，正在逐年趋向低龄化，其中，40岁以下的白领人士要占颈椎病发病人数的50%以上，尤其在30~40岁女白领中，颈椎病成了名副其实的白领职业病。

1. 坐姿不当引发颈椎病

白领每天一般要在办公室工作7~8小时，而且大多数时间是坐在办公桌前度过的。但是，很多白领在办公室坐着时习惯于驼着背、弯着腰，加上长时间低头伏案，或抬头对着电脑，使颈椎长时间处于屈位或某些特定体位，不仅使颈椎间盘内的压力增高，也使颈部肌肉长期处于非协调受力状态，颈后部肌肉和韧带易受牵拉劳损，再加上扭转、侧屈过度，更进一步导致损伤，所以极易诱发颈椎病。由于缺乏运动而导致颈肌慢性劳损，成为办公室人员得颈椎病的重要原因。

正确的坐姿实际上应尽量拉近与工作台的距离，将桌椅高度调到与自己身高比例合适的最佳状态，专业设计人员可调整工作台倾斜10~30度。坐时腰部挺直，双肩后展，并尽量避免头颈部过度前倾或后仰，臀部要充分接触椅面，习惯头部偏左或偏右写作的白领应注意纠"偏"。工作间隙应经常做做提肩动作，每隔5~10分钟应抬头后仰休息片刻。

2. 切勿自己擅自治疗

颈椎病又称颈椎综合征，是一种骨骼的退行性病理改变。有些白领在出现头痛、头晕、颈部或颈肩部疼痛麻木等颈椎病症状后，很担心自己得了颈椎病，究竟颈椎病是怎样诊断的呢？专家指出，颈椎病的临床表现十分复杂，它的主要症状是头、颈酸痛，活动受限，重者伴有恶心呕吐，当颈椎病累及交感神经时可出现头晕、头痛、视力模糊等，所以医生一般靠临床症状、体征检查，并结合颈椎影像学资料，三者相互印证才能确立诊断。即便临床出现颈椎病的症状，也不一定就是得了颈椎病，也可能是同样有眩晕症状的耳源性眩晕，同样是颈肩上肢痛的肩周炎、风湿性关节炎等。所以，那些怀疑自己有颈椎病的白领，应该及时到正规医院的骨科就诊检查，以便确诊治疗，切勿自己随意诊断，擅自采用各种方法治疗。

自行防治颈椎病的高招：改变不良的工作习惯，加强颈椎、腰间肌肉的锻炼。如工作半小时左右，抬起头并向四周轻轻活动颈部，切忌超过2小时地持续低头工作；每天坚持做1~2次头颈部运动，包括前屈、后伸、左右旋转运动，这样可预防颈椎间隙变窄及生理曲度的变直；电脑跟眼睛要保持适当距离；看电脑屏幕时不要仰视，最好平视，稍微俯视是可以的，但尽量

别仰视。最好的防治颈椎病的方法是注意颈后部肌肉锻炼，不妨每隔 2 小时，离开办公桌一会儿，自然站立，双手交叉放在颈部，双手往前使劲儿，颈部往后使劲儿，每 3 ~ 5 秒为 1 次。

鼠标在"咬"你的手吗

"手腕生疼，肩膀发麻，手指的关节不灵活……"经常使用电脑的人这样说。其实这些症状是患上"鼠标手"的典型标志。

经常使用电脑的上班族很容易患上"鼠标手"，每天重复着在键盘上打字和移动鼠标，手腕关节反复、过度地活动，手指频繁地用力，还使手及相关部位的神经、肌肉因过度疲劳而受损，造成缺血缺氧而出现麻木、抽筋、腕关节肿胀、手部动作不灵活甚至无力等一系列症状。"鼠标手"只是局部症状，如果鼠标位置不够合理，太高、太低或者太远都可能继发产生颈肩腕综合征。

那么怎么才能预防呢？得了"鼠标手"又该如何治愈呢？

1. "鼠标手"的预防

不要过于用力敲打键盘及鼠标的按键，用力轻松适中即可；

使用鼠标时，手臂不要悬空；

键盘和鼠标的高度，最好低于坐着时的肘部高度；

尽量避免上肢长时间处于固定、机械而频繁活动的工作状态下，使用鼠标或打字时，每工作一小时就要起身活动活动肢体，做一些握拳、捏指等放松手指的动作。

2. "鼠标手"的治愈

"鼠标手"早期症状比较轻，这时需要休息。必要时可用木板等方法将手腕固定，使其伸直，通过让受压的神经放松，改善血液循环来改善。

健康提示：当你的手指和腕关节已经出现麻木、酸痛等症状时，就要提高警惕了，防止其继续恶化。如果还没有不适，就要采取预防措施，防患于未然。

第二章

压力的疏导和管理

学会自我调节，释放自己的忧虑

孤独和忧虑是现代人的通病。在纷繁复杂的现代社会，只有保持内心平静的人，才能保证身体健康和高效能的工作。曾经获得诺贝尔医学奖的亚历克西斯·戈博尔博士说："不知道如何抗拒忧虑的商人都会短命而死。当然他们更谈不上高效能工作了。"

所以，学会自我调节，适时地释放自己的忧虑，便成了现代职业人士必备的生存和工作技巧。那么怎样才能做到释放忧虑呢？下面提供了一些方法。

能接受既成事实，是克服随之而来的任何忧虑的第一步。能接受最坏的情况，就可以让我们在心理上发挥出新的效能。

1. 现代人消除忧虑的万能公式

假如你接手一个比较困难的任务，公司让你开发一个新的项目，很多事先没有想到的困难都发生了，你可能对自己的失败非常吃惊，甚至担忧得无法入睡。这时忧虑就已经产生了，该怎么办呢？

第一步，首先毫不害怕而诚恳地分析整个情况，然后找出万一失败后可能发生的最坏情况是什么。没有人会把你关起来，或者把你枪毙，这一点说得很准。不错，很可能你会丢掉工作，也可能你的老板会取消这个项目，使投下去的资金泡汤。

第二步，找出可能发生的最坏情况之后，让自己在必要的时候能够接受它。当你接受了可能发生的最坏情况时，你会发现有一件非常重要的事情发生了。你马上轻松下来了，感受到几天以来所没有经历过的一种平静。

第三步，接着你就能够平静地把你的时间和精力，拿来试着改善你在心理上已经接受的那种最坏情况。当你静下心来，努力找出方法去解决遇到的问题的时候，你就会发现其实困难并不像你想象的那么不能解决。

忧虑的最大坏处就是摧毁你集中精神的能力。一旦忧虑产生，我们的思想就会到处乱转，从而丧失作出决定的能力。然而，当我们强迫自己面对最坏的情况，并且在精神上先接受它之后，我们就能够衡量所有可能的情形，使我们处在一个可以集中精力解决问题的地位。

2. 向别人讲出你的"忧虑"

现代人释放忧虑的第二个关键就是向别人讲出你的忧虑。就某方面来说，心理分析就是以语言的治疗功能为基础。从弗洛伊德的时代开始，心理分析家就知道，只要一个病人能够说话——单单只要说出来，就能够解除他心中的忧虑。

3. 假装快乐，你就可以快乐

约瑟夫·巴马克博士曾在《心理学学报》上有一篇报告，谈到烦闷会产生疲劳的一个实验。其实验的结果证明，一个人感觉烦闷的时候，他身体的血压和氧化作用，实际上真的会减低。而一旦这个人觉得他的工作有趣的时候，整个新陈代谢作用就会立刻加速。

所以，克服疲劳和烦闷的一个重要方法就假装自己已经很快乐。如果你"假装"对工作有兴趣，一点点假装就可以使你的兴趣成真，也可以减少你的疲劳、紧张和忧虑。一个人由于心理因素的影响，通常比肉体劳动更容易觉得疲劳，这已经是一个大家都知道的事实了。

4. 用行动驱赶忧虑

没有时间忧虑，这正是丘吉尔在战事紧张到每天要工作 18 个小时的时候所说的。当别人问他是不是为那么重的责任而忧虑时，他说："我太忙了，我没有时间去忧虑。"

对大部分人来说，在集中主要精力于工作或被工作忙得团团转的时候，"沉浸在工作里"大概不会有多大问题。可是在下班以后——就在我们能自由自在享受悠闲和快乐的时候——忧虑可能会来干扰我们。这时候我们常常会想，我们的生活里有什么样的成就，我们的工作有没有上轨道，老板今天说的那句话是不是"有什么特别的意思"等等。

萧伯纳说过："让人愁苦的秘密就是，有空闲来想想自己到底快不快乐。"因此，如果你想让自己远离忧虑，提高工作效率，可以尝试让自己沉浸于工作当中，这样，你就不会受到忧虑的困扰了。

懂得缓解压力，变压力为动力

联合国国际劳工组织曾经发表过这样一份报告："心理压抑将成为 21 世纪最严重的健康问题之一。"据美国一些研究者调查，每年因员工心理压抑给美国公司造成的经济损失高达 3050 亿美元，超过 500 家大公司税后利润的 5 倍。目前在我国，虽然还没有专业机构对因职业压力为企业带来的损失进行具体统计，但易普斯企业咨询服务中心的系统调查后发现，有超过 20% 的员工声称"职业压力很大或极大"。业内人士初步估计，中国每年因职业压力给企业带来的损失至少达上亿元人民币。过度、持续的压力会导致员工严重的身心疾病，员工的心理疲劳程度也取决于员工自身的压力调节能力。

我们在工作中不可避免要面对许多压力，工作节奏快、竞争激烈，压力更是超乎寻常。所以每个人都要像优秀的员工那样学会正确对待压力，要么将压力转化为动力，要么用超然的心态将压力消解于无形，以保持良好的工作状态。

处理压力最巧妙的办法无外乎将压力转化为动力，这样，一方面消除了压力，另一方面又获得了动力，是对待压力的最佳方法。

应对压力的另一个方法就是释放压力。优秀的员工都有一套应对压力的方法，下面就介绍几种：

一方面是身体方面的途径：强调持之以恒的运动，特别是做"有氧运动"。例如，游泳、跳绳、踩单车、慢跑、急步行走与爬山等。这些运动不仅能够让血液循环系统的运作更有效率，还能够强化我们的心脏与肺功能，直接地增强肾上腺素的分泌，使整个身体的免疫系统强大起来，从而有更强的"体质"去应付生活中随时可能出现的各种压力。洛克菲勒、卡耐基等超级成功者都酷爱运动的原因即在于此。事实上，身体肌肉的劳动，能够让全身心得到松弛，并让大脑有一个恰当的休息机会。只有强健的身体，才是十足的成功的能源。

另一方面是心理方面的途径：心理学家视个人的情况而给予的个别指导和心理治疗，仍然是个人应付压力的最佳方法。他们也赞成利用有效的自助法来排除压力，例如循序式肌肉放松法、静坐和自我催眠等。

总之，优秀的员工是善于驾驭压力和释放压力的人。他们要么让压力转化为动力压力，从而为自己所用；要么适时的释放压力，让自己保持一个良好的精神状态。因为他们懂得只有科学合理地对待压力，才能高效地工作。

学会享受工作

杨致远在美国斯坦福大学毕业后，留校与大卫·费罗一起进行项目研究，于是开始了两个人的博士课程。

杨致远和费罗博士研究方向是自动控制软件，但是不久他们就发现，这个方向已经被几个公司给垄断了，发展机会不多，所以他俩都比较烦闷，幸好这时出现了第一个 Web 网浏览器。有了浏览器，杨致远很快就被迷住了，他和费罗制作了各自的主页，并乐此不疲地天天泡在网上，博士研究工作被放到了一边。他们把网络资料整理成方便的表格，将它命名成"杰里万维网向导"（Jerry's Guide to the World Wide Web），"杰里"是杨致远的英文名。

他们共享这一资源，站点名单越来越长，他们将站点分类，当每一类站点太多了的时候，他们便又将类分成子类，雅虎的雏形就这样诞生了。

1994 年底，雅虎很快就成了业界领袖。

杨致远和费罗虽然为了自己的事业几乎没有时间休息，但他们很兴奋。因为这时，网络的发展带来了潜在的商机！

杨致远托自己在哈佛商学院的同学做了一份翔实的计划书，然后带着这份计划书，到处寻找风险投资者。那时，杨致远一天只睡 4 个小时。

后来，杨致远回忆说："这项工作很艰苦，但充满了乐趣。有时我有一种从悬崖上跳下的感觉……不知结局怎样。我们想用网络做一切，也许什么也做不成。但我们不在乎，我们不会失去任何东西。"

心理学家认为，成功的起点是首先要热爱自己的职业。"就算你是挖地沟的，你想挖好，首先你得热爱挖地沟这份工作。"正是因为杨致远把工作当成使命，才会如此不知疲惫而且充满乐趣地去工作，就像杨致远所说的："人生最大的快乐不是金钱，最让人感觉良好的是你每天都在改变着世界。"

卡尔文·库基也曾说过，"人生真正的快乐不是无忧无虑，不是去享受，这样的快乐是短暂的。缺少一份充满魅力的工作，你就无法领略到真正的快乐"。

国外一家报纸曾举办了一次有奖征答活动，题目是"在这个世界上谁最快乐"。主办方从数以万计的答案中评选出的四个最佳答案是：作品刚完成，自己吹着口哨欣赏的艺术家；正在筑沙堡的儿童；忙碌了一天，为婴儿洗澡的妈妈；千辛万苦开刀之后，终于挽救了危急患者生命的外科医生。看来，工作着的人才是最快乐的。确切地说应该是：把工作当做人生乐趣的人才

最快乐的。而从另一个角度来说，不快乐的人，往往是那些不会从工作中寻找乐趣的人。

有人问香港歌星张学友："请问您是怎么成功的？"张学友说："因为我热爱唱歌，我太热爱唱歌了，我在洗澡的时候都在唱歌。"

他们都把工作当成了人生中最大的乐趣，所以他们才充分地释放出了自己的活力和激情，从而实现了自己的人生价值。

所以，如果你想成为一个优秀员工，你应该明白，工作就是工作，它永远不可能像休闲度假一样充满新奇和喜悦，关键是你如何在其中发现并创造乐趣。同时，不要把工作看成是一种谋生的手段，而应把它看成一种爱好，全身心地投入，甚至为它痴狂，这样所有困难都会变得轻松起来，因为工作已经成为一种快乐和享受。

通过运动，进行减压

体育运动是缓解工作压力的极好手段。对于都市的企业员工来说，进行一些常规性的体育锻炼受到了时间和条件的限制，在这里，我们介绍 3 种目前非常流行的减压方式。

1. 搏击操

有氧搏击操最早是由一名黑人搏击世界冠军创造的，近一两年才在国内发展起来。其具体形式是将拳击、空手道、跆拳道、功夫和一些舞蹈动作混合在一起，在激烈的音乐中，进行一些拳击和跆拳道的基本拳法和腿法练习。在出拳、踢腿的过程中，随着音乐挥动双拳，动作刚劲有力，可以尽情地发泄，尽情地流汗。

对现代人来说，有氧搏击操是种好玩而不伤害任何人的发泄法。因为玩的人不是跟别人搏击，也无需任何器材，而是利用身体面向镜子向空中挥拳。

搏击操瞬间的爆发力，以及感官上的刺激，再配以强劲的音乐节奏，使得它被称做"男人的舞蹈"。

2. 杠铃操

手持杠铃做操，能让你的情绪兴奋起来？不错，在广州的健身俱乐部里，杠铃操正成为颇受瞩目的新卖点。

说起杠铃，很多人会联想到举重比赛中肌肉发达的运动员，觉得它就是一项力量型的健身项目。但在杠铃操中，有 10 公斤、5 公斤、2.5 公斤多个

级别的杠铃片可选择，在做操过程中，每个人可根据自身身体情况来选择不同重量的杠铃片。身材娇小的小女子把它举到头顶也丝毫不成问题，对于男士来说，杠铃操也会让他们有"够味儿"的感觉。

有氧杠铃操在英文中的含义是"身体充电"。它由适当的重量、激昂的音乐、坚强的意志和响亮的呐喊组成，在规定的时间内追求最大的强度，它不但加快练习者体内新陈代谢的速度并迅速燃烧脂肪，还能锻炼你的耐力，提高自信。

3. 革新太极舞

光听名字，就知道太极舞是一种刚中带柔、柔中有刚的舞蹈。太极舞灵活易学，有很强的个人风格，以前学舞蹈要讲求动作规范化，现在追求的是个性化。据介绍，这种太极舞像练内功一样，需运用丹田之气，用丹田之力来运动腰部，然后用腰力配合四肢，用四肢配合身体。听起来，跳这种舞有点像在练武当派的梯云纵轻功呢。其实，这种新型舞蹈融合了现代各种流行舞的元素，甚至还有中国功夫的元素，是一种开放性的舞蹈。在跳到最高境界时，可把自己的动作加进去，随心所欲。另外，掌握要领后不再局限练习地点，随时随地，只要你想跳就可以；不管是椅子还是毛巾，都可当成道具或和人对舞。

太极舞特别适合自我表现，可以把自己的感觉编进舞蹈，达到全身放松。你可运用肢体语言，天马行空、随心所欲地发挥，去表达和发泄各种情绪，把郁闷和烦恼抛诸脑后。

第三章

调整情绪：智者的法门

工作中，学会控制自己的情绪

贝多芬曾说过：几只苍蝇咬几口，绝不能羁留一匹英勇的奔马。每一位优秀人物的身旁总会萦绕着各种纷扰，对它们保持沉默要比寻根究底明智得多。我们应当保持一种温和平静的心态，从容地面对工作和生活中的纷扰。

每个人的工作中，都难免有不如意之事，有时是因为众多繁琐事务缠身，有时也可能是他人的不合理举动让人们震怒，有时是因为与同事或领导一时之间的误解。这种情绪虽然可以理解，但是万万不可陷入此种情绪之中，误了更为重要的本职工作。

一个能控制自己情绪的人，会具有推动社会的伟大力量。这种巨大的力量可以实现他的期待，达到他的设计。如果一个人的意志力坚固得跟钻石一样，并以这种意志力引导自己朝着设计前进，那么所面对的一切困难，都会迎刃而解。而相反，不擅长控制自己情绪的人则会让自己的人生变的一团糟。

有一场举世瞩目的赛事，台球世界冠军已走到卫冕的门口。他只要把最后那个 8 号黑球打进球门，凯歌就奏响了。就在这时，不知从什么地方飞来一只苍蝇。苍蝇第一次落在握杆的手臂上。有些痒，冠军停下来。苍蝇飞走了，这回竟飞落在了冠军锁着的眉头上。冠军只好不情愿地停下来，烦躁地去打那只苍蝇。苍蝇又轻捷地脱逃了。冠军做了一番深呼吸再次准备击球。天啊！他发现那只苍蝇又回来了，像个幽灵似的落在了 8 号黑球上。冠军怒不可遏，拿起球杆对着苍蝇捅去。苍蝇受到惊吓飞走了，可球杆触动了黑球，黑球当然也没有进洞。按照比赛规则，该轮到对手击球了。对手抓住机

会死里逃生，一口气把自己该打的球全打进了。

卫冕失败，冠军恨死了那只苍蝇。可惜的是他后来患了不治之症，再也没有机会走上赛场。临终时他对那只苍蝇还耿耿于怀。

一个心智成熟的人，必定能控制住自己所有的情绪与行为，不会为一点小事抓狂。当你在镜子前仔细地审视自己时，你会发现自己既是你的最好朋友，也是你的最大敌人。特别是你要控制别人之前，一定要先控制住自己。如果你不能征服自己，就会被别人所征服。

所以，就算工作不尽如人意也不要愁眉不展、无所事事，要学会掌控自己的情绪，让一切变得积极起来。

情绪是可以调适的，只要你操纵好情绪的转换器，随时提醒自己、鼓励自己，就能让自己常常有好情绪，保持阳光状态。那么，当坏情绪突然来临时，如何调适，操纵好情绪的转换器呢？下面的方法可以供你参考：

1. 制怒

在你情绪即将爆发的时候，先忍耐一下，想想你的情绪爆发后会带来的影响以及这种影响对你是不是有利，是不是对周围的人有帮助。俗话说"三思而后行"就是这个道理。

2. 宣泄

情绪不能憋在心里憋得太久，否则对身体不利，因此我们要学会宣泄。但要注意一点，就是自己在宣泄情绪的时候，不能给周围的人带来影响。比如说我们不高兴的时候可以做做运动、听听音乐，或者是看看电影、和朋友聊聊天，只要有助于自己的情绪好转，又不影响他人，就可以考虑。

3. 代偿转移

自己的一个欲望得不到满足的时候，可以尝试用满足另一个欲望来调节自己的心情。说不定在满足了另一个欲望之后，你就会忘了当初你想要的是什么了。

4. 放松

心情不好的时候，可以让自己放松一下，不仅是身体放松，心灵更要放松，最好能使自己进入一种安静状态，这样就可以很快地消除不良情绪。

5. 升华

把对生活的不满情绪转变成一种工作的动力，用这种动力来改变现有的生活状态。

6. 镇静

人生最不能缺少的技能之一就是要学会镇静，当我们在受到惊吓或者是

受到意外打击之后，第一要紧的事情就是镇静，只有等自己镇静下来以后，才能思考对策。

愤怒使你陷入他人制造的漩涡

一个不会愤怒的人是庸人，一个只会愤怒的人是蠢人，一个能够控制自己情绪、做到尽量不发怒的人是聪明人。

1809 年 1 月，拿破仑从西班牙战事中抽出身来匆忙赶回巴黎。他的间谍告诉他外交大臣塔里兰密谋造反。一抵达巴黎，他就立刻召集所有大臣开会。他便坐立不安，含沙射影地点明塔里兰的密谋，但塔里兰却没有丝毫反应，这时候，拿破仑无法控制自己的情绪，忽然逼近塔里兰说："有些大臣希望我死掉！"但塔里兰依然不动声色，只是满脸疑惑地看着他，拿破仑终于忍无可忍了。

他对着塔里兰粗鲁喊道："我赏赐你无数的财富，给你最高的荣誉，而你竟然如此伤害我，你这个忘恩负义的东西，你什么都不是，只不过是穿着丝袜的一只狗。"说完他转身离去了。其他大臣面面相觑，他们从来没有见过拿破仑如此失态。

塔里兰依然一副泰然自若的样子，他慢慢地站起来，转过身对其他大臣说："真遗憾，各位绅士，如此伟大的人物竟然这样没礼貌。"

皇帝的失态和塔里兰的镇静自若像瘟疫一样在人们中间传播开来，拿破仑的威望降低了。

伟大的皇帝在压力下失去冷静，人们开始感觉到他已经走下坡路了，如同塔里兰事后预言："这是结束的开端。"

塔里兰激起了拿破仑的怒气，让他的情绪失控，这正是他的目的。人人都知道拿破仑是一个容易发怒的人，他已经失去了作为一个领导的权威，这种负面效果影响了人民对他的支持。面对大臣企图发动阴谋这样的事，焦躁和不安只能起到相反的作用，这说明他已经失去了主宰大局的绝对权力。

其实，在这种情况下，拿破仑如果采用不同的做法，那结果便会大相径庭。他首先应该思考：他们为什么会反对自己？他也可以私下探听，从手下的士兵那儿了解自己的缺陷，更可以试着争取他们回心转意支持他，或者甚至干脆除掉他们，将他们下狱或处死，杀一儆佰。所有这些策略中，最不应该的就是激烈地攻击和孩子气地愤怒。

愤怒起不到威吓效果，也不会鼓励忠诚，只会引发疑虑和不安，权力也

因此摇摇欲坠，暴露出自己的弱点，这种狂风暴雨式的爆发，往往是崩溃的先声。

一个人的弱点总是在发脾气的过程中暴露出来的，它往往成为崩溃的前兆。谋略和战斗力也会在愤怒的情绪中消散，所以永远保持客观与冷静的态度至关重要。

拿破仑的教训告诉我们息怒的精髓在于：不要给对手准备的时间，先机是最重要的。谁抢得了先机，谁将最终取胜。应用这一策略采取的手段就是控制对手的情绪——虚荣、自尊、爱与恨成为影响他的因素。在愤怒的情况下，人很难控制自己的情绪。你制造的漩涡最终会将他淹没。愤怒容易让人失去理智，他们把一点小事看得像天一样的大，过于认真让他们夸大了自身受到的伤害。他们以为愤怒可以让自己在别人眼中更具有权力，其实不是这样的。他不仅不会被认为拥有权力，反而会被认为缺乏理智，难成大气候。怒气会让你失去别人对你的敬意，他们会认为你缺乏自制力而更加轻视你。

抑制自己的愤怒并不能从根本上解决问题。你的能量会在这个过程中消耗殆尽，你的心理也会严重受挫。要想解决这一问题，最好的办法就是时刻保持冷静和宽容。面对别人的愤怒不要多想，可能他的愤怒并不是针对你，让自己的心情轻松一些。

对待那些容易激动的人最有效的态度就是不理不问。面对别人的情绪圈套，你应该保持头脑冷静，才能够在权力的争夺过程中取得主动权。控制别人的方法关键在于如何把握。

如果愤怒的情绪已经产生，要做的不是控制和压抑，而是转变一个角度去思考，想想发怒的严重后果，这样你就能让自己冷静和宽容了。

拥有海阔天空的生活

生活经验告诉我们，背向太阳你只会看到自己的阴影，所有要拥有开阔的心情就一定要面朝太阳，直接面对生活中绚丽的阳光。

曾经有这样一个动物纪录片：在夏日枯旱的非洲大陆上，一群饥饿渴乏的鳄鱼陷身在水源快要断绝的池塘中，较强壮的鳄鱼已经开始弱肉强食同类了，眼看物竞天择、强者生存的理论将要上演。

这时，一只瘦弱勇敢的小鳄鱼却起身离开了快要干涸的水塘，迈向未知的大地。

干旱持续着，池塘中的水愈来愈浑浊、稀少，最强壮的鳄鱼已经吃掉了

不少同类，剩下的较强壮鳄鱼并未离开，也许栖身在浑水中，等待迟早被吃掉的命运，似乎总比离开，走向完全不知水源在何处还安全些。

池塘终于完全干涸了，唯一剩下的大鳄鱼也不耐饥渴而死去，它到死还守着它残暴的王国。

可是，那只勇敢离开的小鳄鱼呢？在经过多天的跋涉，幸运的它竟然没死在半途上，而在干旱的大地上，找到了一处水草丰美的绿洲。

原来物竞天择，未必强者生存，小鳄鱼有运气，但它懂得选择离开，证明了改变观念便能改变命运的适者生存的哲学。

这则纪录片的寓意，在人类的生活中也得到了诠释。有一个成功的女人原来在工作单位上屡受某位资深的同事排挤，使她很难有所表现，最后她毅然决定离开原有的公司，从做自由接案者到成立自己小小的公司，如今她已拥有一家颇具规模的公司，年收入是当初拿人薪水的好几十倍。但当初排挤她的人却因公司经营不善倒闭而失业了，她一直很感激当初大力压制她的人，她说那个人给了她一个机会让她"到别处去寻找梦想"。

人生就是这样，勇于竞争做强者的人未必一定赢得最后的球赛，反而是能够自我调整、改变、开创新生活的人更能适应环境而生存下来。

改变观念便能改变命运！

背向太阳只会看到自己的阴影！

在职场中打拼的"斗士"更要牢牢记住这一点！

■ 经典品读篇

500强企业员工的智慧经典

第一章

国学课堂，沉淀职场智慧

《大学》：修身为本，止于至善

《大学》原本是《小戴礼记》中的一篇，相传为孔子的学生曾子（春秋，前505～前435年）所作。《大学》文章言简意赅、纲目明晰、教义深刻，是中国古代阐释道德文化教育理论的重要著作。其内容主要讲述儒家的治国道理。

从古至今，"大学之道"始终闪耀着璀璨的光辉。无论人们此前有没有读过《大学》，那种深深融会在我们民族心灵之中的道德意识和人生信念，早已融会在我们的血液之中，深刻地影响着我们的一切。

修身正心，树立职场责任心

【典籍原文】

古之欲明明德于天下者，先治其国；欲治其国者，先齐其家；欲齐其家者，先修其身；欲修其身者，先正其心；欲正其心者，先诚其意；欲诚其意者，先致其知；致知在格物。

物格而后知至，知至而后意诚，意诚而后心正，心正而后身修，身修而后家齐，家齐而后国治，国治而后天下平。

自天子以至于庶人，壹是皆以修身为本。其本乱而末治者，否矣。其所厚者薄，而其所薄者厚，未之有也。

【白话导读】

古时候想在天下弘扬光明善良的德行的人，先要治好自己的邦国。想要治好自己的邦国，先要使自己的家族齐心协力。想要使自己的家族齐心协

力，先要修养好自身的德行。想要修养好自身的德行，先要端正自己的心性。想要端正自己的心性，先要使自己的意念真诚。想要使自己的意念真诚，先要使自己的认识达到一定的程度。想要认识达到一定的程度，关键在于探究事物的原理。

事物的原理清楚了以后，才能使认识达到明彻的程度。认识明彻以后，才能意念真诚。意念真诚以后，才能心性端正。心性端正以后，品德才能修养好。品德修养好以后，才能使家族齐心协力。家族齐心协力以后，才能使邦国治理安定。邦国治理安定以后，才能天下太平。

自天子而一直到平民，一切人都要以修养自身的品德为根本，一个人的根本迷乱了，而末节却能有条不紊，这是不可能的。他所敬重的人轻蔑他，而他所轻蔑的人却敬重他，这也是从来都没有过的道理啊！

【职场感悟】

修养一词，是对人的行为举止的评价。"修"主要是指整治、锻炼、学习和提高；"养"主要是指培育、涵养和熏陶。从表面上看，修养体现在人的仪表风度、言行举止上。而实际上，修养注重的是一个人内在责任心的修养。中国传统的修养观认为：修身首先要正心，修身绝不仅限于外表的修饰，更重要的是责任心的锻造。

恪尽职守，尽责敬业

【典籍原文】

诗云："穆穆文王，于缉熙敬止。"为人君，止于仁；为人臣，止于敬；为人子，止于孝；为人父，止于慈；与国人交，止于信。

——《大学·释止于至善》

【白话导读】

诗说："德行高深的文王啊！光明没有不照到的地方！"做国君，做到仁；做臣子，做到敬；做子女，做到孝；做父亲，做到慈；和国人交往，做到信。

【职场感悟】

自己是谁？负什么责任？自己的位置在哪里？什么事情该做？哪些利益不该得到？这一切问题，归结起来，就是要能够"知其所止"，即知道自己应该停在什么地方，然后，才谈得上"止于至善"。人是不可能离开社会而生存的。古人说："才者，德之资也；德者，才之师也。"对于平凡的我们来说，我们扮演着诸多的角色，在任何一个方面，我们都必须做到最好。我们没有理由回避应该承担的责任。

修身养德，日日刷新

【典籍原文】

汤之《盘铭》曰："苟日新，日日新，又日新。"

——《大学·释新民》

【白话导读】

如果能够一天新，就应保持天天新，新了还要更新。

"明明德"是人在静处时的道德修养境界，要求弘扬人性中光明正大的品德。"苟日新，日日新，又日新"则是从积极的角度强调德行的修养必须不断革新，日积月累，渐成大德。商汤王在生活用具上铭刻警戒，以时刻警惕自己。在德行的修养中每一天都取得新的进步，就像洗去身上的尘垢一样，每天都荡涤去污渍，使自己保持洁净，从而使自己焕发新的精神面貌。就如曾子每日三省其身，改过自新一样，今日改掉一点过失，明日又改正一个错误，以内心的至诚砥砺自己，以修养成就自己美好的德行为最高境界，从而保持精神的纯粹与高洁，固守人格的完美与高贵。人可以在肉体上被打倒，但是，精神是永远站立的。

【职场感悟】

要求自己每天进步一点点，就要让自己在漫长人生旅途中，今天要比昨天强，今天的事情今天做，每天都在为心中那个大目标做着不懈的努力！为此，要始终保持一份平静、从容的心态，步履稳健地走好人生的每一步，不允许虚度每一天，不放过每一天的繁忙，不原谅每一天的懒散，用"自胜者强"来勉励、监督和强迫自己，克服浮躁，战胜动摇。要求自己在修道修德的旅途中每天进步一点点，不是做给别人看，所以不能懈怠，更不能糊弄自己，而是要用严于律己的人生态度和自强不息、每天进步一点点的可贵精神，走一条回归自然的光明大道。

《中庸》：不偏不倚，恰到好处

《中庸》〔子思（战国初，前483～前402年）〕是儒家的重要哲学经典之一，是一部含有深刻哲理的重要古代思想文献。对于中庸的解释，中国学者历来仁者见仁，智者见智。但毫无疑问，中庸之道是中国传统思想的精髓。

北宋的程颢、程颐兄弟认为："《中庸》放之则弥六合，卷之则退藏于密，其味无穷，皆实学也。善读者玩索而有得焉，则终身用之有不能尽者。"

可见，中庸的思想作为中国传统文化的一个重要方面，可以使我们终生受用不尽。

温和而中，恰到好处

【典籍原文】

喜、怒、哀、乐之未发，谓之中；发而皆中节，谓之和。中也者，天下之大本也；和也者，天下之达道也。致中和，天地位焉，万物育焉。

——《中庸·第一章》

【白话导读】

喜怒哀乐没有表现出来的时候，叫做"中"；表现出来以后符合节度，叫做"和"。"中"，是人人都有的本性；"和"，是大家遵循的原则，达到"中和"的境界，天地便各在其位了，万物便生长繁育了。

"中庸"，是中国古代一个至高的行为标准，但现在往往被大家理解为平庸和圆滑，中庸之道被认为是打太极，这实在是一种天大的误解。

其实，对行事方法而言，没有正确的方法，只有合适的方法，而合适往往意味着不走极端。

【职场感悟】

哲学家冯友兰先生有这样一句话："阐旧邦以辅新命，极高明而道中庸。"中庸之道其实是通往极高明境界的一种最适当的方法。

中庸就是做事有分寸、知晓进退的原则，而绝非毫无原则的世故。中国人做事说话喜含蓄，不会量化，这个分寸究竟是几分几寸，没有人告诉你标准答案，也没有标准答案，完全靠自己去悟。简单来说，起码要做到在原则问题上不动摇。

既无过之，亦无不及

【典籍原文】

子曰："道之不行也，我知之矣，知者过之，愚者不及也。道之不明也，我知之矣，贤者过之，不肖者不及也。人莫不饮食也，鲜能知味也。"

——《中庸·第二章》

【白话导读】

孔子说："中庸之道不能实行的原因，我知道：聪明的人自以为是，认识过了头；愚蠢的人智力不及，不能理解它。中庸之道不能弘扬的原因，我知道：贤能的人做得太过分；不贤的人根本做不到。就像人们每天都要吃喝，但却很少有人能够真正品尝滋味。"

孔子认为中庸之道不能够得以普遍实行的缘故，是因为那些所谓的聪明人太"聪明"了，处处要显示出自己的智慧来，结果反而画蛇添足，凡事都做过了头，甚至导致事情向相反的方向发展。

殊不知"聪明"的智慧应当是自然而然的流露，是建立在理性思考的基础之上的，事情要做到恰到好处的地步，绝不能为了聪明而聪明，不懂得这一点，就不可能做到"中庸"。

真诚，聪明的平衡之道。

【典籍原文】

唯天下至诚，为能尽其性；能尽其性，则能尽人之性；能尽人之性，则能尽物之性；能尽物之性，则可以赞大地之化育；可以赞天地之化育，则可以与天地参矣。

——《中庸·第二十二章》

【白话导读】

只有天下极端真诚的人能充分发挥他的本性；能充分发挥他的本性，就能充分发挥众人的本性；能充分发挥众人的本性，就能充分发挥万物的本性；能充分发挥万物的本性，就可以帮助天地培育生命；能帮助天地培育生命，就可以与天地并列为三了。

《中庸》告诉我们，一个天下最真诚的人可以与天、地并列为三，可见这个"诚"字有多么大的力量。

【职场感悟】

好的品质是一种习惯，真诚的人因为对自己真诚，发挥了自己的天性，从而对他人真诚，发挥了他人的天性，最后的结果就是达到了人与万事万物和谐、协调、一致的发展，没有过分也没有不及，从而达到"中和"之境。

《论语》：以德服人，以礼待人

《论语》（孔子，春秋时期，前551～前479年）是我国传统文化思想的源头，也是我们中国人自己的思想库，同时也是企业经营思想的资源库。据《宋史·赵普传》记载，宋初宰相赵普读书不多，只读了一部《论语》，学以致用，政绩颇丰。他曾对宋太宗赵光义说："臣有《论语》一部，以半部佐太祖定天下，以半部佐陛下治太平。"

西方学者一直将孔子、耶稣、释迦牟尼并称为"世界三圣"。1988年，

75 位诺贝尔奖获得者相约法国巴黎，联袂宣言："人类要在 21 世纪生存下去，必须回头到 2500 年前，汲取孔子的智慧。"

铸就品德是一种立足长远的投资

【典籍原文】

①子曰："人而不仁，如礼何？人而不仁，如乐何？"

——《论语·八佾》

②子路问成人。子曰："若臧武仲之知，公绰之不欲，卞庄子之勇，冉求之艺，文之以礼乐，亦可以为成人矣。"曰："今之成人者何必然？见利思义，见危授命，久要不忘平生之言，亦可以为成人矣。"

——《论语·宪问》

【白话导读】

①孔子说："一个人没有仁德，他怎么能实行礼呢？一个人没有仁德，他怎么能运用乐呢？"

乐是表达人们思想情感的一种形式，在古代，它也是礼的一部分。礼与乐都是外在的表现，而仁则是人们内心的道德情感和要求，所以乐必须反映人们的仁德。这里，孔子就把礼、乐与仁紧紧联系起来，认为没有仁德的人，根本谈不上什么礼、乐的问题。

②子路问怎样做才是一个完美的人。孔子说："如果具有臧武仲的智慧、孟公绰的克制、卞庄子的勇敢、冉求那样多才多艺，再用礼乐加以修饰，也就可以算是一个完人了。"孔子又说："现在的完人何必一定要这样呢？见到财利想到义的要求，遇到危险能献出生命，长久处于穷困还不忘平日的诺言，这样也可以成为一位完美的人。"

孔子认为，具备完善人格的人，应当富有智慧、克制、勇敢、多才多艺和礼乐修饰。谈到这里，孔子还认为，有完善人格的人，应当做到在见利见危和久居贫困的时候，能够思义、授命、不忘平生之言，这样做就符合于义。尤其是本章提出"见利思义"的主张，即遇到有利可图的事情，要考虑是否符合义，不义则不为。这句话对后世产生了极大影响。

【职场感悟】

西莱·福格认为，决定一个人价值和前途的不是聪敏的头脑和过人的才华，而是正直的品德。品德就是力量，它比知识就是力量更为正确。

子曰："骥不称其力，称其德也。"意思就是说，对于千里马，不称赞它的力气，要称赞它的品质。尚德不尚力，重视品质超过重视才能，这是儒家

文化中招贤纳士的规准，也是我们今天选拔人才的标尺。

立业先立德，做事先做人。做任何事情，都是从做人开始的。在市场经济中，企业面临竞争，个人同样经受市场的优胜劣汰。企业需要培养市场竞争力，而个人也同样需要培养竞争力。个人竞争力包含了道德和能力两个要素。能力是知识、技能、职能的总和，决定着一个人的工作效率，是评判个人价值的重要标准。而道德则是发挥个人价值的起点，是得到他人认可、社会支持的基本条件，是个人竞争力的源泉。所以我们说，在竞争日趋激烈的职场道路上，有德的员工会比有才的员工走得更远。

人格是人一生的最高学位

【典籍原文】

南宫适问于孔子曰："羿善射，奡荡舟，俱不得其死然。禹稷躬稼而有天下。"夫子不答。南宫适出。子曰："君子哉若人！尚德哉若人！"

———《论语·宪问》

【白话导读】

南宫适问孔子："羿善于射箭，奡善于水战，最后都不得好死。禹和稷都亲自种植庄稼，却得到了天下。"孔子没有回答，南宫适出去后，孔子说："这个人真是个君子呀！这个人真尊重道德。"

孔子是道德主义者，他鄙视武力和权术，崇尚朴素和道德。南宫适认为禹、稷以德而有天下，羿、奡以力而不得其终。孔子就说他很有道德，是个君子。

【职场感悟】

史蒂芬·柯维博士，他曾被美国《时代》杂志誉为"人类潜能的导师"，并入选为全美25位最有影响力的人物之一。他在《高效能人士的七个习惯》一书开篇就写道：

我潜心研究自1776年以来，美国所有讨论成功因素的文献。我阅读或浏览过的论著不下数百，主题遍及自我完善、大众心理学以及自我帮助等。对于爱好自由民主的美国人民所公认的种种成功之论，已算得上了如指掌。

从这200年来的作品中，我注意到一个令人诧异的趋势。那就是过去50年来讨论成功的著作都很肤浅，谈的都是如何运用社会形象的技巧与如何成功的捷径。但往往是头痛医头、脚痛医脚的特效药，治标而不治本。

比较而言，前150年的作品则有很大不同。这些早期论著强调"品德"为成功之本，诸如像正直、谦虚、诚信、勤勉、朴实、耐心、勇气、公正和

一些称得上是金科玉律的品德。富兰克林的自传就是这个时期的代表作，内容主要描述一个人如何努力进行品德修养。

品德成功论强调，圆满的生活与基本品德是不可分的。唯有修养自己具备品德，才能享受真正的成功与恒久的快乐。

完善的人格魅力，其基本点就是修习完美的品德，恪守品格亦是赢得人心、产生吸引力的必要前提。一个有德行的人，能更多地获得他人的信赖、理解，能得到更多的支持、合作。

心存仁念方能远离恶行

【典籍原文】

①子曰："唯仁者能好人，能恶人。苟志于仁矣，无恶也。"

——《论语·里仁》

②子曰："人之生也直，罔之生也幸而免。"

——《论语·雍也》

【白话导读】

①孔子说："只有那些有仁德的人，才能爱人和恨人。如果立志于仁，就不会做坏事了。"

儒家在讲"仁"的时候，不仅是说要"爱人"，而且还有"恨人"一方面。当然，孔子在这里没有说到要爱什么人、恨什么人，但有爱则必然有恨，二者是相对立而存在的。只要做到了"仁"，就必然会有正确的爱和恨。只要养成了仁德，那就不会去做坏事，即不会犯上作乱、为非作恶，也不会骄奢淫逸、随心所欲。而是可以做有益于国家、有利于百姓的善事了。

②孔子说："一个人的生存是由于正直，而不正直的人也能生存，那只他侥幸地避免了灾祸。"

"直"，是儒家的道德规范。直即直心肠，意思是耿直、坦率、正直、正派，同虚伪、奸诈是对立的。直人没有那么多坏心眼。直，符合仁的品德。与此相对，在社会生活中也有一些不正直的人，他们也能生存，甚至活得更好，这只是他们侥幸地避免了灾祸，并不说明他们的不正直有什么值得效法的。

【职场感悟】

曾国藩曾说，宁可被认为无才而为庸人，也不可被认为有才无德而为小人。这反映了他在仁德与才干之间的价值取向。随着社会的不断规范，选拔人才，也是以品质为先。各行各业，都有自己的职业道德。

一个人能心志于仁，不做坏事，无论何时何地，都不会真正地吃大亏、被欺负。而从整个社会的发展规律来看，这种人也是符合道德取向和职业需要的。

品行印照的是我们的灵魂，一个人如果品行修炼不好就会感到灵魂不安，而且极其容易犯下错误。同时我们也必须清楚，即使是一次微不足道的错误行为，也会给以后的工作生涯带来挥之不去的阴影。这种不良记录终将使我们自己受到应有的惩罚。同时，一个人的这些行为也会使整个社会为之付出代价。一个人的名誉、能力要想得到社会公众长久的认同，必须持续地在每一件事上都为自己的态度负责。这种态度我们姑且把它认为是一种品德，起码是品德的表现。在我们的工作中，你种下什么种子，将来必定收获什么样的果子，这就是老百姓常说的因果定律。

人生的每一段经历都是自己书写的档案。消极工作会给老板、同事、客户留下一个不敬业，对自己、对公司不负责任的印象，这种负面影响很可能会对我们以后的工作、生活造成障碍。你在这个世界上选择什么样的工作？为什么工作？如何对待工作？从根本上说，这不是一个关于做什么事和得多少报酬的问题，而是一个关乎生命态度的问题，一个体现你职业道德的问题。对于职场中人来说，生命中最重要的活动就是工作，只有以认真的态度对待自己的工作，不断修炼自己的品行，将生命完全投入自己的工作，才会拥有精彩的人生。

《孟子》：养浩然正气，塑造完美人格

被后世尊为"亚圣"的孟子（战国，约前372～前289年），生于乱世，以"正人心，息邪说，距诐行，放淫辞"觉民救世，以保卫儒家道统为己任。他所著的《孟子》告诉我们："处世"，首先是要"做人"，"为人处世"不可分割，"做人"即是修身处世。而"做人"的要义在于，人的行为必须合乎"人"应该具有的道德规范，做人就是以道德律己，以道德律人。当你真正走进《孟子》，用心灵去感受字里行间的真意时，你便能找到你想要的，也许这些就是你能够受用一生的精神财富。

自立自强，职场生存之道

【典籍原文】

滕文公问曰："滕，小国也，间于齐、楚。事齐乎？事楚乎？"

孟子对曰："是谋非吾所能及也。无已，则有一焉：凿斯池也，筑斯城

也，与民守之，效死而民弗去，则是可为也。"

——《孟子·梁惠王章句下》

【白话导读】

滕文公问道："滕国是一个小国，处在齐国和楚国两个大国之司。是归服齐国好呢，还是归服楚国好呢？"

孟子回答说："到底归服哪个国家好我也说不清。如果您一定要我谈谈看法，那倒是只有另一个办法：把护城河挖深，把城墙筑坚固，与老百姓一起坚守它，宁可献出生命，老百姓也不退去，做到了这样，那就可以有所作为了。"

也就是说，加强你的国防设施，挖深护城河，加高、加厚城墙，和全国的百姓同心协力，保卫自己的疆土；要自立自强，即使战死，也不逃离，甚至宁可亡国，也不向任何一个大国投降，先有这样的准备，才能有所作为。

正是两大之间难为小，滕这个小国受着齐国与楚国的夹板气，无力反抗，也不敢反抗，于是孟子给滕王开了自立自强这个药方。事实上，做人做事也是如此，不自强，不自立，怨天尤人，希望别人为自己解决困难，天下不会有这样的事情。只有自立自强，才是真正的生存之道。

【职场感悟】

南非前总统曼德拉曾说："人生最美的光环不在于人的升起，而是坠下后还能再升起来。"要想实现自己的宏图伟志，需要自立自强。要想真正做到自立自强，必须有三个条件。一是要自觉。做任何事情，尤其是要实现自我设定的目标，只有自觉，才能主动，只有主动，才思进取。二是要勤奋。有了勤奋，才不会满足，只有不满足，才能保持旺盛的斗志。三是要有毅力。实现目标的过程，就是克服困难的过程，没有百折不挠的毅力，只会半途而废。没有这三条，自立自强终究是一句空话。

在如此激烈的职场竞争中，没有谁能永远做你的救星，为你排忧解难，只有你自己。失败并不可怕，可怕的是你没有坚持走向成功的勇气；受到挫折并不可怕，可怕的是你没有自立自强的决心。做自己的救星，自立自强，相信风雨过后，一定是鹰击长空的景色；相信荆棘过后，一定是铺满鲜花的康庄大道。

金钱不是工作的唯一目的

【典籍原文】

孟子见梁惠王。王曰："叟！不远千里而来，亦将有以利吾国乎？"

孟子对曰："王！何必曰利？亦有仁义而已矣。王曰，'何以利吾国？'大夫曰，'何以利吾家？'士庶人曰，'何以利吾身？'上下交征利而国危矣。万乘之国，弑其君者，必千乘之家；千乘之国，弑其君者，必百乘之家。万取千焉，千取百焉，不为不多矣。苟为后义而先利，不夺不餍。未有仁而遗其亲者也，未有义而后其君者也。王亦曰仁义而已矣，何必曰利？"

—— 《孟子·梁惠王章句上》

【白话导读】

孟子拜见梁惠王。梁惠王说："老先生，你不远千里而来，一定是有什么对我的国家有利的高见吧？"

孟子回答说："大王！何必说利呢？只要说仁义就行了。大王说'怎样使我的国家有利'？大夫说'怎样使我的家庭有利'？一般人士和老百姓说'怎样使我自己有利'？结果是上上下下互相争夺利益，国家就危险了啊！在一个拥有一万辆兵车的国家里，杀害它国君的人，一定是拥有一千辆兵车的大夫；在一个拥有一千辆兵车的国家里，杀害它国君的人，一定是拥有一百辆兵车的大夫。这些大夫在一万辆兵车的国家中就拥有一千辆，在一千辆兵车的国家中就拥有一百辆，他们的拥有不算不多。可是，如果把义放在后而把利摆在前，他们不夺得国君的地位是永远不会满足的。反过来说，从来没有讲"仁"的人却抛弃父母的，从来也没有讲义的人却不顾君王的。所以，大王只说仁义就行了，何必说利呢？"

面对梁惠王毫不客气的问话，孟子不卑不亢地点出他的目光短浅之处：只看重利益，而忽视了最根本的东西。

【职场感悟】

我们人人都会有梁惠王那样的"利益导向"心理，而以这种心理来审视工作就将导致将金钱等物质报酬作为工作的目的，甚至一叶障目，不见泰山：只看到有多少钱可拿，而忽视了隐藏在金钱背后重要的东西。

不可否认，金钱等物质报酬确实是工作的直接所得，而从生存的角度来看，它们的重要性也无可非议。然而，你有没有想过：难道工作仅仅是为了生存吗？

如果你真正地用上面的问题审视自己，就会发现，其实，你工作的最基本的目的是为了"更好地生存"。在"更好地生存"这个目的基础上才能孕育出另一个目的——实现个人价值。因此，金钱等物质利益不是工作的唯一目标。

我们知道，企业要更好的生存必须注重持续发展能力，这个道理同样适

用于个人。因此，要保持"更好的生存"状态就必须提升自己的持续发展能力，而这个能力，只有在工作中不断实践才能逐渐成长，这，就是工作给你带来的，隐藏在物质利益背后最重要的东西。

看到了这点，你才真正能够从工作中吸取能量，不断提升自己。

养浩然正气，做担当重任的优秀员工

【典籍原文】

浩生不害问曰："乐正子何人也？"孟子曰："善人也，信人也。""何谓善？何谓信？"曰："可欲之谓善，有诸己之谓信，充实之谓美，充实而有光辉之谓大，大而化之之谓圣，圣而不可知之谓神。乐正子，二之中、四之下也。"

——《孟子·尽心下》

【白话导读】

浩生不害（齐国人，姓浩生，名不害）问道："乐正子为人如何？"孟子说："是个善人，诚信的人。"问："什么叫善？什么叫信？"

孟子说："值得追求的叫作善，自己有善叫作信，善充满全身叫作美，充满并且能发出光辉叫作大，光大并且能使天下人感化叫作圣，圣又高深莫测叫作神。乐正子的人品，在善与信二者之中，在美、大、圣、神四者之下。"

儒家思想中关于人的修养有"内圣外王"之说，孟子就此修养之道，指出："可欲之谓善，有诸己之谓信，充实之谓美，充实而有光辉之谓大，大而化之之谓圣，圣而不可知之谓神。"孟子首先说明养气修心之道，虽爱好其事，但一曝十寒，不能专一修养，只能算是但知有此一善而已，必须要在自己的身心上有了效验，方能生起正信，也可以说才算有了证验的信息；由此再进而"充实之谓美"直到"圣而不可知之谓神"，才算是"我善养吾浩然之气"成功。

【职场感悟】

自古做人难，做一个有一身浩然正气的人更难，因为这是一个需要自我修炼的过程。修身养性，就是这样一个不断克服自身缺点、不断进步的过程。俗话说：不经历风雨，怎能见彩虹。不下一番苦功，如何炼就金玉人格。要想成就大境界，必须在修身养性上下苦功，时时拂拭心灵，处处反思行动，莫让自己蒙尘。

浩然正气是人的精神脊梁，是抵御歪风邪气的"屏障"。要保持浩然正

气，就必须"一日三省吾身"，做到自重、自省、自警、自励，时时处处以激浊扬清、弘扬正气为己任，使正气日盛，邪气渐消，引领自己不断走向正义和文明。这才是君子之道。

公司的竞争力一定是基于优秀人才的竞争。一名优秀员工无论从事什么样的工作，都应该在自己的岗位上做好自己的每一件事。这是一个优秀的公司之所以振兴的根本，也是一个国家之所以振兴的根本。

《荀子》：学以致用，精诚专一

荀子（战国，约前313~前238年）是我国先秦时期杰出的唯物主义思想家。他兼通诸经，集百家之大成，是先秦非常重要的儒学家、文学家。他认为"天行有常"，不以人的意志为转移，但他又提出"人定胜天"的观点，认为人类可以"制天命而为之"。

"前继孔孟之余绪，后开儒家之新风"，荀子的思想开创了儒学的一片新天地，是中国传统文化的主要奠基人之一。在《荀子》这本令后人受益匪浅的国学经典中，我们定能觅得古代先贤文化的精华所在。

生命不息，学习不止

【典籍原文】

君子曰：学不可以已。青，取之于蓝，而青于蓝；冰，水为之，而寒于水。木直中绳，輮以为轮，其曲中规，虽有槁暴，不复挺者，輮使之然也。故木受绳则直，金就砺则利。君子博学而日参省乎己，则知明而行无过矣。

——《荀子·劝学》

【白话导读】

君子说：学习不可以停止。靛青是从蓝草中提取的，但它的颜色比蓝草更青；冰是水凝结成的，但它比水更冷。一块木材很直，合乎木匠拉直的墨线，假如用火烤使它弯曲做成车轮，它的弯度就可以符合圆规画的圆。即使又晒干了，也不能再挺直，这是由于人力加工使它变成这样的。所以木材经墨线划过，斧锯加工就直了，金属刀剑拿到磨刀石上磨过就锋利了。君子广泛地学习而且每天对自己检查省察，就能聪慧明达，行为就会没有过错。

【职场感悟】

林语堂先生曾经说过："若非一鸣惊天下的英才，都得靠窗前灯下数十年的玩摩思索，然后可以著述。"每个人并非天生就是奇才，一个人所知道的东西比起整个宇宙来，实在是少得可怜，这一切只有通过学习来弥补。

在知识经济时代，竞争日趋激烈，信息瞬息万变，盛衰可能只是一夜之间的事情。在激烈的竞争中，只有不断学习、善于学习的人，才能具有高能力、高素质，才能不断获得新信息、新机遇，才能够获得成功。如果不能不断提高素质，跟不上时代发展的步伐，就会成为"吃老本"的掉队者。那么怎样才能做到不掉队呢？毫无疑问，答案是不断学习、善于学习。

学以致用，工作中的必备能力

【典籍原文】

不闻不若闻之，闻之不若见之，见之不若知之，知之不若行之。学至于行之而止矣。行之，明也。明之为圣人。圣人也者，本仁义，当是非，齐言行，不失毫厘，无它道焉，已乎行之矣。故闻之而不见，虽博必谬；见之而不知，虽识必妄；知之而不行，虽敦必困。不闻不见，则虽当，非仁也，其道百举而百陷也。

——《荀子·儒效》

【白话导读】

没有听到不如听到，听到不如见到，见到不如理解，理解不如实行。学习到了实行也就到头了。实行，才能明白事理，明白了事理就是圣人。圣人这种人，以仁义为根本，能恰当地判断是非，能使言行保持一致，不差丝毫，这并没有其他的窍门，就在于他能把学到的东西付诸行动罢了。所以听到了而没有见到，即使听到了很多，也必然有谬误；见到了而不理解，即使记住了，也必然虚妄；理解了而不实行，即使知识丰富，也必然会陷入困境。不去聆听教诲，不去观摩考察，即使偶尔做对了，也不算是仁德，这种办法采取一百次会失误一百次。

【职场感悟】

宋代大诗人陆游有一句千古名言："纸上得来终觉浅，绝知此事要躬行。"说的就是学以致用的重要性。正所谓"学而不能行，谓之病"，"不闻不若闻之，闻之不若见之，见之不若知之，知之不若行之"。只学不用，犹如纸上谈兵，纵然胸中有千军万马、锦囊妙计，若没有付诸实践，一切就毫无意义。

持之以恒才能学有所成

【典籍原文】

故不积跬步，无以至千里；不积小流，无以成江海。骐骥一跃，不能十步；驽马十驾，功在不舍。锲而舍之，朽木不折；锲而不舍，金石可镂。

——《荀子·劝学》

堆积土石成了高山，风雨就从这里兴起了；汇积水流成为深渊，蛟龙就从这儿产生了；积累善行养成高尚的品德，自然会心智澄明，也就具有了圣人的精神境界。所以不积累一步半步的行程，就没有办法达到千里之远；不积累细小的流水，就没有办法汇成江河大海。骏马一跨跃，也不足十步远；劣马拉车走十天，（也能走得很远，）它的成功就在于不停地走。（如果）刻几下就停下来了，（那么）腐烂的木头也刻不断。（如果）不停地刻下去，（那么）金石也能雕刻成功。

【职场感悟】

陶渊明说过："勤学似春起之苗，不见其增，日有所长；辍学如磨刀之石，不见其损，日有所亏。"正是此理。

俗话说："宝剑锋从磨砺出，梅花香自苦寒来。"任何伟业都不是一蹴而就的，不经历一番风霜苦，哪得梅花扑鼻香？成就惊天伟业都需要经过持之以恒、艰苦卓绝的奋斗。

任何人在人生中取得的成就，都是不畏艰难，一点一滴积累起来的。点滴的积累和百折不挠的精神，为他们的成功奠定了基石。

《周易》：生于忧患，死于安乐

《周易》（作者不详）是中华文明史上一部内涵精深、影响广泛、流传久远的典籍，有"群经之首"和"大道之源"之称。几千年来，《周易》以其外在的魅力（奇特的结构形式和抽象的符号显示），以及博大精深的内涵（千古永辉的义理和复杂神奇的运算机制），吸引着人们在各个领域对其进行研究和应用，形成了庞大的易学研究体系。

时至今日，《周易》中所揭示的人生法则仍有重要的现实意义，能够指导我们趋利避害，转凶为吉。

凡事早作打算，才能避免危机

【典籍原文】

初六，履霜，坚冰至。《象》曰：履霜坚冰，阴始凝也，驯致其道，至坚冰也。

——《易经·坤》

【白话导读】

坤卦初六说，脚下既已踩霜，坚冰必不远。《象传》说：脚下已经踩到

霜了，坚冰必不远，阴气开始凝聚，顺其发展下去，必至于结成坚冰。

【职场感悟】

冰冻三尺，非一日之寒。脚踩到霜的时候，就要想到结坚冰的寒冷日子即将到来。《诗经》上说："迨天之未阴雨，彻比桑土，绸缪牖户。"意思是说，在未下雨时，鸟儿便啄剥桑根皮来修补巢穴了。这些话告诉我们一个道理：凡事早作打算，才能避免危机。

人无远虑，必有近忧。一个善于做准备的人，是距离成功最近的人。一个缺乏准备的员工，一定是一个差错不断的人，纵然有超强的能力、千载难逢的机会，也不能保证其会获得成功。

居安思危，时刻保持危机意识

【典籍原文】

君子安而不忘危，存而不忘亡，治而不忘乱，是以身安而国家可保也。

——《易经·系辞》

【白话导读】

《易经·系辞》中说：君子在安逸时不敢忘记危险，在生存时不敢忘记灭亡，太平时不敢忘记动乱，因而能够让自身平安而国家也能够保全。

【职场感悟】

在夏天就为冬天作准备，这是聪明的做法，而且也比较容易做。走运时要做好倒霉的准备，饱带干粮，晴带雨伞。人生有高潮就有低谷，有得意就有失意，当我们处于顺境时就不要过于张狂。

高瞻远瞩、居安思危，这是智者的生存态度，也是用变化的观点分析态势。因为所有事情都是由正反两个方面组成的，既没有绝对的好，也没有绝对的坏，在一定条件下都会向自己的反面转化。在安逸的时候要想到将来的危险，成功的时候要想到失败。

保持冷静的头脑，从容应对危机

【典籍原文】

初九，震来虩虩，后笑言哑哑，吉。《象》曰："震来虩虩"，恐致福也；"笑言哑哑"，后有则也。

——《易经·震》

【白话导读】

震卦，一个雷打下来，心中恐惧，随即镇静下来，又言笑自若，必获吉祥。

初爻：思想上对新生事物进行戒备，而又能主动观察、了解，并在认识之后乐意接纳，这才是应有的胸怀。

《象传》说："对新生事物，或新的想法抱有恐惧心理"，是正常的，也是好事，这样就可以谨慎行事，不致为祸。"对新的成功或新的际遇欢喜拥抱"，不要忘记慎终如始，遵守规则，才能不功亏一篑。

震卦：轰隆。新生事物发生之初，总是令人感到恐惧。直到熟悉、认识了其特性之后，人们就会欢喜接纳了。

【职场感悟】

当震惊突然来临时，能使人变色，但是，如果能记取教训，戒慎恐惧，便不会惊慌失措，而能冷静地面对，镇定自若。震卦中所说的惊雷是一种自然现象，用它比喻人世间的震动和各种不平凡的情况，人们对此应该冷静面对，理智地去处理。如果我们在面对震动时能够沉着冷静，我们就能得到更接近客观的评价，就能迅速找到正确、有效解决问题的方法。

沉不住气的人遇到紧急情况时最容易失败，因为急躁的情绪已经占据了他们的心灵，他们没有时间考虑自己的处境和地位，更不会坐下来认真思索有效的对策。在发展进步的过程中，面对大的震惊，不要惊慌失措，要镇定自若，冷静地去面对，这是一个人的气度和能耐。这种气度和能耐来自于理智的头脑，这种气度和能耐使人在大的变动中沉着应对，处变不惊。

要有长线思维，建立长远视点

【典籍原文】

初六：童观，小人无咎，君子吝。

——《易经·观卦》

【白话导读】

孩童般粗浅而幼稚地看待世事，对于一个道德本来低下的人来说倒也无所谓，道德高尚的人还是以不用或少用为好。

意思是说一个出世不久的儿童，没有一点经验，刚一出门，对所看到的茫然无知，这就叫做"童观"，意指孩子般的见识。初六柔爻，柔爻为小人，即道德低下的人。道德低下的人干不成大事也不想干大事，顶多也就是用小心眼谋点眼前的个人利益，卑下而无远见，看问题像小孩子一样蒙昧肤浅，懵懂可笑，干些只有小孩子才能干出来的事，别人也不会太责怪，所以"无咎"。君子即道德高尚的人则不行，君子是要干大事的，不可有丝毫的懵懂和褊狭。君子不能糊涂。如果糊涂了，那一定是装出来的糊涂。装出来的糊

涂是难得的糊涂，表面糊涂，内心不糊涂，不只不糊涂，而是比明白人还要明白，比聪明人更显聪明。如果他是真的糊涂，看问题时显露出小孩眼光，那就要跌跤了。"君子旮"，是告诫观格人为人处世，不用或者少用孩童般的好奇心幼稚用事，而应当高瞻远瞩。旮，意为旮旯。

【职场感悟】

目光长远，不沉溺于短暂的利益之中，想问题、做事情眼光放得远大，不会满足于眼前的一点点欲望。人要有所成就，必须目光长远，没有对未来的雄心满怀，人们就会怠惰。

一个人如果不想随波逐流，最关键的是要坚持自己，一个有理想和追求的人，不要满足眼前的繁荣，不要沦为物质的附庸。只要眼光长远做到自豪不自满、昂扬不张扬、务实不浮躁，那么他必定能远离职场危机，成为公司不可替代的人。

第二章

阅读经典，滋养心灵

《羊皮卷》：开启智慧之门的钥匙

这是一部人生"圣经"，任何一位有志于成功的人，都不可以忽略它。

这些羊皮卷里的确记载了震烁古今的大秘密，至于一个人能领悟到什么程度则全看个人的造化了。

树立生活的目标

【精彩篇章】

在密西西比州毕罗西市这个美丽如画的小镇码头上，一位24岁的舞蹈演员跳了下去，企图自杀。这个年轻姑娘后来讲，她那么做是因为"厌倦了生命"。可是，正当姑娘跳下码头的时候，一个小伙子发现了她的举动。小伙子立刻脱掉衣服，一头扎入水中去救她，却忘了自己根本不会游泳。小伙子在水里奋力扑腾挣扎，眼看着快要淹死了。就在这时，舞蹈演员好像忘了自己一时的绝望，奋力向小伙子游去。还在小伙子大口呛水、大口喘气的时候，姑娘一把抓住了他，拉着他安全游到岸上。就这样，本想结束生命的姑娘反倒救起了一个人。就在那个关键时刻，小伙子为了求生拼命挣扎，这让姑娘觉得自己的生命突然找到了目标。码头下面的海水淹没的不过是她的绝望，在那电光划过的瞬间，她已经知道"不知为何而活"与"为了什么而活"的区别。事后，姑娘又重返舞台，开始了新的生活。

并不是所有人在缺乏目标时都会有如此极端的行为，但每个人都曾有过类似的经历：有时觉得生活充满了活力和冲劲，那是因为我们明确自己要向某个方向前进；也有的时候，屋漏偏逢连夜雨，我们仿佛已经走投无路。所

以，要想让成功有意义的话，就应该遵循一定的目标，否则即便我们像植物人那样能延续生命，也毫无成功的乐趣。

成功的第一个共同要素是：目标。不论做什么事情都应该有明确的目标。成功最大的敌人是没有目标。在沼泽和泥潭中，谁会有成功的感觉呢？可是一旦有了目标，我们就有了能量和活力，充满了想象和展望，这些动力驱使我们向"某个方向"前进。不过在这条道路上既会有兴高采烈，也会有灰心绝望，每到这一刻，我们就应告诫自己：不要迷失了方向。

【感悟】

成功总会属于那些有人生目标的人，鲜花和荣誉从来不会降临到那些没有人生目标的人身上。许多人只知道怀着羡慕妒忌的心态看待那些取得成功的人，总认为他们取得成功的原因是有外力帮助，于是感叹自己的命运不济。殊不知，成功者之所以成功就是由于他们有了明确的目标，而许多人不成功，就在于他们连一个明确的目标也没有。

自立，把握自己的命运

【精彩篇章】

谁在控制你的生活？

工程师在文档上又记了几个字，然后看了看凯文。

"凯文，"他问，"谁是你生活的主宰？"

凯文明白自己对这个问题的回答绝对正确。"是我自己！"他说，"我是自己生活的主宰。"工程师还是一脸冷漠，不置可否。他在文件上又记了一笔，然后停了很长时间。凯文有点紧张了。

"不过，还是，还是有例外的。"凯文最后加了一句，又说："我是说，小时候父母那么对我，不是我的错。有一次我回到家想告诉他们我进了橄榄球队，我考试拿了一个 A。可是他们谁也不听我说。后来……我的上司又是个万事忙，不让我说了算，这也不赖我。有次我提交了新的销售计划，他却派一个年轻人去实施了。是啊，我自己为生活做主，但有些例外情况。我是说，有的时候你就像没闸的车，有的时候事情也不像你想象的那样发展。可那不就是生活吗？打球，球不就是这么乱撞的吗？吃饼干，饼干不就是这么碎的吗？拖地，拖把不就是这么晃的吗？"

工程师一蹦三尺高，气得把文件夹扔在了地上。"不对、不对、不对！"他喊道："你什么时候才能学会啊！你简直没救了！我说没救了！从来就没有什么例外，你必须掌握自己的生活，凯文，知道吗？是你自己，凯文，不

是你爸爸、你妈妈、你上司。不是什么闸呀！凯文在控制自己的生活，是你凯文自己！再别说什么'球不就是这么乱撞的吗？饼干不就是这么碎的吗？拖把不就是这么晃的吗？'凯文，你还不明白？你必须自己去拍起球，自己去啃饼干，你自己去拖拖把。这完全都取决于你。我真不知道该拿你怎么办，凯文，我真不知道。"

【感悟】

你生来就应该屈从于别人的领导吗？我们不用自己的头脑，所以就会放弃对命运的把握，而把它交给别人。当然谁都不会相信，我们生来就应该依赖别人的关照和保护。相反，我们不是生来就听别人的，也不是生来就随波逐流。我们必须把握生活，才不至浪费生活。

在尝试中拥抱成功

【精彩篇章】

二战结束后，杰和我回到家乡。我们确信，航空业必定是未来的热门行业。于是，我们想象着每个机库里装满了飞机，成千上万的人学习飞行……所以我们非常渴望加入航空业这一行。那时我们俩一共才有几百美元。我们借了一架小飞机，就敲锣打鼓准备开一家航空学校了。

但还有一个小问题，那就是我们两个人都不会飞行！但我们并没有就此止步，而是马上雇用了有经验的飞行员来上飞行课，我们则忙着向大众兜售我们的课程。我们既然已经决定要经营飞行事业，就决不会让任何意外浇灭我们的热情，即使是不会飞行这样的"小事"也改变不了我们的决定。

但是我们又碰上了麻烦——学员已经报了名，教师也已经请好了，可我们却发现小机场的跑道居然还没完工。除了一条条绵延横亘的泥土路之外，什么也没有。不过，我们立即又有了新主意。机场旁边有一条河，于是我们买了一些浮桶，架了个浮动码头，干脆就在水上起飞，就在浮桶上降落。以后，从我们学校毕业的两名学员居然从未在陆地上起降过飞机。

在临时飞机跑道上，我们本该有个小办公室的，但直到快开业了，办公室还没盖好。那总得想点办法吧，于是我们向农民借来了大鸡笼，搁在跑道边，粉刷了一下，在门上挂了把大锁，又竖了个大牌子，写上大字：水獭飞行学校。我们曾计划着加入航空业，而现在已经入门了。

故事的结尾是，我们的事业非常成功，收入不错。后来我们又买了十几架飞机，最终成了镇上最大的航空公司。

【感悟】

你不努力尝试，那怎么可能成功？你不敢战斗，又怎么可能获胜？编织

美梦，空怀野心，总是期待、希望奇迹发生，却从来不给它们实现的机会，这样的生活真是太悲惨了！就好像只会小心翼翼地看着梦想摇曳闪烁的火花，却从不让它成为熊熊火焰。不去尝试又不去努力，你永远不知道自己究竟能干成什么。

《智慧书》：存乎一心的职场生存智慧

作者巴尔塔沙·葛拉西安（1601～1658年），一个满怀入世热忱的耶稣会教士，对人类的愚行深恶痛绝。但《智慧书——永恒的处世经典》全书极言人有臻于完美的可能，并云只要佐以技巧，善必胜恶。在《智慧书——永恒的处世经典》中，完美并不靠宗教上的启示（全书罕言上帝），而取决于人的资源与勤奋：警觉、自制、有自知之明及其他明慎之道。

这本书谈的是知人观事、判断、行动的策略——使人在这个世界上功成名就且臻于完美的策略。全书由300则箴言警句构成，这些箴言警句滋味绝佳而不可不与友朋同事分享共赏，又鞭辟入里而不能不蒙敌人对手于鼓里。本书的理想读者，是因日常事业而需与他人周旋应付者——他必须发现他人用心，赢得其好感与友谊，或反制其机谋及使他人意志一筹莫展。和所有警句一样，本书的读法是细嚼慢咽，且每次少许即可，以便体会个中三昧。

欧洲有许多学者相信，千百年来，人类思想史上具有永恒价值的处世智慧包含于三大奇书：一是马基雅维里的《君王论》，二是《孙子兵法》，三就是这本《智慧书》。

德国大哲学家叔本华曾刻意将《慧智书》译成德文，并盛赞此书"绝对的独一无二"。尼采也赞扬此书在论述道德的奥妙方面，整个欧洲没有一本书更精微、更曲折多姿。在1873年的一则札记里，尼采写道："葛拉西安的人生经验显示出今日无人能比的智慧与颖悟。"

低调处事，不要比上司更耀眼

【精彩篇章】

被别人比下去是很令人恼恨的事情，所以要是你的上司被你超过，这对你来说不仅是蠢事，甚而至于产生致命后果。自以为优越总是讨人嫌的，特别容易招惹上司和人君嫉恨，因此，对寻常的优点可以小心加以掩盖，例如相貌长得太好亦不妨用某种缺陷加以抵消。

大多数的人对于在运气、性格和气质方面被超过并不太介意，但是却没

有一个人（尤其是领导人）喜欢在智力上被人超过。因为智力是人格特征之王，冒犯了它无异犯下弥天大罪。当领导的总是要显示出在一切重大的事情上都比其他人高明。君王喜欢有人辅佐，却不喜欢被人超过。如果你想向某人提出忠告，你应该显得你只是在提醒他某种他本来就知道不过偶然忘掉的东西，而不是某种要靠你解谜释惑才能明白的东西，此中奥妙亦可从天上群星的情况悟得：尽管星星都有光明，却不敢比太阳更亮。

【感悟】

俗话说："人外有人，山外有山"，千万不要班门弄斧，在行家面前卖弄本事。从艺无止境的角度看，人要谦虚点好，即使有才华，也不要卖弄，特别是不要在行家面前卖弄，弄不好是要自取其辱的。我们不可能对万事万物都了如指掌，为人谦恭既是对他人的敬重，也是保护自己的良策。

切莫与人过于亲近

【精彩篇章】

切莫与人过于亲近，或让他人过于亲近你，否则，你将失去正直赋予你的优势，使你声望尽失。群星从不与我们摩擦，所以永葆辉煌。神性需要尊严，亲近滋生轻慢。最常用之物往往最不受珍惜，因接触愈多，缺点越显；而缄默则可将缺陷掩饰。切勿与任何人过于亲近。不要亲近上司，否则危险将至；不要亲近下属，因之有失尊严。最不可与乌合之众为伍，他们蛮横而愚蠢。他们看不出你是善意相与，却认为是你应尽之责。过分亲近与粗俗相类。

【感悟】

在冷风瑟瑟的冬日里，有两只困倦的刺猬想要相拥取暖休息。但无奈的是双方的身上都有刺，刺的双方无论怎么调整睡姿也睡得不安稳。于是，它们就分开了一定的距离。但又冷得受不了，于是又凑到了一起。几经反复的折腾，两只刺猬终于通过自己的努力找到了一个合适的距离，既能互相取暖，又不至于刺到对方，于是舒服地睡了。

刺猬能够舒服地睡着而不刺到对方，就因为他们之间保持了合适的距离。对于人来说是同样的道理。

人们既需要朋友间的友情，又要保持足够的距离，以免造成不必要的伤害。所以，在与朋友交往时也要保持合适的距离，关系太亲密的，未必是真正的朋友。交朋友要保持距离，保持分寸，这样才能让友谊地久天长。

知识和勇气兼具方可成伟业

【精彩篇章】

舌头就像一头野兽，一旦挣脱了束缚，就很难再把它送回笼中。舌头是灵魂的脉搏，智者用它来检验我们的健康，有心人用它来聆听心声。不幸的是那些本应最谨慎的人却往往最不谨慎。

智者会避免困境和险境，能表现出自制力，智者是三思而后行的：两面兼顾如古罗马门神杰那斯，警戒如阿耳戈斯人。一个更聪明的莫摩斯会让手上长眼睛，而不是在胸腔上开扇窗户。（莫摩斯责备赫淮斯托斯造了一个人，却没有在他的胸腔上留下一扇能让别人窥视他秘密思想的小门。）

【感悟】

遇到麻烦要保持沉着冷静的头脑，而不是只凭表面现象妄下结论。沉着冷静给自己赢得思考的时间，留有想象的余地，进而能使麻烦的危害性降低，甚至变害为利。否则，就会把原本简单的事情搞复杂，扩大事情的态势，导致不希望的结果。

为人处世不能断章取义，不能只看其表不看其里，也不能一叶障目不见泰山。佛家讲有因有果因果相应，事情的原因被它的假象遮盖住了，需要你慎重、冷静分析、沉着应对，拨开缭绕的迷雾，把事情的真相弄明白，只有这样做事情才不会后悔，才不必承受鲁莽的危害。

《世界上最伟大的推销员》：闪耀着蓝钻光辉的成功艺术

《世界上最伟大的推销员》是一本应该随身携带的好书，好像一位良师益友在道德上、精神上、行为准则上指导你，给你安慰，给你鼓舞，是你立于不败之地的力量源泉。

这本书记载了一则感人肺腑的传奇故事。一个名叫海菲的牧童，从他的主人那里幸运地得到 10 张神秘的羊皮卷，遵循卷中的原则，他执著创业，最终成为了一名伟大的推销员。建立起了一座浩大的商业王国……

这是一本在全世界范围内影响巨大的书，适合任何阶层的人阅读。它震撼人心，激励斗志，改变了许多人的命运……

坚持不懈，直到成功

【精彩篇章】

从今往后，我承认每天的奋斗就像对参天大树的一次砍击，头几刀可能

了无痕迹。每一击看似微不足道，然而，累积起来，巨树终会倒下。这恰如我今天的努力。

就像冲洗高山的雨滴、吞噬猛虎的蚂蚁、照亮大地的星辰、建起金字塔的奴隶，我也要一砖一瓦地建造起自己的城堡，因为我深知水滴石穿的道理，只要持之以恒，什么都可以做到。

我绝不考虑失败，我的字典里不再有放弃、不可能、办不到、没法子、成问题、失败、行不通、没希望、退缩……这类愚蠢的字眼。我要尽量避免绝望，一旦受到它的威胁，立即想方设法向它挑战。我要辛勤耕耘，忍受苦楚。我放眼未来，勇往直前，不再理会脚下的障碍。我坚信，沙漠尽头必是绿洲。

我要牢牢记住古老的平衡法则，鼓励自己坚持下去，因为每一次的失败都会增加下一次成功的机会。这一次的拒绝就是下一次的赞同，这一次皱起的眉头就是下一次舒展的笑容。今天的不幸，往往预示着明天的好运。夜幕降临，回想一天的遭遇，我总是心存感激。我深知，只有失败多次，才能成功。

【感悟】

职场中有许多人最初都能保持旺盛的斗志，在这个阶段卓越者与平庸者没有多少差别。然而往往到最后那一刻，两者之间便有了较大的区别：前者咬牙坚持到胜利，后者则丧失信心放弃努力。而两者的结局也自是大不相同。

对此，著名科学家钱学森院士曾说："伟大工作的完成，要凭坚持不懈的精神。"工作干得是出色还是平庸，当然也就是看你能不能坚持。

学会控制情绪

【精彩篇章】

潮起潮落，冬去春来，夏末秋至，日出日落，月圆月缺，雁来雁往，花飞花谢，草长瓜熟，自然界万物都在循环往复的变化中，我也不例外，情绪会时好时坏。

这是大自然的玩笑，很少有人窥破天机。每天我醒来时，不再有旧日的心情。昨日的快乐变成今日的哀愁，今日的悲伤又转为明日的喜悦。我心中像有一只轮子不停地转着，由乐而悲，由悲而喜，由喜而忧。这就好比花儿的变化，今天绽放的喜悦也会变成凋谢时的绝望。但是我要记住，正如今天枯败的花儿蕴藏着明天新生的种子，今天的悲伤也预示着明天的欢乐。

我怎样才能控制情绪，让每天充满幸福和欢乐？我要学会这个千古秘诀：弱者任思绪控制行为，强者让行为控制思绪。

【感悟】

一个能控制自己情绪的人，本身有一股巨大的力量，这种巨大的力量可以实现他的期待，完成他的目标。

如果一个人的意志力坚固得跟钻石一样，并以这种意志力引导自己朝着目标前进，那么所面对的一切困难，都会迎刃而解。而相反，不擅长控制自己情绪的人则会让自己的工作生活一团乱。

现在就付诸行动

【精彩篇章】

我的幻想毫无价值，我的计划渺如尘埃，我的目标不可能达到。

一切的一切毫无意义——除非我们付诸行动。

一张地图，不论多么详尽，比例多精确，它永远不可能带着它的主人在地面上移动半步。一个国家的法律，不论多么公正，永远不可能防止罪恶的发生。任何宝典，即使我手中的羊皮卷，永远不可能创造财富。只有行动才能使地图、法律、宝典、梦想、计划、目标具有现实意义。行动，像食物和水一样，能滋润我、使我成功。

立刻行动。立刻行动。立刻行动。从今往后，我要一遍又一遍，每时每刻重复这句话，直到成为习惯，好比呼吸一般；成为本能，好比眨眼一样。有了这句话，我就能调整自己的情绪，迎接失败者避而远之的每一次挑战。

【感悟】

行动是根本，我们要把行动真正落实到日常工作中，不能只说不做。不管从事什么事业，当有了一项工作或任务后，就应该当机立断，立即落实。

"一打纲领不如一个行动"。说一千道一万，关键在行动。没有行动，任何口号都没有意义。落实任务必须言行一致，见诸行动。

《沉思录》：洗涤灵魂，沉淀人性精华

《沉思录》，古罗马唯一一位哲学家皇帝马可·奥勒留所著，这本自己与自己的 12 卷对话，内容大部分是他在鞍马劳顿中所写。

马可·奥勒留在书中阐述了灵魂与死亡的关系，解析了个人的德行、个人的解脱以及个人对社会的责任，要求常常自省以达到内心的平静，要摒弃一切无用和琐屑的思想，正直地思考。而且，不仅要思考善、思考光明磊落

的事情，还要付诸行动。

《沉思录》来自于作者对身羁宫廷的自身和自己所处混乱世界的感受，追求一种摆脱了激情和欲望、冷静而达观的生活。马可·奥勒留把一切对他发生的事情都不看成是恶，认为痛苦和不安仅仅是来自内心的意见，并且是可以由心灵加以消除的。他对人生进行了深刻的哲学思考，热诚地从其他人身上学习他们最优秀的品质，果敢、谦逊、仁爱……他希望人们热爱劳作、了解生命的本质和生活的艺术、尊重公共利益并为之努力。

感恩，懂得珍惜工作

【精彩篇章】

我为我有好的祖辈、好的父母、好的姐妹、好的教师、好的同伴、好的亲朋和几乎好的一切而感谢神明。我也为此而感谢神明：我没有卷入对他们任何一个的冒犯。虽然我有这样一种气质，如果有机会是可能使我做出这种事情的，但是，由于他们的好意，还没有这种机缘凑巧使我经受这种考验。

我感谢神明给了我这样一个兄弟，他能以他的道德品格使我警醒，同时又以他的尊重和柔情使我愉悦；感谢神明使我的孩子既不愚笨又不残废，使我并不熟谙修辞、诗歌和别的学问，假如我看到自己在这些方面取得进展的话，本来有可能完全沉醉于其中的；我感谢神明使我迅速地给予了那些培养我的人以他们看来愿意有的荣誉，而没有延宕他们曾对我寄予的愿我以后这样做的期望（因为他们那时还是年轻的）；我感谢神明使我认识了阿珀洛尼厄斯、拉斯蒂克斯、马克西默斯，这使我对按照自然生活，对那种依赖神灵及他们的恩赐、帮助和灵感而过的生活得到了清晰而巩固的印象，没有什么东西阻止我立即按照自然生活，然而我还是因为自己的过错，因为没有注意到神灵的劝告（我几乎还可以说是他们的直接指示）而没有达到它……

【感悟】

从上面这段话里，我们可以清晰地感觉到马可·奥勒留那颗谦卑而自足的感恩之心。我们从中知道，他是幸福的。他看到自己的幸福并小心翼翼地珍惜着。当我们一直在心里唱着"幸福在哪里"的时候，我们是否发现，其实幸福就来自于我们懂得感恩的内心，机会也来自于我们那颗感恩的心。

克制，剪除心灵不安的欲望

【精彩篇章】

驱散想象，克制欲望，消除嗜好，把支配能力保持在它自己的力量范围之内。

如果这目的是好的，你将不追求任何别的东西。你还要重视许多别的东西吗？那么你将不会自由，对于你自己的幸福不会知足，不会摆脱激情。因为这样你必然会是嫉妒的、吝惜的、猜疑那些能夺走这些东西的人，策划反对那些拥有你所重视的东西的人。想要这样一些东西的人必定会完全处在一种烦恼不安的状态，此外，他一定会常常抱怨神灵。而尊重和赞颂你自己的心灵将使你满足于自身，与社会保持和谐，与神灵保持一致，亦即，赞颂所有他们给予和命令的东西。

在这个世界上真正值得尊重的事情并不是那种无价值的所谓名声，而是根据自己自身恰当的结构推动自己，即，使自己不屈服于身体的引诱，不被感官压倒，与社会和谐，只做自己应该做的事情，而不追求其他多余的东西，即不让欲望增加心灵的烦恼和不安。

【感悟】

老子说得好，"见谷而止为德"。邪生于无禁，欲生于无度。太多的欲望将会使人失去心灵上的自由，成为心灵的负累，如果再任由它如野草般疯长的话，必定会把原本清净与安宁的空间全部挤占，让自己变成纯粹的欲望动物，陷入越来越多的烦恼与不安之中。只有随时修剪，才能让你的身心保持健康与愉悦。

淡泊，金谷平泉俱尘土

【精彩篇章】

在人的生活中，时间是瞬息即逝的一个点，实体处在流动之中，知觉是迟钝的，整个身体的结构容易分解，灵魂是一涡流，命运之谜不可解，名声并非根据明智的判断。一言以蔽之，属于身体的一切只是一道激流，属于灵魂的只是一个梦幻，生命是一场战争，一个过客的旅居，身后的名声也迅速落入忘川。

那么一个人靠什么指引呢？惟有哲学。而这就在于使一个人心中的神不受摧残，不受伤害，免于痛苦和快乐，不做无目的的事情，而且毫不虚伪和欺瞒，并不感到需要别人做或不做任何事情，此外，接受所有对他发生的事情，所有分配给他的份额，不管它们是什么，就好像它们是从那儿，从他自己所来的地方来的；最后，以一种欢乐的心情等待死亡，把死亡看做不是别的，只是组成一切生物的元素的分解。而如果在一个事物不断变化的过程中元素本身并没有受到损害，为什么一个人竟忧虑所有这些元素的变化和分解呢？因为死是合乎本性的，而合乎本性的东西都不是恶。

【感悟】

浮生一梦，人不过是宇宙中的一个过客，当他离去的时候，身后的名声也随即迅速落入忘川。唯有淡泊才能辽远，唯有淡泊才能自由，唯有淡泊才能明志，也唯有淡泊名利才不会为名利所束缚。

马可·奥勒留这样说："每个人生存的时间都是短暂的，他在地上居住的那个角落是狭小的，最长久的名声死后也是短暂的，甚至这名声也只是被可怜的一代代后人所持续，这些人也将很快死去，他们甚至于不知道自己，更不必说早已死去的人了。"

《塔木德》：智慧是财富的源泉

《塔木德》凝聚了上千年来2000余名犹太学者对自己民族历史、民族文化、民族智慧的发掘、思考和提炼，是整个犹太民族生活方式的航图，是滋养世代犹太人的精神支柱，是其他民族的人走进犹太文化，接触犹太智慧的一扇必经大门。

在希伯来语中，"塔木德"（Talmud）的意思是"伟大的研究"，这是一部犹太人作为生活规范的重要书籍。它不仅教会了犹太人思考什么，而且教会了他们如何思考。它用一种始终如一的声音，构建了犹太人的世界观。

《塔木德》宛如一位和蔼可亲的朋友或思想深邃的学者，始终和每一个职场员工进行交谈和讨论，并穿透琐细的生活，让人感觉到鲜活的智慧和触及万物的力量。

学识是财富的给养

【精彩篇章】

只有拥有丰富的阅历和广博的业务知识，在生意场上才能少走弯路少犯错误，这是能赚钱的根本保证，也是商人的基本素质。

【感悟】

"商人要学识渊博"，这是犹太人提出的口号，同时也是他们的经商法则。学识渊博不仅可提高商人的判断力，还可以增加其修养和风度。一个文质彬彬的人和一个粗俗不堪的人，分别去应酬同一宗生意，成功几率大的必然是前者。

同样，在职场上，只有善于学习的人，才能具有高能力、高素质，才能不断获得新信息、新机遇，才能够获得成功。如果不能不断提高素质，跟不上时代发展的步伐，就会成为"吃老本"的掉队者。

可以卖掉金子，但不能出售书本

【精彩篇章】

把书本当作你的好友，把书架当作你的庭院，你应该为书本的美丽而骄傲！采其果实，摘其花朵。

生活困顿之余，不得不变卖物品以度日，你应该先卖金子、宝石、房子和土地，到最后一刻，仍然不可以出售任何书本。

【感悟】

犹太人认为，人们之间可以有各种恩怨，然而知识却是没有界限的，它是属于全人类的，不能因为存在偏见而影响智慧和真理的存在及传播。因此，不论在什么情况下，都不能抛弃书本。

为了保护书籍的传承性，1736年拉脱维亚的犹太社区通过了一项法律。该法律规定：当有人借书时，如果书本的拥有者不把书本借给需要它的人，应罚款；如果有人去世了，要在棺材里放几本他生前喜欢的书，让书伴随他死去的躯体，宽慰他的灵魂。这些都充分地体现了犹太人对书本的态度：书本可以让人获得对生命的期望和更多的奖赏。

犹太人对书的崇拜，对知识的渴望和追求，已经不能用一般的求知好学来概括了。用他们的话来说，书就是他们一切智慧的根源，也是获取一切财富的根本。

任何一个成功人士都是爱书之人，书是人类进步的阶梯，书是良师益友，这句话被千万人重复，也被千万人认可。作为职场员工，你不可以不读书，一个不从书中汲取营养的人，很难想象你会取得进步。

活到老，学到老

【精彩篇章】

学习知识，应该去做筛子一样的人，只有学习才能使人更接近完美。

《托拉》应反复研读，因为它包罗一切；要对它反思，直到老去也要孜孜不倦；学习《托拉》不得心神不安。这是最好的准则。

【感悟】

只要是活着，犹太人总是不停地学习研究。因为对犹太人来说，学习是一种神圣的使命。犹太人认为到达天国以前，人必须不断地学习。学问的追求是永无止境的。所有的犹太人都秉持着这样一种观念：肯学习的人比知识丰富的人更伟大。站在玫瑰花丛中的人，身上充满了馨香。

在犹太人看来学生有四种：海绵、漏斗、过滤器、筛子。海绵把一切都

吸收了；漏斗是这边耳朵进那边耳朵出；过滤器把美酒滤过，而留下渣滓；筛子把糠秕留在外面，而留下优质面粉。

因此，犹太人倡导：要想学习知识，应该去做筛子一样的人，只有学习才能使人更接近完美。

《谁动了我的奶酪》：改变，学会应对危机

斯宾塞·约翰逊（Spencer Johnson），美国医学博士，全球知名的思想先锋、演说家和畅销书作家。他的许多观点，让成千上万的人发现了生活中的简单真理，使人们的生活更健康、更成功、更轻松。面对复杂的问题提出简单有效的解决办法，在这方面，他被认为是最好的专家。

《谁动了我的奶酪》带给您面对改变和危机的新视角，一则看似简单的寓言故事，提示员工在今天变革时代笑对变化、取得成功的方法。

谁拿走了你的奶酪

【精彩篇章】

两个小矮人哼哼和唧唧，两只小老鼠嗅嗅和匆匆，到一个固定的奶酪站去取奶酪原本是一个习惯性的动作，但有一天他们却发现，他们的奶酪不见了。奶酪消失了，唧唧想得出神，哼哼在嘟囔着。

唧唧仿佛看见自己坐在一大堆奶酪中央，正在尽情品尝各种奶酪，像蜂窝状的瑞士奶酪、鲜黄的英国切达干酪、美国奶酪和意大利干酪，还有美妙又柔软的法国卡米伯特奶酪，等等。

唧唧简直想得入了神，直到他听见哼哼在一边嘟囔着什么，他才意识到自己仍然还站在奶酪 C 站。

唧唧拾起一块坚硬的小石头，在墙上写下一句恳切的话，留给哼哼去思考。他没有忘记自己的习惯，在这句话的周围画上奶酪的图案。唧唧希望这幅画能给哼哼带来一丝希望，会对哼哼有所启发，并促使哼哼起身去追寻新的奶酪。但是哼哼根本不想朝墙上看一眼。

墙上的话是：

如果你不改变，

你就会被淘汰。

记住：他们仍会不断地拿走你的奶酪。

一天早上，当嗅嗅和匆匆到达奶酪 C 站时，发现这里已经没有奶酪了。它们情绪激动地大声叫骂这世界的不公平，用尽一切恶毒的语言去诅咒那个

搬走了它们奶酪的黑心贼。

【感悟】

员工应该在刚健勤勉的同时，怀着一种如同身临险境或即将面临困难的大敬畏意识。这种大敬畏、大忧患意识，使人在成功的时候清醒地看到还有很长的路要走，还有很多困难需要克服，成功的今天仅仅代表着今天，明天又必须继续前进。通过积极地反思自身行为，努力寻求解决问题之道。

适应环境，"We need change"

【精彩篇章】

对老鼠来说，问题和答案都是一样的简单。奶酪 C 站的情况发生了变化，所以，它们也决定随之而变化。

它们同时望向迷宫深处。嗅嗅扬起它的鼻子闻了闻，朝匆匆点点头，匆匆立刻拔腿跑向迷宫的深处，嗅嗅则紧跟其后。

它们开始迅速行动，去别的地方寻找新的奶酪，甚至连头都没有回一下。

有好一段时间，它们找得很辛苦却一无所获。直到它们走进迷宫中一个它们从未到过的地方：奶酪 N 站。

它们高兴得尖叫起来，它们终于发现了一直在寻找的东西：大量新鲜的奶酪。

它们简直不敢相信自己的眼睛，这是它们见过的最大的奶酪仓库。

【感悟】

周围环境的改变并不可怕，可怕的是观念不改变，不能预见未来。因此，你必须善于运用自己的头脑，随着环境的变化而变化，这样才能跟上时代的步伐。

美国著名人士罗兹说："生活的最大成就是不断地改造自己，以使自己悟出生活之道。"由此可知，改变就是我们遇到困难和变化时所采取的有效方法和手段。奥巴马一次又一次地对美国选民说，如果他们选择他当美国总统"我们将改变这个国家，改变世界"。

无所畏惧，置于死地而后生

【精彩篇章】

唧唧又有些担心起来，拿不准自己是否真的想要进入到迷宫中去。片刻以后，他又拿起石块在面前的墙上写下一句话，盯着它看了许久：

如果你无所畏惧，你会怎样做呢？

他对着这句话苦思冥想。

他知道，有时候，有所畏惧是有好处的。当你害怕不做某些事情会使事情变得越来越糟糕时，恐惧心反而会激你去采取行动。但是，如果因为过分害怕而不敢采取任何行动时，恐惧心就会变成前进道路上最大的障碍。

他朝迷宫的右侧瞧了瞧，心中生出了恐惧，因为他从未到过那里面。

……

他打定主意，从现在起，他要时刻保持警觉。他要期待着发生变化，而且还要去追寻变化。他应该相信自己的直觉，能告诉意识到何时发生变化，并且能够做好准备去适应这些变化。

……

当他感觉一直在迷宫中前行，而且好像永远都会在迷宫中前行的时候，他的旅程——至少是现阶段的旅程，即将愉快地结束了。

唧唧正沿着一条走廊前进，这是一条他从未到过的走廊，拐过一个弯，在他的面前出现了奶酪N站，这里面堆满了新鲜的奶酪！

【感悟】

只要有成功的希望，就一定会有风险的存在。只要有风险，就一定会有成功的契机。我们要做的是将风险衍变成机遇。

哥伦布如不航海探险，能登上新大陆吗？达尔文不亲身探险，搜集资料，能完成巨著《进化论》吗？股市风云中，没有接受挑战的行动，能获得巨额财富吗？是的，险中有夷，危中有利。

第三章

职场寓言：成为企业的主人翁

泥瓦匠的愿景

【故事频道】

有 3 个年轻人，他们从小一起长大，一直很要好。有一次，他们结伴环游"老欧洲"，目的在于发现和学习建筑艺术。一天，他们来到了英国的一个小城镇，发现这里成百上千的人们正在邻近的一个大型建筑工地上忙碌，所有的工匠都参加了这个工程的建设。年轻的旅游者在工地上四处走动，好奇地想看看哪儿需要他们，并琢磨着能否获得一个当学徒的机会。

途中他们经过一个地方，在那儿，一个泥瓦匠正全神贯注于手中的工作。年轻人都感到很好奇，其中一个问道："您正在做什么，泥瓦匠先生？""我正在砌一堵美丽的墙。我需要一个人帮助，如果你们当中的一个想学习我的技术，可以留下来。"其中一个年轻人对此很感兴趣，因此他接受了这份工作，告别他的朋友留了下来。

剩下的两个人继续前进。走了几天，他们遇到了另一个泥瓦匠，他正在和之前那个泥瓦匠做着完全相同的事情。他们问道："您在做什么，泥瓦匠先生？"这人看着他们，张开手臂做了一个环抱建筑工地的姿势，答道："我正在建一座教堂！我需要帮手，如果你们两个想学习我的手艺，可以留下来。"这两个人想了想，盖教堂比砌墙有意思多了，于是他们都接受了这份工作。

这 3 个年轻人做着的似乎是同样的事情，而他们的不同在于：第一个的愿景只是一堵墙，没多少吸引力；而其他两个人的愿景是一座美丽的大教堂，所以他们干劲十足。

【老板心语】

"愿景"对于分享它的人来说，具有强大的驱动力。企业需要有"共同愿景"来扬帆远航、赢得市场，每个人也应该拥有自己的"个人愿景"。一个拥有现实意义的愿景能够最大限度地激发出一个人的工作热情和创造力。

黑带的真义

【故事频道】

在一场典礼中，一位武学高手跪在武学宗师的面前，正准备接受来之不易的黑带。经过多年的严格训练，这个徒弟武功不断精进，终于可以在这门武学里出人头地了。

"在颁给你黑带之前，你必须再通过一个考验。"武学宗师说。

"我准备好了。"徒弟答道，心中以为可能是最后一回合的拳术考试。

"你必须回答最基本的问题，"武学宗师说，"黑带的真义是什么？"

"是我学武历程的结束，"徒弟不假思索地回答，"是我辛苦练功应该得到的奖励。"

显然，武学宗师并不满意徒弟的回答。停了一会儿，他开口了："你还没有到拿到黑带的时候，一年后再来。"

一年后，徒弟又跪在武学宗师面前。

"黑带的真义是什么？"武学宗师问。

"是本门武学中杰出和最高成就的象征。"徒弟说。

武学宗师沉默了好几分钟都没有说话，显然他还是不满意，最后他说道："你还没到拿黑带的时候，一年后再来。"

一年后，徒弟再次跪在武学宗师面前。

"黑带的真义是什么？"武学宗师问。

"黑带代表开始，代表无休止的纪律、奋斗和追求更高标准的历程的起点。"徒弟说。

"好，你已经准备就绪，可以接受黑带开始奋斗了。"武学宗师欣慰地答道。

【老板心语】

在激烈的竞争环境中，企业成立即代表着一个新的里程碑，是一个起点。企业创立之时或许在专业技术上保有短暂的优势，但企业的经营不只是靠技术而已，它必须有团队的共同运作，要有能激发团队奉献的愿景，要有

合理的管理机制。一个企业的每一个成就亦是一个起点，唯有保持个人及团队的学习精神，企业才可以基业常青，健康发展。

仓库管理员

【故事频道】

有一天，狮王准备招聘一个仓库管理员。狐狸、山羊、野猪都向狮王递上了自荐书，表示愿意担当这一职务。狮王见三人能力、学历都不相上下，一时难以决定，便留下它们与自己共进午餐。

席间，狐狸见有自己喜欢吃的鸡腿，便毫不犹豫地拿起一只，刚啃了几口，就丢到桌下，又随手拿起另一只；野猪呢，见侍者刚端上来一盘玉米，也毫不客气地拿起一根狂啃起来，全然不顾许多玉米粒从两颗獠牙间落下来，滚到地上；只有山羊吃得很斯文、很干净，连粘在碗边的一粒米饭都被它送到嘴里。

这一切都被狮王看在眼里。饭后，狮王宣布，仓库管理员的位置属于山羊，而狐狸与野猪都落选了。

【老板心语】

节俭是中华民族的传统美德，是员工爱企业如家的重要表现，也是企业对每个员工的基本要求，同时也是企业在市场竞争中生存与发展的客观需要。现实生活中，一些员工没有成本意识，他们对于公司财物的损坏、浪费熟视无睹，让公司白白遭受损失，自然也使公司的开支增大，成本提高。

离家出走的狗

【故事频道】

一户人家养了一只小花狗，有一天，这只小花狗忽然不见了，于是这家主人马上报了警。一周后，有人将这只小花狗送到了警察局，警察立刻通知了这家人。在等待主人到来的时间，警察发现这只小花狗没有一点欢喜的神情，反而悲伤地流泪。

警察相当好奇，纳闷地问小花狗："你应该高兴才对啊，怎么流泪了呢？"

"警察先生，你有所不知，我是离家出走的！"小花狗难过地回答。

"你家主人虐待你了？"警察很吃惊地问。

小花狗更加伤心了，说："我在主人家已经待了好多年，从一开始就负

责家人的安全，一直尽忠职守地执行我的职责。当然主人也夸奖我的业绩，平时见到我会摸摸我、拍拍我，常会带我出去散步。那种保卫一家人的成就感，那种受重视、受疼爱的感觉，让我更加提醒自己，好好保护这一家人。直到有一天……"

"怎么样？"警察追问道。

"有一天，我家主人给家里装上了防盗门，从此以后，看门不再是我的职责，家人也不需要我保护了。我整天无所事事，对家庭一点用都没有，虽然主人还像原来一样地饲养我，但是我实在受不了那种受冷落的感觉，所以才会离家出走，宁愿过流浪的日子。"

【老板心语】

故事中的小花狗在欠缺成就感的情况下，纵使每天有吃有喝，依然没有放弃对保护家人安全的责任感和成就感的向往。人们渴望获得尊重、成长和自我价值的实现。成就感，不是生命中"额外"的享受，而是保护生命力的"根本"因子，任何时候都不能减弱自己对荣誉感、成就感的追求。

土豆和土豆是不一样的

【故事频道】

由于学校和专业不理想，有一个大学生进入大学后，一天比一天消沉。他总是唉声叹气，认为大学生多了，今后找工作很困难。

于是，他开始不做作业，逃课、抽烟、喝酒……不该做的他全做了，不该会的他全会了。

虽然喜欢逃课，但杨教授的课他一节也没逃。杨教授的课生动有趣，并且杨教授从来不歧视他，不时还提问他几个简单的问题，然后表扬一番。

有一次，他在作业本里夹了一张纸条，纸条上写了一句话：老师，现在的大学生比土豆还便宜，是吗？

第二天，杨教授把他叫到自己家里，四菜一汤，师生两个吃得不亦乐乎。酒到酣处，教授拿出一个土豆，又小又青："你知道它值多少钱吗？皮厚肉少又有毒，白送也不要。"教授把土豆扔进垃圾筒。接着教授又拿出一个土豆，一斤重，问道："这样的土豆，你知道值多少钱？两块钱一斤！记住，土豆和土豆是不一样的！"

听到老师的话，大学生恍然大悟，从此他刻苦读书，在毕业后找到了满意的工作。

有些人自暴自弃，关键在于他们不能正确地认识自己。一个人的价值是由他自己决定的。做有毒的土豆还是做昂贵的土豆是可以选择的。

不要忘记身边的宝藏

【故事频道】

很久以前，在印度有一个生活富足的农夫，名叫阿利·哈费特。

一天，一位老者拜访阿利·哈费特时说道："倘若您能得到拇指大的钻石，就能买下附近全部的土地；倘若您能得到钻石矿，就能够让自己的儿子坐上王位。"

钻石的价值深深地印在了阿利·哈费特的心里。从此，他对什么都感不到满足了。

那天晚上，他彻夜未眠。第二天一早，他便叫来那位老者，请他指教在哪里能够找到钻石。老者想打消他的念头，但无奈阿利·哈费特听不进去，执迷不悟，不停地缠他，最后老者只好告诉他："您在很高很高的山里寻找淌着白沙的河，倘若能够找到，白沙里一定埋着钻石。"

于是，阿利·哈费特变卖了自己所有的地产，让家人寄宿在街坊邻居家里，自己则出去寻找钻石。但他走啊走，始终没有找到宝藏。他非常失望，最终在西班牙尽头的大海边投海死了。

可是，这故事并没有结束。

一天，买了阿利·哈费特房子的人，把骆驼牵进后院，想让骆驼喝水。后院里有条小河，他发现河滩中有块发着奇光的东西。他挖出一块闪闪发光的石头，带回家，放在炉架上。

过了些时候，那位老者又来拜访这户人家，一进门就发现了炉架上那块闪着光的石头，他不由得奔跑上前。

"这是钻石！"他惊奇地嚷道，"阿利·哈费特回来了！"

"不！阿利·哈费特还没有回来。这块石头是在后院小河里发现的。"新房主答道。

"不！您在骗我。"老者不相信，"我走进这房间，就知道这是钻石啊。别看我有些唠唠叨叨，但我还是认得出这是块真正的钻石！"

于是，两人跑出房间，到那条小河边挖掘起来，很快便挖出了比第一块更有光泽的石头，而且以后又从这块土地上挖掘出了许多钻石。戈尔康达钻

石矿就是这样发现的。

【老板心语】

许多人总是注意别人身上的闪光点，被他人吸引，而忽略了自己身上蕴藏的宝藏。殊不知，钻石其实就在自己身边。

责备猫的厨师

【故事频道】

因为有事必须到附近一家酒店去，一个厨师留了他的猫来看守大批食物，以防备猖獗的老鼠偷东西。但是当他办完事回到家里，看见地板上狼藉散落着吃剩的糕饼，猫蹲在一旁，躲在醋坛子附近，正在把一只鸡撕来吃。

见到这个情景，厨子怒喝道："嘿，嘿！你这个馋嘴的东西，你这个混蛋，就在这个屋子里，当着我这样诚实的人面前，你竟吃起来了！你良心上过得去吗？"

猫丝毫不为所动，依旧忙着吃它的鸡。

"你，你这样……你这样难得的好猫，过去还拿你的良好行为当做全街的模范呢！你，你竟堕落到这样叫人痛心的地步！现在每家每户都要说了：'它是个骗子，是个贼！不光不让它进厨房，而且一定不让它进院子，就像不让贪得无厌的狼闯进羊群一样！它真该死，它是败类，它比瘟疫还要糟糕！'"

厨子在批评，猫一边听，一边潇潇洒洒地吃着鸡。

厨子仍旧滔滔不绝地说话，仿佛他的责备永远没完似的。可是他的道理还没有讲完，猫已经把鸡吃完了。

【老板心语】

一个只懂得说空话的人，哪怕他的话再妙语连珠，也不能对事态的发展起到任何作用。"说话的巨人，行动的矮子"式的员工，永远不会给企业带来实质性的效益。作为员工，不管未来发展的前途如何，我们都不要好高骛远，而要脚踏实地，忠于职守，做好每一件小事，具备绝对高效的执行力。

512

樵夫的斧头

【故事频道】

有一位以砍柴为生的樵夫，他居住在一座大山里面。他花了很大工夫，不辞辛劳地建造了一所房子，从此可以免受风雨的侵袭，日子过得很舒坦。

有一天，他把砍好的木柴挑到城里去换一些必需品，忙碌了大半天，直到黄昏时才回到家。但当他快到家里的时候，他发现他心爱的房子不知道什么原因起火燃烧了。左邻右舍都前来帮忙救火，但是傍晚的风势过于猛烈，一群人只能眼睁睁地看着炽烈的火焰吞噬了整栋木屋。

大火终于被扑灭了。这时候，樵夫手里拿了一根棍子，就跑进废墟里不断地翻找着。围观的邻居以为他在翻找财物或者珍贵宝物，所以都好奇地在一旁注视着他的举动。

过了一会儿，樵夫忽然兴奋地叫道："我找到了！我找到了！"

邻居纷纷向前一探究竟，才发现樵夫手里捧着的是一个斧头，根本不是什么值钱的宝物。只见樵夫兴奋地将木棍插进斧头上安装木柄的孔中，充满自信地说："只要有这柄斧头，我就可以再建造一个更坚固耐用的家！"

【老板心语】

没有一个成功者没有经历过失败，关键是他们找到了自己的核心能力。用"核心能力"来诠释"个人品牌"，也就是找到自己无可取代的能力。不管是打造自我品牌，或掌握核心竞争力，一切都是为了适应愈来愈弹性化的职场形势。

第四章

总裁语录：汲取总裁的工作智慧

马云：有梦想才能无所畏惧

我还不知道您有这么多的"first"。争当第一容易，但是做到最好很难。

时间将证明一切，我有信心，最重要的是我们知道我们在做什么。而且幸运的是，未来互联网产业会比较坚挺并且充满希望。我们都很平庸，好在我们有梦想，一旦有了梦想我们将无所畏惧，而且感到不再无能为力！

——马云 2001 年回答网友提问

【深度剖析】

马云曾说："由得其他人追捕鲸鱼，我们只想捕小虾。"这是马云多年之前的梦想。他在形容阿里巴巴的经营模式说："很快我们就会集齐 50 万个进出口商，哪有办法不赚钱？"他更这样狂妄地说过，要带领中国进入互联网时代。在今天看来，好像稀松平常，但在当时，怎一个狂字了得。

正因为马云一直以来对梦想的坚持，所以他才离梦想越来越近了。

【职场感悟】

把你的梦想深深地印刻在心里，让它成为你工作的不竭动力。

柳传志：团结一心跃龙门

对客观情况，对今年的市场风险到底有多大，我们看不到底；对主观情况，对我们内部队伍的状况还很不放心。所以，能不能按预定部署，打个漂亮仗，能不能度过今年的风险，我们心里还是没有把握。就是说金色鲤鱼在这个阶段能不能跃过龙门，我们依旧是担心的。跃不上，将元气大伤，后果

如何，现在确实还不好设想。

7年多的历史中，我们总裁室这个班子迎接各种风暴，大大小小不知多少次，有时来势很凶猛。每次风暴过去之后都有一种筋疲力尽的感觉，有时候觉得跟后面的部队离得很远，好像主要是前面几个人在拼，跟大家讲的时候觉得好像不是特别近。今天这个会，使我们感到大家是紧紧团结在一起的，销售系统的同志勇敢往前上，后方的同志说，你们上，我们在后面顶住。有了这样一种精神，我们在做决策或者和大家共渡难关的时候，劲头就大大不一样了。

——1992年3月在联想干部工作会议上的讲话

【深度剖析】

1992年，几乎世界所有知名的大品牌公司都来到了内地市场，而这一年的联想，是一个才拿到PC生产资格许可不到两年的市场新兵，不论经验还是实力都远处于下风，联想第一次感觉到海外品牌兵临城下的压力。所以柳传志心里没底。为此，柳传志在年度干部工作会议上进行了动员，让他意料之外的是，联想干部群情激昂，信心巨大。这无疑给了柳传志巨大的动力。

【职场感悟】

不要以为一个人可以在工作中应付所有的问题，寻求合作，才能有所突破。

李彦宏：以用户体验为核心

用技术改变生活，仍是我不变的信念。上市只是成功刚刚开始，真正的挑战还在后面。我相信搜索将对网络世界和我们的生活产生巨大影响。我的理想是以用户体验为核心，做属于中国的全世界最好的搜索引擎，至今未变。

——李彦宏

【深度剖析】

中国的搜索引擎是在2001年开始的，百度比Google中文还要晚。但是因为百度提供了更好的体验，大家衡量比较之后，越来越多的人就倾向于用百度，因为百度搜集的信息更大更全。

对于百度来说，一直在寻找一个平衡，就是说一方面要给用户提供最好的搜索体验；另一方面我们也会接一些赞助商的链接。其实搜索引擎做得好不好，有没有长久的发展潜力，关键在于是否能获得用户。

【职场感悟】

要想在职场竞争中取胜，就要善于挖掘自己独有的优势。

王石：居安思危，时刻寻找人生信念

病人比健康人更懂得什么是健康。承认人生有许多虚假意义的人，更能寻找人生的信念。

——王石引用捷克诗人、前总统哈维尔的一句名言

【深度剖析】

财经作家吴晓波曾经敏锐地观察到：王石似乎有着浓郁的"病人情结"。例如，"万科"在王石看来，是一个"病人"。它激昂地成长却不可避免地伴随着成长的阵痛，因此，必须时刻提醒自己，日日更新自己的想法。房地产业同样也是一个"病人"，它有诡异的游戏规则，并且一本万利，是一个可以让人迷失的金色陷阱，就是这样惊心动魄，但是一不小心可能就会利令智昏，需要时刻保持警醒的心态和清明的头脑。最后，王石把自己也当成了"病人"，在荣耀的光芒下，更多的人迷失自我，王石却保持清醒，居安思危，坚持自己的人生信念。

【职场感悟】

在实际工作中，你是否做到了居安思危？只有有忧患意识，你才能更认真、踏实地去工作。

杰克·韦尔奇：倾听每一位员工的意见

在公司管理规模不大时，管理层能够与公司内的所有员工都保持密切的工作关系，因为时常倾听员工们的想法并不是一件很困难的事。但是，如果公司拥有几万、几十万员工的话，还以同样的方式去倾听员工的意见就会变得很难，而且基本上是不可能的，因为时间和精力不允许管理者这样去做。尽管如此，公司里的每一个人还是和以前一样重要（甚至比以前更加重要），必须有人去倾听他们的心声。

——《韦尔奇领导素质课》

【深度剖析】

我们总说要群策群力，在韦尔奇看来就是要倾听员工的意见。但是对于一个员工人数达到30万的公司来说，倾听意见需要一定的策略。韦尔奇的方法是：召开推销会议，设立一个"你说我听"的讨论小组。通过这种方法

可以迅速了解员工的想法，形成合力。创造更好的业绩。

【职场感悟】

从员工那里获取好的思路、好的想法，让每个员工都能体会到在团队中的作用，工作中也会更有凝聚力。

张朝阳：公司文化决定了是否有持续创新的能力

搜狐的企业文化是搜狐发展、创新、品牌等一切的基础，是万物之源，正是这种文化的凝聚力、文化的精神激励搜狐的员工充满激情地工作。

——搜狐首席执行官张朝阳

【深度剖析】

搜狐是一个非常尊重人的公司，一批人聚到一起来共同做一项事业是不容易的，每个人都应该受到尊重，都可以在搜狐愉快而有成就地工作，实现抱负理想。搜狐的做事风格是待人很诚恳、平等、公平、特别尊重人、讲求事业心。搜狐承认每个人的平等和地位，让每个人到搜狐来都会感觉到这里是一片晴朗的天空，可以让每个人高远地飞翔。在这样一种融洽的、平和的气氛中更容易激发人的创意，重视执行能力，使他能充分地与人合作，更有团队的凝聚力。

搜狐的文化也是开放的，对某个阶段新进来的人，把一些好的东西带进来，也能在搜狐得到发展，新的文化的元素就能够在这里存活，就是有点像一条河的源头的汇聚，不断地有新的支流加进来，汇成搜狐现在这样的整体的文化感觉：既有创新，又有规则和一系列的制度。这种创新和灵活性体现在每个员工所理解的公司文化，但是把这种灵活性能够纳入规范的流程，就说当你有一个创意或者点子的时候，甚至我自己有一个点子的时候，不会马上去运作，而是要在会上提出来，要把创意纳入到一个程序里，实际上也是一种对自己的更好地完善。

【职场感悟】

适应公司的企业文化，并使之不断提升，能够激发你更多的潜能和更新的创意。

马化腾：在探索的路上善于接招

腾讯的成功是一连串偶然机会的集合，靠的是在探索路上善于接招。

——马化腾

【深度剖析】

马化腾建造的"QQ"就是以"玩"、以"聊天"为产品定位，牢牢抓住了16~30岁年龄段的网络用户。这是绝妙的网络产品创意、绝妙的产品带来的绝妙生活享受。他改变了现代人的交流方式，为现代人的娱乐休闲开辟了崭新的领域。

沿着马化腾的创业轨迹，我们可以看到腾讯公司成功背后的艰难、坚定、胆识和谋略。克服重重困难、四处筹钱的尴尬，马化腾坚持了下来，凭借精准的产品定位，专注所长，做精、做细核心产品。一个小小的聊天工具是不能建造出一个"网络帝国"的。这走的一路艰辛，因为善于接招，善于思考，善于创新，才实现了腾讯小脚跑天下的鸿鹄之志！

【职场感悟】

在激烈的职场竞争中，会有困难和险阻，不要害怕，在摸索中前进。

史玉柱：有效执行是关键

明明不赞成，却要按照他们的执行。也是挺郁闷的，但是这个必须要克服，哪怕是错的，作为我要克服，要服从。

——史玉柱

【深度剖析】

对于巨人而言，如何将"光脚时代"的那种玩命的创业激情，持续到"有皮鞋穿"的时候，是史玉柱过去两年努力在解决的问题。

史玉柱描述，这种痛苦是"发现自己在公司的声音越来越小，传不出去了"，比如小到一个游戏功能的设计，以前可以自己就拍板定，但现在最终的拍板是要投票来定，要想按照自己的意见办，是很难的，"我需要不断地花多倍的精力去说服他们，直到他们都听得不耐烦了"。

在将近一年的时间里，他是在这种痛苦中忍受着。

【职场感悟】

总有一段时间，是你无法突破的瓶颈期，坚持一下，忍耐一下，工作就会自然而然地步入正轨。

■ 工作规范篇

500强企业员工的工作规范

第一章

500 强企业选人标准

GE：技能＋GE 价值观＋潜力

招聘人才是 GE（通用电气）每天都在进行的工作，甄选人才时有两个最基本的要求：一是具备某个职位必需的专业技能；二是个人价值观与 GE 价值观要相吻合，坚持诚信、注重业绩、渴望变革是 GE 价值观的主要内容。如果员工个人的价值观与 GE 的价值观不一致，是不会被 GE 选用的。除此之外，还有更重要的一点就是，是否具有能够从事更高级别工作的潜力，因为 GE 是一个强调变革的企业，在变革的同时也会要求员工能不断地挖掘潜力，提升自我。总的来说就是：技能＋GE 价值观＋潜力＝GE 人。

原 GE 中国有限公司人力资源总监韩女士表示："我们会通过行为面试和团队面试来考查应聘者的综合素质。"比如行为面试，主考官会让你讲一件你觉得自己做得有成就感的事情，你是怎么做的、结果怎么样、学到了什么。团队面试是以 4～6 人为一个小组，由主考官临时给一个资料，集体讨论 15 分钟，然后由一名代表陈述解决问题的方式。在讨论过程中，主考官会观察每个人的反应。通常这种即兴的面试能很快测试出应试者的性格，以及他适合做什么样的工作。

另外，GE 还非常看重一个人的爱心和社会责任感。除了在学校参与一些社团活动之外，GE 认为，做社区义工能让学生接触到社会，关注身边发生的事件。这些方面的素质，主考官都会在面试时加以考查，比如他会问你空闲的时间在做什么，等等。

GE 是一个多元化的公司，有很多业务部门，只要你有潜力、有诚信、有业绩，在公司就会得到直线发展，不必考虑民族、性别，不必托人情、走后门。

丰田：注重综合素质

每个企业都有其企业文化的核心理念，对于求职者来说，了解这一点是求职前的必修功课。

对于丰田的员工，"Toyota Way"就是他们必备的个人素质，包括：挑战、改善、现地现场、尊重和团队合作。这5点包含着丰田对员工素质的要求，即能接受挑战、有创新能力、实事求是、尊重人和群策群力的团队精神。

在"硬件"上，丰田HR表示，除了一些技术型的岗位需要汽车专业背景外，丰田大多数的岗位对专业并没有具体规定，但外语能力很重要，大多数岗位都需要求职者具备较好的英语能力。而在一些技术型岗位上，有一定的外语能力则更能为个人添分不少。

品质是丰田公司的核心价值观之一，因此，公司也在找寻对工作有责任感的员工。小组面试的一个主要原因，就是发现员工自己最感到骄傲的成就。

丰田公司的生产体系基于决策的一致性、工作轮换制、富有弹性的职业发展路线。这就需要头脑开阔灵活、适应力强的员工队伍，而不是因循守旧的教条主义者，丰田公司的全面招聘体系正是为此而设计的。

大多数人认为，在日本企业，个人的升迁是个漫长的过程，但正是因为丰田是个年轻的企业，因此，年轻人往往能很快地在企业里挑起大梁。

微软：青睐"聪明人"、"失意者"、"冒险家"

在计算机能力、研究能力、智商、人品这4种应聘者具有的品质中，微软将人品放在第一位，在人才选拔中实行"人品一票否决制"。团队合作精神、交流能力、正直诚实、动机正确，这都是人品好的体现。

IT行业要靠团体协作。同时，拥有技术的最终目的是为人服务，微软要求从业者能以人为本，人品一定要好。

微软一直在寻找自己需要的"聪明人"，它不局限于计算机专业，而聪明人的含义又很特别。微软有自己的一套，用来考查人的"聪明"程度。比如，微软的招聘人员会给应聘者"3、3、8、8"4个数字，看他能不能在最短的时间内通过加减乘除得出24。还有一些问题，更是"刁钻古怪"，比如主考官会问应聘者"美国有多少加油站"、"上海的出租车产业占上海多少比

例"。而这些问题当然不是考应聘者的记忆力和常识，事实上也没有什么标准答案，关键是考查应聘者分析问题的能力，看其如何找到解决问题的切入点。

微软并非只招聘计算机人才。微软全球技术中心 2001 年在清华招了 19 个学生，其中计算机及相关专业的 9 个，而精仪、化学、生物、核能等非计算机专业的学生 10 个，突破了以往"计算机及相关专业的学生占大多数"的模式。

微软不仅寻找聪明人也寻找"失意者"。比尔·盖茨认为：当一个人为生计发愁时，他就会发挥自己的潜能，进行创造性思维，恰恰在这种时候，最容易出成绩，而且这种人比事业顺利的人更具有承受挫折的能力。微软公司以后也将会经历挫折，那么，这些曾经失业的人才必定会在逆境中干得更加出色。因此，盖茨一旦发现本行业中比较出色、但又因所在公司经营败落而失业的人才，就会在适宜的时候聘他来微软工作。

微软还青睐具有冒险精神的人。要想成为微软的一员绝非易事，应聘者要对软件有浓厚的兴趣，还要有丰富的想象力和敢于冒险的精神。微软宁愿冒失败的危险选用曾经失败过的人，也不愿意录用一个处处谨慎却毫无建树的人。

英特尔："6 大价值观"

客户第一、自律、质量、创新、工作开心、看重结果——这是英特尔的企业文化和企业精神。英特尔聘人的首要条件就是认同这个精神、这个文化，因为这是英特尔的凝聚力所在。英特尔在人们的印象中是一个不断推陈出新、升级换代的品牌，其创新精神在招聘过程中也有充分的体现。英特尔在各高校招聘应届毕业生时，愿意招各种虽得 3 分却富有创新意识的学生，最好是在校期间就完成过颇有创意性的项目。

除了看求职者的专业技能是否符合要求外，英特尔还要看他的沟通技巧、团队合作精神以及做项目过程中分析和解决问题的能力。从专业的角度来看，英特尔招的员工范围比较广，有读过 MBA 的学生，有学电子工程专业的，还有学计算机专业及管理方面的。可以说，英特尔对人才的需求是多方面的。

英特尔在看待人才的时候，将其分为关系型和做事型，二者之间并不排斥。而且，英特尔对两种人都比较看重，但是更倾向于后者。在英特尔内

部，大多数人都是勤奋工作的类型。

另外，英特尔也青睐那种开放的人才。他们有自己的想法，敢说敢做，富有冒险精神，但是一旦作出决定，就要坚决服从执行。另外，严明的纪律和团队精神是十分重要的。

基于6大价值观，英特尔对于"先育人，再用人"和"用新人"的说法都表示支持。英特尔公司在这个方面会根据人才的实际情况来加以定夺。不同的人适合不同的岗位，尽管英特尔要求的人才都是"best"的，但是态度最为重要，他们在招聘时，首先看重的是应聘人的态度，然后才是专业和工作能力。

英特尔对经理的评价也是看他领导组织的业绩，而不是看他本人。所以，作为经理人才，英特尔看重的是既有个人专长又有领导才能的人才。

摩托罗拉：4 个 e 和永恒的 E

摩托罗拉文化的核心是强调"对人保持不变的尊重"和"坚持完美操守"。公司有"4 个 e 和永恒的 E"的标准，4 个 e 分别是 envision（高瞻远瞩）、execute（高效贯彻）、energize（激情互动）、edge（果敢决断），一个 E 是 Ethics（高尚操守）。

这一标准要求未来的员工在竞争激烈的商业环境中，要有远见和创新精神；激励自己和领导团队达到目标；迅速行动，以结果为导向；在复杂情境中勇于决策，敢于冒险。在商业活动中坚守职业道德，包括对人保持不变的尊重和操守完美、诚信，这个永恒的 E，帮助摩托罗拉渡过了发展中的种种难关和困境，尤其是在近年来一些公司面临诚信危机、通信行业整体下滑的情况下，摩托罗拉倡导的诚信原则在确保其优秀业绩上发挥了积极的作用。

摩托罗拉渴望招到"德才双馨"的人才。"德"指个人品行和职业道德，"才"指专业技能。对应聘者职业道德的考量，是摩托罗拉筛选应聘者的最后一关，也是最重要的一个环节。如果一个应聘者的品行不符合摩托罗拉的要求，就算其专业背景再好，工作兴趣再高，摩托罗拉也不会录用。摩托罗拉非常强调团队精神，一个品行欠佳的人会影响团队的凝聚力和战斗力，个人能力再强，也不能弥补个人对公司整体造成的损失。虽然一个人的品行很难量化，但人力资源经理在面试过程中，仍可从多个方面来判断一个人的品行。比如应聘者的工作经历，对一些问题的看法，以往与客户、同事的关系怎样，在寻求自身事业发展的过程中，是对公司考虑得多一些，还是

对自己考虑得多一些。例如，有的求职者来面试，对所问问题不懂装懂，经过一次提醒后，仍继续胡扯，这样的人一看就是撒谎成习惯了。有的求职者为达到某种目的，会隐瞒一些问题，只要稍加追问，很快就会露出马脚，而这样的人是不受公司欢迎的。

西门子：看重3素质

西门子十分青睐高素质的人才，其人才素质模式包括3大部分内容，分别是知识、经验、能力。西门子在招聘人才时，特别看中人才这3方面的素质。

1. 知识

根据不同岗位的要求，"知识"层面包括4方面的内容：技术知识、业务流程知识、商务知识和市场知识。作为全球技术与服务领域的领头羊，西门子要求员工必须具备相应的技术知识，这是适应电子、光电技术竞争的基础。同时，作为出色的西门子人，还必须了解业务的整个流程，而要赢得全球激烈的市场竞争，还必须具备基本的市场与商务知识。

2. 经验

西门子所说的"经验"，主要包括4方面的经验：专业经验、项目管理经验、领导经验和跨文化的经验。由于西门子在全球近200个国家与地区实施项目、雇佣员工，因此，西门子在重视4方面经验的基础上，更为强调员工的项目管理经验与跨文化经验。

3. 能力

在对应聘者3方面素质的要求中，西门子最强调"能力"，知识可以通过学习获得，经验可以通过实践获得，而能力则不同。西门子强调的"能力"包括推动事情的能力、专注于事情的能力、制造影响的能力和领导下属或团队协作的能力。

苹果公司：看学历，更看能力

想要被苹果电脑公司接受，首先，基本的学历还是应该具备的。在大学时应该努力学习，取得各种证书是很必要的，上了班之后工作会非常紧张，很难抽出更多的时间再来学习和考取证书。

面试时的表现非常重要。你得对自己有信心，举止应落落大方。必须有专业知识，主考管说的专业术语必须能听得懂。还会有英语口语的面试，你

必须做好充分的准备。在任何一家外企，英语都特别重要。你工作所要参考的资料，你平时看的网站以及公司的培训，多半都是讲英语，所以英文听、说、读、写能力差会让你举步维艰。

另外，工作经历也非常重要。最好有本行业内的工作经验，苹果公司基本上不招应届毕业生，大学生如果想到苹果公司一类的外企，毕业后可以先到其他公司，小公司也没关系，重要的是不要丢掉 IT 专业，而且技术上要跟进最新的东西，因为计算机行业发展极为迅速，一定要不断学习，不然很快就会落伍。在 IT 行业积累了几年经验，就比较容易进入大的外企。

苹果公司强调创新观念。你的创新意识越强烈，你就越能得到上司的青睐。如果老板给员工一个策划，员工觉得有更好的办法，或者发现老板有哪些地方没有想到，会马上提出来，老板也会很高兴地采纳。作为外企的领导者，他通常不愿下属只是自己的左右手，只有自己一个人的大脑在思考，他希望下属不仅是左右手，也是自己大脑的一部分。

松下：个人素质 + 适应能力

"你不诚实我不要你！"这是松下在招聘过程中一贯坚持的用人原则。松下招聘的独到之处除了强调员工的忠诚度之外，还特别重视应聘者的个人素质和适应能力。松下信奉企业的主体是人，而人又是企业中最宝贵的财富，所以每年都会投入大量的人力物力进行人才的筛选和录用。事实上，松下也一直都在积极吸收各种各样具有专业技能、善于进取、能很快把自己融入企业文化之中、理解企业经营理念的优秀人才。应聘者不仅要具有良好的基本素质，包括教育程度、人品、对企业的认识和理解，个人性格是否适合企业具体岗位的发展也是人力资源部门比较看中的因素。松下（中国）所需求的人员范围比较广泛，适合的专业基础知识是必不可少的，但更重要的是个人发展潜能和融入企业文化的适应能力。具体对应聘者的考核过程和确认办法是通过对以前经历的了解、专业知识考试、语言能力测试、面试、实际操作或短期实习来实现。

松下特别重视和应聘者用很轻松的谈话方式来了解个人最真实的一面，让应聘者消除紧张或其他不良因素的影响，使人与人之间在平等的聊天气氛中接触个人最真实的人性和各方面的实际能力与素质。因为有些人面试效果很好但不一定入职后工作就优秀；相反，可能由于某些原因企业会错过一些本来很出色的人才。

公司创始人松下幸之助喜欢寻求 70 分的人才。他说，说实话，人才的雇用以适用公司的程度为好。程度过高，不见得一定有用。当然水准较高的人会认真工作的也不少，可是很多人却会说："在这种烂公司工作，真倒霉。"如果换成一个普通程度的人，他却会很感激，"这个公司蛮不错的"，从而尽心竭力地为公司工作。如此，不是很好吗？所以招募过高水准的人是不适宜的。"适当"这两个字很要紧，适当的公司，适当的商店，招募适当的人才，如果认真求才，应该是没有问题的，虽说不能达到 100 分，但达到 70 分是不成问题的，达到 70 分的有时候反而会更好。

佳能：关注情商、专业

佳能（中国）正处在高速发展期，平均每月都会引进 10 个左右的新人。但是，佳能选择人才是相当慎重的，只给愿意提升自己的人提供机会，不去吸引那些被迫需要工作的人。这是佳能在用人方面所重点强调的。

佳能招聘人才最关注的是文化的契合、价值观的匹配以及一个人的"情商"。情商包括与人沟通的能力、适应环境的能力、工作的激情以及是否有长远发展的眼光等。

佳能欣赏能够在工作上拿得起放得下的人。比如公司给求职者一个工作，他能够出色完成他的工作职责。

在佳能看来，是大专、大本，还是硕士、博士并不重要，只要专业知识达到一定程度，专业技能达到量化指标，经过面试合格就予以录用，且招聘时不限定专业。

不过，任何一个职位，员工进入公司后都需要进入"学徒期"。佳能现在推出一个新的培训计划——蜜月培训计划，就是员工进公司的第一天就由一个导师带着，负责第一个月的指导，包括正常形式的培训、在岗的培训、现场演练等。之所以叫"蜜月期"，是希望让员工感受到关怀，在适应环境的过程中得到各方面的辅导。

三星：善用奇才、怪才

三星集团中国总部社长兼三星电子大中华区总裁李相铉表示，三星的"人才经营"新战略是：注重吸纳"天才"；善用"个性"人才；敢用奇才、怪才。

1. 吸纳"天才"或"天才级"人才

三星目前已拥有不少具有世界一流技术水平的"准天才级"人才和一大批企业首脑、技术专家和专业经营者，三星物产株式会社人事经理金素英说："申请人越来越热切地希望加入三星。"当然，她只能挑选申请者中最优秀的人员，因此她不得不拒绝很多有天赋的应聘者，这的确困难。

2. 善用"个性"人才

所谓"个性"人才，就是整体看起来不算十分优秀，但在特定方面兴趣浓厚、才能超人，能够在所在领域独树一帜的人。这样的人通常不合群，在组织内部协调共事方面存在缺陷，许多企业经营者都不太喜欢这样的人。但三星认为，"个性"人才对事业极为执著，有望成为特定领域的专家，一旦扬长避短，便可担当大任。

3. 敢用怪才

三星一直坚持在不同部门大胆任用多种类型的人才，甚至曾经做过电脑黑客的程序高手也因为技术出众而被聘请进公司从事开发工作。

事实上，三星公司中，很多高层管理人员在学校中的专业和最初进入的领域与他们现在的职位并不一样，但是，却在公司中得到了新的位置，他们的能力也得到了更好的发挥。

柯达：术、才、德

吸引人才加入柯达公司是柯达的 6 大价值观，即：尊重个人、正直不阿、互相信任、信誉至上、自强不息、论绩嘉奖。

柯达在进行员工招聘时，会向所有应聘者具体介绍柯达的 6 大价值观，引起他们的赞同与共鸣。许多应聘者会激情洋溢地将柯达的价值观描述给人力资源管理人员，可见柯达价值观的魅力。所以，柯达的 6 大价值观是吸引人才很重要的一个因素。

柯达在挑选人才时要求应聘者除了必须具备合格的工作能力外，还需要具有良好的工作态度、积极向上的进取心，以及互信的团队合作精神。

柯达寻找的是那些渴望成就事业，对工作充满激情的人才，而一旦选择，柯达将给予员工充分的信任。

柯达将人才分为"有常之士"和"非常之才"。

柯达在组建团队的时候强调多样化，每支队伍由不同类型的人才组成，充分发挥每个成员的"非常之才"。

"非常之才"的考核标准有3方面：一是术，二是才，三是德。"术"是指专业技能；"才"是指一个人的才华，即是否聪明、能干，有谋略和胆识；"德"是指一个人的品行、修养以及对公司价值观的遵守和执行。从学历、经历和资历，很容易考查一个人的"术"；而通过面试，也比较容易发现一个人是否有潜能成为中流砥柱，或者统领千军的帅才。可以说，现在大多数人的"术"和"才"没有问题，而"德"却阻碍了他们的长远发展。在"德"方面，往往难以有准确判断，但是这并不代表柯达怀疑他人。所有的人才，柯达对他们的"术"和"才"是完全肯定的，也充分相信他们的"德"没有问题。

壳牌：发现未来的老板

世界领先的国际石油企业、位居全球500家最大公司排名前列的壳牌集团，是许多年轻人心目中的"顶尖级"外企典范。那么，什么样的人才能进壳牌？

首先，他是不是有能力工作，并且能够完成工作任务。这是壳牌聘人的一个前提。所以一旦成为壳牌员工，他从第一天起就必须开始真正的工作、承担责任和执行任务。

其次，他的观念是不是跟公司、时代合拍。这是软性的方面，包括对公司的经营准则是否认同，并且身体力行。还有很重要的一点，就是要不断地去学习新的东西。

另外，壳牌招聘人才所关注的不仅仅是某一个工作，而是希望他有能力从现在的位置做起，一步一步地向更高、更宽的方向发展，做到经理甚至董事的位置。公司有一套机制支持员工实现这些愿望。公司在网上有一个内部的公开招聘系统，公布公司内部的所有空缺，只要认为自己有时间和精力，每个人都可以去应聘、竞争。这需要员工有很大的主动性和勇气。

壳牌是以"发现未来老板"的态度来招聘人才，他们希望招到的人才将来能管理壳牌公司。壳牌有3个衡量标准：人际关系能力、分析能力、成就欲以及成就能力。

人缘好绝不是壳牌所说的人际关系。壳牌的人际关系能力是指是不是尊重他人；是不是理解他人；在与人沟通时，是不是能有效地倾听对方，并把自己的意见说出来；意见不一致时，是不是能把不同意见综合，然后得到一个大家都比较满意的结果……

壳牌的分析思维能力是指一个人对细枝末节的敏感性，是不是能够举一反三，高瞻远瞩；能不能从纷繁的信息中抓住最重要的，对它进行分析、加工，获取有用信息，并得出结论，等等。

壳牌希望未来的员工有成就欲，面对压力时能够坚持得住，能在大家争论不休的时候站出来说这个意见是最好的，请跟我走，并能够说服大家……

Google 中国：实干、内功与人品

招聘时，Google 看重人才的实干精神、内在素质和人品。

"很多大学生在开复学生网上表示疑惑，他们学习了平行计算、操作系统等技术而无用武之地，我告诉他们现在可以来 Google 工程研究院了。"Google 前中国区总裁李开复表示："如果计算机毕业生的目标不是去一个大公司做一个 IT 管理人员，而是要做一个改变世界的工程师，Google 将是你的乐土。"

李开复表示，他心目中的优秀人才和希望招聘的人才首先必须是人品好，Google 希望其招收的人才认同 Google "不做不善良的事、利众"这样的企业文化。"但这并不代表我们要招好好先生、听话的乖乖，我们不反对争论，我们强调的是互相之间的尊重"。公司对人品的考查采用过的方式包括，出一个具体的题目，比如"你是如何个人牺牲，而让团队获胜的"，主考官会要求求职者写下来并且向他的导师和同学求证。

李开复表示不在乎所招聘的人会不会某种语言或系统，不在乎是不是非要"数学很好"，因为"这些都是外在和可学习的，并且任何一种语言都是不断变化的，有好内功的人随时都可以学习并掌握"。Google 非常在乎一个人对 IT 技术的理解，比如对算法的理解、对架构的掌握等，在面试时，Google 会通过要求应聘者现场编写代码等方法进行考评。

普华永道：找优秀、有领导能力的人

普华永道招聘员工不只看是不是会计专业毕业，重点是要选择有才能的人，因为会计师事务所最大的价值就是人才。

普华永道的网站上有招聘信息，同样还通过校园招聘以及朋友介绍等形式招聘新员工。普华永道一直认为，要找优秀、有领导能力的人作为员工。因此，没有必须具有会计专业背景的要求，任何专业毕业的人才都有可能进入普华永道。当然，选择人才需要通过合伙人面试，共同讨论、评价应聘者

是否具有领导才能、是否注重团队精神，等等。有许多求职者都持有像澳大利亚注册会计师（CPA）等证书，这些证书能够证明求取者在学术水平、工作经验方面达到了专业会计师要求，普华永道自然会把这些证书证明的能力考虑进去。不过，关键还是看个人本身的能力。

成绩好、头脑聪明；有团队合作经历和精神；具备较高的英语水平能力；有与众不同的思考问题方式；懂得创新，显示出和其他人不一样的特点；有职业概念，有不断学习的动力和能力；有幽默感，这样的学生是普华永道所青睐的。

而对于即将走向岗位的大学生，普华永道认为，首先要好好学习，拿到好成绩。其次，要尽量利用课余时间拓展自己的能力，比如参加团体活动或实习工作等非学习方面的活动，以此增长自己的经验。最后，要培养自己的兴趣，中国有成千上万的优秀学生，只有让自己变得与众不同，才能脱颖而出。

宝洁：注重 7 原则

宝洁公司立志寻找那些能对公司作出贡献，能开创一个新局面的人才。为宝洁工作的人具有不同的文化背景及学历，但他们都具有一些共同点。这些共同点包括：

强烈的主动工作能力——克服困难，完成工作。宝洁人都具有极强的主动性，能坚忍不拔、独立自主地以极大的热情做好自己的工作。

卓越的领导才能——领导及激励别人。宝洁人与同事都有良好的工作关系，并努力帮助同事发挥他们的潜力。

较强的表达交流能力——简明而有说服力地表达自己的观点。在对别人产生影响的同时，宝洁人也善于以客观开放的态度吸取别人的建议、反馈。

较强的分析能力——全面思考工作中的问题，并得出合理的结论。因为宝洁人具有较高的才智，他们能对瞬息万变的商业竞争及时做出反应。

创造性——发现新的思想方法、新的工作方法及达到某个目标的最佳途径。我们经常会面临前所未有的变化，只有更富有创造性地工作，向一些基本的假设、传统的观念提出挑战，才能驾驭它。

优秀的合作精神——成功地领导一个集体以取得最佳成果。宝洁人懂得如何激发热情，从而在工作中最好地发挥个人及集体的作用。

诚实正直的人格——按照宝洁的"公司信条"来工作。宝洁在每天的工

作中都努力遵循诚实和正直的原则。尽管时代一天天在变化，但那些具有传统的"侠义之风"的应聘者是宝洁最期待的。

而在这些原则中，宝洁公司最注重的就是员工的主动工作精神。

欧莱雅：寻求"诗人与农民的完美结合"

应届大学毕业生一直是欧莱雅非常重视的人才，每年他们都会倾注大量精力在上海和北京等地的多所知名高校做宣讲会。在每年的招聘中，应届大学毕业生所占的比例达到了10%。

欧莱雅的选人标准与企业文化息息相关。对员工的要求是富有胆识和想象力，善于出谋划策并将其付诸行动，有脚踏实地的创业精神的"诗人和农民"。欧莱雅是一个开放的公司，对每一个有才能的人，欧莱雅都提供机会和空间让他们进行尝试。因此，要进入欧莱雅，首先要有诗人般的想象力和创造力。尤其是像市场、销售这样的岗位，应聘人员要有对化妆品市场极强的领悟力和敏感度。员工首先要热爱所处的行业，这是追求事业成功的原动力。兴趣是激情的源泉，有激情才能既富有想象力又具有实干精神。同时，又要像农民那样吃苦耐劳、脚踏实地。农民精神的可贵之处就是一步一个脚印，根据四季和环境的变化及时播种、浇灌和收割。在欧莱雅，这种精神的一个重要表现就是对市场的敏感，就像农民对于天气变化的敏感一样。同时，要把作为"诗人"一面的想象力和创造力落实到具体的工作中，通过对于细节的关注去获得计划中的效果。

是否具有潜力，是欧莱雅招聘员工的重要标准之一。欧莱雅（中国）人事总监戴青举例说，作为市场部的基层管理人员的市场助理岗位，工作内容包括文件的处理、协调、联络、档案的管理等，虽然都是比较基础的工作，但欧莱雅从来都很重视这些基础岗位的招聘。欧莱雅认为招聘一名适合的人才就像在这个空位种上一株树苗，希望能在欧莱雅的用人环境中长成参天大树，所以欧莱雅所招聘的人才不但要能够满足基本的要求，更要具备能够担当更大责任的潜能。所以对于像市场助理这样基本的岗位，欧莱雅的人事总监戴青都会亲自把关，面试应聘者。

麦当劳：用人有7招

麦当劳的成功是与其贯彻在用人问题上的几个观念分不开的。

1. 人才的多样化

麦当劳的员工不是只来自一个方面，而是从不同渠道请人。麦当劳的人

才组合是家庭式的，去麦当劳可以看到有年纪大的人，也有年纪轻的人——年纪大的可以把经验告诉年纪轻的人，同时又可被年轻人的活力所带动。因此，麦当劳请的人不一定都是大学生，而是各层次的人都有。

2. 不用天才

麦当劳不用天才，因为天才是留不住的。麦当劳请的是最适合的人才，是愿意给出一个承诺、努力去工作的人。

在麦当劳里取得成功的人，都有一个共同的特点：从零开始，脚踏实地。炸土豆条、做汉堡包，是在麦当劳走向成功的必经之路。这对那些取得了各式文凭、踌躇满志想要大展宏图的年轻人来说，是难以接受的。但是，他们必须懂得，脚踏实地、从头做起才是在这一行业中成功的必要条件。

3. 不用"靓女"

当今服务行业招工时，对雇员的外貌、身材特别讲究，尤其是女性，漂亮的容貌是首要的条件。但麦当劳绝不讲求漂亮，它所录用的员工相貌平平，但是必须能吃苦耐劳。

4. 用"生"不用"熟"

其聘用的人才几乎全是初出茅庐的年轻人。麦当劳在几十年的创业中积累了一整套成功的管理经验，录用新员工时宁用"生"不用"熟"，因为他们要用自己的经验培训员工，而不希望被他人的框框所束缚。

5. 招聘不搞暗箱操作

为了确保求职者准确无误地了解工作岗位和工作条件，所有履历考核全部通过，求职者将在快餐店里进行3天实地实习，之后，双方将第二次见面，最后确定是否录用。

一位年轻的毕业生在成为经理之前必须担任4~6个月实习助理。麦当劳公司认为，快餐店的良好管理来源于对生产全过程的深入了解。基于这个原则，公司要求实习助理熟悉各部门的业务；从付款台到薯条，每位麦当劳人将掌握各工种的诀窍。在这段短暂的时间里，实习助理应该掌握达到最佳质量、最佳服务的所有方法。

麦当劳在人才方面的一个基本观点是：人才的作用是为人员招聘、企业管理等方面的经营者提供帮助，最大限度地减轻他们的负担，让他们更加集中精力为客人服务。

6. 一般不"炒鱿鱼"

麦当劳首先是一个培养人的学校，其次才是快餐店。在麦当劳精神下培训出来的人，即使离开了，也是一个对社会有用的人。

7. 工作时间不搞死限制

麦当劳录用了你，你可以在工作时间上自由选择；可以当全职员工，也可以当兼职员工；工作时间从早上 7 时到晚上 11 时，任你挑选。这一点吸引了大批人才应聘，范围之广遍及各个行业，麦当劳可以从中选拔最优秀的员工，将那些认为极有潜力的员工送往麦当劳汉堡大学深造，这就激励了员工们为企业创造更大的效益。

耐克：寻找有想象力和创造力的员工

耐克公司生产世界最好的运动产品，耐克是世界最优秀的品牌，所以要招聘最优秀的人才。

耐克的人员构成以及招聘时的偏好可以用"多元化"来形容。耐克希望员工的组成多元化，员工的年龄层次不同、背景不同、工作经历不同。唯有多元化才能富有生命力。所以，尽管耐克品牌给人的感觉很年轻时尚，但完全不排斥年长的员工，他们的经验和稳妥的处事能力是宝贵的财富。耐克更不会因为缺乏经验和社会关系忽略大学毕业生，创新能力、想象力、热情这些特质都是耐克看重的，而且他们有很强的学习能力，可塑性极高。

招聘多元化并不意味着什么样的人都能进耐克，千万别忘记"最优秀"3 个字。首先要有专业素质，以面料开发员这个职位为例来说，需要达到 4 条要求：若干年的专业经验；纺织专业毕业的学历背景，对面料有一定认识；500 强企业工作经验；良好的语言沟通能力，尤其是英语。

第二章

500 强企业员工守则

丰田：坚忍不拔是一种无声的力量

日本丰田汽车公司是当今世界汽车工业三大巨头（通用、大众、丰田）之一，能够取得这样的成绩，一个重要原因就是坚持。

20 年代，丰田喜一郎选择了汽车制造业。他到美国学习以后，回到日本名古屋试制，但他失败了。丰田喜一郎决定坚持下去。他分析了失败的原因。当时落后的工业无法制造引擎，为了突破这一难关，他开始自行设计引擎，并制造出来。有了引擎，他开始制造汽车。从 1933 年开始到 1936 年，他造出了日本第一辆卡车和公共汽车。投放市场以后，由于油耗高、噪声大、速度慢，市场反应不佳。

面对又一次的失败，丰田喜一郎决定坚持下去。日本对外的侵略战争开始以后，军队需要大量军用卡车，这为丰田喜一郎提供了机会，他开始生产军用卡车。1938 年，美国年产 350 万辆汽车，日本只能生产几千辆。1945 年日本无条件投降，战争结束，丰田喜一郎只好停止生产军用卡车，当时日本经济不景气，民用汽车很难卖出去，丰田濒临破产边缘。

面对这又一次挫折，丰田喜一郎还是决定坚持下去。直到 1950 年，朝鲜战争爆发，美国向日本购买卡车，丰田喜一郎才迎来了又一次兴旺的机遇。60 年代，丰田开始试着进入美国市场。但刚一进入，就遭到惨败。皇冠轿车马力不足，根本无法在美国的高速公路上行驶。是否就此止步？是否就此放弃整个计划？丰田公司决定坚持。丰田说，即使只有公司名称在美国登记也好，哪怕只卖出 50 辆或 100 辆，只要建立桥头堡就行。

这一坚持就是 7 年。丰田公司花了 7 年时间才推出第一辆在美国销售成

功的汽车。现在，丰田已经走过了80年的历程。在这漫长的岁月中，在任何一次需要坚持的时候，如果放弃了，世界汽车工业的三大巨头之一就会与丰田无缘了。

丰田公司的成功，来源于对目标的坚持。

【品德强化训练课】

1. 问题

（1）你在工作中的目标是什么？

（2）为达到你的目标，你做了什么？

2. 思考

成大事不在于力量的大小，而在于能坚持多久。你怎么理解这句话？

摩托罗拉：越艰巨的任务越要做好

在摩托罗拉公司，其创始人高尔文经常会利用一些宏伟计划来敦促员工们做一些看似不可能实现的事情。例如，在20世纪40年代末，摩托罗拉公司刚进入电视机市场时，高尔文听从了一名普通员工的建议，为电视机部门制订了一个富有挑战性的计划：在第一个销售年，以179.95美元的价格卖出10万台电视机，还必须保证利润。

一位销售经理抱怨说："我们绝对卖不出去那么多电视机，那意味着我们在电视机业的排名必须升至第三位或第四名，而我们现在最好的排名才是第七位或第八位。"

还有一位产品工程师说："我们甚至都还没有把握能使电视机的成本低于200美元，但售价已经定在179.95美元了，这怎么可能保证利润呢？"

但是，高尔文却回答说："我们一定要卖出这个数量。在你们拿出用这种价格、卖出这个数量、还有利润的报表给我看之前，我不想再看任何成本报表。我们一定要努力做到这一点。"

之后，高尔文通过员工们反馈的信息，制定了一项严格的奖罚制度，迫使员工们为了实现上述目标刻苦钻研、努力创新，想方设法降低电视机的生产成本。同时，也重新审查制定了新的销售制度，督促销售部门在业务上投入更多的精力。不到一年，摩托罗拉公司真的实现了销售目标，使电视机的销售在排名榜中升至第四位。

高尔文在1959年去世，但是，他创建的一系列内部竞争制度，使摩托罗拉公司不断地发展壮大，成为电子技术领域的佼佼者。

摩托罗拉迫使员工向高难度的工作挑战，取得了显著的效果。而作为企业的员工，当在工作中遇到艰巨的任务时，要能够顶住压力，绝不退缩，越艰巨的任务就越要做好。

【品德强化训练课】

1. 问题

（1）你是一个敢于迎接挑战的人吗？

（2）艰巨任务面前你需要具备怎样的心态？

2. 思考

戴高乐说："困难，特别吸引坚强的人。因为他只有在拥抱困难时，才会真正认识自己。"你的理解是什么？

宜家：为普通大众创造美好生活的每一天

家，是每个人的城堡，也是一个让每一位家庭成员感到快乐的场所。因此，家居用品的选择就成为一件很重要的事情。宜家的家居用品就是要给人一种家的感受。在宜家，随处都能看到贴在墙上的宜家经营座右铭："我们将以低价提供大范围的设计优美、功能齐全的家居用品，保证大多数人有能力购买。"

为了能够满足不同年龄层顾客的需求，宜家每3年就会对顾客做一次全面的市场调研工作。这组市场调查工作的结果是以一幅幅社会生活的图片表现出来的：一双脚代表离开父母，开始迈出家门的人生；一颗心表示两个人相爱，建起共同的小窝；2加1等于3代表有了第一个孩子的家庭；一台电视机代表孩子进入能看电视的儿童期；55加未知数代表进入老年的生活；一个挂钟代表的是在家办公的人。"每一种类型的人都需要不同类型的家具和家居用品，如何满足他们的需要是家居企业的责任。"宜家的工作人员会向你作出这样的解释。

凡是购买宜家家具的人都知道，无论从哪家分店购买宜家的家具，运回家后都要用一把特制的小钥匙自己动手组装，它开启了一个自助组装家具的新时代，就像把音符联结成乐章。然而享受着这一乐章的顾客不知道的是，这一完美的创造源于一个偶然的机会。

1953年的一天，坎普拉德像往常一样，与同事一起为商品目录拍摄桌子的照片。照完相，大家要把桌子装箱时，一位同事在旁边嘀咕说："天啊，这样实在太占地方了，不如把桌子腿卸下来放到桌面上。"就这样，宜家的

世界 500 强企业培训经典集

第十二篇 工作规范篇

536

家具改为平面包装，并由此开始了一场革命。当年，在宜家的商品目录中，很快就出现了第一件自助组装家具———麦克斯台桌。后来又有了成套的自助组装家具，到 1956 年的时候，自助组装家具的概念已形成了完整的体系。通过自助组装，宜家节约了大量的生产费用和运输成本，同时也降低了价格。这一创新完全符合宜家物美价廉的理念，因此一直延续了下来。

在商学院学习的坎普拉德深刻地懂得，要成为一个出色的生意人，就必须首先找到最简捷，同时也是最廉价的方法把商品送到顾客手上。直到今天，坎普拉德还有一个令他太太深感厌倦的习惯。"我已经习惯了在对方就要起身离开之际问一句：能否再便宜一点？"也就是这样，成本意识成为宜家引以为自豪的生意经，所以公司里的人已经习惯了把绳子、纸张以及箱子反复使用的做法。

"为普通大众创造美好生活的每一天。"坎普拉德在他后来写的《生存理念》中表述了这一毕生追求。

【品德强化训练课】

1. 问题

你是否时时刻刻都为客户着想？

2. 思考

坎普拉德说："只要我们动手去做，事情就会好起来。我们的生活就是工作，没完没了的工作。"你有何感想？

联合利华：给自己一面镜子

联合利华有一位香皂推销员，就经常主动要求人家给他提出批评。

当他开始为高露洁推销香皂时，订单接得很少，他担心自己会失业。他没有把原因归结到产品和价格上，因为他知道，产品或价格都没有问题，所以问题一定是出在自己身上。每当推销失败，他就会在街上走一走，想想什么地方做得不对，是表达得不够有说服力，还是热忱不足？有时他会折回去问那位商家："我不是回来卖给你香皂的，我希望能得到你的意见与指正。请你告诉我，我刚才什么地方做错了？你的经验比我丰富，事业又成功。请给我一点指正，直言无妨，请不必保留。"

他的这个态度为他赢得了许多友谊以及珍贵的忠告。他就是高露洁的总裁立特先生。联合利华人一直秉承虚心接受外界批评的理念，拥有接受别人批评的勇气，从而不断提高自己。

当我们身处职场中时，就需要学习联合利华人的这种精神，时时揽镜自问：我哪方面还存在不足，今天我的工作完成得怎么样？

说到镜子，中国人很早就知道它的作用。唐太宗李世民说过这样一段话："以铜为镜，可以正衣冠；以古为镜，可以知兴替；以人为镜，可以明得失。"于是这句话便成了警世之语，值得我们每个人回味和深思。很多时候，人都是通过这种方式不断地完善自己，改善自己的工作状况，使自己得到更快、更广阔的发展。因此，很有必要给自己一面镜子！

所谓虚心，是指我们要有勇气接受别人的批评，我们的团队是一个勇于承担责任的团队，我们的团队成员都有勇于承担错误的勇气。

那么，谁能成为自己的镜子呢？身边的领导、同事与朋友；中外卓越领袖与成功者都是一面面镜子。此外，书本也是一面镜子，要加强学习，始终坚定理想信念。自觉把学习作为一种责任、一种追求、一种境界，孜孜以求，学而不怠。

【品德强化训练课】

1. 问题

（1）我哪方面还存在不足，今天我的工作完成得怎么样？

（2）你如何找一面镜子不断改进自己？

2. 思考

你是怎样理解"以铜为镜，可以正衣冠；以古为镜，可以知兴替；以人为镜，可以明得失"这句古训的？

戴尔：聚集你的全部力量

迈克尔·戴尔在奥斯汀市的得克萨斯大学读书。像大多数学生那样，他需要自己想办法赚零用钱。那时候，大学里人人都想有一台属于自己的电脑，但由于售价太高，许多人买不起。一般人都想要一台能满足他们的需要而又售价低廉的电脑，但市场上没有。戴尔心想："经销商的经营成本并不高，为什么要让他们赚那么高的利润？为什么不由制造商直接卖给用户呢？"戴尔知道，IBM公司规定经销商每月必须销售一定数额的个人电脑，而多数经销商都无法把货全部卖掉。如果存货积压太多，经销商会损失很大。于是，他按成本价购得经销商的存货，然后在宿舍里加装配件，改进性能。这些经过改良的电脑十分受欢迎。戴尔见到市场的需求巨大，于是在当地刊登广告，以零售价的八五折推出他那些改装过的电脑。不久，许多商业机构、

医生诊所和律师事务所都成了他的顾客。

有一次戴尔放假回家时，他的父母表示担心他的学习成绩。"如果你想创业，等你获得学位之后再说吧。"他父亲劝他说。戴尔当时答应了，可是一回到奥斯汀，他就觉得如果听父亲的话，就是在放弃一个一生难遇的机会。"我绝不能错过这个机会。"他对自己说。一个月后，他又开始销售电脑，每月赚5万多美元。此时，他作了一个重大的决定，而且坦白地告诉了他的父母："我决定退学，自己开办公司。"父亲问道："和IBM公司竞争?"他的父母大吃一惊，觉得他太好高骛远了。但无论他们怎样劝说，戴尔始终坚持己见。终于，他们达成了协议：他可以在暑假时试办一家电脑公司，如果办得不成功，到9月他就要回学校去读书。

戴尔回奥斯汀后，拿出全部储蓄创办戴尔电脑公司，当时他只有19岁。他以每月续约一次的方式租了一个只有一间房的办事处，雇用了第一位雇员——一名28岁的经理，负责处理财务和行政工作。在广告方面，他在一只空盒子底上画了戴尔电脑公司第一个广告的草图。朋友按草图重绘后拿到报馆去刊登。戴尔仍然专门直销经他改装的IBM公司个人电脑。第一个月营业额便达到18万美元，第二个月26.5万美元，不到一年，他便每月售出个人电脑1000台。积极推行直销、按客户的要求装配电脑、提供退货还钱以及对失灵电脑"保证翌日登门修理"的服务举措，为戴尔电脑公司赢得了广阔的市场。

戴尔电脑公司鼓励雇员提出新的主意。雇员提了一个主意之后，如果公司认为值得一试，那么，即使后来证明不可行，雇员也会获得奖赏。到了迈克尔·戴尔本应大学毕业的时候，他的公司每年营业额已达7000万美元。戴尔停止出售改装电脑，转为自行设计、生产和销售自己的电脑。

今天，戴尔电脑公司在全球16个国家设有附属公司，每年收入超过20亿美元，有雇员约5500名。戴尔个人的财产，估计在2.5亿到3亿美元之间。

【品德强化训练课】

1. 问题

（1）你是如何理解"聚集你的全部力量"这句话的?

（2）你的工作目标是什么，试着把你的下一步工作计划列出并实施它。

2. 思考

歌德说："无论从事什么样的工作，只要你具备了一颗专注的心，就一定会有所成就。"你怎样理解这句话?

第三章

500 强企业工作规范

联邦快递：扩大员工的职责范围

联邦快递可成功的一个重要原因之一是重视员工，依靠优秀的管理原则取胜。他们具体的做法包括：

扩大员工的职责范围；恰当地表彰员工的卓越业绩；激励员工去树立公司形象。

每月总有许多世界各地商业人士愿付 250 美元，花几个小时去参观联邦快递公司的营业中心和超级中心，目的是为了亲身体会一下这个巨人如何在短短 23 年间从零开始，发展为拥有 100 亿美元、占据大量市场份额的行业领袖。

大家深切地体会到，联邦快递公司创始人、主席兼行政总监弗雷德·史密斯创建的扁平式管理结构，不仅得以向员工授权赋能，而且扩大了员工的职责范围。

与很多公司不同的是，联邦快递的员工敢于向管理层提出质疑。他们可以求助于公司的保证公平待遇程序，以处理与经理有不能解决的争执。

公司还耗资数百万美元建立了一个联邦快递电视网络，使世界各地的管理层和员工可建立即时联系。它充分体现了公司快速、坦诚、全面、交互式的交流方式。

20 世纪 90 年代初，联邦快递准备建立一个服务亚洲的超级中心站，负责亚太地区的副总裁 J. 麦卡提在苏比克湾找到了一个很好的选址，但日本怕联邦快递在亚洲的存在会影响到它自己的运输业，不让联邦快递通过苏比克湾服务日本市场。

在联邦快递公司，这不是麦卡提自己的问题，必须跨越部门界限协同解决。联邦快递在美国的主要法律顾问肯·马斯特逊和政府事务副总裁多约尔·克罗德联手，获得政府支持。与此同时，在麦卡提的带领下，联邦快递在日本发起了一场大胆而又广泛的公关活动。这次行动十分成功，使日本人接受了联邦快递连接苏比克湾与日本的计划。

联邦快递经常让员工和客户对工作作评估，以便恰当地表彰员工的卓越业绩。其中几种比较主要的奖励是：

1. 祖鲁奖：奖励超出标准的卓越表现。

2. 开拓奖：给每日与客户接触、给公司带来新客户的员工以额外奖金。

3. 最佳业绩奖：给员工的贡献超出公司目标的团队一笔现金。

4. 金鹰奖：奖给客户和公司管理层提名表彰的员工。

5. 明星/超级明星奖：这是公司的最佳工作表现奖，相当于受奖人薪水的 2％～3％。

麦当劳："SQC&V" 精神

美国麦当劳快餐店从 30 多年前经营汉堡包起家，目前，其分支机构已扩展到 30 多个国家和地区，拥有 8400 多家分号。麦当劳快餐店之所以能获得如此迅速的发展，有赖于其多年来所坚持的 "SQC&V" 精神，所谓 "SQC&V"，是英文 "服务"、"优质"、"清洁" "物有所值" 的第一个字母。

"SQC&V" 的企业精神是麦当劳快餐店在激烈的市场竞争中处于不败之地的立足之本。

麦当劳快餐店从一开始就把为顾客提供周到、便捷的服务放在首位。所有的食物都事先盛放在纸盒或杯里，顾客只需排一次队，就能取到他们所需要的食品。为了适应高速公路上行车人的需要，麦当劳快餐店在高速公路两旁开设了许多分店，他们在距离店面 10 来米远的地方，都装上通话器，上面标着醒目的食品名称和价格，当人们驱车经过时，只要打开车门，向通话器报上所需食品，车开到店侧小窗口，便可以一手拿货，一手交钱，马上又驱车上路。

麦当劳在为顾客提供快速服务的同时，十分重视食品的质量，不断改进菜谱、作料，努力迎合不同年龄、性别、层次、地区消费者的不同口味。为了吸引顾客，麦当劳快餐店把场地清洁也作为一条重要的经营原则，总店经常派出人员到各地搞突击式的检查，发现问题及时处理、纠正，以努力改变

公众那种"廉价餐厅不清洁"的偏见。因此，除继承和发扬一些优良传统和保留一些尚能适应新环境的因素外，必须培育和建立以竞争、风险、质量、服务、效率、效益以及企业社会责任等经营哲学和价值观念为主要内容的新型企业文化。

耐克：销售真正始于售后服务

耐克坚信销售真正始于售后服务，并非在产品尚未出售之前。耐克时常告诫员工，应当以信用为中心，诚实服务为支点，成功地取得了顾客的好感。

耐克公司是不会让它的顾客买了鞋之后就把他们抛至九霄云外的，耐克员工对顾客的关怀是发自内心的诚意。一位耐克员工说："顾客再回来要求服务时，我会尽全力替他做到最佳的服务。必须像个医生一样，他的鞋出了毛病，你也为他感到难过。"

在公司的鞋出现"热敏胶事件"后，霍利斯特说："我们并没有推开不管，我们只是马上更换新鞋。"

耐克公司的成功优势，主要得力于它那无懈可击的员工服务策略，周到的售后服务、优异的品质、产品的可靠性，几乎成为耐克公司的品牌象征。

今日的市场推广方式是要结合广告以及其他宣传推广武器的威力，尽量将产品或服务信息传达到目标顾客手上。

耐克公司充满策略性地把广告、公关、直销推广、明星效应、减价促销等推广工具结合连用的"混合式行销传达"，是最醒目、最直接、有效地与消费者联系的行销方法。

传统的传媒广告，在广告爆棚的环境之下，再不像以前使用的传媒广告那样好使好用。耐克公司结合所有"有关痛痒"的行销武器，使目标顾客在多元化的行销信息轰炸之下，不得不张开耳朵和眼睛，把信息接收。

除了传统的广告方式可以把产品牌子及好处输入目标顾客脑中之外，真的没有其他办法可行了吗？

耐克公司认为，服务是永续销售的灵丹妙药。在员工对客户的服务中，信用与诚实是耐克公司最宝贵的品质。随着健身热潮的到来，生产运动用品的公司越来越多，除了老牌的阿迪达斯、彪马以外，布鲁直、新巴兰斯、康弗斯等也应运而生。耐克公司在同行中独占鳌头，靠的是企业及员工的信用和诚实。对于一项产品，类似品越多，顾客对产品的功能和自己的需求已经

熟知，这时，决定向谁购买，就看谁的服务好了，这是顾客选择的一个守则。

丰田：把节约成本进行到底

丰田公司之所以获得今日的显赫地位，与它对降低成本的长时期、全方位的努力分不开。

丰田公司追求领先过程中，采取了全方位的措施。它们对汽车的整个生产流程进行了全面的改善，尤其对那些重复性的大规模制造流程，在改善的基础上，公司建立了新的流程，新流程的首要目标就是削减成本。

在此过程中，丰田公司首先提出了"看板系统"的概念，具体的做法是在公司的厂房摆放一套彩色的看板，用于显示生产过程中的现有库存量。这一系统看似简单，却非常有效地降低了公司的库存水平，使得丰田生产车间里的流水线节拍变得非常的和谐，极大地提高了生产效率。

丰田公司还和供应商签订了关系更加密切的采购合同，直接从供应商那里获得存货。它们通过计算机系统与供应商直接进行联系，当工厂的库存下降到安全值以下时，它们就能够从供应商那里获得迅速的补给。这样的补给每天可以进行一次，甚至必要的时候一天可以进行好几次。对于丰田公司来说，这样的举措使得公司的库存水平始终保持在一个较低的水平上，极大地降低了库存成本。这一由丰田公司首创的生产方式就是现在已经广为人知的JIT生产。

丰田公司本着降低成本这一至高无上的原则，通过长期不懈的努力，提高自己的生产效率并建立了完善的精益生产体系。鉴于丰田公司在生产上所作的贡献，人们把这种生产方式称为"丰田生产方式"，这一方式在20世纪80年代彻底打破了美国三大汽车巨头的垄断神话。

丰田公司还在设计环节降低成本，它们在设计新产品的时候，都会把生产、销售和零部件采购要求考虑进去。这样做有很多好处，它使各个部门在产品问世前就经过了充分的协调，针对各部门的不同意见，设计部门通过计算机来进行改进，从而避免了很多不必要的浪费。

在采购环节，丰田和供应商会坐到一起，大家共同商量降低成本的措施。丰田会找出占采购成本90%的零部件，然后按照不同零部件组成工作小组，要求他们和供应商协商降低成本的办法。丰田经常通过这种做法来降低成本，同时还要保证供应商有利可图。

事实上，丰田公司在降低成本上的努力并不仅仅局限于对生产领域的效率改进，丰田公司从不放过一些细小环节上的成本节省，从一点一滴做起。在丰田公司，办公用纸张用完了正面还要用背面，午间休息的时候必须关灯，并取消了传真，改发电子邮件。

在丰田公司，每一名员工都是监督浪费和消除浪费的专家，公司还对员工进行宣传和培训，将一些好的节约方式推广到分销、物流等业务中去。有人甚至这样评价道，丰田公司的利润大部分并不是生产过程中产生的，而是在每一个细小环节中不断抠出来的。

有一天，日本松下公司的领导来丰田参观学习，在气氛上受到了丰田人的热情接待。服务人员恭敬地递上咖啡，礼貌之周道无可挑剔，但是当客人接过咖啡时不禁大吃一惊：公司使用普通的粗瓷碗来盛咖啡！在丰田有个这样的规定：接待贵客一律用普通的瓷碗。其实丰田并不是没有咖啡杯，主要是丰田公司拒绝浪费。

丰田公司内部实施的是细节管理，例如在每一位员工工作做完了之后可以随时回家，因为在丰田的员工看来，不必要的逗留就是浪费资源，在办公室灯火通明，还不如回家看看书、吃吃饭、和家人聊聊天。

福特：团队价值管理系统

团队价值管理（Team Value Management，简称 TVM），是福特公司2003 年开始大规模推广的一套流程管理系统。这一系统的主要内容，是将工程、采购、生产、财务等部门集合起来，与供应商一起讨论如何提高产品价值，优化产品质量。

团队价值管理系统最先由福特在它的欧洲地区业务部门试行，从 2003年开始，在北美地区开始大规模推广。到 2003 年 4 月，福特已成功组建了59 个 TVM 小组投入营运。

福特为什么要在全球范围内大力推行这么一个系统呢？在回答这一问题之前，我们不妨回顾一下企业提高效率的历程。从效率的角度看，在 20 世纪 100 多年中，经营企业发生了两次革命。第一次革命是企业内部分工导致的专业化。福特通过对操作流程分工协作，建立了流水线的工作方式，从而大大提高了规模效率，仅 T 型车，福特就生产了 1500 万辆。

第二次革命是产业链分工导致的专业化。市场中出现了一批像耐克那样的公司，只专注于做产业链的一环，精而专。像微软、英特尔，甚至沃尔玛

这样一批新兴世界级公司的出现，都是这一革命性事件的产物。

但凡事都有代价，这两次革命虽然创造出极大的生产力，但也付出了极大的代价。这就是效率上去了，但客户意识却下来了。

在第一次革命中，企业的部门和员工由于内部分工的原因，他们只对标准与流程负责，并不对客户价值负责。流水线上的工人只要生产的产品符合下道工序就好，至于是不是符合客户价值，是不是能够卖出好价钱，就不是工人要管的了。

在第二次革命中，企业之间也由于分工的原因，承担供应的企业也只要对合同与标准负责就好了，我的产品只要符合你提供给我的要求与标准，就是合格品，至于是不是符合客户需要，那是你生产商的事。

这些代价无疑造成了巨大的浪费。可以说，管理上几乎所有的努力都与消除这些代价有关。无论是目标管理还是流程再造，无论是学习型组织还是六西格玛管理，目的只有一个，就是消除工人之间、部门之间、企业之间由于各自为战所产生的成本。

可是，100多年的努力也证明了这是不得不付出的成本，因为我们无法做到所有的企业、所有的部门、所有的员工都能直接对客户负责，沟通的成本太高了。但是，近20年发生的信息革命使情况发生了根本的变化。由于有了计算机网络为基础的信息系统，使得沟通的物质成本大大降低。

这一技术革命直接导致了经营企业的第三次革命：消除内部分工专业化导致的部门壁垒或员工壁垒，使所有部门与员工不是对规则和程序负责，而是对终端客户负责。消除产业链分工专业化导致的企业壁垒，使企业之间不再是对标准与合同负责，而是对终端客户负责。

这就是福特TVM的真正含义。按福特自己的说法，TVM，就是消除一切浪费。由此，我们也不难发现福特TVM背后的思想，基本上可以归结为一句话：我们只有一个客户，那就是终端客户。只有在最终客户这儿才能制造效益，其他所有环节制造的都是成本。

在这种思想下，所有的操作流程就要重新审视了。过去，供应商提供的产品只要符合福特采购标准，就算万事大吉了。但现在最终用户不满意，即便再符合标准，产品也是不合格的。福特组建TVM小组，就是针对最终客户的需求，调整一切不符合客户价值的流程与标准，在产业链内实现客户价值的无缝连接。

同样，过去部门之间是互为客户，只要提供的服务符合要求，也就万事大吉。但现在所有部门的工作都要针对最终客户的要求来进行，TVM小组

目的，就是要在各个相关部门与客户之间实现"亲密接触"。

理解了这一点，我们就不难懂得福特为什么要导入这一套系统。福特的目的很清楚，就是通过这种对客户价值的战略性把握，在流程设计上控制成本，而不是在制造阶段控制成本。按福特的说法，有了这种工作方式，我们就能缩短与行业标杆的差距，围绕客户满意度提高品质！事实也的确如此，在导入这一系统之后，在欧洲福特仅制动系统每年节省的成本就接近2亿美元。

三星：首重责任心

在韩国，对三星公司的员工有一种称呼，叫"三星人"，这种叫法是独一无二的，其他公司就没有被称作"什么什么人的"，而这种称呼正体现了三星一种独特的企业管理思想。

在一个企业中，每个人都有自己的角色，或者是员工，或者是主管，或者是高级经理，是什么支撑他们尽职尽责、加班加点地工作呢？通常认为答案是工资、奖金和福利。

而在三星，从前台到高级经理，每个人拿的都是年薪，也就是所有员工每年拿的都是一个固定数字的薪酬，没有加班费也没有奖金，而年薪的等级和数量是一年考评一次，调整一次。那么，靠什么方法让员工不偷懒，让他们兢兢业业地做好自己的工作呢？三星有其自己独特的方法：在一个家庭中，每个人也都有一个角色，或者是丈夫（妻子），或者是儿女，或者是父母，是什么支撑他们为自己的家庭操劳，无怨无悔地投入和付出呢？是金钱吗？肯定不是，答案是爱与责任。

这就是三星管理的核心思想，依靠责任感而不是金钱来激励员工工作。三星认为，"金钱刺激就像止痛药，只能是痛一下止一下，不能解决根本问题，而且容易产生依赖性。拿加班费来说，很多企业付加班费，但是他们无法杜绝员工拖延工作时间和进度来领取加班费这样的问题。而三星员工加班完全靠自觉，他自己的工作没有做完，责任感会激发他加班完成工作，而没有加班费的刺激，员工也就会尽量提高工作效率而不会养成拖延时间的习惯。"三星是如何使员工具有这种责任感的呢？与责任感相对应的必然是"爱"与"信任"。三星对员工的"爱"与"信任"，在许多细节上都可以体现出来。在这里，员工上下班无须打卡，完全凭自觉，如果早上8点来的，那就5点下班；如果是9点来的，那就6点下班；如果早上塞车晚了一会儿，

那下班的时候就自觉晚走一会儿，在年终评定成绩的时候，没有那种残酷的硬比例的"末位淘汰制"，如果所有员工在上一年表现都很优秀，那就一个也不用淘汰。

一旦出现了一些"责任心不强"的员工，三星也不会立即解聘他，而是主要通过教育劝导来使他改正。即使是一些孩子有坏习惯或是犯了一些错误，那么家长也不会轻易说不要他。最主要的还是让他认识到自己的错误，这也是三星"家文化"的一种体现。

三星认识到：你对员工越信任，他就越有责任感。在三星，部门经理的权力很大，而三星也正是通过这种授权来代替金钱激励的。如果你这次做好了一件事情，成功地完成了一个项目，那么在以后的工作中就会拥有更多的自主权。通过这样的激励方式，每一层次的员工都能感受到这种"被信任"的感觉，也就会激发出更多的责任感，更努力地做好自己的工作。

IBM：沃森哲学

全球最成功的商人之一托马斯·约翰·沃森出生在纽约州北部一个普通的农民家庭。

沃森一家经济条件并不富裕，但是品德教育却异常严格。沃森的父亲要求他的孩子们一定要尊重所有人，穿着整洁、坦率正直、努力做好每一件事，始终保持一种乐观的积极生活态度。此外，最重要的一点是：忠诚。

在19世纪的美国，这是一种十分普遍的家庭教育方式，几乎所有的家庭都会对子女提出类似的要求，希望他们在童年时就坚守这些原则，以便在成人之后可以从中受益。

尽管大多数父亲都认为，这些家庭教育至关重要，但是，许多人并不能完全遵守这些原则，甚至慢慢地将它们抛之脑后，直至完全忘记。然而，托马斯·沃森，这个童年时并不怎么起眼的孩子，却严格要求自己，始终一丝不苟地恪守着这些教义，他还发誓：应该不惜一切代价地捍卫这些原则，应该不断地向他人输送这些教义，应该在自己全部的职业生涯中，尽职尽责地贯彻执行。

行为准则的价值在IBM公司（国际商用机器公司），自1914年以来，创始人老托马斯·沃森就为公司的所有员工，包括管理阶层的人，设立了"行为准则"。这些"行为准则"被其受益者称为"沃森哲学"。

如同每一位有野心的企业家一样，老托马斯·沃森也希望他的公司财源

滚滚，然而，他最希望的是，借助这些"行为准则"把 IBM 公司培养成美国最强大的企业，把 IBM 的员工培养成为美国最优秀的员工。因此，他把这些价值观标准写出来，作为公司的基石，在 IBM 工作的任何人，都以此"行为准则"为个人职业生涯的"座右铭"。

1. 尊重个人

所有的员工都要知道，公司最重要的资产不是金钱或其他东西，而是人；尊重每一个人，包括你的同事、顾客和你的竞争对手；每一个人都拥有可以改变公司的能力，我就是公司最需要的人；用自己最优异的成绩去获得表扬、提升和奖金。

2. 提供品质最高的服务

为顾客提供最优秀的服务；永远把顾客的利益放在第一位；最成功的服务是使你的顾客再来惠顾。

3. 追求完美的工作表现

对所有的工作，都以追求完美的态度去对待；争取第一次就把事情做好；随时随地学习他人的长处；在执行工作时，坚信一定能出色地完成。

戴尔：黄金 3 原则

1965 年，戴尔出生于美国休斯敦，在很小的时候，他就表现出杰出的商业才能。读中学时，他通过推销报纸，竟然赚够了买一辆宝马轿车的钱，中学毕业时，他开着宝马轿车进了得州大学。

在大学里，他看到电脑是一种很有前景的商品，他开始在学校里推销驱动器，同时，他低价购买低配置电脑，将它们升级后，又以低于同配置经销商的价格出售，从中盈利。

1984 年，戴尔用 1000 美元注册了一家电脑公司，做起了学生老板，之后又放弃学业，专职经商，装配电脑。到 1986 年，戴尔的员工已达到 400 多名，年收入将近 7000 万美元。

1988 年，年仅 23 岁的戴尔成立了戴尔电脑公司，戴尔电脑从此诞生。如今，戴尔电脑在全球电脑市场中排名第二，在美国排名第一，产品畅销 170 多个国家和地区。

现在，管理界一致认为，戴尔最大的成功，在于其直销模式。其实，直销模式只是形式，只是戴尔经营理念的外在表现，他真正的成功在于戴尔员工的"心里想着顾客，不要总想着竞争"这一卓越理念，正是因为心里装着

顾客，戴尔才选择了于顾客于公司都有利的直销模式。戴尔在经营中提出的"黄金 3 原则"，即坚持直销、追求零库存、与顾客结盟，就真实地再现了其卓越的经营理念。

戴尔经营者对市场进行细分，充分了解顾客的需求，让客户得到最满意的电脑，并有针对性地为顾客提供最优质的售后服务。同时，他们将研究重心放在顾客身上，而不是竞争对手身上。正是因为对顾客的准确把握，戴尔电脑在一个又一个国家取得成功。在直销过程中，戴尔公司员工可以充分接触顾客，与顾客进行双向沟通，使公司迅速掌握顾客需要，了解顾客对产品和服务的意见，同时，也可以在接触中，把公司的产品和服务信息准确地传达给顾客。在生产模式上，戴尔实施按单生产，追求零库存，既降低了风险和资金占用，又扩大了利润空间，为让利于消费者提供了最大的可能。按单生产，也是面向顾客的体现；按订单生产，可以满足顾客多样化、个性化追求。

戴尔倡导与顾客结盟，公司设置了贵宾网页，8000 多个网页是针对每一位重要顾客的特定需求而精心设计的企业个人电脑资源管理工具，顾客可以在这些网页上找到企业需要的不同配置的电脑及其报价，并在网上订购，效率非常高。在售后服务方面，戴尔公司也表现出高效率，用户在使用电脑过程中，无论遇到硬件还是软件方面的问题，都可以通过 800 免费电话与戴尔公司联系，公司会在最短时间内派出技术人员上门服务。对于大客户，戴尔公司会派出专门的技术小组，常驻客户处，零距离服务，比如波音公司，就常驻有 30 多名戴尔的技术人员，这些技术人员与顾客融为一体，时刻与顾客沟通，准确地把握顾客信息。

正是因为戴尔的管理者和员工们心里想着顾客，顾客倾力回报，戴尔电脑才会在强手如林的 IT 界取得重要的席位。